KLEINER DEUTSCHER MÜNZKATALOG

VON 1871 BIS HEUTE

mit Österreich, Schweiz und Liechtenstein

Begründet von
Günter Schön

Neu bearbeitet und erweitert von
Gerhard Schön
Markus Köhren

49. revidierte und erweiterte Auflage

2019

BATTENBERG

Der KLEINE DEUTSCHE MÜNZKATALOG ist das Handbuch mit den aktuellen Marktpreisen für die Münzen der vier Länder Deutschland (von 1871 bis heute), Liechtenstein (von 1862 bis heute), Österreich (von 1892 bis heute) und Schweiz (von 1850 bis heute).

Als Vorteil erweist sich die Doppelnumerierung, die mit dem Nummernsystem des Weltmünzkataloges 20. Jahrhundert (46. Auflage 2018) und des Euro Münzkataloges (18. Auflage 2019) von Gerhard Schön übereinstimmt und zusätzlich in Klammern die Nummern nach Kurt Jaeger (Katalog der Deutschen Reichsmünzen seit 1871, Katalog der Münzen des Großdeutschen Reiches), Peter Jaeckel (Die Münzprägungen des Hauses Habsburg und der Republik Österreich) sowie Jürg Richter und Ruedi Kunzmann (Die Münzen der Schweiz und Liechtensteins) in der jeweils aktuellen Version enthält.

1. Auflage 1971
2. Auflage 1972
3. Auflage 1973
4. Auflage 1974
5. Auflage 1975
6. Auflage 1976
7. Auflage 1977
8. Auflage 1978
9. Auflage 1979
10. Auflage 1980
11. Auflage 1981
12. Auflage 1982
13. Auflage 1983
14. Auflage 1984
15. Auflage 1985
16. Auflage 1986
17. Auflage 1987
18. Auflage 1988
19. Auflage 1989
20. Auflage 1990
21. Auflage 1991
22. Auflage 1992
23. Auflage 1993
24. Auflage 1994
25. Auflage 1995
26. Auflage 1996
27. Auflage 1997
28. Auflage 1998
29. Auflage 1999
30. Auflage 2000
31. Auflage 2001
32. Auflage 2002
33. Auflage 2003
34. Auflage 2004
35. Auflage 2005
36. Auflage 2006
37. Auflage 2007
38. Auflage 2008
39. Auflage 2009
40. Auflage 2010
41. Auflage 2011
42. Auflage 2012
43. Auflage 2013
44. Auflage 2014
45. Auflage 2015
46. Auflage 2016
47. Auflage 2017
48. Auflage 2018

49. vollständig überarbeitete und erweiterte Auflage März 2019

Ein Unternehmen der Battenberg Gietl Verlag GmbH, Regenstauf

Layout, Satz und Reproduktionen: Gerhard Schön, München

Münzphotographie auf der Titelseite: Hans Jürgen Fuchs, Stuttgart (nach dem Münzentwurf und Modell von Michael Otto. © Bundesverwaltungsamt, Köln am Rhein)

Printed in Germany

ISBN 978-3-86646-174-1

https://www.battenberg-gietl.de/

Bibliographische Information der Deutschen Nationalbibliothek

Die Deutsche Nationalbibliothek verzeichnet diese Publikation in der Deutschen Nationalbibliographie. Detaillierte bibliographische Daten sind im Internet abrufbar unter *https://portal.dnb.de/*

Inhalt

Einführung in den Münzkatalog

Gliederung

Der Kleine deutsche Münzkatalog erfasst und bewertet die Münzen der vier Länder Deutschland (seit 1871), Liechtenstein (seit 1862), Österreich (seit 1892) und Schweiz (seit 1850) in chronologisch-systematischer Ordnung. In der Reihenfolge der Ausgabe werden die Münzen der gleichen Serie vom niedrigsten zum höchsten Nennwert aufgeführt. Am Beginn des Deutschlandteils stehen die Prägungen der Einzelstaaten des Kaiserreiches in Silber und Gold. Es folgen die Kleinmünzen des Deutschen Reiches in durchgehender Numerierung bis hin zur Bundesrepublik Deutschland einschließlich der Ausgaben in Euro. In separater Nummernfolge erscheinen die Münzen des Saarlandes, der Deutschen Demokratischen Republik, der Freien Stadt Danzig, der deutschen Kolonien und Besatzungsausgaben sowie die staatlichen Notmünzen. Für alle Länder sind die amtlichen Münzsätze in Stempelglanz und Spiegelglanz sowie die Numisbriefe und Numisblätter enthalten. Das Nummernsystem entspricht dem Weltmünzkatalog 20. und 21. Jahrhundert (46. Auflage 2018).

Münzwerkstoffe

(Al)	= Aluminium, lat. alumen, in Legierungen mit Kupfer 0.5~2.5%, Zink 0~8%, Magnesium 1~5% und Mangan 0~1%, auch als Sonderlegierung: Aluminium 96%, Magnesium 3%, Zink 1% (Duraluminium); *Al, Al-Cu, Al-Zn-Cu, Al-Mg(-Mn), Al-Mg-Zn*
(Al-Bro)	= Aluminium-Bronze: Kupfer 90~95%, Aluminium 5~10%, auch als Sonderlegierung: Kupfer 89%, Aluminium 5%, Zink 5%, Zinn 1% (Nordisches Gold); *Cu-Al(-Zn-Sn)*
(Al-N-Bro)	= Aluminium-Nickelbronze: Kupfer 92%, Nickel 6%, Aluminium 2%; *Cu-Ni-Al*
(Bro)	= Bronze: Kupfer 94~98%, Zinn 0~5%, Zink 0~5%, in der Regel: Kupfer 95%, Zinn 4%, Zink 1% (Münzbronze 4); *Cu-Sn(-Zn)*
$(C)_\gamma$	= austenitischer Stahl (wird allenfalls von Sintermagneten und auch dann nur sehr schwach angezogen) in rostfreien Legierungen mit Chrom 18%, Nickel 8~10% (Chromnickelstahl, Nirosta) oder Mangan 18%, Chrom 10% (Chrommanganstahl); *Fe-Cr-Ni, Fe-Mn-Cr*
$(C)_\alpha$	= ferritischer Stahl (wird von jedem handelsüblichen Magneten deutlich angezogen) in rostfreien Legierungen mit Chrom 13~18.25%, Silizium 0~1.5% und Titan 0~0.5%; *Fe-Cr(-Si-Ti)*
(E)	= unlegiertes Eisen, lat. ferrum (wird von jedem handelsüblichen Magneten deutlich angezogen), wegen der Korrosionsanfälligkeit zumeist nur als Kernmaterial für Mehrschichtenwerkstoffe verwendet; *Fe*

(G)	= Gold, lat. aurum, in Legierungen mit Kupfer (Rotgold), Silber (Grüngold), Kupfer und Silber (Gelbgold), Nickel, Neusilber oder Palladium (Weißgold); *Au, Au-Cu, Au-Ag(-Cu), Au-Ni, Au-Cu-Ni-Zn, Au-Pd*
(K)	= Kupfer, lat. cuprum; *Cu*
(K-N)	= Kupfernickel: Kupfer 75~84%, Nickel 16~25%, in der Regel: Kupfer 75%, Nickel 25% (Konstantan); *Cu-Ni*
(K-N-Zk)	= Kupfernickelzink, Neusilber, Argentan: Kupfer 50~70%, Nickel 10~26%, Zink 15~40%, Mangan 0~5%; *Cu-Ni-Zn(-Mn)*
(Me)	= Messing: Kupfer 58~95%, Zink 5~40%, Mangan 0~2%, in der Regel: Kupfer 85%, Zink 15% (Tombak); *Cu-Zn(-Mn)*
(Mg)	= Magnesium, bisweilen legiert mit Mangan 2.5% (Elektron); *Mg(-Mn)*
(N)	= Nickel; *Ni*
(N-Bro)	= Nickelbronze: Kupfer 90~97%, Zinn 0~4%, Zink 0~2.5%, Nickel 0.5~10%; *Cu-Sn-Ni, Cu-Zn-Ni, Cu-Ni*
(N-Me)	= Nickelmessing: Kupfer 65~81%, Zink 10~34%, Nickel 1~9%; *Cu-Zn-Ni*
(Niob)	= Niob, lat. niobium; *Nb*
(Pt)	= Platin, lat. platinum; *Pt*
(S)	= Silber, lat. argentum, in Legierungen mit Kupfer, seltener auch mit Nickel und Zink, bei geringerem Feingehalt in der Regel mit Feinsilberoberfläche durch Weißsieden; *Ag, Ag-Cu, Ag-Cu-Ni-Zn*
(Titan)	= Titan, lat. titanium; *Ti*
(Zink)	= Zink; *Zn*
(Zinn)	= Zinn, lat. stannum, bisweilen legiert mit Kupfer 10%; *Sn(-Cu)*

(a, b)	= Münze kommt sowohl in Metall a als auch in Metall b vor (Legierungsvarianten)
(a, b plattiert)	= Dreischichtenwerkstoff: Kern aus Metall a mit beidseitig aufgewalzten Schichten aus Metall b
(a, b I c plattiert)	= Dreischichtenwerkstoff: Kern aus Metall a mit vorderseitig aufgewalzter Schicht aus Metall b und rückseitig aufgewalzter Schicht aus Metall c
(a, b galvanisiert)	= Kern aus Metall a mit elektrolytisch aufgebrachter Umhüllung aus Metall b
(a / b)	= Bimetall (Duplex): Ring aus Metall a, Zentrum aus Metall b

Abkürzungen in den Bewertungsspalten

MW	= Metallwert (mit Angabe des Aufschlages) bei Bankware
NW	= Nennwert
–,–	= in letzter Zeit kein Marktvorkommen feststellbar
×	= nur Stempel bekannt (allenfalls Abschläge, Abgüsse oder Abdrücke in anderen Materialien)

Abkürzungen von Erhaltungsgraden und Herstellungsarten

S	=	schön (Erhaltungsgrad)
SS	=	sehr schön (Erhaltungsgrad)
VZ	=	vorzüglich (Erhaltungsgrad)
ST	=	prägefrisch (Erhaltungsgrad) oder Stempelglanz (Herstellungsart)
ST/N	=	Normalprägung (in prägefrischem Zustand)
ST/E	=	Normalprägung (Erstabschlag oder Exportqualität)
ST/U	=	Stempelglanz (Herstellungsart), Brilliant Uncirculated, Handgehoben
PP	=	Spiegelglanz (Herstellungsart), Proof

Abkürzungen im Katalogtext

A.H.	=	Jahr der Hedschra (Flucht des Mohammed)
Anm.	=	Anmerkung
ca.	=	circa (geschätzte Angabe)
Ex.	=	Exemplare (Prägezahl, Auflagenhöhe)
g	=	Gramm (Rauhgewicht, wenn nicht anders angegeben)
Hl.	=	Heilige(r)
max.	=	maximale Auflagenhöhe (im voraus festgelegt)
mm	=	Millimeter
Msz.	=	Münzstättenzeichen
Mzst.	=	Münzstätte
Nr., Nrn.	=	Katalognummer(n)
Rs.	=	Rückseite (Revers)
Sel.	=	Selige(r)
Var.	=	Variante(n)
Vs.	=	Vorderseite (Avers)
[ ]	=	mindere oder ohne Jahreszahl (die eingeklammerten Ziffern erscheinen nicht auf der Münze)
/	=	unbekanntes Entstehungsjahr innerhalb eines Zeitrahmens (bei undatierten Stücken)
~	=	erstes und letztes Jahr einer Prägeperiode (mit Unterbrechungen)
–	=	alle dazwischenliegenden Jahrgänge vorkommend
∅	=	Durchmesser
⇈	=	gleichgerichtete (deutsche) Stempelstellung
⇅	=	gegengerichtete (französische) Stempelstellung

Abkürzungen der Prägewerkzeuge

(siehe Seite 173)

A	=	altes Prägewerkzeug
N	=	neues Prägewerkzeug

Erhaltungsgrade

Sehr wichtig für den Sammlerwert einer Münze ist ihr Erhaltungsgrad, der mit den nachfolgenden Bezeichnungen angegeben wird. Bei Zwischengraden liegt die Bewertung tendenziell näher an der unteren Preisstufe.

S Schön Fine, Fraai (F), Très Beau (TB), Bello (B), Bien Conservada (BC): Im langen Geldumlauf beträchtlich abgenutztes Stück. An den höchsten Stellen des Reliefs haben sich manche Details durch Gebrauch abgerieben. Die Konturen des Prägebildes sind noch vollständig erkennbar. Unterste Grenze einer sammelwürdigen Münze der neueren Zeit.

SS Sehr Schön Very Fine (VF), Zeer Fraai (ZF), Très Très Beau (TTB), Bellissimo, Muy Bien Conservada (MBC): Eine längere Zeit umgelaufene Münze mit normalen Abnützungserscheinungen an den höchsten Stellen des Reliefs, wobei noch alle Details erkennbar sind.

VZ Vorzüglich Extremely Fine (XF), Prachtig, Superbe (SUP), Extraordinariamente Bien Conservada (EBC): Ein nur kurz umgelaufenes Stück mit geringen Abnützungsspuren an den höchsten Stellen des Reliefs.

ST Prägefrisch Mint State (MS), Splendide, Splendido (SPL), Uncirculated (UNC), Sin Circular (SC): Ohne jegliche Umlaufspuren. Es ist zu bedenken, dass die heutigen Automatenprägungen, bedingt durch Ausstoß der Münzen nach der Prägung und durch Transport in lose geschütteten Säcken und Beuteln, oftmals Kratzer und Schleifstellen aufweisen und somit schon bei der Auslieferung nicht alle Stücke die Qualität prägefrisch erreichen. Zur Unterscheidung von der Sammleranfertigung (siehe unten) wird die Normalprägung für den Zahlungsverkehr in prägefrischer Erhaltung auch mit **ST/N** bezeichnet.

Herstellungsarten
von speziell für Sammler geprägten Münzen

ST Stempelglanz Fleur de Coin, Fior di Conio, Flor de Cuño (FDC), Brillant Universel, Brilliant Uncirculated (BU), Brilhante Não Circulada (BNC): Einfache Prägung mit zumeist glänzender Oberfläche in Verpackungen für Sammler, in Österreich auch als *Handgehoben* **ST/U** bezeichnet. Im VEB Münze der DDR wurden makellose Exemplare aus der regulären Prägung von Hand ausgesucht und als *Exportqualität* **ST/E** verkauft. In der Schweiz wurden die *Erstabschläge* **ST/E** von jungfräulichen Prägestempeln an Sammler abgegeben.

PP Spiegelglanz Proof, Proefslag, Prueba Numismática, Prova Numismática, Belle Épreuve (BE), Flan Bruni (FB), Fondo Specchio (FS), Fondo Espejo: Diese Münzen werden meist im Gegensatz zu ihrer Bezeichnung *Polierte Platte* lediglich mit polierten Stempeln, allerdings auf speziell ausgesuchten und makellosen Ronden, hergestellt. Die Stücke werden auf besonderen Maschinen und in der Regel mit zwei bis vier Hüben geprägt. Werden einzelne Teile des Münzbildes auf dem Stempel mit Sandstrahl bearbeitet, ergibt sich auf der Münze ein mattiertes Relief mit spiegelndem Feld. Ein Putzen oder Bereiben von Spiegelglanzmünzen ist mit empfindlichen Preisabschlägen verbunden und sollte daher unbedingt vermieden werden!

Katalogpreise in Euro

Der Preis einer Münze wird von der Beliebtheit, Seltenheit, Erhaltung und teilweise vom Edelmetallpreis bestimmt. Die Bewertungen im vorliegenden Katalog geben die durchschnittlichen Verkaufspreise des Münzhandels in Euro an. Bei einem möglichen Verkauf von Sammlungsstücken an Händler muss eine gewisse Handelsspanne in Abzug gebracht werden, deren Höhe sich nach dem angebotenen Objekt und nach dem Bedarf des einzelnen Händlers richtet.

Grundsätzlich haben sich bei allen qualitativen Münzen Wertsteigerungen ergeben, die hinter keiner vergleichbaren Kapitalanlage zurückstehen. Münzen sollten jedoch nicht als Spekulationsware betrachtet werden, sondern als künstlerisch, technisch und geschichtlich interessante Zeitdokumente und Sammlungsstücke von hohem Kultur- und Freizeitwert.

Notierungen, die im Katalog in Kursivschrift angegeben sind, unterliegen besonders starken Marktbewegungen, in der Regel aufgrund von Spekulationen.

Alle Angaben in diesem Katalog wurden mit größter Sorgfalt erstellt. Selbstverständlich kann aber ein Obligo irgendwelcher Art nicht übernommen werden.

Für Hinweise zur Verbesserung des Kataloges und für Abbildungsvorlagen ist die Redaktion stets dankbar. Zuschriften sind erbeten an:

Dr. Gerhard Schön
Postfach 71 09 08
D-81459 München

Mehrwertsteuerfreie Goldmünzen im Kalenderjahr 2019

Bei den nachfolgend genannten Münzen kann davon ausgegangen werden, dass die Kriterien für die Behandlung als Anlagegold und damit die Befreiung von der Mehrwertsteuer für das gesamte Kalenderjahr 2019 erfüllt sind:

Deutschland	1 Mark 100 Euro
Liechtenstein	10, 20, 25, 50, 100 Franken
Österreich	1, 4 Dukaten 4 Gulden (10 Franken), 8 Gulden (20 Franken) 10, 20, 100 Kronen 25, 100, 200, 500, 1000, 2000 Schilling 4, 10, 25, 50, 100, 2000, 100 000 Euro
Schweiz	10, 20, 50, 100 Franken

Weitere Goldmünzen können im Einzelfall von der Mehrwertsteuer befreit werden, wenn nachgewiesen wird, dass sie einen Feingehalt von mindestens $^{900}/_{1000}$ aufweisen, nach dem Jahr 1800 geprägt wurden, in ihrem Ursprungsland gesetzliches Zahlungsmittel sind oder waren und üblicherweise zu einem Preis verkauft werden, der maximal 80% über dem Offenmarktwert ihres Goldgehaltes liegt. Maßgeblich ist hierfür der Tageskurs (Nachmittagsfixing) der Feinunze Gold in US Dollars an der Londoner Börse. Aus Vereinfachungsgründen kann auch der letzte im Monat November des Vorjahres festgestellte Kurs verwendet werden.

Besonderer Dank für wertvolle Mitarbeit gebührt:

Henning Agt
Hans Bach
Ernst Balke
Manfred Czastka
Dr. Roswitha Denk
Siegfried Ewert
Dieter Faßbender
Guy M. Y. Ph. Franquinet
Reiner Graff
Burkhard Graichen
Michael Heinrich (†)
Reinhold Jordan
Helmut Kahnt
Lothar J. Lorenz
Manfred Muris
Peter Neugebauer
Erich Paproth (†)
Max Porth
Rudolf Schaaf
Hans Schlumberger (†)
Dr. Gregor Schwirtz (†)
Theo Wilke
Martin Winter
Werner Witschel

Europäische Zentralbank, Frankfurt am Main
Europäische Kommission, Brüssel
Deutsche Bundesbank, Frankfurt am Main
Nationales Analysezentrum für Münzen, Mainz
Staatsbank der Deutschen Demokratischen Republik, Berlin
Bundesministerium der Finanzen, Berlin
Liechtensteinische Landesbank AG, Vaduz
Österreichische Nationalbank, Wien
Eidgenössische Finanzverwaltung, Bern

Staatliche Münze, Berlin
Bayerisches Hauptmünzamt, München
Württembergisches Münzamt / Staatliche Münze, Stuttgart
Badisches Münzamt / Staatliche Münze, Karlsruhe
Landesbetrieb Hamburgische Münze, Hamburg
Österreichisches Hauptmünzamt / Münze Österreich AG, Wien
Eidgenössische Münzstätte / Swiss Mint, Bern

Staatliche Museen der Stiftung Preußischer Kulturbesitz, Berlin
Staatliche Münzsammlung, München
Staatliche Kunstsammlungen, Dresden
Kunsthistorisches Museum, Wien

Fritz Rudolf Künker GmbH & Co. KG, Osnabrück
Dr. Busso Peus Nachf. e.K., Frankfurt am Main
Westfälische Auktionsgesellschaft für Münzen und Medaillen oHG, Arnsberg
Swiss International Coin Auction AG, Zürich

Deutschland

Germany **Allemagne**

Am 18. Januar 1871 vereinigten sich die Staaten des 1866 aufgelösten Deutschen Bundes von 1815 (ohne Österreich, Liechtenstein und Luxemburg) in Versailles zum Deutschen Reich mit dem König von Preußen als Deutschem Kaiser. Nach dem Ersten Weltkrieg musste Deutschland im Versailler Vertrag vom 28. Juni 1919 die Landesteile Elsass-Lothringen, Posen, Westpreußen, das Hultschiner Ländchen und das Memelgebiet an die Siegermächte abtreten. Das erneut zur Freien Stadt erklärte Danzig, das Saargebiet sowie alle deutschen Kolonien wurden dem Völkerbund unterstellt. 1920 gingen die Abstimmungsgebiete Eupen-Malmédy und Teile von Nordschleswig und Ostoberschlesien verloren. Die Staatsbezeichnung »Deutsches Reich« überdauerte das Kaiserreich auch in den Zeiten der Republik und Diktatur und findet sich noch auf den Münzen der Allierten Militärregierung bis 1948. Das vorübergehend Frankreich angegliederte Saarland trat 1957 der auf dem Gebiet der Westzonen 1949 gegründeten Bundesrepublik Deutschland bei. 1990 erfolgte der Beitritt der Deutschen Demokratischen Republik zur Bundesrepublik Deutschland bei gleichzeitigem Verzicht auf deutsche Gebietsansprüche östlich von Oder und Neiße. Hauptstadt: Berlin.

100 Pfennig = 1 Mark (Reichsmark, Rentenmark, Deutsche Mark);
seit 1. Januar 1999: 100 Cent = 1 Euro

Für die Münzen waren folgende Bezeichnungen üblich: Sechser (5 Pfennig), Groschen (10 Pfennig), Taler (3 Mark), Krone (Gold 10 Mark).

Die früheren Kuranttaler (14 eine feine Mark) und Vereinstaler (30 ein Pfund fein) blieben zum Nennwert von 3 Mark im Umlauf. Außer Kurs seit 1. Oktober 1907.

Münzstätten

Die Münzbuchstaben wurden nach dem Beschluss des Bundesrates vom 7. Dezember 1871 in der Reihenfolge der Auflistung der Bundesstaaten in Artikel 6 der Reichsverfassung vom 16. April 1871 vergeben.

A	Preußische Staatsmünze, Berlin (seit 1750 mit diesem Münzzeichen)
B	Preußische Staatsmünze, Hannover (Prägebetrieb bis März 1878)
B	Hauptmünzamt, Wien (Prägung von Reichsmünzen 1938–1944)
C	Preußische Staatsmünze, Frankfurt (Prägebetrieb bis September 1879)
D	Bayerisches Hauptmünzamt, München
E	Sächsische Staatsmünze, Dresden (Prägebetrieb bis 7. Februar 1887)
	Muldenhütten bei Freiberg in Sachsen (Prägebetrieb ab 28. März 1887)
F	Württembergisches Münzamt / Staatliche Münze, Stuttgart
G	Badisches Münzamt / Staatliche Münze, Karlsruhe
H	Großherzogliche Münze, Darmstadt (Prägebetrieb bis Februar 1882)
J	Hamburgische Münze (neuer Prägebetrieb seit Januar 1875)

Deutsches Reich

1	Pfennig	1873–1940	Cu 95 / Sn 04 / Zn 01	2.00 g	∅ 17.50 mm
2	Pfennig	1873–1940	Cu 95 / Sn 04 / Zn 01	3.33 g	∅ 20.00 mm
5	Pfennig	1874–1915	Cu 75 / Ni 25	2.50 g	∅ 18.00 mm
10	Pfennig	1873–1915	Cu 75 / Ni 25	4.00 g	∅ 21.00 mm
20	Pfennig	1873–1877	Ag 900 / Cu 100	1.11 g	∅ 16.00 mm
20	Pfennig	1887–1892	Cu 75 / Ni 25	6.25 g	∅ 23.00 mm
25	Pfennig	1909–1912	Ni	4.00 g	∅ 23.00 mm
50	Pfennig	1875–1903	Ag 900 / Cu 100	2.78 g	∅ 20.00 mm
½	Mark	1905–1919	Ag 900 / Cu 100	2.78 g	∅ 20.00 mm
1	Mark	1873–1916	Ag 900 / Cu 100	5.56 g	∅ 24.00 mm
2	Mark	1876–1915	Ag 900 / Cu 100	11.11 g	∅ 28.00 mm
3	Mark	1908–1918	Ag 900 / Cu 100	16.67 g	∅ 33.00 mm
5	Mark	1874–1915	Ag 900 / Cu 100	27.78 g	∅ 38.00 mm
5	Mark	1877–1878	Au 900 / Cu 100	1.99 g	∅ 17.00 mm
10	Mark	1872–1914	Au 900 / Cu 100	3.98 g	∅ 19.50 mm
20	Mark	1871–1915	Au 900 / Cu 100	7.96 g	∅ 22.50 mm
1	Pfennig	1916–1918	Al 99 / Cu 01	0.78 g	∅ 16.00 mm
5	Pfennig	1915–1922	Fe verzinkt	2.50 g	∅ 17.50 mm
10	Pfennig	1916–1922	Fe verzinkt	3.60 g	∅ 21.00 mm
10	Pfennig	1917–1922	Zn	3.23 g	∅ 21.00 mm
50	Pfennig	1919–1922	Al 99 / Cu 01	1.67 g	∅ 23.00 mm
3	Mark	1922–1923	Al 99 / Cu 01	2.00 g	∅ 28.00 mm
200	Mark	1923	Al 99 / Cu 01	1.00 g	∅ 23.00 mm
500	Mark	1923	Al 99 / Cu 01	1.67 g	∅ 27.00 mm
4	Pfennig	1932	Cu 95 / Sn 04 / Zn 01	5.00 g	∅ 24.00 mm
5	Pfennig	1923–1939	Cu 915 / Al 085	2.50 g	∅ 18.00 mm
10	Pfennig	1923–1939	Cu 915 / Al 085	4.00 g	∅ 21.00 mm
50	Pfennig	1923–1925	Cu 915 / Al 085	5.00 g	∅ 24.00 mm
50	Pfennig	1927–1939	Ni	3.50 g	∅ 20.00 mm
1	Mark	1933–1939	Ni	4.80 g	∅ 23.00 mm
1	Mark	1924–1927	Ag 500 / Cu 500	5.00 g	∅ 22.60 mm
2	Mark	1925–1931	Ag 500 / Cu 500	10.00 g	∅ 26.00 mm
2	Mark	1933–1939	Ag 625 / Cu 375	8.00 g	∅ 25.00 mm
3	Mark	1924–1933	Ag 500 / Cu 500	15.00 g	∅ 30.00 mm
5	Mark	1925–1933	Ag 500 / Cu 500	25.00 g	∅ 36.00 mm
5	Mark	1933–1939	Ag 900 / Cu 100	13.89 g	∅ 29.00 mm
1	Pfennig	1940–1946	Zn	1.80 g	∅ 17.00 mm
5	Pfennig	1940–1948	Zn	2.50 g	∅ 19.00 mm
10	Pfennig	1940–1948	Zn	3.50 g	∅ 21.00 mm
50	Pfennig	1935–1944	Al	1.33 g	∅ 22.50 mm

Frühere Ausgaben siehe im Deutschen Münzkatalog 18. Jahrhundert (5. Auflage 2019) und im Weltmünzkatalog 19. Jahrhundert (17. Auflage 2016).

Bundesrepublik Deutschland

1	Pfennig	1948–2001	Fe, Cu plattiert	2.00 g	∅ 16.50 mm
2	Pfennig	1950–1969	Cu 95 / Sn 04 / Zn 01	3.25 g	∅ 19.25 mm
2	Pfennig	1967–2001	Fe, Cu plattiert	2.90 g	∅ 19.25 mm
5	Pfennig	1949–2001	Fe, Cu 72 / Zn 28 plattiert	3.00 g	∅ 18.50 mm
10	Pfennig	1949–2001	Fe, Cu 72 / Zn 28 plattiert	4.00 g	∅ 21.50 mm
50	Pfennig	1949–2001	Cu 75 / Ni 25	3.50 g	∅ 20.00 mm
1	Mark	1950–2001	Cu 75 / Ni 25	5.50 g	∅ 23.50 mm
1	Mark	2001	Au 9999	12.00 g	∅ 23.50 mm
2	Mark	1950–1951	Cu 75 / Ni 25	7.00 g	∅ 25.50 mm
2	Mark	1957–1971	Cu 75 / Ni 25	7.00 g	∅ 26.75 mm
2	Mark	1969–2001	Ni, Cu 75 / Ni 25 plattiert	7.00 g	∅ 26.75 mm
5	Mark	1975–2001	Ni, Cu 75 / Ni 25 plattiert	10.00 g	∅ 29.00 mm
5	Mark	1951–1979	Ag 625 / Cu 375	11.20 g	∅ 29.00 mm
10	Mark	1972–1997	Ag 625 / Cu 375	15.50 g	∅ 32.50 mm
10	Mark	1998–2001	Ag 925 / Cu 075	15.50 g	∅ 32.50 mm
1	Cent	2002–2019	Fe, Cu galvanisiert	2.30 g	∅ 16.25 mm
2	Cent	2002–2019	Fe, Cu galvanisiert	3.06 g	∅ 18.75 mm
5	Cent	2002–2019	Fe, Cu galvanisiert	3.92 g	∅ 21.25 mm
10	Cent	2002–2019	Cu 89 / Al 05 / Zn 05 / Sn 01	4.10 g	∅ 19.75 mm
20	Cent	2002–2019	Cu 89 / Al 05 / Zn 05 / Sn 01	5.74 g	∅ 22.25 mm
50	Cent	2002–2019	Cu 89 / Al 05 / Zn 05 / Sn 01	7.80 g	∅ 24.25 mm
1	Euro	2002–2019	Ring Cu 75 / Zn 20 / Ni 05, Zentrum Ni, Cu 75 / Ni 25 plattiert	7.50 g	∅ 23.25 mm
2	Euro	2002–2019	Ring Cu 75 / Ni 25, Zentrum Ni, Cu 75 / Zn 20 / Ni 05 plattiert	8.50 g	∅ 25.75 mm
5	Euro	2016–2019	Außenring Cu 75 / Ni 25, Innenring Polymer, Zentrum Cu 81 / Ni 19	9.00 g	∅ 27.25 mm
10	Euro	2019	Außenring Cu 75 / Ni 25, Innenring Polymer, Zentrum Cu 81 / Ni 19	9.80 g	∅ 28.75 mm
10	Euro	2011–2015	Cu 75 / Ni 25	14.00 g	∅ 32.50 mm
10	Euro	2011–2015	Ag 625 / Cu 375	16.00 g	∅ 32.50 mm
10	Euro	2002–2010	Ag 925 / Cu 075	18.00 g	∅ 32.50 mm
20	Euro	2016–2019	Ag 925 / Cu 075	18.00 g	∅ 32.50 mm
25	Euro	2015	Ag 999	18.00 g	∅ 32.50 mm
20	Euro	2010–2019	Au 9999	3.89 g	∅ 17.50 mm
50	Euro	2017	Au 9999	7.78 g	∅ 20.00 mm
50	Euro	2018–2019	Au 9999	7.78 g	∅ 22.00 mm
100	Euro	2002–2019	Au 9999	15.55 g	∅ 28.00 mm
200	Euro	2002	Au 9999	31.10 g	∅ 32.50 mm

Tabellen zu den Münzen der Deutschen Demokratischen Republik siehe Seite 350. Münzen des Saarlandes siehe Seite 348.

Anhalt-Dessau

Herzogtum

FRIEDRICH I. 1871–1904

1 [19] 2 Mark (S) 1876. Friedrich (1831–1904), Kopfbild nach rechts. Rs. Reichsadler (erstes Modell). 900er Silber, 11.11 g, ∅ 28 mm, Riffelrand:

	Gesamtprägezahl	S	SS	VZ	ST	Spiegelglanz PP
1876 A	(200 000 Ex.)	150,–	300,–	1000,–	2500,–	

2 [179] 20 Mark (G) 1875. Typ wie Nr. 1. 900er Gold, 7.965 g, ∅ 22.5 mm, Schriftrand:

	Gesamtprägezahl	S	SS	VZ	ST	Spiegelglanz PP
1875 A	(25 000 Ex.)		2600,–	3700,–	5600,–	6200,–

Entwurf und Modell von Friedrich Wilhelm Kullrich.

3 [20] 2 Mark (S) 1896, 1901. Friedrich, Kopfbild nach rechts. Rs. Reichsadler (zweites Modell). 900er Silber, 11.11 g, ∅ 28 mm, Riffelrand:

	Gesamtprägezahl	S	SS	VZ	ST	Spiegelglanz PP
1896 A	(50 000 Ex.)	160,–	350,–	600,–	1200,–	1500,–
1901 A					–,–	

4 [21] 5 Mark (S) 1896. Typ wie Nr. 3. 900er Silber, 27.78 g, ∅ 38 mm, Schriftrand:

	Gesamtprägezahl	S	SS	VZ	ST	Spiegelglanz	PP
1896 A	(10 000 Ex.)	400,–	900,–	1600,–	3000,–		4000,–

5 [180] 10 Mark (G) 1896, 1901. Typ wie Nr. 3. 900er Gold, 3.982 g, ∅ 19.5 mm, Arabeskenrand:

	Gesamtprägezahl	S	SS	VZ	ST	Spiegelglanz	PP
1896 A	(20 000 Ex.)		1900,–	2600,–	3600,–	(200 Ex.)	5000,–
1901 A	(20 000 Ex.)		1900,–	2600,–	3600,–	(200 Ex.)	5000,–

6 [181] 20 Mark (G) 1896, 1901. Typ wie Nr. 3. 900er Gold, 7.965 g, ∅ 22.5 mm, Schriftrand:

	Gesamtprägezahl	S	SS	VZ	ST	Spiegelglanz	PP
1896 A	(15 000 Ex.)		2600,–	3400,–	4300,–	(200 Ex.)	6000,–
1901 A	(15 000 Ex.)		2600,–	3400,–	4300,–	(200 Ex.)	6000,–

Entwurf und Modell von Otto Schultz.

Ausgegeben ab 22. Mai 1896 (25. Jahrestag der Thronbesteigung) und 29. April 1901 (70. Geburtstag des Herzogs).

FRIEDRICH II. 1904–1918

7 [22] 2 Mark (S) 1904. Friedrich II. (1856–1918), Kopfbild nach links. Rs. Reichsadler (zweites Modell). 900er Silber, 11.11 g, ∅ 28 mm, Riffelrand:

	Gesamtprägezahl	S	SS	VZ	ST	Spiegelglanz	PP
1904 A	(50 000 Ex.)	160,–	300,–	600,–	1000,–	(150 Ex.)	1800,–

8 [182] 20 Mark (G) 1904. Typ wie Nr. 7. 900er Gold, 7.965 g, ∅ 22.5 mm, Schriftrand:

	Gesamtprägezahl	S	SS	VZ	ST	Spiegelglanz	PP
1904 A	(25 000 Ex.)		2400,–	3000,–	3800,–	(200 Ex.)	5000,–

Entwurf und Modell von Johannes Boese (Porträtseite).

9 [23] 3 Mark (S) 1909, 1911. Friedrich II., Kopfbild nach halblinks. Rs. Reichsadler (zweites Modell). 900er Silber, 16.67 g, ∅ 33 mm, Schriftrand:

1909 A	(100 000 Ex.)	60,–	90,–	150,–	300,–		400,–
1911 A	(100 000 Ex.)	60,–	90,–	150,–	300,–		400,–

Entwurf und Modell von Otto Schultz.

ZUR SILBERNEN HOCHZEIT (2)

10 [24] 3 Mark (S) 1914. Friedrich II. und Marie von Baden (1865–1939), gestaffelte Kopfbilder nach links. Rs. Reichsadler (zweites Modell). 900er Silber, 16.67 g, ∅ 33 mm, Schriftrand:

1914 A	(200 000 Ex.)		40,–	65,–	120,–	(1 000 Ex.)	250,–

10P 3 Mark (S) 1914. Motivprobe, mit Lorbeergirlande –,–

11 [25] 5 Mark (S) 1914. Typ wie Nr. 10. 900er Silber, 27.78 g, ∅ 38 mm, Schriftrand:

	Gesamtprägezahl	S	SS	VZ	ST	Spiegelglanz	PP
1914 A	(30 000 Ex.)		120,–	250,–	400,–	(1 000 Ex.)	600,–

Entwurf und Modell von Reinhard Kullrich (Porträtseite).

Baden

Großherzogtum

FRIEDRICH I. 1852–1907

1 [183] 10 Mark (G) 1872, 1873. Friedrich (1826–1907), Kopfbild nach links. Rs. Reichsadler (erstes Modell), Wertangabe in Kurzform. 900er Gold, 3.982 g, ∅ 19.5 mm, Arabeskenrand:

1872 G	(273 367 Ex.)	*MW*	260,–	700,–	2100,–	–,–
1873 G	(466 464 Ex.)	*MW*	260,–	700,–	2100,–	–,–

2 [184] 20 Mark (G) 1872, 1873. Typ wie Nr. 1. 900er Gold, 7.965 g, ∅ 22.5 mm, Schriftrand:

1872 G	(397 988 Ex.)	*MW*	370,–	600,–	1900,–
1873 G	(517 177 Ex.)	*MW*	370,–	600,–	1900,–

Entwurf und Modell von Christian Schnitzspahn (Porträtseite).

3 [26] 2 Mark (S) 1876, 1877, 1880, 1883, 1888. Rs. Reichsadler (erstes Modell). 900er Silber, 11.11 g, ∅ 28 mm, Riffelrand:

	Gesamtprägezahl	S	SS	VZ	ST	Spiegelglanz	PP
1876 G	(1 739 038 Ex.)	50,–	90,–	750,–	3000,–		–,–
1877 G	(763 927 Ex.)	60,–	120,–	1000,–	2500,–		–,–
1880 G	(74 000 Ex.)	90,–	260,–	1500,–	9000,–		–,–
1883 G	(45 493 Ex.)	120,–	300,–	1600,–	12000,–		–,–
1888 G	(75 279 Ex.)	80,–	150,–	1200,–	3000,–		–,–

4 [27] 5 Mark (S) 1874–1876, 1888. Typ wie Nr. 3. 900er Silber, 27.78 g, ∅ 38 mm, Schriftrand:

1874 G					–,–		
1875 G	(314 186 Ex.)	50,–	100,–	1500,–	6000,–		
1875 G	BΛDEN	50,–	100,–	1500,–	10000,–		
1876 G	(472 806 Ex.)	50,–	100,–	1200,–	5000,–		
1876 G	BΛDEN	50,–	100,–	1200,–	6000,–		
1888 G	(30 111 Ex.)	400,–	1200,–	4500,–	20000,–		
1888 G	BΛDEN	75,–	150,–	1200,–	6000,–		

Für die Prägestempel mit Λ (A ohne Balken) wurde eine kopfstehende Punze des Buchstabens V verwendet.

5 [185] 5 Mark (G) 1877. Typ wie Nr. 3. 900er Gold, 1.991 g, ∅ 17 mm, Rand glatt:

1877 G	(345 089 Ex.)		550,–	850,–	1550,–		2000,–

6 [186] 10 Mark (G) 1875–1881, 1888. Typ wie Nr. 3. 900er Gold, 3.982 g, ∅ 19.5 mm, Arabeskenrand:

	Gesamtprägezahl	S	SS	VZ	ST	Spiegelglanz	PP
1875 G	(338 679 Ex.)	*MW*	230,–	550,–	1300,–		
1876 G	(1 395 760 Ex.)	*MW*	220,–	460,–	1100,–		
1877 G	(159 333 Ex.)	*MW*	240,–	550,–	1800,–		
1878 G	(235 799 Ex.)	*MW*	220,–	500,–	1200,–		
1879 G	(98 000 Ex.)	*MW*	250,–	580,–	1900,–		
1880 G	(1 169 Ex.)		25000,–	32000,–	45000,–		
1881 G	(195 851 Ex.)	*MW*	220,–	500,–	1200,–		
1888 G	(122 036 Ex.)	*MW*	240,–	550,–	1800,–		

Jahrgänge 1878 und 1881 auch mit kopfstehender 8 in der Jahreszahl vorkommend.

7 [187] 20 Mark (G) 1874. Typ wie Nr. 3. 900er Gold, 7.965 g, ∅ 22.5 mm, Schriftrand:

1874 G	(154 903 Ex.)	*MW*	580,–	1300,–	2000,–

Entwurf und Modell von Christian Schnitzspahn (Porträtseite).

8 [28] 2 Mark (S) 1892, 1894, 1896, 1898–1902. Rs. Reichsadler (zweites Modell). 900er Silber, 11.11 g, ∅ 28 mm, Riffelrand:

1892 G	(106 750 Ex.)	50,–	90,–	350,–	1500,–	–,–
1894 G	(106 750 Ex.)	50,–	90,–	350,–	1500,–	
1896 G	(213 520 Ex.)	50,–	90,–	350,–	1200,–	
1898 G	(87 442 Ex.)	75,–	125,–	400,–	2000,–	–,–
1899 G	(327 061 Ex.)	40,–	80,–	300,–	1000,–	–,–
1900 G	(222 219 Ex.)	40,–	80,–	300,–	1000,–	–,–
1901 G	(451 322 Ex.)	40,–	80,–	300,–	1000,–	–,–
1902 G	(5 368 Ex.)	500,–	1200,–	2000,–	5000,–	–,–

9 [29] 5 Mark (S) 1891, 1893–1895, 1898–1902. Typ wie Nr. 8. 900er Silber, 27.78 g, ∅ 38 mm, Schriftrand:

	Gesamtprägezahl	S	SS	VZ	ST	Spiegelglanz PP
1891 G	(42 700 Ex.)	50,–	100,–	600,–	4000,–	
1891 G	BΛDEN	300,–	500,–	2400,–	20000,–	
1893 G	(42 700 Ex.)	50,–	100,–	600,–	4000,–	
1894 G	(60 915 Ex.)	45,–	90,–	500,–	3000,–	
1895 G	(73 418 Ex.)	45,–	90,–	500,–	3000,–	
1898 G	(131 341 Ex.)	40,–	75,–	450,–	2800,–	–,–
1899 G	(61 073 Ex.)	45,–	90,–	500,–	3000,–	
1900 G	(128 352 Ex.)	40,–	60,–	400,–	2500,–	
1901 G	(128 131 Ex.)	40,–	60,–	350,–	2000,–	
1902 G	(42 708 Ex.)	50,–	100,–	600,–	2500,–	–,–

10 [188] 10 Mark (G) 1890, 1891, 1893, 1896–1898, 1900, 1901. Typ wie Nr. 8. 900er Gold, 3.982 g, ∅ 19.5 mm, Arabeskenrand:

1890 G	(73 000 Ex.)	*MW*	280,–	450,–	950,–	
1891 G	(110 003 Ex.)	*MW*	250,–	400,–	650,–	
1893 G	(183 157 Ex.)	*MW*	250,–	400,–	650,–	
1896 G	(51 720 Ex.)	*MW*	350,–	500,–	1000,–	
1897 G	(69 904 Ex.)	*MW*	320,–	450,–	900,–	
1898 G	(256 063 Ex.)	*MW*	200,–	320,–	550,–	1100,–
1900 G	(30 598 Ex.)	*MW*	400,–	650,–	1250,–	
1901 G	(91 248 Ex.)	*MW*	260,–	450,–	700,–	1200,–

11 [189] 20 Mark (G) 1894, 1895. Typ wie Nr. 8. 900er Gold, 7.965 g, ∅ 22.5 mm, Schriftrand:

1894 G	(400 000 Ex.)	*MW*	380,–	480,–	700,–	
1895 G	(101 058 Ex.)	*MW*	400,–	550,–	900,–	

Entwurf und Modell von Christian Schnitzspahn (Porträtseite).

12 [30] 2 Mark (S) 1902. Friedrich, Kopfbild nach rechts, Lorbeerzweig und Gedenkdaten. Rs. Reichsadler (zweites Modell). 900er Silber, 11.11 g, ∅ 28 mm, Riffelrand:

	Gesamtprägezahl	S	SS	VZ	ST	Spiegelglanz	PP
1902 [G]	(375 018 Ex.)		20,–	35,–	50,–		

13 [31] 5 Mark (S) 1902. Typ wie Nr. 12. 900er Silber, 27.78 g, ∅ 38 mm, Schriftrand:

	Gesamtprägezahl	S	SS	VZ	ST	Spiegelglanz	PP
1902 [G]	(50 024 Ex.)		90,–	150,–	300,–		

Entwurf und Modell von Rudolf Mayer (Porträtseite).

14 [32] 2 Mark (S) 1902–1907. Friedrich, Kopfbild nach rechts. Rs. Reichsadler (zweites Modell). 900er Silber, 11.11 g, ∅ 28 mm, Riffelrand:

	Gesamtprägezahl	S	SS	VZ	ST	Spiegelglanz	PP
1902 G	(198 250 Ex.)	30,–	50,–	100,–	260,–		–,–
1903 G	(493 989 Ex.)	25,–	40,–	75,–	250,–		
1904 G	(1 121 754 Ex.)	25,–	40,–	70,–	200,–		
1905 G	(609 835 Ex.)	25,–	40,–	75,–	250,–		–,–
1906 G	(107 549 Ex.)	50,–	100,–	400,–	2000,–	(30 Ex.)	–,–
1907 G	(913 024 Ex.)	25,–	40,–	65,–	150,–		–,–

15 [33] 5 Mark (S) 1902–1904, 1907. Typ wie Nr. 14. 900er Silber, 27.78 g, ∅ 38 mm, Schriftrand:

	Gesamtprägezahl	S	SS	VZ	ST	Spiegelglanz	PP
1902 G	(128 100 Ex.)	35,–	60,–	180,–	1200,–		–,–
1903 G	(439 105 Ex.)	30,–	50,–	150,–	650,–		–,–
1904 G	(237 914 Ex.)	30,–	50,–	150,–	650,–		–,–
1907 G	(243 821 Ex.)	30,–	50,–	150,–	650,–		–,–

16 [190] 10 Mark (G) 1902–1907. Typ wie Nr. 14. 900er Gold, 3.982 g, ∅ 19.5 mm, Arabeskenrand:

1902 G	(30 409 Ex.)	*MW*	350,–	650,–	1200,–		
1903 G	(109 450 Ex.)	*MW*	240,–	400,–	700,–		–,–
1904 G	(149 240 Ex.)	*MW*	240,–	400,–	700,–		
1905 G	(95 932 Ex.)	*MW*	260,–	450,–	800,–		–,–
1906 G	(120 902 Ex.)	*MW*	240,–	400,–	700,–		4000,–
1907 G	(121 902 Ex.)	*MW*	240,–	400,–	700,–		–,–

Entwurf und Modell von Otto Schultz.

ZUR GOLDENEN HOCHZEIT (2)

17 [34] 2 Mark (S) 1906. Friedrich und Luise von Preußen (1838–1923), Kopfbilder nach rechts. Rs. Reichsadler (zweites Modell). 900er Silber, 11.11 g, ∅ 28 mm, Riffelrand:

1906 [G]	(350 000 Ex.)		20,–	30,–	50,–		

18 [35] 5 Mark (S) 1906. Typ wie Nr. 17. 900er Silber, 27.78 g, ∅ 38 mm, Schriftrand:

1906 [G]	(60 000 Ex.)		90,–	160,–	280,–		

19 [36] 2 Mark (S) 1907. Friedrich, Kopfbild nach rechts, Lebensdaten. Rs. Reichsadler (zweites Modell). 900er Silber, 11.11 g, ∅ 28 mm, Riffelrand:

	Gesamtprägezahl	S	SS	VZ	ST	Spiegelglanz	PP
1907 [G]	(350 002 Ex.)		35,–	60,–	120,–		–,–

20 [37] 5 Mark (S) 1907. Typ wie Nr. 19. 900er Silber, 27.78 g, ∅ 38 mm, Schriftrand:

	Gesamtprägezahl	S	SS	VZ	ST	Spiegelglanz	PP
1907 [G]	(60 000 Ex.)		100,–	180,–	300,–		–,–

FRIEDRICH II. 1907–1918

21 [38] 2 Mark (S) 1911, 1913. Friedrich II. (1857–1928), Kopfbild nach links. Rs. Reichsadler (zweites Modell). 900er Silber, 11.11 g, ∅ 28 mm, Riffelrand:

	Gesamtprägezahl	S	SS	VZ	ST	Spiegelglanz	PP
1911 G	(77 000 Ex.)	150,–	250,–	400,–	800,–		–,–
1913 G	(289 690 Ex.)	120,–	240,–	350,–	700,–		–,–

22 [39] 3 Mark (S) 1908–1912, 1914, 1915. Typ wie Nr. 21. 900er Silber, 16.67 g, ∅ 33 mm, Schriftrand:

	Gesamtprägezahl	S	SS	VZ	ST	Spiegelglanz PP
1908 G	(304 927 Ex.)	15,–	25,–	40,–	120,–	200,–
1909 G	(760 716 Ex.)	15,–	20,–	35,–	100,–	–,–
1910 G	(674 649 Ex.)	15,–	20,–	35,–	100,–	–,–
1911 G	(382 039 Ex.)	15,–	20,–	35,–	100,–	–,–
1912 G	(866 911 Ex.)	15,–	20,–	30,–	100,–	–,–
1914 G	(412 804 Ex.)	15,–	20,–	35,–	100,–	
1915 G	(62 205 Ex.)	25,–	50,–	100,–	250,–	

23 [40] 5 Mark (S) 1908, 1913. Typ wie Nr. 21. 900er Silber, 27.78 g, ∅ 38 mm, Schriftrand:

1908 G	(281 568 Ex.)	35,–	60,–	150,–	600,–	–,–
1913 G	(244 000 Ex.)	35,–	60,–	120,–	400,–	950,–

24 [191] 10 Mark (G) 1909–1913. Typ wie Nr. 21. 900er Gold, 3.982 g, ∅ 19.5 mm, Arabeskenrand:

1909 G	(86 000 Ex.)	*MW*	600,–	1000,–	1400,–	–,–
1910 G	(60 649 Ex.)	*MW*	700,–	1200,–	1500,–	–,–
1911 G	(29 488 Ex.)		2400,–	4600,–	10000,–	
1912 G	(25 975 Ex.)	*MW*	900,–	1600,–	2400,–	4000,–
1913 G	(41 567 Ex.)	*MW*	700,–	1300,–	1900,–	4000,–

Jahrgänge 1911 und 1912 auch mit unten offener 0 der Wertzahl vorkommend (Stempelabnutzung).

25 [192] 20 Mark (G) 1911–1914. Typ wie Nr. 21. 900er Gold, 7.965 g, ∅ 22.5 mm, Schriftrand:

1911 G	(190 836 Ex.)	*MW*	370,–	500,–	700,–	–,–
1912 G	(311 063 Ex.)	*MW*	370,–	470,–	650,–	
1913 G	(85 374 Ex.)	*MW*	400,–	550,–	750,–	
1914 G	(280 520 Ex.)	*MW*	370,–	470,–	650,–	4500,–

Bayern

Königreich

Die bis 1856 geprägten Heller blieben in Bayern bis 1909 als ½ Pfennig der Reichswährung gesetzliche Zahlungsmittel.

LUDWIG II. 1864–1886

Unter der Vormundschaft von Prinzregent Luitpold ab 1886

1 [193] 10 Mark (G) 1872, 1873. Ludwig II. (1845–1886), Kopfbild nach rechts. Rs. Reichsadler (erstes Modell), Wertangabe in Kurzform. 900er Gold, 3.982 g, ∅ 19.5 mm, Arabeskenrand:

	Gesamtprägezahl	S	SS	VZ	ST	Spiegelglanz	PP
1872 D	(625 708 Ex.)	MW	280,–	500,–	1300,–		
1873 D	(1 198 125 Ex.)	MW	250,–	400,–	1000,–		

2 [194] 20 Mark (G) 1872, 1873. Typ wie Nr. 1. 900er Gold, 7.965 g, ∅ 22.5 mm, Schriftrand:

1872 D	(1 555 832 Ex.)	MW	400,–	580,–	1400,–		
1873 D	(2 770 067 Ex.)	MW	380,–	550,–	1200,–		

Entwurf und Modell von Johann Adam Ries (Porträtseite).

3 [41] 2 Mark (S) 1876, 1877, 1880, 1883. Rs. Reichsadler (erstes Modell). 900er Silber, 11.11 g, ∅ 28 mm, Riffelrand:

1876 D	(5 370 139 Ex.)	25,–	60,–	240,–	650,–		
1877 D	(1 511 500 Ex.)	35,–	75,–	300,–	900,–		
1880 D	(168 974 Ex.)	75,–	180,–	650,–	1800,–		
1883 D	(104 217 Ex.)	75,–	180,–	650,–	1800,–		

4 [42] 5 Mark (S) 1874–1876. Typ wie Nr. 3. 900er Silber, 27.78 g, ∅ 38 mm, Schriftrand:

	Gesamtprägezahl	S	SS	VZ	ST	Spiegelglanz PP
1874 D	(84 960 Ex.)	35,–	60,–	350,–	1400,–	
1875 D	(656 751 Ex.)	30,–	50,–	250,–	1000,–	
1876 D	(1 129 555 Ex.)	30,–	50,–	250,–	750,–	

5 [195] 5 Mark (G) 1877, 1878. Typ wie Nr. 3. 900er Gold, 1.991 g, ∅ 17 mm, Rand glatt:

1877 D	(635 020 Ex.)		430,–	650,–	950,–	
1878 D	(127 853 Ex.)		750,–	1200,–	2000,–	

6 [196] 10 Mark (G) 1874–1881. Typ wie Nr. 3. 900er Gold, 3.982 g, ∅ 19.5 mm, Arabeskenrand:

1874 D	(406 610 Ex.)	*MW*	210,–	420,–	1000,–	
1875 D	(815 858 Ex.)	*MW*	210,–	400,–	900,–	
1876 D	(684 451 Ex.)	*MW*	220,–	420,–	950,–	
1877 D	(282 900 Ex.)	*MW*	220,–	420,–	950,–	
1878 D	(637 876 Ex.)	*MW*	200,–	370,–	950,–	
1879 D	(223 606 Ex.)	*MW*	230,–	480,–	1100,–	
1880 D	(299 200 Ex.)	*MW*	210,–	420,–	1000,–	
1881 D	(156 693 Ex.)	*MW*	220,–	480,–	1100,–	

7 [197] 20 Mark (G) 1874–1876, 1878. Typ wie Nr. 3. 900er Gold, 7.965 g, ∅ 22.5 mm, Schriftrand:

	Gesamtprägezahl	S	SS	VZ	ST	Spiegelglanz	PP
1874 D	(615 335 Ex.)	*MW*	400,–	600,–	1000,–		
1875 D	*unten enthalten*		1300,–	2600,–	3800,–		
1876 D	(453 748 Ex.)	*MW*	400,–	620,–	1100,–		
1878 D	(50 490 Ex.)		620,–	1200,–	2500,–		

Entwurf und Modell von Johann Adam Ries (Porträtseite).

Prägungen im Typ der Nr. 7 mit Jahreszahl 1887 sind private Phantasieerzeugnisse (Fälschungen) aus späterer Zeit (zwischen 1961 und 1974 entstanden).

OTTO 1886–1913

Unter der Vormundschaft von Prinzregent Luitpold bis 1912 und Ludwig III. ab 1912

8 [43] 2 Mark (S) 1888. Otto (1848–1916), Kopfbild nach links. Rs. Reichsadler (erstes Modell). 900er Silber, 11.11 g, ∅ 28 mm, Riffelrand:

1888 D	(172 368 Ex.)	200,–	400,–	800,–	1700,–		

9 [44] 5 Mark (S) 1888. Typ wie Nr. 8. 900er Silber, 27.78 g, ∅ 38 mm, Schriftrand:

1888 D	(68 947 Ex.)	150,–	350,–	700,–	2400,–		

10 [198] 10 Mark (G) 1888. Typ wie Nr. 8. 900er Gold, 3.982 g, ∅ 19.5 mm, Arabeskenrand:

1888 D	(281 259 Ex.)		500,–	750,–	1600,–		

Entwurf und Modell von Alois Börsch (Porträtseite).

11 [45] 2 Mark (S) 1891, 1893, 1896, 1898–1908, 1912, 1913. Rs. Reichsadler (zweites Modell). 900er Silber, 11.11 g, ∅ 28 mm, Riffelrand:

	Gesamtprägezahl	S	SS	VZ	ST	Spiegelglanz	PP
1891 D	(246 050 Ex.)	18,–	30,–	75,–	300,–		
1893 D	(246 050 Ex.)	18,–	30,–	75,–	350,–		
1896 D	(492 131 Ex.)	18,–	30,–	75,–	320,–		
1898 D	(201 476 Ex.)	30,–	75,–	200,–	1000,–		
1899 D	(753 396 Ex.)	15,–	25,–	40,–	180,–		
1900 D	(722 482 Ex.)	15,–	25,–	40,–	150,–		
1901 D	(809 064 Ex.)	15,–	25,–	40,–	150,–		
1902 D	(1 320 781 Ex.)	12,–	20,–	35,–	120,–		
1903 D	(1 406 067 Ex.)	12,–	20,–	35,–	120,–		
1904 D	(2 320 238 Ex.)	12,–	20,–	35,–	100,–		
1905 D	(1 406 100 Ex.)	12,–	20,–	35,–	100,–		
1906 D	(1 054 500 Ex.)	12,–	20,–	35,–	100,–		
1907 D	(2 106 712 Ex.)	12,–	20,–	35,–	100,–		
1908 D	(632 700 Ex.)	15,–	25,–	40,–	120,–		
1912 D	(213 652 Ex.)	15,–	25,–	40,–	120,–		
1913 D	(97 698 Ex.)	30,–	75,–	150,–	350,–		

Varianten mit offener Stirnlocke des Königs beruhen auf abgenutzten und nachgeschliffenen Prägestempeln.

12 [47] 3 Mark (S) 1908–1913. Typ wie Nr. 11. 900er Silber, 16.67 g, ∅ 33 mm, Schriftrand:

1908 D	(680 529 Ex.)	*MW*	18,–	30,–	80,–
1909 D	(1 827 460 Ex.)	*MW*	18,–	30,–	80,–
1910 D	(1 496 091 Ex.)	*MW*	18,–	30,–	80,–
1911 D	(843 437 Ex.)	*MW*	18,–	30,–	80,–
1912 D	(1 013 650 Ex.)	*MW*	18,–	30,–	80,–
1913 D	(731 275 Ex.)	*MW*	18,–	30,–	80,–

13 [46] 5 Mark (S) 1891, 1893–1896, 1898–1904, 1906–1908, 1913. Typ wie Nr. 11. 900er Silber, 27.78 g, ∅ 38 mm, Schriftrand:

	Gesamtprägezahl	S	SS	VZ	ST	Spiegelglanz	PP
1891 D	(98 420 Ex.)	25,–	40,–	120,–	900,–		
1893 D	(98 420 Ex.)	25,–	40,–	120,–	900,–		
1894 D	(140 562 Ex.)	25,–	40,–	100,–	700,–		
1895 D	(140 639 Ex.)	25,–	40,–	100,–	700,–		
1896 D	(28 120 Ex.)	120,–	200,–	1000,–	3000,–		
1898 D	(303 040 Ex.)	25,–	35,–	95,–	600,–		
1899 D	(140 640 Ex.)	25,–	35,–	95,–	600,–		
1900 D	(295 245 Ex.)	25,–	35,–	90,–	500,–		
1901 D	(275 371 Ex.)	25,–	35,–	90,–	500,–		
1902 D	(486 049 Ex.)	*MW*	30,–	70,–	350,–		
1903 D	(1 012 097 Ex.)	*MW*	30,–	70,–	350,–		
1904 D	(548 340 Ex.)	*MW*	30,–	70,–	350,–		
1906 D	(70 249 Ex.)	35,–	60,–	275,–	800,–		
1907 D	(752 658 Ex.)	*MW*	30,–	50,–	200,–		
1908 D	(536 579 Ex.)	*MW*	30,–	50,–	150,–		
1913 D	(420 000 Ex.)	*MW*	30,–	50,–	150,–		

14 [199] 10 Mark (G) 1890, 1893, 1896, 1898, 1900. Typ wie Nr. 11. 900er Gold, 3.982 g, ∅ 19.5 mm, Arabeskenrand:

1890 D	(419 965 Ex.)	*MW*	240,–	400,–	800,–		
1893 D	(421 912 Ex.)	*MW*	240,–	400,–	800,–		
1896 D	(281 476 Ex.)	*MW*	260,–	420,–	850,–		
1898 D	(588 724 Ex.)	*MW*	220,–	360,–	700,–		
1900 D	*unten enthalten*	*MW*	260,–	420,–	850,–		

15 [200] 20 Mark (G) 1895, 1900, 1905, 1913. Typ wie Nr. 11. 900er Gold, 7.965 g, ∅ 22.5 mm, Schriftrand:

	Gesamtprägezahl	S	SS	VZ	ST	Spiegelglanz	PP
1895 D	(501 095 Ex.)	*MW*	370,–	460,–	650,–		
1900 D	(501 217 Ex.)	*MW*	370,–	460,–	650,–		
1905 D	(500 365 Ex.)	*MW*	370,–	460,–	650,–		
1913 D	(310 778 Ex.)				22500,–		

Entwurf und Modell von Alois Börsch (Porträtseite).

Der Jahrgang 1913 kam größtenteils in den Juliusturm der Festung Spandau.

16 [201] 10 Mark (G) 1900–1907, 1909–1912. Otto, Kopfbild nach links, abgekürzte Titelumschrift. Rs. Reichsadler (zweites Modell). 900er Gold, 3.982 g, ∅ 19.5 mm, Arabeskenrand:

1900 D	(140 798 Ex.)	*MW*	230,–	320,–	700,–		
1901 D	(140 639 Ex.)	*MW*	230,–	320,–	700,–		
1902 D	(68 308 Ex.)	*MW*	270,–	400,–	900,–		
1903 D	(534 426 Ex.)	*MW*	230,–	320,–	500,–		
1904 D	(210 912 Ex.)	*MW*	230,–	320,–	500,–		
1905 D	(281 231 Ex.)	*MW*	220,–	300,–	480,–		
1906 D	(140 512 Ex.)	*MW*	230,–	320,–	500,–		
1907 D	(211 211 Ex.)	*MW*	220,–	300,–	480,–		
1909 D	(208 970 Ex.)	*MW*	230,–	320,–	500,–		
1910 D	(140 755 Ex.)	*MW*	220,–	300,–	480,–		–,–
1911 D	(71 616 Ex.)	*MW*	260,–	380,–	600,–		–,–
1912 D	(140 874 Ex.)	*MW*	220,–	300,–	480,–		–,–

17 [48] 2 Mark (S) 1911. Luitpold (1821–1912), Prinzregent von Bayern ab 1886, Kopfbild nach rechts, unten Datumsangabe. Rs. Reichsadler (zweites Modell). 900er Silber, 11.11 g, ∅ 28 mm, Riffelrand:

	Gesamtprägezahl	S	SS	VZ	ST	Spiegelglanz	PP
1911 D	(640 000 Ex.)		15,–	25,–	50,–		–,–

18 [49] 3 Mark (S) 1911. Typ wie Nr. 17. 900er Silber, 16.67 g, ∅ 33 mm, Schriftrand:

	Gesamtprägezahl	S	SS	VZ	ST	Spiegelglanz	PP
1911 D	(639 721 Ex.)		20,–	30,–	60,–		120,–

18P 3 Mark (S) 1911. Motivprobe, Jahreszahlen im Feld, Titelumschrift als Prinzregent des Königreichs Bayern ST 4000,–

19 [50] 5 Mark (S) 1911. Typ wie Nr. 17. 900er Silber, 27.78 g, ∅ 38 mm, Schriftrand:

	Gesamtprägezahl	S	SS	VZ	ST	Spiegelglanz	PP
1911 D	(160 000 Ex.)		65,–	100,–	200,–		300,–

20 [51] 2 Mark (S) 1914. Ludwig III. (1845–1921), Kopfbild nach links. Rs. Reichsadler (zweites Modell). 900er Silber, 11.11 g, ∅ 28 mm, Riffelrand:

	Gesamtprägezahl	S	SS	VZ	ST	Spiegelglanz	PP
1914 D	(573 533 Ex.)	25,–	50,–	90,–	150,–		275,–

21 [52] 3 Mark (S) 1914. Typ wie Nr. 20. 900er Silber, 16.67 g, ∅ 33 mm, Schriftrand:

1914 D	(717 460 Ex.)	15,–	25,–	40,–	80,–		300,–

21P 3 Mark (S) 1914. Motivprobe, Kopfbild nach rechts PP 4000,–

22 [53] 5 Mark (S) 1914. Typ wie Nr. 20. 900er Silber, 27.78 g, ∅ 38 mm, Schriftrand:

1914 D	(142 400 Ex.)	50,–	90,–	150,–	250,–		600,–

22P 5 Mark (S) 1914. Motivprobe mit größeren Buchstaben auf der Porträtseite PP 5000,–

23 [202] 20 Mark (G) 1914. Typ wie Nr. 20. 900er Gold, 7.965 g, ∅ 22.5 mm, Schriftrand:

	Gesamtprägezahl	S	SS	VZ	ST	Spiegelglanz	PP
1914 D	(532 851 Ex.)		3500,–	6000,–	10000,–		10000,–

Nr. 23 kam größtenteils in den Juliusturm der Festung Spandau.

23P 20 Mark (G) 1914. Motivprobe, Buchstaben der Porträtseite mit Serifen PP 10000,–

ZUR GOLDENEN HOCHZEIT

24 [54] 3 Mark (S) 1918. Ludwig III. und Marie Therese von Habsburg-Modena (1849–1919), gestaffelte Kopfbilder nach rechts. Rs. Reichsadler (zweites Modell). 900er Silber, 16.67 g, ∅ 33 mm, Schriftrand:

1918 D	(100 Ex.)			20000,–	30000,–		(5 Ex.) 35000,–

Braunschweig

Herzogtum

WILHELM 1831–1884

(Linie Braunschweig-Oels)

1 [203] 20 Mark (G) 1875. Wilhelm (1806–1884), Kopfbild nach links. Rs. Reichsadler (erstes Modell). 900er Gold, 7.965 g, ∅ 22.5 mm, Schriftrand:

	Gesamtprägezahl	**S**	**SS**	**VZ**	**ST**	Spiegelglanz	**PP**
1875 A	(100 000 Ex.)		1400,–	2300,–	4900,–		

Entwurf und Modell von Heinrich Friedrich Brehmer (Porträtseite).

Prägungen im Typ der Nr. 1 mit Jahreszahl 1876 A sind private Phantasieerzeugnisse (Fälschungen) aus späterer Zeit (zwischen 1961 und 1974 entstanden).

ERNST AUGUST (III.) 1913–1918

(Sohn des 3. Herzogs von Cumberland und Teviotdale)

2. JAHRESTAG DER THRONBESTEIGUNG (4)

2 [55] 3 Mark (S) 1915. Ernst August (1887–1953) und Viktoria Luise von Preußen, Titelumschrift als Herzog und Herzogin zu Braunschweig. Rs. Reichsadler (zweites Modell). 900er Silber, 16.67 g, ∅ 33 mm, Schriftrand:

		S	SS	VZ	ST	Spiegelglanz	PP
1915 A	(1 700 Ex.)		1200,–	2000,–	3000,–		3000,–

3 [56] 5 Mark (S) 1915. Typ wie Nr. 2. 900er Silber, 27.78 g, ∅ 38 mm, Schriftrand:

	Gesamtprägezahl	S	SS	VZ	ST	Spiegelglanz	PP
1915 A	(1 400 Ex.)		1500,–	2500,–	4000,–		4000,–

4 [57] 3 Mark (S) 1915. Ernst August und Viktoria Luise, Titelumschrift als Herzog und Herzogin zu Braunschweig und Lüneburg. Rs. Reichsadler (zweites Modell). 900er Silber, 16.67 g, ∅ 33 mm, Schriftrand:

	Gesamtprägezahl	S	SS	VZ	ST	Spiegelglanz	PP
1915 A	(31 634 Ex.)		90,–	160,–	275,–		

5 [58] 5 Mark (S) 1915. Typ wie Nr. 4. 900er Silber, 27.78 g, ∅ 38 mm, Schriftrand:

	Gesamtprägezahl	S	SS	VZ	ST	Spiegelglanz	PP
1915 A	(8 600 Ex.)		400,–	750,–	1200,–		–,–

Bremen

Freie Hansestadt

1 [59] 2 Mark (S) 1904. Stadtwappen ohne Perlkreis. Rs. Reichsadler (zweites Modell). 900er Silber, 11.11 g, ∅ 28 mm, Riffelrand:

	Gesamtprägezahl	S	SS	VZ	ST	Spiegelglanz	PP
1904 J	(100 000 Ex.)	30,–	60,–	100,–	200,–	(200 Ex.)	250,–

A2 5 Mark (S) 1904, 1905. Typ wie Nr. 1. 900er Silber, 27.78 g, ∅ 38 mm, Schriftrand:

	Gesamtprägezahl	S	SS	VZ	ST	Spiegelglanz	PP
1904 J	*				25000,–	(11 Ex.)	–,–
1905 J	(20 Ex.)				50000,–		

Entwurf von Otto Hupp, Modell von Heinrich Zehn (Wappenseite).

* Eingeschmolzen bis auf 40 Ex.

2 [60] 5 Mark (S) 1906. Stadtwappen im Perlkreis. Rs. Reichsadler (zweites Modell). 900er Silber, 27.78 g, ∅ 38 mm, Schriftrand:

1906 J	(40 846 Ex.)	120,–	200,–	300,–	450,–	(600 Ex.)	800,–

3 [204] 10 Mark (G) 1907. Typ wie Nr. 2. 900er Gold, 3.982 g, ∅ 19.5 mm, Arabeskenrand:

1907 J	(20 006 Ex.)		1700,–	2600,–	3800,–		3800,–

4 [205] 20 Mark (G) 1906. Typ wie Nr. 2. 900er Gold, 7.965 g, ∅ 22.5 mm, Schriftrand:

	Gesamtprägezahl	S	SS	VZ	ST	Spiegelglanz	PP
1906 J	(20 122 Ex.)		1800,–	2800,–	3600,–		3600,–

Hamburg

Freie und Hansestadt

1 [206] 10 Mark (G) 1873. Behelmtes Stadtwappen in unten abgerundetem Schild. Rs. Reichsadler (erstes Modell), Wertangabe in Kurzform. 900er Gold, 3.982 g, ∅ 19.5 mm, Arabeskenrand:

1873 B	(25 200 Ex.)		3400,–	4800,–	7500,–		–,–

Entwurf und Modell von Heinrich Friedrich Brehmer (Wappenseite).

2 [207] 10 Mark (G) 1874. Behelmtes Stadtwappen in unten zugespitztem Schild. Rs. Reichsadler (erstes Modell). 900er Gold, 3.982 g, ∅ 19.5 mm, Arabeskenrand:

1874 B	(50 200 Ex.)		2000,–	3200,–	5500,–		

Entwurf und Modell von Heinrich Friedrich Brehmer (Wappenseite).

Nr. 2 wurde bereits Ende 1873 geprägt und stellt die erste Reichsmünze mit der neuen Wertseite dar.

3 [61] 2 Mark (S) 1876–1878, 1880, 1883, 1888. Behelmtes Stadtwappen mit Schildhaltern. Rs. Reichsadler (erstes Modell). 900er Silber, 11.11 g, ∅ 28 mm, Riffelrand:

	Gesamtprägezahl	S	SS	VZ	ST	Spiegelglanz	PP
1876 J	(3 961 933 Ex.)	20,–	40,–	200,–	600,–		
1877 J	(499 631 Ex.)	30,–	60,–	300,–	1200,–		
1878 J	(349 578 Ex.)	25,–	50,–	250,–	900,–		
1880 J	(98 936 Ex.)	60,–	120,–	450,–	1250,–		
1883 J	(60 446 Ex.)	75,–	150,–	500,–	1500,–		
1888 J	(99 820 Ex.)	60,–	120,–	450,–	1250,–		

4 [62] 5 Mark (S) 1875, 1876, 1888. Typ wie Nr. 3. 900er Silber, 27.78 g, ∅ 38 mm, Schriftrand:

1875 J	(285 661 Ex.)	30,–	60,–	800,–	2500,–		
1876 J	(930 000 Ex.)	25,–	50,–	500,–	2000,–		
1888 J	(40 363 Ex.)	60,–	120,–	1000,–	3500,–		

5 [208] 5 Mark (G) 1877. Typ wie Nr. 3. 900er Gold, 1.991 g, ∅ 17 mm, Rand glatt:

	Gesamtprägezahl	S	SS	VZ	ST	Spiegelglanz	PP
1877 J	(440 820 Ex.)		600,–	850,–	1200,–		6000,–

6 [209] 10 Mark (G) 1875–1880, 1888. Typ wie Nr. 3. 900er Gold, 3.982 g, ∅ 19.5 mm, Arabeskenrand:

	Gesamtprägezahl	S	SS	VZ	ST	Spiegelglanz	PP
1875 J	(608 367 Ex.)	*MW*	250,–	450,–	850,–		–,–
1876 J	(6 321 Ex.)		800,–	1700,–	3000,–		
1877 J	(221 182 Ex.)	*MW*	240,–	400,–	750,–		
1878 J	(316 110 Ex.)	*MW*	240,–	400,–	650,–		
1879 J	(255 482 Ex.)	*MW*	270,–	420,–	750,–		
1880 J	(139 230 Ex.)	*MW*	240,–	400,–	650,–		
1888 J	(162 864 Ex.)	*MW*	240,–	400,–	700,–		

Der reguläre Prägebetrieb in Hamburg mit den Maschinen aus Straßburg wurde im Januar 1875 mit Nr. 6 aufgenommen. Hierzu waren 50 000 justierte Münzronden aus Berlin angeliefert worden.

7 [210] 20 Mark (G) 1875–1881, 1883, 1884, 1887, 1889. Typ wie Nr. 3. 900er Gold, 7.965 g, ∅ 22.5 mm, Schriftrand:

	Gesamtprägezahl	S	SS	VZ	ST	Spiegelglanz	PP
1875 J	(312 891 Ex.)	*MW*	350,–	450,–	600,–		–,–
1876 J	(1 723 391 Ex.)	*MW*	350,–	450,–	550,–		
1877 J	(1 324 286 Ex.)	*MW*	350,–	450,–	550,–		
1878 J	(2 007 960 Ex.)	*MW*	350,–	450,–	550,–		
1879 J	(104 126 Ex.)		550,–	1200,–	1800,–		
1880 J	(119 910 Ex.)	*MW*	350,–	450,–	650,–		
1881 J	(500 Ex.)		15000,–	25000,–	40000,–		45000,–
1883 J	(124 636 Ex.)	*MW*	350,–	450,–	650,–		
1884 J	(638 867 Ex.)	*MW*	320,–	410,–	550,–		
1887 J	(250 595 Ex.)	*MW*	340,–	420,–	600,–		
1889 J	(14 429 Ex.)		1200,–	2200,–	3000,–		

Entwurf und Modell von Emil Weigand (Wappenseite).

8 [63] 2 Mark (S) 1892, 1893, 1896, 1898–1908, 1911–1914. Rs. Reichsadler (zweites Modell). 900er Silber, 11.11 g, ∅ 28 mm, Riffelrand:

	Gesamtprägezahl	S	SS	VZ	ST	Spiegelglanz	PP
1892 J	(140 975 Ex.)	20,–	40,–	100,–	400,–		
1893 J	(145 800 Ex.)	20,–	40,–	100,–	400,–		
1896 J	(286 434 Ex.)	20,–	40,–	100,–	400,–		
1898 J	(117 843 Ex.)	30,–	60,–	150,–	600,–		
1899 J	(286 360 Ex.)	18,–	35,–	80,–	250,–		
1900 J	(576 669 Ex.)	18,–	35,–	70,–	200,–		
1901 J	(482 408 Ex.)	18,–	35,–	70,–	200,–		
1902 J	(778 880 Ex.)	18,–	35,–	70,–	200,–		
1903 J	(817 215 Ex.)	18,–	35,–	70,–	200,–		
1904 J	(1 247 905 Ex.)	12,–	25,–	60,–	180,–		
1905 J	(204 465 Ex.)	30,–	60,–	150,–	500,–		750,–
1906 J	(1 224 910 Ex.)	12,–	25,–	60,–	150,–		
1907 J	(1 225 503 Ex.)	12,–	25,–	60,–	150,–		
1908 J	(367 750 Ex.)	15,–	30,–	70,–	160,–		200,–
1911 J	(204 250 Ex.)	15,–	30,–	70,–	160,–		
1912 J	(78 500 Ex.)	30,–	60,–	180,–	400,–		300,–
1913 J	(105 325 Ex.)	15,–	30,–	70,–	160,–		200,–
1914 J	(327 758 Ex.)	15,–	30,–	70,–	160,–		

9 [64] 3 Mark (S) 1908–1914. Typ wie Nr. 8. 900er Silber, 16.67 g, ∅ 33 mm, Schriftrand:

1908 J	(408 475 Ex.)	18,–	25,–	40,–	120,–		200,–
1909 J	(1 388 892 Ex.)	15,–	20,–	30,–	90,–		
1910 J	(525 500 Ex.)	15,–	20,–	30,–	90,–		
1911 J	(922 000 Ex.)	15,–	20,–	30,–	90,–		200,–
1912 J	(491 088 Ex.)	15,–	20,–	30,–	90,–		600,–
1913 J	(343 900 Ex.)	15,–	20,–	30,–	90,–		
1914 J	(575 111 Ex.)	15,–	20,–	30,–	90,–		600,–

10 [65] 5 Mark (S) 1891, 1893–1896, 1898–1904, 1907, 1908, 1913. Typ wie Nr. 8. 900er Silber, 27.78 g, ∅ 38 mm, Schriftrand:

	Gesamtprägezahl	S	SS	VZ	ST	Spiegelglanz	PP
1891 J	(59 409 Ex.)	30,–	60,–	200,–	1200,–		
1893 J	(54 660 Ex.)	30,–	60,–	200,–	1200,–		
1894 J	(81 700 Ex.)	30,–	50,–	160,–	1000,–		
1895 J	(81 700 Ex.)	30,–	50,–	160,–	1000,–		
1896 J	(16 340 Ex.)	120,–	250,–	800,–	3500,–		
1898 J	(175 976 Ex.)	30,–	50,–	120,–	600,–		
1899 J	(81 700 Ex.)	30,–	60,–	150,–	750,–		
1900 J	(171 859 Ex.)	30,–	40,–	100,–	500,–		
1901 J	(171 603 Ex.)	30,–	40,–	100,–	500,–		
1902 J	(294 034 Ex.)	25,–	35,–	90,–	450,–		
1903 J	(588 335 Ex.)	25,–	35,–	90,–	400,–		
1904 J	(318 640 Ex.)	25,–	35,–	90,–	400,–		
1907 J	(325 534 Ex.)	25,–	35,–	90,–	300,–		
1908 J	(457 794 Ex.)	25,–	35,–	90,–	300,–		
1913 J	(326 800 Ex.)	25,–	35,–	90,–	250,–		

11 [211] 10 Mark (G) 1890, 1893, 1896, 1898, 1900–1903, 1905–1913. Typ wie Nr. 8. 900er Gold, 3.982 g, ∅ 19.5 mm, Arabeskenrand:

1890 J	(244 738 Ex.)	*MW*	230,–	400,–	550,–		
1893 J	(245 564 Ex.)	*MW*	230,–	400,–	550,–		
1896 J	(163 510 Ex.)	*MW*	230,–	400,–	550,–		
1898 J	(344 101 Ex.)	*MW*	230,–	400,–	550,–		
1900 J	(81 654 Ex.)	*MW*	240,–	410,–	600,–		
1901 J	(81 891 Ex.)	*MW*	240,–	410,–	600,–		
1902 J	(40 763 Ex.)	*MW*	300,–	500,–	850,–		
1903 J	(310 168 Ex.)	*MW*	230,–	380,–	500,–		1850,–
1905 J	(164 000 Ex.)	*MW*	230,–	400,–	550,–		–,–
1906 J	(163 547 Ex.)	*MW*	230,–	400,–	550,–		
1907 J	(111 373 Ex.)	*MW*	230,–	400,–	550,–		
1908 J	(31 665 Ex.)		350,–	600,–	1000,–		
1909 J	(122 245 Ex.)	*MW*	230,–	400,–	550,–		–,–
1910 J	(40 598 Ex.)	*MW*	240,–	420,–	600,–		
1911 J	(75 000 Ex.)	*MW*	230,–	400,–	550,–		2200,–
1912 J	(47 775 Ex.)	*MW*	240,–	420,–	700,–		1600,–
1913 J	(40 937 Ex.)	*MW*	240,–	420,–	700,–		1350,–

12 [212] 20 Mark (G) 1893–1895, 1897, 1899, 1900, 1908, 1913. Typ wie Nr. 8. 900er Gold, 7.965 g, ∅ 22.5 mm, Schriftrand:

	Gesamtprägezahl	S	SS	VZ	ST	Spiegelglanz	PP
1893 J	(814 644 Ex.)	*MW*	380,–	450,–	550,–		
1894 J	(500 635 Ex.)	*MW*	380,–	450,–	550,–		
1895 J	(501 114 Ex.)	*MW*	380,–	450,–	550,–		
1897 J	(500 234 Ex.)	*MW*	380,–	450,–	550,–		
1899 J	(1 001 572 Ex.)	*MW*	380,–	450,–	550,–		
1900 J	(501 367 Ex.)	*MW*	380,–	450,–	550,–		
1908 J	(* 14 Ex.)						135000,–
1913 J	(491 133 Ex.)	*MW*	380,–	450,–	550,–		–,–

Entwurf und Modell von Emil Weigand (Wappenseite).

* Jahrgang 1908 J ist im Münzhandel vorgekommen bei Kreß (1959) (von der Deutschen Bundesbank angekauft) und Künker (2011) (aus der Sammlung Vogel).

Prägungen im Typ der Nr. 12 mit Jahreszahlen 1892, 1896, 1898, 1901, 1903–1906, 1909–1912, 1914 sind private Phantasieerzeugnisse (Fälschungen) aus späterer Zeit (zwischen 1961 und 1974 entstanden).

Zu den Münzprägungen im Auftrag der Freien und Hansestadt Hamburg gehören auch die Doppelkronen im kaiserlichen Typ nach der Verordnung vom 13. August 1904 (siehe Preußen Nr. 20).

Hessen-Darmstadt

Großherzogtum

LUDWIG III. 1848–1877

1 [213] 10 Mark (G) 1872, 1873. Ludwig III. (1806–1877), Kopfbild nach rechts. Rs. Reichsadler (erstes Modell), Wertangabe in Kurzform. 900er Gold, 3.982 g, ∅ 19.5 mm, Arabeskenrand:

1872 H	(29 800 Ex.)	*MW*	400,–	850,–	2600,–	–,–
1873 H	(432 020 Ex.)	*MW*	350,–	720,–	2200,–	–,–

2 [214] 20 Mark (G) 1872, 1873. Typ wie Nr. 1. 900er Gold, 7.965 g, ∅ 22.5 mm, Schriftrand:

	Gesamtprägezahl	S	SS	VZ	ST	Spiegelglanz	PP
1872 H	(183 352 Ex.)	*MW*	480,–	900,–	2800,–		–,–
1873 H	(520 775 Ex.)	*MW*	430,–	800,–	2300,–		

Entwurf und Modell von Christian Schnitzspahn (Porträtseite).

3 [66] 2 Mark (S) 1876, 1877. Rs. Reichsadler (erstes Modell). 900er Silber, 11.11 g, ∅ 28 mm, Riffelrand:

1876 H	(202 108 Ex.)	150,–	600,–	5000,–	15000,–		20000,–
1877 H	(338 000 Ex.)	120,–	500,–	4000,–	10000,–		–,–

4 [67] 5 Mark (S) 1875, 1876. Typ wie Nr. 3. 900er Silber, 27.78 g, ∅ 38 mm, Schriftrand:

1875 H	(148 035 Ex.)	80,–	180,–	2000,–	8000,–		10000,–
1876 H	(290 450 Ex.)	80,–	180,–	2000,–	8000,–		10000,–

5 [215] 5 Mark (G) 1877. Typ wie Nr. 3. 900er Gold, 1.991 g, ∅ 17 mm, Rand glatt:

	Gesamtprägezahl	S	SS	VZ	ST	Spiegelglanz	PP
1877 H	(102 682 Ex.)		1200,–	1900,–	2800,–		5000,–

6 [216] 10 Mark (G) 1875–1877. Typ wie Nr. 3. 900er Gold, 3.982 g, ∅ 19.5 mm, Arabeskenrand:

	Gesamtprägezahl	S	SS	VZ	ST	Spiegelglanz	PP
1875 H	(190 992 Ex.)	*MW*	370,–	650,–	2000,–		
1876 H	(513 081 Ex.)	*MW*	300,–	620,–	1500,–		
1877 H	(93 800 Ex.)	*MW*	380,–	700,–	2200,–		

7 [217] 20 Mark (G) 1874. Typ wie Nr. 3. 900er Gold, 7.965 g, ∅ 22.5 mm, Schriftrand:

	Gesamtprägezahl	S	SS	VZ	ST	Spiegelglanz	PP
1874 H	(134 192 Ex.)		800,–	1600,–	3500,–		

Entwurf und Modell von Christian Schnitzspahn (Porträtseite).

LUDWIG IV. 1877–1892

8 [68] 2 Mark (S) 1888. Ludwig IV. (1837–1892), Kopfbild nach rechts. Rs. Reichsadler (erstes Modell). 900er Silber, 11.11 g, ∅ 28 mm, Riffelrand:

	Gesamtprägezahl	S	SS	VZ	ST	Spiegelglanz	PP
1888 A	(22 350 Ex.)	400,–	1500,–	3000,–	6500,–	(500 Ex.)	12000,–

9 [69] 5 Mark (S) 1888. Typ wie Nr. 8. 900er Silber, 27.78 g, ∅ 38 mm, Schriftrand:

	Gesamtprägezahl	S	SS	VZ	ST	Spiegelglanz	PP
1888 A	(8 940 Ex.)	500,–	1600,–	3200,–	7000,–	(400 Ex.)	10000,–

10 [218] 5 Mark (G) 1877. Typ wie Nr. 8. 900er Gold, 1.991 g, ∅ 17 mm, Rand glatt:

1877 H	(78 776 Ex.)		1200,–	1900,–	2800,–		–,–

11 [219] 10 Mark (G) 1878–1880, 1888. Typ wie Nr. 8. 900er Gold, 3.982 g, ∅ 19.5 mm, Arabeskenrand:

1878 H	(132 341 Ex.)		600,–	1100,–	2300,–		–,–
1879 H	(55 598 Ex.)		600,–	1100,–	2300,–		–,–
1880 H	(109 132 Ex.)		680,–	1300,–	2600,–		–,–
1888 A	(35 764 Ex.)		750,–	1500,–	3100,–	(500 Ex.)	–,–

Entwurf und Modell von Johann Adam Ries (Porträtseite).

12 [70] 2 Mark (S) 1891. Rs. Reichsadler (zweites Modell). 900er Silber, 11.11 g, ∅ 28 mm, Riffelrand:

1891 A	(62 650 Ex.)	350,–	700,–	1400,–	3200,–		3500,–

13 [71] 5 Mark (S) 1891. Typ wie Nr. 12. 900er Silber, 27.78 g, ∅ 38 mm, Schriftrand:

1891 A	(25 060 Ex.)	300,–	600,–	2500,–	6500,–		8000,–

14 [220] 10 Mark (G) 1890. Typ wie Nr. 12. 900er Gold, 3.982 g, ∅ 19.5 mm, Arabeskenrand:

	Gesamtprägezahl	S	SS	VZ	ST	Spiegelglanz	PP
1890 A	(53 621 Ex.)		1600,–	2300,–	3200,–		–,–

15 [221] 20 Mark (G) 1892. Typ wie Nr. 12. 900er Gold, 7.965 g, ∅ 22.5 mm, Schriftrand:

1892 A	(25 000 Ex.)		2800,–	3800,–	5000,–		6800,–

ERNST LUDWIG 1892–1918

16 [222] 10 Mark (G) 1893. Ernst Ludwig (1866–1937), Kopfbild nach halblinks. Rs. Reichsadler (zweites Modell). 900er Gold, 3.982 g, ∅ 19.5 mm, Arabeskenrand:

1893 A	(53 621 Ex.)		1600,–	2300,–	3400,–	(450 Ex.)	4000,–

17 [223] 20 Mark (G) 1893. Typ wie Nr. 16. 900er Gold, 7.965 g, ∅ 22.5 mm, Schriftrand:

1893 A	(25 000 Ex.)		2100,–	3000,–	4500,–		6000,–

Entwurf und Modell von Emil Weigand (Porträtseite).

18 [72] 2 Mark (S) 1895, 1896, 1898–1900. Ernst Ludwig, Kopfbild nach links. Rs. Reichsadler (zweites Modell). 900er Silber, 11.11 g, ∅ 28 mm, Riffelrand:

1895 A	(53 700 Ex.)	150,–	350,–	800,–	2000,–		2400,–
1896 A	(8 950 Ex.)	300,–	600,–	1200,–	3200,–	(200 Ex.)	–,–
1898 A	(33 950 Ex.)	150,–	350,–	700,–	1800,–	(360 Ex.)	2000,–
1899 A	(53 700 Ex.)	150,–	350,–	700,–	1800,–	(128 Ex.)	–,–
1900 A	(8 950 Ex.)	300,–	600,–	1200,–	3200,–	(200 Ex.)	–,–

19 [73] 5 Mark (S) 1895, 1898–1900. Typ wie Nr. 18. 900er Silber, 27.78 g, ∅ 38 mm, Schriftrand:

	Gesamtprägezahl	S	SS	VZ	ST	Spiegelglanz	PP
1895 A	(39 380 Ex.)	100,–	250,–	1000,–	2250,–	(180 Ex.)	3000,–
1898 A	(37 480 Ex.)	100,–	250,–	1000,–	2250,–	(240 Ex.)	–,–
1899 A	(17 900 Ex.)	120,–	300,–	1250,–	3500,–	(176 Ex.)	–,–
1900 A	(17 900 Ex.)	120,–	300,–	1250,–	3500,–	(150 Ex.)	–,–

20 [224] 10 Mark (G) 1896, 1898. Typ wie Nr. 18. 900er Gold, 3.982 g, ∅ 19.5 mm, Arabeskenrand:

1896 A	(35 800 Ex.)		950,–	1300,–	2000,–		5000,–
1898 A	(74 800 Ex.)		800,–	1100,–	1800,–	(500 Ex.)	3500,–

21 [225] 20 Mark (G) 1896–1901, 1903. Typ wie Nr. 18, alte Schreibweise »Gro**s**herzog«. 900er Gold, 7.965 g, ∅ 22.5 mm, Schriftrand:

1896 A	(15 000 Ex.)		800,–	1300,–	2100,–	(230 Ex.)	8000,–
1897 A	(45 000 Ex.)	*MW*	420,–	560,–	1400,–	(400 Ex.)	5000,–
1898 A	(70 000 Ex.)	*MW*	400,–	520,–	1300,–	(500 Ex.)	–,–
1899 A	(40 000 Ex.)	*MW*	420,–	560,–	1400,–	(600 Ex.)	–,–
1900 A	(40 000 Ex.)	*MW*	420,–	560,–	1400,–	(500 Ex.)	–,–
1901 A	(80 000 Ex.)	*MW*	400,–	520,–	1300,–	(600 Ex.)	–,–
1903 A	(40 000 Ex.)	*MW*	420,–	560,–	1400,–	(100 Ex.)	5000,–

22 [226] 20 Mark (G) 1905, 1906, 1908, 1911. Typ wie Nr. 18, neue Schreibweise »Gro**ss**herzog«:

1905 A	(45 000 Ex.)	*MW*	420,–	600,–	1200,–	(200 Ex.)	4500,–
1906 A	(85 000 Ex.)	*MW*	400,–	520,–	1000,–	(199 Ex.)	4500,–
1908 A	(40 000 Ex.)	*MW*	420,–	600,–	1200,–		4200,–
1911 A	(150 000 Ex.)	*MW*	380,–	450,–	900,–		6000,–

Entwurf und Modell von Otto Schultz.

23 [74] 2 Mark (S) 1904. Philipp I. der Großmütige (1504–1567), Landgraf zu Hessen, und Ernst Ludwig, gestaffelte Kopfbilder nach links, Inschrift »verbum d(omi)ni manet in aeternum« (das Wort des Herrn bleibt in Ewigkeit). Rs. Reichsadler (zweites Modell). 900er Silber, 11.11 g, ∅ 28 mm, Riffelrand:

	Gesamtprägezahl	**S**	**SS**	**VZ**	**ST**	Spiegelglanz	**PP**
1904 [A]	(100 000 Ex.)		35,–	50,–	90,–	(2 250 Ex.)	160,–

24 [75] 5 Mark (S) 1904. Typ wie Nr. 23. 900er Silber, 27.78 g, ∅ 38 mm, Schriftrand:

1904 [A]	(40 000 Ex.)		90,–	150,–	250,–	(700 Ex.)	700,–

Entwurf und Modell von Daniel Greiner (Porträtseite).

Nrn. 23 und 24 in Spiegelglanz wurden mit vollständig mattierter Bildseite hergestellt.

Auf 400 Jahre Universität Marburg: Deutsches Reich Nr. 55.

25 [76] 3 Mark (S) 1910. Ernst Ludwig, Kopfbild nach links. Rs. Reichsadler (zweites Modell). 900er Silber, 16.67 g, ∅ 33 mm, Schriftrand:

1910 A	(200 000 Ex.)	30,–	70,–	120,–	250,–	(500 Ex.)	350,–

25P 3 Mark (S) 1910. Motivprobe, waagerechte Titelinschrift –,–

25. JAHRESTAG DER THRONBESTEIGUNG

26 [77] 3 Mark (S) 1917. Ernst Ludwig, Kopfbild nach links, Lorbeerzweig, Jahreszahlen. Rs. Reichsadler (zweites Modell). 900er Silber, 16.67 g, ∅ 33 mm, Schriftrand:

	Gesamtprägezahl	S	SS	VZ	ST	Spiegelglanz	PP
1917 A				3000,–	6000,–	(1 333 Ex.)	6500,–

26P 3 Mark (S) 1917. Motivprobe, Inschrift »Re(gierungs)jub(iläum)«, Reichsadler im Jugendstil ST 8000,–

Lippe

Fürstentum

LEOPOLD IV. 1905–1918

(Linie Lippe-Biesterfeld)

1 [78] 2 Mark (S) 1906. Leopold IV. (1871–1949), Kopfbild nach links. Rs. Reichsadler (zweites Modell). 900er Silber, 11.11 g, ∅ 28 mm, Riffelrand:

1906 A	(20 000 Ex.)	120,–	250,–	400,–	600,–	(900 Ex.)	650,–

2 [79] 3 Mark (S) 1913. Typ wie Nr. 1. 900er Silber, 16.67 g, ∅ 33 mm, Schriftrand:

	Gesamtprägezahl	S	SS	VZ	ST	Spiegelglanz	PP
1913 A	(15 000 Ex.)	120,–	250,–	400,–	600,–	(100 Ex.)	900,–

Lübeck
Freie und Hansestadt

1 [80] 2 Mark (S) 1901. Doppeladler mit Stadtwappen in spatenblattförmigem Schild auf der Brust. Rs. Reichsadler (zweites Modell). 900er Silber, 11.11 g, ∅ 28 mm, Riffelrand:

1901 A	(25 000 Ex.)	90,–	180,–	300,–	500,–	(250 Ex.)	600,–

2 [227] 10 Mark (G) 1901, 1904. Typ wie Nr. 1. 900er Gold, 3.982 g, ∅ 19.5 mm, Arabeskenrand:

1901 A	(10 000 Ex.)		1300,–	2300,–	3500,–	(200 Ex.)	4000,–
1904 A	(10 000 Ex.)		1300,–	2300,–	3500,–	(130 Ex.)	4000,–

Entwurf und Modell von Emil Weigand (Wappenseite).

3 [81] 2 Mark (S) 1904–1907, 1911, 1912. Doppeladler mit Stadtwappen in französischem Schild auf der Brust. Rs. Reichsadler (zweites Modell). 900er Silber, 11.11 g, ∅ 28 mm, Riffelrand:

1904 A	(25 000 Ex.)	40,–	90,–	160,–	280,–	(200 Ex.)	–,–
1905 A	(25 000 Ex.)	40,–	90,–	160,–	280,–	(178 Ex.)	–,–
1906 A	(25 000 Ex.)	40,–	90,–	160,–	280,–	(200 Ex.)	–,–

	Gesamtprägezahl	S	SS	VZ	ST	Spiegelglanz	PP
1907 A	(25 000 Ex.)	40,–	90,–	160,–	280,–		
1911 A	(25 000 Ex.)	40,–	90,–	160,–	280,–		
1912 A	(25 000 Ex.)	40,–	90,–	160,–	280,–		

4 [82] 3 Mark (S) 1908–1914. Typ wie Nr. 3. 900er Silber, 16.67 g, ∅ 33 mm, Schriftrand:

	Gesamtprägezahl	S	SS	VZ	ST	Spiegelglanz	PP
1908 A	(33 334 Ex.)	40,–	90,–	150,–	250,–		500,–
1909 A	(33 334 Ex.)	40,–	90,–	150,–	250,–		500,–
1910 A	(33 334 Ex.)	40,–	90,–	150,–	250,–		
1911 A	(33 334 Ex.)	40,–	90,–	150,–	250,–		
1912 A	(34 000 Ex.)	40,–	90,–	150,–	250,–		500,–
1913 A	(30 000 Ex.)	40,–	90,–	150,–	250,–		
1914 A	(10 000 Ex.)	50,–	120,–	250,–	400,–		

5 [83] 5 Mark (S) 1904, 1907, 1908, 1913. Typ wie Nr. 3. 900er Silber, 27.78 g, ∅ 38 mm, Schriftrand:

	Gesamtprägezahl	S	SS	VZ	ST	Spiegelglanz	PP
1904 A	(10 000 Ex.)	120,–	350,–	500,–	900,–	(200 Ex.)	1200,–
1907 A	(10 000 Ex.)	120,–	350,–	500,–	900,–		
1908 A	(10 000 Ex.)	120,–	350,–	500,–	900,–		
1913 A	(6 000 Ex.)	160,–	450,–	700,–	1200,–		

6 [228] 10 Mark (G) 1905, 1906, 1909, 1910. Typ wie Nr. 3. 900er Gold, 3.982 g, ∅ 19.5 mm, Arabeskenrand:

	Gesamtprägezahl	S	SS	VZ	ST	Spiegelglanz	PP
1905 A	(10 000 Ex.)		1000,–	2100,–	3200,–	(247 Ex.)	4000,–
1906 A	(10 000 Ex.)		1000,–	2100,–	3200,–	(216 Ex.)	4000,–
1909 A	(10 000 Ex.)		1000,–	2100,–	3200,–		–,–
1910 A	(10 000 Ex.)		1000,–	2100,–	3200,–		5000,–

Mecklenburg-Schwerin

Großherzogtum

FRIEDRICH FRANZ II. 1842–1883

				S	SS	VZ	ST
A1	[M1]	1	Pfennig (K) 1872. Gekröntes Monogramm aus FF, Titelumschrift. Rs. Wertangabe. 1.5 g, ∅ 17 mm, Rand glatt:				
			1872 B (2 334 600 Ex.)	2,–	5,–	10,–	30,–
B1	[M2]	2	Pfennige (K) 1872. Typ wie Nr. A1. 3 g, ∅ 19 mm, Rand glatt:				
			1872 B (1 155 100 Ex.)	2,–	6,–	12,–	35,–
C1	[M3]	5	Pfennige (K) 1872. Typ wie Nr. A1. 7.5 g, ∅ 25 mm, Rand glatt:				
			1872 B (458 614 Ex.)	3,–	8,–	15,–	40,–

Stempel von Max Barduleck.

Nrn. A1–C1 tragen das Münzzeichen B des Dresdener Münzmeisters Gustav Julius Buschick.

Ausgegeben ab Mai 1872 in Reichswährung mit Kursfähigkeit nur in Mecklenburg. Außer Kurs seit 1. März 1878.

1 [229] 10 Mark (G) 1872. Friedrich Franz (1823–1883), Kopfbild nach rechts. Rs. Reichsadler (erstes Modell), Wertangabe in Kurzform. 900er Gold, 3.982 g, ∅ 19.5 mm, Arabeskenrand:

	Gesamtprägezahl	S	SS	VZ	ST	Spiegelglanz	PP
1872 A	(15 600 Ex.)		4500,–	6800,–	20000,–	(100 Ex.)	20000,–

2 [230] 20 Mark (G) 1872. Typ wie Nr. 1. 900er Gold, 7.965 g, ∅ 22.5 mm, Schriftrand:

1872 A	(68 925 Ex.)		2200,–	3500,–	6000,–		15000,–

Entwurf und Modell von Emil Weigand (Porträtseite).

3 [84] 2 Mark (S) 1876. Rs. Reichsadler (erstes Modell). 900er Silber, 11.11 g, ∅ 28 mm, Riffelrand:

	Gesamtprägezahl	S	SS	VZ	ST	Spiegelglanz	PP
1876 A	(300 000 Ex.)	150,–	300,–	1000,–	3200,–		

4 [231] 10 Mark (G) 1878. Typ wie Nr. 3. 900er Gold, 3.982 g, ∅ 19.5 mm, Arabeskenrand:

	Gesamtprägezahl	S	SS	VZ	ST	Spiegelglanz	PP
1878 A	(50 000 Ex.)		1600,–	2700,–	4400,–		5700,–

Entwurf und Modell von Friedrich Wilhelm Kullrich.

FRIEDRICH FRANZ III. 1883–1897

5 [232] 10 Mark (G) 1890. Friedrich Franz III. (1851–1897), Kopfbild nach rechts. Rs. Reichsadler (zweites Modell). 900er Gold, 3.982 g, ∅ 19.5 mm, Arabeskenrand:

	Gesamtprägezahl	S	SS	VZ	ST	Spiegelglanz	PP
1890 A	(100 000 Ex.)		1300,–	2000,–	3700,–		4500,–

Entwurf und Modell von Otto Schultz.

FRIEDRICH FRANZ IV. 1897–1918

6 [85] 2 Mark (S) 1901. Friedrich Franz IV. (1882–1945), Kopfbild nach rechts. Rs. Reichsadler (zweites Modell). 900er Silber, 11.11 g, ∅ 28 mm, Riffelrand:

	Gesamtprägezahl	S	SS	VZ	ST	Spiegelglanz	PP
1901 A	(50 000 Ex.)	150,–	350,–	700,–	1200,–	(1 000 Ex.)	1200,–

7 [233] 10 Mark (G) 1901. Typ wie Nr. 6. 900er Gold, 3.982 g, ∅ 19.5 mm, Arabeskenrand:

	Gesamtprägezahl	S	SS	VZ	ST	Spiegelglanz	PP
1901 A	(10 000 Ex.)		3000,–	4200,–	6000,–	(200 Ex.)	6000,–

8 [234] 20 Mark (G) 1901. Typ wie Nr. 6. 900er Gold, 7.965 g, ∅ 22.5 mm, Schriftrand:

	Gesamtprägezahl	S	SS	VZ	ST	Spiegelglanz	PP
1901 A	(5 000 Ex.)		4000,–	6800,–	10000,–	(200 Ex.)	10000,–

Entwurf und Modell von Otto Schultz.

Ausgegeben ab 9. April 1901 (Thronbesteigung des Großherzogs nach erreichter Volljährigkeit).

AUF SEINE VERMÄHLUNG MIT ALEXANDRA VON BRAUNSCHWEIG-LÜNEBURG (2)

9 [86] 2 Mark (S) 1904. Friedrich Franz und Alexandra, gestaffelte Kopfbilder nach links. Rs. Reichsadler (zweites Modell). 900er Silber, 11.11 g, ∅ 28 mm, Riffelrand:

	Gesamtprägezahl	S	SS	VZ	ST	Spiegelglanz	PP
1904 A	(100 000 Ex.)		40,–	75,–	120,–	(6 000 Ex.)	200,–

10 [87] 5 Mark (S) 1904. Typ wie Nr. 9. 900er Silber, 27.78 g, ∅ 38 mm, Schriftrand:

	Gesamtprägezahl	S	SS	VZ	ST	Spiegelglanz	PP
1904 A	(40 000 Ex.)		100,–	180,–	300,–	(2 500 Ex.)	700,–

Entwurf und Modell von Otto Schultz.

100 JAHRE GROSSHERZOGTUM MECKLENBURG-SCHWERIN (2)

11 [88] 3 Mark (S) 1915. Friedrich Franz I. (1765–1837) und Friedrich Franz IV., gestaffelte Brustbilder in Uniform nach links. Rs. Reichsadler im Jugendstil. 900er Silber, 16.67 g, ∅ 33 mm, Schriftrand:

	Gesamtprägezahl	S	SS	VZ	ST	Spiegelglanz	PP
1915 A	(33 334 Ex.)		90,–	180,–	300,–		400,–

12 [89] 5 Mark (S) 1915. Typ wie Nr. 11. 900er Silber, 27.78 g, ∅ 38 mm, Schriftrand:

1915 A	(10 000 Ex.)		400,–	750,–	1200,–		2000,–

Entwurf und Modell von Paul Sturm (Porträtseite).

Münzen aus der Zeit von Friedrich Franz I. von Mecklenburg-Schwerin siehe im Deutschen Münzkatalog 18. Jahrhundert (5. Auflage 2019).

Mecklenburg-Strelitz

Großherzogtum

FRIEDRICH WILHELM 1860–1904

				S	SS	VZ	ST
A1	[M4]	1 Pfennig (K) 1872. Gekröntes Monogramm aus FW, Titelumschrift. Rs. Wertangabe. 1.5 g, ∅ 17 mm, Rand glatt:					
		1872 B	(625 650 Ex.)	2,–	6,–	15,–	70,–
B1	[M5]	2 Pfennige (K) 1872. Typ wie Nr. A1. 3 g, ∅ 19 mm, Rand glatt:					
		1872 B	(203 100 Ex.)	4,–	10,–	25,–	90,–

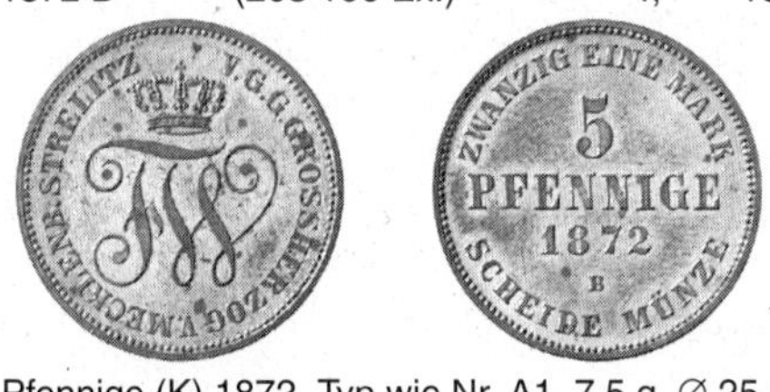

C1	[M6]	5 Pfennige (K) 1872. Typ wie Nr. A1. 7.5 g, ∅ 25 mm, Rand glatt:					
		1872 B	(118 200 Ex.)	3,–	8,–	15,–	40,–

Stempel von Max Barduleck.

Nrn. A1–C1 tragen das Münzzeichen B des Dresdener Münzmeisters Gustav Julius Buschick.

Ausgegeben ab Oktober 1872 in Reichswährung mit Kursfähigkeit nur in Mecklenburg. Außer Kurs seit 1. März 1878.

1 [235] 10 Mark (G) 1873. Friedrich Wilhelm (1819–1904), Kopfbild nach links. Rs. Reichsadler (erstes Modell), Wertangabe in Kurzform. 900er Gold, 3.982 g, ∅ 19.5 mm, Arabeskenrand:

	Gesamtprägezahl	S	SS	VZ	ST	Spiegelglanz	PP
1873 A	(1 500 Ex.)		18000,–	25000,–	35000,–		45000,–

2 [236] 20 Mark (G) 1873. Typ wie Nr. 1. 900er Gold, 7.965 g, ∅ 22.5 mm, Schriftrand:

	Gesamtprägezahl	S	SS	VZ	ST	Spiegelglanz	PP
1873 A	(6 750 Ex.)		8000,–	14000,–	20000,–		

Entwurf und Modell von Friedrich Wilhelm Kullrich.

3 [90] 2 Mark (S) 1877. Rs. Reichsadler (erstes Modell). 900er Silber, 11.11 g, ∅ 28 mm, Riffelrand:

	Gesamtprägezahl	S	SS	VZ	ST	Spiegelglanz	PP
1877 A	(100 000 Ex.)	200,–	400,–	2000,–	4500,–		5000,–

4 [237] 10 Mark (G) 1874, 1880. Typ wie Nr. 3. 900er Gold, 3.982 g, ∅ 19.5 mm, Arabeskenrand:

	Gesamtprägezahl	S	SS	VZ	ST	Spiegelglanz	PP
1874 A	(3 000 Ex.)		6000,–	9000,–	15000,–		
1880 A	(4 000 Ex.)		6000,–	9000,–	15000,–		

5 [238] 20 Mark (G) 1874. Typ wie Nr. 3. 900er Gold, 7.965 g, ∅ 22.5 mm, Schriftrand:

	Gesamtprägezahl	S	SS	VZ	ST	Spiegelglanz	PP
1874 A	(6 000 Ex.)		6000,–	9000,–	14000,–		

Entwurf und Modell von Friedrich Wilhelm Kullrich.

ADOLF FRIEDRICH V. 1904–1914

6 [91] 2 Mark (S) 1905. Adolf Friedrich (1848–1914), Kopfbild nach halblinks. Rs. Reichsadler (zweites Modell). 900er Silber, 11.11 g, ∅ 28 mm, Riffelrand:

	Gesamtprägezahl	S	SS	VZ	ST	Spiegelglanz	PP
1905 A	(10 000 Ex.)	200,–	350,–	720,–	1250,–	(2 500 Ex.)	1500,–

7 [239] 10 Mark (G) 1905. Typ wie Nr. 6. 900er Gold, 3.982 g, ∅ 19.5 mm, Arabeskenrand:

	Gesamtprägezahl	S	SS	VZ	ST	Spiegelglanz	PP
1905 A	(1 000 Ex.)		5000,–	7800,–	12000,–	(150 Ex.)	12000,–

8 [240] 20 Mark (G) 1905. Typ wie Nr. 6. 900er Gold, 7.965 g, ∅ 22.5 mm, Schriftrand:

	Gesamtprägezahl	S	SS	VZ	ST	Spiegelglanz	PP
1905 A	(1 000 Ex.)		6200,–	10000,–	16500,–	(160 Ex.)	18000,–

9 [92] 3 Mark (S) 1913. Adolf Friedrich V., Kopfbild nach links. Rs. Reichsadler (zweites Modell). 900er Silber, 16.67 g, ∅ 33 mm, Schriftrand:

	Gesamtprägezahl	S	SS	VZ	ST	Spiegelglanz	PP
1913 A	(7 000 Ex.)	300,–	600,–	1200,–	2000,–		2400,–

Oldenburg

Großherzogtum

NICOLAUS FRIEDRICH PETER 1853–1900

1 [241] 10 Mark (G) 1874. Nicolaus Friedrich Peter (1827–1900), Kopfbild nach links. Rs. Reichsadler (erstes Modell). 900er Gold, 3.982 g, ∅ 19.5 mm, Arabeskenrand:

1874 B	(15 000 Ex.)		5200,–	8600,–	15000,–		–,–

Entwurf und Modell von Heinrich Friedrich Brehmer (Porträtseite).

2 [93] 2 Mark (S) 1891. Nicolaus Friedrich Peter, Kopfbild nach rechts. Rs. Reichsadler (zweites Modell). 900er Silber, 11.11 g, ∅ 28 mm, Riffelrand:

1891 A	(100 000 Ex.)	120,–	300,–	600,–	1200,–		–,–

Entwurf und Modell von Emil Weigand (Porträtseite).

FRIEDRICH AUGUST 1900–1918

3 [94] 2 Mark (S) 1900, 1901. Friedrich August (1852–1931), Kopfbild nach links. Rs. Reichsadler (zweites Modell). 900er Silber, 11.11 g, ∅ 28 mm, Riffelrand:

	Gesamtprägezahl	S	SS	VZ	ST	Spiegelglanz	PP
1900 A	(100 000 Ex.)	120,–	250,–	450,–	1200,–		–,–
1901 A	(75 000 Ex.)	120,–	250,–	450,–	1200,–	(260 Ex.)	1500,–

4 [95] 5 Mark (S) 1900, 1901. Typ wie Nr. 3. 900er Silber, 27.78 g, ∅ 38 mm, Schriftrand:

1900 A	(20 000 Ex.)	300,–	600,–	1800,–	4000,–		–,–
1901 A	(10 000 Ex.)	350,–	700,–	2000,–	4800,–	(170 Ex.)	5000,–

Entwurf und Modell von Emil Weigand (Porträtseite).

Preußen

Königreich

WILHELM I. 1861–1888

1 [242] 10 Mark (G) 1872, 1873. Wilhelm (1797–1888), ab 1857 Regent, ab 1861 König von Preußen, ab 1871 Deutscher Kaiser, Kopfbild nach rechts. Rs. Reichsadler (erstes Modell), Wertangabe in Kurzform. 900er Gold, 3.982 g, ∅ 19.5 mm, Arabeskenrand:

1872 A	(3 922 722 Ex.)	*MW*	200,–	250,–	300,–	600,–
B	(1 417 782 Ex.)	*MW*	200,–	250,–	300,–	
C	(1 747 280 Ex.)	*MW*	200,–	280,–	360,–	
1873 A	(3 014 967 Ex.)	*MW*	200,–	250,–	300,–	600,–
B	(2 272 663 Ex.)	*MW*	200,–	250,–	300,–	
C	(2 294 599 Ex.)	*MW*	200,–	250,–	300,–	

Entwurf und Modell von Emil Weigand (Porträtseite).

2 [243] 20 Mark (G) 1871–1873. Wilhelm, Kopfbild nach rechts. Rs. Reichsadler (erstes Modell), Wertangabe in Kurzform. 900er Gold, 7.965 g, ∅ 22.5 mm, Schriftrand:

	Gesamtprägezahl	S	SS	VZ	ST	Spiegelglanz	PP
1871 A	(502 462 Ex.)	*MW*	500,–	700,–	1200,–		–,–
1872 A	(7 717 323 Ex.)	*MW*	330,–	420,–	500,–	(2 491 Ex.)	–,–
B	(1 917 993 Ex.)	*MW*	330,–	420,–	500,–		
C	(3 056 432 Ex.)	*MW*	330,–	420,–	500,–		
1873 A	(9 062 648 Ex.)	*MW*	330,–	420,–	500,–		–,–
B	(3 441 178 Ex.)	*MW*	330,–	420,–	500,–		
C	(5 227 636 Ex.)	*MW*	330,–	420,–	500,–		–,–

Entwurf und Modell von Friedrich Wilhelm Kullrich.

3 [96] 2 Mark (S) 1876, 1877, 1879, 1880, 1883, 1884. Wilhelm, Kopfbild nach rechts. Rs. Reichsadler (erstes Modell). 900er Silber, 11.11 g, ∅ 28 mm, Riffelrand:

1876 A	(13 367 896 Ex.)	15,–	25,–	200,–	600,–		–,–
B	(3 985 119 Ex.)	15,–	35,–	275,–	1000,–		–,–
C	(5 233 403 Ex.)	15,–	35,–	250,–	900,–		–,–
1877 A	(3 633 572 Ex.)	15,–	35,–	250,–	900,–		–,–
B	(1 301 471 Ex.)	15,–	35,–	275,–	1000,–		–,–
C	(1 306 501 Ex.)	15,–	35,–	275,–	1000,–		–,–
1879 A	(29 260 Ex.)	150,–	300,–	1200,–	6000,–		–,–
1880 A	(664 715 Ex.)	45,–	100,–	300,–	1200,–		–,–
1883 A	(164 472 Ex.)	60,–	120,–	350,–	1200,–		2000,–
1884 A	(140 168 Ex.)	80,–	160,–	400,–	1200,–		2000,–

4 [97] 5 Mark (S) 1874–1876. Typ wie Nr. 3. 900er Silber, 27.78 g, ∅ 38 mm, Schriftrand:

	Gesamtprägezahl	S	SS	VZ	ST	Spiegelglanz PP
1874 A	(837 546 Ex.)	25,–	40,–	250,–	1000,–	5000,–
1875 A	(852 836 Ex.)	25,–	60,–	500,–	2400,–	–,–
B	(919 482 Ex.)	25,–	50,–	400,–	2000,–	3200,–
1876 A	(2 041 407 Ex.)	25,–	40,–	250,–	1000,–	3000,–
B	(2 098 368 Ex.)	25,–	40,–	250,–	1000,–	–,–
C	(812 361 Ex.)	25,–	50,–	400,–	2000,–	–,–

5 [244] 5 Mark (G) 1877, 1878. Typ wie Nr. 3. 900er Gold, 1.991 g, ∅ 17 mm, Rand glatt:

	Gesamtprägezahl	S	SS	VZ	ST	PP
1877 A	(1 216 782 Ex.)		320,–	450,–	800,–	4000,–
B	(516 600 Ex.)		350,–	460,–	800,–	–,–
C	(688 400 Ex.)		350,–	460,–	800,–	
1878 A	(502 138 Ex.)		350,–	500,–	1000,–	–,–

6 [245] 10 Mark (G) 1874–1880, 1882, 1883, 1886, 1888. Typ wie Nr. 3. 900er Gold, 3.982 g, ∅ 19.5 mm, Arabeskenrand:

	Gesamtprägezahl	S	SS	VZ	ST	PP
1874 A	(832 876 Ex.)	*MW*	200,–	260,–	400,–	–,–
B	(1 028 320 Ex.)	*MW*	200,–	260,–	400,–	
C	(321 374 Ex.)	*MW*	220,–	300,–	500,–	–,–

	Gesamtprägezahl	S	SS	VZ	ST	Spiegelglanz	PP
1875 A	(2 430 057 Ex.)	*MW*	200,–	260,–	400,–		–,–
B	(455 763 Ex.)	*MW*	210,–	280,–	480,–		
C	(1 532 469 Ex.)	*MW*	200,–	260,–	400,–		
1876 B	(2 800 Ex.)		2600,–	4200,–	6000,–		–,–
C	(27 418 Ex.)		2000,–	3000,–	4200,–		
1877 A	(851 185 Ex.)	*MW*	200,–	260,–	400,–		
B	(246 694 Ex.)	*MW*	240,–	370,–	700,–		
C	(328 211 Ex.)	*MW*	220,–	300,–	450,–		
1878 A	(1 126 313 Ex.)	*MW*	200,–	260,–	400,–		
B	(14 588 Ex.)		100000,–	–,–	–,–		
C	(516 471 Ex.)	*MW*	200,–	260,–	400,–		
1879 A	(1 011 923 Ex.)	*MW*	200,–	260,–	400,–		
C *	(281 579 Ex.)	*MW*	210,–	280,–	420,–		
1880 A	(1 761 673 Ex.)	*MW*	200,–	260,–	400,–		
1882 A	(8 382 Ex.)		3600,–	6500,–	10000,–		
1883 A	(13 213 Ex.)		2800,–	4800,–	6400,–		–,–
1886 A	(14 498 Ex.)		2800,–	4800,–	6400,–		
1888 A	(189 125 Ex.)	*MW*	210,–	280,–	420,–		1500,–

* Letzter Prägeauftrag an die Münzstätte Frankfurt am Main.

Entwurf und Modell von Emil Weigand (Porträtseite).

Prägungen im Typ der Nr. 6 mit Jahreszahl 1887 A sind private Phantasieerzeugnisse (Fälschungen) aus späterer Zeit (zwischen 1961 und 1974 entstanden).

7 [246] 20 Mark (G) 1874–1879, 1881–1888. Wilhelm, Kopfbild nach rechts. Rs. Reichsadler (erstes Modell). 900er Gold, 7.965 g, ∅ 22.5 mm, Schriftrand:

1874 A	(763 832 Ex.)	*MW*	330,–	450,–	560,–		–,–
B	(824 336 Ex.)	*MW*	330,–	450,–	560,–		
C	(88 205 Ex.)	*MW*	330,–	460,–	620,–		
1875 A	(4 203 301 Ex.)	*MW*	330,–	450,–	560,–		2000,–
B	*oben enthalten*	*MW*	400,–	900,–	1750,–		
1876 A	(2 672 895 Ex.)	*MW*	330,–	450,–	560,–		
C	(423 088 Ex.)	*MW*	500,–	700,–	1250,–		
1877 A	(1 250 306 Ex.)	*MW*	350,–	450,–	560,–		
B	(501 159 Ex.)	*MW*	350,–	450,–	560,–		
C	*unten enthalten*		4500,–	7500,–	10000,–		

	Gesamtprägezahl	S	SS	VZ	ST	Spiegelglanz	PP
1878 A	(2 174 688 Ex.)	*MW*	350,–	450,–	560,–		
C	(82 430 Ex.)	*MW*	600,–	900,–	1800,–		
1879 A	(1 023 136 Ex.)	*MW*	320,–	450,–	560,–		
1881 A	(427 556 Ex.)	*MW*	330,–	480,–	600,–		
1882 A	(655 102 Ex.)	*MW*	320,–	450,–	560,–		–,–
1883 A	(4 283 131 Ex.)	*MW*	320,–	450,–	560,–		
1884 A	(2 244 220 Ex.)	*MW*	320,–	450,–	560,–		
1885 A	(407 446 Ex.)	*MW*	360,–	500,–	650,–		
1886 A	(1 759 770 Ex.)	*MW*	320,–	450,–	560,–		
1887 A	(5 645 176 Ex.)	*MW*	320,–	450,–	560,–		–,–
1888 A	(533 854 Ex.)	*MW*	360,–	500,–	650,–		4000,–

Entwurf und Modell von Friedrich Wilhelm Kullrich.

FRIEDRICH III. 1888

8 [98] 2 Mark (S) 1888. Friedrich Wilhelm (1831–1888), als Friedrich III. König von Preußen und Deutscher Kaiser, Kopfbild nach rechts. Rs. Reichsadler (erstes Modell). 900er Silber, 11.11 g, ∅ 28 mm, Riffelrand:

1888 A	(500 000 Ex.)	18,–	35,–	60,–	100,–		300,–

9 [99] 5 Mark (S) 1888. Typ wie Nr. 8. 900er Silber, 27.78 g, ∅ 38 mm, Schriftrand:

1888 A	(200 000 Ex.)	40,–	90,–	150,–	250,–		600,–

10 [247] 10 Mark (G) 1888. Typ wie Nr. 8. 900er Gold, 3.982 g, ∅ 19.5 mm, Arabeskenrand:

1888 A	(876 224 Ex.)	*MW*	220,–	300,–	360,–		450,–

11 [248] 20 Mark (G) 1888. Typ wie Nr. 8. 900er Gold, 7.965 g, ∅ 22.5 mm, Schriftrand:

	Gesamtprägezahl	S	SS	VZ	ST	Spiegelglanz PP
1888 A	(5 363 501 Ex.)	*MW*	350,–	420,–	570,–	1000,–

Entwurf und Modell von Emil Weigand (Porträtseite).

Prägungen im Typ der Nr. 11 mit Jahreszahlen 1874, 1883, 1887 sind private Phantasieerzeugnisse (Fälschungen) aus späterer Zeit (zwischen 1961 und 1974 entstanden).

WILHELM II. 1888–1918

12 [100] 2 Mark (S) 1888. Wilhelm II. (1859–1941), Kopfbild nach rechts. Rs. Reichsadler (erstes Modell). 900er Silber, 11.11 g, ∅ 28 mm, Riffelrand:

	Gesamtprägezahl	S	SS	VZ	ST	Spiegelglanz PP
1888 A	(140 512 Ex.)	180,–	260,–	400,–	600,–	750,–

13 [101] 5 Mark (S) 1888. Typ wie Nr. 12. 900er Silber, 27.78 g, ∅ 38 mm, Schriftrand:

	Gesamtprägezahl	S	SS	VZ	ST	Spiegelglanz PP
1888 A	(56 204 Ex.)	250,–	400,–	750,–	1600,–	2500,–

14 [249] 10 Mark (G) 1889. Typ wie Nr. 12. 900er Gold, 3.982 g, ∅ 19.5 mm, Arabeskenrand:

	Gesamtprägezahl	S	SS	VZ	ST	Spiegelglanz PP
1889 A	(23 942 Ex.)		6000,–	8000,–	12000,–	12500,–

Prägungen im Typ der Nr. 14 mit Jahreszahl 1888 A in Silber und Gold sind Nachahmungen aus späterer Zeit (zwischen 1963 und 1974) für Schmuckzwecke.

15 [250] 20 Mark (G) 1888, 1889. Typ wie Nr. 12. 900er Gold, 7.965 g, ∅ 22.5 mm, Schriftrand:

	Gesamtprägezahl	S	SS	VZ	ST	Spiegelglanz	PP
1888 A	(755 512 Ex.)	*MW*	400,–	580,–	800,–		1600,–
1889 A	(9 641 868 Ex.)	*MW*	320,–	450,–	550,–		–,–

Entwurf und Modell von Emil Weigand (Porträtseite).

16 [102] 2 Mark (S) 1891–1893, 1896, 1898–1908, 1911, 1912. Rs. Reichsadler (zweites Modell). 900er Silber, 11.11 g, ∅ 28 mm, Riffelrand:

1891 A	(543 962 Ex.)	12,–	30,–	75,–	320,–		–,–
1892 A	(181 713 Ex.)	60,–	180,–	400,–	1600,–		–,–
1893 A	(948 325 Ex.)	12,–	30,–	75,–	320,–		–,–
1896 A	(1 771 853 Ex.)	12,–	25,–	60,–	250,–		–,–
1898 A	(1 045 187 Ex.)	12,–	25,–	60,–	250,–		–,–
1899 A	(2 350 920 Ex.)	12,–	20,–	40,–	150,–		–,–
1900 A	(2 581 537 Ex.)	12,–	20,–	40,–	150,–		–,–
1901 A	(398 486 Ex.)	35,–	100,–	200,–	600,–		900,–
1902 A	(3 948 323 Ex.)	12,–	20,–	35,–	120,–		–,–
1903 A	(4 078 709 Ex.)	12,–	20,–	35,–	120,–		–,–
1904 A	(9 981 031 Ex.)	12,–	20,–	30,–	100,–		–,–
1905 A	(6 493 135 Ex.)	12,–	20,–	30,–	100,–	(620 Ex.)	300,–
1906 A	(4 019 250 Ex.)	12,–	20,–	30,–	100,–	(85 Ex.)	400,–
1907 A	(8 110 264 Ex.)	12,–	20,–	30,–	100,–		–,–
1908 A	(2 388 550 Ex.)	12,–	20,–	30,–	100,–		–,–
1911 A	(1 181 475 Ex.)	12,–	20,–	35,–	120,–		–,–
1912 A	(732 813 Ex.)	12,–	20,–	40,–	150,–		–,–

17 [103] 3 Mark (S) 1908–1912. Typ wie Nr. 16. 900er Silber, 16.67 g, ∅ 33 mm, Schriftrand:

	Gesamtprägezahl	S	SS	VZ	ST	Spiegelglanz	PP
1908 A	(2 858 666 Ex.)	10,–	15,–	40,–	75,–		300,–
1909 A	(6 343 745 Ex.)	10,–	15,–	35,–	60,–		300,–
1910 A	(5 790 624 Ex.)	10,–	15,–	30,–	60,–		–,–
1911 A	(3 241 710 Ex.)	10,–	15,–	25,–	60,–		300,–
1912 A	(4 625 724 Ex.)	10,–	15,–	25,–	55,–		300,–

18 [104] 5 Mark (S) 1891–1896, 1898–1904, 1906–1908. Typ wie Nr. 16. 900er Silber, 27.78 g, ∅ 38 mm, Schriftrand:

1891 A	(130 261 Ex.)	25,–	50,–	200,–	1600,–		–,–
1892 A	(224 009 Ex.)	25,–	50,–	200,–	1600,–		–,–
1893 A	(215 300 Ex.)	25,–	40,–	180,–	1200,–		–,–
1894 A	(440 203 Ex.)	25,–	40,–	180,–	1200,–		–,–
1895 A	(831 025 Ex.)	25,–	40,–	180,–	1200,–		–,–
1896 A	(45 925 Ex.)	100,–	200,–	900,–	4000,–		–,–
1898 A	(1 133 590 Ex.)	*MW*	30,–	100,–	700,–		–,–
1899 A	(524 960 Ex.)	25,–	40,–	150,–	1000,–		–,–
1900 A	(1 079 874 Ex.)	*MW*	25,–	80,–	450,–		–,–
1901 A	(667 990 Ex.)	*MW*	25,–	80,–	450,–		–,–
1902 A	(1 950 840 Ex.)	*MW*	25,–	70,–	350,–		–,–
1903 A	(3 855 795 Ex.)	*MW*	25,–	70,–	350,–		–,–
1904 A	(2 060 410 Ex.)	*MW*	25,–	70,–	350,–		–,–
1906 A	(230 963 Ex.)	25,–	40,–	150,–	1000,–	(415 Ex.)	1500,–
1907 A	(2 902 338 Ex.)	*MW*	25,–	50,–	250,–		–,–
1908 A	(2 230 579 Ex.)	*MW*	25,–	50,–	250,–		–,–

19 [251] 10 Mark (G) 1890, 1892–1907, 1909–1912. Typ wie Nr. 16. 900er Gold, 3.982 g, ∅ 19.5 mm, Arabeskenrand:

	Gesamtprägezahl	S	SS	VZ	ST	Spiegelglanz	PP
1890 A	(1 512 089 Ex.)	*MW*	200,–	260,–	480,–		1400,–
1892 A	(34 633 Ex.)		1000,–	1900,–	3200,–		
1893 A	(1 591 205 Ex.)	*MW*	200,–	260,–	480,–		
1894 A	(17 560 Ex.)		1400,–	2000,–	3200,–		3500,–
1895 A	(28 949 Ex.)		850,–	1500,–	3000,–		4000,–
1896 A	(1 080 816 Ex.)	*MW*	180,–	260,–	480,–		
1897 A	(114 004 Ex.)	*MW*	280,–	350,–	550,–		600,–
1898 A	(2 279 986 Ex.)	*MW*	180,–	260,–	480,–		
1899 A	(300 000 Ex.)	*MW*	180,–	260,–	480,–		
1900 A	(741 818 Ex.)	*MW*	180,–	260,–	480,–		–,–
1901 A	(701 930 Ex.)	*MW*	180,–	260,–	480,–		–,–
1902 A	(270 911 Ex.)	*MW*	180,–	260,–	480,–		600,–
1903 A	(1 684 979 Ex.)	*MW*	180,–	260,–	480,–		–,–
1904 A	(1 178 129 Ex.)	*MW*	180,–	260,–	480,–		
1905 A	(1 062 513 Ex.)	*MW*	180,–	260,–	480,–	(117 Ex.)	–,–
1906 A	(531 970 Ex.)	*MW*	180,–	260,–	480,–	(150 Ex.)	–,–
1907 A	(812 698 Ex.)	*MW*	180,–	260,–	480,–		600,–
1909 A	(531 934 Ex.)	*MW*	180,–	260,–	480,–		–,–
1910 A	(803 111 Ex.)	*MW*	180,–	260,–	480,–		2700,–
1911 A	(270 798 Ex.)	*MW*	180,–	260,–	480,–		–,–
1912 A	(542 372 Ex.)	*MW*	180,–	260,–	480,–		–,–

Prägungen im Typ der Nr. 19 mit Jahreszahlen 1901 A und 1905 A in Silber sind Nachahmungen aus späterer Zeit (zwischen 1963 und 1974) für Schmuckzwecke.

20 [252] 20 Mark (G) 1890–1913. Typ wie Nr. 16. 900er Gold, 7.965 g, ∅ 22.5 mm, Schriftrand:

1890 A	(3 694 754 Ex.)	*MW*	320,–	380,–	460,–		–,–
1891 A	(2 752 457 Ex.)	*MW*	320,–	380,–	460,–		–,–
1892 A	(1 814 842 Ex.)	*MW*	320,–	380,–	460,–		
1893 A	(3 171 741 Ex.)	*MW*	320,–	380,–	460,–		

	Gesamtprägezahl	S	SS	VZ	ST	Spiegelglanz	PP
1894 A	(5 814 982 Ex.)	*MW*	320,–	380,–	460,–		
1895 A	(4 134 809 Ex.)	*MW*	320,–	380,–	460,–		
1896 A	(4 238 568 Ex.)	*MW*	320,–	380,–	460,–		–,–
1897 A	(5 393 628 Ex.)	*MW*	320,–	380,–	460,–		
1898 A	(6 542 219 Ex.)	*MW*	320,–	380,–	460,–		
1899 A	(5 873 229 Ex.)	*MW*	320,–	380,–	460,–		–,–
1900 A	(5 162 616 Ex.)	*MW*	320,–	380,–	460,–		1300,–
1901 A	(5 188 340 Ex.)	*MW*	320,–	380,–	460,–		–,–
1902 A	(4 138 128 Ex.)	*MW*	320,–	380,–	460,–		
1903 A	(2 870 073 Ex.)	*MW*	320,–	380,–	460,–		
1904 A	(3 452 625 Ex.)	*MW*	320,–	380,–	460,–		–,–
1905 A	(4 175 793 Ex.)	*MW*	320,–	380,–	460,–	(287 Ex.)	–,–
J	(920 784 Ex.)	*MW*	350,–	420,–	500,–		
1906 A	(7 788 122 Ex.)	*MW*	320,–	380,–	460,–	(124 Ex.)	–,–
J	(81 686 Ex.)	*MW*	550,–	800,–	1000,–		
1907 A	(2 576 286 Ex.)	*MW*	320,–	380,–	460,–		1700,–
1908 A	(3 274 168 Ex.)	*MW*	320,–	380,–	460,–		
1909 A	(5 212 836 Ex.)	*MW*	320,–	380,–	460,–		
J	(350 128 Ex.)	*MW*	360,–	450,–	650,–		1800,–
1910 A	(8 645 549 Ex.)	*MW*	320,–	380,–	460,–		
J	(753 217 Ex.)	*MW*	350,–	420,–	500,–		
1911 A	(4 745 790 Ex.)	*MW*	320,–	380,–	460,–		
1912 A	(5 569 398 Ex.)	*MW*	320,–	380,–	460,–		
J	(502 530 Ex.)	*MW*	350,–	420,–	500,–		
1913 A	*unten enthalten*	*MW*	320,–	380,–	460,–		–,–

Entwurf und Modell von Emil Weigand (Porträtseite).

Nr. 20 aus der Münzstätte Hamburg beruht auf dem kaiserlichen Erlass vom 13. August 1904. Auftraggeber dieser Prägungen war die Freie und Hansestadt Hamburg.

Prägungen im Typ der Nr. 20 mit Jahreszahlen 1908 J und 1914 A sind private Phantasieerzeugnisse (Fälschungen) aus späterer Zeit (zwischen 1961 und 1974 entstanden).

200 JAHRE KÖNIGREICH PREUSSEN (2)

21 [105] 2 Mark (S) 1901. Friedrich I. und Wilhelm II., gestaffelte Brustbilder nach links. Rs. Reichsadler (zweites Modell). 900er Silber, 11.11 g, ∅ 28 mm, Riffelrand:

		S	SS	VZ	ST	Spiegelglanz	PP
1901 [A]	(2 600 000 Ex.)		12,–	20,–	30,–		250,–

22 [106] 5 Mark (S) 1901. Typ wie Nr. 21. 900er Silber, 27.78 g, ∅ 38 mm, Schriftrand:

	Gesamtprägezahl	S	SS	VZ	ST	Spiegelglanz	PP
1901 [A]	(460 000 Ex.)		40,–	70,–	120,–		450,–

Entwurf von Emil Döpler jr. (Porträtseite), Modell von Otto Schultz.

100 JAHRE UNIVERSITÄT BERLIN

23 [107] 3 Mark (S) 1910. Friedrich Wilhelm III. und Wilhelm II., gestaffelte Kopfbilder nach links. Rs. Reichsadler im Jugendstil in plastischer Ausführung. 900er Silber, 16.67 g, ∅ 33 mm, Schriftrand:

1910 A	(200 000 Ex.)		40,–	60,–	120,–	(2 000 Ex.)	250,–

23P 3 Mark (S) 1910. Motivprobe, Haupteingang der Universität ST 5000,–

24 [108] 3 Mark (S) 1911. Friedrich Wilhelm III. und Wilhelm II., gestaffelte Kopfbilder nach links, Jahreszahlen in der Umschrift. Rs. Reichsadler im Jugendstil. 900er Silber, 16.67 g, ∅ 33 mm, Schriftrand:

	Gesamtprägezahl	**S**	**SS**	**VZ**	**ST**	Spiegelglanz	**PP**
1911 A	(400 000 Ex.)		35,–	50,–	100,–		300,–

24P1 3 Mark (S) 1911. Motivprobe, Jahreszahlen unter den Kopfbildern
ST 4000,–

24P2 3 Mark (S) 1911. Motivprobe, Stadtwappen von Breslau unter den Kopfbildern
ST 5000,–

25 [109] 2 Mark (S) 1913. Friedrich Wilhelm III. zu Pferde, von jubelndem Volk umgeben, oben bogig »Der König rief und alle alle kamen«, im Abschnitt »Mit Gott für König und Vaterland«, Datumsangabe. Rs. Adler im Kampf gegen Schlange. 900er Silber, 11.11 g, ∅ 28 mm, Riffelrand:

	Gesamtprägezahl	S	SS	VZ	ST	Spiegelglanz	PP
1913 [A]	(1 500 000 Ex.)		12,–	20,–	30,–		120,–

26 [110] 3 Mark (S) 1913. Typ wie Nr. 25. 900er Silber, 16.67 g, ∅ 33 mm, Schriftrand:

1913 [A]	(2 000 000 Ex.)	15,–	25,–	40,–	200,–

26P1 3 Mark (S) 1913. Motivprobe, Reiterstandbild Wilhelms II., Titelumschrift. Rs. Adler im Kampf gegen Schlange –,–

26P2 3 Mark (S) 1913. Motivprobe, Friedrich Wilhelm III. zu Pferde, von jubelndem Volk umgeben. Rs. Reichsadler (zweites Modell) ST 2500,–

25. JAHRESTAG DER THRONBESTEIGUNG (2)

27 [111] 2 Mark (S) 1912, 1913. Wilhelm II., Brustbild nach rechts in Kürassieruniform mit der Kette des Schwarzen Adlerordens und dem Protektorkreuz des Johanniterordens, Lorbeerzweig, Jahreszahlen. Rs. Reichsadler (zweites Modell). 900er Silber, 11.11 g, ∅ 28 mm, Riffelrand:

	Gesamtprägezahl	S	SS	VZ	ST	Spiegelglanz	PP
1912 A					3000,–		
1913 A	(1 500 000 Ex.)		12,–	20,–	30,–	(5 000 Ex.)	150,–

28 [112] 3 Mark (S) 1913. Typ wie Nr. 27. 900er Silber, 16.67 g, ∅ 33 mm, Schriftrand:

	Gesamtprägezahl	S	SS	VZ	ST	Spiegelglanz	PP
1913 A	(2 000 000 Ex.)		15,–	25,–	40,–	(6 000 Ex.)	200,–

28P 3 Mark (S) 1912. Motivprobe, Brustbild nach rechts, lateinische Titelumschrift ST 3000,–

29 [113] 3 Mark (S) 1914. Wilhelm II., Brustbild nach rechts in Kürassieruniform mit der Kette des Schwarzen Adlerordens und dem Protektorkreuz des Johanniterordens. Rs. Reichsadler (zweites Modell). 900er Silber, 16.67 g, ∅ 33 mm, Schriftrand:

	Gesamtprägezahl	S	SS	VZ	ST	Spiegelglanz	PP
1914 A	(2 564 101 Ex.)	*MW*	18,–	30,–	70,–		400,–

30 [114] 5 Mark (S) 1913, 1914. Typ wie Nr. 29. 900er Silber, 27.78 g, ∅ 38 mm, Schriftrand:

1913 A	(1 961 712 Ex.)	*MW*	25,–	40,–	120,–		900,–
1914 A	(1 587 179 Ex.)	*MW*	25,–	40,–	120,–		

31P 10 Mark (G) 1913 A. Typ wie Nr. 29. 900er Gold, 3.982 g, ∅ 19.5 mm, Rand glatt (sic!) ST 25000,–

31 [253] 20 Mark (G) 1913–1915. Typ wie Nr. 29. 900er Gold, 7.965 g, ∅ 22.5 mm, Schriftrand:

	Gesamtprägezahl	S	SS	VZ	ST	Spiegelglanz	PP
1913 A	(6 101 730 Ex.)	*MW*	350,–	400,–	500,–		2000,–
1914 A	(2 136 861 Ex.)	*MW*	350,–	400,–	500,–		2000,–
1915 A	(1 270 566 Ex.)		2000,–	3000,–	4000,–		

Preußen Nrn. 1 (1872 A, 1872 B), 6 (1874 A) und 31 (1915 A) sowie Bayern Nrn. 15 (1913 D) und 23 (1914 D) kamen nach der Prägung größtenteils in den Juliusturm der Festung Spandau. Nach dem Ersten Weltkrieg mussten die dort verbliebenen Bestände an die Siegermächte ausgeliefert werden.

100. JAHRESTAG DER VEREINIGUNG DER GRAFSCHAFT MANSFELD UNTER PREUSSISCHER HERRSCHAFT

32 [115] 3 Mark (S) 1915. Hl. Georg zu Pferde im Kampf mit dem Drachen, Schabracke mit mansfeldischem Wappen, oben bogig »Bei Gott ist Rat und Tat«, unten herum »Segen des Mansfelder Bergbaues«. Rs. Reichsadler im Jugendstil. 900er Silber, 16.67 g, ∅ 33 mm, Schriftrand:

1915 A	(30 000 Ex.)	400,–	650,–	900,–	(550 Ex.)	1200,–

32P 3 Mark (S) 1915. Motivprobe, Umschrift in Fraktur ST 6000,–

Reuß älterer Linie

Fürstentum

HEINRICH XXII. 1859–1902

(Reuß älterer Linie zu Greiz)

1 [116] 2 Mark (S) 1877. Heinrich XXII. (1846–1902), Kopfbild nach rechts. Rs. Reichsadler (erstes Modell). 900er Silber, 11.11 g, ∅ 28 mm, Riffelrand:

	Gesamtprägezahl	S	SS	VZ	ST	Spiegelglanz PP
1877 B	(20 000 Ex.)	200,–	500,–	1200,–	3500,–	4500,–

2 [254] 20 Mark (G) 1875. Typ wie Nr. 1. 900er Gold, 7.965 g, ∅ 22.5 mm, Schriftrand:

	Gesamtprägezahl	S	SS	VZ	ST	Spiegelglanz PP
1875 B	(1 500 Ex.)		25000,–	38000,–	50000,–	–,–

Entwurf und Modell von Heinrich Friedrich Brehmer (Porträtseite).

3 [117] 2 Mark (S) 1892. Rs. Reichsadler (zweites Modell). 900er Silber, 11.11 g, ∅ 28 mm, Riffelrand:

	Gesamtprägezahl	S	SS	VZ	ST	Spiegelglanz PP
1892 A	(10 000 Ex.)	180,–	400,–	800,–	1500,–	2000,–

Entwurf und Modell von Heinrich Friedrich Brehmer (Porträtseite).

4 [118] 2 Mark (S) 1899, 1901. Heinrich XXII., Kopfbild nach rechts. Rs. Reichsadler (zweites Modell). 900er Silber, 11.11 g, ∅ 28 mm, Riffelrand:

	Gesamtprägezahl	S	SS	VZ	ST	Spiegelglanz	PP
1899 A	(10 000 Ex.)	100,–	250,–	400,–	700,–	(120 Ex.)	–,–
1901 A	(10 000 Ex.)	100,–	250,–	400,–	700,–		

Entwurf und Modell von Joseph Echteler (Porträtseite).

HEINRICH XXIV. 1902–1918
(Reuß älterer Linie zu Greiz)

Unter der Vormundschaft von Heinrich XIV. Reuß jüngerer Linie bis 1908 und Heinrich XXVII. Reuß jüngerer Linie ab 1908

5 [119] 3 Mark (S) 1909. Heinrich XXIV. (1878–1927), Kopfbild nach rechts. Rs. Reichsadler (zweites Modell). 900er Silber, 16.67 g, ∅ 33 mm, Schriftrand:

1909 A	(10 000 Ex.)	120,–	300,–	450,–	800,–	(400 Ex.)	1000,–

Entwurf und Modell von Paul Sturm (Porträtseite).

5P 3 Mark (S) 1909. Motivprobe, Kopfbild nach links ST 5500,–

Reuß jüngerer Linie

Fürstentum

HEINRICH XIV. 1867–1908

(Reuß jüngerer Linie zu Gera)

1 [120] 2 Mark (S) 1884. Heinrich XIV. (1832–1913), Kopfbild nach links. Rs. Reichsadler (erstes Modell). 900er Silber, 11.11 g, ∅ 28 mm, Riffelrand:

	Gesamtprägezahl	S	SS	VZ	ST	Spiegelglanz	PP
1884 A	(100 000 Ex.)	150,–	320,–	800,–	2500,–		4000,–

2 [255] 10 Mark (G) 1882. Typ wie Nr. 1. 900er Gold, 3.982 g, ∅ 19.5 mm, Arabeskenrand:

1882 A	(5 000 Ex.)		7000,–	10000,–	18000,–	(200 Ex.)	–,–

3 [256] 20 Mark (G) 1881. Typ wie Nr. 1. 900er Gold, 7.965 g, ∅ 22.5 mm, Schriftrand:

1881 A	(12 500 Ex.)		5000,–	7000,–	10500,–	(500 Ex.)	15000,–

Entwurf und Modell von Friedrich Wilhelm Kullrich.

Sachsen

Königreich

JOHANN 1854–1873

1 [257] 10 Mark (G) 1872, 1873. Johann (1801–1873), Kopfbild nach links. Rs. Reichsadler (erstes Modell), Wertangabe in Kurzform. 900er Gold, 3.982 g, ∅ 19.5 mm, Arabeskenrand:

	Gesamtprägezahl	**S**	**SS**	**VZ**	**ST**	Spiegelglanz	**PP**
1872 E	(339 405 Ex.)		420,–	750,–	1700,–		
1873 E	(715 494 Ex.)		380,–	620,–	1600,–		

Ausgegeben ab 10. Oktober 1872.

A2 [258] 20 Mark (G) 1872. Typ wie Nr. 1, Titelumschrift in kleineren Lettern. 900er Gold, 7.965 g, ∅ 22.5 mm, Schriftrand:

1872 E	(889 932 Ex.)	*MW*	420,–	650,–	1300,–		–,–

Ausgegeben ab 8. Februar 1872.

2 [259] 20 Mark (G) 1873. Typ wie Nr. 1, Titelumschrift in größeren Lettern:

1873 E	(1 084 927 Ex.)	*MW*	400,–	620,–	1250,–		

Entwurf und Modell von Max Barduleck (Porträtseite).

3 [121] 2 Mark (S) 1876, 1877, 1879, 1880, 1883, 1888. Albert (1828–1902), Kopfbild nach rechts. Rs. Reichsadler (erstes Modell). 900er Silber, 11.11 g, ∅ 28 mm, Riffelrand:

	Gesamtprägezahl	S	SS	VZ	ST	Spiegelglanz	PP
1876 E	(1 613 185 Ex.)	40,–	100,–	700,–	1600,–		
1877 E	(796 246 Ex.)	50,–	120,–	750,–	2000,–		
1879 E	(36 110 Ex.)	150,–	300,–	1500,–	7000,–		
1880 E	(57 509 Ex.)	120,–	250,–	1200,–	5000,–		
1883 E	(55 700 Ex.)	100,–	200,–	1000,–	4000,–		
1888 E	(90 995 Ex.)	50,–	120,–	750,–	2000,–		

Ausgegeben ab 31. August 1876.

4 [122] 5 Mark (S) 1875, 1876, 1889. Typ wie Nr. 3. 900er Silber, 27.78 g, ∅ 38 mm, Schriftrand:

1875 E	(493 869 Ex.)	40,–	75,–	1000,–	4000,–		
1876 E	(635 240 Ex.)	40,–	75,–	1000,–	4000,–		
1889 E	(36 397 Ex.)	80,–	150,–	1800,–	6000,–		

Ausgegeben ab 16. Januar 1875.

5 [260] 5 Mark (G) 1877. Typ wie Nr. 3. 900er Gold, 1.991 g, ∅ 17 mm, Rand glatt:

1877 E	(401 768 Ex.)		680,–	900,–	1550,–		–,–

Ausgegeben ab 25. Mai 1877.

6 [261] 10 Mark (G) 1874, 1875, 1877–1879, 1881, 1888. Typ wie Nr. 3. 900er Gold, 3.982 g, ∅ 19.5 mm, Arabeskenrand:

	Gesamtprägezahl	S	SS	VZ	ST	Spiegelglanz	PP
1874 E	(47 567 Ex.)		900,–	2400,–	4000,–		
1875 E	(527 922 Ex.)	*MW*	300,–	550,–	1200,–		
1877 E	(201 324 Ex.)	*MW*	300,–	550,–	1200,–		
1878 E	(225 184 Ex.)	*MW*	300,–	550,–	1200,–		
1879 E	(181 981 Ex.)	*MW*	300,–	550,–	1200,–		
1881 E	(240 426 Ex.)	*MW*	300,–	550,–	1200,–		
1888 E	(149 001 Ex.)	*MW*	350,–	600,–	1400,–		

Ausgegeben ab 29. Oktober 1874.

7 [262] 20 Mark (G) 1874, 1876–1878. Typ wie Nr. 3. 900er Gold, 7.965 g, ∅ 22.5 mm, Schriftrand:

	Gesamtprägezahl	S	SS	VZ	ST	Spiegelglanz	PP
1874 E	(152 522 Ex.)	*MW*	400,–	550,–	1400,–		
1876 E	(481 989 Ex.)	*MW*	370,–	500,–	1300,–		2600,–
1877 E	(1 181 Ex.)		15000,–	20000,–	40000,–		
1878 E	(1 564 Ex.)		15000,–	20000,–	40000,–		

Entwurf und Modell von Max Barduleck (Porträtseite).
Ausgegeben ab 13. August 1874.

800 JAHRE DYNASTIE WETTIN IN MEISSEN

				VZ	PP
8	[123]	—	(Medaille) (Bro) 1889. Rs. Thronende Landesgöttin, von huldigendem Volk umgeben. 24~26 g, ∅ 38 mm, Rand glatt (4 310 Ex.):		
			1. Strich und Knoten von 1089–1889 zu weit rechts	400,–	800,–
			2. Strich und Knoten auf Mitte gesetzt	400,–	800,–
	a		(S) Feinsilber, 28 g (706 Ex.):		
			1. Strich und Knoten zu weit rechts	2000,–	4000,–
			2. Strich und Knoten auf Mitte gesetzt	2000,–	4000,–
	b		(G) 46 g, nur 1. Version:		50000,–

Verdienstmedaille 1. Klasse (Silber) und 2. Klasse (Bronze) für hervorragende Beteiligung an den Feierlichkeiten. Entwurf und Modell von Max Barduleck (Porträtseite, Stempel der Fünfmarkstücke) und Johann Schilling (Bildseite). Ausgegeben ab 12. Juni 1889.

9 [124] 2 Mark (S) 1891, 1893, 1895, 1896, 1898–1902. Rs. Reichsadler (zweites Modell). 900er Silber, 11.11 g, ∅ 28 mm, Riffelrand:

	Gesamtprägezahl	S	SS	VZ	ST	Spiegelglanz	PP
1891 E	(130 375 Ex.)	30,–	70,–	150,–	600,–		
1893 E	(130 375 Ex.)	30,–	70,–	150,–	600,–		
1895 E	(116 622 Ex.)	30,–	80,–	200,–	750,–		
1896 E	(144 180 Ex.)	30,–	70,–	150,–	600,–		
1898 E	(106 669 Ex.)	35,–	90,–	250,–	900,–		
1899 E	(401 330 Ex.)	30,–	60,–	120,–	500,–		
1900 E	(383 564 Ex.)	30,–	60,–	120,–	400,–		
1901 E	(439 724 Ex.)	30,–	50,–	100,–	350,–		
1902 E	(542 762 Ex.)	30,–	50,–	100,–	350,–		

10 [125] 5 Mark (S) 1891, 1893–1895, 1898–1902. Typ wie Nr. 9. 900er Silber, 27.78 g, ∅ 38 mm, Schriftrand:

1891 E	(52 150 Ex.)	35,–	75,–	400,–	2500,–	
1893 E	(52 150 Ex.)	35,–	75,–	400,–	2500,–	
1894 E	(74 616 Ex.)	35,–	70,–	350,–	2000,–	
1895 E	(89 483 Ex.)	35,–	70,–	350,–	2000,–	
1898 E	(160 348 Ex.)	30,–	50,–	250,–	1500,–	
1899 E	(74 260 Ex.)	35,–	70,–	350,–	2000,–	
1900 E	(156 706 Ex.)	30,–	50,–	250,–	1500,–	
1901 E	(156 450 Ex.)	30,–	50,–	250,–	1500,–	
1902 E	(168 200 Ex.)	30,–	50,–	250,–	1500,–	

11 [263] 10 Mark (G) 1891, 1893, 1896, 1898, 1900–1902. Typ wie Nr. 9. 900er Gold, 3.982 g, ∅ 19.5 mm, Arabeskenrand:

	Gesamtprägezahl	S	SS	VZ	ST	Spiegelglanz	PP
1891 E	(223 534 Ex.)	*MW*	250,–	400,–	820,–		
1893 E	(223 585 Ex.)	*MW*	250,–	400,–	820,–		
1896 E	(149 558 Ex.)	*MW*	270,–	430,–	880,–		
1898 E	(312 508 Ex.)	*MW*	270,–	430,–	880,–		
1900 E	(74 226 Ex.)	*MW*	280,–	460,–	930,–		–,–
1901 E	(74 767 Ex.)	*MW*	280,–	460,–	930,–		
1902 E	(37 413 Ex.)	*MW*	300,–	500,–	1000,–		

12 [264] 20 Mark (G) 1894, 1895. Typ wie Nr. 9. 900er Gold, 7.965 g, ∅ 22.5 mm, Schriftrand:

1894 E	(638 833 Ex.)	*MW*	400,–	530,–	650,–		
1895 E	(113 150 Ex.)	*MW*	480,–	650,–	950,–		

Entwurf und Modell von Max Barduleck (Porträtseite).

BESUCH IN DER MÜNZSTÄTTE MULDENHÜTTEN

13 [126] — (Medaille zu 2 Mark) (S) 1892. Rs. Gedenkinschrift. 900er Silber, 11.11 g, ∅ 28 mm, Riffelrand:

1892 E	(1 004 Ex.)				1600,–		2000,–

Ausgegeben ab 16. Juli 1892.

Stempel von Max Barduleck.

Die gesamte Auflage weist den rückseitigen Stempelsprung auf.

Auch als Kupferabschlag vorkommend.

AUF SEINEN TOD (2)

14 [127] 2 Mark (S) 1902. Albert, Kopfbild nach rechts, Lebensdaten. Rs. Reichsadler (zweites Modell). 900er Silber, 11.11 g, ∅ 28 mm, Riffelrand:

	Gesamtprägezahl	S	SS	VZ	ST	Spiegelglanz	PP
1902 E	(167 625 Ex.)		35,–	75,–	150,–	(250 Ex.)	600,–

15 [128] 5 Mark (S) 1902. Typ wie Nr. 14. 900er Silber, 27.78 g, ∅ 38 mm, Schriftrand:

1902 E	(100 000 Ex.)		75,–	160,–	280,–	(250 Ex.)	800,–

Ausgegeben ab 12. Dezember 1902.

Entwurf und Modell von Max Barduleck (Porträtseite).

GEORG 1902–1904

16 [129] 2 Mark (S) 1903, 1904. Georg (1832–1904), Kopfbild nach rechts. Rs. Reichsadler (zweites Modell). 900er Silber, 11.11 g, ∅ 28 mm, Riffelrand:

1903 E	(745 551 Ex.)	25,–	60,–	120,–	350,–	(50 Ex.)	1000,–
1904 E	(1 265 533 Ex.)	20,–	50,–	100,–	320,–		

17 [130] 5 Mark (S) 1902–1904. Typ wie Nr. 16. 900er Silber, 27.78 g, ∅ 38 mm, Schriftrand:

1902 E	*				–,–		
1903 E	(536 298 Ex.)	30,–	75,–	250,–	900,–	(50 Ex.)	–,–
1904 E	(290 643 Ex.)	30,–	75,–	250,–	900,–		

* Eingeschmolzen bis auf 3 Ex.

Ausgegeben ab 21. Januar 1903.

18 [265] 10 Mark (G) 1903, 1904. Typ wie Nr. 16. 900er Gold, 3.982 g, ∅ 19.5 mm, Arabeskenrand:

	Gesamtprägezahl	S	SS	VZ	ST	Spiegelglanz	PP
1903 E	(283 822 Ex.)	*MW*	400,–	600,–	850,–	(100 Ex.)	1500,–
1904 E	(149 260 Ex.)	*MW*	450,–	680,–	950,–		

Ausgegeben ab 5. März 1903.

19 [266] 20 Mark (G) 1903. Typ wie Nr. 16. 900er Gold, 7.965 g, ∅ 22.5 mm, Schriftrand:

1903 E	(250 000 Ex.)	*MW*	450,–	720,–	1000,–		5000,–

Ausgegeben ab 7. Mai 1903.
Entwurf und Modell von Max Barduleck (Porträtseite).

BESUCH IN DER MÜNZSTÄTTE MULDENHÜTTEN

20 [131] — (Medaille zu 2 Mark) (S) 1903. Rs. Gedenkinschrift. 900er Silber, 11.11 g, ∅ 28 mm, Riffelrand:

1903 E	(1 004 Ex.)				1600,–		2000,–

Ausgegeben ab 7. Mai 1903.
Stempel von Max Barduleck.
Die gesamte Auflage weist bis auf wenige Exemplare den rückseitigen Stempelsprung auf.

AUF SEINEN TOD (2)

21 [132] 2 Mark (S) 1904. Georg, Kopfbild nach rechts, Lebensdaten. Rs. Reichsadler (zweites Modell). 900er Silber, 11.11 g, ∅ 28 mm, Riffelrand:

1904 E	(150 000 Ex.)		35,–	70,–	150,–	(55 Ex.)	700,–

22 [133] 5 Mark (S) 1904. Typ wie Nr. 21. 900er Silber, 27.78 g, ∅ 38 mm, Schriftrand:

1904 E	(37 200 Ex.)		150,–	250,–	400,–	(70 Ex.)	1200,–

Ausgegeben ab 19. Januar 1905.
Entwurf und Modell von Max Barduleck (Porträtseite).

FRIEDRICH AUGUST III. 1904–1918

23 [134] 2 Mark (S) 1905–1908, 1911, 1912, 1914. Friedrich August (1865–1932), Kopfbild nach rechts. Rs. Reichsadler (zweites Modell). 900er Silber, 11.11 g, ∅ 28 mm, Riffelrand:

	Gesamtprägezahl	S	SS	VZ	ST	Spiegelglanz	PP
1905 E	(558 951 Ex.)	25,–	50,–	90,–	250,–	(100 Ex.)	500,–
1906 E	(558 750 Ex.)	25,–	50,–	90,–	250,–		–,–
1907 E	(1 117 519 Ex.)	25,–	40,–	80,–	200,–		–,–
1908 E	(335 689 Ex.)	25,–	50,–	90,–	250,–		–,–
1911 E	(186 250 Ex.)	30,–	60,–	120,–	350,–		–,–
1912 E	(167 625 Ex.)	30,–	60,–	120,–	350,–		–,–
1914 E	(298 000 Ex.)	25,–	40,–	80,–	200,–		–,–

Ausgegeben ab 2. September 1905.

24 [135] 3 Mark (S) 1908–1913. Typ wie Nr. 23. 900er Silber, 16.67 g, ∅ 33 mm, Schriftrand:

1908 E	(276 073 Ex.)	15,–	20,–	35,–	120,–		250,–
1909 E	(1 196 719 Ex.)	15,–	20,–	30,–	100,–		250,–
1910 E	(745 000 Ex.)	15,–	20,–	30,–	100,–		250,–
1911 E	(581 250 Ex.)	15,–	20,–	35,–	120,–		250,–
1912 E	(378 750 Ex.)	15,–	20,–	35,–	120,–		200,–
1913 E	(306 500 Ex.)	15,–	20,–	35,–	120,–		200,–

Ausgegeben ab 30. Oktober 1908.

25 [136] 5 Mark (S) 1907, 1908, 1914. Typ wie Nr. 23. 900er Silber, 27.78 g, ∅ 38 mm, Schriftrand:

1907 E	(398 043 Ex.)	25,–	45,–	90,–	400,–		
1908 E	(317 301 Ex.)	25,–	45,–	90,–	400,–		
1914 E	(298 000 Ex.)	25,–	40,–	80,–	350,–		

Ausgegeben ab 25. Februar 1907.

26 [267] 10 Mark (G) 1905–1907, 1909–1912. Typ wie Nr. 23. 900er Gold, 3.982 g, ∅ 19.5 mm, Arabeskenrand:

	Gesamtprägezahl	S	SS	VZ	ST	Spiegelglanz	PP
1905 E	(111 994 Ex.)		350,–	500,–	900,–	(100 Ex.)	1600,–
1906 E	(75 093 Ex.)		360,–	550,–	1000,–		–,–
1907 E	(111 878 Ex.)		350,–	500,–	900,–		–,–
1909 E	(112 070 Ex.)		350,–	500,–	900,–		–,–
1910 E	(75 185 Ex.)		360,–	550,–	1000,–		1200,–
1911 E	(37 622 Ex.)		450,–	700,–	1500,–		–,–
1912 E	(75 252 Ex.)		360,–	550,–	1000,–		–,–

Ausgegeben ab 28. Oktober 1905.

27 [268] 20 Mark (G) 1905, 1913, 1914. Typ wie Nr. 23. 900er Gold, 7.965 g, ∅ 22.5 mm, Schriftrand:

1905 E	(500 173 Ex.)	*MW*	350,–	500,–	700,–	(86 Ex.)	–,–
1913 E	(121 002 Ex.)	*MW*	400,–	600,–	800,–		2900,–
1914 E	(325 246 Ex.)	*MW*	350,–	500,–	700,–		2900,–

Ausgegeben ab 20. Juni 1905.
Entwurf und Modell von Max Barduleck (Porträtseite).

BESUCH IN DER MÜNZSTÄTTE MULDENHÜTTEN

28 [137] — (Medaille zu 2 Mark) (S) 1905. Rs. Gedenkinschrift. 900er Silber, 11.11 g, ∅ 28 mm, Riffelrand:

1905 E	(1000 Ex.)				1600,–	(200 Ex.)	2000,–

Ausgegeben ab 6. April 1905.
Stempel von Max Barduleck.
Auch als Kupferabschlag vorkommend.
Zum gleichen Anlass: Deutsches Reich (Kleinmünzen) Nr. 10 von 1905 E mit Kreuz unter Wertzahl.

500 JAHRE UNIVERSITÄT LEIPZIG (2)

29 [138] 2 Mark (S) 1909. Friedrich der Streitbare (1370–1428), Kurfürst von Sachsen, Gründer der Universität Leipzig (1409), und Friedrich August, gestaffelte Brustbilder nach links. Rs. Reichsadler (zweites Modell). 900er Silber, 11.11 g, ∅ 28 mm, Riffelrand:

	Gesamtprägezahl	S	SS	VZ	ST	Spiegelglanz	PP
1909 [E]	(125 000 Ex.)		35,–	60,–	100,–	(300 Ex.)	300,–

30 [139] 5 Mark (S) 1909. Typ wie Nr. 29. 900er Silber, 27.78 g, ∅ 38 mm, Schriftrand:

	Gesamtprägezahl	S	SS	VZ	ST	Spiegelglanz	PP
1909 [E]	(50 000 Ex.)		100,–	160,–	280,–	(300 Ex.)	600,–

Ausgegeben ab 24. Juli 1909.

Entwurf und Modell von Max Barduleck (Porträtseite).

Auf 600 Jahre Universität Leipzig: Bundesrepublik Deutschland Nr. 274.

100. JAHRESTAG DER SCHLACHT BEI LEIPZIG

31 [140] 3 Mark (S) 1913. Völkerschlachtdenkmal bei Leipzig, Datumsangabe. Rs. Reichsadler (zweites Modell). 900er Silber, 16.67 g, ∅ 33 mm, Schriftrand:

	Gesamtprägezahl	S	SS	VZ	ST	Spiegelglanz	PP
1913 E	(999 999 Ex.)		15,–	25,–	50,–	(17 000 Ex.)	150,–

32P1 2 Mark (S) 1— (1916). Friedrich August, Schulterbild in Generalfeldmarschallsuniform nach links. Rs. Reichsadler (zweites Modell) ×
32P2 3 Mark (S) 1— (1916). Typ wie Nr. 32P1 ×
32P3 5 Mark (S) 1— (1916). Typ wie Nr. 32P1 ×
32P4 20 Mark (G) 1— (1916). Typ wie Nr. 32P1 ×

Entwurf und Modell von Friedrich Wilhelm Hörnlein (Porträtseite).

400. JAHRESTAG DER REFORMATION

32 [141] 3 Mark (S) 1917. Friedrich der Weise (1463–1525), Kurfürst von Sachsen, Gründer der Universität Wittenberg (1502), Landesherr von Martin Luther, Brustbild im Pelzmantel mit Klappmütze nach einem Schautaler (1522) in Anlehnung an ein Gemälde von Lucas Maler »Cranach« (1472–1553), Umschrift »Ein feste Burg ist unser Gott«, unten Rautenkranzschild, Jahreszahlen. Rs. Reichsadler (zweites Modell). 900er Silber, 16.67 g, ∅ 33 mm, Schriftrand:

1917 E		(100 Ex.) 90000,–

Zahlreiche Nachbildungen aus späterer Zeit (auch in Klippenform) vorkommend.

Zum 450. Geburtstag von Martin Luther: Deutsches Reich Nrn. 75–76.
Zum 500. Geburtstag: Bundesrepublik Deutschland Nr. 158, Deutsche Demokratische Republik Nrn. 84 (1983), 88–89, 94.

Sachsen-Altenburg

Herzogtum

ERNST 1853–1908

1 [269] 20 Mark (G) 1887. Ernst (1826–1908), Kopfbild nach rechts. Rs. Reichsadler (erstes Modell). 900er Gold, 7.965 g, ∅ 22.5 mm, Schriftrand:

	Gesamtprägezahl	**S**	**SS**	**VZ**	**ST**	Spiegelglanz	**PP**
1887 A	(15 000 Ex.)		3900,–	5800,–	8500,–		9000,–

Entwurf und Modell von Emil Weigand (Porträtseite).

2 [142] 2 Mark (S) 1901. Rs. Reichsadler (zweites Modell). 900er Silber, 11.11 g, ∅ 28 mm, Riffelrand:

1901 A	(50 000 Ex.)	160,–	300,–	500,–	1000,–	(500 Ex.)	1500,–

3 [143] 5 Mark (S) 1901. Typ wie Nr. 2. 900er Silber, 27.78 g, ∅ 38 mm, Schriftrand:

1901 A	(20 000 Ex.)	250,–	500,–	1000,–	2500,–	(500 Ex.)	3000,–

Entwurf und Modell von Emil Weigand (Porträtseite).

Ausgegeben ab 16. September 1901 (75. Geburtstag des Herzogs).

50. JAHRESTAG DER THRONBESTEIGUNG

4 [144] 5 Mark (S) 1903. Ernst, Kopfbild nach rechts, Lorbeerzweig, Jahreszahlen. Rs. Reichsadler (zweites Modell). 900er Silber, 27.78 g, ∅ 38 mm, Schriftrand:

	Gesamtprägezahl	S	SS	VZ	ST	Spiegelglanz	PP
1903 A	(20 000 Ex.)		180,–	320,–	500,–	(300 Ex.)	1200,–

Entwurf und Modell von Emil Weigand (Porträtseite).

Sachsen-Coburg-Gotha

Herzogtum

ERNST II. 1844–1893

1 [270] 20 Mark (G) 1872. Ernst (1818–1893), Kopfbild nach links. Rs. Reichsadler (erstes Modell), Wertangabe in Kurzform. 900er Gold, 7.965 g, ∅ 22.5 mm, Schriftrand:

1872 E	(1 000 Ex.)		50000,–	65000,–	95000,–	–,–

Entwurf und Modell von Ferdinand Helfricht (Porträtseite).

2 [271] 20 Mark (G) 1886. Rs. Reichsadler (erstes Modell). 900er Gold, 7.965 g, ∅ 22.5 mm, Schriftrand:

1886 A	(20 000 Ex.)		3250,–	5600,–	11000,–	12000,–

Entwurf und Modell von Ferdinand Helfricht (Porträtseite).

ALFRED 1893–1900
(Herzog von Edinburgh)

3 [145] 2 Mark (S) 1895. Alfred (1844–1900), Kopfbild nach rechts. Rs. Reichsadler (zweites Modell). 900er Silber, 11.11 g, ∅ 28 mm, Riffelrand:

	Gesamtprägezahl	S	SS	VZ	ST	Spiegelglanz	PP
1895 A	(15 000 Ex.)	280,–	650,–	1100,–	2000,–		3500,–

4 [146] 5 Mark (S) 1895. Typ wie Nr. 3. 900er Silber, 27.78 g, ∅ 38 mm, Schriftrand:

	Gesamtprägezahl	S	SS	VZ	ST	Spiegelglanz	PP
1895 A	(4 000 Ex.)	1000,–	2000,–	3600,–	5800,–		6000,–

5 [272] 20 Mark (G) 1895. Typ wie Nr. 3. 900er Gold, 7.965 g, ∅ 22.5 mm, Schriftrand:

	Gesamtprägezahl	S	SS	VZ	ST	Spiegelglanz	PP
1895 A	(10 000 Ex.)		3600,–	5500,–	7500,–	(225 Ex.)	9000,–

Entwurf und Modell von Emil Helfricht (Porträtseite).

CARL EDUARD 1900–1918
(2. Herzog von Albany)

Unter der Vormundschaft von Ernst von Hohenlohe-Langenburg und Alexandra von Sachsen-Coburg-Gotha bis 1905

6 [147] 2 Mark (S) 1905, 1911. Carl Eduard (Edward) (1884–1954), Kopfbild nach rechts. Rs. Reichsadler (zweites Modell). 900er Silber, 11.11 g, ∅ 28 mm, Riffelrand:

	Gesamtprägezahl	S	SS	VZ	ST	Spiegelglanz	PP
1905 A	(10 000 Ex.)		500,–	900,–	1300,–	(2 000 Ex.)	2000,–
1911 A						(100 Ex.)	12000,–

Ausgegeben ab 19. Juli 1905 (Thronbesteigung des Herzogs nach erreichter Volljährigkeit).

7 [148] 5 Mark (S) 1907. Typ wie Nr. 6. 900er Silber, 27.78 g, ∅ 38 mm, Schriftrand:

1907 A	(10 000 Ex.)	350,–	750,–	1200,–	2200,–		5000,–

8 [273] 10 Mark (G) 1905. Typ wie Nr. 6. 900er Gold, 3.982 g, ∅ 19.5 mm, Arabeskenrand:

1905 A	(10 000 Ex.)		2000,–	3200,–	5000,–	(489 Ex.)	5000,–

9 [274] 20 Mark (G) 1905. Typ wie Nr. 6. 900er Gold, 7.965 g, ∅ 22.5 mm, Schriftrand:

1905 A	(10 000 Ex.)		3000,–	4200,–	6000,–	(484 Ex.)	6000,–

Sachsen-Meiningen

Herzogtum

GEORG II. 1866–1914

1 [275] 20 Mark (G) 1872. Georg (1826–1914), Kopfbild nach rechts, Titelumschrift als Herzog **zu** Sachsen-Meiningen. Rs. Reichsadler (erstes Modell), Wertangabe in Kurzform. 900er Gold, 7.965 g, ∅ 22.5 mm, Schriftrand:

	Gesamtprägezahl	S	SS	VZ	ST	Spiegelglanz	PP
1872 D	(3 000 Ex.)		15000,–	25000,–	36000,–		

Entwurf und Modell von Johann Adam Ries (Porträtseite).

2 [276] 20 Mark (G) 1882. Rs. Reichsadler (erstes Modell). 900er Gold, 7.965 g, ∅ 22.5 mm, Schriftrand:

	Gesamtprägezahl	S	SS	VZ	ST	Spiegelglanz	PP
1882 D	(3 061 Ex.)		10000,–	16000,–	29000,–		

Entwurf und Modell von Johann Adam Ries (Porträtseite).

3 [277] 20 Mark (G) 1889. Georg, Kopfbild nach links, Titelumschrift als Herzog **von** Sachsen-Meiningen. Rs. Reichsadler (erstes Modell). 900er Gold, 7.965 g, ∅ 22.5 mm, Schriftrand:

	Gesamtprägezahl	S	SS	VZ	ST	Spiegelglanz	PP
1889 D	(4 032 Ex.)		6000,–	8500,–	13000,–		

Entwurf und Modell von Otto Schultz (Porträtseite).

4 [278] 10 Mark (G) 1890, 1898. Rs. Reichsadler (zweites Modell). 900er Gold, 3.982 g, ∅ 19.5 mm, Arabeskenrand:

	Gesamtprägezahl	S	SS	VZ	ST	Spiegelglanz	PP
1890 D	(2 000 Ex.)		5000,–	8000,–	12500,–		
1898 D	(2 000 Ex.)		5000,–	8000,–	12500,–		

5 [279] 20 Mark (G) 1900, 1905. Typ wie Nr. 4. 900er Gold, 7.965 g, ∅ 22.5 mm, Schriftrand:

1900 D	(1 005 Ex.)		7200,–	12000,–	17500,–	
1905 D	(1 004 Ex.)		7200,–	12000,–	17500,–	

Entwurf und Modell von Otto Schultz.

6 [149] 2 Mark (S) 1901. Georg II., Kopfbild nach rechts, Blütenzweig. Rs. Reichsadler (zweites Modell). 900er Silber, 11.11 g, ∅ 28 mm, Riffelrand:

1901 D	(20 000 Ex.)	150,–	300,–	500,–	850,–	

7 [150] 5 Mark (S) 1900, 1901. Typ wie Nr. 6. 900er Silber, 27.78 g, ∅ 38 mm, Schriftrand:

1900 D	(3 Ex.)				20000,–	
1901 D	(20 000 Ex.)	180,–	350,–	600,–	1500,–	

Ausgegeben ab 2. April 1901 (75. Geburtstag des Herzogs).

7P 5 Mark (S) 1900. Motivprobe, Brustbild im Mantel nach rechts, Titelumschrift im Jugendstil ST 7500,–

Entwurf und Modell von Adolf Ritter von Hildebrand (Porträtseite).

8 [151] 2 Mark (S) 1902, 1913. Georg II., Kopfbild nach links. Rs. Reichsadler (zweites Modell). 900er Silber, 11.11 g, ∅ 28 mm, Riffelrand:

	Gesamtprägezahl	S	SS	VZ	ST	Spiegelglanz	PP
1902 D	Bart am Perlkreis	450,–	800,–	1500,–	2800,–		
1902 D	(20 000 Ex.)	120,–	200,–	350,–	750,–		
1913 D	(5 000 Ex.)	180,–	350,–	600,–	1200,–		

Die zweite Version mit größerem Abstand zwischen Bart und Perlkreis ist durch Abschleifen des Prägestempels entstanden.

9 [152] 3 Mark (S) 1908, 1913. Typ wie Nr. 8. 900er Silber, 16.67 g, ∅ 33 mm, Schriftrand:

1908 D	(35 000 Ex.)	50,–	100,–	180,–	400,–		
1913 D	(20 000 Ex.)	60,–	120,–	200,–	450,–		

10 [153] 5 Mark (S) 1902, 1908. Typ wie Nr. 8. 900er Silber, 27.78 g, ∅ 38 mm, Schriftrand:

1902 D	Bart am Perlkreis	125,–	250,–	600,–	1500,–		
1902 D	(20 000 Ex.)	100,–	200,–	400,–	1200,–		
1908 D	(60 000 Ex.)	80,–	150,–	300,–	800,–		

Die zweite Version mit größerem Abstand zwischen Bart und Perlkreis ist durch Abschleifen des Prägestempels entstanden.

11 [280] 10 Mark (G) 1902, 1909, 1914. Typ wie Nr. 8. 900er Gold, 3.982 g, ∅ 19.5 mm, Arabeskenrand:

	Gesamtprägezahl	S	SS	VZ	ST	Spiegelglanz	PP
1902 D	(2 000 Ex.)		4000,–	5500,–	8000,–		
1909 D	(2 000 Ex.)		4000,–	5500,–	8000,–		–,–
1914 D	(1 002 Ex.)		4500,–	6500,–	9000,–		–,–

12 [281] 20 Mark (G) 1910, 1914. Typ wie Nr. 8. 900er Gold, 7.965 g, ∅ 22.5 mm, Schriftrand:

	Gesamtprägezahl	S	SS	VZ	ST	Spiegelglanz	PP
1910 D	(1 004 Ex.)		6500,–	8500,–	12000,–		–,–
1914 D	(1 001 Ex.)		6500,–	8500,–	12000,–		–,–

Entwurf und Modell von Kaspar Zumbusch (Porträtseite).

AUF SEINEN TOD (1914) (2)

13 [154] 2 Mark (S) 1915. Georg II., Kopfbild nach links, Lebensdaten. Rs. Reichsadler (zweites Modell). 900er Silber, 11.11 g, ∅ 28 mm, Riffelrand:

	Gesamtprägezahl	S	SS	VZ	ST	Spiegelglanz	PP
1915	(30 000 Ex.)		90,–	160,–	300,–		–,–
1915 D					5000,–		

14 [155] 3 Mark (S) 1915. Typ wie Nr. 13. 900er Silber, 16.67 g, ∅ 33 mm, Schriftrand:

	Gesamtprägezahl	S	SS	VZ	ST	Spiegelglanz	PP
1915	(30 000 Ex.)		90,–	160,–	300,–		–,–

Nrn. 13–14 wurden in der Normalversion ohne Münzstättenzeichen in München geprägt.

Sachsen-Weimar

Großherzogtum

CARL ALEXANDER 1853–1901

1 [156] 2 Mark (S) 1892, 1898. Carl Alexander (1818–1901), Kopfbild nach links. Rs. Reichsadler (zweites Modell). 900er Silber, 11.11 g, ∅ 28 mm, Riffelrand:

	Gesamtprägezahl	S	SS	VZ	ST	Spiegelglanz	PP
1892 A	(50 000 Ex.)	120,–	250,–	400,–	750,–		1500,–
1898 A	(100 000 Ex.)	100,–	200,–	350,–	700,–		1500,–

2 [282] 20 Mark (G) 1892, 1896. Typ wie Nr. 1. 900er Gold, 7.965 g, ∅ 22.5 mm, Schriftrand:

	Gesamtprägezahl	S	SS	VZ	ST	Spiegelglanz	PP
1892 A	(5 000 Ex.)		3200,–	4800,–	6500,–		8000,–
1896 A	(15 000 Ex.)		2800,–	4200,–	5500,–	(380 Ex.)	8000,–

Entwurf und Modell von Otto Schultz.

Ausgegeben ab 8. Oktober 1892 (50. Hochzeitstag) und 24. Juni 1898 (80. Geburtstag des Großherzogs).

WILHELM ERNST II. 1901–1918

3 [157] 2 Mark (S) 1901. Wilhelm Ernst (1876–1923), Kopfbild nach links. Rs. Reichsadler (zweites Modell). 900er Silber, 11.11 g, ∅ 28 mm, Riffelrand:

	Gesamtprägezahl	S	SS	VZ	ST	Spiegelglanz	PP
1901 A	(100 000 Ex.)	150,–	300,–	550,–	1000,–		1800,–

4 [283] 20 Mark (G) 1901. Typ wie Nr. 3. 900er Gold, 7.965 g, ∅ 22.5 mm, Schriftrand:

	Gesamtprägezahl	S	SS	VZ	ST	Spiegelglanz	PP
1901 A	(5 000 Ex.)		3200,–	5500,–	7800,–		8000,–

Entwurf und Modell von Otto Schultz.

AUF SEINE ERSTE VERMÄHLUNG MIT CAROLINE REUSS ÄLTERER LINIE (2)

5 [158] 2 Mark (S) 1903. Wilhelm Ernst und Caroline, gestaffelte Kopfbilder nach links. Rs. Reichsadler (zweites Modell). 900er Silber, 11.11 g, ∅ 28 mm, Riffelrand:

	Gesamtprägezahl	S	SS	VZ	ST	Spiegelglanz	PP
1903 A	(40 000 Ex.)		60,–	100,–	150,–	(1 000 Ex.)	400,–

6 [159] 5 Mark (S) 1903. Typ wie Nr. 5. 900er Silber, 27.78 g, ∅ 38 mm, Schriftrand:

	Gesamtprägezahl	S	SS	VZ	ST	Spiegelglanz	PP
1903 A	(24 000 Ex.)		120,–	200,–	300,–	(1 000 Ex.)	750,–

Entwurf und Modell von Otto Schultz.

350 JAHRE UNIVERSITÄT JENA (2)

7 [160] 2 Mark (S) 1908. Johann Friedrich I. der Großmütige (1503–1554), Kurfürst von Sachsen, Stifter der Universität Jena 1547 (Gründung durch Kaiser Ferdinand I. 1558 bestätigt), Brustbild von vorne mit Kurschwert, darüber bogig »spes mea in deo« (meine Hoffnung liegt in Gott). Rs. Reichsadler (zweites Modell). 900er Silber, 11.11 g, ∅ 28 mm, Riffelrand:

	Gesamtprägezahl	S	SS	VZ	ST	Spiegelglanz	PP
1908 [A]	(50 000 Ex.)		60,–	120,–	180,–		

8 [161] 5 Mark (S) 1908. Typ wie Nr. 7. 900er Silber, 27.78 g, ∅ 38 mm, Schriftrand:

	Gesamtprägezahl	S	SS	VZ	ST	Spiegelglanz	PP
1908 [A]	(40 000 Ex.)		100,–	180,–	300,–		

AUF SEINE ZWEITE VERMÄHLUNG MIT FEODORA VON SACHSEN-MEININGEN

9 [162] 3 Mark (S) 1910. Wilhelm Ernst und Feodora (1890–1972), gestaffelte Kopfbilder nach links, Titelumschrift mit »Wilheim« (sic!), unten Datumsangabe »IV I«. Rs. Reichsadler (zweites Modell). 900er Silber, 16.67 g, ∅ 33 mm, Schriftrand:

	Gesamtprägezahl	S	SS	VZ	ST	Spiegelglanz	PP
1910 A	(133 000 Ex.)		30,–	60,–	120,–		300,–

9P 3 Mark (S) 1910. Motivprobe, oben Datumsangabe »4. Januar«, unten Blütenzweige –,–

10 [163] 3 Mark (S) 1915. Wilhelm Ernst und Carl August (1757–1828), gestaffelte Brustbilder in Uniform nach rechts. Rs. Reichsadler im Jugendstil. 900er Silber, 16.67 g, ∅ 33 mm, Schriftrand:

	Gesamtprägezahl	S	SS	VZ	ST	Spiegelglanz	PP
1915 A	(50 000 Ex.)		60,–	120,–	200,–	(200 Ex.)	500,–

Münzen aus der Zeit von Carl August von Sachsen-Weimar-Eisenach siehe im Deutschen Münzkatalog 18. Jahrhundert (5. Auflage 2019).

Schaumburg-Lippe

Fürstentum

ADOLF GEORG 1860–1893

1 [284] 20 Mark (G) 1874. Adolf Georg (1817–1893), Kopfbild nach links. Rs. Reichsadler (erstes Modell). 900er Gold, 7.965 g, ∅ 22.5 mm, Schriftrand:

1874 B	(3 000 Ex.)	6000,–	8600,–	13000,–		–,–

Entwurf und Modell von Heinrich Friedrich Brehmer (Porträtseite).

GEORG 1893–1911

2 [164] 2 Mark (S) 1898, 1904. Georg (1846–1911), Kopfbild nach links. Rs. Reichsadler (zweites Modell). 900er Silber, 11.11 g, ∅ 28 mm, Riffelrand:

	Gesamtprägezahl	S	SS	VZ	ST	Spiegelglanz	PP
1898 A	(5 000 Ex.)	250,–	450,–	750,–	1200,–	(162 Ex.)	2000,–
1904 A	(5 000 Ex.)	250,–	450,–	750,–	1200,–	(200 Ex.)	2000,–

3 [165] 5 Mark (S) 1898, 1904. Typ wie Nr. 2. 900er Silber, 27.78 g, ∅ 38 mm, Schriftrand:

	Gesamtprägezahl	S	SS	VZ	ST	Spiegelglanz	PP
1898 A	(3 000 Ex.)	500,–	900,–	1500,–	2600,–	(90 Ex.)	4000,–
1904 A	(3 000 Ex.)	500,–	900,–	1500,–	2600,–	(200 Ex.)	3000,–

4 [285] 20 Mark (G) 1898, 1904. Typ wie Nr. 2. 900er Gold, 7.965 g, ∅ 22.5 mm, Schriftrand:

	Gesamtprägezahl	S	SS	VZ	ST	Spiegelglanz	PP
1898 A	(5 000 Ex.)		3000,–	5000,–	7500,–	(250 Ex.)	7800,–
1904 A	(5 000 Ex.)		3000,–	5000,–	7500,–	(132 Ex.)	7800,–

Entwurf und Modell von Otto Schultz.

AUF SEINEN TOD

5 [166] 3 Mark (S) 1911. Georg, Kopfbild nach links, Lebensdaten. Rs. Reichsadler (zweites Modell). 900er Silber, 16.67 g, ∅ 33 mm, Schriftrand:

	Gesamtprägezahl	S	SS	VZ	ST	Spiegelglanz	PP
1911 A	(50 000 Ex.)		60,–	120,–	200,–		300,–

Schwarzburg-Rudolstadt

Fürstentum

GÜNTHER VIKTOR 1890–1918

1 [167] 2 Mark (S) 1898, 1901. Günther Viktor (1852–1925), Kopfbild nach links. Rs. Reichsadler (zweites Modell). 900er Silber, 11.11 g, ∅ 28 mm, Riffelrand:

	Gesamtprägezahl	S	SS	VZ	ST	Spiegelglanz	PP
1898 A	(100 000 Ex.)	120,–	250,–	500,–	900,–	(375 Ex.)	1600,–
1901 A							–,–

2 [286] 10 Mark (G) 1898. Typ wie Nr. 1. 900er Gold, 3.982 g, ∅ 19.5 mm, Arabeskenrand:

	Gesamtprägezahl	S	SS	VZ	ST	Spiegelglanz	PP
1898 A	(10 000 Ex.)		3000,–	5000,–	7000,–	(700 Ex.)	7000,–

Entwurf und Modell von Otto Schultz.

Schwarzburg-Sondershausen

Fürstentum

KARL GÜNTHER 1880–1909

1 [168] 2 Mark (S) 1896, 1901. Karl Günther (1830–1909), Kopfbild nach rechts. Rs. Reichsadler (zweites Modell). 900er Silber, 11.11 g, ∅ 28 mm, Riffelrand:

	Gesamtprägezahl	S	SS	VZ	ST	Spiegelglanz	PP
1896 A	(50 000 Ex.)	120,–	250,–	500,–	1000,–	(190 Ex.)	1250,–
1901 A							35000,–

2 [287] 20 Mark (G) 1896. Typ wie Nr. 1. 900er Gold, 7.965 g, ∅ 22.5 mm, Schriftrand:

	Gesamtprägezahl	S	SS	VZ	ST	Spiegelglanz	PP
1896 A	(5 000 Ex.)		5000,–	7000,–	9000,–		9000,–

Entwurf und Modell von Otto Schultz.

25. JAHRESTAG DER THRONBESTEIGUNG

3 [169] 2 Mark (S) 1905. Karl Günther, Kopfbild nach rechts, Lorbeerzweig, Jahreszahlen. Rs. Reichsadler (zweites Modell). 900er Silber, 11.11 g, ∅ 28 mm, Riffelrand:

1 flacher Lorbeerzweig mit linker Blattspitze auf Höhe des Buchstabens K der Umschrift, schmaler Randstab						
1905 [A]	(62 500 Ex.)	70,–	120,–	180,–	(5 000 Ex.)	320,–
2 plastischer Lorbeerzweig mit linker Blattspitze zwischen den Buchstaben K und A, breiter Randstab						
1905 [A]	(12 500 Ex.)	90,–	150,–	280,–	(5 000 Ex.)	320,–

AUF SEINEN TOD

4 [170] 3 Mark (S) 1909. Karl Günther, Kopfbild nach rechts, Lebensdaten. Rs. Reichsadler (zweites Modell). 900er Silber, 16.67 g, ∅ 33 mm, Schriftrand:

1909 A	(70 000 Ex.)	60,–	120,–	180,–	(200 Ex.)	300,–

4P 3 Mark (S) 1909. Motivprobe, Kopfbild nach links, Titelumschrift im Jugendstil ST 5000,–

Waldeck und Pyrmont

Fürstentum

FRIEDRICH ADOLPH 1893–1918

1 [171] 5 Mark (S) 1903. Friedrich Adolph (1865–1946), Kopfbild nach links. Rs. Reichsadler (zweites Modell). 900er Silber, 27.78 g, ∅ 38 mm, Schriftrand:

	Gesamtprägezahl	S	SS	VZ	ST	Spiegelglanz	PP
1903 A	(2 000 Ex.)	1000,–	2000,–	3200,–	5000,–	(300 Ex.)	6000,–

2 [288] 20 Mark (G) 1903. Typ wie Nr. 1. 900er Gold, 7.965 g, ∅ 22.5 mm, Schriftrand:

1903 A	(2 000 Ex.)		5500,–	8500,–	12500,–	(150 Ex.)	12500,–

Entwurf und Modell von Emil Weigand (Porträtseite).

Württemberg

Königreich

KARL 1864–1891

1 [289] 10 Mark (G) 1872, 1873. Karl (1823–1891), Kopfbild nach rechts. Rs. Reichsadler (erstes Modell), Wertangabe in Kurzform. 900er Gold, 3.982 g, ∅ 19.5 mm, Arabeskenrand:

1872 F	(271 031 Ex.)	*MW*	240,–	420,–	1250,–		–,–
1873 F	(675 434 Ex.)	*MW*	220,–	380,–	1200,–		–,–

2 [290] 20 Mark (G) 1872, 1873. Typ wie Nr. 1. 900er Gold, 7.965 g, ∅ 22.5 mm, Schriftrand:

	Gesamtprägezahl	S	SS	VZ	ST	Spiegelglanz	PP
1872 F	(661 550 Ex.)	*MW*	400,–	520,–	1000,–		–,–
1873 F	(1 357 024 Ex.)	*MW*	350,–	450,–	900,–		–,–

Entwurf und Modell von Karl Schwenzer (Porträtseite).

3 [172] 2 Mark (S) 1876, 1877, 1880, 1883, 1888. Rs. Reichsadler (erstes Modell). 900er Silber, 11.11 g, ∅ 28 mm, Riffelrand:

1876 F	(1 555 014 Ex.)	35,–	80,–	300,–	1500,–		–,–
1877 F	(1 106 763 Ex.)	40,–	120,–	750,–	3000,–		–,–
1880 F	(128 943 Ex.)	90,–	200,–	1000,–	4000,–		–,–
1883 F	(73 872 Ex.)	100,–	250,–	1200,–	5000,–		–,–
1888 F	(123 140 Ex.)	50,–	120,–	400,–	1500,–		2000,–

4 [173] 5 Mark (S) 1874–1876, 1888. Typ wie Nr. 3. 900er Silber, 27.78 g, ∅ 38 mm, Schriftrand:

1874 F	(112 530 Ex.)	30,–	80,–	1000,–	5000,–		6000,–
1875 F	(317 851 Ex.)	30,–	70,–	900,–	4500,–		–,–
1876 F	(896 725 Ex.)	30,–	60,–	800,–	3000,–		–,–
1888 F	(49 258 Ex.)	50,–	120,–	1000,–	5000,–		–,–

5 [291] 5 Mark (G) 1877, 1878. Typ wie Nr. 3. 900er Gold, 1.991 g, ∅ 17 mm, Rand glatt:

	Gesamtprägezahl	S	SS	VZ	ST	Spiegelglanz	PP
1877 F	(487 687 Ex.)		350,–	500,–	800,–		–,–
1878 F	(50 370 Ex.)		800,–	1500,–	2200,–		

6 [292] 10 Mark (G) 1874–1881, 1888. Typ wie Nr. 3. 900er Gold, 3.982 g, ∅ 19.5 mm, Arabeskenrand:

	Gesamtprägezahl	S	SS	VZ	ST	Spiegelglanz	PP
1874 F	(204 969 Ex.)	*MW*	250,–	370,–	800,–		
1875 F	(532 153 Ex.)	*MW*	240,–	350,–	700,–		
1876 F	(933 005 Ex.)	*MW*	240,–	350,–	700,–		–,–
1877 F	(271 154 Ex.)	*MW*	240,–	350,–	700,–		
1878 F	(336 517 Ex.)	*MW*	250,–	370,–	800,–		
1879 F	(210 937 Ex.)	*MW*	250,–	370,–	800,–		
1880 F	(245 000 Ex.)	*MW*	250,–	370,–	800,–		
1881 F	(79 040 Ex.)	*MW*	320,–	480,–	900,–		
1888 F	(200 186 Ex.)	*MW*	250,–	370,–	800,–		–,–

7 [293] 20 Mark (G) 1874, 1876. Typ wie Nr. 3. 900er Gold, 7.965 g, ∅ 22.5 mm, Schriftrand:

	Gesamtprägezahl	S	SS	VZ	ST	Spiegelglanz	PP
1874 F	(322 367 Ex.)	*MW*	420,–	600,–	1200,–		
1876 F	(359 417 Ex.)	*MW*	420,–	600,–	1200,–		

Entwurf und Modell von Karl Schwenzer (Porträtseite).

8 [294] 10 Mark (G) 1890, 1891. Karl, Kopfbild nach rechts. Rs. Reichsadler (zweites Modell). 900er Gold, 3.982 g, ∅ 19.5 mm, Arabeskenrand:

	Gesamtprägezahl	S	SS	VZ	ST	Spiegelglanz	PP
1890 F	(220 000 Ex.)		400,–	600,–	1200,–		
1891 F	(80 381 Ex.)		420,–	700,–	1400,–		

Entwurf und Modell von Christian Schnitzspahn (Porträtseite).

9 [174] 2 Mark (S) 1892, 1893, 1896, 1898–1908, 1912–1914. Wilhelm II. (1848–1921), Kopfbild nach rechts. Rs. Reichsadler (zweites Modell). 900er Silber, 11.11 g, ∅ 28 mm, Riffelrand:

	Gesamtprägezahl	S	SS	VZ	ST	Spiegelglanz	PP
1892 F	(177 000 Ex.)	20,–	40,–	100,–	320,–		–,–
1893 F	(174 055 Ex.)	20,–	40,–	100,–	320,–		–,–
1896 F	(351 031 Ex.)	15,–	30,–	60,–	250,–		–,–
1898 F	(144 001 Ex.)	20,–	40,–	100,–	300,–		–,–
1899 F	(537 571 Ex.)	15,–	30,–	60,–	250,–		–,–
1900 F	(515 885 Ex.)	12,–	25,–	40,–	150,–		–,–
1901 F	(591 927 Ex.)	12,–	25,–	40,–	150,–		–,–
1902 F	(815 620 Ex.)	12,–	25,–	40,–	150,–		–,–
1903 F	(811 383 Ex.)	12,–	25,–	40,–	150,–		–,–
1904 F	(1 988 177 Ex.)	12,–	20,–	30,–	120,–		500,–
1905 F	(250 486 Ex.)	15,–	25,–	40,–	150,–		–,–
1906 F	(1 504 620 Ex.)	12,–	20,–	30,–	120,–	(200 Ex.)	350,–
1907 F	(1 504 497 Ex.)	12,–	20,–	30,–	120,–		–,–
1908 F	(451 370 Ex.)	12,–	20,–	30,–	120,–		–,–
1912 F	(251 224 Ex.)	12,–	25,–	40,–	150,–		–,–
1913 F	(225 675 Ex.)	12,–	25,–	40,–	150,–		–,–
1914 F	(317 854 Ex.)	12,–	25,–	40,–	150,–		–,–

10 [175] 3 Mark (S) 1908–1914. Typ wie Nr. 9. 900er Silber, 16.67 g, ∅ 33 mm, Schriftrand:

1908 F	(300 000 Ex.)	15,–	25,–	40,–	90,–		300,–
1909 F	(1 906 698 Ex.)	15,–	20,–	30,–	75,–		300,–
1910 F	(837 230 Ex.)	15,–	20,–	30,–	75,–		350,–
1911 F	(424 820 Ex.)	15,–	20,–	30,–	75,–		350,–
1912 F	(849 500 Ex.)	15,–	20,–	30,–	75,–		350,–
1913 F	(267 100 Ex.)	15,–	20,–	30,–	75,–		600,–
1914 F	(733 121 Ex.)	15,–	20,–	30,–	75,–		350,–

11 [176] 5 Mark (S) 1892–1895, 1898–1904, 1906–1908, 1913. Typ wie Nr. 9. 900er Silber, 27.78 g, ∅ 38 mm, Schriftrand:

	Gesamtprägezahl	S	SS	VZ	ST	Spiegelglanz	PP
1892 F	(69 333 Ex.)	30,–	60,–	250,–	2000,–		
1893 F	(71 089 Ex.)	30,–	60,–	250,–	2000,–		
1894 F	(20 000 Ex.)	350,–	750,–	1600,–	7000,–		
1895 F	(200 712 Ex.)	25,–	40,–	160,–	1200,–		
1898 F	(216 262 Ex.)	25,–	40,–	160,–	1200,–		
1899 F	(112 272 Ex.)	25,–	50,–	180,–	2000,–		
1900 F	(210 574 Ex.)	25,–	40,–	150,–	750,–		
1901 F	(210 700 Ex.)	25,–	40,–	150,–	750,–		
1902 F	(360 881 Ex.)	25,–	35,–	120,–	500,–		1000,–
1903 F	(722 182 Ex.)	25,–	35,–	100,–	400,–		
1904 F	(391 317 Ex.)	25,–	35,–	100,–	400,–		1000,–
1906 F	(64 000 Ex.)	40,–	70,–	250,–	1600,–	(50 Ex.)	2000,–
1907 F	(417 321 Ex.)	25,–	35,–	60,–	350,–		
1908 F	(531 716 Ex.)	*MW*	25,–	50,–	300,–		1200,–
1913 F	(401 200 Ex.)	*MW*	25,–	50,–	250,–		1200,–

12 [295] 10 Mark (G) 1893, 1896, 1898, 1900–1907, 1909–1913. Typ wie Nr. 9. 900er Gold, 3.982 g, ∅ 19.5 mm, Arabeskenrand:

1893 F	(300 282 Ex.)	*MW*	200,–	300,–	450,–		
1896 F	(200 268 Ex.)	*MW*	200,–	300,–	450,–		
1898 F	(419 795 Ex.)	*MW*	200,–	300,–	450,–		
1900 F	(89 923 Ex.)	*MW*	200,–	300,–	450,–		
1901 F	(110 262 Ex.)	*MW*	200,–	300,–	450,–		
1902 F	(50 112 Ex.)	*MW*	280,–	450,–	800,–		
1903 F	(180 402 Ex.)	*MW*	200,–	300,–	450,–		
1904 F	(349 671 Ex.)	*MW*	200,–	300,–	450,–		2400,–
1905 F	(199 812 Ex.)	*MW*	200,–	300,–	450,–		–,–
1906 F	(100 164 Ex.)	*MW*	200,–	300,–	450,–	(50 Ex.)	1700,–
1907 F	(149 921 Ex.)	*MW*	200,–	300,–	450,–		2400,–
1909 F	(100 189 Ex.)	*MW*	200,–	300,–	450,–		–,–
1910 F	(150 229 Ex.)	*MW*	200,–	300,–	450,–		–,–
1911 F	(50 337 Ex.)	*MW*	280,–	450,–	800,–		1700,–
1912 F	(49 353 Ex.)	*MW*	280,–	450,–	800,–		1700,–
1913 F	(50 038 Ex.)	*MW*	280,–	450,–	800,–		1600,–

13 [296] 20 Mark (G) 1894, 1897, 1898, 1900, 1905, 1913, 1914. Typ wie Nr. 9. 900er Gold, 7.965 g, ∅ 22.5 mm, Schriftrand:

	Gesamtprägezahl	**S**	**SS**	**VZ**	**ST**	Spiegelglanz **PP**
1894 F	(500 878 Ex.)	*MW*	350,–	400,–	550,–	
1897 F	(400 000 Ex.)	*MW*	350,–	400,–	550,–	–,–
1898 F	(106 452 Ex.)	*MW*	350,–	400,–	550,–	
1900 F	(500 084 Ex.)	*MW*	350,–	400,–	550,–	–,–
1905 F	(505 904 Ex.)	*MW*	350,–	400,–	550,–	–,–
1913 F	(42 687 Ex.)		16000,–	28000,–	40000,–	45000,–
1914 F	(557 684 Ex.)		4000,–	7500,–	12000,–	15000,–

Jahrgänge 1913 und 1914 sind nur noch in geringer Stückzahl ausgegeben worden.

ZUR SILBERNEN HOCHZEIT

14 [177] 3 Mark (S) 1911. Wilhelm II. und Charlotte von Schaumburg-Lippe (1864–1946), gestaffelte Kopfbilder nach rechts. Rs. Reichsadler (zweites Modell). 900er Silber, 16.67 g, ∅ 33 mm, Schriftrand:

1 hochgestellter Balken des H in Wilhelm und Charlotte, weit auslaufende Bögen der Ziffern 6 und 9, Umschrift nah am Randstab

1911 F	(7 000 Ex.)	280,–	450,–	600,–

2 mittiger Balken des H, schmale Ziffern 6 und 9, Umschrift weit vom Randstab entfernt

1911 F	(493 000 Ex.)	20,–	35,–	60,–

14P 3 Mark (S) 1911. Motivprobe, Brustbilder mit Jahreszahlen im Feld –,–
Entwurf und Modell von Ludwig Habich (Porträtseite).

25. JAHRESTAG DER THRONBESTEIGUNG

15 [178] 3 Mark (S) 1916. Wilhelm II., Kopfbild nach rechts, Lorbeerzweig, Jahreszahlen. Rs. Reichsadler (zweites Modell). 900er Silber, 16.67 g, ∅ 33 mm, Schriftrand:

	Gesamtprägezahl	**S**	**SS**	**VZ**	**ST**	Spiegelglanz	**PP**
1916 F	(1 000 Ex.)		3500,–	5000,–	7500,–		

Entwurf und Modell von Ludwig Habich (Porträtseite).

15P 3 Mark (S) 1916. Motivprobe, Reichsadler mit dem Wappen von Württemberg auf der Brust ST 25000,–
Entwurf und Modell von Ludwig Habich.

Deutsches Reich

(Kleinmünzen)

1 Pfennig

Bronze, 2.00 g, ∅ 17.50 mm, Rand glatt

1 [1] 1 Pfennig (Bro) 1873–1877, 1885–1889. Reichsadler (erstes Modell). Rs. Wertangabe. Strichkreis:

	Gesamtprägezahl	S	SS	VZ	ST	Spiegelglanz	PP
1873 A	(184 430 Ex.)	150,–	300,–	450,–	900,–		
B	(95 000 Ex.)	300,–	600,–	1000,–	2000,–		
D	(51 776 Ex.)	300,–	600,–	1000,–	2000,–		
1874 A	(26 760 220 Ex.)	3,–	8,–	25,–	75,–		
B	(8 742 580 Ex.)	8,–	20,–	40,–	100,–		
C	(15 743 585 Ex.)	6,–	15,–	30,–	80,–		
D	(7 074 037 Ex.)	8,–	20,–	40,–	100,–		
E	(4 522 063 Ex.)	12,–	30,–	60,–	150,–		
F	(3 985 080 Ex.)	8,–	20,–	40,–	100,–		
G	(4 768 027 Ex.)	15,–	50,–	120,–	300,–		
H	(2 013 200 Ex.)	30,–	80,–	180,–	500,–		
1875 A	(64 668 670 Ex.)	2,–	5,–	15,–	40,–		
B	(27 617 600 Ex.)	3,–	8,–	25,–	80,–		
C	(22 654 070 Ex.)	3,–	8,–	25,–	80,–		
D	(13 342 400 Ex.)	3,–	8,–	25,–	75,–		
E	(7 778 611 Ex.)	5,–	16,–	50,–	120,–		
F	(15 270 500 Ex.)	3,–	8,–	25,–	75,–		
G	(12 020 581 Ex.)	4,–	12,–	30,–	100,–		
H	(3 515 500 Ex.)	35,–	80,–	160,–	450,–		
J	(7 241 558 Ex.)	4,–	12,–	28,–	90,–		
1876 A	(34 541 650 Ex.)	1,–	3,–	10,–	40,–		
B	(5 994 900 Ex.)	4,–	12,–	28,–	90,–		
C	(11 043 743 Ex.)	3,–	8,–	20,–	50,–		
D	(12 651 320 Ex.)	3,–	8,–	20,–	50,–		
E	(6 531 736 Ex.)	3,50	10,–	25,–	80,–		
F	(11 404 300 Ex.)	3,–	8,–	20,–	60,–		
G	(3 331 400 Ex.)	10,–	25,–	60,–	250,–		
H	(2 998 041 Ex.)	20,–	60,–	120,–	300,–		
J	(1 165 335 Ex.)	50,–	120,–	250,–	600,–		
1877 A	(472 380 Ex.)	80,–	200,–	350,–	750,–		
B	(87 990 Ex.)	300,–	600,–	1200,–	2500,–		

	Gesamtprägezahl	S	SS	VZ	ST	Spiegelglanz	PP
1885 A	(5 447 748 Ex.)	3,–	8,–	20,–	75,–		
E	(430 000 Ex.)	35,–	80,–	150,–	400,–		
G	(1 100 000 Ex.)	18,–	50,–	100,–	250,–		
J	(1 696 383 Ex.)	10,–	25,–	60,–	200,–		
1886 A	(14 114 022 Ex.)	1,50	4,–	10,–	40,–		
D	(2 873 230 Ex.)	4,–	12,–	30,–	90,–		
E	(2 059 968 Ex.)	5,–	15,–	40,–	120,–		
F	(1 726 000 Ex.)	8,–	20,–	60,–	180,–		
G	(814 250 Ex.)	40,–	100,–	200,–	400,–		
J	(1 592 963 Ex.)	6,–	18,–	50,–	150,–		
1887 A	(15 923 317 Ex.)	1,50	4,–	10,–	40,–		250,–
D	(5 176 776 Ex.)	2,–	6,–	15,–	60,–		
E	(2 314 627 Ex.)	3,–	10,–	25,–	100,–		
F	(6 345 119 Ex.)	2,–	6,–	15,–	60,–		
G	(1 887 832 Ex.)	4,–	12,–	40,–	120,–		
J	(2 082 305 Ex.)	3,–	10,–	25,–	100,–		
1888 A	(19 936 497 Ex.)	1,50	4,–	10,–	40,–		
D	(3 277 166 Ex.)	3,–	10,–	20,–	90,–		
E	(1 310 222 Ex.)	3,–	10,–	20,–	90,–		
F	(584 000 Ex.)	20,–	40,–	80,–	200,–		
G	(1 384 741 Ex.)	6,–	18,–	40,–	160,–		
J	(2 803 037 Ex.)	2,–	5,–	12,–	50,–		
1889 A	(20 749 891 Ex.)	1,50	4,–	10,–	40,–		
D	(8 453 620 Ex.)	2,–	5,–	12,–	50,–		
E	(4 330 293 Ex.)	2,50	8,–	20,–	75,–		
F	(5 010 015 Ex.)	2,–	5,–	12,–	50,–		
G	(3 410 658 Ex.)	3,–	10,–	25,–	100,–		
J	(3 307 773 Ex.)	3,–	10,–	20,–	90,–		

Entwurf und Modell von Emil Weigand.

Außer Kurs seit 1. März 1942.

1F1 1 Pfennig 1875 C mit Seilkreis statt Strichkreis (falsche Stempelkoppelung mit der Adlerseite von Nr. 3) SS –,–

1F2 1 Pfennig 1875 D mit Seilkreis statt Strichkreis (falsche Stempelkoppelung) SS –,–

1F3 1 Pfennig 1886 A in Nickel, 2 g VZ 500,–

1P 1 Pfennig 1887 E mit zusätzlichem dickem Punkt hinter »Pfennig« (Schlusspunkt als Zeichen der letzten Prägung der Münzstätte Dresden) (25 Ex.) *(geprägt am 7. Februar 1887)* VZ 10000,–

Wertmarken in abweichender Zeichnung vorkommend (Reichsadler im Sternenkreis. Rs. Wertzahl 1 oder Wertangabe 1 Pf. ohne Umschrift).

Bronze, 3.33 g, ∅ 20.00 mm, Rand glatt

2 [2] 2 Pfennig (Bro) 1873–1877. Typ wie Nr. 1:

	Gesamtprägezahl	S	SS	VZ	ST	Spiegelglanz	PP
1873 A	(877 385 Ex.)	6,–	20,–	50,–	150,–		
B	(289 795 Ex.)	30,–	70,–	150,–	450,–		
C	(160 749 Ex.)	35,–	80,–	180,–	500,–		
D	(2 358 415 Ex.)	10,–	35,–	60,–	180,–		
F	(22 415 Ex.)	150,–	350,–	800,–	2000,–		
G	(118 000 Ex.)	80,–	200,–	400,–	1000,–		
1874 A	(37 359 910 Ex.)	2,–	6,–	15,–	50,–		
B	(10 310 240 Ex.)	4,–	12,–	30,–	100,–		
C	(17 474 080 Ex.)	3,–	8,–	18,–	60,–		
D	(2 943 495 Ex.)	4,–	12,–	35,–	120,–		
E	(5 090 323 Ex.)	6,–	20,–	45,–	150,–		
F	(6 404 535 Ex.)	4,–	12,–	35,–	120,–		
G	(6 127 625 Ex.)	4,–	12,–	35,–	120,–		
H	(2 706 060 Ex.)	15,–	40,–	100,–	250,–		
1875 A	(28 962 720 Ex.)	1,50	4,–	10,–	40,–		
B	(15 843 800 Ex.)	2,50	8,–	20,–	80,–		
C	(35 540 723 Ex.)	2,–	5,–	12,–	50,–		
D	(11 159 790 Ex.)	2,50	8,–	20,–	80,–		
E	(7 872 050 Ex.)	4,–	12,–	35,–	120,–		
F	(9 827 125 Ex.)	4,–	12,–	35,–	120,–		
G	(11 902 915 Ex.)	4,–	12,–	35,–	120,–		
H	(3 309 113 Ex.)	12,–	30,–	75,–	200,–		
J	(14 210 099 Ex.)	2,50	8,–	20,–	80,–		
1876 A	(18 906 335 Ex.)	2,–	6,–	15,–	50,–		
B	(7 096 950 Ex.)	2,–	6,–	20,–	75,–		
C	(12 279 563 Ex.)	2,–	6,–	18,–	60,–		
D	(10 296 360 Ex.)	2,–	6,–	20,–	75,–		
E	(4 988 061 Ex.)	2,50	8,–	25,–	100,–		
F	(7 206 600 Ex.)	2,–	6,–	20,–	75,–		
G	(3 502 400 Ex.)	2,50	8,–	25,–	100,–		
H	(3 630 436 Ex.)	5,–	18,–	35,–	120,–		
J	(1 995 000 Ex.)	5,–	18,–	35,–	120,–		

	Gesamtprägezahl	S	SS	VZ	ST	Spiegelglanz	PP
1877 A	(9 827 295 Ex.)	2,–	6,–	20,–	75,–		500,–
B	(60 010 Ex.)	200,–	400,–	800,–	2000,–		

Entwurf und Modell von Emil Weigand.

Außer Kurs seit 1. März 1942.

2F1 2 Pfennig 1874 A mit Seilkreis statt Strichkreis (falsche Stempelkoppelung mit der Adlerseite von Nr. 4)

2F2 2 Pfennig 1874 J mit Seilkreis statt Strichkreis (falsche Stempelkoppelung mit der Adlerseite von Nr. 4) SS 6000,–

2P1 2 Pfennig (G) 1873 C. Goldabschlag (Gefälligkeitsprägung)

2P2 2 Pfennig (S) 1876 A. Silberabschlag (Gefälligkeitsprägung)

Wertmarken in abweichender Zeichnung vorkommend (Reichsadler im Sternenkreis. Rs. Wertangabe 2 Pf. ohne Umschrift).

5 Pfennig

Kupfernickel, 2.50 g, ∅ 18.00 mm, Rand glatt

3 [3] 5 Pfennig (K-N) 1874–1876, 1888, 1889. Typ wie Nr. 1. Seilkreis:

	Gesamtprägezahl	S	SS	VZ	ST	Spiegelglanz	PP
1874 A	(10 002 784 Ex.)	1,50	6,–	20,–	90,–		
B	(5 053 546 Ex.)	2,–	8,–	25,–	120,–		
C	(3 707 307 Ex.)	2,–	8,–	25,–	120,–		
D	(2 446 704 Ex.)	3,–	10,–	30,–	150,–		
E	(5 465 183 Ex.)	4,–	12,–	40,–	180,–		
F	(3 561 996 Ex.)	3,–	10,–	30,–	150,–		
G	(2 721 200 Ex.)	8,–	25,–	60,–	200,–		
1875 A	(30 843 718 Ex.)	1,50	4,–	15,–	50,–		
B	(11 657 720 Ex.)	2,–	6,–	25,–	120,–		
C	(18 082 108 Ex.)	1,50	4,–	20,–	100,–		
D	(12 379 768 Ex.)	2,–	6,–	25,–	120,–		
E	(6 745 038 Ex.)	3,–	10,–	30,–	150,–		
F	(9 757 616 Ex.)	1,50	4,–	20,–	100,–		
G	(10 219 581 Ex.)	1,50	4,–	20,–	100,–		
H	(702 960 Ex.)	25,–	60,–	150,–	400,–		
J	(9 780 610 Ex.)	1,50	4,–	20,–	100,–		

	Gesamtprägezahl	S	SS	VZ	ST	Spiegelglanz	PP
1876 A	(22 342 088 Ex.)	1,–	3,–	12,–	60,–		
B	(8 924 980 Ex.)	1,50	4,–	15,–	75,–		
C	(8 679 793 Ex.)	1,50	4,–	18,–	90,–		
D	(14 467 300 Ex.)	1,50	4,–	18,–	90,–		
E	(6 898 569 Ex.)	1,50	5,–	20,–	100,–		
F	(6 826 290 Ex.)	1,50	4,–	18,–	90,–		
G	(6 942 400 Ex.)	2,–	6,–	25,–	120,–		
H	(3 026 784 Ex.)	6,–	20,–	60,–	250,–		
J	(11 920 232 Ex.)	1,50	4,–	18,–	90,–		
1888 A	(7 366 059 Ex.)	1,50	4,–	15,–	60,–		
D	(1 966 613 Ex.)	1,50	5,–	20,–	100,–		
E	(1 016 064 Ex.)	3,–	12,–	30,–	120,–		
F	(1 412 182 Ex.)	3,–	12,–	30,–	120,–		
G	(853 413 Ex.)	6,–	15,–	40,–	150,–		
J	(1 129 613 Ex.)	3,–	12,–	30,–	120,–		
1889 A	(10 803 727 Ex.)	1,–	3,–	10,–	50,–		
D	(2 816 310 Ex.)	1,50	4,–	12,–	60,–		
E	(1 491 926 Ex.)	2,–	6,–	20,–	100,–		
F	(2 010 214 Ex.)	1,50	4,–	12,–	60,–		
G	(1 220 829 Ex.)	2,–	6,–	20,–	100,–		
J	(1 635 778 Ex.)	1,50	4,–	15,–	75,–		

Entwurf und Modell von Friedrich Wilhelm Kullrich (Adlerseite) und Emil Weigand (Wertseite).
Außer Kurs seit 11. Oktober 1924.

10 Pfennig

Kupfernickel, 4.00 g, ∅ 21.00 mm, Rand glatt

4 [4] 10 Pfennig (K-N) 1873–1876, 1888, 1889. Typ wie Nr. 3:

	Gesamtprägezahl	S	SS	VZ	ST	Spiegelglanz	PP
1873 A	(930 854 Ex.)	3,–	18,–	45,–	150,–		
B	(332 581 Ex.)	16,–	60,–	150,–	600,–		
C	(522 133 Ex.)	15,–	50,–	120,–	450,–		
D	(471 683 Ex.)	8,–	25,–	60,–	180,–		
F	(476 182 Ex.)	10,–	30,–	80,–	300,–		
G	(518 543 Ex.)	12,–	40,–	100,–	400,–		
H	(43 750 Ex.)	120,–	250,–	600,–	1500,–		

	Gesamtprägezahl	S	SS	VZ	ST	Spiegelglanz	PP
1874 A	(7 664 444 Ex.)	1,50	4,–	25,–	80,–		
B	(2 669 093 Ex.)	6,–	18,–	45,–	120,–		
C	(12 029 314 Ex.)	1,50	4,–	25,–	80,–		
D	(3 585 626 Ex.)	8,–	25,–	60,–	180,–		
E	(3 157 043 Ex.)	8,–	25,–	60,–	180,–		
F	(7 309 406 Ex.)	4,–	12,–	40,–	120,–		
G	(5 550 602 Ex.)	6,–	20,–	50,–	200,–		
H	(3 323 014 Ex.)	10,–	30,–	80,–	250,–		
1875 A	(15 522 645 Ex.)	1,50	4,–	25,–	80,–		
B	(4 120 400 Ex.)	6,–	28,–	90,–	300,–		
C	(8 304 202 Ex.)	3,–	10,–	30,–	100,–		
D	(13 365 405 Ex.)	1,50	4,–	25,–	80,–		
E	(9 832 510 Ex.)	4,–	12,–	40,–	120,–		
F	(7 974 712 Ex.)	3,–	10,–	30,–	100,–		
G	(5 389 874 Ex.)	4,–	12,–	40,–	120,–		
H	(4 267 890 Ex.)	10,–	35,–	100,–	300,–		
J	(9 406 752 Ex.)	1,50	4,–	25,–	80,–		
1876 A	(34 175 109 Ex.)	1,50	4,–	15,–	40,–		
B	(10 120 520 Ex.)	1,50	4,–	25,–	80,–		
C	(13 214 086 Ex.)	1,50	4,–	25,–	80,–		
D	(16 787 180 Ex.)	1,50	4,–	20,–	60,–		
E	(6 160 852 Ex.)	1,50	4,–	25,–	80,–		
F	(7 034 404 Ex.)	1,50	4,–	25,–	80,–		
G	(6 222 400 Ex.)	3,–	10,–	30,–	100,–		
H	(3 227 323 Ex.)	8,–	20,–	50,–	200,–		
J	(11 314 775 Ex.)	2,–	8,–	30,–	100,–		
1888 A	(8 519 446 Ex.)	1,–	3,–	15,–	40,–		
D	(2 493 456 Ex.)	3,–	6,–	20,–	100,–		
E	(1 268 392 Ex.)	3,–	6,–	20,–	100,–		
F	(1 340 000 Ex.)	3,–	6,–	20,–	100,–		
G	(1 081 296 Ex.)	5,–	15,–	40,–	120,–		
J	(1 436 044 Ex.)	3,–	6,–	18,–	80,–		
1889 A	(11 541 679 Ex.)	1,–	3,–	15,–	40,–		
D	(2 813 250 Ex.)	2,–	6,–	18,–	75,–		
E	(1 492 950 Ex.)	2,–	6,–	18,–	75,–		
F	(2 432 300 Ex.)	2,–	6,–	18,–	75,–		
G	(1 222 976 Ex.)	4,–	12,–	35,–	120,–		
J	(1 637 641 Ex.)	2,–	6,–	20,–	80,–		

Entwurf und Modell von Friedrich Wilhelm Kullrich (Adlerseite) und Emil Weigand (Wertseite).

Außer Kurs seit 11. Oktober 1924.

Klippen von den Originalstempeln zu 10 Pfennig 1873 G aus 585er Gold, 9.8 g, stammen aus dem Sondersatz der Vereinigten Deutschen Metallwerke von 1971 (siehe Seite 346).

Wertmarken in abweichender Zeichnung vorkommend (Reichsadler im Sternenkreis. Rs. Wertzahl 10 oder Wertangabe 10 Pf. ohne Umschrift), Zink vernickelt.

20 Pfennig

900er Silber, 1.11 g, ∅ 16.00 mm, Riffelrand

5 [5] 20 Pfennig (S) 1873–1877. Typ wie Nr. 1. Perlkreis:

	Gesamtprägezahl	S	SS	VZ	ST	Spiegelglanz	PP
1873 A	(2 157 853 Ex.)	10,–	25,–	60,–	150,–		
B	(664 010 Ex.)	25,–	60,–	150,–	600,–		
C	(903 846 Ex.)	18,–	40,–	100,–	250,–		
D	(1 200 977 Ex.)	8,–	20,–	50,–	120,–		
E	(45 000 Ex.)	250,–	500,–	1200,–	3000,–		
F	(449 552 Ex.)	18,–	40,–	100,–	250,–		
G	(763 067 Ex.)	12,–	30,–	80,–	200,–		
H	(54 000 Ex.)	180,–	350,–	800,–	1800,–		
1874 A	(8 829 886 Ex.)	4,–	12,–	25,–	60,–		
B	(9 222 215 Ex.)	4,–	12,–	25,–	60,–		
C	(1 303 197 Ex.)	7,50	18,–	40,–	100,–		
D	(10 086 568 Ex.)	4,–	12,–	25,–	60,–		
E	(2 236 041 Ex.)	8,–	20,–	50,–	120,–		
F	(7 222 398 Ex.)	4,–	12,–	25,–	60,–		
G	(3 281 267 Ex.)	7,50	18,–	40,–	100,–		
H	(1 841 516 Ex.)	8,–	20,–	50,–	120,–		
1875 A	(9 034 131 Ex.)	3,50	10,–	20,–	50,–		
B	(2 768 250 Ex.)	5,–	16,–	30,–	80,–		
C	(5 938 121 Ex.)	4,50	15,–	28,–	75,–		
D	(15 031 539 Ex.)	4,–	12,–	25,–	60,–		
E	(1 486 407 Ex.)	12,–	50,–	150,–	400,–		
F	(7 667 766 Ex.)	4,–	12,–	25,–	60,–		
G	(3 939 809 Ex.)	7,50	18,–	40,–	100,–		
H	(1 340 462 Ex.)	12,–	50,–	150,–	400,–		
J	(3 501 812 Ex.)	7,50	18,–	40,–	100,–		
1876 A	(6 959 008 Ex.)	3,50	10,–	20,–	50,–		
B	(5 088 710 Ex.)	5,–	16,–	30,–	80,–		
C	(5 911 379 Ex.)	5,–	16,–	30,–	80,–		
D	(14 151 700 Ex.)	3,50	10,–	20,–	50,–		
E	(11 648 242 Ex.)	5,–	16,–	30,–	80,–		
F	(13 635 166 Ex.)	4,–	12,–	25,–	60,–		
G	(7 820 200 Ex.)	5,–	16,–	30,–	80,–		
H	(1 432 797 Ex.)	50,–	100,–	200,–	800,–		
J	(10 272 342 Ex.)	4,–	12,–	25,–	60,–		
1877 F	(700 380 Ex.)	100,–	200,–	400,–	800,–		

Nennwert in Süddeutschland 7 Kreuzer. Außer Kurs seit 1. Januar 1902.

20 Pfennig

Kupfernickel, 6.25 g, ∅ 23.00 mm, Rand glatt

6 [6] 20 Pfennig (K-N) 1886–1888. Reichsadler (erstes Modell) im Eichenkranz. Rs. Wertangabe:

	Gesamtprägezahl	S	SS	VZ	ST	Spiegelglanz PP
1886 A					4000,–	
1887 A	(2 711 596 Ex.)	15,–	25,–	40,–	75,–	
D	(703 710 Ex.)	25,–	40,–	80,–	150,–	
E	(372 840 Ex.)	25,–	40,–	80,–	150,–	
F	(502 883 Ex.)	30,–	50,–	90,–	200,–	
G	(305 539 Ex.)	30,–	50,–	90,–	200,–	
J	(408 209 Ex.)	30,–	50,–	90,–	200,–	
1888 A	(5 426 207 Ex.)	15,–	25,–	40,–	75,–	500,–
D	(1 406 120 Ex.)	20,–	35,–	60,–	120,–	
E	(744 314 Ex.)	25,–	40,–	80,–	150,–	
F	(1 005 396 Ex.)	20,–	35,–	60,–	120,–	
G	(610 893 Ex.)	30,–	50,–	90,–	200,–	
J	(818 138 Ex.)	20,–	35,–	60,–	120,–	

Entwurf und Modell von Friedrich Wilhelm Kullrich (Adlerseite) und Emil Weigand (Wertseite).

Außer Kurs seit 1. Januar 1903.

Für das Reichsschatzamt wurde eine Serie von Gestaltungsproben mit Jahreszahl 1886 A angefertigt.

6P 20 Pfennig 1887 E mit kopfstehendem fünfstrahligem Stern unter der Wertzahl (Morgenstern als Zeichen des Andreas Alnpeck als letztem Münzmeister von Freiberg 1546–1556 und der ersten Prägung der Münzstätte Muldenhütten) (50 Ex.) *(geprägt am 28. März 1887)* VZ 7000,–

900er Silber, 2.78 g, ∅ 20.00 mm, Riffelrand

7 [7] 50 Pfennig (S) 1875–1877. Typ wie Nr. 5:

	Gesamtprägezahl	S	SS	VZ	ST	Spiegelglanz	PP
1875 A	(7 094 851 Ex.)	10,–	20,–	40,–	100,–		
B	(2 799 238 Ex.)	15,–	30,–	60,–	200,–		
C	(2 046 678 Ex.)	15,–	30,–	60,–	200,–		
D	(4 668 151 Ex.)	12,–	25,–	50,–	180,–		
E	(352 505 Ex.)	180,–	400,–	800,–	1800,–		
F	(873 895 Ex.)	30,–	60,–	150,–	400,–		
G	(2 033 570 Ex.)	15,–	30,–	60,–	200,–		
H	(175 060 Ex.)	200,–	500,–	1000,–	2500,–		
J	(2 411 309 Ex.)	15,–	30,–	60,–	200,–		
1876 A	(34 475 394 Ex.)	8,–	15,–	30,–	80,–		
B	(11 016 100 Ex.)	9,–	18,–	35,–	100,–		
C	(10 945 173 Ex.)	10,–	20,–	40,–	120,–		
D	(3 641 062 Ex.)	12,–	25,–	50,–	150,–		
E	(4 127 389 Ex.)	12,–	25,–	50,–	150,–		
F	(4 448 288 Ex.)	12,–	25,–	50,–	150,–		
G	(1 796 560 Ex.)	15,–	30,–	60,–	200,–		
H	(1 876 798 Ex.)	25,–	70,–	150,–	500,–		
J	(3 588 991 Ex.)	12,–	25,–	50,–	150,–		
1877 A	(3 248 711 Ex.)	12,–	25,–	55,–	180,–		
B	(3 690 904 Ex.)	15,–	30,–	60,–	200,–		
C	(2 387 753 Ex.)	18,–	40,–	80,–	300,–		
D	(3 004 195 Ex.)	18,–	40,–	80,–	300,–		
E	(1 120 790 Ex.)	25,–	70,–	150,–	500,–		
F	(1 310 579 Ex.)	25,–	70,–	150,–	500,–		
H	(621 572 Ex.)	50,–	120,–	250,–	900,–		
J	(1 525 628 Ex.)	25,–	70,–	150,–	500,–		

Entwurf und Modell von Friedrich Wilhelm Kullrich (Adlerseite) und Emil Weigand (Wertseite).

Außer Kurs seit 1. Oktober 1908.

7F 50 Pfennig (Bro) 1877 J mit Strichkreis statt Perlkreis, Rand glatt (falsche Stempelkoppelung mit der Adlerseite von Nr. 2 auf Ronde von Nr. 2)

8 [8] 50 Pfennig (S) 1877, 1878. Reichsadler (erstes Modell) im Eichenkranz. Rs. Wertangabe im Eichenkranz. Perlkreis:

	Gesamtprägezahl	S	SS	VZ	ST	Spiegelglanz	PP
1877 A	(6 745 959 Ex.)	25,–	50,–	100,–	225,–		
B	(3 096 918 Ex.)	30,–	70,–	120,–	250,–		
C	(2 819 513 Ex.)	30,–	70,–	120,–	350,–		
D	(5 315 298 Ex.)	25,–	50,–	100,–	225,–		
E	(2 296 740 Ex.)	35,–	75,–	150,–	400,–		
F	(2 145 377 Ex.)	35,–	75,–	150,–	350,–		
G	(2 060 538 Ex.)	35,–	75,–	150,–	350,–		
H	(1 510 040 Ex.)	50,–	120,–	250,–	600,–		
J	(1 337 349 Ex.)	35,–	75,–	150,–	350,–		
1878 E	(364 228 Ex.)	250,–	500,–	800,–	1500,–		

Entwurf und Modell von Friedrich Wilhelm Kullrich (Adlerseite) und Emil Weigand (Wertseite).
Die Motivänderung wurde zur deutlicheren Unterscheidung von Nr. 4 (10 Pfennig) vorgenommen.

Außer Kurs seit 1. Oktober 1908.
Motivproben von 1877 A mit Wertangabe ½ Mark vorkommend.

1 Mark
900er Silber, 5.56 g, ∅ 24.00 mm, Riffelrand

9 [9] 1 Mark (S) 1873–1883, 1885–1887. Reichsadler (erstes Modell). Rs. Wertangabe im Eichenkranz. Perlkreis:

	Gesamtprägezahl	S	SS	VZ	ST	Spiegelglanz	PP
1873 A	(929 547 Ex.)	6,–	18,–	50,–	250,–		
B	(89 455 Ex.)	20,–	40,–	150,–	2500,–		
C	(18 001 Ex.)	80,–	200,–	800,–	5000,–		
D	(244 134 Ex.)	12,–	30,–	100,–	400,–		
F	(109 177 Ex.)	20,–	40,–	150,–	1800,–		
1874 A	(6 310 195 Ex.)	3,–	10,–	30,–	150,–		
B	(2 672 435 Ex.)	5,–	15,–	60,–	250,–		
C	(840 398 Ex.)	8,–	20,–	100,–	500,–		
D	(7 079 226 Ex.)	3,–	10,–	30,–	150,–		
E	(3 239 720 Ex.)	6,–	18,–	80,–	350,–		
F	(6 155 492 Ex.)	3,–	10,–	50,–	200,–		
G	(4 209 594 Ex.)	5,–	15,–	60,–	300,–		
H	(1 892 542 Ex.)	6,–	18,–	80,–	350,–		
1875 A	(30 340 307 Ex.)	3,–	6,–	30,–	90,–		
B	(7 689 685 Ex.)	3,–	10,–	70,–	300,–		
C	(6 209 465 Ex.)	3,–	10,–	40,–	120,–		
D	(7 538 281 Ex.)	3,–	10,–	40,–	120,–		
E	(4 645 594 Ex.)	3,–	10,–	50,–	200,–		
F	(7 073 602 Ex.)	3,–	10,–	50,–	180,–		
G	(6 072 099 Ex.)	3,–	10,–	50,–	180,–		
H	(2 299 566 Ex.)	6,–	18,–	80,–	450,–		
J	(2 727 701 Ex.)	5,–	15,–	75,–	400,–		
1876 A	(17 296 689 Ex.)	3,–	6,–	30,–	100,–		
C	(4 789 583 Ex.)	3,–	8,–	40,–	150,–		
D	(2 955 931 Ex.)	4,–	12,–	50,–	400,–		
F	(4 160 851 Ex.)	3,–	10,–	50,–	180,–		
G	(2 332 778 Ex.)	5,–	18,–	75,–	800,–		
H	(2 481 323 Ex.)	5,–	18,–	100,–	900,–		
J	(1 108 794 Ex.)	5,–	18,–	100,–	900,–		
1877 A	(697 362 Ex.)	10,–	40,–	200,–	2500,–		
B	(48 164 Ex.)	60,–	120,–	600,–	7500,–		
1878 A	(1 526 744 Ex.)	5,–	18,–	100,–	1200,–		
B*	(581 598 Ex.)	15,–	40,–	250,–	3000,–		
C	(600 295 Ex.)	15,–	40,–	250,–	3000,–		
E	(317 582 Ex.)	20,–	50,–	400,–	3500,–		
F	(1 038 901 Ex.)	5,–	18,–	90,–	1000,–		
G	(525 350 Ex.)	10,–	30,–	120,–	1500,–		
J	(895 114 Ex.)	10,–	30,–	120,–	1500,–		
1879 A	(156 444 Ex.)	50,–	100,–	400,–	5000,–		

* Letzter Prägeauftrag an die Münzstätte Hannover.

	Gesamtprägezahl	S	SS	VZ	ST	Spiegelglanz	PP
1880 A	(1 071 342 Ex.)	5,–	20,–	120,–	1000,–		
D	(337 879 Ex.)	12,–	35,–	160,–	1200,–		
E	(172 719 Ex.)	15,–	40,–	250,–	3000,–		
F	(223 493 Ex.)	15,–	40,–	250,–	3000,–		
G	(145 826 Ex.)	50,–	120,–	500,–	6000,–		
H	(163 935 Ex.)	40,–	100,–	400,–	3000,–		
J	(196 522 Ex.)	30,–	80,–	250,–	3000,–		
1881 A	(6 386 441 Ex.)	3,–	8,–	40,–	150,–		
D	(2 040 101 Ex.)	3,–	8,–	40,–	150,–		
E	(1 080 974 Ex.)	5,–	15,–	75,–	400,–		
F	(1 455 210 Ex.)	4,–	12,–	60,–	300,–		
G	(426 323 Ex.)	15,–	40,–	250,–	3200,–		
H	(386 600 Ex.)	15,–	40,–	250,–	1800,–		
J	(790 977 Ex.)	8,–	25,–	70,–	350,–		
1882 A	(1 474 086 Ex.)	5,–	20,–	50,–	200,–		
G	(458 859 Ex.)	10,–	30,–	150,–	1200,–		
H **	(109 280 Ex.)	75,–	170,–	900,–	6000,–		
J	(397 593 Ex.)	10,–	30,–	150,–	1200,–		
1883 A	(809 280 Ex.)	8,–	20,–	100,–	800,–		
D	(208 436 Ex.)	18,–	50,–	200,–	1500,–		
E	(112 000 Ex.)	75,–	160,–	500,–	6000,–		
F	(147 744 Ex.)	50,–	120,–	450,–	3600,–		
G	(91 000 Ex.)	90,–	180,–	500,–	4500,–		
J	(120 890 Ex.)	50,–	120,–	450,–	4000,–		
1885 A	(1 467 069 Ex.)	4,–	12,–	50,–	250,–		
G	(468 011 Ex.)	10,–	30,–	60,–	400,–		
J	(413 799 Ex.)	8,–	20,–	50,–	360,–		
1886 A	(1 100 592 Ex.)	3,–	10,–	30,–	150,–		
D	(1 445 241 Ex.)	3,–	8,–	25,–	120,–		
E	(764 109 Ex.)	8,–	20,–	60,–	360,–		
F	(1 030 515 Ex.)	4,–	15,–	50,–	350,–		
G	(160 820 Ex.)	25,–	60,–	180,–	1500,–		
J	(427 305 Ex.)	8,–	20,–	60,–	450,–		
1887 A	(3 005 644 Ex.)	3,–	8,–	30,–	120,–		

Entwurf und Modell von Friedrich Wilhelm Kullrich (Adlerseite) und Johann Adam Ries (Wertseite).

** Letzter Prägeauftrag an die Münzstätte Darmstadt.

Außer Kurs seit 20. April 1920.

1 Pfennig

Bronze, 2.00 g, ∅ 17.50 mm, Rand glatt

10 [10] 1 Pfennig (Bro) 1889–1916. Reichsadler (zweites Modell). Rs. Wertangabe. Strichkreis:

	Gesamtprägezahl	S	SS	VZ	ST	Spiegelglanz	PP
1889 F					30000,–		
1890 A	(17 294 770 Ex.)		1,–	5,–	30,–		
D	(7 030 090 Ex.)		2,–	8,–	35,–		
E	(3 730 430 Ex.)		3,–	12,–	40,–		
F	(4 189 490 Ex.)		2,–	8,–	35,–		
G	(3 050 478 Ex.)	1,–	4,–	15,–	100,–		
J	(2 246 986 Ex.)	1,–	4,–	18,–	120,–		
1891 A	(12 040 369 Ex.)		1,–	5,–	30,–		
D	(875 937 Ex.)	10,–	30,–	75,–	200,–		
E	(528 000 Ex.)	12,–	40,–	90,–	240,–		
F	(1 263 236 Ex.)	1,–	8,–	25,–	160,–		
G	(360 000 Ex.)	25,–	80,–	200,–	500,–		
J	(1 836 912 Ex.)	10,–	30,–	75,–	200,–		
1892 A	(22 340 676 Ex.)		2,–	8,–	30,–		
D	(6 139 028 Ex.)	1,–	4,–	18,–	75,–		
E	(3 195 140 Ex.)	1,–	5,–	20,–	120,–		
F	(5 013 468 Ex.)	1,–	5,–	20,–	120,–		
G	(2 688 766 Ex.)	3,–	12,–	35,–	180,–		
J	(3 980 488 Ex.)	1,–	4,–	18,–	160,–		
1893 A	(18 966 356 Ex.)		1,–	5,–	35,–		
D	(7 026 655 Ex.)		2,–	10,–	70,–		
E	(1 218 000 Ex.)	6,–	20,–	50,–	120,–		
F	(1 460 000 Ex.)	6,–	20,–	50,–	120,–		
G	(700 000 Ex.)	10,–	30,–	70,–	350,–		
J	(1 824 581 Ex.)	3,–	10,–	40,–	250,–		
1894 A	(17 592 323 Ex.)		1,–	5,–	35,–		
D	(5 530 000 Ex.)		2,–	10,–	60,–		
E	(5 040 090 Ex.)		2,–	8,–	50,–		
F	(4 206 292 Ex.)		2,–	8,–	50,–		
G	(2 351 253 Ex.)	3,–	12,–	30,–	150,–		
J	(2 619 063 Ex.)	3,–	12,–	30,–	150,–		

	Gesamtprägezahl	S	SS	VZ	ST	Spiegelglanz	PP
1895 A	(20 151 614 Ex.)		1,–	5,–	30,–		
D	(1 495 745 Ex.)	8,–	25,–	60,–	320,–		
E	(1 190 800 Ex.)	6,–	20,–	50,–	120,–		
F	(4 365 700 Ex.)	1,–	5,–	15,–	80,–		
G	(3 051 188 Ex.)	1,50	8,–	25,–	120,–		
J	(3 838 659 Ex.)	1,–	6,–	20,–	100,–		
1896 A	(27 094 171 Ex.)		1,–	5,–	25,–		
D	(7 025 109 Ex.)		2,–	8,–	45,–		
E	(3 725 510 Ex.)	1,–	4,–	10,–	50,–		
F	(3 450 000 Ex.)	1,–	4,–	10,–	50,–		
G	(3 028 203 Ex.)	1,50	8,–	20,–	120,–		
1897 A	(8 533 566 Ex.)		1,–	6,–	30,–		
D	(2 600 000 Ex.)	1,–	4,–	18,–	75,–		
E	(1 294 000 Ex.)	1,50	8,–	30,–	150,–		
F	(2 389 535 Ex.)	5,–	18,–	50,–	200,–		
G	(1 122 369 Ex.)	8,–	30,–	75,–	300,–		
J	(4 940 590 Ex.)		3,–	12,–	60,–		
1898 A	(18 563 602 Ex.)		1,–	6,–	30,–		
D	(4 430 000 Ex.)		3,–	12,–	60,–		
E	(2 431 630 Ex.)	1,–	6,–	15,–	75,–		
F	(4 193 235 Ex.)		3,–	12,–	60,–		
G	(1 950 781 Ex.)	2,50	12,–	35,–	180,–		
J	(3 231 484 Ex.)		3,–	10,–	70,–		
1899 A	(22 009 249 Ex.)		2,–	6,–	40,–		
D	(4 590 000 Ex.)		3,–	10,–	60,–		
E	(3 725 250 Ex.)		4,–	12,–	80,–		
F	(4 300 000 Ex.)		3,–	10,–	60,–		
G	(2 550 427 Ex.)	1,–	6,–	18,–	120,–		
J	(2 416 453 Ex.)		5,–	15,–	100,–		
1900 A	(51 804 462 Ex.)		2,–	6,–	40,–		
D	(14 634 990 Ex.)		2,–	6,–	40,–		
E	(7 886 840 Ex.)		2,–	8,–	50,–		
F	(10 311 740 Ex.)		2,–	6,–	40,–		
G	(6 137 671 Ex.)	1,–	5,–	12,–	60,–		
J	(9 916 947 Ex.)		2,–	8,–	50,–		
1901 A	(21 045 388 Ex.)		1,–	4,–	20,–		
D	(5 337 137 Ex.)		2,–	8,–	40,–		
E	(1 397 000 Ex.)		5,–	18,–	90,–		
F	(2 924 535 Ex.)		4,–	12,–	60,–		
G	(1 977 382 Ex.)	1,–	8,–	25,–	150,–		
J	(2 011 118 Ex.)	2,–	10,–	30,–	180,–		

	Gesamtprägezahl	S	SS	VZ	ST	Spiegelglanz	PP
1902 A	(7 474 402 Ex.)		1,–	4,–	25,–		
D	(2 811 279 Ex.)		2,–	6,–	40,–		
E	(1 183 200 Ex.)	1,–	8,–	20,–	100,–		
F	(1 250 000 Ex.)	1,–	8,–	20,–	100,–		
G	(880 500 Ex.)	4,–	18,–	50,–	200,–		
J	(150 Ex.)	500,–	1200,–	2500,–	6000,–		
1903 A	(12 690 238 Ex.)		1,–	3,–	20,–		
D	(3 140 211 Ex.)		2,–	6,–	40,–		
E	(1 955 945 Ex.)		3,–	8,–	60,–		
F	(2 945 242 Ex.)		3,–	8,–	60,–		
G	(1 376 920 Ex.)	1,–	6,–	20,–	100,–		
J	(2 831 903 Ex.)		4,–	15,–	80,–		
1904 A	(28 625 147 Ex.)		1,–	3,–	20,–		
D	(4 118 413 Ex.)		2,–	6,–	40,–		
E	(2 778 132 Ex.)		2,50	7,–	50,–		
F	(4 520 166 Ex.)		2,50	7,–	50,–		
G	(3 321 739 Ex.)		4,–	15,–	75,–		
J	(4 467 074 Ex.)		3,–	8,–	60,–		
1905 A	(19 630 539 Ex.)		1,–	3,–	20,–	(300 Ex.)	100,–
D	(6 083 962 Ex.)		2,–	6,–	30,–		
E	(3 564 343 Ex.)		2,–	6,–	30,–		
F	(4 153 380 Ex.)		2,–	6,–	30,–		
G	(3 051 498 Ex.)		4,–	15,–	60,–		
J	(4 085 379 Ex.)		4,–	15,–	60,–		
1906 A	(46 921 015 Ex.)		1,–	3,–	15,–	(110 Ex.)	150,–
D	(5 633 073 Ex.)		1,–	4,–	25,–		
E	(7 277 992 Ex.)		1,–	4,–	25,–		
F	(7 173 080 Ex.)		2,–	6,–	40,–	(200 Ex.)	120,–
G	(5 193 902 Ex.)		2,–	6,–	40,–	(30 Ex.)	250,–
J	(3 622 000 Ex.)		2,–	6,–	40,–		
1907 A	(33 710 718 Ex.)		1,–	3,–	15,–		
D	(14 690 725 Ex.)		1,–	3,–	20,–		
E	(3 718 951 Ex.)		2,–	5,–	25,–		
F	(7 025 773 Ex.)		1,–	3,–	20,–		
G	(3 051 784 Ex.)		2,–	6,–	30,–		
J	(6 721 573 Ex.)		1,–	3,–	20,–		
1908 A	(21 921 907 Ex.)		1,–	3,–	15,–		
D	(10 628 945 Ex.)		1,–	3,–	20,–		
E	(3 400 000 Ex.)		2,–	5,–	25,–		
F	(6 111 804 Ex.)		2,–	5,–	25,–		
G	(3 662 659 Ex.)		2,–	5,–	25,–		
J	(5 580 696 Ex.)		2,–	5,–	25,–		

		Gesamtprägezahl	S	SS	VZ	ST	Spiegelglanz	PP
1909	A	(21 430 442 Ex.)		1,–	3,–	15,–		
	D	(2 813 655 Ex.)		3,–	8,–	50,–		
	E	(2 562 138 Ex.)		3,–	8,–	50,–		
	F	(2 425 423 Ex.)		3,–	8,–	50,–		
	G	(1 220 387 Ex.)		5,–	15,–	60,–		
	J	(1 633 502 Ex.)	1,–	8,–	20,–	100,–		
1910	A	(10 760 908 Ex.)		1,–	3,–	15,–		
	D	(4 220 739 Ex.)		1,–	3,–	20,–		
	E	(1 600 000 Ex.)		3,–	8,–	50,–		
	F	(3 008 823 Ex.)		2,–	5,–	30,–		
	G	(1 830 871 Ex.)	1,–	6,–	18,–	70,–		
	J	(2 450 109 Ex.)		4,–	12,–	50,–		
1911	A	(38 172 073 Ex.)		1,–	3,–	15,–		
	D	(8 656 572 Ex.)		1,–	3,–	20,–		
	E	(5 235 910 Ex.)		1,–	3,–	20,–		
	F	(5 780 000 Ex.)		1,–	3,–	20,–		
	G	(2 075 125 Ex.)		2,–	6,–	50,–		
	J	(5 594 000 Ex.)		1,–	3,–	20,–		
1912	A	(42 693 365 Ex.)		1,–	3,–	15,–		
	D	(10 173 195 Ex.)		1,–	3,–	15,–		
	E	(5 688 877 Ex.)		1,–	3,–	15,–		
	F	(7 441 234 Ex.)		1,–	3,–	15,–		
	G	(5 525 938 Ex.)		1,–	4,–	25,–		
	J	(5 614 816 Ex.)		1,–	3,–	18,–		
1913	A	(32 671 177 Ex.)		1,–	2,–	10,–		
	D	(8 160 847 Ex.)		1,–	3,–	15,–		
	E	(2 257 817 Ex.)		2,–	6,–	30,–		
	F	(6 620 440 Ex.)		1,–	3,–	15,–		
	G	(3 209 037 Ex.)		1,–	4,–	25,–		
	J	(1 455 997 Ex.)		5,–	12,–	40,–		
1914	A	(9 976 052 Ex.)		1,–	2,–	12,–		
	D	(1 842 287 Ex.)		1,–	4,–	18,–		
	E	(2 925 501 Ex.)		1,–	4,–	18,–		
	F	(3 315 792 Ex.)		1,–	3,–	15,–		
	G	(2 100 173 Ex.)		1,–	4,–	18,–		
	J	(4 368 103 Ex.)		1,–	4,–	18,–		100,–
1915	A	(14 737 539 Ex.)		1,–	2,–	10,–		100,–
	D	(1 771 000 Ex.)		1,–	3,–	15,–		
	E	(2 779 130 Ex.)		1,–	3,–	15,–		
	F	(1 411 359 Ex.)		1,–	4,–	25,–		
	G	(2 040 612 Ex.)		1,–	4,–	20,–		
	J	(2 981 392 Ex.)		1,–	4,–	20,–		

	Gesamtprägezahl	S	SS	VZ	ST	Spiegelglanz	PP
1916 A	(5 959 900 Ex.)		1,–	2,–	12,–		
D	(5 401 110 Ex.)		1,–	3,–	15,–		
E	(817 790 Ex.)		4,–	12,–	40,–		
F	(1 103 533 Ex.)		2,–	8,–	30,–		
G	(671 201 Ex.)	1,–	8,–	25,–	70,–		
J	(898 321 Ex.)	1,–	6,–	20,–	50,–		

Entwurf und Modell von Otto Schultz (Adlerseite) und Emil Weigand (Wertseite).

Außer Kurs seit 1. März 1942.

10F 1 Pfennig 190[3] G mit fehlender letzter Ziffer der Jahreszahl VZ 4000,–

Jahrgang 1913 A ist als Goldabschlag (3.91 g) mit nachträglich entferntem Münzzeichen vorgekommen.

10P 1 Pfennig 1905 E mit Kreuz unter Wertzahl (während des Münzbesuchs des Königs von Sachsen [siehe Seite 88] hergestellt) VZ 5000,–

2 Pfennig

Bronze, 3.33 g, ∅ 20.00 mm, Rand glatt

11 [11] 2 Pfennig (Bro) 1904–1908, 1910–1916. Typ wie Nr. 10:

	Gesamtprägezahl	S	SS	VZ	ST	Spiegelglanz	PP
1904 A	(5 414 157 Ex.)		1,–	4,–	20,–		
D	(1 404 041 Ex.)		2,–	6,–	30,–		
E	(744 422 Ex.)		4,–	10,–	50,–		
F	(1 002 124 Ex.)		3,–	8,–	40,–		
G	(495 010 Ex.)		8,–	20,–	150,–		
J	(433 830 Ex.)		8,–	20,–	150,–		
1905 A	(5 171 865 Ex.)		1,–	4,–	20,–	(52 Ex.)	–,–
D	(1 570 000 Ex.)		2,–	6,–	30,–		
E	(924 469 Ex.)		4,–	10,–	50,–		
F	(1 115 000 Ex.)		3,–	8,–	40,–		
G	(1 030 380 Ex.)		6,–	15,–	90,–		
J	(1 608 569 Ex.)		5,–	10,–	75,–		

	Gesamtprägezahl	S	SS	VZ	ST	Spiegelglanz	PP
1906 A	(8 459 482 Ex.)		1,–	4,–	20,–	(110 Ex.)	–,–
D	(3 539 028 Ex.)		3,–	8,–	40,–		
E	(2 055 093 Ex.)		3,–	8,–	40,–		
F	(2 839 723 Ex.)		3,–	8,–	40,–	(200 Ex.)	–,–
G	(1 526 761 Ex.)		4,–	10,–	50,–	(30 Ex.)	–,–
J	(1 907 500 Ex.)		4,–	10,–	50,–		
1907 A	(13 467 957 Ex.)		1,–	3,–	15,–		
D	(1 921 128 Ex.)		2,–	8,–	50,–		
E	(744 742 Ex.)		4,–	12,–	60,–		
F	(1 058 809 Ex.)		2,–	8,–	50,–		200,–
G	(610 229 Ex.)		5,–	10,–	75,–		
J	(951 837 Ex.)		2,–	8,–	50,–		
1908 A	(5 421 165 Ex.)		1,–	4,–	20,–		
D	(1 407 174 Ex.)		1,–	5,–	25,–		
E	(744 860 Ex.)		2,–	8,–	50,–		
F	(1 003 329 Ex.)		2,–	8,–	50,–		
G	(610 093 Ex.)		5,–	10,–	75,–		
J	(816 869 Ex.)		5,–	10,–	75,–		
1910 A	(5 421 183 Ex.)		1,–	4,–	20,–		
D	(1 406 663 Ex.)		1,50	6,–	40,–		
E	(745 269 Ex.)		2,–	8,–	50,–		250,–
F	(1 002 656 Ex.)		2,–	8,–	50,–		
G	(517 302 Ex.)		6,–	20,–	150,–		
J	(568 000 Ex.)		5,–	18,–	120,–		
1911 A	(8 186 918 Ex.)		1,–	4,–	20,–		
D	(2 100 450 Ex.)		1,–	4,–	20,–		
E	(1 132 500 Ex.)		2,–	5,–	30,–		
F	(1 490 000 Ex.)		1,–	4,–	25,–		
G	(1 313 340 Ex.)		2,–	5,–	30,–		
J	(1 882 876 Ex.)		1,–	4,–	25,–		
1912 A	(13 580 338 Ex.)		1,–	3,–	15,–		
D	(3 108 852 Ex.)		1,–	4,–	25,–		
E	(1 807 959 Ex.)		1,–	4,–	25,–		
F	(2 366 256 Ex.)		1,–	4,–	25,–		80,–
G	(1 395 000 Ex.)		2,–	8,–	50,–		
J	(1 605 000 Ex.)		1,–	4,–	25,–		
1913 A	(4 211 978 Ex.)		1,–	3,–	15,–		
D	(2 525 311 Ex.)		1,–	4,–	25,–		
E	(412 894 Ex.)		10,–	25,–	120,–		–,–
F	(1 601 664 Ex.)		2,–	8,–	50,–		
G	(740 643 Ex.)		6,–	15,–	90,–		
J	(1 253 989 Ex.)		2,–	5,–	30,–		

	Gesamtprägezahl	S	SS	VZ	ST	Spiegelglanz	PP
1914 A	(5 350 313 Ex.)		1,–	3,–	15,–		200,–
E	(1 201 971 Ex.)		2,–	6,–	40,–		
F	(157 763 Ex.)		60,–	120,–	350,–		
G	(610 403 Ex.)		10,–	25,–	120,–		
J	(816 970 Ex.)		1,–	3,–	15,–		
1915 A	(3 897 165 Ex.)		1,–	3,–	15,–		100,–
D	(1 407 339 Ex.)		1,–	4,–	25,–		
E	(287 610 Ex.)		10,–	25,–	120,–		
F	(903 921 Ex.)		2,–	6,–	40,–		
1916 A	(3 524 135 Ex.)		1,–	4,–	12,–		
D	(914 815 Ex.)		2,–	8,–	25,–		
E	(484 470 Ex.)		4,–	12,–	35,–		
F	(651 464 Ex.)		3,–	10,–	30,–		
G	(396 670 Ex.)		6,–	18,–	60,–		
J	(531 072 Ex.)		5,–	15,–	50,–		

Entwurf und Modell von Otto Schultz (Adlerseite) und Emil Weigand (Wertseite).
Außer Kurs seit 1. März 1942.

5 Pfennig

Kupfernickel, 2.50 g, ∅ 18.00 mm, Rand glatt

VZ

12 [12] 5 Pfennig (K-N) 1890–1915. Typ wie Nr. 10. Seilkreis:

	A	D	E	F	G	J
1890	6,–	8,–	15,–	20,–	45,–	18,–
1891	6,–		90,–	35,–	100,–	
1892	10,–	20,–	200,–	40,–	45,–	350,–
1893	5,–	15,–	20,–	15,–	85,–	15,–
1894	10,–	18,–	30,–	60,–	70,–	30,–
1895			60,–	25,–	60,–	
1896	12,–		25,–	15,–	12000,–	15,–
1897	8,–	12,–	40,–		40,–	

	A	D	E	F	G	J
1898	6,–	8,–	15,–	20,–	60,–	15,–
1899	10,–	16,–	20,–	15,–	50,–	18,–
1900	3,–	10,–	12,–	10,–	20,–	15,–
1901	3,–	10,–	12,–	10,–	40,–	22,–
1902	3,–	15,–	15,–	12,–	22,–	25,–
1903	8,–	15,–	15,–	25,–	45,–	40,–
1904	8,–	15,–	20,–	20,–	30,–	22,–
1905	3,–	8,–	10,–	8,–	20,–	12,–
1906	3,–	5,–	3,–	4,–	16,–	15,–
1907	3,–	8,–	5,–	6,–	10,–	6,–
1908	3,–	4,–	5,–	5,–	8,–	10,–
1909	8,–	15,–	15,–	50,–		25,–
1910	3,–	5,–	8,–	10,–	20,–	100,–
1911	2,–	5,–	5,–	5,–	5,–	3,–
1912	2,–	3,–	4,–	3,–	4,–	4,–
1913	2,–	4,–	5,–	5,–	10,–	45,–
1914	2,–	4,–	3,–	3,–	5,–	5,–
1915		4,–	20,–	5,–	20,–	10,–

Außer Kurs seit 11. Oktober 1924.

12P1 5 Pfennig (Me) 1915 A. Materialprobe
12P2 5 Pfennig (E, verzinkt) 1915 A. Materialprobe

10 Pfennig

Kupfernickel, 4.00 g, ∅ 21.00 mm, Rand glatt

13 [13] 10 Pfennig (K-N) 1880, 1890–1894, 1896–1916. Typ wie Nr. 12:

	A	D	E	F	G	J
1890	12,–			22,–	20,–	16,–
1891	10,–	12,–	20,–	20,–	180,–	
1892	12,–	12,–	25,–	25,–	120,–	10000,–
1893	8,–		70,–	20,–	40,–	20,–
1894			100,–			
1896	10,–	10,–	18,–	15,–	225,–	18,–
1897	10,–				90,–	
1898	5,–	6,–	15,–	10,–	55,–	12,–
1899	8,–	20,–	20,–	12,–	50,–	30,–
1900	4,–	8,–	8,–	10,–	12,–	10,–

	A	D	E	F	G	J
1901	6,–	15,–	18,–	15,–	50,–	50,–
1902	4,–	6,–	40,–	12,–	55,–	20,–
1903	5,–	12,–	12,–	16,–	50,–	40,–
1904	4,–	12,–	12,–	12,–	50,–	35,–
1905	4,–	6,–	12,–	12,–	50,–	25,–
1906	4,–	6,–	8,–	10,–	35,–	35,–
1907	2,–	4,–	4,–	4,–	12,–	8,–
1908	6,–	6,–	8,–	8,–	12,–	6,–
1909	6,–	12,–	12,–	30,–	30,–	50,–
1910	3,–	8,–	25,–	10,–	30,–	
1911	2,–	5,–	8,–	5,–	8,–	5,–
1912	4,–	5,–	5,–	4,–	6,–	4,–
1913	4,–	5,–	5,–	5,–	6,–	6,–
1914	3,–	5,–	6,–	3,–	5,–	5,–
1915	3,–	5,–	15,–	5,–	160,–	9,–
1916		10,–				

Außer Kurs seit 11. Oktober 1924.

20 Pfennig

Kupfernickel, 6.25 g, ∅ 23.00 mm, Rand glatt

14 [14] 20 Pfennig (K-N) 1890, 1892. Reichsadler (zweites Modell) im Eichenkranz. Rs. Wertangabe:

	Gesamtprägezahl	S	SS	VZ	ST	Spiegelglanz	PP
1890 A	(2 715 702 Ex.)		20,–	70,–	150,–		
D	(703 093 Ex.)		30,–	100,–	250,–		
E	(373 304 Ex.)		50,–	120,–	350,–		
F	(502 796 Ex.)		50,–	120,–	350,–		
G	(305 950 Ex.)		70,–	150,–	500,–		
J	(409 680 Ex.)		50,–	120,–	400,–		
1892 A	(2 712 121 Ex.)		25,–	80,–	200,–		
D	(703 189 Ex.)		30,–	90,–	300,–		
E	(372 450 Ex.)		60,–	120,–	400,–		
F	(502 216 Ex.)		60,–	120,–	400,–		
G	(304 389 Ex.)		90,–	160,–	650,–		
J	(408 519 Ex.)		50,–	120,–	350,–		

Außer Kurs seit 1. Januar 1903.

25 Pfennig

Nickel, 4.00 g, ∅ 23.00 mm, Rand glatt

VZ

15 [18] 25 Pfennig (N) 1909–1912. Reichsadler im Jugendstil. Rs. Wertangabe zwischen Weizenähren:

	A	D	E	F	G	J
1909	15,–	16,–	60,–	35,–	32,–	1750,–
1910	15,–	20,–	25,–	25,–	40,–	25,–
1911	15,–	25,–	30,–		30,–	45,–
1912	15,–	25,–		30,–		60,–

Entwurf von Max Haseroth (Adlerseite) und Alexander Kraumann (Wertseite), Modell von Otto Schultz (Adlerseite) und Paul Sturm (Wertseite).

Zur Gestaltung der Münze zu 25 Pfennig wurde ein Wettbewerb ausgeschrieben, an dem sich 456 Künstler beteiligten. Zahlreiche Entwürfe wurden anschließend als Motivproben ausgeprägt.

Außer Kurs seit 1. Oktober 1918. Einlösbar bis 31. Dezember 1918.

15P 25 Pfennig (K-N) 1909 A. Materialprobe (auf Magneten nicht ansprechend)

50 Pfennig

900er Silber, 2.78 g, ∅ 20.00 mm, Riffelrand

16 [15] 50 Pfennig (S) 1896, 1898, 1900–1903. Reichsadler (zweites Modell) im Eichenkranz. Rs. Wertangabe im Eichenkranz. Perlkreis:

	Gesamtprägezahl	S	SS	VZ	ST	Spiegelglanz	PP
1896 A	(388 945 Ex.)		150,–	250,–	450,–		
1898 A	(387 168 Ex.)		150,–	250,–	450,–		
1900 J	(191 792 Ex.)		180,–	300,–	600,–		
1901 A	(194 341 Ex.)		180,–	300,–	600,–		
1902 F	(95 335 Ex.)		200,–	450,–	750,–		
1903 A	(384 187 Ex.)		110,–	250,–	400,–		1850,–

Außer Kurs seit 1. Oktober 1908.

VZ

17 [16] ½ Mark (S) 1905–1909, 1911–1919. Typ wie Nr. 16:

	A	D	E	F	G	J
1905	8,–	10,–	10,–	10,–	15,–	10,–
1906	8,–	9,–	10,–	9,–	14,–	22,–
1907	8,–	10,–	25,–	20,–	30,–	20,–
1908	11,–	60,–	45,–	5000,–	45,–	70,–
1909	10,–	25,–	18,–	30,–	25,–	22,–
1911	10,–	18,–	32,–	25,–	45,–	40,–
1912	10,–	30,–	40,–	35,–		70,–
1913	6,–	10,–	14,–	10,–	18,–	25,–
1914	5,–	35,–				15,–
1915	5,–	8,–	8,–	8,–	8,–	5,–
1916	5,–	5,–	8,–	8,–	10,–	10,–
1917	5,–	12,–	12,–	30,–	30,–	15,–
1918	5,–	6,–	20,–	8,–	22,–	20,–
1919	6,–	20,–	20,–	22,–		20,–

Außer Kurs seit 20. April 1920.

Die letzten Jahrgänge der Nr. 17 wurden mit bläulichschwarzer (ungebeizter) Oberfläche ausgegeben, um dem Horten der Stücke durch die Bevölkerung entgegenzutreten.

Mit Jahreszahl 1904 A wurde eine Serie von Gestaltungsproben zu ½ Mark hergestellt.

1 Mark

900er Silber, 5.56 g, ∅ 24.00 mm, Riffelrand

18 [17] 1 Mark (S) 1891–1894, 1896, 1898–1916. Typ wie Nr. 16:

	A	D	E	F	G	J
1891	40,–	2500,–				
1892	50,–	60,–	120,–	70,–	220,–	100,–
1893	35,–	45,–	65,–	60,–		55,–
1894					200,–	
1896	25,–	30,–	70,–	40,–	100,–	75,–
1898	40,–					
1899	20,–	45,–	45,–	30,–	70,–	40,–
1900	20,–	25,–	45,–	40,–	65,–	55,–

VZ

	A	D	E	F	G	J
1901	12,–	20,–	25,–	15,–	50,–	35,–
1902	10,–	18,–	30,–	20,–	75,–	60,–
1903	10,–	10,–	25,–	20,–	25,–	35,–
1904	10,–	12,–	20,–	20,–	30,–	35,–
1905	8,–	12,–	20,–	10000,–	35,–	40,–
1906	10,–	15,–	25,–	15,–	40,–	45,–
1907	8,–	10,–	15,–	12,–	15,–	20,–
1908	8,–	10,–	18,–	20,–	25,–	28,–
1909	10,–	15,–	200,–		45,–	360,–
1910	10,–	10,–	15,–	15,–	20,–	32,–
1911	8,–	85,–	20,–	50,–	25,–	25,–
1912	10,–	15,–	15,–	18,–		55,–
1913				60,–	85,–	75,–
1914	5,–	6,–	7,–	9,–	7,–	7,–
1915	5,–	7,–	7,–	7,–	7,–	7,–
1916				50,–		

Außer Kurs seit 20. April 1920.

In den Jahren 1916–1924 verausgabten Städte, Gemeinden und Provinzen zahlreiche Notmünzen in vielfach sehr ansprechender Ausführung. Eine eingehende Bearbeitung dieses recht beliebten Nebengebietes würde jedoch den Rahmen dieses Kataloges sprengen. Staatliche Notmünzen siehe ab Seite 472.

1 Pfennig

Aluminium, 0.78 g, ∅ 16.00 mm, Rand glatt

19 [300] 1 Pfennig (Al) 1916–1918. Typ wie Nr. 1:

	Gesamtprägezahl	S	SS	VZ	ST	Spiegelglanz	PP
1916 A				4000,–	–,–		
F					–,–		
G	*unten enthalten*		250,–	450,–	1000,–		–,–
1917 A	(27 159 076 Ex.)		–,50	2,–	8,–		
D	(6 939 541 Ex.)		1,–	4,–	12,–		100,–
E	(3 862 160 Ex.)		2,–	6,–	18,–		100,–
F	(5 124 601 Ex.)		1,50	5,–	15,–		
G	(3 139 375 Ex.)		2,–	6,–	18,–		
J	(4 182 000 Ex.)		2,–	6,–	18,–		

	Gesamtprägezahl	S	SS	VZ	ST	Spiegelglanz	PP
1918 A			2500,–	4500,–	–,–		
D	(318 903 Ex.)		18,–	40,–	90,–		
F				4000,–	–,–		

Der Reichsadler in der alten Zeichnung und der geringere Durchmesser wurden wegen der besseren Unterscheidbarkeit zu Nr. 20 gewählt.

Außer Kurs seit 11. Oktober 1924.

19P1 1 Pfennig (Al) 1915 A. Motivprobe VZ 500,–
19P2 1 Pfennig (E, verzinkt) 1915 A. Materialprobe, wie Nr. 19P1

5 Pfennig

Eisen verzinkt, 2.50 g, ∅ 17.50 mm, Riffelrand

VZ

20 [297] 5 Pfennig (E, verzinkt) 1915–1922. Reichsadler (zweites Modell). Rs. Wertangabe und Jahreszahl in drei Zeilen:

	A	D	E	F	G	J
1915	4,–	18,–	15,–	10,–	15,–	15,–
1916	3,–	5,–	20,–	6,–	10,–	12,–
1917	2,–	5,–	10,–	5,–	10,–	10,–
1918	1,–	5,–	9,–	3,–	5,–	5,–
1919	1,–	2,–	9,–	2,–	6,–	4,–
1920	1,–	2,–	15,–	3,–	10,–	4,–
1921	2,–	3,–	20,–	7,–	4,–	5,–
1922	–,–	4,–	25,–	3,–	3,–	12,–

Spiegelglanz, 1916 E 300,–
Spiegelglanz, 1917 E 150,–
Spiegelglanz, 1918 E (24 Ex.) –,–
Spiegelglanz, 1919 E (44 Ex.) –,–
Spiegelglanz, 1920 E (55 Ex.) –,–
Spiegelglanz, 1921 E (28 Ex.) –,–
Spiegelglanz, 1922 E (25 Ex.) –,–

Außer Kurs seit 11. Oktober 1924.

20F1 5 Pfennig 1916 D mit Strichkreis statt Seilkreis (falsche Stempelkoppelung mit der Adlerseite von Nr. 10) SS –,–

20F2 5 Pfennig 1918 F mit der Adlerseite von Polen Nr. 2 (siehe Seite 460) (falsche Stempelkoppelung) VZ 1500,–

10 Pfennig

Eisen verzinkt, 3.60 g, ∅ 21.00 mm, Riffelrand

21 [298] 10 Pfennig (E, verzinkt) 1915–1918, 1921, 1922. Reichsadler (zweites Modell) im Kreis von einunddreißig Perlen. Rs. wie Nr. 20:

	Gesamtprägezahl	S	SS	VZ	ST	Spiegelglanz	PP
1915 A				2500,–	4000,–		
1916 A	(69 173 415 Ex.)		1,–	3,–	10,–		
D	(11 608 655 Ex.)		1,50	5,–	15,–		
E	(8 280 200 Ex.)		1,50	5,–	18,–		250,–
F	(7 472 758 Ex.)		1,50	5,–	18,–		
G	(5 877 590 Ex.)		2,–	6,–	20,–		
J	(11 682 651 Ex.)		1,50	5,–	15,–		
1917 A	(53 198 389 Ex.)		1,–	2,–	8,–		500,–
D	(16 370 093 Ex.)		1,–	3,–	10,–		
E	(9 182 457 Ex.)		1,50	5,–	15,–		
F	(11 340 981 Ex.)		1,50	5,–	15,–		
G	(7 087 920 Ex.)		2,–	8,–	25,–		
J	(9 205 000 Ex.)		2,–	6,–	20,–		
1918 D	(42 054 Ex.)		1000,–	2000,–	4000,–		
1921 A	(16 264 657 Ex.)		4,–	10,–	30,–		
1922 –				180,–	300,–		
D	(779 714 Ex.)		10,–	25,–	50,–		
E	(2 235 000 Ex.)		30,–	70,–	160,–	(26 Ex.)	–,–
F	(1 927 820 Ex.)		5,–	12,–	40,–		
G	(1 358 000 Ex.)		30,–	75,–	180,–		
J	(2 420 259 Ex.)		6,–	15,–	60,–		

Außer Kurs seit 11. Oktober 1924.

21F 10 Pfennig (E, verzinkt) 1918 F mit der Adlerseite von Polen Nr. 3 (siehe Seite 460) (falsche Stempelkoppelung) VZ –,–

21P1 10 Pfennig (K-N) 1915 A. Materialprobe (auf Magneten nicht ansprechend)
21P2 10 Pfennig (K-N) 1916 G. Materialprobe (auf Magneten nicht ansprechend)

Nrn. 20 und 21 bestehen aus sherardisiertem (durch mehrstündiges Glühen in Zinkpulver rostgeschütztem) Siemens-Martin-Stahl.

Nr. 21 von 1917 A in Zink ist nur als Fälschung bekannt. Die regulären Prägungen in Zink (Nrn. 22 und 23) tragen gemäß der Bekanntmachung im Reichsgesetzblatt kein Münzstättenzeichen.

10 Pfennig

Zink, 3.23 g, ∅ 21.00 mm, Riffelrand

				SS	VZ
22	[298Z]	10 Pfennig (Zink) 1917. Typ wie Nr. 21 (ohne Münzzeichen):			
		1917	*unten enthalten*	270,–	550,–

Außer Kurs seit 11. Oktober 1924.

23 [299] 10 Pfennig (Zink) 1917–1922. Typ wie Nr. 20 (ohne Münzzeichen):

	Gesamtprägezahl	S	SS	VZ	ST	Spiegelglanz	PP
1917	(75 073 243 Ex.)			–,50	2,–		
1918	(202 008 329 Ex.)			–,50	2,–	(28 Ex.)	–,–
1919	(147 799 629 Ex.)			–,50	2,–	(50 Ex.)	–,–
1920	(223 018 653 Ex.)			–,50	2,–	(40 Ex.)	–,–
1921	(319 333 998 Ex.)			–,50	2,–	(24 Ex.)	–,–
1922	(283 314 761 Ex.)			–,50	2,–	(12 Ex.)	–,–

Außer Kurs seit 11. Oktober 1924.

Nrn. 22 und 23 konnten von allen Münzstätten, auch abweichend vom Prägeschlüssel, sowie unter Heranziehung privater Prägeanstalten hergestellt werden.

50 Pfennig

Aluminium, 1.67 g, ∅ 23.00 mm, Riffelrand

VZ

24 [301] 50 Pfennig (Al) 1919–1922. Ährengarbe mit Schriftband »Sich regen bringt Segen«. Rs. Wertangabe:

	A	D	E	F	G	J
1919	5,–	15,–	25,–	40,–	12,–	20,–
1920	1,–	2,–	8,–	2,–	5,–	4,–
1921	1,–	2,–	5,–	2,–	2,–	4,–
1922	1,–	2,–	6,–	2,–	2,–	4,–

Spiegelglanz, 1919 A 150,–
Spiegelglanz, 1919 E (35 Ex.) 600,–
Spiegelglanz, 1920 E (226 Ex.) 150,–
Spiegelglanz, 1921 E (332 Ex.) 150,–
Spiegelglanz, 1922 E (333 Ex.) 150,–

Außer Kurs seit 11. Oktober 1924.

24P1 50 Pfennig (E, verzinkt) 1920 A. Materialprobe VZ 300,–
24P2 50 Pfennig (N) 1921 J. Materialprobe VZ 800,–

3 Mark

Aluminium, 2.00 g, ∅ 28.00 mm, Riffelrand

25 [302] 3 Mark (Al) 1922. Reichsadler. Rs. Wertangabe:

	Gesamtprägezahl	S	SS	VZ	ST	Spiegelglanz	PP
1922 A	(15 496 695 Ex.)		3,–	8,–	15,–		
E	(2 000 Ex.)		200,–	500,–	750,–	(1 000 Ex.)	500,–
F			2500,–	4500,–	–,–		

Außer Kurs seit 11. Oktober 1924.

3 JAHRE WEIMARER VERFASSUNG

26 [303] 3 Mark (Al) 1922, 1923. Reichsadler, Umschrift »Verfassungstag 11. August 1922«. Rs. Wertangabe:

	Gesamtprägezahl	S	SS	VZ	ST	Spiegelglanz	PP
1922 A	(32 514 000 Ex.)		1,–	4,–	10,–		
D	(* 997 036 Ex.)		300,–	550,–	800,–		
E	(2 440 000 Ex.)		4,–	10,–	20,–	(21 611 Ex.)	100,–
F	(6 023 273 Ex.)		4,–	12,–	25,–		
G	(3 655 465 Ex.)		2,–	6,–	12,–		
J	(4 896 494 Ex.)		1,–	4,–	10,–		
1923 D	(* 7 444 380 Ex.)				–,–		
E	(2 030 000 Ex.)		20,–	40,–	90,–	(2 291 Ex.)	100,–
F			1200,–	2000,–	–,–		

* wegen der fortgeschrittenen Inflation zum größten Teil vor Ausgabe eingeschmolzen

Außer Kurs seit 11. Oktober 1924.

27P1	20 Mark (Al) 1923 A. Typ wie Nr. 25	ST 1500,–
27P2	50 Mark (Al) 1923 A. Typ wie Nr. 25	ST –,–
27P3	100 Mark (Al) 1923 A. Typ wie Nr. 25	ST 1500,–

200 Mark

Aluminium, 1.00 g, ∅ 23.00 mm, Riffelrand

VZ

27 [304] 200 Mark (Al) 1923. Reichsadler, Umschrift »Einigkeit und Recht und Freiheit«. Rs. Wertangabe:

	A	D	E	F	G	J
1923	2,–	2,–	5,–	4,–	5,–	7,–

Spiegelglanz, 1922 E (4 095 Ex.) 100,–

Außer Kurs seit 11. Oktober 1924.

500 Mark

Aluminium, 1.67 g, ∅ 27.00 mm, Riffelrand

28 [305] 500 Mark (Al) 1923. Typ wie Nr. 27:

	A	D	E	F	G	J
1923	2,–	3,–	12,–	3,–	6,–	60,–

Spiegelglanz, 1922 E (2 053 Ex.) 150,–

Außer Kurs seit 11. Oktober 1924.

WÄHRUNGSREFORM 15. November 1923:
1 000 000 000 000 Mark = 1 Rentenmark
NEUE WÄHRUNG: 100 Rentenpfennig = 1 Rentenmark
(Ausgaben der Deutschen Rentenbank)

1 Rentenpfennig

Bronze, 2.00 g, ∅ 17.50 mm, Rand glatt

VZ

29 [306] 1 Rentenpfennig (Bro) 1923, 1924. Ährengarbe zwischen Jahreszahl. Rs. Wertzahl:

	A	D	E	F	G	J
1923	8,–	10,–	12,–	30,–	15,–	20,–
1924	5,–	5,–	8,–	5,–	10,–	6,–

Außer Kurs seit 1. März 1942.

29F1 1 Rentenpfennig 1925 A (falsche Stempelkoppelung mit der Vorderseite von Nr. 36) VZ 1500,–

29F2 1 Rentenpfennig 1929 F (falsche Stempelkoppelung) VZ 600,–

2 Rentenpfennig

Bronze, 3.33 g, ∅ 20.00 mm, Rand glatt

30 [307] 2 Rentenpfennig (Bro) 1923, 1924. Typ wie Nr. 29:

	A	D	E	F	G	J
1923	8,–	8,–		20,–	10,–	30,–
1924	5,–	6,–	8,–	8,–	10,–	6,–

Spiegelglanz, 1924 E (185 Ex.) 175,–

Außer Kurs seit 1. März 1942.

5 Rentenpfennig

Aluminiumbronze, 2.50 g, ∅ 18.00 mm, Riffelrand

VZ

31 [308] 5 Rentenpfennig (Al-Bro) 1923, 1924. Sechs Ähren mit gekreuzten Halmen. Rs. Wertzahl in Raute mit gegenläufigen Eichenblättern:

	A	D	E	F	G	J
1923	8,–	12,–		175,–	100,–	
1924	5,–	5,–	6,–	5,–	6,–	6,–

Entwurf von Waldemar Raemisch.

Kurswert ½ Pfennig ab 21. Juni 1948. Außer Kurs seit 1. September 1948.

31F 5 Rentenpfennig 1925 F (falsche Stempelkoppelung mit der Vorderseite von Nr. 39) (1 Ex. bekannt) SS –,–

10 Rentenpfennig

Aluminiumbronze, 4.00 g, ∅ 21.00 mm, Riffelrand

32 [309] 10 Rentenpfennig (Al-Bro) 1923, 1924. Typ wie Nr. 31:

	A	D	E	F	G	J
1923	10,–	14,–		250,–	45,–	
1924	5,–	8,–	10,–	5,–	8,–	9,–

Spiegelglanz, 1924 E (190 Ex.) 140,–

Kurswert 1 Pfennig ab 21. Juni 1948. Außer Kurs seit 1. April 1949.

32F 10 Rentenpfennig 1925 F (falsche Stempelkoppelung mit der Vorderseite von Nr. 40) VZ 2000,–

50 Rentenpfennig

Aluminiumbronze, 5.00 g, ∅ 24.00 mm, Riffelrand

33 [310] 50 Rentenpfennig (Al-Bro) 1923, 1924. Typ wie Nr. 31:

	A	D	E	F	G	J
1923	45,–	65,–		200,–	90,–	1800,–
1924	25,–	30,–	35,–	35,–	40,–	30,–

Spiegelglanz, 1924 E (190 Ex.) –,–

Außer Kurs seit 1. Dezember 1929.

PRÄGUNGEN IN GOLDWÄHRUNG
VOR DER UMSTELLUNG AUF REICHSMARK
(Ausgaben des Reichsministeriums der Finanzen)

1 Mark

500er Silber, 5.00 g, ∅ 22.60 mm, Arabeskenrand

VZ

34 [311] 1 Mark (S) 1924, 1925. Typ wie Nr. 25:

	A	D	E	F	G	J
1924	25,–	40,–	35,–	40,–	50,–	35,–
1925	75,–	50,–				

Spiegelglanz, 1924 E (115 Ex.) 250,–
Spiegelglanz, 1925 A 210,–

Entwurf und Modell von Josef Wackerle.

34F 1 Mark 1924 F. Fehlprägung, Rand glatt SS 80,–

34P 1 Mark 1924 A. Motivprobe, wie Nr. 27

3 Mark

500er Silber, 15.00 g, ∅ 30.00 mm, Schriftrand

35 [312] 3 Mark (S) 1924, 1925. Reichsadler. Rs. Wertangabe in Buchstaben. Randschrift »Einigkeit und Recht und Freiheit«:

	A	D	E	F	G	J
1924	65,–	80,–	80,–	70,–	90,–	70,–
1925		300,–				

Entwurf und Modell von Josef Wackerle.

Zahlreiche Verprägungen der Randschrift (»Unrecht«, »unecht« und dergleichen) vorkommend. Jahrgänge 1924 F und 1924 G auch ohne Randschrift bekannt.

35P 3 Mark (K) 1924 A. Materialprobe

WÄHRUNGSUMSTELLUNG 30. August 1924: 1 Rentenmark = 1 Reichsmark
NEUE WÄHRUNG: 100 Reichspfennig = 1 Reichsmark

1 Reichspfennig

Bronze, 2.00 g, ∅ 17.50 mm, Rand glatt

VZ

36 [313] 1 Reichspfennig (Bro) 1924, 1925, 1927–1936. Typ wie Nr. 29:

	A	D	E	F	G	J
1924	1,–	2,–	360,–	4,–	3,–	2,–
1925	1,–	35,–	5,–	4,–	3,–	2,–
1927	2,–	5,–	4,–	10,–	11,–	
1928	2,–	3,–		3,–	6,–	
1929	2,–	3,–	4,–	4,–	5,–	
1930	2,–	3,–	40,–	3,–	3,–	
1931	3,–	3,–	3,–	4,–	12,–	
1932	5,–					
1933	3,–		10,–	5,–		
1934	1,–	2,–	15,–	2,–	2,–	6,–
1935	1,–	1,–	3,–	4,–	4,–	2,–
1936	1,–	2,–	15,–	4,–	4,–	5,–

Außer Kurs seit 1. März 1942.

2 Reichspfennig

Bronze, 3.33 g, ∅ 20.00 mm, Rand glatt

37 [314] 2 Reichspfennig (Bro) 1924, 1925, 1936. Typ wie Nr. 29:

	A	D	E	F	G	J
1924	4,–	5,–	10,–	5,–	6,–	8,–
1925	3,–	6,–	5,–	5,–	18,–	
1936	10,–	5,–	40,–	5,–		

Außer Kurs seit 1. März 1942.

37F 2 Reichspfennig 1923 F (falsche Stempelkoppelung mit der Vorderseite von Nr. 30) PP –,–

4 Reichspfennig

Bronze, 5.00 g, ∅ 24.00 mm, Rand glatt

VZ

38 [315] 4 Reichspfennig (Bro) 1932. Reichsadler. Rs. Wertzahl:

	A	D	E	F	G	J
1932	15,–	18,–	30,–	25,–	35,–	25,–

Nr. 38 entsprang einer Idee des Reichskanzlers Heinrich Brüning zur Senkung des Preisniveaus um 20%.

Außer Kurs seit 1. Oktober 1933.

5 Reichspfennig

Aluminiumbronze, 2.50 g, ∅ 18.00 mm, Riffelrand

39 [316] 5 Reichspfennig (Al-Bro) 1924–1926, 1930, 1935, 1936. Typ wie Nr. 31:

	A	D	E	F	G	J
1924	3,–	5,–	10,–	15,–	10,–	10,–
1925	5,–	5,–	6,–	8,–	5,–	12,–
1926	8,–		50,–	45,–		
1930	10,–					
1935	3,–	3,–	5,–	8,–	10,–	9,–
1936	3,–	5,–	8,–	4,–	9,–	12,–

Kurswert 1/2 Pfennig ab 21. Juni 1948. Außer Kurs seit 1. September 1948.

39P 5 Reichspfennig (N) 1925 G. Materialprobe

10 Reichspfennig

Aluminiumbronze, 4.00 g, ∅ 21.00 mm, Riffelrand

VZ

40 [317] 10 Reichspfennig (Al-Bro) 1924–1926, 1928–1936. Typ wie Nr. 31:

	A	D	E	F	G	J
1924	5,–	8,–	7,–	35,–	15,–	15,–
1925	5,–	6,–	8,–	15,–	15,–	30,–
1926	10,–				30,–	
1928	15,–				200,–	
1929	5,–	8,–	14,–	12,–	15,–	12,–
1930	6,–	12,–	30,–	30,–	50,–	25,–
1931	9,–	90,–		50,–	600,–	
1932	9,–	13,–	25,–	32,–	1250,–	
1933	100,–				35,–	30,–
1934	10,–	25,–	80,–	80,–	100,–	
1935	5,–	7,–	8,–	5,–	6,–	6,–
1936	5,–	8,–	12,–	6,–	15,–	20,–

Spiegelglanz, 1925 E (61 Ex.) 300,–

Kurswert 1 Pfennig ab 21. Juni 1948. Außer Kurs seit 1. April 1949.

50 Reichspfennig

Aluminiumbronze, 5.00 g, ∅ 24.00 mm, Riffelrand

41 [318] 50 Reichspfennig (Al-Bro) 1924, 1925. Typ wie Nr. 31:

	A	D	E	F	G	J
1924	1600,–		4000,–	9000,–	30000,–	
1925			1600,–	20000,–		

Spiegelglanz, 1924 A (wenige Ex.) 3000,–
Spiegelglanz, 1924 E (wenige Ex.) 9000,–
Spiegelglanz, 1924 F (wenige Ex.) 15000,–
Spiegelglanz, 1924 G (wenige Ex.) –,–
Spiegelglanz, 1925 E (196 Ex.) 2500,–
Spiegelglanz, 1925 F (wenige Ex.) 30000,–

Außer Kurs seit 1. Dezember 1929.

41P1 50 Reichspfennig (Blei) 1924 D. Prägeprobe
41P2 50 Reichspfennig (N) 1924 G. Materialprobe
41P3 50 Reichspfennig (S) 1924 J. Materialprobe PP –,–
41P4 50 Reichspfennig (K-N) 1925 E. Materialprobe

50 Reichspfennig

Nickel, 3.50 g, ∅ 20.00 mm, Riffelrand

VZ

42 [324] 50 Reichspfennig (N) 1927–1933, 1935–1938. Reichsadler im Eichenkranz. Rs. Wertzahl auf Guilloche im Eichenkranz:

	A	D	E	F	G	J
1927	10,–	20,–	20,–	12,–	25,–	12,–
1928	5,–	8,–	8,–	8,–	10,–	10,–
1929	8,–	20,–		40,–		
1930	10,–	20,–	80,–	145,–	80,–	90,–
1931	10,–	20,–		25,–	600,–	200,–
1932			175,–		2000,–	
1933					200,–	230,–
1935	10,–	17,–	45,–	20,–	60,–	30,–
1936	10,–	50,–	55,–	60,–	45,–	130,–
1937	8,–	12,–		12,–		230,–
1938			35,–		35,–	30,–

Spiegelglanz, 1927 E –,–
Spiegelglanz, 1928 E –,–

Entwurf von Tobias Schwab.

Ausgegeben ab 15. Juli 1927. Außer Kurs seit 1. August 1940.

42P1 50 Reichspfennig (N) 1926 A. Motivprobe
42P2 50 Reichspfennig (K-N) 1926 E. Motivprobe
42P3 50 Reichspfennig (N) 1926 J. Motivprobe
42P4 50 Reichspfennig (K-N) 1927 F. Motivprobe

1 Reichsmark

500er Silber, 5.00 g, ∅ 22.60 mm, Arabeskenrand

43 [319] 1 Reichsmark (S) 1925–1927. Reichsadler. Rs. Wert im Eichenkranz:

	A	D	E	F	G	J
1925	25,–	35,–	40,–	35,–	45,–	40,–
1926	30,–	40,–	65,–	55,–	60,–	190,–
1927	600,–			125,–		120,–

Spiegelglanz, 1925 A (600 Ex.) 250,–
Spiegelglanz, 1925 E (102 Ex.) 360,–
Spiegelglanz, 1926 E (61 Ex.) 600,–
Spiegelglanz, 1926 G 130,–

Entwurf und Modell von Josef Wackerle (Adlerseite) und Emil Rudolf Weiß (Wertseite).

2 Reichsmark

500er Silber, 10.00 g, ∅ 26.00 mm, Riffelrand

VZ

44 [320] 2 Reichsmark (S) 1925–1927, 1931. Typ wie Nr. 43:

	A	D	E	F	G	J
1925	28,–	40,–	50,–	40,–	85,–	40,–
1926	25,–	30,–	40,–	40,–	45,–	40,–
1927	50,–	2500,–	800,–	300,–		180,–
1931		75,–	100,–	100,–	140,–	150,–

Spiegelglanz, 1925 A (600 Ex.) 240,–
Spiegelglanz, 1925 E (101 Ex.) 350,–
Spiegelglanz, 1926 G 160,–
Spiegelglanz, 1927 D 3500,–

3 Reichsmark

500er Silber, 15.00 g, ∅ 30.00 mm, Schriftrand

45 [349] 3 Reichsmark (S) 1931–1933. Typ wie Nr. 43, Randschrift »Einigkeit und Recht und Freiheit«:

	A	D	E	F	G	J
1931	400,–	400,–	400,–	400,–	500,–	450,–
1932	425,–	450,–		750,–	2000,–	450,–
1933					3500,–	

Nr. 45 als Versuchsprägung (1932 D) mit Randschrift »Fünf Reichs Mark« vorkommend.

5 Reichsmark
500er Silber, 25.00 g, ∅ 36.00 mm, Riffelrand

VZ

46 [331] 5 Reichsmark (S) 1927–1933. Reichsadler. Rs. Eiche mit drei verdorrten Ästen als Symbol für Deutschland und die im Versailler Vertrag abgetrennten Gebiete:

	A	D	E	F	G	J
1927	150,–	170,–	225,–	275,–	275,–	180,–
1928	120,–	180,–	200,–	160,–	200,–	180,–
1929	150,–	200,–	650,–	300,–	320,–	350,–
1930	190,–	650,–	2500,–	850,–	2000,–	800,–
1931	150,–	180,–	220,–	180,–	320,–	180,–
1932	140,–	160,–	190,–	180,–	200,–	200,–
1933						3600,–

Spiegelglanz, 1927 A 550,–
Spiegelglanz, 1927 E 1500,–
Spiegelglanz, 1928 E 1600,–
Spiegelglanz, 1932 D 1250,–

1000 JAHRE RHEINLANDE BEI DEUTSCHLAND (2)

47 [321] 3 Reichsmark (S) 1925. Ritter im Kettenhemd mit Adlerschild und zum Schwur erhobener Hand. Rs. wie Nr. 43. Randschrift »Einigkeit und Recht und Freiheit«:

		Gesamtprägezahl	**S**	**SS**	**VZ**	**ST**	Spiegelglanz	**PP**
1925	A	(3 052 156 Ex.)		25,–	40,–	80,–		200,–
	D	(1 122 520 Ex.)		25,–	40,–	80,–		
	E	(441 100 Ex.)		25,–	50,–	100,–	(229 Ex.)	250,–
	F	(172 875 Ex.)		30,–	60,–	120,–		200,–
	G	(299 664 Ex.)		25,–	50,–	100,–		
	J	(492 000 Ex.)		25,–	50,–	100,–		

48 [322] 5 Reichsmark (S) 1925. Typ wie Nr. 47:

	Gesamtprägezahl	S	SS	VZ	ST	Spiegelglanz	PP
1925 A	(683 733 Ex.)		80,–	120,–	200,–		300,–
D	(452 027 Ex.)		80,–	125,–	240,–		
E	(204 000 Ex.)		80,–	125,–	250,–	(226 Ex.)	400,–
F	(211 950 Ex.)		80,–	125,–	250,–		300,–
G	(89 204 Ex.)		90,–	150,–	300,–		
J	(43 400 Ex.)		250,–	380,–	600,–		

Entwurf und Modell von Renée Weiß Sintenis (Bildseite) und Emil Rudolf Weiß (Wertseite).

700 JAHRE REICHSSTADT LÜBECK

49 [323] 3 Reichsmark (S) 1926. Wertangabe. Rs. Stadtwappen. Randschrift »Einigkeit und Recht und Freiheit«:

1926 A	(200 000 Ex.)		100,–	150,–	240,–		400,–

Entwurf und Modell von Tobias Schwab.

100 JAHRE BREMERHAVEN (2)

50 [325] 3 Reichsmark (S) 1927. Adlerschild im Achtpass. Rs. Dreimastvollschiff beim Durchbrechen einer Sperrkette, unten Bremer Stadtwappen. Randschrift »Navigare necesse est« (Seefahrt ist notwendig):

	Gesamtprägezahl	S	SS	VZ	ST	Spiegelglanz	PP
1927 A	(150 000 Ex.)		100,–	160,–	250,–		450,–

51 [326] 5 Reichsmark (S) 1927. Typ wie Nr. 50:

	Gesamtprägezahl	S	SS	VZ	ST	Spiegelglanz	PP
1927 A	(50 000 Ex.)		350,–	500,–	750,–		1000,–

Entwurf und Modell von Maximilian Dasio.

1000 JAHRE REICHSSTADT NORDHAUSEN

52 [327] 3 Reichsmark (S) 1927. Wertzahl im Sechspass. Rs. Heinrich I. (876–936), deutscher König ab 919, und seine Gemahlin Mathilde, Urenkelin Widukinds, davor behelmter Adlerschild. Randschrift »Einigkeit und Recht und Freiheit«:

	Gesamtprägezahl	S	SS	VZ	ST	Spiegelglanz	PP
1927 A	(100 000 Ex.)		100,–	160,–	250,–		400,–

Entwurf und Modell von Maximilian Dasio.

450 JAHRE UNIVERSITÄT TÜBINGEN (2)

53 [328] 3 Reichsmark (S) 1927. Reichsadler. Rs. Eberhard im Bart (1445–1496), Graf, ab 1495 Herzog von Württemberg, Gründer der Universität Tübingen (1477). Randschrift »Einigkeit und Recht und Freiheit«:

	Gesamtprägezahl	S	SS	VZ	ST	Spiegelglanz	PP
1927 F	(50 000 Ex.)		250,–	400,–	550,–		600,–

54 [329] 5 Reichsmark (S) 1927. Typ wie Nr. 53:

	Gesamtprägezahl	S	SS	VZ	ST	Spiegelglanz	PP
1927 F	(40 000 Ex.)		300,–	450,–	650,–		900,–

Entwurf und Modell von Karl Schmidt.

400 JAHRE UNIVERSITÄT MARBURG

55 [330] 3 Reichsmark (S) 1927. Rs. Wappenbild von Philipp I. dem Großmütigen (1504–1567), Landgraf von Hessen, Gründer der Universität Marburg (1527). Randschrift »Einigkeit und Recht und Freiheit«:

1927 A	(130 000 Ex.)		100,–	140,–	200,–		400,–

Entwurf und Modell von Alfred Vocke.
Zum 400. Geburtstag Philipps des Großmütigen: Hessen-Darmstadt Nrn. 23–24.

400. TODESTAG VON ALBRECHT DÜRER

56 [332] 3 Reichsmark (S) 1928. Rs. Albrecht Dürer (1471–1528), Maler, Graphiker, Kunstschriftsteller, nach einer Medaille (1520) von Hans Schwarz. Randschrift »Ehrt eure deutschen Meister«:

1928 D	(50 000 Ex.)		300,–	450,–	600,–		

Entwurf und Modell von Wilhelm Nida Rümelin.
Zum 500. Geburtstag: Bundesrepublik Deutschland Nr. 128, Deutsche Demokratische Republik Nr. 35.

900 JAHRE STADT NAUMBURG AN DER SAALE

57 [333] 3 Reichsmark (S) 1928. Rs. Hermann I., Markgraf von Meißen, mit Naumburger Stadtwappen, nach der Statue am Westchor des Naumburger Domes. Randschrift »Einigkeit und Recht und Freiheit«:

	Gesamtprägezahl	S	SS	VZ	ST	Spiegelglanz	PP
1928 A	(100 000 Ex.)		120,–	180,–	250,–		

Entwurf und Modell von Wilhelm Nida Rümelin.

1000 JAHRE STADT DINKELSBÜHL

58 [334] 3 Reichsmark (S) 1928. Rs. Dinkelbauer mit Sichel und Garbe, aus zweitürmiger Stadtmauer mit Stadtwappen hervorwachsend. Randschrift »Einigkeit und Recht und Freiheit«:

	Gesamtprägezahl	S	SS	VZ	ST	Spiegelglanz	PP
1928 D	(40 000 Ex.)		400,–	600,–	850,–		1000,–

Entwurf und Modell von Karl Roth.

200. GEBURTSTAG VON GOTTHOLD EPHRAIM LESSING (2)

59 [335] 3 Reichsmark (S) 1929. Rs. Gotthold Ephraim Lessing (1729–1781), Dichter. Riffelrand (140 Kerben):

	Gesamtprägezahl	S	SS	VZ	ST	Spiegelglanz	PP
1929 A	(216 760 Ex.)		35,–	50,–	100,–		
D	(56 240 Ex.)		40,–	60,–	100,–		
E	(29 800 Ex.)		50,–	75,–	120,–		400,–
F	(40 120 Ex.)		50,–	75,–	120,–		300,–
G	(24 400 Ex.)		60,–	90,–	150,–		
J	(32 680 Ex.)		50,–	75,–	120,–	(800 Ex.)	400,–

60 [336] 5 Reichsmark (S) 1929. Typ wie Nr. 59. Riffelrand (192 Kerben):

1929 A	(86 704 Ex.)		80,–	120,–	200,–		
D	(22 496 Ex.)		90,–	150,–	250,–		–,–
E	(11 920 Ex.)		100,–	180,–	300,–		800,–
F	(16 048 Ex.)		100,–	180,–	300,–		600,–
G	(9 760 Ex.)		150,–	250,–	400,–		1000,–
J	(13 072 Ex.)		100,–	180,–	300,–		600,–

Entwurf und Modell von Rudolf Bosselt.
Zum 250. Geburtstag: Deutsche Demokratische Republik Nr. 74.
Zum 200. Todestag: Bundesrepublik Deutschland Nr. 153.

VEREINIGUNG VON WALDECK MIT PREUSSEN

61 [337] 3 Reichsmark (S) 1929. Rs. Preußischer Adler mit dem Wappenschild von Waldeck. Randschrift »Einigkeit und Recht und Freiheit«:

1929 A	(170 000 Ex.)		100,–	150,–	200,–		500,–

Entwurf und Modell von Franz Paul Krischker.

62 [338] 3 Reichsmark (S) 1929. Rs. Ritter mit den Wappenschilden der Markgrafen und der Burggrafen von Meißen vor Architekturelement, nach dem Meißener Stadtsiegel. Randschrift »Einigkeit und Recht und Freiheit«:

	Gesamtprägezahl	S	SS	VZ	ST	Spiegelglanz PP
1929 E	(200 000 Ex.)		30,–	50,–	90,–	300,–

63 [339] 5 Reichsmark (S) 1929. Typ wie Nr. 62. Riffelrand:

	Gesamtprägezahl	S	SS	VZ	ST	Spiegelglanz PP
1929 E	(120 000 Ex.)		300,–	450,–	650,–	1200,–

Entwurf und Modell von Friedrich Wilhelm Hörnlein.

10 JAHRE WEIMARER VERFASSUNG (2)

64 [340] 3 Reichsmark (S) 1929. Paul von Beneckendorff und von Hindenburg (1847–1934), Reichspräsident ab 1925. Rs. Schwurhand. Randschrift »Einigkeit und Recht und Freiheit«:

	Gesamtprägezahl	S	SS	VZ	ST	Spiegelglanz PP
1929 A	(1 420 561 Ex.)		25,–	40,–	70,–	300,–
D	(499 114 Ex.)		30,–	45,–	80,–	200,–
E	(112 155 Ex.)		35,–	60,–	100,–	250,–
F	(370 257 Ex.)		32,–	50,–	90,–	250,–
G	(255 590 Ex.)		32,–	50,–	90,–	250,–
J	(342 323 Ex.)		30,–	45,–	80,–	

65 [341] 5 Reichsmark (S) 1929. Typ wie Nr. 64. Riffelrand:

	Gesamtprägezahl	S	SS	VZ	ST	Spiegelglanz	PP
1929 A	(325 140 Ex.)		80,–	150,–	200,–		500,–
D	(84 360 Ex.)		100,–	160,–	240,–		
E	(44 700 Ex.)		120,–	180,–	300,–		500,–
F	(60 180 Ex.)		120,–	180,–	300,–		500,–
G	(36 600 Ex.)		120,–	180,–	300,–		
J	(49 020 Ex.)		120,–	180,–	300,–		

WELTRUNDFLUG 1929 DES LUFTSCHIFFES LZ 127 »GRAF ZEPPELIN« (2)

66 [342] 3 Reichsmark (S) 1930. Rs. Erdkugel, vom Luftschiff »Graf Zeppelin« in Richtung Osten überflogen. Randschrift »Einigkeit und Recht und Freiheit«:

	Gesamtprägezahl	S	SS	VZ	ST	Spiegelglanz	PP
1930 A	(541 900 Ex.)		50,–	80,–	130,–		
D	(140 600 Ex.)		60,–	90,–	150,–		
E	(74 500 Ex.)		80,–	120,–	180,–		400,–
F	(100 300 Ex.)		60,–	90,–	150,–		400,–
G	(61 000 Ex.)		80,–	120,–	180,–		500,–
J	(81 700 Ex.)		80,–	120,–	180,–		400,–

67 [343] 5 Reichsmark (S) 1930. Typ wie Nr. 66. Riffelrand:

		Gesamtprägezahl	S	SS	VZ	ST	Spiegelglanz	PP
1930	A	(216 760 Ex.)		100,–	160,–	250,–		500,–
	D	(56 240 Ex.)		120,–	200,–	320,–		
	E	(29 800 Ex.)		150,–	220,–	350,–		500,–
	F	(40 120 Ex.)		120,–	200,–	320,–		500,–
	G	(24 400 Ex.)		150,–	220,–	350,–		
	J	(32 680 Ex.)		120,–	220,–	350,–		

Entwurf und Modell von Franz Krischker.

700. TODESTAG VON WALTHER VON DER VOGELWEIDE

68 [344] 3 Reichsmark (S) 1930. Adlerschild im Dreipass. Rs. Walther von der Vogelweide (um 1170–1230), Minnesänger. Randschrift »Einigkeit und Recht und Freiheit«:

1930	A	(162 570 Ex.)		50,–	80,–	125,–		300,–
	D	(42 180 Ex.)		60,–	90,–	150,–		
	E	(22 350 Ex.)		80,–	120,–	200,–		350,–
	F	(30 090 Ex.)		70,–	100,–	160,–		300,–
	G	(18 300 Ex.)		80,–	120,–	180,–		350,–
	J	(24 510 Ex.)		70,–	100,–	160,–		300,–

Zum gleichen Anlass (mit gleicher Bildseite): Österreich Nr. 49.
Zum 750. Todestag: Bundesrepublik Deutschland Nr. 152.

ZUR RHEINLANDRÄUMUNG (2)

VZ

69 [345] 3 Reichsmark (S) 1930. Adlerschild im Dreipass. Rs. Adler auf Rheinbrücke (3 000 000 Ex.):

	A	D	E	F	G	J
1930	60,–	75,–	250,–	75,–	125,–	80,–

Spiegelglanz, 1930 J 150,–

70 [346] 5 Reichsmark (S) 1930. Typ wie Nr. 69 (600 000 Ex.):

	A	D	E	F	G	J
1930	200,–	200,–	250,–	200,–	250,–	240,–

Spiegelglanz, 1930 A 350,–

Entwurf und Modell von Theodor Caspar Pilartz.

300. JAHRESTAG DES STADTBRANDES VON MAGDEBURG

			SS	VZ	ST
71	[347]	3 Reichsmark (S) 1931 A. Adlerschild im Achtpass. Rs. Stadtansicht von Magdeburg vor dem Brand von 1631, von Stadtwappen überhöht (100 000 Ex.)	160,–	250,–	350,–

Spiegelglanz 500,–

Zum 1200. Jahrestag der Stadtgründung: Bundesrepublik Deutschland Nr. 239.

100. TODESTAG VON CARL REICHSFREIHERR VOM STEIN

72	[348]	3 Reichsmark (S) 1931 A. Reichsadler. Rs. Heinrich Friedrich Carl Reichsfreiherr vom und zum Stein (1757–1831), Staatsmann (150 000 Ex.)	100,–	160,–	250,–

Spiegelglanz 350,–

Zum 150. Todestag: Bundesrepublik Deutschland Nr. 154, Deutsche Demokratische Republik Nr. 82.

100. TODESTAG VON JOHANN WOLFGANG VON GOETHE (2)

VZ

73 [350] 3 Reichsmark (S) 1932. Rs. Johann Wolfgang von Goethe (1749–1832), Dichter. Randschrift »Allen Gewalten zum Trutz sich erhalten« (400 000 Ex.):

	A	D	E	F	G	J
1932	100,–	100,–	120,–	100,–	120,–	120,–

VZ

74 [351] 5 Reichsmark (S) 1932. Typ wie Nr. 73 (20 000 Ex.):

	A	D	E	F	G	J
1932	2500,–	3000,–	3500,–	3000,–	3500,–	3200,–

Spiegelglanz, 1932 A 3600,–
Spiegelglanz, 1932 F 4000,–

Zum 220. Geburtstag: Deutsche Demokratische Republik Nr. 27.
Zum 150. Todestag: Bundesrepublik Deutschland Nr. 156, Deutsche Demokratische Republik Nr. 83.
Zum 250. Geburtstag: Bundesrepublik Deutschland Nr. 197.

450. GEBURTSTAG VON MARTIN LUTHER (2)

75 [352] 2 Reichsmark (S) 1933. Reichsadler. Rs. Martin Luther (1483–1546), Reformator. Randschrift »Ein feste Burg ist unser Gott« (1 000 000 Ex.):

	A	D	E	F	G	J
1933	35,–	40,–	50,–	45,–	60,–	50,–

75F 2 Reichsmark Luther 1934 (falsche Stempelkoppelung mit der Adlerseite von Nr. 81) (wenige Ex.) VZ 2000,–

76 [353] 5 Reichsmark (S) 1933. Typ wie Nr. 75 (202 000 Ex.):

	A	D	E	F	G	J
1933	150,–	180,–	200,–	180,–	250,–	200,–

				SS	VZ	ST
77	[358]	2	Reichsmark (S) 1934 F. Reichsadler. Rs. Friedrich von Schiller (1759–1805), Dichter. Randschrift in Fraktur »Ans Vaterland, ans teure schließ dich an« (300 000 Ex.) Spiegelglanz 300,–	50,–	80,–	120,–

				SS	VZ	ST
78	[359]	5	Reichsmark (S) 1934 F. Typ wie Nr. 77 (100 000 Ex.) Spiegelglanz 450,–	180,–	260,–	400,–
78P		5	Reichsmark (S) 1934 A. Motivprobe mit abweichendem Stil der Inschrift			

Weitere Münzausgaben auf Friedrich von Schiller: Deutsche Demokratische Republik Nr. 39.
Zum 150. Todestag: Bundesrepublik Deutschland Nr. 112.
Zum 200. Todestag: Bundesrepublik Deutschland Nr. 237.

79P1 5 Reichspfennig (Al-Bro) 1935 A. Motivprobe, wie Nr. 79, Inschrift »Probe«
79P2 10 Reichspfennig (Al-Bro) 1935 A. Motivprobe, wie Nr. 79, Inschrift »Probe«

VZ

79 [368] 50 Reichspfennig (Al) 1935. Reichsadler. Rs. Wertangabe:

	A	D	E	F	G	J
1935	12,–	15,–	25,–	20,–	25,–	22,–

Ausgegeben ab 11. Dezember 1939. Kurswert 5 Pfennig ab 21. Juni 1948. Außer Kurs seit 1. April 1949.

79P3 50 Reichspfennig (Al) 1935 A. Motivprobe
79P4 50 Reichspfennig (E, K-N plattiert) 1946 D. Materialprobe
79P5 50 Reichspfennig (Al) 1947 J ST 3000,–
79P6 50 Reichspfennig (K-N) 1947 J. Materialprobe

VZ

80 [354] 1 Reichsmark (N) 1933–1939. Reichsadler, Umschrift »Gemeinnutz vor Eigennutz«. Rs. Wert im Eichenkranz:

	A	B	D	E	F	G	J
1933	15,–		16,–	17,–	25,–	30,–	–,–
1934	8,–		10,–	12,–	10,–	12,–	10,–
1935	10,–						50,–
1936	12,–		22,–	40,–	60,–	180,–	35,–
1937	10,–		15,–	30,–	40,–	40,–	40,–
1938	25,–			65,–	55,–	125,–	115,–
1939	30,–	250,–	60,–	90,–	70,–	300,–	100,–

Ausgegeben ab 28. Oktober 1933. Außer Kurs seit 1. März 1940.

1. JAHRESTAG DER ERÖFFNUNG DES REICHSTAGES IN DER GARNISONKIRCHE ZU POTSDAM (2)

81 [355] 2 Reichsmark (S) 1934. Reichsadler. Rs. Garnisonkirche zu Potsdam (1735) nach Plänen von Philipp Gerlach mit der Grablege der preußischen Könige Friedrich Wilhelm I. und Friedrich II., Datumsangabe »21. März 1933«. Randschrift in Fraktur »Gemeinnutz geht vor Eigennutz« (5 000 000 Ex.):

	A	D	E	F	G	J
1934	30,–	35,–	40,–	35,–	45,–	35,–

82 [356] 5 Reichsmark (S) 1934. Typ wie Nr. 81 (4 000 000 Ex.):

	A	D	E	F	G	J
1934	40,–	50,–	60,–	55,–	70,–	55,–

VZ

83 [357] 5 Reichsmark (S) 1934, 1935. Rs. Garnisonkirche zu Potsdam, ohne Datumsangabe (200 000 000 Ex.):

	A	D	E	F	G	J
1934	20,–	22,–	25,–	22,–	25,–	22,–
1935	20,–	25,–	25,–	25,–	25,–	35,–

84 [360] 5 Reichsmark (S) 1935, 1936. Reichsadler. Rs. Paul von Beneckendorff und von Hindenburg:

	A	D	E	F	G	J
1935	18,–	18,–	18,–	18,–	20,–	20,–
1936	18,–	18,–	18,–	18,–	22,–	20,–

Spiegelglanz, 1935 A 200,–

85 [361] 1 Reichspfennig (Bro) 1936–1940. Reichsadler mit Hakenkreuz (Staatswappen vom 7. März 1936). Rs. Wertangabe:

	A	B	D	E	F	G	J
1936	20,–			140,–	150,–	85,–	85,–
1937	4,–		3,–	6,–	3,–	10,–	4,–
1938	3,–	15,–	3,–	4,–	3,–	4,–	4,–
1939	2,–	4,–	5,–	5,–	3,–	3,–	4,–
1940	2,–				5,–	25,–	10,–

Ausgegeben ab 8. Dezember 1936. Außer Kurs seit 1. März 1942.

VZ

86 [362] 2 Reichspfennig (Bro) 1936–1940. Typ wie Nr. 85:

	A	B	D	E	F	G	J
1936	15,–		15,–		45,–		
1937	3,–		5,–	65,–	3,–	25,–	15,–
1938	3,–	25,–	3,–	5,–	3,–	3,–	4,–
1939	2,–	5,–	3,–	10,–	3,–	3,–	3,–
1940	3,–		15,–	25,–		150,–	20,–

Ausgegeben ab 8. Dezember 1936. Außer Kurs seit 1. März 1942.

87 [363] 5 Reichspfennig (Al-Bro) 1936–1939. Typ wie Nr. 85:

	A	B	D	E	F	G	J
1936	125,–		160,–			200,–	
1937	5,–		10,–	12,–	12,–	16,–	12,–
1938	3,–	15,–	3,–	6,–	3,–	8,–	3,–
1939	3,–	6,–	4,–	5,–	5,–	12,–	10,–

Ausgegeben ab 8. Dezember 1936. Kurswert ½ Pfennig ab 21. Juni 1948. Außer Kurs seit 1. September 1948.

87P 5 Reichspfennig (Zink) 1939 A. Materialprobe

88 [364] 10 Reichspfennig (Al-Bro) 1936–1939. Typ wie Nr. 85:

	A	B	D	E	F	G	J
1936	90,–			250,–		475,–	
1937	8,–		6,–	25,–	15,–	25,–	10,–
1938	3,–	12,–	5,–	5,–	5,–	6,–	5,–
1939	3,–	8,–	5,–	10,–	6,–	20,–	8,–

Ausgegeben ab 8. Dezember 1936. Kurswert 1 Pfennig ab 21. Juni 1948. Außer Kurs seit 1. April 1949.

VZ

89 [365] 50 Reichspfennig (N) 1938, 1939. Reichsadler mit Hakenkreuz im Eichenkranz. Rs. Wertzahl im Eichenkranz:

	A	B	D	E	F	G	J
1938	70,–	80,–	75,–	80,–	70,–	130,–	160,–
1939	55,–	90,–	70,–	75,–	65,–	115,–	75,–

Ausgegeben ab 21. März 1938. Außer Kurs seit 1. August 1940.

Probeprägung zu 50 Reichspfennig 1937 A vorkommend.

90 [366] 2 Reichsmark (S) 1936–1939. Reichsadler mit Hakenkreuz (Staatswappen vom 7. März 1936). Rs. Paul von Beneckendorff und von Hindenburg:

	A	B	D	E	F	G	J
1936			25,–	70,–		40,–	160,–
1937	8,–		8,–	10,–	8,–	18,–	8,–
1938	8,–	10,–	8,–	9,–	12,–	8,–	8,–
1939	8,–	9,–	8,–	80,–	10,–	10,–	9,–

91 [367] 5 Reichsmark (S) 1936–1939. Typ wie Nr. 90:

	A	B	D	E	F	G	J
1936	18,–		18,–	25,–	18,–	30,–	35,–
1937	18,–		18,–	20,–	25,–	18,–	20,–
1938	18,–		18,–	20,–	18,–	20,–	18,–
1939	18,–	25,–	20,–	50,–	40,–	45,–	25,–

VZ

92 [369] 1 Reichspfennig (Zink) 1940–1945. Reichsadler mit Hakenkreuz. Rs. Wertangabe:

	A	B	D	E	F	G	J
1940	3,–	6,–	5,–	10,–	4,–	5,–	5,–
1941	1,–	4,–	2,–	3,–	2,–	4,–	2,–
1942	2,–	4,–	3,–	5,–	3,–	5,–	5,–
1943	2,–	4,–	2,–	15,–	3,–	10,–	4,–
1944	3,–	12,–	5,–	8,–	10,–	3,–	
1945	15,–			160,–			

Ausgegeben ab 30. März 1940. Kurswert $1/10$ Pfennig ab 21. Juni 1948. Außer Kurs seit 1. September 1948 (Deutschland), 1. März 2002 (Österreich).

93 [370] 5 Reichspfennig (Zink) 1940–1944. Typ wie Nr. 92:

	A	B	D	E	F	G	J
1940	3,–	4,–	4,–	10,–	6,–	8,–	5,–
1941	2,–	3,–	3,–	3,–	6,–	3,–	3,–
1942	2,–	12,–	5,–	32,–	6,–	12,–	
1943	5,–	130,–	10,–	20,–	8,–	10,–	
1944	50,–		6,–	14,–	8,–	450,–	

Ausgegeben ab 30. März 1940. Kurswert $1/2$ Pfennig ab 21. Juni 1948. Außer Kurs seit 1. September 1948.

94 [371] 10 Reichspfennig (Zink) 1940–1945. Typ wie Nr. 92:

	A	B	D	E	F	G	J
1940	3,–	6,–	5,–	6,–	15,–	15,–	8,–
1941	3,–	10,–	5,–	3,–	6,–	15,–	6,–
1942	3,–	20,–	6,–	12,–	8,–	12,–	8,–
1943	3,–	30,–	8,–	30,–	6,–	35,–	110,–
1944	3,–	6,–	8,–	8,–	10,–	15,–	
1945	35,–			100,–			

Ausgegeben ab 30. März 1940. Kurswert 1 Pfennig ab 21. Juni 1948. Außer Kurs seit 1. April 1949.

94P1 10 Reichspfennig (Al) 1940 A. Materialprobe
94P2 10 Reichspfennig (E, Me plattiert) 1941 A. Materialprobe
94P3 10 Reichspfennig (C) 1944 G. Materialprobe

VZ

95 [372] 50 Reichspfennig (Al) 1939–1944. Typ wie Nr. 92, Riffelrand:

	A	B	D	E	F	G	J
1939	20,–	25,–	40,–	30,–	25,–	90,–	50,–
1940	15,–	25,–	35,–	40,–	20,–	55,–	35,–
1941	20,–	30,–	30,–	35,–	20,–	50,–	40,–
1942	15,–	40,–	35,–	40,–	30,–	80,–	
1943	10,–	15,–	18,–			60,–	30,–
1944		30,–	60,–		30,–	225,–	

Ausgegeben ab 11. Dezember 1939. Kurswert 5 Pfennig ab 21. Juni 1948. Außer Kurs seit 1. April 1949.

95P 50 Reichspfennig (Zink) 1939 A. Motivprobe, Rand glatt, 3.5 g

Alliierte Militärregierung

S **SS** **VZ**

96P1 [373a] 1 Reichspfennig (Zink) 1944 D. Motivprobe, Kranz und Hakenkreuz im Urstempel getilgt, Adler mit je drei Krallen, nach unten spitz zulaufende Beinfedern im Prägestempel ergänzt (wenige Ex.) *(geprägt 1945)* –,–

Die Abbildung zeigt die Details der Nr. 96P1. Vorsicht vor manipulierten Exemplaren der Nr. 92 von 1940 A und 1944 D (Hakenkreuz und Kranz durch Abschleifen entfernt, dadurch kreisrunde Freifläche, Adler mit nur noch je zwei Krallen). Jahrgang 1945 D ist nur als Phantasieprägung aus späterer Zeit von neugeschnittenen Stempeln bekannt.

				S	SS	VZ
96	[373b]	1	Reichspfennig (Zink) 1945, 1946. Reichsadler. Rs. Wertangabe:			
			1945 F (2 983 730 Ex.)	18,–	35,–	80,–
			1946 F (1 633 061 Ex.)	40,–	80,–	160,–
			1946 G (1 500 000 Ex.)	60,–	100,–	250,–

Kurswert 1/10 Pfennig ab 21. Juni 1948. Außer Kurs seit 1. September 1948 (Deutschland), 1. März 2002 (Österreich).

96P2 1 Reichspfennig (Al) 1946 D. Materialprobe ST 800,–

				S	SS	VZ
97	[374]	5	Reichspfennig (Zink) 1945, 1947, 1948. Typ wie Nr. 96:			
			1945 D			–,–
			1947 A	8,–	20,–	60,–
			1947 D (16 528 400 Ex.)	6,–	12,–	35,–
			1948 A	10,–	30,–	65,–
			1948 E (7 666 000 Ex.)	200,–	400,–	750,–

Kurswert 1/2 Pfennig ab 21. Juni 1948. Außer Kurs seit 1. September 1948.
Vorsicht vor manipulierten Exemplaren der Nr. 97 von 1945 D.

97P1 5 Reichspfennig (Al) 1947 D. Materialprobe ST 500,–
97P2 5 Reichspfennig (E, Me plattiert) 1947 D. Materialprobe ST 500,–
97P3 5 Reichspfennig (E, K-N plattiert) 1947 D. Materialprobe ST 500,–
97P4 5 Reichspfennig (Zink) 1947 J. Motivprobe, Adler mit leerem Kranz ST 1500,–
97P5 5 Reichspfennig (Zink) 1947 [J]. Motivprobe, Adlerseite von Nr. 97P4, Wertseite von Nr. 39) –,–
97P6 5 Reichspfennig (Bro) 1947. Moitvprobe, wie Nr. 97P5. Ø 19 mm, 2.75 g –,–
97P7 5 Reichspfennig (C) 1948 A. Materialprobe –,–

				S	SS	VZ
98	[375]	10	Reichspfennig (Zink) 1945–1948. Typ wie Nr. 96:			
			1945 F (5 942 000 Ex.)	5,–	12,–	30,–
			1946 F (3 738 014 Ex.)	25,–	40,–	60,–
			1946 G (1 600 002 Ex.)	60,–	100,–	240,–
			1947 A	10,–	18,–	30,–
			1947 E (2 611 800 Ex.)	200,–	420,–	700,–
			1947 F (20 847 993 Ex.)	5,–	12,–	25,–
			1948 A	8,–	12,–	25,–
			1948 F *oben enthalten*	6,–	10,–	20,–

Kurswert 1 Pfennig ab 21. Juni 1948. Außer Kurs seit 1. April 1949.

98P1 10 Reichspfennig (E, Me plattiert) 1946 D. Materialprobe ST 2000,–
98P2 10 Reichspfennig (Bro) 1946 G. Materialprobe –,–
98P3 10 Reichspfennig (Me) 1946 G. Materialprobe –,–
98P4 10 Reichspfennig (Zink) 1947 A mit »slawischem Querstrich« (Balken in der 7 der Jahreszahl) ST 8500,–
98P5 10 Reichspfennig (Al) 1947 A. Materialprobe, Duraluminium –,–
98P6 10 Reichspfennig (Al) 1947 D. Materialprobe ST 750,–
98P7 10 Reichspfennig (E, K-N plattiert) 1947 D. Materialprobe 750,–
98P8 10 Reichspfennig (Zink) 1947 J. Motivprobe, Adler mit leerem Kranz ST 1750,–
98P9 10 Reichspfennig (Bro) 1948 F. Materialprobe –,–

Nr. 98 von 1945 F, 1946 F, 1947 F, 1948 F als einseitige Gefälligkeitsprägungen auf übergroßen runden oder eckigen Schrötlingen in edlen und unedlen Metallen vorkommend.

Probeprägungen zu 50 Reichspfennig 1946 D und 1947 J siehe Nrn. 79P4–79P6.

Vereinigtes Wirtschaftsgebiet

Ausgaben der Bank deutscher Länder

WÄHRUNGSREFORM 20. Juni 1948: 10 Reichsmark = 1 Deutsche Mark
NEUE WÄHRUNG: 100 Pfennig = 1 Deutsche Mark

					SS	VZ	ST	PP
99	[376]	1	Pfennig (E, K plattiert) 1948, 1949. Eichensetzling, Umschrift »Bank deutscher Länder«. Rs. Wertangabe zwischen Ähren:					
			1948 D	(46 325 000 Ex.)	4,–	20,–	75,–	130,–
			1948 F	(68 202 926 Ex.)	3,–	18,–	60,–	125,–
			1948 G	(45 603 980 Ex.)	4,–	25,–	100,–	–,–
			1948 J	(79 303 828 Ex.)	4,–	20,–	80,–	150,–
			1949 D	(99 862 985 Ex.)	1,–	15,–	50,–	130,–
			1949 F	(129 935 333 Ex.)	1,–	8,–	20,–	125,–
			1949 G	(70 954 463 Ex.)	2,–	18,–	70,–	–,–
			1949 J	(101 931 670 Ex.)	1,–	15,–	40,–	130,–

Entwurf und Modell von Adolf Jäger.

Ausgegeben ab 24. Januar 1949. Außer Kurs seit 1. Januar 2002. Einlösbar ohne zeitliche Beschränkung.

100	[377]	5	Pfennig (E, Me plattiert) 1949. Typ wie Nr. 99:					
			1949 D	(60 025 869 Ex.)	1,–	18,–	75,–	150,–
			1949 F	(66 081 822 Ex.)	1,–	16,–	65,–	130,–
			1949 G	(57 356 202 Ex.)	1,–	20,–	85,–	–,–
			1949 J	(68 977 314 Ex.)	1,–	18,–	80,–	130,–

Ausgegeben ab 2. Januar 1950. Außer Kurs seit 1. Januar 2002. Einlösbar ohne zeitliche Beschränkung.

101 [378] 10 Pfennig (E, Me plattiert) 1949. Typ wie Nr. 99:

		SS	VZ	ST	PP
1949 D	(140 558 435 Ex.)	1,–	18,–	70,–	200,–
1949 F	(120 932 370 Ex.)	1,–	18,–	70,–	150,–
1949 G	(82 932 721 Ex.)	1,–	20,–	80,–	–,–
1949 J	(154 095 474 Ex.)	1,–	18,–	70,–	150,–

Ausgegeben ab 21. Mai 1949. Außer Kurs seit 1. Januar 2002.
Einlösbar ohne zeitliche Beschränkung.

101P1 10 Pfennig (Magnesium) 1949 F. Materialprobe –,–
101P2 10 Pfennig (C) 1949 F. Materialprobe –,–
101P3 10 Pfennig (Zink) 1949 F. Materialprobe –,–

102 [379] 50 Pfennig (K-N) 1949, 1950. Kulturfrau beim Pflanzen eines Eichensetzlings als Symbol für den Wiederaufbau. Rs. Wertangabe, Umschrift »Bank deutscher Länder«:

		SS	VZ	ST	PP
1949 D	(39 108 317 Ex.)	2,–	8,–	60,–	350,–
1949 F	(45 118 227 Ex.)	2,–	10,–	75,–	300,–
1949 G	(25 923 787 Ex.)	2,–	15,–	90,–	1500,–
1949 J	(42 323 138 Ex.)	2,–	10,–	75,–	200,–
1950 G	(30 000 Ex.)	250,–	400,–	750,–	3000,–

Entwurf und Modell von Richard Martin Werner.

Ausgegeben ab 14. Februar 1950. Außer Kurs seit 1. Januar 2002.
Einlösbar ohne zeitliche Beschränkung.

In ähnlicher Zeichnung: Nr. 107.

Nr. 102 mit vermeintlich fehlender Jahreszahl beruht auf Stempelverschmutzung.

Vorsicht vor Fälschungen des Jahrgangs 1950 G (umgeschnittene Jahreszahl oder Bildseite von Nr. 107 mit Wertseite von Nr. 102 zusammengesetzt, an der Randnaht zu erkennen)!

Nrn. 99–102 von 1949 F kommen als einseitige Gefälligkeitsprägungen auf übergroßen runden oder eckigen Schrötlingen in edlen und unedlen Metallen vor.

Bundesrepublik Deutschland

Fläche: 357 022 km²; 82 792 000 Einwohner (2018).
Die Bundesrepublik Deutschland wurde durch die Verkündung des Grundgesetzes am 23. Mai 1949 mit Wirkung vom folgenden Tag gegründet. Sie ist aus der am 1. Januar 1947 von der amerikanischen und britischen Besatzungsmacht gebildeten Bizone hervorgegangen, die im Verlaufe der Monate Mai bis August 1947 zu einem Vereinigten Wirtschaftsgebiet erweitert worden war, und umfasste zunächst die Bundesländer Baden-Württemberg (bis 1951 Baden, Württemberg-Baden und Württemberg-Hohenzollern), Bayern, Bremen, Hamburg, Hessen, Niedersachsen, Nordrhein-Westfalen, Rheinland-Pfalz und Schleswig-Holstein sowie Berlin (West). Das Saarland trat der Bundesrepublik am 1. Januar 1957 bei. Am 1. Juli 1990 ist die Deutsche Mark (DM) auch auf dem Gebiet der Deutschen Demokratischen Republik als alleiniges gesetzliches Zahlungsmittel eingeführt worden. Seit 3. Oktober 1990 gehören auch Brandenburg, Mecklenburg-Vorpommern, Sachsen-Anhalt, Sachsen und Thüringen als Bundesländer zum Geltungsbereich des Grundgesetzes und sind somit Bestandteil der Bundesrepublik Deutschland. Hauptstadt: Bonn, 1990 nach Berlin verlegt. Regierungssitz bis 1999: Bonn.

Prägeschlüssel

Die in den Prägetabellen der bundesdeutschen Umlaufmünzen angegebenen Gesamtprägezahlen pro Jahrgang verteilen sich grundsätzlich wie folgt auf die einzelnen Münzstätten:

		1950–1990	seit 1991
A	Berlin		20%
D	München	26%	21%
F	Stuttgart	30%	24%
G	Karlsruhe	17.3%	14%
J	Hamburg	26.7%	21%

Nennenswerte Abweichungen von dieser Regel sind jeweils unmittelbar nach den Prägetabellen vermerkt.

Die Münzen zu 1, 2, 5, 10, 50 Pfennig, 1, 2, 5 Deutsche Mark der Jahrgänge 1997–2001 wurden nur für die Münzsätze in Stempelglanz und Spiegelglanz hergestellt. In den nachstehenden Prägetabellen sind die Stücke für die Stempelglanzsätze enthalten, nicht jedoch die Spiegelglanzausführungen seit 1964 (Auflagezahlen und Bewertungen aller Münzsätze siehe ab Seite 344).

Auch nach der Einführung des Euro Bargeldes bleibt der Nennwert der auf Deutsche Mark und Pfennig lautenden Münzen (mit Ausnahme von Nr. 109) garantiert. Bei allen Filialen der Deutschen Bundesbank können diese Stücke ohne zeitliche Beschränkung in Euro umgetauscht werden.

Alte und neue Prägewerkzeuge

Im Jahre 1971 wurden als Ersatz für die bisherigen (zum Teil inzwischen abgenutzten) Urstempel der Kursmünzen neue Prägewerkzeuge mit abweichendem Prägebild und flacherem Relief angefertigt, das längere Standzeiten und höhere Prägegeschwindigkeiten ermöglicht. Dabei wurden alte (**A**) und neue (**N**) Werkzeuge einige Jahre lang nebeneinander verwendet (teilweise auch schon für Restaufträge mit Jahreszahl 1970). Die daraus resultierenden Stempelkombinationen, nachfolgend bezeichnet in der Reihenfolge Vorderseite/Rückseite/Rändelung, werden in den Prägetabellen bewertet.

1, 2, 5, 10 Pfennig — Vorderseite | Rückseite

50 Pfennig — Wertseite

Die neuen Werkzeuge sind von 1 Pfennig bis 1 Mark erkennbar an dem abgesetzten Schaft des Buchstabens K der Inschrift sowie bei den Pfennignominalen an den dünnen Körnern der Ähren. Die Wertseitenvariante $\mathbf{N_2}$ (nur bei 5 Pfennig ab 1975) zeigt ein verkleinertes Prägebild mit größerem Abstand zum Rand.

1 Mark — Vorderseite | Rändeleisen | Rückseite

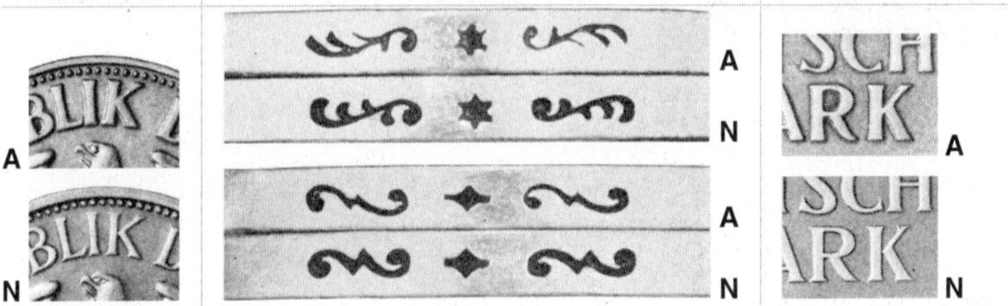

2 Mark — Rändeleisen

5 Mark — Vorderseite | Rändeleisen

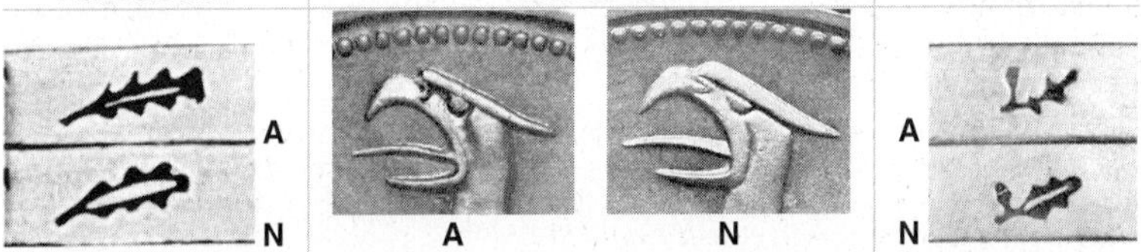

ST

103 [380] 1 Pfennig (E, K plattiert) 1950, 1966–2001. Eichensetzling, Umschrift »Bundesrepublik Deutschland«. Rs. Wertangabe zwischen Ähren:

		A	D	F	G	J
1950	3 402 000 000		6,–	6,–	6,–	6,–
1966	250 000 000		8,–	8,–	8,–	8,–
1967	150 000 000		12,–	12,–	20,–	12,–
1968	99 999 000		12,–	12,–	15,–	18,–
1969	310 000 000		4,–	4,–	4,–	4,–
1970	371 000 000		AA 2,– AN 4,–	AA 2,–	AA 2,–	AA 2,– AN 5,–
1971	472 500 000		NN 2,–	NA 2,–	NN 2,–	NA 2,– NN 2,–
1972	350 000 000		NN 2,–	NA 2,–	NN 2,–	NN 2,–
1973	150 000 000		NN 2,–	NA 10,– NN 2,–	NN 2,–	NA 2,– NN 2,–
1974	350 000 000		1,–	1,–	1,–	1,–
1975	350 000 000		1,–	1,–	1,–	1,–
1976	500 000 000		1,–	1,–	1,–	1,–
1977	550 000 000		1,–	1,–	1,–	1,–
1978	600 000 000		1,–	1,–	1,–	1,–
1979	600 000 000		1,–	1,–	1,–	1,–
1980	600 000 000		1,–	1,–	1,–	1,–
1981	650 000 000		1,–	1,–	1,–	1,–
1982	637 500 000		1,–	1,–	1,–	1,–
1983	650 000 000		1,–	1,–	1,–	1,–
1984	650 000 000		1,–	1,–	1,–	1,–
1985	540 000 000		–,50	–,50	–,50	–,50
1986	500 000 000		–,50	–,50	–,50	–,50
1987	400 000 000		–,50	–,50	–,50	–,50
1988	400 000 000		–,50	–,50	–,50	–,50
1989	400 000 000		–,50	–,50	–,50	–,50
1990	650 180 000		–,50	–,50	–,50	–,50
1991	1 300 000 000	–,50	–,50	–,50	–,50	–,50
1992	200 000 000	–,50	–,50	–,50	–,50	–,50
1993	200 000 000	–,50	–,50	–,50	–,50	–,50
1994	500 000 000	–,50	–,50	–,50	–,50	–,50
1995	500 000 000	–,50	–,50	–,50	–,50	–,50
1996	400 000 000	–,50	–,50	–,50	–,50	–,50
1997	* 350 000	2,–	2,–	2,–	2,–	2,–
1998	* 350 000	2,–	2,–	2,–	2,–	2,–
1999	* 350 000	2,–	2,–	2,–	2,–	2,–
2000	* 385 000	3,–	3,–	3,–	3,–	3,–
2001	* 696 250	3,–	3,–	3,–	3,–	3,–

Die in den Tabellen angegebenen Bewertungen gelten für Stücke in prägefrischer (**ST**) Qualität. Für zirkulierte Münzen sind deutlich niedrigere Preise anzusetzen (Beschreibung der Erhaltungsgrade siehe Seite 9).

* Abweichungen vom Prägeschlüssel:
1997–1999 A, D, F, G, J (je 70 000)
2000 A, D, F, G, J (je 77 000)
2001 A, D, F, J (je 135 808), G (153 018)

In der vorstehenden Tabelle sind die Spiegelglanzprägungen ab 1964 nicht enthalten (siehe Aufstellung der Münzsätze auf Seite 344).
Spiegelglanz, 1950 F (620 Ex.) 85,–

Ausgegeben ab 6. Mai 1950. Außer Kurs seit 1. Januar 2002.
Einlösbar ohne zeitliche Beschränkung.

103P1 1 Pfennig (Al) 1950 F. Materialprobe
103P2 1 Pfennig (S) 1950 F. Materialprobe (Gefälligkeitsprägung), 2.8 g ST 1250,–
Von privater Seite vergoldete Glückspfennige besitzen keinen numismatischen Wert.

Beschreibung der alten (**A**) und neuen (**N**) Prägewerkzeuge von Vorderseite/Rückseite siehe Seite 173.

ST

104 [381] 2 Pfennig (Bro) 1950, 1958–1968.
a (E, K plattiert) 1968–2001. Typ wie Nr. 103:

		A	D	F	G	J
1950	100 907 000		25,–	25,–	90,–	25,–
1958	73 572 000		20,–	18,–	30,–	20,–
1959	95 196 000		12,–	12,–	20,–	12,–
1960	51 916 000		12,–	11,–	30,–	12,–
1961	74 475 000		12,–	11,–	11,–	11,–
1962	119 331 000		12,–	11,–	11,–	11,–
1963	111 631 000		10,–	11,–	10,–	12,–
1964	107 500 000		10,–	10,–	10,–	10,–
1965	100 600 000		8,–	8,–	10,–	8,–
1966	175 050 000		8,–	8,–	8,–	8,–
1967	100 000 000		12,–	8,–	12,–	8,–
1968	75 000 000	Bronze Stahlkern	10,– 8,–	8,–	10,– 8,–	8,–
1969	156 000 000		3,–	3,–	3,–	3,–
1970	196 000 000	{	AA 2,– AN 40,–	AA 2,– AN 45,–	AA 2,–	AA 2,–
1971	275 000 000	{	NA 1,– NN 1,–	NA 1,– NN 1,–	NN 1,–	NA 1,– NN 6,–
1972	200 000 000	{	NN –,50	AN –,50	NN –,50	NA 6,– NN –,50
1973	100 000 000	{	NN –,50	NN –,50	NA(nur PP) NN –,50	NN –,50
1974	225 000 000		–,50	–,50	–,50	–,50
1975	225 400 000		–,50	–,50	–,50	–,50
1976	300 000 000		–,50	–,50	–,50	–,50
1977	325 000 000		–,50	–,50	–,50	–,50
1978	325 000 000		–,50	–,50	–,50	–,50
1979	350 000 000		–,50	–,50	–,50	–,50
1980	250 000 000		–,50	–,50	–,50	–,50
1981	275 000 000		–,50	–,50	–,50	–,50
1982	297 500 000		–,50	–,50	–,50	–,50
1983	275 000 000		–,50	–,50	–,50	–,50
1984	225 000 000		–,50	–,50	–,50	–,50
1985	75 000 000		6,–	6,–	6,–	6,–

ST

		A	D	F	G	J
1986	150 000 000		–,50	–,50	–,50	–,50
1987	25 000 000		8,–	8,–	8,–	8,–
1988	200 000 000		–,50	–,50	–,50	–,50
1989	200 000 000		–,50	–,50	–,50	–,50
1990	275 180 000		–,50	–,50	–,50	–,50
1991	575 000 000	–,50	–,50	–,50	–,50	–,50
1992	300 000 000	–,50	–,50	–,50	–,50	–,50
1993	50 000 000	5,–	5,–	5,–	5,–	5,–
1994	275 000 000	–,50	–,50	–,50	–,50	–,50
1995	500 000 000	–,50	–,50	–,50	–,50	–,50
1996	200 000 000	–,50	–,50	–,50	–,50	–,50
1997	* 350 000	2,–	2,–	2,–	2,–	2,–
1998	* 350 000	2,–	2,–	2,–	2,–	2,–
1999	* 350 000	2,–	2,–	2,–	2,–	2,–
2000	* 385 000	3,–	3,–	3,–	3,–	3,–
2001	* 696 250	3,–	3,–	3,–	3,–	3,–

Die in den Tabellen angegebenen Bewertungen gelten für Stücke in prägefrischer (**ST**) Qualität. Für zirkulierte Münzen sind deutlich niedrigere Preise anzusetzen (Beschreibung der Erhaltungsgrade siehe Seite 9).

* Abweichungen vom Prägeschlüssel:
1997–1999 A, D, F, G, J (je 70 000)
2000 A, D, F, G, J (je 77 000)
2001 A, D, F, J (je 135 808), G (153 018)

In der vorstehenden Tabelle sind die Spiegelglanzprägungen ab 1964 nicht enthalten (siehe Aufstellung der Münzsätze auf Seite 344).
Spiegelglanz, 1950 F (200 Ex.) 120,–
Spiegelglanz, 1958 D 100,–
Spiegelglanz, 1958 F (100 Ex.) 120,–
Spiegelglanz, 1959 F (75 Ex.) 120,–
Spiegelglanz, 1959 J 100,–
Spiegelglanz, 1960 D 100,–
Spiegelglanz, 1960 F (75 Ex.) 120,–
Spiegelglanz, 1960 G (100 Ex.) 150,–

Ausgegeben ab 23. Oktober 1950. Außer Kurs seit 1. Januar 2002. Einlösbar ohne zeitliche Beschränkung.

Fehlprägungen (Schrötlingsverwechslungen):
1. (E, Me plattiert) 1964 J
2. (Bro) 1968 J (auf zu kleiner Ronde)

104F1 2 Pfennig (E, K plattiert) 1967 G (* 520 Ex.) PP 3200,–
* nur aus einer Teilauflage der Spiegelglanzsätze vorkommend
104F2 2 Pfennig (E, K plattiert) 1967 J (1 Ex. bekannt) ST 6000,–
104F3 2 Pfennig (Bro) 1969 J (550 Ex.) VZ 2000,–
104P1 2 Pfennig (Zink) 1950 F. Materialprobe, 2.5 g ST 1000,–
104P2 2 Pfennig (Zink) 1960 F. Materialprobe ST 800,–

Beschreibung der alten (**A**) und neuen (**N**) Prägewerkzeuge von Vorderseite/Rückseite siehe Seite 173.

105 [382] 5 Pfennig (E, Me plattiert) 1950, 1966–2001. Typ wie Nr. 103:

		A	D	F	G	J
1950	1 209 579 000		10,–	10,–	10,–	10,–
1966	100 000 000		11,–	12,–	15,–	11,–
1967	40 000 000		15,–	15,–	80,–	15,–

		A	D	F	G	J
1968	50 000 000		18,–	15,–	18,–	15,–
1969	90 000 000		5,–	5,–	5,–	5,–
1970	153 000 000		AA 3,– AN 30,–	AA 3,–	AA 3,–	AA 3,–
1971	220 000 000		NA 3,– NN 3,–	NA 3,– NN 3,–	NN 3,–	NA 3,– NN 5,–
1972	200 000 000		NA 3,– NN 3,–	NA 3,– NN 8,–	NN 3,–	NA 6,– NN 3,–
1973	60 000 000		NA 750,– NN 3,–	NN 3,–	NN 3,–	NN 3,–
1974	60 000 000		NA 450,– NN 3,–	NN 3,–	NN 3,–	NN 3,–
1975	60 000 000		NN 3,–	NA(nur PP) NN_1 3,– NN_2 150,–	NN 3,–	NN_1 25,– NN_2 3,–
1976	180 000 000		2,–	NN_1 25,– NN_2 2,–	2,–	2,–
1977	200 000 000		2,–	2,–	2,–	2,–
1978	160 000 000		2,–	2,–	2,–	2,–
1979	160 000 000		2,–	2,–	2,–	2,–
1980	200 000 000		1,–	1,–	1,–	1,–
1981	220 000 000		1,–	1,–	1,–	1,–
1982	221 000 000		1,–	1,–	1,–	1,–
1983	180 000 000		1,–	1,–	1,–	1,–
1984	140 000 000		1,–	1,–	1,–	1,–
1985	60 000 000		1,–	1,–	1,–	1,–
1986	140 000 000		1,–	1,–	1,–	1,–
1987	200 000 000		–,50	–,50	–,50	–,50
1988	240 000 000		–,50	–,50	–,50	–,50
1989	360 000 000		–,50	–,50	–,50	–,50
1990	* 430 000 000	–,50	–,50	–,50	–,50	–,50
1991	640 000 000	–,50	–,50	–,50	–,50	–,50
1992	140 000 000	–,50	–,50	–,50	–,50	–,50
1993	180 000 000	–,50	–,50	–,50	–,50	–,50
1994	190 000 000	–,50	–,50	–,50	–,50	–,50
1995	240 000 000	–,50	–,50	–,50	–,50	–,50
1996	180 000 000	–,50	–,50	–,50	–,50	–,50
1997	* 350 000	2,–	2,–	2,–	2,–	2,–
1998	* 350 000	2,–	2,–	2,–	2,–	2,–
1999	* 350 000	2,–	2,–	2,–	2,–	2,–
2000	* 385 000	3,–	3,–	3,–	3,–	3,–
2001	* 696 250	3,–	3,–	3,–	3,–	3,–

Die in den Tabellen angegebenen Bewertungen gelten für Stücke in prägefrischer (**ST**) Qualität. Für zirkulierte Münzen sind deutlich niedrigere Preise anzusetzen (Beschreibung der Erhaltungsgrade siehe Seite 9).

* Abweichungen vom Prägeschlüssel:

1990	A (70 000 000), D (93 600 000), F (108 000 000), G (62 280 000), J (96 120 000)
1997–1999	A, D, F, G, J (je 70 000)
2000	A, D, F, G, J (je 77 000)
2001	A, D, F, J (je 135 808), G (153 018)

In der vorstehenden Tabelle sind die Spiegelglanzprägungen ab 1964 nicht enthalten (siehe Aufstellung der Münzsätze auf Seite 344).

Ausgegeben ab 6. Mai 1950. Außer Kurs seit 1. Januar 2002.
Einlösbar ohne zeitliche Beschränkung.

105F 5 Pfennig (N) 1950 F. Schrötlingsverwechslung

105P 5 Pfennig (K-N) 1950 F. Materialprobe

Beschreibung der alten (**A**) und neuen (**N**) Prägewerkzeuge von Vorderseite/Rückseite siehe Seite 173.

ST

106 [383] 10 Pfennig (E, Me plattiert) 1950, 1966–2001. Typ wie Nr. 103:

		A	D	F	G	J
1950	1 947 800 000		15,–	15,–	15,–	15,–
1966	120 000 000		18,–	18,–	18,–	18,–
1967	60 000 000		25,–	25,–	90,–	40,–
1968	20 000 000		20,–	30,–	22,–	25,–
1969	181 000 000		5,–	5,–	5,–	5,–
1970	190 000 000		AA 3,– AN 20,–	AA 3,–	AA 3,– AN(nur PP)	AA 3,–
1971	300 125 000		NA 2,– NN 2,–	NA 3,–	NA 8,– NN 2,–	NA 3,– NN 2,–
1972	382 500 000		NA 25,– NN 2,–	NA 2,–	NN 2,–	NN 2,–
1973	100 000 000		NN 2,–	NA 2,– NN 2,–	NN 3,–	NN 2,–
1974	60 000 000		2,–	NN 2,–	3,–	2,–
1975	60 000 000		2,–	NN 2,–	2,–	2,–
1976	250 000 000		1,–	NA 80,– NN 1,–	1,–	1,–
1977	250 000 000		1,–	1,–	1,–	1,–
1978	350 000 000		1,–	1,–	1,–	1,–
1979	400 000 000		1,–	1,–	1,–	1,–
1980	360 000 000		1,–	1,–	1,–	1,–
1981	400 000 000		1,–	1,–	1,–	1,–
1982	340 000 000		1,–	1,–	1,–	1,–
1983	130 000 000		1,–	1,–	1,–	1,–
1984	200 000 000		1,–	1,–	1,–	1,–
1985	300 000 000		1,–	1,–	1,–	1,–
1986	160 000 000		1,–	1,–	1,–	1,–
1987	225 000 000		1,–	1,–	1,–	1,–
1988	420 000 000		1,–	1,–	1,–	1,–
1989	460 000 000		1,–	1,–	1,–	1,–
1990	* 700 000 000	–,50	–,50	–,50	–,50	–,50
1991	850 000 000	–,50	–,50	–,50	–,50	–,50
1992	400 000 000	–,50	–,50	–,50	–,50	–,50
1993	400 000 000	–,50	–,50	–,50	–,50	–,50
1994	500 000 000	–,50	–,50	–,50	–,50	–,50
1995	550 000 000	–,50	–,50	–,50	–,50	–,50
1996	400 000 000	–,50	–,50	–,50	–,50	–,50
1997	* 350 000	2,–	2,–	2,–	2,–	2,–
1998	* 350 000	2,–	2,–	2,–	2,–	2,–
1999	* 350 000	2,–	2,–	2,–	2,–	2,–
2000	* 385 000	3,–	3,–	3,–	3,–	3,–
2001	* 696 250	3,–	3,–	3,–	3,–	3,–

Die in den Tabellen angegebenen Bewertungen gelten für Stücke in prägefrischer (**ST**) Qualität. Für zirkulierte Münzen sind deutlich niedrigere Preise anzusetzen (Beschreibung der Erhaltungsgrade siehe Seite 9).

* Abweichungen vom Prägeschlüssel:

1990	A (100 000 000), D (156 000 000), F (180 000 000), G (103 800 000), J (160 200 000)
1997–1999	A, D, F, G, J (je 70 000)
2000	A, D, F, G, J (je 77 000)
2001	A, D, F, J (je 135 808), G (153 018)

In der vorstehenden Tabelle sind die Spiegelglanzprägungen ab 1964 nicht enthalten (siehe Aufstellung der Münzsätze auf Seite 344).

Ausgegeben ab 6. Mai 1950. Außer Kurs seit 1. Januar 2002.
Einlösbar ohne zeitliche Beschränkung.

106F 10 Pfennig (Al-N-Bro / K-N) 1995 A. Schrötlingsverwechslung, 5.2 g

106P 10 Pfennig (S) 1950 F. Abschlag in 600er Silber, 3.5 g (Gefälligkeitsprägung) ST 1500,–

Beschreibung der alten (**A**) und neuen (**N**) Prägewerkzeuge von Vorderseite/Rückseite siehe Seite 173.

ST

107 [384] 50 Pfennig (K-N) 1950, 1966–2001. Kulturfrau beim Pflanzen eines Eichensetzlings als Symbol für den Wiederaufbau. Rs. Wertangabe, Umschrift »Bundesrepublik Deutschland«:
1. Riffelrand, 1950, 1966–1971
2. Rand glatt, 1972–2001

		A	D	F	G	J
1950	477 600 000		18,–	15,–	18,–	18,–
1966	32 000 000		25,–	50,–	30,–	100,–
1967	20 000 000		25,–	25,–	50,–	40,–
1968	10 000 000		25,–	25,–	35,–	60,–
1969	56 000 000		8,–	8,–	8,–	8,–
1970	74 000 000		6,–	6,–	6,–	6,–
1971	92 714 000	{	A 175,– N 5,–	A 5,–	N 5,–	A 5,– N 5,–
1972	100 000 000	{	N 5,–	A 5,–	N 5,–	A (nur PP) N 5,–
1973	30 000 000		N 5,–	A 5,–	N 5,–	A 5,–
1974	70 000 000	{	N 4,–	A 4,– N 4,–	N 4,–	A 4,–
1975	50 000 000		3,–	3,–	3,–	3,–
1976	40 000 000		3,–	3,–	3,–	3,–
1977	40 000 000		3,–	3,–	3,–	3,–
1978	40 000 000		3,–	3,–	3,–	3,–
1979	40 000 000		3,–	3,–	3,–	3,–
1980	90 000 000		3,–	3,–	3,–	3,–
1981	90 000 000		3,–	3,–	3,–	3,–
1982	85 500 000		3,–	3,–	3,–	3,–
1983	80 000 000		3,–	3,–	3,–	3,–
1984	45 000 000		3,–	3,–	3,–	3,–
1985	60 200 000		3,–	3,–	3,–	3,–
1986	8 000 000		15,–	15,–	15,–	38,–
1987	2 000 000		38,–	15,–	18,–	15,–
1988	16 000 000		3,–	3,–	3,–	3,–
1989	140 000 000		1,–	1,–	1,–	1,–
1990	* 375 000 000	1,–	1,–	1,–	1,–	1,–

ST

		A	D	F	G	J
1991	110 000 000	1,–	1,–	1,–	1,–	1,–
1992	90 000 000	1,–	1,–	1,–	1,–	1,–
1993	80 000 000	1,–	1,–	1,–	1,–	1,–
1994	37 500 000	2,–	5,–	2,–	2,–	2,–
1995	* 2 855 000	3,–	3,–	100,–	100,–	15,–
1996	750 000	10,–	10,–	10,–	10,–	10,–
1997	* 350 000	3,–	3,–	3,–	3,–	3,–
1998	* 350 000	3,–	3,–	3,–	3,–	3,–
1999	* 350 000	3,–	3,–	3,–	3,–	3,–
2000	* 385 000	6,–	6,–	6,–	6,–	6,–
2001	* 696 250	6,–	6,–	6,–	6,–	6,–

Die in den Tabellen angegebenen Bewertungen gelten für Stücke in prägefrischer (**ST**) Qualität. Für zirkulierte Münzen sind deutlich niedrigere Preise anzusetzen (Beschreibung der Erhaltungsgrade siehe Seite 9).

* Abweichungen vom Prägeschlüssel:

1990	A (150 000 000), D (58 500 000), F (67 500 000), G (38 925 000), J (60 075 000)
1995	A (1 300 000), D (1 365 000), F (20 000), G (20 000), J (150 000)
1997–1999	A, D, F, G, J (je 70 000)
2000	A, D, F, G, J (je 77 000)
2001	A, D, F, J (je 135 808), G (153 018)

In der vorstehenden Tabelle sind die Spiegelglanzprägungen ab 1964 nicht enthalten (siehe Aufstellung der Münzsätze auf Seite 344).

Ausgegeben ab 6. Mai 1950. Außer Kurs seit 1. Januar 2002. Einlösbar ohne zeitliche Beschränkung.

Stücke von 1972 mit Randriffelung haben sich als von privater Seite manipuliert herausgestellt.

107P1 50 Pfennig (K-N) 1949 J. Probe (Gefälligkeitsprägung), Typ wie Nr. 107 (Umschrift BUNDESREPUBLIK DEUTSCHLAND) (7 Ex.) ST 25000,–

107P2 50 Pfennig (E, Me plattiert) 1950 J. Materialprobe ST –,–

In ähnlicher Zeichnung: Nr. 102.

Beschreibung der alten (**A**) und neuen (**N**) Prägewerkzeuge der Wertseite siehe Seite 173.

108 [385] 1 Deutsche Mark (K-N) 1950, 1954–2001. Bundesadler, Umschrift BUNDESREPUBLIK DEUTSCHLAND. Rs. Wertangabe zwischen Eichenblättern. Arabeskenrand, 5.5 g:

		A	D	F	G	J
1950	230 956 000		75,–	75,–	75,–	75,–
1954	20 000 000		320,–	1000,–	1600,–	800,–
1955	13 509 000		500,–	400,–	1500,–	800,–
1956	46 768 000		260,–	280,–	180,–	250,–
1957	23 680 000		250,–	250,–	800,–	250,–
1958	16 374 000		250,–	360,–	450,–	350,–
1959	39 989 000		160,–	160,–	250,–	240,–
1960	20 389 000		450,–	180,–	400,–	300,–
1961	22 119 000		220,–	120,–	350,–	260,–
1962	33 550 000		280,–	200,–	250,–	160,–
1963	58 065 000		100,–	100,–	100,–	100,–
1964	44 603 000		120,–	120,–	180,–	110,–

		A	D	F	G	J
1965	28 572 000		50,–	50,–	50,–	50,–
1966	45 000 000		40,–	40,–	60,–	40,–
1967	* 34 320 000		40,–	90,–	50,–	45,–
1968	* 20 680 000		75,–	50,–	50,–	300,–
1969	50 000 000		25,–	25,–	25,–	25,–
1970	68 455 000		AAA 15,– NAA 60,–	AAA 15,–	AAA 15,–	AAA 15,–
1971	94 100 000		ANA 25,– NNA 15,–	ANA 15,– ANN 150,– NNA 75,–	NNA 15,–	ANA 15,– NNA 25,–
1972	80 000 000		NNA 12,–	ANA 75,– ANN 45,– NNA 25,– NNN 12,–	NNA 12,– NNN 60,–	ANA 12,– NNA 12,– NNN 125,–
1973	55 820 000		NNA 75,– NNN 12,–	ANN 12,– NNN 12,–	NNN 12,–	ANN 16,– NAA (nur PP) NAN (nur PP) NNN 12,–
1974	80 000 000		NNN 5,–	ANN 5,– NNN 5,–	NNN 5,–	ANN (nur PP) NAN 5,–
1975	70 000 000		5,–	5,–	5,–	ANN (nur PP) NNN 5,–
1976	60 000 000		5,–	5,–	5,–	ANN (nur PP) NNN 5,–
1977	80 000 000		5,–	5,–	5,–	NNN 5,–
1978	60 000 000		5,–	5,–	5,–	ANN (nur PP) NNN 5,–
1979	70 000 000		5,–	5,–	5,–	ANN (nur PP) NNN 5,–
1980	60 000 000		5,–	5,–	5,–	NNN 5,–
1981	70 000 000		3,–	3,–	3,–	ANN (nur PP) NNN 3,–
1982	85 500 000		3,–	3,–	3,–	ANN (nur PP) NNN 3,–
1983	70 000 000		3,–	3,–	3,–	ANN (nur PP) NNN 3,–
1984	32 500 000		3,–	3,–	3,–	3,–
1985	45 000 000		3,–	3,–	3,–	3,–
1986	40 000 000		3,–	3,–	3,–	3,–
1987	12 000 000		10,–	10,–	12,–	10,–
1988	80 000 000		3,–	3,–	3,–	3,–
1989	150 000 000		2,–	2,–	2,–	2,–
1990	* 354 230 000	2,–	2,–	2,–	2,–	2,–
1991	150 000 000	2,–	2,–	2,–	2,–	2,–
1992	150 000 000	2,–	2,–	2,–	2,–	2,–
1993	40 000 000	2,–	2,–	2,–	2,–	2,–
1994	90 000 000	2,–	2,–	2,–	2,–	2,–
1995	* 180 000	100,–	100,–	100,–	100,–	25,–
1996	750 000	8,–	8,–	8,–	8,–	8,–
1997	* 350 000	3,–	3,–	3,–	3,–	3,–
1998	* 350 000	3,–	3,–	3,–	3,–	3,–
1999	* 350 000	3,–	3,–	3,–	3,–	3,–
2000	* 385 000	6,–	6,–	6,–	6,–	6,–
2001	* 696 250	6,–	6,–	6,–	6,–	6,–

Die in den Tabellen angegebenen Bewertungen gelten für Stücke in prägefrischer (**ST**) Qualität. Für zirkulierte Münzen sind deutlich niedrigere Preise anzusetzen. Nr. 108 in üblicher Erhaltung **S** aus dem jahrzehntelangen Geldumlauf rechtfertigt keinen nennenswerten Aufschlag auf den Nominalwert (Beschreibung der Erhaltungsgrade siehe Seite 9).

* Abweichungen vom Prägeschlüssel:

1967	D (13 000 000), F (3 650 000), G (4 320 000), J (13 350 000)
1968	D (1 300 000), F (12 850 000), G (5 195 000), J (1 335 000)
1990	A (55 000 000), D (77 740 000), F (89 700 000), G (51 727 000), J (79 833 000)
1995	A (20 000), D (20 000), F (20 000), G (20 000), J (100 000)
1997–1999	A, D, F, G, J (je 70 000)
2000	A, D, F, G, J (je 77 000)
2001	A, D, F, J (je 135 808), G (153 018)

Halbfabrikate [unbeprägte Ronden mit alter (**A**) und neuer (**N**) Rändelung von Nr. 108] im Handel vorgekommen.

In der vorstehenden Tabelle sind die Spiegelglanzprägungen ab 1964 nicht enthalten (siehe Aufstellung der Münzsätze auf Seite 344).

Ausgegeben ab 18. Dezember 1950. Außer Kurs seit 1. Januar 2002. Einlösbar ohne zeitliche Beschränkung.

108P 1 Deutsche Mark (N) 1950 D. Materialprobe ST 300,–

108F1 1 Deutsche Mark 1950 D, 1954 D, 1956 D, 1962 F, 1963 G, 1966 F, 1966 J, 1967 J, 1972 F, 1974 F mit glattem Rand vorkommend (Fehlprägung)

108F2 1 Deutsche Mark (Al) 1974 J (Schrötlingsverwechslung)

108F3 1 Deutsche Mark (E, N galvanisiert) 1989 G, Riffelrand, 4.25 g (Überprägung auf 1 Bolívar [siehe Venezuela Nr. 62a im Weltmünzkatalog 20. Jahrhundert] (1 Ex. bekannt) ST 15000,–

Beschreibung der alten (**A**) und neuen (**N**) Prägewerkzeuge von Vorderseite/Rückseite/Rändelung siehe Seite 173.

			SS	VZ	ST	PP
109	[386]	2 Deutsche Mark (K-N) 1951. Rs. Wertangabe zwischen Ähren, Weintrauben und Weinlaub. Randschrift »Einigkeit und Recht und Freiheit«, ∅ 25.5 mm:				
		1951 D (19 564 160 Ex.)	25,–	60,–	150,–	500,–
		1951 F (22 608 732 Ex.)	25,–	60,–	150,–	500,–
		1951 G (13 011 931 Ex.)	50,–	120,–	250,–	–,–
		1951 J (20 104 239 Ex.)	25,–	60,–	150,–	500,–

Entwurf und Modell von Josef Bernhart.

Ausgegeben ab 8. Mai 1951. Außer Kurs seit 1. Juli 1958. Einlösbar bis 30. September 1958.

109P1 2 Deutsche Mark (K-N) 1950 D. Probe ST 20000,–

Nr. 109P1 ist auch als Paar einseitiger Abschläge in Kupfer und Silber vorgekommen.

109P2 2 Deutsche Mark (K-N) 1951 D. Reduktionsprobe auf Ronde ∅ 26.75 mm (Urstempel von Nr. 109, Prägebild weit vom Randstab entfernt) ST 3500,–

109P3 2 Deutsche Mark (K-N) 1951 F. Reduktionsprobe ∅ 26.75 mm, wie Nr. 109P2 PP –,–

109P4 2 Deutsche Mark (K-N) 1951 D. Probe ∅ 26.75 mm mit vergrößertem Prägebild ST –,–

Nrn. 109P2–109P4 wurden im Vorfeld der Produktion von Nr. 115 hergestellt.

109P5 2 Deutsche Mark (K-N) 1955 J. Probe ST –,–

Weitere Münzausgaben zu 2 Mark: Nrn. 115 (Planck), 124 (Adenauer), 125 (Heuss), 148 (Schumacher), 167 (Erhard), 174 (Strauß), 182 (Brandt).

ST

110 [387] 5 Deutsche Mark (S) 1951, 1956–1961, 1963–1974. Bundesadler. Rs. Wertangabe. Randschrift »Einigkeit und Recht und Freiheit« mit Eichenblättern. 625er Silber, 11.2 g:

		D	F	G	J
1951	79 600 000	50,–	50,–	120,–	50,–
1956	3 360 000	320,–	320,–	* –,–	320,–
1957	4 988 000	360,–	250,–	500,–	225,–
1958	3 443 000	125,–	900,–	125,–	5000,–
1959	2 087 000	260,–		300,–	260,–
1960	4 599 000	120,–	120,–	120,–	120,–
1961	3 175 000	100,–	200,–		250,–
1963	6 205 000	65,–	70,–	120,–	85,–
1964	7 674 000	175,–	75,–	75,–	75,–
1965	14 920 000	35,–	35,–	35,–	35,–
1966	20 000 000	25,–	25,–	25,–	25,–
1967	12 000 000	30,–	25,–	35,–	25,–
1968	7 670 000	35,–	35,–	35,–	45,–
1969	13 010 000	30,–	30,–	30,–	35,–
1970	14 000 000	18,–	18,–	18,–	18,–
1971	20 000 000	ANA 20,– NNA 15,–	ANA 15,– ANN(nur PP)	NNA 15,–	ANA 15,– NNA 15,–
1972	23 000 000	ANA 25,– NNA 20,–	ANA 15,–	NNA 15,– NNN(nur PP)	ANA 15,– NNA(nur PP) NNN(nur PP)
1973	15 100 000	NNN 15,–	ANA 15,– ANN 20,–	NNN 15,–	ANN 15,– NNA(nur PP) NNN 15,–
1974	17 936 000	NNN 15,–	ANA 15,– NNN 15,–	NNN 15,–	NNN 15,–

* Jahrgang 1956 G ist eine unbefugte Prägung!

Halbfabrikat (unbeprägte Ronde mit Randschrift von Nr. 110) im Handel vorgekommen.

Ausgegeben ab 8. Mai 1952. Außer Kurs seit 1. August 1975.
Einlösbar ohne zeitliche Beschränkung.

Der in der Randschrift fünfmal enthaltene Buchstabe E weist an genau einer Position einen verlängerten Mittelbalken auf und identifiziert damit eine der fünf Münzstätten A (reserviert), D, F, G, J (siehe auch Nrn. 139, 213, 223, 228, 235, 242, 244, 253–255, 262, 269).

Die in den Tabellen angegebenen Bewertungen gelten für Stücke in prägefrischer (**ST**) Qualität. Für zirkulierte Münzen sind deutlich niedrigere Preise anzusetzen (Beschreibung der Erhaltungsgrade siehe Seite 9).

In der vorstehenden Tabelle sind die Spiegelglanzprägungen ab 1964 nicht enthalten (siehe Aufstellung der Münzsätze auf Seite 344).

110F1 5 Deutsche Mark 1957 J. Randschrift »Grüß dich, Deutschland, aus Herzensgrund« (von Nr. 114) (ca. 50 Ex.) VZ 5000,–

110F2 5 Deutsche Mark 1969 G. Randschrift »Der Freie nur ist treu« (von Nr. 122) (wenige Ex.) VZ 5000,–

110F3 5 Deutsche Mark 1970 F. Randschrift »Alle Menschen werden Brüder« (von Nr. 126) (wenige Ex.) VZ 5000,–

110F4 5 Deutsche Mark 1974 F. Randschrift »Die Menschenwürde ist unantastbar« (von Nr. 137) (wenige Ex.) VZ 5000,–

110F5 5 Deutsche Mark ohne Randschrift (Fehlprägung):

1951 G, 1959 D, 1959 J, 1960 G, 1963 J, 1964 D, 1964 F, 1964 G, 1964 J, 1965 D, 1965 F, 1965 G, 1965 J, 1966 F, 1966 G, 1967 D, 1967 F, 1967 G, 1969 F, 1970 F, 1970 G, 1971 F, 1972 F, 1973 F, 1974 F

Am häufigsten ohne Randschrift: 1966 G VZ 180,–

Beschreibung der alten (**A**) und neuen (**N**) Prägewerkzeuge von Vorderseite/Rückseite/Rändelung siehe Seite 173.

100 JAHRE GERMANISCHES NATIONALMUSEUM

111 [388] 5 Deutsche Mark (S) 1952. Wertangabe und Staatsbezeichnung über dem Bundesadler. Rs. Ostgotische Adlerfibel (5. Jh.) aus dem Fund von Domagnano in San Marino im Bestand des Germanischen Nationalmuseums in Nürnberg. Randschrift:

EINIGKEIT UND RECHT UND FREIHEIT

			VZ	ST	PP
1952 D	Normalprägung	(198 760 Ex.)	400,–	1000,–	
1952 D	Spiegelglanz	(1 240 Ex.)			3000,–

Entwurf und Modell von Karl Roth.

Ausgegeben ab 11. September 1953. Außer Kurs seit 1. Januar 2002.

111P 5 Deutsche Mark 1952 D. Motivprobe Bundesadler über Inschrift ST 35000,–

150. TODESTAG VON FRIEDRICH VON SCHILLER

				VZ	ST	PP
112	[389]	5 Deutsche Mark (S) 1955. Rs. Friedrich von Schiller (1759–1805), Dichter. Randschrift:				

SEID EINIG EINIG EINIG

			VZ	ST	PP
1955 F	Normalprägung	(198 783 Ex.)	300,–	500,–	
1955 F	Spiegelglanz	(1 217 Ex.)			1750,–

Entwurf und Modell von Alfons Feuerle.

Ausgegeben ab 9. Mai 1955. Außer Kurs seit 1. Januar 2002.

Weitere Münzausgaben auf Friedrich von Schiller: Deutsche Demokratische Republik Nr. 39.
Zum 175. Geburtstag: Deutsches Reich Nrn. 77–78.
Zum 200. Todestag: Bundesrepublik Deutschland Nr. 237.

300. GEBURTSTAG VON LUDWIG WILHELM MARKGRAF VON BADEN

113 [390] 5 Deutsche Mark (S) 1955. Rs. Ludwig Wilhelm I. (1655–1707), Markgraf von Baden ab 1677, genannt »Türkenlouis« nach dem Sieg (1691) über die Osmanen bei Novi Slankamen, ab 1693 Schwäbischer Kreisfeldmarschall und Oberbefehlshaber der Reichsarmee. Randschrift:

SCHILD DES REICHES

			VZ	ST	PP
1955 G	Normalprägung	(198 000 Ex.)	250,–	450,–	
1955 G	Spiegelglanz	(2 000 Ex.)			1500,–

Entwurf und Modell von Karl Föll.

Ausgegeben ab 1. November 1955. Außer Kurs seit 1. Januar 2002.

100. TODESTAG VON JOSEPH FREIHERR VON EICHENDORFF

114 [391] 5 Deutsche Mark (S) 1957. Rs. Joseph Freiherr von Eichendorff (1788–1857), Dichter. Randschrift:

GRUSS · DICH · DEUTSCHLAND · AUS · HERZENSGRUND

			VZ	ST	PP
1957 J	Normalprägung	(198 000 Ex.)	250,–	450,–	
1957 J	Spiegelglanz	(2 000 Ex.)			1500,–

Entwurf und Modell von Karl Roth.

Ausgegeben ab 26. November 1957. Außer Kurs seit 1. Januar 2002.

100. GEBURTSTAG VON MAX PLANCK

ST

115 [392] 2 Deutsche Mark (K-N) 1957–1971. Rs. Max Planck (1858–1947), Schöpfer der Quantentheorie (1900), Nobelpreisträger für Physik 1918. Randschrift »Einigkeit und Recht und Freiheit«:

		D	F	G	J
1957	27 597 000	50,–	70,–	200,–	65,–
1958	49 598 000	50,–	55,–	50,–	50,–
1959	1 223 000	300,–	400,–	* –,–	
1960	13 780 000	45,–	45,–	100,–	55,–
1961	11 640 000	55,–	50,–	80,–	55,–
1962	12 899 000	60,–	75,–	80,–	60,–
1963	20 004 000	40,–	55,–	40,–	55,–
1964	16 959 000	45,–	50,–	95,–	40,–
1965	13 659 000	20,–	20,–	35,–	20,–
1966	12 500 000	20,–	20,–	20,–	20,–
1967	12 500 000	25,–	20,–	35,–	28,–
1968	3 499 000	30,–	55,–	30,–	25,–
1969	10 025 000	30,–	20,–	28,–	20,–
1970	21 742 000	9,–	9,–	9,–	9,–
1971	32 872 000	6,–	6,–	6,–	6,–

* Jahrgang 1959 G ist eine unbefugte Prägung!

Die in den Tabellen angegebenen Bewertungen gelten für Stücke in prägefrischer (**ST**) Qualität. Für zirkulierte Münzen sind deutlich niedrigere Preise anzusetzen (Beschreibung der Erhaltungsgrade siehe Seite 9).

In der vorstehenden Tabelle sind die Spiegelglanzprägungen ab 1964 nicht enthalten (siehe Aufstellung der Münzsätze auf Seite 344).

Spiegelglanz, 1957 D 160,–
Spiegelglanz, 1958 D 110,–
Spiegelglanz, 1958 J 250,–
Spiegelglanz, 1958 F 100,–
Spiegelglanz, 1960 F 400,–

115F Fehlprägungen Planck 1958 J, 1965 J ohne Randschrift ST 250,–

115P 2 Deutsche Mark 1957 [D]. Probe ohne Münzzeichen PP 650,–

Entwurf und Modell von Karl Roth.

Ausgegeben ab 21. Juni 1958. Außer Kurs seit 1. August 1973.
Einlösbar ohne zeitliche Beschränkung.

Zum 125. Geburtstag von Max Planck: Deutsche Demokratische Republik Nr. 92.
Zum 150. Geburtstag: Bundesrepublik Deutschland Nr. 264.

150. TODESTAG VON JOHANN GOTTLIEB FICHTE

					VZ	ST	PP
116	[393]	5	Deutsche Mark (S) 1964. Rs. Johann Gottlieb Fichte (1762–1814), Philosoph. Randschrift: NUR · DAS · MACHT · GLÜCKSELIG · WAS · GUT · IST				
			1964 J	Normalprägung (495 000 Ex.)	40,–	100,–	
			1964 J	Spiegelglanz (5 000 Ex.)			450,–

116F Fehlprägung Fichte ohne Randschrift ST 2500,–

Entwurf und Modell von Robert Lippl.

Ausgegeben ab 14. März 1966.

Zum 175. Todestag von Johann Gottlieb Fichte: Deutsche Demokratische Republik Nr. 135.

250. TODESTAG VON GOTTFRIED WILHELM LEIBNIZ

117 [394] 5 Deutsche Mark (S) 1966. Rs. Gottfried Wilhelm Leibniz (1646–1716), Philosoph und Universalgelehrter. Randschrift:

MAGNUM · TOTIUS · GERMANIAE · DECUS

			VZ	ST	PP
1966 D	Normalprägung	(1 925 000 Ex.)	8,–	15,–	
1966 D	Spiegelglanz	(75 000 Ex.)			

1. Wertseite und Bildseite vollständig spiegelnd 250,–
2. Wertseite und Bildseite mit mattiertem Relief und spiegelndem Feld 70,–
3. Wertseite vollständig spiegelnd, Bildseite mit mattiertem Relief und spiegelndem Feld 350,–
4. Wertseite mit mattiertem Relief und spiegelndem Feld, Bildseite vollständig spiegelnd 350,–

117F Fehlprägung Leibniz ohne Randschrift –,–

Entwurf und Modell von Claus und Ursula Homfeld.

Ausgegeben ab 14. Februar 1967.

Zum gleichen Anlass: Deutsche Demokratische Republik Nr. 18.

200. GEBURTSTAG VON WILHELM UND ALEXANDER VON HUMBOLDT

			VZ	ST	PP
118	[395]	5 Deutsche Mark (S) 1967. Rs. Wilhelm von Humboldt (1767–1835), Staatsmann und Philologe, und Alexander von Humboldt (1769–1859), Naturforscher. Randschrift: FREIHEIT ERHOEHT • ZWANG ERSTICKT UNSERE KRAFT			
	1967 F	Normalprägung (1 940 000 Ex.)	8,–	15,–	
	1967 F	Spiegelglanz (60 000 Ex.)			90,–
118F		Fehlprägung Humboldt ohne Randschrift –,–			

Entwurf und Modell von Hermann zur Strassen.

Ausgegeben ab 6. Dezember 1967.

Zum 200. Geburtstag von Wilhelm von Humboldt: Deutsche Demokratische Republik Nr. 20. Auf Alexander von Humboldt als Kanzler des Ordens »Pour le Mérite«: Bundesrepublik Deutschland Nr. 178.

150. GEBURTSTAG VON FRIEDRICH WILHELM RAIFFEISEN

			VZ	ST	PP
119	[396]	5 Deutsche Mark (S) 1968. Rs. Friedrich Wilhelm Raiffeisen (1818–1888), Genossenschaftsgründer und Sozialreformer. Randschrift: EINER FUER ALLE • ALLE FUER EINEN			
	1968 J	Normalprägung (3 942 500 Ex.)	8,–	10,–	
	1968 J	Spiegelglanz (140 000 Ex.)			28,–

Entwurf und Modell von Reinhart Heinsdorff.

Ausgegeben ab 17. Oktober 1968.

500. TODESTAG VON JOHANNES GUTENBERG

				VZ	ST	PP
120	[397]	5	Deutsche Mark (S) 1968. Rs. Johannes Gensfleisch zum Gutenberg (1400–1468), Erfinder von Druckerpresse und Schriftsatz mit beweglichen Lettern. Randschrift:			

GESEGNET SEI ← WER DIE SCHRIFT ERFAND ◆

			VZ	ST	PP
1968 G	Normalprägung	(2 930 000 Ex.)	8,–	10,–	
1968 G	Spiegelglanz	(100 000 Ex.)			40,–

Entwurf und Modell von Doris Waschk Balz.

Ausgegeben ab 11. November 1968.

Zum gleichen Anlass: Deutsche Demokratische Republik Nr. 22.

150. GEBURTSTAG VON MAX VON PETTENKOFER

121 [398] 5 Deutsche Mark (S) 1968. Rs. Max von Pettenkofer (1818–1901), Hygieniker. Randschrift:

HYGIENE STREBT · DER ÜBEL WURZEL AUSZUROTTEN ◆

			VZ	ST	PP
1968 D	Normalprägung	(2 930 000 Ex.)	8,–	10,–	
1968 D	Spiegelglanz	(100 000 Ex.)			

1. Feld und Relief der Bildseite (und der Wertseite) vollständig spiegelnd 75,–
2. Kopf mattiert, Feld, Umschrift und Ziersegmente der Bildseite spiegelnd 800,–
3. Kopf und Ziersegmente mattiert, Feld und Umschrift der Bildseite spiegelnd 40,–
4. Kopf, Ziersegmente und Zwischenräume mattiert, Umschrift der Bildseite spiegelnd 40,–
5. Kopf, Ziersegmente und Umschrift (gesamtes Relief) mattiert, Feld der Bildseite spiegelnd 900,–

121F Fehlprägung Pettenkofer ohne Randschrift –,–

121P Einseitige Probeprägung der Bildseite (Pettenkofer), mit Randschrift ST 1000,–

Entwurf und Modell von Hans Karl Burgeff.

Ausgegeben ab 18. Dezember 1968.

150. GEBURTSTAG VON THEODOR FONTANE

					VZ	ST	PP
122	[399]	5 Deutsche Mark (S) 1969. Rs. Theodor Fontane (1819–1898), Schriftsteller und Dichter. Randschrift: DER FREIE NUR IST TREU					
		1969 G	Normalprägung	(2 900 000 Ex.)	8,–	10,–	
		1969 G	Spiegelglanz	(170 000 Ex.)			20,–

Entwurf und Modell von Heinrich Körner.
Ausgegeben ab 17. November 1969.

375. TODESTAG VON GERHARD MERCATOR

					VZ	ST	PP
123	[400]	5 Deutsche Mark (S) 1969. Rs. Gerhard de Kremer (Mercator) (1512–1594), Kartograph. Randschrift: TERRAE DESCRIPTIO AD USUM NAVIGANTIUM					
		1969 F	Normalprägung	(4 804 000 Ex.)	8,–	10,–	
		1969 F	Spiegelglanz	(200 000 Ex.)			15,–

123F Fehlprägungen Mercator:
1. Zum Randstab hin verlängerter Schaft des letzten »R« in MERCATOR ST 90,–
2. Randschrift EINIGKEIT UND RECHT UND FREIHEIT (von Nr. 110) ST 2600,–
3. ohne Randschrift –,–

Entwurf und Modell von Doris Waschk Balz.
Ausgegeben ab 8. Juli 1970.

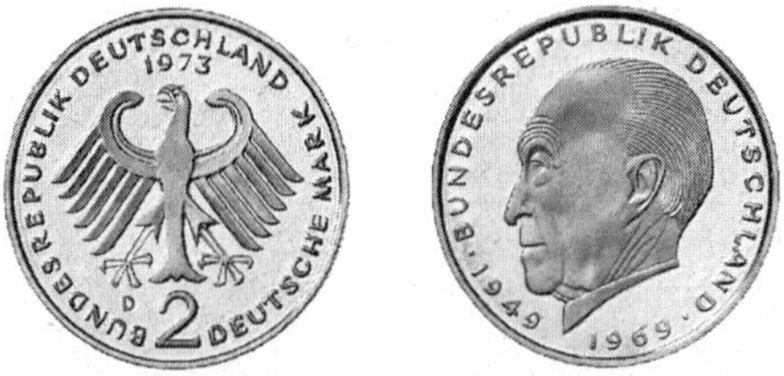

ST

124 [406] 2 Deutsche Mark (N, K-N plattiert) 1969–1987. Rs. Konrad Adenauer (1876–1967), 1. deutscher Bundeskanzler. Randschrift »Einigkeit und Recht und Freiheit«:

		D	F	G	J
1969	* 28 000 000	8,–	8,–	8,–	8,–
1970	28 000 000	8,–	8,–	8,–	8,–
1971	28 000 000	A 8,–	A 8,–	A 8,– N 20,–	A 8,–
1972	28 000 000	A 8,–	A 8,–	A 15,– N 8,–	A 8,– N –,–
1973	42 642 000	A 8,– N (nur PP)	A 8,–	N 8,–	A (nur PP) N 8,–
1974	20 000 000	N 8,–	A 15,– N 8,–	N 8,–	N 8,–
1975	17 500 000	7,–	7,–	7,–	7,–
1976	17 500 000	6,–	6,–	6,–	6,–
1977	22 500 000	6,–	6,–	6,–	6,–
1978	12 500 000	6,–	6,–	6,–	6,–
1979	12 000 000	6,–	6,–	6,–	6,–
1980	7 500 000	6,–	6,–	8,–	6,–
1981	7 500 000	6,–	6,–	8,–	6,–
1982	11 875 000	6,–	6,–	6,–	6,–
1983	6 000 000	8,–	8,–	12,–	8,–
1984	2 000 000	20,–	20,–	25,–	20,–
1985	10 000 000	6,–	6,–	6,–	6,–
1986	10 000 000	8,–	8,–	8,–	8,–
1987	17 000 000	6,–	6,–	6,–	6,–

* Abweichungen vom Prägeschlüssel:
1969 D, F, G, J (je 7 000 000)

Halbfabrikate [unbeprägte Ronden mit alter (**A**) und neuer (**N**) Randschrift von Nrn. 124, 125, 148, 167, 174, 182] im Handel vorgekommen.
In der vorstehenden Tabelle sind die Spiegelglanzprägungen nicht enthalten (siehe Aufstellung der Münzsätze auf Seite 344).
Nr. 124 von 1969 G in Spiegelglanz stammt aus dem Sondersatz der Vereinigten Deutschen Metallwerke von 1971 (siehe Seite 346).

Entwurf und Modell von Reinhart Heinsdorff.
Ausgegeben ab 28. Dezember 1970. Außer Kurs seit 1. Januar 2002.
Einlösbar ohne zeitliche Beschränkung.

124F Fehlprägungen Adenauer 1969 G, 1971 D, 1973 F ohne Randschrift –,–

Beschreibung der alten (**A**) und neuen (**N**) Rändeleisen siehe Seite 173.

Eine Medaille der Vereinigten Deutschen Metallwerke mit dem Bildmotiv der Burg Altena in Westfalen von 1958 ist auf einer Ronde von Nr. 124 mit Randschrift »Einigkeit und Recht und Freiheit« vorgekommen *(geprägt 1968).*

20 JAHRE BUNDESREPUBLIK DEUTSCHLAND – 2. AUSGABE

ST

125 [407] 2 Deutsche Mark (N, K-N plattiert) 1970–1987. Rs. Theodor Heuss (1884–1963), 1. deutscher Bundespräsident. Randschrift »Einigkeit und Recht und Freiheit«:

		D	F	G	J
1970	28 000 000	8,–	8,–	8,–	8,–
1971	28 000 000	A 8,–	A 8,–	A 8,– N (nur PP)	A 8,–
1972	28 000 000	A 8,–	A 8,–	A 8,–	A 8,– N (nur PP)
1973	42 642 000	A (nur PP) N 8,–	A 8,– N (nur PP)	N 8,–	A 45,– N 8,–
1974	20 000 000	N 8,–	A 25,– N 8,–	N 8,–	N 8,–
1975	17 500 000	7,–	7,–	7,–	7,–
1976	17 500 000	6,–	6,–	6,–	6,–
1977	22 500 000	6,–	6,–	6,–	6,–
1978	12 500 000	6,–	6,–	6,–	6,–
1979	12 000 000	6,–	6,–	6,–	6,–
1980	7 500 000	6,–	6,–	8,–	6,–
1981	7 500 000	6,–	6,–	8,–	6,–
1982	11 875 000	6,–	6,–	6,–	6,–
1983	6 000 000	8,–	8,–	12,–	8,–
1984	2 000 000	20,–	20,–	25,–	20,–
1985	10 000 000	6,–	6,–	6,–	6,–
1986	10 000 000	8,–	8,–	8,–	8,–
1987	17 000 000	6,–	6,–	6,–	6,–

In der vorstehenden Tabelle sind die Spiegelglanzprägungen nicht enthalten (siehe Aufstellung der Münzsätze auf Seite 344).

Nr. 125 von 1971 G in Spiegelglanz stammt aus dem Sondersatz der Vereinigten Deutschen Metallwerke von 1971 (siehe Seite 346).

Entwurf und Modell von Karl Ulrich Nuss (Bildseite).

Ausgegeben ab 1. Juli 1973. Außer Kurs seit 1. Januar 2002.

Einlösbar ohne zeitliche Beschränkung.

125F Fehlprägung Heuss 1978 D ohne Randschrift –,–

Beschreibung der alten (**A**) und neuen (**N**) Rändeleisen siehe Seite 173.

200. GEBURTSTAG VON LUDWIG VAN BEETHOVEN

			VZ	ST	PP
126	[408]	5 Deutsche Mark (S) 1970. Rs. Ludwig van Beethoven (1770–1827), Komponist. Randschrift: ALLE MENSCHEN WERDEN BRUDER			
		1970 F Normalprägung (4 800 000 Ex.)	8,–	10,–	
		1970 F Spiegelglanz (200 000 Ex.)			15,–

126F Fehlprägung van Beethoven ohne Randschrift PP –,–

Entwurf und Modell von Siegmund Schütz.

Ausgegeben ab 7. September 1971.

Zum gleichen Anlass: Deutsche Demokratische Republik Nr. 29.

100. JAHRESTAG DER REICHSGRÜNDUNG VON 1871

			VZ	ST	PP
127	[409]	5 Deutsche Mark (S) 1971. Rs. Reichstagsgebäude (1894) in Berlin mit der ursprünglichen Kuppel nach Plänen von Paul Wallot. Randschrift: EINIGKEIT UND RECHT UND FREIHEIT			
		1971 G Normalprägung (4 800 000 Ex.)	8,–	10,–	
		1971 G Spiegelglanz (200 000 Ex.)			15,–

Entwurf und Modell von Robert Lippl.

Ausgegeben ab 24. November 1971.

Nr. 127 mit kaum sichtbaren Fenstern beruht auf Stempelabnutzung.

500. GEBURTSTAG VON ALBRECHT DÜRER

			VZ	ST	PP
128	[410]	5 Deutsche Mark (S) 1971. Rs. Monogramm des Malers, Graphikers und Kunstschriftstellers Albrecht Dürer (1471–1528). Randschrift: DER ALLER EDELST SINN DER MENSCHEN IST SEHEN			
		1971 D Normalprägung (7 800 000 Ex.)	8,–	10,–	
		1971 D Spiegelglanz (200 000 Ex.)			15,–

Entwurf und Modell von Fritz Nuss.

Ausgegeben ab 12. Dezember 1972.

Zum gleichen Anlass: Deutsche Demokratische Republik Nr. 35. Zum 400. Todestag: Deutsches Reich Nr. 56.

XX. OLYMPISCHE SOMMERSPIELE 1972 IN MÜNCHEN (6)

129 [401a] 10 Deutsche Mark (S) [1969]. Rs. Strahlenspirale, Umschrift »Spiele der XX. Olympiade 1972 **IN DEUTSCHLAND**«. 625er Silber, 15.5 g, Randschrift »Citius Altius Fortius« (schneller, höher, stärker), dazwischen je fünf Ringe *(geprägt 1969)*:

CITIUS ooooo ALTIUS ooooo FORTIUS ooooo

		ST	PP
D	(ST: 2 375 000 Ex., PP: 125 000 Ex.)	12,–	18,–
F	(ST: 2 375 000 Ex., PP: 125 000 Ex.)	12,–	18,–
G	(ST: 2 375 000 Ex., PP: 125 000 Ex.)	12,–	18,–
J	(ST: 2 375 000 Ex., PP: 125 000 Ex.)	12,–	18,–

129F Fehlprägungen Strahlenspirale »in Deutschland«:
D ohne Randschrift PP 1000,–
G ohne Randschrift ST 1000,–
G in Stempelstellung ⇂↾ ST 400,–

Entwurf und Modell von Greta Lippl Heinsen.

Ausgegeben ab 26. Januar 1970.

		VZ	ST	PP
129P1	10 Deutsche Mark (S) 1969. Einseitige Motivprobe der Adlerseite, unten Jahreszahl, oben Münzstättenzeichen:			
	1969 D (wenige Ex.)			2500,–

		VZ	ST	PP
129P2	10 Deutsche Mark (S) 1969. Einseitige Motivprobe der Adlerseite, oben Jahreszahl, unten Münzstättenzeichen:			
	1969 D (wenige Ex.)			2500,–
129P3	10 Deutsche Mark (S) [1969]. Einseitige Produktionsprobe der Adlerseite, wie Nr. 129, Umschrift nah am Randstab:			
	D (wenige Ex.)		1200,–	1200,–
129P4	10 Deutsche Mark (S) [1969]. Einseitige Produktionsprobe der Bildseite, wie Nr. 129, Umschrift nah am Randstab:			
	[D] (wenige Ex.)		1200,–	1200,–
129P5	10 Deutsche Mark (S) [1969]. Einseitige Reduktionsprobe der Adlerseite, Umschrift weit vom Randstab entfernt:			
	F (wenige Ex.)			1500,–
	G (wenige Ex.)			1500,–
	J (wenige Ex.)			1500,–

		VZ	ST	PP
129P6	10 Deutsche Mark (S) [1969]. Reduktionsprobe ohne Münzstättenzeichen, Umschrift weit vom Randstab entfernt:			
	[D] (wenige Ex.)		2500,–	

				ST	PP
130	[401b]	10	Deutsche Mark (S) 1972. Strahlenspirale, Umschrift »Spiele der XX. Olympiade 1972 **IN MÜNCHEN**«. Randschrift »Citius Altius Fortius«, dazwischen je fünf Ringe:		

		ST	PP
D	(ST: 2 350 000 Ex., PP: 150 000 Ex.)	12,–	16,–
F	(ST: 2 350 000 Ex., PP: 150 000 Ex.)	12,–	16,–
G	(ST: 2 350 000 Ex., PP: 150 000 Ex.)	12,–	16,–
J	(ST: 2 350 000 Ex., PP: 150 000 Ex.)	12,–	16,–

130F [401bF] Fehlprägungen Strahlenspirale »in München« mit Arabesken statt Ringen in der Randschrift (Rändeleisen von Nrn. 131–134):
D (2 Ex. bekannt) ST –,–
F (1 Ex. bekannt) ST –,–
G (3 Ex. bekannt) PP 7500,–
J (*6 000 Ex.) PP 800,–

**Eingeschmolzen bis auf 600 Ex. (in der Gesamtprägezahl enthalten).*

Entwurf und Modell von Greta Lippl Heinsen.
Ausgegeben ab 5. Juli 1972.

				ST	PP
131	[402]	10	Deutsche Mark (S) [1971]. Rs. Teilansicht der olympischen Ringe in perspektivischer Darstellung mit fächerartigem Hintergrund, Umschrift »Olympische Spiele 1972 in München«. Randschrift »Citius Altius Fortius«, dazwischen Arabesken:		

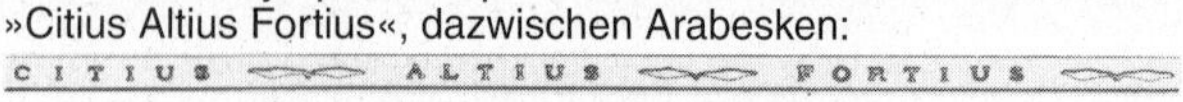

		ST	PP
D	(ST: 4 875 000 Ex., PP: 125 000 Ex.)	12,–	15,–
F	(ST: 4 875 000 Ex., PP: 125 000 Ex.)	12,–	15,–
G	(ST: 4 875 000 Ex., PP: 125 000 Ex.)	12,–	15,–
J	(ST: 4 875 000 Ex., PP: 125 000 Ex.)	12,–	15,–

Halbfabrikat (unbeprägte Ronde mit Randschrift von Nrn. 131–134) im Handel vorgekommen.
Entwurf und Modell von Reinhart Heinsdorff.
Ausgegeben ab 20. Juli 1971.

				ST	PP
131P	[402F]	10	Deutsche Mark (S) [1971] J. Motivprobe, wie Nr. 131, Umschrift »Spiele der XX. Olympiade 1972 in Deutschland« (20 Ex.)	–,–	

132 [403] 10 Deutsche Mark (S) [1971]. Rs. Basketballspieler und Kanutin. Randschrift »Citius Altius Fortius«, dazwischen Arabesken:

CITIUS ~ ALTIUS ~ FORTIUS ~

		ST	PP
D	(ST: 4 850 000 Ex., PP: 150 000 Ex.)	12,–	15,–
F	(ST: 4 850 000 Ex., PP: 150 000 Ex.)	12,–	15,–
G	(ST: 4 850 000 Ex., PP: 150 000 Ex.)	12,–	15,–
J	(ST: 4 850 000 Ex., PP: 150 000 Ex.)	12,–	15,–

132F Fehlprägung D ohne Randschrift PP –,–

Entwurf und Modell von Siegmund Schütz.
Ausgegeben ab 8. Dezember 1971.

			ST	PP
133	[404]	10 Deutsche Mark (S) 1972. Rs. Olympiazentrum in München. Randschrift »Citius Altius Fortius«, dazwischen Arabesken:		

CITIUS ~ ALTIUS ~ FORTIUS ~

D	(ST: 4 850 000 Ex., PP: 150 000 Ex.)	12,–	15,–
F	(ST: 4 850 000 Ex., PP: 150 000 Ex.)	12,–	15,–
G	(ST: 4 850 000 Ex., PP: 150 000 Ex.)	12,–	15,–
J	(ST: 4 850 000 Ex., PP: 150 000 Ex.)	12,–	15,–

Entwurf und Modell von Doris Waschk Balz.
Ausgegeben ab 9. Mai 1972.

134 [405] 10 Deutsche Mark (S) 1972. Rs. Strahlenspirale über olympischem Feuer und Ringen. Randschrift »Citius Altius Fortius«, dazwischen Arabesken:

CITIUS ~ ALTIUS ~ FORTIUS ~

D	(ST: 4 850 000 Ex., PP: 150 000 Ex.)	12,–	15,–
F	(ST: 4 850 000 Ex., PP: 150 000 Ex.)	12,–	15,–
G	(ST: 4 850 000 Ex., PP: 150 000 Ex.)	12,–	15,–
J	(ST: 4 850 000 Ex., PP: 150 000 Ex.)	12,–	15,–

Entwurf und Modell von Siegmund Schütz.
Ausgegeben ab 22. August 1972.

134F Fehlprägung F ohne Randschrift –,–

500. GEBURTSTAG VON NIKLAS KOPPERNIGK (NICOLAUS COPERNICUS)

					VZ	ST	PP
135	[411]	5 Deutsche Mark (S) 1973. Rs. Darstellung des heliozentrischen Weltbildes von Niklas Koppernigk (1473–1543) mit den sechs Planeten auf Kreisbahnen um die Sonne, von der Sphäre der Fixsterne umgeben. Randschrift: IN MEDIO OMNIUM RESIDET SOL					
		1973 J	Normalprägung	(7 750 000 Ex.)	8,–	10,–	
		1973 J	Spiegelglanz	(250 000 Ex.)			12,–

Entwurf und Modell von Reinhart Heinsdorff.
Ausgegeben ab 17. Mai 1973.

125. JAHRESTAG DER FRANKFURTER NATIONALVERSAMMLUNG

					VZ	ST	PP
136	[412]	5 Deutsche Mark (S) 1973. Rs. Innenraum der Paulskirche zu Frankfurt am Main, Tagungsort der Nationalversammlung 1848–1849. Randschrift: EINIGKEIT RECHT FREIHEIT					
		1973 G	Normalprägung	(7 750 000 Ex.)	8,–	10,–	
		1973 G	Spiegelglanz	(250 000 Ex.)			12,–

Entwurf und Modell von Claus und Ursula Homfeld.
Ausgegeben ab 11. Dezember 1973.

25 JAHRE BUNDESREPUBLIK DEUTSCHLAND

				VZ	ST	PP
137	[413]	5 Deutsche Mark (S) 1974. Rs. Elf Wappenschilde, durch Liniengeflecht miteinander verbunden, als Sinnbild für den im Grundgesetz festgelegten Föderalismus. Randschrift: DIE MENSCHENWÜRDE IST UNANTASTBAR				
		1974 F Normalprägung	(7 750 000 Ex.)	8,–	10,–	
		1974 F Spiegelglanz	(250 000 Ex.)			12,–

137F Fehlprägung Grundgesetz ohne Randschrift ST –,–

Entwurf und Modell von Hubert Albert Zimmermann.
Ausgegeben ab 15. Mai 1974.

250. GEBURTSTAG VON IMMANUEL KANT

				VZ	ST	PP
138	[414]	5 Deutsche Mark (S) 1974. Rs. Immanuel Kant (1724–1804), Philosoph. Randschrift: ACHTUNG FUER'S MORALISCHE GESETZ · · ·				
		1974 D Normalprägung	(7 750 000 Ex.)	8,–	10,–	
		1974 D Spiegelglanz	(250 000 Ex.)			12,–

Entwurf und Modell von Doris Waschk Balz.
Ausgegeben ab 4. Dezember 1974.
Zum gleichen Anlass: Deutsche Demokratische Republik Nr. 53.

ST

139 [415] 5 Deutsche Mark (N, K-N plattiert) 1975–2001. Bundesadler. Rs. Wertzahl. Randschrift »Einigkeit und Recht und Freiheit«:

		A	D	F	G	J
1975	251 225 000		8,–	8,–	8,–	8,–
1976	30 644 000		8,–	8,–	8,–	8,–
1977	32 210 000		8,–	8,–	8,–	8,–
1978	30 000 000		6,–	6,–	6,–	6,–
1979	30 000 000		6,–	6,–	6,–	6,–
1980	32 000 000		6,–	6,–	6,–	6,–
1981	32 000 000		6,–	6,–	6,–	6,–
1982	34 200 000		6,–	6,–	6,–	6,–
1983	24 000 000		6,–	6,–	6,–	6,–
1984	23 000 000		6,–	6,–	6,–	6,–
1985	19 000 000		12,–	12,–	12,–	12,–
1986	19 000 000		30,–	30,–	35,–	30,–
1987	26 000 000		8,–	8,–	8,–	8,–
1988	46 000 000		8,–	8,–	8,–	8,–
1989	66 000 000		6,–	6,–	6,–	6,–
1990	80 000 000		6,–	6,–	6,–	6,–
1991	90 000 000	6,–	6,–	6,–	6,–	6,–
1992	80 000 000	6,–	6,–	6,–	6,–	6,–
1993	16 000 000	8,–	8,–	8,–	8,–	8,–
1994	20 000 000	8,–	8,–	8,–	8,–	8,–
1995	* 100 000	50,–	50,–	50,–	50,–	50,–
1996	750 000	12,–	9,–	9,–	9,–	9,–
1997	* 350 000	5,–	5,–	5,–	5,–	5,–
1998	* 350 000	5,–	5,–	5,–	5,–	5,–
1999	* 350 000	5,–	5,–	5,–	5,–	5,–
2000	* 385 000	5,–	5,–	5,–	5,–	5,–
2001	* 696 250	5,–	5,–	5,–	5,–	5,–

* Abweichungen vom Prägeschlüssel:

1995	A, D, F, G, J (je 20 000)
1997–1999	A, D, F, G, J (je 70 000)
2000	A, D, F, G, J (je 77 000)
2001	A, D, F, J (je 135 808), G (153 018)

Halbfabrikat (unbeprägte Ronde mit Randschrift von Nr. 139) im Handel vorgekommen. In der vorstehenden Tabelle sind die Spiegelglanzprägungen nicht enthalten (siehe Aufstellung der Münzsätze auf Seite 344).

Ausgegeben ab 1. Februar 1975. Außer Kurs seit 1. Januar 2002. Einlösbar ohne zeitliche Beschränkung.

Der in der Randschrift fünfmal enthaltene Buchstabe E weist an genau einer Position einen verlängerten Mittelbalken auf und identifiziert damit eine der fünf Münzstätten A, D, F, G, J (siehe auch Nr. 110 sowie die Münzen zu 2 Euro ab Nr. 213).

			ST
139F1		Fehlprägungen 1975 D, 1975 F, 1990 F ohne Randschrift ST –,–	
139F2	[415F]	Fehlprägung 1980 J auf Ronde von Nr. 149 (in Silber) mit Randschrift »Monumentis ac litteris« (1 Ex. bekannt) SS –,–	

139P 5 Deutsche Mark (N, K-N plattiert) 1975. Motivprobe mit wechselnd breitem Randstab (wenige Ex.):

1975 D	10000,–
1975 F	10000,–
1975 G	12000,–
1975 J	10000,–

Entwurf und Modell von Wolfgang Theodor Doehm.

50. TODESTAG VON FRIEDRICH EBERT

140 [416] 5 Deutsche Mark (S) 1975. Rs. Friedrich Ebert (1871–1925), Reichspräsident ab 1919. Randschrift:

DES VOLKES WOHL IST MEINER ARBEIT ZIEL

			VZ	ST	PP
1975 J	Normalprägung	(7 750 000 Ex.)	8,–	10,–	
1975 J	Spiegelglanz	(250 000 Ex.)			12,–

Entwurf und Modell von Reinhart Heinsdorff.
Ausgegeben ab 26. Februar 1975.

EUROPÄISCHES DENKMALSCHUTZJAHR 1975

141 [417] 5 Deutsche Mark (S) 1975. Rs. Gebäudefassaden und Mauerflächen in verschiedenen Stilrichtungen. Randschrift:

ZUKUNFT FÜR UNSERE VERGANGENHEIT

			VZ	ST	PP
1975 F	Normalprägung	(7 750 000 Ex.)	8,–	10,–	
1975 F	Spiegelglanz	(250 000 Ex.)			12,–

Entwurf und Modell von Ursula Schmidt Malzahn.

Ausgegeben ab 22. Oktober 1975.

100. GEBURTSTAG VON ALBERT SCHWEITZER

142 [418] 5 Deutsche Mark (S) 1975. Rs. Albert Schweitzer (1875–1965), Philosoph und Arzt. Randschrift:

EHRFURCHT VOR DEM LEBEN

			VZ	ST	PP
1975 G	Normalprägung	(7 750 000 Ex.)	8,–	10,–	
1975 G	Spiegelglanz	(250 000 Ex.)			12,–

Entwurf und Modell von Manfred Spang.

Ausgegeben ab 3. Dezember 1975.

Zum gleichen Anlass: Deutsche Demokratische Republik Nr. 57.

300. TODESTAG VON HANS JACOB CHRISTOPH VON GRIMMELSHAUSEN

143 [419] 5 Deutsche Mark (S) 1976. Rs. Fabelwesen vom Titelkupfer zum »Simplicissimus« des Schriftstellers Hans Jacob Christoph von Grimmelshausen (1621–1676). Randschrift:

DER ABENTHEURLICHE SIMPLICISSIMUS

			VZ	ST	PP
1976 D	Normalprägung	(7 750 000 Ex.)	8,–	10,–	
1976 D	Spiegelglanz	(250 000 Ex.)			12,–

Entwurf und Modell von Reinhart Heinsdorff.

Ausgegeben ab 17. August 1976.

200. GEBURTSTAG VON CARL FRIEDRICH GAUSS

144 [420] 5 Deutsche Mark (S) 1977. Rs. Carl Friedrich Gauß (1777–1855), Mathematiker und Astronom. Randschrift:

PAUCA ◦ ◦ SED ◦ ◦ MATURA

			VZ	ST	PP
1977 J	Normalprägung	(7 750 000 Ex.)	8,–	10,–	
1977 J	Spiegelglanz	(250 000 Ex.)			12,–

Entwurf und Modell von Erich Ott.

Ausgegeben ab 26. April 1977.

Zum gleichen Anlass: Deutsche Demokratische Republik Nr. 65.

200. GEBURTSTAG VON HEINRICH VON KLEIST

			VZ	ST	PP
145	[421]	5 Deutsche Mark (S) 1977. Rs. Heinrich von Kleist (1777–1811), Dichter. Randschrift:			

FRIEDEN IST DIE BEDINGUNG DOCH VON ALLEM GLÜCK –

			VZ	ST	PP
1977 G	Normalprägung	(7 741 080 Ex.)	8,–	10,–	
1977 G	Spiegelglanz	(258 920 Ex.)			12,–

Entwurf und Modell von Klaus Jürgen Luckey.
Ausgegeben ab 18. Oktober 1977.

100. GEBURTSTAG VON GUSTAV STRESEMANN

			VZ	ST	PP
146	[422]	5 Deutsche Mark (S) 1978. Rs. Gustav Stresemann (1878–1929), Politiker und Friedensnobelpreisträger. Randschrift:			

DURCH FRIEDEN UND VERSTÄNDIGUNG SIEGEN –

			VZ	ST	PP
1978 D	Normalprägung	(7 740 880 Ex.)	8,–	10,–	
1978 D	Spiegelglanz	(259 120 Ex.)			12,–

Entwurf und Modell von Reinhart Heinsdorff.
Ausgegeben ab 10. Mai 1978.

225. TODESTAG VON BALTHASAR NEUMANN

					VZ	ST	PP
147	[423]	5	Deutsche Mark (S) 1978. Rs. Große Vierung der Wallfahrtskirche Vierzehnheiligen, erbaut nach Plänen von Balthasar Neumann (1687–1753). Randschrift: WALLFAHRTSKIRCHE VIERZEHNHEILIGEN 1743 – 1772				
			1978 F Normalprägung	(7 740 880 Ex.)	8,–	10,–	
			1978 F Spiegelglanz	(259 120 Ex.)			12,–

Entwurf und Modell von Hubert Klinkel.

Ausgegeben ab 16. August 1978.

30 JAHRE BUNDESREPUBLIK DEUTSCHLAND

ST

148 [424] 2 Deutsche Mark (N, K-N plattiert) 1979–1993. Rs. Kurt Schumacher (1895–1952), Oppositionsführer des 1. deutschen Bundestages. Randschrift »Einigkeit und Recht und Freiheit«:

		A	D	F	G	J
1979	12 000 000		6,–	6,–	6,–	6,–
1980	7 500 000		6,–	6,–	8,–	6,–
1981	7 500 000		6,–	6,–	8,–	6,–
1982	11 875 000		6,–	6,–	6,–	6,–
1983	6 000 000		8,–	8,–	12,–	8,–
1984	2 000 000		20,–	20,–	25,–	20,–
1985	10 000 000		6,–	6,–	6,–	6,–
1986	10 000 000		8,–	8,–	8,–	8,–
1987	17 000 000		6,–	6,–	6,–	6,–
1988	22 500 000		4,–	4,–	4,–	4,–
1989	40 000 000		4,–	4,–	4,–	4,–
1990	52 000 000		4,–	4,–	4,–	4,–
1991	20 000 000	4,–	4,–	4,–	4,–	4,–
1992	36 660 000	4,–	4,–	4,–	4,–	4,–
1993	3 000 000	10,–	10,–	10,–	30,–	16,–

Ausgegeben ab 21. Mai 1979. Außer Kurs seit 1. Januar 2002.
Einlösbar ohne zeitliche Beschränkung.

148P Materialprobe Schumacher 2000 A in Messing ohne Randschrift ST –,–

150 JAHRE DEUTSCHES ARCHÄOLOGISCHES INSTITUT

				VZ	ST	PP
149	[425]	5	Deutsche Mark (S) 1979. Rs. Klassizistische Darstellung eines Greifen, seine Pranke auf ein Gefäß antiker Form setzend, als Signet des Deutschen Archäologischen Instituts. Randschrift: MONUMENTIS AC LITTERIS			
			1979 J Normalprägung (7 740 880 Ex.)	8,–	10,–	
			1979 J Spiegelglanz (259 120 Ex.)			12,–

Entwurf und Modell von Karl Föll.

Ausgegeben ab 18. April 1979.

100. GEBURTSTAG VON OTTO HAHN

				VZ	ST	PP
A150	[426S]	5	Deutsche Mark (S) 1979. Rs. Kettenreaktion bei der Kernspaltung, 1938 nachgewiesen durch Otto Hahn (1879–1968), Nobelpreisträger für Chemie 1945. Randschrift: ERSTE SPALTUNG DES URANKERNS 1938			
			1979 G Normalprägung (* 5 000 000 Ex.)		–,–	

*Zur Ausgabe vorgesehen für den 24. Oktober 1979. * Nach Auslieferung an die Geschäftsbanken zurückgefordert (wegen des damals über den Nennwert gestiegenen Silberpreises) und eingeschmolzen bis auf wenige Ex.*

Die Stücke in Silber (**AR**gentum) (Nr. A150) tragen das Münzstättenzeichen G unter den Buchstaben AR von MARK, die Prägungen in **MA**gnimat® (N, K-N plattiert) (Nr. 150) unter den Buchstaben MA.

				VZ	ST	PP
150	[426]	5 Deutsche Mark (N, K-N plattiert) 1979. Typ wie Nr. A150. Randschrift: ERSTE SPALTUNG DES URANKERNS 1938				
		1979 G	Normalprägung (5 000 000 Ex.)	3,–	6,–	
		1979 G	Spiegelglanz (350 000 Ex.)			10,–

Entwurf und Modell von Helmut Stromsky.
Ausgegeben ab 24. September 1980.

100. JAHRESTAG DER VOLLENDUNG DES KÖLNER DOMES

151	[428]	5 Deutsche Mark (N, K-N plattiert) 1980. Rs. Westwerk des Kölner Domes (1880). Randschrift: ZEUGNIS DES GLAUBENS - ZEICHEN DER EINHEIT ☆				
		1980 F	Normalprägung (5 000 000 Ex.)	3,–	6,–	
		1980 F	Spiegelglanz (350 000 Ex.)			8,–

Entwurf und Modell von Hans Joachim Dobler.
Ausgegeben ab 22. Oktober 1980.

750. TODESTAG VON WALTHER VON DER VOGELWEIDE

					VZ	ST	PP
152	[427]	5 Deutsche Mark (N, K-N plattiert) 1980. Rs. Walther von der Vogelweide (um 1170–1230), Minnesänger. Randschrift: WOL VIERZEC JAR HAB ICH GESUNGEN ODER ME·					
		1980 D	Normalprägung	(5 000 000 Ex.)	3,–	6,–	
		1980 D	Spiegelglanz	(350 000 Ex.)			8,–

Entwurf und Modell von Mathias Furthmair.
Ausgegeben ab 9. Dezember 1980.
Zum 700. Todestag: Deutsches Reich Nr. 68, Österreich Nr. 49.

200. TODESTAG VON GOTTHOLD EPHRAIM LESSING

					VZ	ST	PP
153	[429]	5 Deutsche Mark (N, K-N plattiert) 1981. Rs. Gotthold Ephraim Lessing (1729–1781), Dichter. Randschrift: SIEH ÜBERALL MIT DEINEN EIGENEN AUGEN					
		1981 J	Normalprägung	(6 500 000 Ex.)	3,–	6,–	
		1981 J	Spiegelglanz	(350 000 Ex.)			8,–

Entwurf und Modell von Thomas Zipperle.
Ausgegeben ab 21. Juli 1981.
Zum 200. Geburtstag: Deutsches Reich Nrn. 59–60.
Zum 250. Geburtstag: Deutsche Demokratische Republik Nr. 74.

150. TODESTAG VON CARL REICHSFREIHERR VOM STEIN

							VZ	ST	PP
154	[430]	5 Deutsche Mark (N, K-N plattiert) 1981. Rs. Heinrich Friedrich Carl Reichsfreiherr vom und zum Stein (1757–1831), Staatsmann. Randschrift: ICH HABE NUR EIN VATERLAND – DEUTSCHLAND							
			1981 G	Normalprägung	(6 500 000 Ex.)		3,–	6,–	
			1981 G	Spiegelglanz	(350 000 Ex.)				8,–

Entwurf und Modell von Erich Ott.
Ausgegeben ab 24. November 1981.
Zum gleichen Anlass: Deutsche Demokratische Republik Nr. 82.
Zum 100. Todestag: Deutsches Reich Nr. 72.

10 JAHRE UMWELTPROGRAMM DER VEREINTEN NATIONEN (UNEP)

							VZ	ST	PP
155	[431]	5 Deutsche Mark (N, K-N plattiert) 1982. Rs. Emblem der Umweltkonferenz der Vereinten Nationen (1972) in Stockholm. Randschrift: DIE EINE ERDE SCHUETZEN							
			1982 F	Normalprägung	(8 000 000 Ex.)		3,–	6,–	
			1982 F	Spiegelglanz	(350 000 Ex.)				8,–

Entwurf und Modell von Victor Benjamin Huster.
Ausgegeben ab 11. November 1982.

150. TODESTAG VON JOHANN WOLFGANG VON GOETHE

				VZ	ST	PP
156	[432]	5 Deutsche Mark (N, K-N plattiert) 1982. Rs. Johann Wolfgang von Goethe (1749–1832), Dichter, nach einem Gemälde von Tischbein. Randschrift: ZWISCHEN UNS SEI WAHRHEIT				
		1982 D	Normalprägung (8 000 000 Ex.)	3,–	6,–	
		1982 D	Spiegelglanz (350 000 Ex.)			8,–

Entwurf und Modell von Hubert Klinkel.

Ausgegeben ab 7. Dezember 1982.

Zum gleichen Anlass: Deutsche Demokratische Republik Nr. 83.
Zum 100. Todestag: Deutsches Reich Nrn. 73–74.
Zum 220. Geburtstag: Deutsche Demokratische Republik Nr. 27.
Zum 250. Geburtstag: Bundesrepublik Deutschland Nr. 197.

100. TODESTAG VON KARL MARX

				VZ	ST	PP
157	[433]	5 Deutsche Mark (N, K-N plattiert) 1983. Rs. Karl Marx (1818–1883), Sozialideologe. Randschrift: WAHRHEIT ALS WIRKLICHKEIT UND MACHT				
		1983 J	Normalprägung (8 000 000 Ex.)	3,–	6,–	
		1983 J	Spiegelglanz (350 000 Ex.)			8,–

Entwurf und Modell von Erich Ott.

Ausgegeben ab 21. Juni 1983.

Zum gleichen Anlass: Deutsche Demokratische Republik Nr. 91.
Zum 150. Geburtstag: Deutsche Demokratische Republik Nr. 23.

500. GEBURTSTAG VON MARTIN LUTHER

					VZ	ST	PP
158	[434]	5 Deutsche Mark (N, K-N plattiert) 1983. Rs. Martin Luther (1483–1546), Reformator, nach dem Gemälde (1529) von Lucas Maler »Cranach« (1472–1553). Randschrift: GOTTES WORT BLEIBT IN EWIGKEIT					
		1983 G	Normalprägung	(8 000 000 Ex.)	3,–	6,–	
		1983 G	Spiegelglanz	(350 000 Ex.)			8,–

Entwurf und Modell von Carl Vezerfi Clemm.

Ausgegeben ab 10. November 1983.

Zum gleichen Anlass: Deutsche Demokratische Republik Nrn. 84 (1983), 88–89, 94.
Zum 400. Jahrestag der Reformation: Sachsen Nr. 32.
Zum 450. Geburtstag von Martin Luther: Deutsches Reich Nrn. 75–76.

150. JAHRESTAG DER GRÜNDUNG DES DEUTSCHEN ZOLLVEREINS

					VZ	ST	PP
159	[435]	5 Deutsche Mark (N, K-N plattiert) 1984. Rs. Postkutsche beim Passieren einer geöffneten Zollschranke. Randschrift: ZOLLVEREIN — DEUTSCHLAND ✣ EWG — EUROPA ✣					
		1984 D	Normalprägung	(8 000 000 Ex.)	3,–	6,–	
		1984 D	Spiegelglanz	(350 000 Ex.)			8,–

Entwurf und Modell von Reinhart Heinsdorff.

Ausgegeben ab 22. Mai 1984.

175. GEBURTSTAG VON FELIX MENDELSSOHN BARTHOLDY

160 [436] 5 Deutsche Mark (N, K-N plattiert) 1984. Rs. Jacob Ludwig Felix Mendelssohn Bartholdy (1809–1847), Hüftbild des Komponisten vor dem Hintergrund eines Notenblattausschnitts aus der Ouvertüre zu »Ein Sommernachtstraum«. Randschrift:

IHR TÖNE SCHWINGT EUCH FREUDIG DURCH DIE SAITEN

			VZ	ST	PP
1984 J	Normalprägung	(8 000 000 Ex.)	3,–	6,–	
1984 J	Spiegelglanz	(350 000 Ex.)			8,–

Entwurf und Modell von Carl Vezerfi Clemm.

Ausgegeben ab 24. Oktober 1984.

EUROPÄISCHES JAHR DER MUSIK 1985

161 [437] 5 Deutsche Mark (N, K-N plattiert) 1985. Rs. Emblem von Celestino Piatti, rechts davon zwei Noten. Randschrift:

SCHÜTZ BACH HÄNDEL SCARLATTI BERG

			VZ	ST	PP
1985 F	Normalprägung	(8 000 000 Ex.)	3,–	6,–	
1985 F	Spiegelglanz	(350 000 Ex.)			8,–

Entwurf und Modell von Herwig Otto.

Ausgegeben ab 21. Mai 1985.

Das Europäische Jahr der Musik 1985 feierte den 300. Geburtstag der Komponisten Johann Sebastian Bach (1685–1750), Georg Friedrich Händel (1685–1759), Domenico Scarlatti (1685–1757) sowie den 400. Geburtstag von Heinrich Schütz (1585–1672) und den 100. Geburtstag von Alban Berg (1885–1935).

Zum 225. Todestag von Johann Sebastian Bach: Deutsche Demokratische Republik Nr. 58.
Zum 225. Todestag von Georg Friedrich Händel: Deutsche Demokratische Republik Nr. 99.
Zum 250. Todestag von Johann Sebastian Bach: Bundesrepublik Deutschland Nr. 200.

150 JAHRE EISENBAHN IN DEUTSCHLAND

				VZ	ST	PP
162	[438]	5 Deutsche Mark (N, K-N plattiert) 1985. Rs. Eisenbahnrad in rotierender Bewegung. Randschrift: EISENBAHN NÜRNBERG - FÜRTH ∞ 7. DEZEMBER 1835 ∞				
		1985 G Normalprägung	(8 000 000 Ex.)	3,–	6,–	
		1985 G Spiegelglanz	(350 000 Ex.)			8,–

Entwurf und Modell von Erich Ott.

Ausgegeben ab 7. November 1985.

600 JAHRE UNIVERSITÄT HEIDELBERG

				VZ	ST	PP
163	[439]	5 Deutsche Mark (N, K-N plattiert) 1986. Rs. Gekrönter kurpfälzischer Löwe vom Siegel der Ruprecht-Karls-Universität Heidelberg. Randschrift: AUS TRADITION IN DIE ZUKUNFT ◊				
		1986 D Normalprägung	(8 000 000 Ex.)	3,–	6,–	
		1986 D Spiegelglanz	(350 000 Ex.)			8,–

Entwurf und Modell von Heinrich Körner.

Ausgegeben ab 24. Juni 1986.

200. TODESTAG VON FRIEDRICH DEM GROSSEN

164 [440] 5 Deutsche Mark (N, K-N plattiert) 1986. Rs. Friedrich II. (1712–1786), Kurfürst von Brandenburg ab 1740, König von Preußen. Randschrift:

ICH BIN DER ERSTE DIENER MEINES STAATES ☆

			VZ	ST	PP
1986 F	Normalprägung	(8 000 000 Ex.)	3,–	6,–	
1986 F	Spiegelglanz	(350 000 Ex.)			8,–

Entwurf und Modell von Carl Vezerfi Clemm.

Ausgegeben ab 22. Oktober 1986.

Auf Schloss Sanssouci und das Neue Palais in Potsdam: Deutsche Demokratische Republik Nrn. 107–108.

Münzen aus der Zeit Friedrichs des Großen siehe im Deutschen Münzkatalog 18. Jahrhundert (5. Auflage 2019).

750 JAHRE BERLIN

165 [441] 10 Deutsche Mark (S) 1987. Rs. Berliner Bär in Gestalt von Häuserfassaden und der Trennungslinie der Berliner Mauer, das mittelalterliche Stadtsiegel haltend. 625er Silber, 15.5 g, Randschrift:

EINIGKEIT UND RECHT UND FREIHEIT

			VZ	ST	PP
1987 J	Normalprägung	(8 000 000 Ex.)		12,–	
1987 J	Spiegelglanz	(350 000 Ex.)			30,–

Halbfabrikat (unbeprägte Ronde mit Randschrift von Nr. 165) im Handel vorgekommen.

Entwurf und Modell von Reinhart Heinsdorff.

Ausgegeben ab 30. April 1987 (Berlin), 9. September 1987 (Bundesgebiet). Außer Kurs seit 1. Januar 2002. Einlösbar ohne zeitliche Beschränkung.

Zum gleichen Anlass: Deutsche Demokratische Republik Nrn. 31 (1987), 113–117.

30 JAHRE RÖMISCHE VERTRÄGE
ZUR GRÜNDUNG DER EUROPÄISCHEN GEMEINSCHAFT

				ST	PP
166	[442]	10	Deutsche Mark (S) 1987. Rs. Zwölf Zugpferde als Symbol für die Mitgliedstaaten. 625er Silber, 15.5 g, Randschrift: ADENAUER ☆ BECH ☆ DE GASPERI ☆ LUNS ☆ SCHUMAN ☆ SPAAK ☆		
			1987 G Normalprägung (8 000 000 Ex.)	12,–	
			1987 G Spiegelglanz (350 000 Ex.)		20,–

Entwurf und Modell von Reinhart Heinsdorff.

Ausgegeben ab 25. November 1987.

Auf 50 Jahre Römische Verträge: Bundesrepublik Deutschland Nrn. 255, 257, Österreich Nr. 337.

40 JAHRE DEUTSCHE MARK

ST

167 [445] 2 Deutsche Mark (N, K-N plattiert) 1988–2001. Rs. Ludwig Erhard (1897–1977), Begründer der Sozialen Marktwirtschaft, Bundeskanzler 1963–1966. Randschrift »Einigkeit und Recht und Freiheit«:

		A	D	F	G	J
1988	22 500 000		4,–	4,–	4,–	4,–
1989	40 000 000		4,–	4,–	4,–	4,–
1990	52 000 000		4,–	4,–	4,–	4,–
1991	20 000 000	4,–	4,–	4,–	4,–	4,–
1992	36 667 000	4,–	4,–	4,–	4,–	4,–
1993	3 000 000	10,–	10,–	10,–	30,–	10,–
1994	25 000 000	4,–	4,–	4,–	4,–	4,–
1995	* 2 575 000	5,–	50,–	50,–	5,–	50,–
1996	750 000	8,–	8,–	8,–	8,–	8,–
1997	* 350 000	4,–	4,–	4,–	4,–	4,–
1998	* 350 000	4,–	4,–	4,–	4,–	4,–
1999	* 350 000	4,–	4,–	4,–	4,–	4,–
2000	* 385 000	4,–	4,–	4,–	4,–	4,–
2001	* 678 826	4,–	4,–	4,–	4,–	4,–

* Abweichungen vom Prägeschlüssel:

1995	A (1 595 000), D (20 000), F (20 000), G (920 000), J (20 000)
1997–1999	A, D, F, G, J (je 70 000)
2000	A, D, F, G, J (je 77 000)
2001	A, D, F (je 130 000), G (153 018), J (135 808)

In der vorstehenden Tabelle sind die Spiegelglanzprägungen nicht enthalten (siehe Aufstellung der Münzsätze auf Seite 344).

Ausgegeben ab 20. Juni 1988. Außer Kurs seit 1. Januar 2002. Einlösbar ohne zeitliche Beschränkung.

167F Fehlprägung Erhard 1991 G ohne Randschrift ST –,–

200. GEBURTSTAG VON ARTHUR SCHOPENHAUER

						ST	PP
168	[443]	10	Deutsche Mark (S) 1988. Rs. Arthur Schopenhauer (1788–1860), Philosoph. Randschrift: DIE WELT ALS WILLE UND VORSTELLUNG ◦				
			1988 D	Normalprägung	(8 000 000 Ex.)	12,–	
			1988 D	Spiegelglanz	(350 000 Ex.)		15,–

Entwurf und Modell von Hans Joachim Dobler.

Ausgegeben ab 21. September 1988.

100. TODESTAG VON CARL ZEISS

169	[444]	10	Deutsche Mark (S) 1988. Rs. Carl Zeiß (1816–1888), Feinmechaniker und Optiker, neben Mikroskop. Randschrift: OPTIK FÜR WISSENSCHAFT UND TECHNIK ☆				
			1988 F	Normalprägung	(8 000 000 Ex.)	12,–	
			1988 F	Spiegelglanz	(350 000 Ex.)		15,–

Entwurf und Modell von Carl Vezerfi Clemm.

Ausgegeben ab 23. November 1988.

Zum gleichen Anlass: Deutsche Demokratische Republik Nr. 123.

40 JAHRE BUNDESREPUBLIK DEUTSCHLAND

					ST	PP
170	[446]	10	Deutsche Mark (S) 1989. Rs. Wappen der elf Bundesländer, in kreisförmiger Anordnung durch Seile in der Form der Zahl 40 miteinander verbunden. Randschrift: 40 JAHRE FRIEDEN UND FREIHEIT ☆			
			1989 G Normalprägung	(8 000 000 Ex.)	12,–	
			1989 G Spiegelglanz	(350 000 Ex.)		20,–

Entwurf und Modell von Reinhart Heinsdorff.

Ausgegeben ab 17. Mai 1989.

170F Fehlprägung ohne Randschrift ST 320,–

2000 JAHRE BONN

					ST	PP
171	[447]	10	Deutsche Mark (S) 1989. Rs. Römischer Grabstein, barockes Rathaus, romanisches Münster, kurfürstliches Schloss und Villa Hammerschmidt in Bonn mit der Godesburg vor Elementen der Himmelskartierung (1862) von Friedrich Wilhelm August Argelander. Randschrift: BONN BLÜHE UND BLEIBE ◇			
			1989 D Normalprägung	(8 000 000 Ex.)	12,–	
			1989 D Spiegelglanz	(350 000 Ex.)		15,–

Entwurf und Modell von Paul Effert.

Ausgegeben ab 20. September 1989.

800 JAHRE STADT HAMBURG

				ST	PP
172	[448]	10 Deutsche Mark (S) 1989. Rs. Burg als Stadtwappenbild über Wellen. Randschrift: HAMBURG ▲ TOR ▲ ZUR ▲ WELT ▲ ▲			
		1989 J	Normalprägung (8 000 000 Ex.)	12,–	
		1989 J	Spiegelglanz (350 000 Ex.)		15,–

Entwurf und Modell von Klaus Luckey.
Ausgegeben ab 8. November 1989.

800. TODESTAG VON KAISER FRIEDRICH I. »BARBAROSSA«

				ST	PP
173	[449]	10 Deutsche Mark (S) 1990. Rs. Kaiser Friedrich I. (1122–1190) im Krönungsornat mit Szepter und Reichsapfel, nach dem Motiv einer Goldbulle. Randschrift: HONOR IMPERII			
		1990 F	Normalprägung (7 450 000 Ex.)	12,–	
		1990 F	Spiegelglanz (400 000 Ex.)		15,–

Entwurf und Modell von Eugen Ruhl.
Ausgegeben ab 8. Juni 1990.

ST

174 [450] 2 Deutsche Mark (N, K-N plattiert) 1990–2001. Rs. Franz Josef Strauß (1915–1988), Bundesminister für besondere Aufgaben 1953–1955, für Atomfragen 1955–1956, der Verteidigung 1956–1962 und der Finanzen 1966–1969, Ministerpräsident des Freistaates Bayern ab 1978. Randschrift »Einigkeit und Recht und Freiheit«:

		A	D	F	G	J
1990	52 000 000		4,–	4,–	4,–	4,–
1991	20 000 000	4,–	4,–	4,–	4,–	4,–
1992	36 667 000	4,–	4,–	4,–	4,–	4,–
1993	3 000 000	10,–	10,–	10,–	30,–	10,–
1994	25 000 000	4,–	4,–	4,–	4,–	4,–
1995	* 2 275 000	5,–	50,–	50,–	5,–	50,–
1996	750 000	8,–	8,–	8,–	8,–	8,–
1997	* 350 000	4,–	4,–	4,–	4,–	4,–
1998	* 350 000	4,–	4,–	4,–	4,–	4,–
1999	* 350 000	4,–	4,–	4,–	4,–	4,–
2000	* 385 000	4,–	4,–	4,–	4,–	4,–
2001	* 655 808	4,–	4,–	4,–	4,–	4,–

* Abweichungen vom Prägeschlüssel:

1995	A (1 595 000), D (20 000), F (20 000), G (620 000), J (20 000)
1997–1999	A, D, F, G, J (je 70 000)
2000	A, D, F, G, J (je 77 000)
2001	A (130 000), D (135 808), F, G, J (je 130 000)

In der vorstehenden Tabelle sind die Spiegelglanzprägungen nicht enthalten (siehe Aufstellung der Münzsätze auf Seite 344).

Ausgegeben ab 9. Oktober 1990. Außer Kurs seit 1. Januar 2002.
Einlösbar ohne zeitliche Beschränkung.

Auch nach der Einführung des Euro Bargeldes bleibt der Nennwert der auf Deutsche Mark und Pfennig lautenden Münzen (mit Ausnahme von Nr. 109) garantiert. Bei allen Filialen der Deutschen Bundesbank können diese Stücke ohne zeitliche Beschränkung in Euro umgetauscht werden.

800 JAHRE DEUTSCHER ORDEN

				ST	PP
175	[451]	10 Deutsche Mark (S) 1990. Rs. Mittelalterliche Deutschordensfahne mit Wappenschild und der gekrönten Mutter Gottes mit dem Jesuskind. Randschrift »Es bleib in Gedächtnis, so lang Gott will«:			
		1990 J Normalprägung	(8 400 000 Ex.)	12,–	
		1990 J Spiegelglanz	(450 000 Ex.)		15,–

Entwurf und Modell von Hubert Klinkel.

Ausgegeben ab 4. September 1991.

200 JAHRE BRANDENBURGER TOR ZU BERLIN

				ST	PP
176	[452]	10 Deutsche Mark (S) 1991. Rs. Brandenburger Tor (1791) in Berlin, westliches Stadttor nach Plänen von Carl Gotthard Langhans mit der Quadriga von Johann Gottfried Schadow. Randschrift »Deutschland, einig Vaterland«:			
		1991 A Normalprägung	(8 400 000 Ex.)	12,–	
		1991 A Spiegelglanz	(450 000 Ex.)		15,–

Entwurf und Modell von Erich Ott (4. Preis des Gestaltungswettbewerbs).

Ausgegeben ab 18. Dezember 1991.

Halbfabrikat (unbeprägte Ronde mit Randschrift von Nr. 176) im Handel vorgekommen.

Weitere Münzausgaben mit dem Brandenburger Tor: Deutsche Demokratische Republik Nrn. 31, 129, 137–138, Bundesrepublik Deutschland Nrn. 209–211.

125. GEBURTSTAG VON KÄTHE KOLLWITZ

ST **PP**

177 [453] 10 Deutsche Mark (S) 1992. Rs. Käthe Kollwitz (1867–1945), Graphikerin, Malerin und Bildhauerin. Randschrift »Ich will wirken in dieser Zeit«:

1992 G	Normalprägung	(8 000 000 Ex.)	12,–	
1992 G	Spiegelglanz	(450 000 Ex.)		15,–

Entwurf und Modell von Reinhart Heinsdorff.

Ausgegeben ab 3. Juli 1992.

Zum 100. Geburtstag von Käthe Kollwitz: Deutsche Demokratische Republik Nr. 19.

150 JAHRE KLASSE FÜR WISSENSCHAFTEN UND KÜNSTE DES ORDENS »POUR LE MÉRITE«

178 [454] 10 Deutsche Mark (S) 1992. Rs. Alexander von Humboldt (1769–1859), Naturforscher, 1. Kanzler des Ordens »Pour le Mérite« für Wissenschaften und Künste. Randschrift »Gemeinschaft von Gelehrten und Künstlern«:

1992 D	Normalprägung	(8 000 000 Ex.)	12,–	
1992 D	Spiegelglanz	(450 000 Ex.)		15,–

Entwurf und Modell von Werner Godec.

Ausgegeben ab 9. Dezember 1992.

Zum 200. Geburtstag von Alexander von Humboldt: Nr. 118.

1000 JAHRE POTSDAM (POZTUPIMI)

					ST	PP
179	[455]	10	Deutsche Mark (S) 1993. Rs. Schloss Sanssouci, Nikolaikirche und Einsteinturm in Potsdam. Randschrift »Das ganze Eiland muss ein Paradies werden«:			
			1993 F	Normalprägung (7 500 000 Ex.)	12,–	
			1993 F	Spiegelglanz (450 000 Ex.)		15,–

Entwurf und Modell von Erich Ott.

Ausgegeben ab 16. Juni 1993.

Weitere Münzausgaben mit Bauwerken aus Potsdam: Deutsches Reich Nrn. 81–83, Deutsche Demokratische Republik Nrn. 50, 107–108.

150. GEBURTSTAG VON ROBERT KOCH

					ST	PP
180	[456]	10	Deutsche Mark (S) 1993. Rs. Robert Koch (1843–1910), Bakteriologe, Nobelpreisträger für Medizin 1905. Randschrift »Mitbegründer der Bakteriologie«:			
			1993 J	Normalprägung (7 000 000 Ex.)	12,–	
			1993 J	Spiegelglanz (450 000 Ex.)		15,–

Entwurf und Modell von Hubert Klinkel.

Ausgegeben ab 9. Februar 1994.

Halbfabrikat (unbeprägte Ronde mit Randschrift von Nr. 180) im Handel vorgekommen.

Zum 125. Geburtstag von Robert Koch: Deutsche Demokratische Republik Nr. 21.

50. JAHRESTAG DES ATTENTATS VOM 20. JULI 1944

ST PP

181 [457] 10 Deutsche Mark (S) 1994. Rs. Linker Adlerflügel, von Kette beschwert. Randschrift »Widerstand gegen den Nationalsozialismus«:

			ST	PP
1994 A	Normalprägung	(7 000 000 Ex.)	12,–	
1994 A	Spiegelglanz	(450 000 Ex.)		15,–

Entwurf und Modell von Paul Effert.

Ausgegeben ab 6. Juli 1994.

Halbfabrikat (unbeprägte Ronde mit Randschrift von Nr. 181) im Handel vorgekommen.

45 JAHRE BUNDESREPUBLIK DEUTSCHLAND

ST

182 [459] 2 Deutsche Mark (N, K-N plattiert) 1994–2001. Rs. Herbert Frahm alias Willy Brandt (1913–1992), Regierender Bürgermeister von Berlin, Bundeskanzler, Friedensnobelpreisträger:

		A	D	F	G	J
1994	25 000 000	4,–	4,–	4,–	4,–	4,–
1995	* 2 930 000	5,–	50,–	50,–	5,–	35,–
1996	750 000	8,–	8,–	8,–	8,–	8,–
1997	* 350 000	4,–	4,–	4,–	4,–	4,–
1998	* 350 000	4,–	4,–	4,–	4,–	4,–
1999	* 350 000	4,–	4,–	4,–	4,–	4,–
2000	* 385 000	4,–	4,–	4,–	4,–	4,–
2001	* 661 616	4,–	4,–	4,–	4,–	4,–

* Abweichungen vom Prägeschlüssel:

1995	A (1 595 000), D (20 000), F (20 000), G (1 220 000), J (75 000)
1997–1999	A, D, F, G, J (je 70 000)
2000	A, D, F, G, J (je 77 000)
2001	A (135 808), D (130 000), F (135 808), G, J (je 130 000)

In der vorstehenden Tabelle sind die Spiegelglanzprägungen nicht enthalten (siehe Aufstellung der Münzsätze auf Seite 344).

Ausgegeben ab 19. Juli 1994. Außer Kurs seit 1. Januar 2002.

Einlösbar ohne zeitliche Beschränkung.

250. GEBURTSTAG VON JOHANN GOTTFRIED HERDER

183 [458] 10 Deutsche Mark (S) 1994. Rs. Johann Gottfried Herder (1744–1803), Philosoph. Randschrift »Humanität ist der Zweck der Menschennatur«:

			ST	PP
1994 G	Normalprägung	(7 000 000 Ex.)	12,–	
1994 G	Spiegelglanz	(450 000 Ex.)		15,–

Entwurf und Modell von Wolfgang Theodor Doehm.

Ausgegeben ab 15. November 1994.

Zum 175. Todestag von Johann Gottfried Herder: Deutsche Demokratische Republik Nr. 70.

50. JAHRESTAG DER ZERSTÖRUNG DER FRAUENKIRCHE ZU DRESDEN

184 [460] 10 Deutsche Mark (S) 1995. Rs. Ruinenteile und Trümmerfeld der Frauenkirche (1726/1743) in Dresden. Randschrift »Steinerne Glocke, Symbol für Toleranz«:

			ST	PP
1995 J	Normalprägung	(7 000 000 Ex.)	12,–	
1995 J	Spiegelglanz	(450 000 Ex.)		15,–

Entwurf und Modell von Reinhart Heinsdorff.

Ausgegeben ab 3. Mai 1995.

Zum 40. Jahrestag: Deutsche Demokratische Republik Nr. 101.

150. GEBURTSTAG VON WILHELM CONRAD RÖNTGEN
100. JAHRESTAG DER ENTDECKUNG DER RÖNTGENSTRAHLEN

				ST	PP
185	[461]	10 Deutsche Mark (S) 1995. Rs. Abbildung einer Hand als Aufsicht und als Röntgenaufnahme. Randschrift »Erster Nobelpreis für Physik 1901«:			
		1995 D Normalprägung	(6 500 000 Ex.)	12,–	
		1995 D Spiegelglanz	(400 000 Ex.)		15,–

Entwurf und Modell von Claus und Ursula Homfeld.

Ausgegeben ab 13. September 1995.

Zum 125. Geburtstag von Wilhelm Conrad Röntgen: Deutsche Demokratische Republik Nr. 28.

800. TODESTAG HEINRICH DES LÖWEN

186	[462]	10 Deutsche Mark (S) 1995. Rs. Welfischer Löwe als Wappenbild Heinrich des Löwen (1129/30–1195), Herzog von Sachsen und Bayern, mit Sonne und Mond als Zeichen des christlichen Herrschaftsanspruchs, nach dem Mantel Kaiser Ottos IV. Randschrift »Heinrich der Loewe aus kaiserlichem Stamm«:			
		1995 F Normalprägung	(6 500 000 Ex.)	12,–	
		1995 F Spiegelglanz	(400 000 Ex.)		15,–

Entwurf und Modell von Hubert Klinkel.

Ausgegeben ab 5. Dezember 1995.

Halbfabrikat (unbeprägte Ronde mit Randschrift von Nr. 186) im Handel vorgekommen.

150 JAHRE KATHOLISCHER GESELLENVEREIN IN ELBERFELD

					ST	PP
187	[463]	10	Deutsche Mark (S) 1996. Rs. Adolf Kolping (1813–1865) vor der Gründungsversammlung (1849) des Kolpingwerkes in Köln, Aufnahme von Handwerksgesellen und Bildungsarbeit auf Emblem vor Weltkugel. Randschrift »Taetige Liebe heilt alle Wunden«:			
			1996 A Normalprägung	(5 600 000 Ex.)	12,–	
			1996 A Spiegelglanz	(400 000 Ex.)		15,–

Entwurf und Modell von Reinhart Heinsdorff.
Ausgegeben ab 21. August 1996.

500. GEBURTSTAG VON PHILIPP SCHWARZERD (MELANCHTHON)

					ST	PP
188	[464]	10	Deutsche Mark (S) 1997. Rs. Philipp Schwarzerd (Melanchthon) (1497–1560), Reformator, nach einem Porträt (1526) von Albrecht Dürer. Randschrift »Zum Gespraech geboren«:			
			1997 J Normalprägung	(3 010 000 Ex.)	12,–	
			1997 A Spiegelglanz	(152 272 Ex.)		18,–
			1997 D Spiegelglanz	(152 272 Ex.)		16,–
			1997 F Spiegelglanz	(152 272 Ex.)		16,–
			1997 G Spiegelglanz	(152 272 Ex.)		16,–
			1997 J Spiegelglanz	(152 272 Ex.)		16,–

Entwurf und Modell von Hubert Klinkel.
Ausgegeben ab 13. Februar 1997.

Nr. 188 mit kaum sichtbarer Stirnlocke beruht auf Stempelabnutzung.

Numisblatt 1 — Nr. 188 in Normalprägung mit Briefmarkenkleinbogen zu 10×100 Pfennig (Ersttagsstempel 4. Februar 1997) (*60 000 Ex.) 300,–

Ausgegeben ab 18. April 1997 durch die Deutsche Post Niederlassung Postphilatelie in Frankfurt am Main.

*Die Kontingente der Numisblätter sind in den Auflagen der Normalprägungen der Münzen enthalten.

100 JAHRE DIESELMOTOR

189 [465] 10 Deutsche Mark (S) 1997. Rs. Verbrennungsmotor (1897) von Rudolf Diesel (1858–1913). Randschrift »Gedanken sind der Motor der Welt«. 625er Silber, 15.5 g:

			ST	PP
1997 F	Normalprägung	(3 000 000 Ex.)	12,–	
1997 A	Spiegelglanz	(152 272 Ex.)		16,–
1997 D	Spiegelglanz	(152 272 Ex.)		15,–
1997 F	Spiegelglanz	(152 272 Ex.)		15,–
1997 G	Spiegelglanz	(152 272 Ex.)		15,–
1997 J	Spiegelglanz	(152 272 Ex.)		15,–

Entwurf und Modell von Hans Joachim Dobler.

Ausgegeben ab 28. August 1997.

Numisblatt 2 Nr. 189 in Normalprägung mit Briefmarkenkleinbogen zu 10×300 Pfennig (* 90 000 Ex.) 40,–

200. GEBURTSTAG VON HEINRICH HEINE

190 [466] 10 Deutsche Mark (S) 1997. Rs. Harry »Heinrich« Heine (1797–1856), Lyriker, nach einer Vorlage (1829) von Wilhelm Hensel, Unterschrift »Eh bien, cet homme c'est moi« und die ersten beiden Strophen aus dem Gedicht »Loreley« im Hintergrund in eigener Handschrift. Randschrift »Deutschland, das sind wir selber. 1833«. 625er Silber, 15.5 g:

			ST	PP
1997 D	Normalprägung	(2 990 000 Ex.)	12,–	
1997 A	Spiegelglanz	(152 272 Ex.)		16,–
1997 D	Spiegelglanz	(152 272 Ex.)		15,–
1997 F	Spiegelglanz	(152 272 Ex.)		15,–
1997 G	Spiegelglanz	(152 272 Ex.)		15,–
1997 J	Spiegelglanz	(152 272 Ex.)		15,–

Entwurf und Modell von Reinhart Heinsdorff.

Ausgegeben ab 6. November 1997.

			ST	PP
Numisblatt 3	Nr. 190 in Normalprägung mit Briefmarkenkleinbogen zu 10×110 Pfennig (* 100 000 Ex.):			
	1. mit Runen am Bogenrand **		300,–	
	2. ohne Runen am Bogenrand		20,–	

** Vorsicht vor Verfälschungen durch Umkleben des Briefmarkenkleinbogens!

Zum 175. Geburtstag von Heinrich Heine: Deutsche Demokratische Republik Nr. 42.

350. JAHRESTAG DES WESTFÄLISCHEN FRIEDENS

191 [467] 10 Deutsche Mark (S) 1998. Rs. Taube, Tintenfass, Handreichung und Friedenskuss. Randschrift »Fried ernaehrt, Unfried verzehrt«. 925er Silber, 15.5 g:

			ST	PP
1998 J	Normalprägung	(3 500 000 Ex.)	15,–	
1998 A	Spiegelglanz	(200 000 Ex.)		18,–
1998 D	Spiegelglanz	(200 000 Ex.)		16,–
1998 F	Spiegelglanz	(200 000 Ex.)		16,–
1998 G	Spiegelglanz	(200 000 Ex.)		16,–
1998 J	Spiegelglanz	(200 000 Ex.)		16,–

Entwurf und Modell von Aase Thorsen.
Ausgegeben ab 12. März 1998.

		ST	PP
Satz	Blisterpack mit Nr. 191 (A, D, F, G, J) in Spiegelglanz		70,–
Numisblatt 4	Nr. 191 in Normalprägung mit Briefmarkenkleinbogen zu 10×110 Pfennig (* 100 000 Ex.)	18,–	

900. GEBURTSTAG VON HILDEGARD VON BINGEN

192 [468] 10 Deutsche Mark (S) 1998. Rs. Hildegard von Bingen (1098–1179) beim Verfassen des Buches (Liber) »Sci vias domini«, von der Hand Gottes inspiriert. Randschrift »Wisse die Wege des Herrn«. 925er Silber, 15.5 g:

			ST	PP
1998 G	Normalprägung	(3 500 000 Ex.)	15,–	
1998 A	Spiegelglanz	(200 000 Ex.)		18,–
1998 D	Spiegelglanz	(200 000 Ex.)		16,–
1998 F	Spiegelglanz	(200 000 Ex.)		16,–
1998 G	Spiegelglanz	(200 000 Ex.)		16,–
1998 J	Spiegelglanz	(200 000 Ex.)		16,–

Entwurf und Modell von Carl Vezerfi Clemm.

Ausgegeben ab 16. April 1998.

192F Fehlprägung 1998 A ohne Randschrift PP 800,–

Satz Blisterpack mit Nr. 192 (A, D, F, G, J) in Spiegelglanz 70,–

Numisblatt 5 Nr. 192 in Normalprägung mit Briefmarkenkleinbogen zu 10×100 Pfennig (* 100 000 Ex.) 18,–

50 JAHRE DEUTSCHE MARK

193 [469] 10 Deutsche Mark (S) 1998. Rs. Münzmotive der Marknominale. Randschrift »Einigkeit und Recht und Freiheit«. 925er Silber, 15.5 g:

			ST	PP
1998 F	Normalprägung	(3 525 000 Ex.)	15,–	
1998 A	Spiegelglanz	(195 000 Ex.)		18,–
1998 D	Spiegelglanz	(195 000 Ex.)		16,–
1998 F	Spiegelglanz	(195 000 Ex.)		16,–
1998 G	Spiegelglanz	(195 000 Ex.)		16,–
1998 J	Spiegelglanz	(195 000 Ex.)		16,–

Entwurf von Ulrich von Chrzanowski (Wertseite) und Heinrich Schlüter (Bildseite) (ohne Gestaltungswettbewerb).

Ausgegeben ab 19. Juni 1998.

Satz Blisterpack mit Nr. 193 (A, D, F, G, J) in Spiegelglanz 75,–

Numisblatt 6 Nr. 193 in Normalprägung mit Briefmarkenkleinbogen zu 10×110 Pfennig (* 100 000 Ex.) 18,–

300 JAHRE FRANCKESCHE STIFTUNGEN

				ST	PP

194 [470] 10 Deutsche Mark (S) 1998. Rs. August Hermann Francke (1663–1727), Theologe und Pädagoge, flankiert von zwei Adlern als Symbol für die Kraft des Glaubens »... dass sie auffahren mit Flügeln wie Adler« (Jes 40,31), Gebäude der Franckeschen Stiftungen in Halle an der Saale. Randschrift »Er vertrauete Gott«. 925er Silber, 15.5 g:

			ST	PP
1998 A	Normalprägung	(3 500 000 Ex.)	15,–	
1998 A	Spiegelglanz	(200 000 Ex.)		18,–
1998 D	Spiegelglanz	(200 000 Ex.)		16,–
1998 F	Spiegelglanz	(200 000 Ex.)		16,–
1998 G	Spiegelglanz	(200 000 Ex.)		16,–
1998 J	Spiegelglanz	(200 000 Ex.)		16,–

Entwurf und Modell von Heinz Hoyer.
Ausgegeben ab 10. September 1998.

Satz Blisterpack mit Nr. 194 (A, D, F, G, J) in Spiegelglanz 70,–
Numisblatt 7 Nr. 194 in Normalprägung mit Briefmarkenkleinbogen zu 10×110 Pfennig (* 100 000 Ex.) 18,–

50 JAHRE BUNDESREPUBLIK DEUTSCHLAND

195 [471] 10 Deutsche Mark (S) 1999. Rs. Zentrale Inhalte des Grundgesetzes in spiralförmiger Anordnung. Randschrift »Für das gesamte deutsche Volk«. 925er Silber, 15.5 g:

			ST	PP
1999 D	Normalprägung	(3 000 000 Ex.)	15,–	
1999 A	Spiegelglanz	(162 300 Ex.)		18,–
1999 D	Spiegelglanz	(162 300 Ex.)		16,–
1999 F	Spiegelglanz	(162 300 Ex.)		16,–
1999 G	Spiegelglanz	(162 300 Ex.)		16,–
1999 J	Spiegelglanz	(162 300 Ex.)		16,–

Entwurf und Modell von Hans Joachim Dobler.
Ausgegeben ab 21. Mai 1999.

Satz Blisterpack mit Nr. 195 (A, D, F, G, J) in Spiegelglanz 70,–
Numisblatt 8 Nr. 195 in Normalprägung mit Briefmarkenblöcken zu 2×110 Pfennig (* 150 000 Ex.) 18,–

50 JAHRE »SOS« KINDERDÖRFER

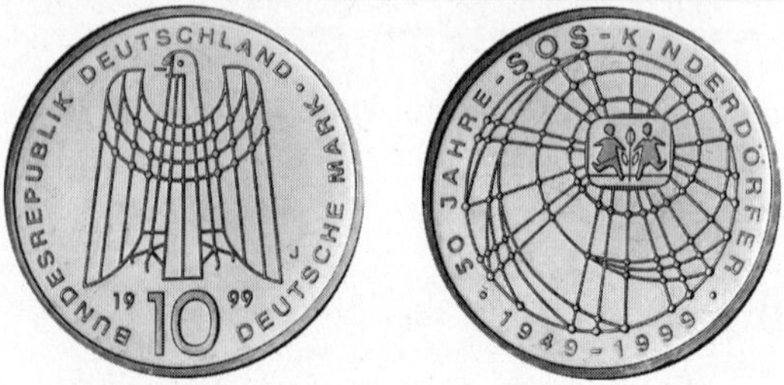

196 [472] 10 Deutsche Mark (S) 1999. Rs. Emblem des Kinderhilfswerks auf weltumspannendem Netzwerk. Randschrift »SOS Kinderdörfer, eine Idee für die Welt«. 925er Silber, 15.5 g:

			ST	PP
1999 J	Normalprägung	(3 000 000 Ex.)	15,–	
1999 A	Spiegelglanz	(162 300 Ex.)		18,–
1999 D	Spiegelglanz	(162 300 Ex.)		16,–
1999 F	Spiegelglanz	(162 300 Ex.)		16,–
1999 G	Spiegelglanz	(162 300 Ex.)		16,–
1999 J	Spiegelglanz	(162 300 Ex.)		16,–

Entwurf und Modell von Mathias Furthmair.

Ausgegeben ab 10. Juni 1999.

Satz Blisterpack mit Nr. 196 (A, D, F, G, J) in Spiegelglanz 70,–

Numisblatt 9 Nr. 196 in Normalprägung mit Briefmarkenkleinbogen zu 10×110 Pfennig (* 150 000 Ex.) 18,–

EUROPÄISCHE KULTURHAUPTSTADT 1999 WEIMAR
250. GEBURTSTAG VON JOHANN WOLFGANG VON GOETHE

197 [473] 10 Deutsche Mark (S) 1999. Rs. Johann Wolfgang von Goethe (1749–1832), Dichter, nach einem Bildnis (1775) von Johann Peter Melchior, Namen von Vertretern des Weimarer Kulturlebens. Randschrift »Wirke gut, so wirkst du länger«. 925er Silber, 15.5 g:

			ST	PP
1999 F	Normalprägung	(3 000 000 Ex.)	15,–	
1999 A	Spiegelglanz	(162 300 Ex.)		18,–
1999 D	Spiegelglanz	(162 300 Ex.)		16,–
1999 F	Spiegelglanz	(162 300 Ex.)		16,–
1999 G	Spiegelglanz	(162 300 Ex.)		16,–
1999 J	Spiegelglanz	(162 300 Ex.)		16,–

Entwurf und Modell von František Chochola.

Ausgegeben ab 12. August 1999.

		ST	PP
Satz	Blisterpack mit Nr. 197 (A, D, F, G, J) in Spiegelglanz		70,–
Numisblatt 10	Nr. 197 in Normalprägung mit Briefmarkenkleinbogen zu 10×110 Pfennig (* 150 000 Ex.)	18,–	

Zum 100. Todestag von Johann Wolfgang von Goethe: Deutsches Reich Nrn. 73–74.
Zum 220. Geburtstag: Deutsche Demokratische Republik Nr. 27.
Zum 150. Todestag: Bundesrepublik Deutschland Nr. 156, Deutsche Demokratische Republik Nr. 83.

1200 JAHRE DOM ZU AACHEN
1200. JAHRESTAG DER KAISERKRÖNUNG KARLS DES GROSSEN

198 [475] 10 Deutsche Mark (S) 2000. Rs. Karl I. (747–814), König der Franken, ab 800 römischer Kaiser, bei der Widmung seines Kirchenbaus an Maria mit dem Jesuskind, nach einem Motiv des Karlsschreins (1215), auf achteckigem Grundriss der Pfalzkapelle zu Aachen. Randschrift »Urbs Aquensis, urbs regalis«. 925er Silber, 15.5 g:

			ST	PP
2000 G	Normalprägung	(3 000 000 Ex.)	15,–	
2000 A	Spiegelglanz	(165 260 Ex.)		18,–
2000 D	Spiegelglanz	(165 260 Ex.)		16,–
2000 F	Spiegelglanz	(165 260 Ex.)		16,–
2000 G	Spiegelglanz	(165 260 Ex.)		16,–
2000 J	Spiegelglanz	(165 260 Ex.)		16,–

Entwurf und Modell von Erich Ott.
Ausgegeben ab 13. Januar 2000.

		ST	PP
Satz	Blisterpack mit Nr. 198 (A, D, F, G, J) in Spiegelglanz		70,–
Numisblatt 11	Nr. 198 in Normalprägung mit Briefmarkenkleinbogen zu 10×110 Pfennig (* 150 000 Ex.)	18,–	

WELTAUSSTELLUNG 2000 IN HANNOVER

						ST	PP
199	[474]	10	Deutsche Mark (S) 2000. Rs. Mensch beim Abwägen zwischen Natur und Technik. Randschrift »Weltausstellung Expo 2000 Hannover«. 925er Silber, 15.5 g:				
			2000 A	Normalprägung	(3 000 000 Ex.)	15,–	
			2000 A	Spiegelglanz	(165 260 Ex.)		18,–
			2000 D	Spiegelglanz	(165 260 Ex.)		16,–
			2000 F	Spiegelglanz	(165 260 Ex.)		16,–
			2000 G	Spiegelglanz	(165 260 Ex.)		16,–
			2000 J	Spiegelglanz	(165 260 Ex.)		16,–

Entwurf und Modell von Sonja Seibold.
Ausgegeben ab 13. Januar 2000.

Satz	Blisterpack mit Nr. 199 (A, D, F, G, J) in Spiegelglanz		70,–
Numisblatt 12	Nr. 199 in Normalprägung mit Briefmarkenkleinbogen zu 10×100 Pfennig (* 150 000 Ex.)	18,–	

250. TODESTAG VON JOHANN SEBASTIAN BACH

						ST	PP
200	[476]	10	Deutsche Mark (S) 2000. Rs. Johann Sebastian Bach (1685–1750), Komponist und Organist, nach einem Gemälde von Elias Gottlob Haußmann, umgeben von den Namen seiner Hauptwerke. Randschrift »250. Todestag Johann Sebastian Bach«. 925er Silber, 15.5 g:				
			2000 F	Normalprägung	(3 000 000 Ex.)	15,–	
			2000 A	Spiegelglanz	(165 260 Ex.)		18,–
			2000 D	Spiegelglanz	(165 260 Ex.)		16,–
			2000 F	Spiegelglanz	(165 260 Ex.)		16,–
			2000 G	Spiegelglanz	(165 260 Ex.)		16,–
			2000 J	Spiegelglanz	(165 260 Ex.)		16,–

Entwurf und Modell von Aase Thorsen.
Ausgegeben ab 13. Juli 2000.

Satz	Blisterpack mit Nr. 200 (A, D, F, G, J) in Spiegelglanz		70,–
Numisblatt 13	Nr. 200 in Normalprägung mit Briefmarkenkleinbogen zu 10×110 Pfennig (* 150 000 Ex.)	18,–	

Zum 225. Todestag von Johann Sebastian Bach: Deutsche Demokratische Republik Nr. 58.
Zum 300. Geburtstag: Bundesrepublik Deutschland Nr. 161.

10. JAHRESTAG DES BEITRITTS DER DEUTSCHEN DEMOKRATISCHEN REPUBLIK ZUR BUNDESREPUBLIK DEUTSCHLAND

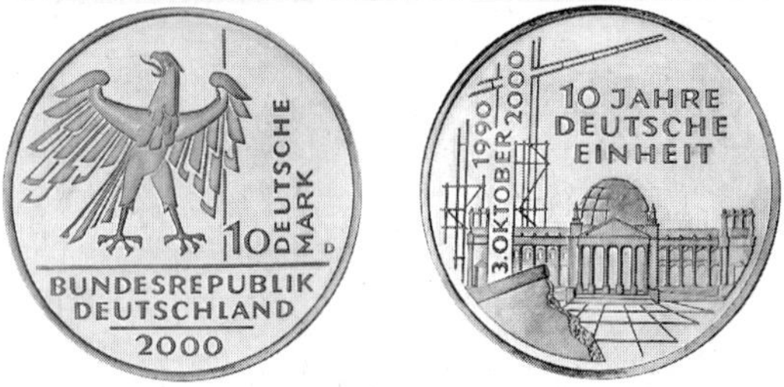

					ST	PP
201	[477]	10	Deutsche Mark (S) 2000. Rs. Reichstagsgebäude, seit 1989 Sitz des Deutschen Bundestages, Baukräne und Fragment der Berliner Mauer. Randschrift »Wir sind das Volk. Wir sind ein Volk«. 925er Silber, 15.5 g:			
			2000 D Normalprägung	(3 000 000 Ex.)	15,–	
			2000 A Spiegelglanz	(165 260 Ex.)		18,–
			2000 D Spiegelglanz	(165 260 Ex.)		16,–
			2000 F Spiegelglanz	(165 260 Ex.)		16,–
			2000 G Spiegelglanz	(165 260 Ex.)		16,–
			2000 J Spiegelglanz	(165 260 Ex.)		16,–

Entwurf und Modell von Doris Waschk Balz.

Ausgegeben ab 28. September 2000.

Satz Blisterpack mit Nr. 201 (A, D, F, G, J) in Spiegelglanz 70,–

Numisblatt 14 Nr. 201 in Normalprägung mit Briefmarkenkleinbogen zu 10×110 Pfennig (* 150 000 Ex.) 18,–

200. GEBURTSTAG VON ALBERT LORTZING

					ST	PP
202	[478]	10	Deutsche Mark (S) 2001. Rs. Albert Gustav Lortzing (1801–1851), Komponist, Notenzeilen aus »Faust II«. Randschrift »Zar und Zimmermann, Wildschütz, Undine«. 925er Silber, 15.5 g:			
			2001 J Normalprägung	(2 500 000 Ex.)	15,–	
			2001 A Spiegelglanz	(165 260 Ex.)		18,–
			2001 D Spiegelglanz	(165 260 Ex.)		16,–
			2001 F Spiegelglanz	(165 260 Ex.)		16,–
			2001 G Spiegelglanz	(165 260 Ex.)		16,–
			2001 J Spiegelglanz	(165 260 Ex.)		16,–

Entwurf und Modell von František Chochola.

Ausgegeben ab 11. Januar 2001.

		ST	PP
Satz	Blisterpack mit Nr. 202 (A, D, F, G, J) in Spiegelglanz		70,–
Numisblatt 15	Nr. 202 in Normalprägung mit Briefmarkenkleinbogen zu 10×110 Pfennig (* 150 000 Ex.)	18,–	

750 JAHRE KATHARINENKLOSTER ZU STRALSUND
50 JAHRE DEUTSCHES MEERESMUSEUM

203 [479] 10 Deutsche Mark (S) 2001. Rs. Kirchenhalle des Dominikanerklosters Sankt Katharinen in Stralsund, ab 1668 Zeughaus, seit 1951 Deutsches Meeresmuseum, unten Skelett eines 1825 gestrandeten Finnwales. Randschrift »Ohne Wasser kein Leben«. 925er Silber, 15.5 g:

			ST	PP
2001 A	Normalprägung	(2 500 000 Ex.)	15,–	
2001 A	Spiegelglanz	(165 260 Ex.)		18,–
2001 D	Spiegelglanz	(165 260 Ex.)		16,–
2001 F	Spiegelglanz	(165 260 Ex.)		16,–
2001 G	Spiegelglanz	(165 260 Ex.)		16,–
2001 J	Spiegelglanz	(165 260 Ex.)		16,–

Entwurf und Modell von Dietrich Dorfstecher.
Ausgegeben ab 13. Juni 2001.

		ST	PP
Satz	Blisterpack mit Nr. 203 (A, D, F, G, J) in Spiegelglanz		70,–
Numisblatt 16	Nr. 203 in Normalprägung mit Briefmarkenkleinbogen zu 10×110 Pfennig (* 150 000 Ex.)	18,–	

50 JAHRE BUNDESVERFASSUNGSGERICHT

				ST	PP
204 [480]	10 Deutsche Mark (S) 2001. Rs. Achtköpfiges Richterkollegium mit Grundgesetz und Waage der Gerechtigkeit. Randschrift »Im Namen des Volkes«. 925er Silber, 15.5 g:				
	2001 G	Normalprägung	(2 000 000 Ex.)	16,–	
	2001 A	Spiegelglanz	(153 260 Ex.)		20,–
	2001 D	Spiegelglanz	(153 260 Ex.)		18,–
	2001 F	Spiegelglanz	(153 260 Ex.)		18,–
	2001 G	Spiegelglanz	(153 260 Ex.)		18,–
	2001 J	Spiegelglanz	(153 260 Ex.)		18,–

Entwurf und Modell von Aase Thorsen.

Ausgegeben ab 5. September 2001. Außer Kurs seit 1. Januar 2002. Einlösbar ohne zeitliche Beschränkung.

		ST	PP
Satz	Blisterpack mit Nr. 204 (A, D, F, G, J) in Spiegelglanz		80,–
Numisblatt 17	Nr. 204 in Normalprägung mit Briefmarkenkleinbogen zu 10×110 Pfennig (* 150 000 Ex.)	18,–	

* Die Kontingente der Numisblätter sind in den Auflagen der Normalprägungen der Münzen enthalten.

ABSCHIED VON DER DEUTSCHEN MARK

			ST
205 [481]	1 Deutsche Mark (G) 2001. Bundesadler, Umschrift »Deutsche Bundesbank«. Rs. Wert zwischen Eichenblättern, wie Nr. 108. Arabeskenrand. 999.9er Gold, 12 g:		
	2001 A	(200 000 Ex.)	575,–
	2001 D	(200 000 Ex.)	550,–
	2001 F	(200 000 Ex.)	550,–
	2001 G	(200 000 Ex.)	550,–
	2001 J	(200 000 Ex.)	550,–

Ausgegeben ab 26. Juli 2001 durch die Deutsche Bundesbank und die Landeszentralbanken zum Preis von 250 Mark (mehrwertsteuerfrei im Kalenderjahr 2019). Außer Kurs seit 1. Januar 2002.

Aus dem Nettoerlös wurden 100 Millionen Mark für die am 1. Januar 2002 gegründete Stiftung *Geld und Währung* zur Förderung wirtschaftswissenschaftlicher Grundlagenforschung bereitgestellt. Die restlichen 84 Millionen Mark gingen an die Stiftung *Preußischer Kulturbesitz* zur Sanierung der Berliner Museumsinsel.

205P	1 Deutsche Mark 2000 A. Materialprobe in Neusilber (K-N-Zk), wie Nr. 205, Umschrift »Deutsche Bundesbank«, 6.2 g	–,–

Auch nach der Einführung des Euro Bargeldes bleibt der Nennwert der auf Deutsche Mark und Pfennig lautenden Münzen (mit Ausnahme von Nr. 109) garantiert. Bei allen Filialen der Deutschen Bundesbank können diese Stücke ohne zeitliche Beschränkung in Euro umgetauscht werden.

WÄHRUNGSUMSTELLUNG 1. Januar 1999:
1,95583 Deutsche Mark <DEM> = 1 Euro <EUR>
NEUE WÄHRUNG: 100 Cent = 1 Euro

1 Cent

Kupferbeschichteter Stahl, 2.30 g, ∅ 16.25 mm, Rand glatt, ⇈

206 [482] 1 Cent (E, K galvanisiert) 2002–2019. Eichenzweig, zwölf Sterne. Rs. Weltkugel mit Kennzeichnung von Europa, zwölf Sterne, Wertangabe. Rand glatt:

	Normalprägung + Stempelglanz	VZ	ST	Spiegelglanz	PP
2002 A	(800 000 000 Ex. + 145 000 Ex.)	*NW*	–,20	(130 150 Ex.)	–,–
D	(840 000 000 Ex. + 145 000 Ex.)	*NW*	–,20	(130 120 Ex.)	–,–
F	(902 660 000 Ex. + 145 000 Ex.)	*NW*	–,20	(130 120 Ex.)	–,–
G	(537 000 000 Ex. + 145 000 Ex.)	*NW*	–,20	(130 120 Ex.)	–,–
J	(833 100 000 Ex. + 145 000 Ex.)	*NW*	–,20	(130 120 Ex.)	–,–
2003 A	*nur aus Sätzen* (180 000 Ex.)		–,–	(150 150 Ex.)	–,–
D	*nur aus Sätzen* (180 000 Ex.)		–,–	(150 120 Ex.)	–,–
F	*nur aus Sätzen* (180 000 Ex.)		–,–	(150 120 Ex.)	–,–
G	*nur aus Sätzen* (180 000 Ex.)		–,–	(150 120 Ex.)	–,–
J	*nur aus Sätzen* (180 000 Ex.)		–,–	(150 120 Ex.)	–,–
2004 A	(280 000 000 Ex. + 133 000 Ex.)	*NW*	–,20	(121 150 Ex.)	–,–
D	(294 000 000 Ex. + 133 000 Ex.)	*NW*	–,20	(121 120 Ex.)	–,–
F	(393 340 000 Ex. + 133 000 Ex.)	*NW*	–,20	(121 120 Ex.)	–,–
G	(218 900 000 Ex. + 133 000 Ex.)	*NW*	–,20	(121 120 Ex.)	–,–
J	(300 900 000 Ex. + 133 000 Ex.)	*NW*	–,20	(121 120 Ex.)	–,–
2005 A	(120 000 000 Ex. + 100 000 Ex.)	*NW*	–,20	(95 150 Ex.)	–,–
D	(126 000 000 Ex. + 100 000 Ex.)	*NW*	–,20	(95 120 Ex.)	–,–
F	(144 000 000 Ex. + 100 000 Ex.)	*NW*	–,20	(95 120 Ex.)	–,–
G	(84 000 000 Ex. + 100 000 Ex.)	*NW*	–,20	(95 120 Ex.)	–,–
J	(126 000 000 Ex. + 100 000 Ex.)	*NW*	–,20	(95 120 Ex.)	–,–
2006 A	*nur aus Sätzen* (90 000 Ex.)		–,–	(75 150 Ex.)	–,–
D	*nur aus Sätzen* (90 000 Ex.)		–,–	(75 120 Ex.)	–,–
F	*nur aus Sätzen* (90 000 Ex.)		–,–	(75 120 Ex.)	–,–
G	*nur aus Sätzen* (90 000 Ex.)		–,–	(75 120 Ex.)	–,–
J	*nur aus Sätzen* (90 000 Ex.)		–,–	(75 120 Ex.)	–,–
2007 A	(119 400 000 Ex. + 88 000 Ex.)	*NW*	–,20	(70 150 Ex.)	–,–
D	(125 370 000 Ex. + 88 000 Ex.)	*NW*	–,20	(70 120 Ex.)	–,–
F	(143 280 000 Ex. + 88 000 Ex.)	*NW*	–,20	(70 120 Ex.)	–,–
G	(83 580 000 Ex. + 88 000 Ex.)	*NW*	–,20	(70 120 Ex.)	–,–
J	(125 370 000 Ex. + 88 000 Ex.)	*NW*	–,20	(70 120 Ex.)	–,–

	Normalprägung + Stempelglanz	VZ	ST	Spiegelglanz	PP
2008 A	(101 200 000 Ex. + 75 000 Ex.)	NW	–,20	(58 150 Ex.)	–,–
D	(106 260 000 Ex. + 72 500 Ex.)	NW	–,20	(55 120 Ex.)	–,–
F	(121 440 000 Ex. + 72 500 Ex.)	NW	–,20	(55 120 Ex.)	–,–
G	(70 840 000 Ex. + 72 500 Ex.)	NW	–,20	(55 120 Ex.)	–,–
J	(106 260 000 Ex. + 72 500 Ex.)	NW	–,20	(55 120 Ex.)	–,–
2009 A	(100 000 000 Ex. + 59 500 Ex.)	NW	–,20	(47 150 Ex.)	–,–
D	(105 000 000 Ex. + 52 000 Ex.)	NW	–,20	(42 120 Ex.)	–,–
F	(120 000 000 Ex. + 52 000 Ex.)	NW	–,20	(42 120 Ex.)	–,–
G	(70 000 000 Ex. + 52 000 Ex.)	NW	–,20	(42 120 Ex.)	–,–
J	(105 000 000 Ex. + 52 000 Ex.)	NW	–,20	(42 120 Ex.)	–,–
2010 A	(94 400 000 Ex. + 53 800 Ex.)	NW	–,20	(45 150 Ex.)	–,–
D	(99 120 000 Ex. + 46 800 Ex.)	NW	–,20	(40 120 Ex.)	–,–
F	(113 280 000 Ex. + 46 800 Ex.)	NW	–,20	(40 120 Ex.)	–,–
G	(66 080 000 Ex. + 46 800 Ex.)	NW	–,20	(40 120 Ex.)	–,–
J	(99 120 000 Ex. + 46 800 Ex.)	NW	–,20	(40 120 Ex.)	–,–
2011 A	(118 400 000 Ex. + 51 000 Ex.)	NW	–,20	(43 000 Ex.)	–,–
D	(124 320 000 Ex. + 45 500 Ex.)	NW	–,20	(37 000 Ex.)	–,–
F	(142 080 000 Ex. + 45 500 Ex.)	NW	–,20	(37 000 Ex.)	–,–
G	(82 880 000 Ex. + 45 500 Ex.)	NW	–,20	(37 000 Ex.)	–,–
J	(124 320 000 Ex. + 45 500 Ex.)	NW	–,20	(37 000 Ex.)	–,–
2012 A	(104 200 000 Ex. + 47 600 Ex.)	NW	–,20	(40 000 Ex.)	–,–
D	(109 410 000 Ex. + 41 200 Ex.)	NW	–,20	(32 000 Ex.)	–,–
F	(125 040 000 Ex. + 41 200 Ex.)	NW	–,20	(32 000 Ex.)	–,–
G	(72 940 000 Ex. + 41 200 Ex.)	NW	–,20	(32 000 Ex.)	–,–
J	(109 410 000 Ex. + 41 200 Ex.)	NW	–,20	(32 000 Ex.)	–,–
2013 A	(60 000 000 Ex. + 42 500 Ex.)	NW	–,20	(35 000 Ex.)	–,–
D	(63 000 000 Ex. + 36 100 Ex.)	NW	–,20	(30 000 Ex.)	–,–
F	(72 000 000 Ex. + 36 100 Ex.)	NW	–,20	(30 000 Ex.)	–,–
G	(42 000 000 Ex. + 36 100 Ex.)	NW	–,20	(30 000 Ex.)	–,–
J	(63 000 000 Ex. + 36 100 Ex.)	NW	–,20	(30 000 Ex.)	–,–
2014 A	(66 000 000 Ex. + 38 000 Ex.)	NW	–,20	(34 000 Ex.)	–,–
D	(69 300 000 Ex. + 33 000 Ex.)	NW	–,20	(27 000 Ex.)	–,–
F	(79 200 000 Ex. + 33 000 Ex.)	NW	–,20	(27 000 Ex.)	–,–
G	(46 200 000 Ex. + 33 000 Ex.)	NW	–,20	(27 000 Ex.)	–,–
J	(69 300 000 Ex. + 33 000 Ex.)	NW	–,20	(27 000 Ex.)	–,–
2015 A	(86 200 000 Ex. + 39 800 Ex.)	NW	–,20	(34 000 Ex.)	–,–
D	(90 510 000 Ex. + 33 825 Ex.)	NW	–,20	(27 000 Ex.)	–,–
F	(103 440 000 Ex. + 33 825 Ex.)	NW	–,20	(27 000 Ex.)	–,–
G	(60 340 000 Ex. + 33 825 Ex.)	NW	–,20	(27 000 Ex.)	–,–
J	(90 510 000 Ex. + 33 825 Ex.)	NW	–,20	(27 000 Ex.)	–,–
2016 A	(116 600 000 Ex. + 34 800 Ex.)	NW	–,20	(30 000 Ex.)	–,–
D	(122 430 000 Ex. + 30 825 Ex.)	NW	–,20	(24 000 Ex.)	–,–
F	(139 920 000 Ex. + 30 825 Ex.)	NW	–,20	(24 000 Ex.)	–,–
G	(81 620 000 Ex. + 30 825 Ex.)	NW	–,20	(24 000 Ex.)	–,–
J	(122 430 000 Ex. + 30 825 Ex.)	NW	–,20	(24 000 Ex.)	–,–

	Normalprägung + Stempelglanz	VZ	ST	Spiegelglanz	PP
2017 A	(81 600 000 Ex. + 32 800 Ex.)	NW	–,20	(27 000 Ex.)	–,–
D	(85 680 000 Ex. + 25 825 Ex.)	NW	–,20	(20 000 Ex.)	–,–
F	(97 920 000 Ex. + 25 825 Ex.)	NW	–,20	(20 000 Ex.)	–,–
G	(57 120 000 Ex. + 25 825 Ex.)	NW	–,20	(20 000 Ex.)	–,–
J	(85 680 000 Ex. + 25 825 Ex.)	NW	–,20	(20 000 Ex.)	–,–
2018 A	(90 600 000 Ex. + 27 400 Ex.)	NW	–,20	(24 000 Ex.)	–,–
D	(95 130 000 Ex. + 22 625 Ex.)	NW	–,20	(20 000 Ex.)	–,–
F	(108 720 000 Ex. + 22 625 Ex.)	NW	–,20	(20 000 Ex.)	–,–
G	(63 420 000 Ex. + 22 625 Ex.)	NW	–,20	(20 000 Ex.)	–,–
J	(95 130 000 Ex. + 22 625 Ex.)	NW	–,20	(20 000 Ex.)	–,–
2019 A	(*71 100 000 Ex. + 22 500 Ex.)	NW	–,20	(21 000 Ex.)	–,–
D	(*76 170 000 Ex. + 22 500 Ex.)	NW	–,20	(21 000 Ex.)	–,–
F	(*85 380 000 Ex. + 22 500 Ex.)	NW	–,20	(21 000 Ex.)	–,–
G	(*49 680 000 Ex. + 22 500 Ex.)	NW	–,20	(21 000 Ex.)	–,–
J	(*74 670 000 Ex. + 22 500 Ex.)	NW	–,20	(21 000 Ex.)	–,–

Entwurf und Modell von Rolf Lederbogen (Bildseite).

Jahrgang 2002 auch mit kleinerem Prägebild der Wertseite vorkommend.

*Die Prägezahlen des Jahrgangs 2019 sind vorläufig (noch nicht endgültig festgestellt).

		VZ	ST
P	1 Cent, Erstprägung, Bildseite mit radial ausgerichteten Sternen *(geprägt 1998)*:		
	2002 A	–,–	–,–
	2002 D	–,–	–,–
	2002 F	–,–	–,–
	2002 G	–,–	–,–
	2002 J	–,–	–,–

2 Cent

Kupferbeschichteter Stahl, 3.06 g, ∅ 18.75 mm, Rand mit umlaufender Rille, ↑↑

207 [483] 2 Cent (E, K galvanisiert) 2002–2019. Typ wie Nr. 206. Rand mit umlaufender Rille:

	Normalprägung + Stempelglanz	VZ	ST	Spiegelglanz	PP
2002 A	(459 855 000 Ex. + 145 000 Ex.)	*NW*	–,30	(130 150 Ex.)	–,–
D	(483 000 000 Ex. + 145 000 Ex.)	*NW*	–,30	(130 120 Ex.)	–,–
F	(495 960 000 Ex. + 145 000 Ex.)	*NW*	–,30	(130 120 Ex.)	–,–
G	(311 800 000 Ex. + 145 000 Ex.)	*NW*	–,30	(130 120 Ex.)	–,–
J	(419 274 000 Ex. + 145 000 Ex.)	*NW*	–,30	(130 120 Ex.)	–,–
2003 A	(100 000 000 Ex. + 180 000 Ex.)	*NW*	–,30	(150 150 Ex.)	–,–
D	(105 000 000 Ex. + 180 000 Ex.)	*NW*	–,30	(150 120 Ex.)	–,–
F	(175 400 000 Ex. + 180 000 Ex.)	*NW*	–,30	(150 120 Ex.)	–,–
G	(80 200 000 Ex. + 180 000 Ex.)	*NW*	–,30	(150 120 Ex.)	–,–
J	(168 726 000 Ex. + 180 000 Ex.)	*NW*	–,30	(150 120 Ex.)	–,–
2004 A	(127 000 000 Ex. + 133 000 Ex.)	*NW*	–,30	(121 150 Ex.)	–,–
D	(133 350 000 Ex. + 133 000 Ex.)	*NW*	–,30	(121 120 Ex.)	–,–
F	(152 400 000 Ex. + 133 000 Ex.)	*NW*	–,30	(121 120 Ex.)	–,–
G	(88 900 000 Ex. + 133 000 Ex.)	*NW*	–,30	(121 120 Ex.)	–,–
J	(133 350 000 Ex. + 133 000 Ex.)	*NW*	–,30	(121 120 Ex.)	–,–
2005 A	(73 000 000 Ex. + 100 000 Ex.)	*NW*	–,30	(95 150 Ex.)	–,–
D	(76 650 000 Ex. + 100 000 Ex.)	*NW*	–,30	(95 120 Ex.)	–,–
F	(87 600 000 Ex. + 100 000 Ex.)	*NW*	–,30	(95 120 Ex.)	–,–
G	(51 100 000 Ex. + 100 000 Ex.)	*NW*	–,30	(95 120 Ex.)	–,–
J	(76 650 000 Ex. + 100 000 Ex.)	*NW*	–,30	(95 120 Ex.)	–,–
2006 A	(108 000 000 Ex. + 90 000 Ex.)	*NW*	–,30	(75 150 Ex.)	–,–
D	(113 400 000 Ex. + 90 000 Ex.)	*NW*	–,30	(75 120 Ex.)	–,–
F	(129 600 000 Ex. + 90 000 Ex.)	*NW*	–,30	(75 120 Ex.)	–,–
G	(75 600 000 Ex. + 90 000 Ex.)	*NW*	–,30	(75 120 Ex.)	–,–
J	(148 400 000 Ex. + 90 000 Ex.)	*NW*	–,30	(75 120 Ex.)	–,–
2007 A	(100 000 000 Ex. + 88 000 Ex.)	*NW*	–,30	(70 150 Ex.)	–,–
D	(105 000 000 Ex. + 88 000 Ex.)	*NW*	–,30	(70 120 Ex.)	–,–
F	(120 000 000 Ex. + 88 000 Ex.)	*NW*	–,30	(70 120 Ex.)	–,–
G	(70 000 000 Ex. + 88 000 Ex.)	*NW*	–,30	(70 120 Ex.)	–,–
J	(105 000 000 Ex. + 88 000 Ex.)	*NW*	–,30	(70 120 Ex.)	–,–
2008 A	(80 000 000 Ex. + 75 000 Ex.)	*NW*	–,30	(58 150 Ex.)	–,–
D	(84 000 000 Ex. + 72 500 Ex.)	*NW*	–,30	(55 120 Ex.)	–,–
F	(96 000 000 Ex. + 72 500 Ex.)	*NW*	–,30	(55 120 Ex.)	–,–
G	(56 000 000 Ex. + 72 500 Ex.)	*NW*	–,30	(55 120 Ex.)	–,–
J	(84 000 000 Ex. + 72 500 Ex.)	*NW*	–,30	(55 120 Ex.)	–,–
2009 A	(59 000 000 Ex. + 59 500 Ex.)	*NW*	–,30	(47 150 Ex.)	–,–
D	(61 950 000 Ex. + 52 000 Ex.)	*NW*	–,30	(42 120 Ex.)	–,–
F	(70 800 000 Ex. + 52 000 Ex.)	*NW*	–,30	(42 120 Ex.)	–,–
G	(41 300 000 Ex. + 52 000 Ex.)	*NW*	–,30	(42 120 Ex.)	–,–
J	(61 950 000 Ex. + 52 000 Ex.)	*NW*	–,30	(42 120 Ex.)	–,–
2010 A	(72 800 000 Ex. + 53 800 Ex.)	*NW*	–,30	(45 150 Ex.)	–,–
D	(76 440 000 Ex. + 46 800 Ex.)	*NW*	–,30	(40 120 Ex.)	–,–
F	(87 360 000 Ex. + 46 800 Ex.)	*NW*	–,30	(40 120 Ex.)	–,–
G	(50 960 000 Ex. + 46 800 Ex.)	*NW*	–,30	(40 120 Ex.)	–,–
J	(76 440 000 Ex. + 46 800 Ex.)	*NW*	–,30	(40 120 Ex.)	–,–

	Normalprägung + Stempelglanz	VZ	ST	Spiegelglanz	PP
2011 A	(100 400 000 Ex. + 51 000 Ex.)	*NW*	–,30	(43 000 Ex.)	–,–
D	(105 420 000 Ex. + 45 500 Ex.)	*NW*	–,30	(37 000 Ex.)	–,–
F	(120 480 000 Ex. + 45 500 Ex.)	*NW*	–,30	(37 000 Ex.)	–,–
G	(70 280 000 Ex. + 45 500 Ex.)	*NW*	–,30	(37 000 Ex.)	–,–
J	(105 420 000 Ex. + 45 500 Ex.)	*NW*	–,30	(37 000 Ex.)	–,–
2012 A	(77 400 000 Ex. + 47 600 Ex.)	*NW*	–,30	(40 000 Ex.)	–,–
D	(81 270 000 Ex. + 41 200 Ex.)	*NW*	–,30	(32 000 Ex.)	–,–
F	(92 880 000 Ex. + 41 200 Ex.)	*NW*	–,30	(32 000 Ex.)	–,–
G	(54 180 000 Ex. + 41 200 Ex.)	*NW*	–,30	(32 000 Ex.)	–,–
J	(81 270 000 Ex. + 41 200 Ex.)	*NW*	–,30	(32 000 Ex.)	–,–
2013 A	(60 000 000 Ex. + 42 500 Ex.)	*NW*	–,30	(35 000 Ex.)	–,–
D	(63 000 000 Ex. + 36 100 Ex.)	*NW*	–,30	(30 000 Ex.)	–,–
F	(72 000 000 Ex. + 36 100 Ex.)	*NW*	–,30	(30 000 Ex.)	–,–
G	(42 000 000 Ex. + 36 100 Ex.)	*NW*	–,30	(30 000 Ex.)	–,–
J	(63 000 000 Ex. + 36 100 Ex.)	*NW*	–,30	(30 000 Ex.)	–,–
2014 A	(61 800 000 Ex. + 38 000 Ex.)	*NW*	–,30	(34 000 Ex.)	–,–
D	(64 890 000 Ex. + 33 000 Ex.)	*NW*	–,30	(27 000 Ex.)	–,–
F	(74 160 000 Ex. + 33 000 Ex.)	*NW*	–,30	(27 000 Ex.)	–,–
G	(43 260 000 Ex. + 33 000 Ex.)	*NW*	–,30	(27 000 Ex.)	–,–
J	(64 890 000 Ex. + 33 000 Ex.)	*NW*	–,30	(27 000 Ex.)	–,–
2015 A	(76 000 000 Ex. + 39 800 Ex.)	*NW*	–,30	(34 000 Ex.)	–,–
D	(79 800 000 Ex. + 33 825 Ex.)	*NW*	–,30	(27 000 Ex.)	–,–
F	(91 200 000 Ex. + 33 825 Ex.)	*NW*	–,30	(27 000 Ex.)	–,–
G	(53 200 000 Ex. + 33 825 Ex.)	*NW*	–,30	(27 000 Ex.)	–,–
J	(79 800 000 Ex. + 33 825 Ex.)	*NW*	–,30	(27 000 Ex.)	–,–
2016 A	(101 400 000 Ex. + 34 800 Ex.)	*NW*	–,30	(30 000 Ex.)	–,–
D	(106 470 000 Ex. + 30 825 Ex.)	*NW*	–,30	(24 000 Ex.)	–,–
F	(121 680 000 Ex. + 30 825 Ex.)	*NW*	–,30	(24 000 Ex.)	–,–
G	(70 980 000 Ex. + 30 825 Ex.)	*NW*	–,30	(24 000 Ex.)	–,–
J	(106 470 000 Ex. + 30 825 Ex.)	*NW*	–,30	(24 000 Ex.)	–,–
2017 A	(72 200 000 Ex. + 32 800 Ex.)	*NW*	–,30	(27 000 Ex.)	–,–
D	(75 810 000 Ex. + 25 825 Ex.)	*NW*	–,30	(20 000 Ex.)	–,–
F	(86 640 000 Ex. + 25 825 Ex.)	*NW*	–,30	(20 000 Ex.)	–,–
G	(50 540 000 Ex. + 25 825 Ex.)	*NW*	–,30	(20 000 Ex.)	–,–
J	(75 810 000 Ex. + 25 825 Ex.)	*NW*	–,30	(20 000 Ex.)	–,–
2018 A	(95 800 000 Ex. + 27 400 Ex.)	*NW*	–,30	(24 000 Ex.)	–,–
D	(100 590 000 Ex. + 22 625 Ex.)	*NW*	–,30	(20 000 Ex.)	–,–
F	(114 960 000 Ex. + 22 625 Ex.)	*NW*	–,30	(20 000 Ex.)	–,–
G	(67 060 000 Ex. + 22 625 Ex.)	*NW*	–,30	(20 000 Ex.)	–,–
J	(100 590 000 Ex. + 22 625 Ex.)	*NW*	–,30	(20 000 Ex.)	–,–
2019 A	(* 83 700 000 Ex. + 22 500 Ex.)	*NW*	–,30	(21 000 Ex.)	–,–
D	(* 89 400 000 Ex. + 22 500 Ex.)	*NW*	–,30	(21 000 Ex.)	–,–
F	(* 100 500 000 Ex. + 22 500 Ex.)	*NW*	–,30	(21 000 Ex.)	–,–
G	(* 58 500 000 Ex. + 22 500 Ex.)	*NW*	–,30	(21 000 Ex.)	–,–
J	(* 87 900 000 Ex. + 22 500 Ex.)	*NW*	–,30	(21 000 Ex.)	–,–

Auf den ursprünglichen deutschen Entwürfen für die nationalen Seiten aller acht Nominale zeigten die zwölf Sterne jeweils mit der Spitze nach außen, insbesondere stand der unterste Stern auf dem Kopf. Die Stellung der Sterne wurde im Bundesfinanzministerium erst dann wahrgenommen, als mit diesen Prägestempeln von allen fünf Münzstätten bereits erhebliche Stückzahlen von Euromünzen produziert worden waren, die daraufhin durch Verwalzen entwertet und als Altmetall verkauft wurden. Eine unbekannte Anzahl dieser Erstprägungen ist der Vernichtung entgangen. Die Münzen mit den radial ausgerichteten Sternen besitzen gesetzliche Zahlungskraft wie die nachfolgend hergestellten regulären Prägungen mit den aufrecht stehenden Sternen.

		VZ	ST
P	2 Cent, Erstprägung, Bildseite mit radial ausgerichteten Sternen *(geprägt 1998)*:		
	2002 A	1200,–	3000,–
	2002 D	–,–	–,–
	2002 F	400,–	1000,–
	2002 G	–,–	–,–
	2002 J	600,–	1500,–

5 Cent

Kupferbeschichteter Stahl, 3.92 g, ∅ 21.25 mm, Rand glatt, ⇈

208 [484] 5 Cent (E, K galvanisiert) 2002–2019. Typ wie Nr. 206. Rand glatt:

	Normalprägung + Stempelglanz	VZ	ST	Spiegelglanz	PP
2002 A	(480 000 000 Ex. + 145 000 Ex.)	*NW*	–,40	(130 150 Ex.)	–,–
D	(504 000 000 Ex. + 145 000 Ex.)	*NW*	–,40	(130 120 Ex.)	–,–
F	(563 710 000 Ex. + 145 000 Ex.)	*NW*	–,40	(130 120 Ex.)	–,–
G	(328 300 000 Ex. + 145 000 Ex.)	*NW*	–,40	(130 120 Ex.)	–,–
J	(501 850 000 Ex. + 145 000 Ex.)	*NW*	–,40	(130 120 Ex.)	–,–
2003 A	*nur aus Sätzen* (180 000 Ex.)		–,–	(150 150 Ex.)	–,–
D	*nur aus Sätzen* (180 000 Ex.)		–,–	(150 120 Ex.)	–,–
F	*nur aus Sätzen* (180 000 Ex.)		–,–	(150 120 Ex.)	–,–
G	*nur aus Sätzen* (180 000 Ex.)		–,–	(150 120 Ex.)	–,–
J	*nur aus Sätzen* (180 000 Ex.)		–,–	(150 120 Ex.)	–,–
2004 A	(112 000 000 Ex. + 133 000 Ex.)	*NW*	–,40	(121 150 Ex.)	–,–
D	(117 600 000 Ex. + 133 000 Ex.)	*NW*	–,40	(121 120 Ex.)	–,–
F	(146 690 000 Ex. + 133 000 Ex.)	*NW*	–,40	(121 120 Ex.)	–,–
G	(86 000 000 Ex. + 133 000 Ex.)	*NW*	–,40	(121 120 Ex.)	–,–
J	(119 750 000 Ex. + 133 000 Ex.)	*NW*	–,40	(121 120 Ex.)	–,–

	Normalprägung + Stempelglanz	VZ	ST	Spiegelglanz	PP
2005 A	(44 000 000 Ex. + 100 000 Ex.)	*NW*	–,40	(95 150 Ex.)	–,–
D	(46 200 000 Ex. + 100 000 Ex.)	*NW*	–,40	(95 120 Ex.)	–,–
F	(52 800 000 Ex. + 100 000 Ex.)	*NW*	–,40	(95 120 Ex.)	–,–
G	(30 800 000 Ex. + 100 000 Ex.)	*NW*	–,40	(95 120 Ex.)	–,–
J	(46 200 000 Ex. + 100 000 Ex.)	*NW*	–,40	(95 120 Ex.)	–,–
2006 A	(27 000 000 Ex. + 90 000 Ex.)	*NW*	–,40	(75 150 Ex.)	–,–
D	(28 350 000 Ex. + 90 000 Ex.)	*NW*	–,40	(75 120 Ex.)	–,–
F	(32 400 000 Ex. + 90 000 Ex.)	*NW*	–,40	(75 120 Ex.)	–,–
G	(18 900 000 Ex. + 90 000 Ex.)	*NW*	–,40	(75 120 Ex.)	–,–
J	(28 350 000 Ex. + 90 000 Ex.)	*NW*	–,40	(75 120 Ex.)	–,–
2007 A	(52 400 000 Ex. + 88 000 Ex.)	*NW*	–,40	(70 150 Ex.)	–,–
D	(55 020 000 Ex. + 88 000 Ex.)	*NW*	–,40	(70 120 Ex.)	–,–
F	(62 880 000 Ex. + 88 000 Ex.)	*NW*	–,40	(70 120 Ex.)	–,–
G	(36 680 000 Ex. + 88 000 Ex.)	*NW*	–,40	(70 120 Ex.)	–,–
J	(55 020 000 Ex. + 88 000 Ex.)	*NW*	–,40	(70 120 Ex.)	–,–
2008 A	(29 200 000 Ex. + 75 000 Ex.)	*NW*	–,40	(58 150 Ex.)	–,–
D	(30 660 000 Ex. + 72 500 Ex.)	*NW*	–,40	(55 120 Ex.)	–,–
F	(35 040 000 Ex. + 72 500 Ex.)	*NW*	–,40	(55 120 Ex.)	–,–
G	(20 440 000 Ex. + 72 500 Ex.)	*NW*	–,40	(55 120 Ex.)	–,–
J	(30 660 000 Ex. + 72 500 Ex.)	*NW*	–,40	(55 120 Ex.)	–,–
2009 A	(39 600 000 Ex. + 59 500 Ex.)	*NW*	–,40	(47 150 Ex.)	–,–
D	(41 580 000 Ex. + 52 000 Ex.)	*NW*	–,40	(42 120 Ex.)	–,–
F	(47 520 000 Ex. + 52 000 Ex.)	*NW*	–,40	(42 120 Ex.)	–,–
G	(27 720 000 Ex. + 52 000 Ex.)	*NW*	–,40	(42 120 Ex.)	–,–
J	(41 580 000 Ex. + 52 000 Ex.)	*NW*	–,40	(42 120 Ex.)	–,–
2010 A	(39 800 000 Ex. + 53 800 Ex.)	*NW*	–,40	(45 150 Ex.)	–,–
D	(41 790 000 Ex. + 46 800 Ex.)	*NW*	–,40	(40 120 Ex.)	–,–
F	(47 760 000 Ex. + 46 800 Ex.)	*NW*	–,40	(40 120 Ex.)	–,–
G	(27 860 000 Ex. + 46 800 Ex.)	*NW*	–,40	(40 120 Ex.)	–,–
J	(41 790 000 Ex. + 46 800 Ex.)	*NW*	–,40	(40 120 Ex.)	–,–
2011 A	(59 200 000 Ex. + 51 000 Ex.)	*NW*	–,40	(43 000 Ex.)	–,–
D	(62 160 000 Ex. + 45 500 Ex.)	*NW*	–,40	(37 000 Ex.)	–,–
F	(71 040 000 Ex. + 45 500 Ex.)	*NW*	–,40	(37 000 Ex.)	–,–
G	(41 440 000 Ex. + 45 500 Ex.)	*NW*	–,40	(37 000 Ex.)	–,–
J	(62 160 000 Ex. + 45 500 Ex.)	*NW*	–,40	(37 000 Ex.)	–,–
2012 A	(41 800 000 Ex. + 47 600 Ex.)	*NW*	–,40	(40 000 Ex.)	–,–
D	(43 890 000 Ex. + 41 200 Ex.)	*NW*	–,40	(32 000 Ex.)	–,–
F	(50 160 000 Ex. + 41 200 Ex.)	*NW*	–,40	(32 000 Ex.)	–,–
G	(29 260 000 Ex. + 41 200 Ex.)	*NW*	–,40	(32 000 Ex.)	–,–
J	(43 890 000 Ex. + 41 200 Ex.)	*NW*	–,40	(32 000 Ex.)	–,–
2013 A	(32 000 000 Ex. + 42 500 Ex.)	*NW*	–,40	(35 000 Ex.)	–,–
D	(33 600 000 Ex. + 36 100 Ex.)	*NW*	–,40	(30 000 Ex.)	–,–
F	(38 400 000 Ex. + 36 100 Ex.)	*NW*	–,40	(30 000 Ex.)	–,–
G	(22 400 000 Ex. + 36 100 Ex.)	*NW*	–,40	(30 000 Ex.)	–,–
J	(33 600 000 Ex. + 36 100 Ex.)	*NW*	–,40	(30 000 Ex.)	–,–

	Normalprägung + Stempelglanz	VZ	ST	Spiegelglanz	PP
2014 A	(32 000 000 Ex. + 38 000 Ex.)	*NW*	–,40	(34 000 Ex.)	–,–
D	(33 600 000 Ex. + 33 000 Ex.)	*NW*	–,40	(27 000 Ex.)	–,–
F	(38 400 000 Ex. + 33 000 Ex.)	*NW*	–,40	(27 000 Ex.)	–,–
G	(22 400 000 Ex. + 33 000 Ex.)	*NW*	–,40	(27 000 Ex.)	–,–
J	(33 600 000 Ex. + 33 000 Ex.)	*NW*	–,40	(27 000 Ex.)	–,–
2015 A	(32 800 000 Ex. + 39 800 Ex.)	*NW*	–,40	(34 000 Ex.)	–,–
D	(34 440 000 Ex. + 33 825 Ex.)	*NW*	–,40	(27 000 Ex.)	–,–
F	(39 360 000 Ex. + 33 825 Ex.)	*NW*	–,40	(27 000 Ex.)	–,–
G	(22 960 000 Ex. + 33 825 Ex.)	*NW*	–,40	(27 000 Ex.)	–,–
J	(34 440 000 Ex. + 33 825 Ex.)	*NW*	–,40	(27 000 Ex.)	–,–
2016 A	(49 200 000 Ex. + 34 800 Ex.)	*NW*	–,40	(30 000 Ex.)	–,–
D	(51 660 000 Ex. + 30 825 Ex.)	*NW*	–,40	(24 000 Ex.)	–,–
F	(59 040 000 Ex. + 30 825 Ex.)	*NW*	–,40	(24 000 Ex.)	–,–
G	(34 440 000 Ex. + 30 825 Ex.)	*NW*	–,40	(24 000 Ex.)	–,–
J	(51 660 000 Ex. + 30 825 Ex.)	*NW*	–,40	(24 000 Ex.)	–,–
2017 A	(30 000 000 Ex. + 32 800 Ex.)	*NW*	–,40	(27 000 Ex.)	–,–
D	(31 500 000 Ex. + 25 825 Ex.)	*NW*	–,40	(20 000 Ex.)	–,–
F	(36 000 000 Ex. + 25 825 Ex.)	*NW*	–,40	(20 000 Ex.)	–,–
G	(21 000 000 Ex. + 25 825 Ex.)	*NW*	–,40	(20 000 Ex.)	–,–
J	(31 500 000 Ex. + 25 825 Ex.)	*NW*	–,40	(20 000 Ex.)	–,–
2018 A	(40 600 000 Ex. + 27 400 Ex.)	*NW*	–,40	(24 000 Ex.)	–,–
D	(42 630 000 Ex. + 22 625 Ex.)	*NW*	–,40	(20 000 Ex.)	–,–
F	(48 720 000 Ex. + 22 625 Ex.)	*NW*	–,40	(20 000 Ex.)	–,–
G	(28 420 000 Ex. + 22 625 Ex.)	*NW*	–,40	(20 000 Ex.)	–,–
J	(42 630 000 Ex. + 22 625 Ex.)	*NW*	–,40	(20 000 Ex.)	–,–
2019 A	(* 40 050 000 Ex. + 22 500 Ex.)	*NW*	–,40	(21 000 Ex.)	–,–
D	(* 43 570 000 Ex. + 22 500 Ex.)	*NW*	–,40	(21 000 Ex.)	–,–
F	(* 48 120 000 Ex. + 22 500 Ex.)	*NW*	–,40	(21 000 Ex.)	–,–
G	(* 27 950 000 Ex. + 22 500 Ex.)	*NW*	–,40	(21 000 Ex.)	–,–
J	(* 42 070 000 Ex. + 22 500 Ex.)	*NW*	–,40	(21 000 Ex.)	–,–

Entwurf und Modell von Rolf Lederbogen (Bildseite).

		VZ	ST
P	5 Cent, Erstprägung, Bildseite mit radial ausgerichteten Sternen *(geprägt 1998)*:		
	2002 A	1200,–	3000,–
	2002 D	–,–	–,–
	2002 F	–,–	–,–
	2002 G	–,–	–,–
	2002 J	–,–	–,–

10 Cent

Nordic Gold (Aluminiumbronze), 4.10 g, ∅ 19.75 mm, Wellenrand, ⇈

209 [485] 10 Cent (Al-Bro) 2002–2006. Brandenburger Tor (1791) in Berlin, zwölf Sterne. Rs. Karte der fünfzehn Einzelstaaten der Europäischen Union, zwölf Sterne, Wertangabe. Wellenrand:

	Normalprägung + Stempelglanz	VZ	ST	Spiegelglanz	PP
2002 A	(696 000 000 Ex. + 145 000 Ex.)	*NW*	–,50	(130 150 Ex.)	–,–
D	(721 950 000 Ex. + 145 000 Ex.)	*NW*	–,50	(130 120 Ex.)	–,–
F	(788 860 000 Ex. + 145 000 Ex.)	*NW*	–,50	(130 120 Ex.)	–,–
G	(545 400 000 Ex. + 145 000 Ex.)	*NW*	–,50	(130 120 Ex.)	–,–
J	(694 150 000 Ex. + 145 000 Ex.)	*NW*	–,50	(130 120 Ex.)	–,–
2003 A	(50 655 000 Ex. + 180 000 Ex.)	*NW*	–,50	(150 150 Ex.)	–,–
D	(50 850 000 Ex. + 180 000 Ex.)	*NW*	–,50	(150 120 Ex.)	–,–
F	(6 000 000 Ex. + 180 000 Ex.)	*NW*	–,50	(150 120 Ex.)	–,–
G	(13 000 000 Ex. + 180 000 Ex.)	*NW*	–,50	(150 120 Ex.)	–,–
J	(89 990 000 Ex. + 180 000 Ex.)	*NW*	–,50	(150 120 Ex.)	–,–
2004 A	*nur aus Sätzen* (133 000 Ex.)		–,–	(121 150 Ex.)	–,–
D	(11 195 000 Ex. + 133 000 Ex.)	*NW*	–,50	(121 120 Ex.)	–,–
F	(51 360 000 Ex. + 133 000 Ex.)	*NW*	–,50	(121 120 Ex.)	–,–
G	(15 460 000 Ex. + 133 000 Ex.)	*NW*	–,50	(121 120 Ex.)	–,–
J	*nur aus Sätzen* (133 000 Ex.)		–,–	(121 120 Ex.)	–,–
2005 A	*nur aus Sätzen* (100 000 Ex.)		–,–	(95 150 Ex.)	–,–
D	*nur aus Sätzen* (100 000 Ex.)		–,–	(95 120 Ex.)	–,–
F	*nur aus Sätzen* (100 000 Ex.)		–,–	(95 120 Ex.)	–,–
G	*nur aus Sätzen* (100 000 Ex.)		–,–	(95 120 Ex.)	–,–
J	*nur aus Sätzen* (100 000 Ex.)		–,–	(95 120 Ex.)	–,–
2006 A	*nur aus Sätzen* (90 000 Ex.)		–,–	(75 150 Ex.)	–,–
D	*nur aus Sätzen* (90 000 Ex.)		–,–	(75 120 Ex.)	–,–
F	*nur aus Sätzen* (90 000 Ex.)		–,–	(75 120 Ex.)	–,–
G	*nur aus Sätzen* (90 000 Ex.)		–,–	(75 120 Ex.)	–,–
J	*nur aus Sätzen* (90 000 Ex.)		–,–	(75 120 Ex.)	–,–

Entwurf und Modell von Reinhart Heinsdorff (Bildseite).

Auf dem ursprünglichen Gipsmodell für die Münzen zu 10, 20, 50 Cent erscheinen auf dem Brandenburger Tor die beiden mittleren Pferde der Quadriga, die im Original jeweils das innere Vorderbein erheben, in künstlerischer Freiheit mit angehobenen äußeren Vorderbeinen. Dieses Modell wurde zunächst für die Erstprägungen der 10, 20, 50 Cent mit den radial ausgerichteten Sternen verwendet, dann aber bei den Normalprägungen mit aufrechten Sternen und Jahreszahlen ab 2002 korrigiert und zeigen somit die realistische Darstellung der Quadriga. Im Zuge der Anfertigung neuer Urwerkzeuge der nationalen Seiten wurde bei den Nominalen zu 10 und 20 Cent ab 2007 wieder auf das ursprüngliche Modell mit der Fehlstellung der Pferdebeine zurückgegriffen.

			VZ	ST
P	10	Cent, Erstprägung, Bildseite mit radial ausgerichteten Sternen *(geprägt 1998)*:		
		2002 A	1500,–	4000,–
		2002 D	1500,–	4000,–
		2002 F	–,–	–,–
		2002 G	–,–	–,–
		2002 J	–,–	–,–

20 Cent

Nordic Gold (Aluminiumbronze), 5.74 g, ∅ 22.25 mm, Rand mit sieben Kerben, ⇈

210 [486] 20 Cent (Al-Bro) 2002–2007. Typ wie Nr. 209. Rand glatt mit sieben Kerben:

	Normalprägung + Stempelglanz	VZ	ST	Spiegelglanz	PP
2002 A	(378 000 000 Ex. + 145 000 Ex.)	*NW*	–,80	(130 150 Ex.)	–,–
D	(367 000 000 Ex. + 145 000 Ex.)	*NW*	–,80	(130 120 Ex.)	–,–
F	(423 760 000 Ex. + 145 000 Ex.)	*NW*	–,80	(130 120 Ex.)	–,–
G	(252 000 000 Ex. + 145 000 Ex.)	*NW*	–,80	(130 120 Ex.)	–,–
J	(440 955 000 Ex. + 145 000 Ex.)	*NW*	–,80	(130 120 Ex.)	–,–
2003 A	(41 855 000 Ex. + 180 000 Ex.)	*NW*	–,80	(150 150 Ex.)	–,–
D	(24 100 000 Ex. + 180 000 Ex.)	*NW*	–,80	(150 120 Ex.)	–,–
F	(80 040 000 Ex. + 180 000 Ex.)	*NW*	–,80	(150 120 Ex.)	–,–
G	(42 000 000 Ex. + 180 000 Ex.)	*NW*	–,80	(150 120 Ex.)	–,–
J	*nur aus Sätzen* (180 000 Ex.)		–,–	(150 120 Ex.)	–,–
2004 A	*nur aus Sätzen* (133 000 Ex.)		–,–	(121 150 Ex.)	–,–
D	(49 755 000 Ex. + 133 000 Ex.)	*NW*	–,80	(121 120 Ex.)	–,–
F	*nur aus Sätzen* (133 000 Ex.)		–,–	(121 120 Ex.)	–,–
G	*nur aus Sätzen* (133 000 Ex.)		–,–	(121 120 Ex.)	–,–
J	*nur aus Sätzen* (133 000 Ex.)		–,–	(121 120 Ex.)	–,–
2005 A	(8 000 000 Ex. + 100 000 Ex.)	*NW*	–,80	(95 150 Ex.)	–,–
D	(8 400 000 Ex. + 100 000 Ex.)	*NW*	–,80	(95 120 Ex.)	–,–
F	(9 600 000 Ex. + 100 000 Ex.)	*NW*	–,80	(95 120 Ex.)	–,–
G	(5 600 000 Ex. + 100 000 Ex.)	*NW*	–,80	(95 120 Ex.)	–,–
J	(8 400 000 Ex. + 100 000 Ex.)	*NW*	–,80	(95 120 Ex.)	–,–

	Normalprägung + Stempelglanz	VZ	ST	Spiegelglanz	PP
2006 A	(39 000 000 Ex. + 90 000 Ex.)	NW	–,80	(75 150 Ex.)	–,–
D	(40 950 000 Ex. + 90 000 Ex.)	NW	–,80	(75 120 Ex.)	–,–
F	(46 800 000 Ex. + 90 000 Ex.)	NW	–,80	(75 120 Ex.)	–,–
G	(27 300 000 Ex. + 90 000 Ex.)	NW	–,80	(75 120 Ex.)	–,–
J	(40 950 000 Ex. + 90 000 Ex.)	NW	–,80	(75 120 Ex.)	–,–
2007 F	(200 000 Ex.)	25,–	60,–		

Entwurf und Modell von Reinhart Heinsdorff (Bildseite).

Mit Jahreszahl 2007 und der alten Wertseite wurden in den fünf Münzstätten im Februar 2006 von allen Nominalen die üblichen Freigabemuster hergestellt und der Deutschen Bundesbank und dem Bundesministerium der Finanzen vorgelegt. Nach der Entscheidung vom April 2006 über die Verwendung der neuen Wertseite wurden die Muster mit der alten Wertseite an die Prägeanstalten zur Vernichtung zurückgesandt. Für eine Teilauflage der Normalprägung der 20 Cent 2007 gelangte dann in Stuttgart versehentlich nochmals die alte Wertseite zum Einsatz.

P 20 Cent, Erstprägung, Bildseite mit radial ausgerichteten Sternen *(geprägt 1998)*:

	VZ	ST
2002 A	–,–	–,–
2002 D	–,–	–,–
2002 F	–,–	–,–
2002 G	–,–	–,–
2002 J	–,–	–,–

50 Cent

Nordic Gold (Aluminiumbronze), 7.80 g, ∅ 24.25 mm, Wellenrand, ↑↑

211 [487] 50 Cent (Al-Bro) 2002–2006. Typ wie Nr. 209. Wellenrand:

	Normalprägung + Stempelglanz	VZ	ST	Spiegelglanz	PP
2002 A	(337 600 000 Ex. + 145 000 Ex.)	NW	1,20	(130 150 Ex.)	–,–
D	(370 240 000 Ex. + 145 000 Ex.)	NW	1,20	(130 120 Ex.)	–,–
F	(431 980 000 Ex. + 145 000 Ex.)	NW	1,20	(130 120 Ex.)	–,–
G	(257 760 000 Ex. + 145 000 Ex.)	NW	1,20	(130 120 Ex.)	–,–
J	(375 467 600 Ex. + 145 000 Ex.)	NW	1,20	(130 120 Ex.)	–,–

	Normalprägung + Stempelglanz		VZ	ST	Spiegelglanz	PP
2003 A	*nur aus Sätzen*	(180 000 Ex.)		–,–	(150 150 Ex.)	–,–
D	(70 615 000 Ex. +	180 000 Ex.)	*NW*	1,20	(150 120 Ex.)	–,–
F	*nur aus Sätzen*	(180 000 Ex.)		–,–	(150 120 Ex.)	–,–
G	*nur aus Sätzen*	(180 000 Ex.)		–,–	(150 120 Ex.)	–,–
J	(65 532 400 Ex. +	180 000 Ex.)	*NW*	1,20	(150 120 Ex.)	–,–
2004 A	(82 255 000 Ex. +	133 000 Ex.)	*NW*	1,20	(121 150 Ex.)	–,–
D	*nur aus Sätzen*	(133 000 Ex.)		–,–	(121 120 Ex.)	–,–
F	(72 020 000 Ex. +	133 000 Ex.)	*NW*	1,20	(121 120 Ex.)	–,–
G	(36 240 000 Ex. +	133 000 Ex.)	*NW*	1,20	(121 120 Ex.)	–,–
J	*nur aus Sätzen*	(133 000 Ex.)		–,–	(121 120 Ex.)	–,–
2005 A	*nur aus Sätzen*	(100 000 Ex.)		–,–	(95 150 Ex.)	–,–
D	*nur aus Sätzen*	(100 000 Ex.)		–,–	(95 120 Ex.)	–,–
F	*nur aus Sätzen*	(100 000 Ex.)		–,–	(95 120 Ex.)	–,–
G	*nur aus Sätzen*	(100 000 Ex.)		–,–	(95 120 Ex.)	–,–
J	*nur aus Sätzen*	(100 000 Ex.)		–,–	(95 120 Ex.)	–,–
2006 A	*nur aus Sätzen*	(90 000 Ex.)		–,–	(75 150 Ex.)	–,–
D	*nur aus Sätzen*	(90 000 Ex.)		–,–	(75 120 Ex.)	–,–
F	*nur aus Sätzen*	(90 000 Ex.)		–,–	(75 120 Ex.)	–,–
G	*nur aus Sätzen*	(90 000 Ex.)		–,–	(75 120 Ex.)	–,–
J	*nur aus Sätzen*	(90 000 Ex.)		–,–	(75 120 Ex.)	–,–

Entwurf und Modell von Reinhart Heinsdorff (Bildseite).

Weitere Münzausgaben mit dem Brandenburger Tor: Deutsche Demokratische Republik Nrn. 31, 129, 137, 138, Bundesrepublik Deutschland Nr. 176, 251.

		VZ	ST
P1	50 Cent, Erstprägung, Bildseite mit radial ausgerichteten Sternen, 7.0 g (nach den ursprünglichen Spezifikationen) *(geprägt 1998)*:		
	2002 A	1200,–	3000,–
P2	50 Cent, Erstprägung, Bildseite mit radial ausgerichteten Sternen, 7.8 g *(geprägt 1998)*:		
	2002 A	–,–	–,–
	2002 D	1000,–	2500,–
	2002 F	–,–	–,–
	2002 G	–,–	–,–
	2002 J	–,–	–,–

1 Euro

Ring Nickelmessing, Zentrum Kupfernickel mit Nickelkern, 7.50 g, ∅ 23.25 mm
Rand unterbrochen geriffelt, ⇈

212 [488] 1 Euro (N-Me / N, K-N plattiert) 2002–2006. Bundesadler, zwölf Sterne auf waagerecht schraffiertem Grund. Rs. Karte der Europäischen Union mit fünfzehn Mitgliedstaaten, zwölf Sterne, Wertangabe. Rand unterbrochen geriffelt:

		Normalprägung + Stempelglanz	VZ	ST	Spiegelglanz	PP
2002	A	(367 750 000 Ex. + 145 000 Ex.)	*NW*	2,–	(130 150 Ex.)	–,–
	D	(372 600 000 Ex. + 145 000 Ex.)	*NW*	2,–	(130 120 Ex.)	–,–
	F	(440 910 000 Ex. + 145 000 Ex.)	*NW*	2,–	(130 120 Ex.)	–,–
	G	(266 875 000 Ex. + 145 000 Ex.)	*NW*	2,–	(130 120 Ex.)	–,–
	J	(372 263 000 Ex. + 145 000 Ex.)	*NW*	2,–	(130 120 Ex.)	–,–
2003	A	(50 250 000 Ex. + 180 000 Ex.)	*NW*	2,–	(150 150 Ex.)	–,–
	D	*nur aus Sätzen* (180 000 Ex.)		–,–	(150 120 Ex.)	–,–
	F	(375 000 Ex. + 180 000 Ex.)		–,–	(150 120 Ex.)	–,–
	G	*nur aus Sätzen* (180 000 Ex.)		–,–	(150 120 Ex.)	–,–
	J	(29 895 000 Ex. + 180 000 Ex.)	*NW*	2,–	(150 120 Ex.)	–,–
2004	A	(21 855 000 Ex. + 133 000 Ex.)	*NW*	2,–	(121 150 Ex.)	–,–
	D	(89 255 000 Ex. + 133 000 Ex.)	*NW*	2,–	(121 120 Ex.)	–,–
	F	(86 715 000 Ex. + 133 000 Ex.)	*NW*	2,–	(121 120 Ex.)	–,–
	G	(41 025 000 Ex. + 133 000 Ex.)	*NW*	2,–	(121 120 Ex.)	–,–
	J	*nur aus Sätzen* (133 000 Ex.)		–,–	(121 120 Ex.)	–,–
2005	A	*nur aus Sätzen* (100 000 Ex.)		–,–	(95 150 Ex.)	–,–
	D	*nur aus Sätzen* (100 000 Ex.)		–,–	(95 120 Ex.)	–,–
	F	*nur aus Sätzen* (100 000 Ex.)		–,–	(95 120 Ex.)	–,–
	G	*nur aus Sätzen* (100 000 Ex.)		–,–	(95 120 Ex.)	–,–
	J	(59 842 000 Ex. + 100 000 Ex.)	*NW*	2,–	(95 120 Ex.)	–,–
2006	A	*nur aus Sätzen* (90 000 Ex.)		–,–	(75 150 Ex.)	–,–
	D	*nur aus Sätzen* (90 000 Ex.)		–,–	(75 120 Ex.)	–,–
	F	*nur aus Sätzen* (90 000 Ex.)		–,–	(75 120 Ex.)	–,–
	G	*nur aus Sätzen* (90 000 Ex.)		–,–	(75 120 Ex.)	–,–
	J	*nur aus Sätzen* (90 000 Ex.)		–,–	(75 120 Ex.)	–,–

Entwurf von Sneschana Russewa Hoyer, Modell von Heinz Hoyer (Bildseite).

			VZ	ST
P		1 Euro, Erstprägung, Bildseite mit radial ausgerichteten Sternen *(geprägt 1998)*:		
		2002 A	1000,–	2500,–
		2002 D	–,–	–,–
		2002 F	400,–	1000,–
		2002 G	–,–	–,–
		2002 J	1200,–	3000,–

2 Euro

Ring Kupfernickel, Zentrum Nickelmessing mit Nickelkern, 8.50 g, ∅ 25.75 mm
Riffelrand mit EINIGKEIT UND RECHT UND FREIHEIT, ↑↑

213 [489] 2 Euro (K-N / N, N-Me plattiert) 2002–2006. Typ wie Nr. 212. Riffelrand mit Inschrift »Einigkeit und Recht und Freiheit« sowie Bundesadler:

	Normalprägung + Stempelglanz	VZ	ST	Spiegelglanz	PP
2002 A	(238 775 000 Ex. + 145 000 Ex.)	*NW*	3,50	(130 150 Ex.)	–,–
D	(231 300 000 Ex. + 145 000 Ex.)	*NW*	3,50	(130 120 Ex.)	–,–
F	(264 610 000 Ex. + 145 000 Ex.)	*NW*	3,50	(130 120 Ex.)	–,–
G	(180 950 000 Ex. + 145 000 Ex.)	*NW*	3,50	(130 120 Ex.)	–,–
J	(257 718 500 Ex. + 145 000 Ex.)	*NW*	3,50	(130 120 Ex.)	–,–
2003 A	(20 475 000 Ex. + 180 000 Ex.)	*NW*	3,50	(150 150 Ex.)	–,–
D	(22 179 000 Ex. + 180 000 Ex.)	*NW*	3,50	(150 120 Ex.)	–,–
F	(40 990 000 Ex. + 180 000 Ex.)	*NW*	3,50	(150 120 Ex.)	–,–
G	(29 050 000 Ex. + 180 000 Ex.)	*NW*	3,50	(150 120 Ex.)	–,–
J	(19 500 000 Ex. + 180 000 Ex.)	*NW*	3,50	(150 120 Ex.)	–,–
2004 A	(31 500 000 Ex. + 133 000 Ex.)	*NW*	3,50	(121 150 Ex.)	–,–
D	(19 841 000 Ex. + 133 000 Ex.)	*NW*	3,50	(121 120 Ex.)	–,–
F	*nur aus Sätzen* (133 000 Ex.)		8,–	(121 120 Ex.)	–,–
G	*nur aus Sätzen* (133 000 Ex.)		8,–	(121 120 Ex.)	–,–
J	(22 510 000 Ex. + 133 000 Ex.)	*NW*	3,50	(121 120 Ex.)	–,–

	Normalprägung + Stempelglanz		VZ	ST	Spiegelglanz	PP
2005 A	*nur aus Sätzen*	(100 000 Ex.)		8,–	(95 150 Ex.)	–,–
D	*nur aus Sätzen*	(100 000 Ex.)		8,–	(95 120 Ex.)	–,–
F	*nur aus Sätzen*	(100 000 Ex.)		8,–	(95 120 Ex.)	–,–
G	*nur aus Sätzen*	(100 000 Ex.)		8,–	(95 120 Ex.)	–,–
J	*nur aus Sätzen*	(100 000 Ex.)		8,–	(95 120 Ex.)	–,–
2006 A	*nur aus Sätzen*	(90 000 Ex.)		8,–	(75 150 Ex.)	–,–
D	*nur aus Sätzen*	(90 000 Ex.)		8,–	(75 120 Ex.)	–,–
F	*nur aus Sätzen*	(90 000 Ex.)		8,–	(75 120 Ex.)	–,–
G	*nur aus Sätzen*	(90 000 Ex.)		8,–	(75 120 Ex.)	–,–
J	*nur aus Sätzen*	(90 000 Ex.)		8,–	(75 120 Ex.)	–,–

Entwurf von Sneschana Russewa Hoyer, Modell von Heinz Hoyer (Bildseite).

Die deutschen Münzen zu 2 Euro tragen (ebenso wie die früheren Münzen zu 5 Mark) in der Randschrift eine zusätzliche Kodierung der Prägeanstalt. Zur Unterscheidung der Münzstätte wurde an jeweils anderer Stelle der in der Randschrift genau fünfmal vorkommende Buchstabe E mit verlängertem Mittelbalken dargestellt.

VZ ST

P1 2 Euro, Nullserie ohne Jahreszahl und Münzstättenzeichen, Bildseite mit radial ausgerichteten Sternen, Riffelrand mit Inschrift »[Eini]gkeit und Recht und Freihe[it]« und zwei Bundesadlern (Rändeleisen der Münze zu 5 Mark, Nr. 139) *(geprägt 1998)*:

[2002] [A]** 2000,– 5000,–

[2002] [F]** 2000,– 5000,–

Die Verwendung des längeren Schriftbandes der Münze zu 5 Mark führte auf der Ronde zu 2 Euro zur Überlappung von Anfang und Ende der Randschrift. Die Randriffelung ist während des Prägevorgangs hinzugekommen.

P2 2 Euro, Nullserie, wie Nr. 213P1. Riffelrand mit Inschrift »Einigkeit und Recht und Freiheit« sowie Bundesadler (wie Nr. 213) *(geprägt 1998)*:

[2002] [A]** 2500,– 6000,–

** Die Münzstätte ist am verlängerten Mittelbalken des ersten oder dritten Buchstabens der Randschrift erkennbar. Die Urstempel ohne Jahreszahl und Münzbuchstaben wurden in München angefertigt.

P3 2 Euro, Erstprägung, Bildseite mit radial ausgerichteten Sternen. Riffelrand mit Inschrift »Einigkeit und Recht und Freiheit« sowie Bundesadler (wie Nr. 213) *(geprägt 1998)*:

	VZ	ST
2002 A	–,–	–,–
2002 D	–,–	–,–
2002 F	–,–	–,–
2002 G	–,–	–,–
2002 J	–,–	–,–

In ähnlichen Zeichnungen (Karte des europäischen Kontinents): Nrn. 249–253.

Bekanntmachung im Amtsblatt 373 der Europäischen Union vom 28. Dezember 2001. Ausgegeben an Privathaushalte ab 17. Dezember 2001 in Startpäckchen. Kursgültig seit 1. Januar 2002.

Startpäckchen aus der Produktion der Münzstätten A (12 142 150 Ex.), D (11 600 000 Ex.), F (12 120 000 Ex.), G (8 080 000 Ex.), J (9 600 000 Ex.), jeweils mit Haushaltsmischung 1 Cent (1×), 2 Cent (1×), 5 Cent (2×), 10 Cent (3×), 20 Cent (4×), 50 Cent (4×), 1 Euro (3×), 2 Euro (2×). Nominalwert € 10,23 (DEM 20,01). Abgabepreis DEM 20,00. je 15,–

Die einzelnen Startpäckchen wurden von der Deutschen Bundesbank in Beuteln zu je 50 Stück ausgeliefert. Diese Umverpackungen tragen auch das Münzstättenzeichen. Nominalwert € 511,50 (DEM 1000,41). Abgabepreis € 511,29 (DEM 1000,00).

Auslieferung der Münzen an Kreditinstitute ab 1. September 2001, Ausgegeben an Geschäftskunden ab 1. September 2001 in Münzrollenpaketen zu € 275,00 und anderen Stückelungen.

* Die Prägezahlen des Jahrgangs 2019 sind vorläufig (noch nicht endgültig festgestellt).

In Deutschland kursgültige Umlaufmünzen der übrigen Teilnehmerstaaten der Europäischen Währungsunion siehe im Euro Münzkatalog 2019 (18. Auflage) von Gerhard Schön.

Die nachfolgenden Sondermünzen mit Nominalwerten von 5 Euro bis 200 Euro besitzen nur in Deutschland gesetzliche Zahlungskraft.

EUROPÄISCHE WÄHRUNGSUNION
EINFÜHRUNG DES EURO BARGELDES – 1. AUSGABE

ST PP

214 [490] 10 Euro (S) 2002. Rs. Karte der Mitgliedstaaten der Europäischen Union mit Kennzeichnung der Teilnehmerstaaten der Währungsunion. 925er Silber, 18 g, Ø 32.5 mm, Randschrift »Im Zeichen der Einigung Europas«:
2002 F Normalprägung (2 000 000 Ex.) 20,–
2002 F Spiegelglanz (400 000 Ex.) 35,–

Entwurf und Modell von Erich Ott.
Ausgegeben ab 23. Januar 2002 (Normalprägung), 26. März 2002 (Spiegelglanz).

Numisblatt 18 Nr. 214 in Normalprägung mit Briefmarkenkleinbogen zu 10×56 Cent (Ersttagsstempel 10. Januar 2002) (* 200 000 Ex.)
Zum gleichen Anlass: Nrn. 219–220. 25,–

100 JAHRE UNTERGRUNDBAHNEN IN DEUTSCHLAND

					ST	PP
215	[491]	10 Euro (S) 2002. Rs. Waggon der Berliner Untergrundbahn (1902), moderner Langzug auf Hochbahnstrecke bei der Einfahrt in den Tunnel, Oberbaumbrücke über die Spree, Treppenaufgang mit Haltestellentafel. 925er Silber, 18 g, ∅ 32.5 mm, Randschrift »Historisch und zukunftsweisend«:				
		2002 D	Normalprägung	(2 000 000 Ex.)	20,–	
		2002 D	Spiegelglanz	(400 000 Ex.)		35,–

Entwurf und Modell von Bodo Broschat.

Ausgegeben ab 14. Februar 2002 (Normalprägung), 26. März 2002 (Spiegelglanz).

Numisblatt 19 Nr. 215 in Normalprägung mit Briefmarkenkleinbogen zu 10×56 Cent (Ersttagsstempel 7. Februar 2002) (* 200 000 Ex.) 25,–

11. KUNSTAUSSTELLUNG »DOCUMENTA« 2002 IN KASSEL

					ST	PP
216	[492]	10 Euro (S) 2002. Rs. Signet der Kunstausstellung. 925er Silber, 18 g, ∅ 32.5 mm, Randschrift »Kunst« auf deutsch, englisch, hindi, maori, jiddisch, russisch, arabisch, igbo und chinesisch:				
		2002 J	Normalprägung	(2 000 000 Ex.)	20,–	
		2002 J	Spiegelglanz (max. 400 000 Ex.)	(300 000 Ex.)		25,–

Entwurf und Modell von František Chochola.

Ausgegeben ab 2. Mai 2002 (Normalprägung), 23. Dezember 2002 (Spiegelglanz).

Numisblatt 20 Nr. 216 in Normalprägung mit zwei Briefmarkenblöcken zu je 56 Cent (* 200 000 Ex.) 25,–

MUSEUMSINSEL BERLIN

ST PP

217 [495] 10 Euro (S) 2002. Rs. Berliner Museumsinsel als Tempelstadt der Künste, Namen der Kulturstätten Bodemuseum, Nationalgalerie, Pergamonmuseum, Neues und Altes Museum in bogiger Anordnung. 925er Silber, 18 g, ∅ 32.5 mm, Randschrift »Freistätte für Kunst und Wissenschaft«:

			ST	PP
2002 A	Normalprägung	(2 000 000 Ex.)	20,–	
2002 A	Spiegelglanz	(280 000 Ex.)		60,–

Entwurf und Modell von František Chochola.

Ausgegeben ab 8. August 2002 (Normalprägung), 23. Dezember 2002 (Spiegelglanz).

Numisblatt 21 Nr. 217 in Normalprägung mit Briefmarkenkleinbogen zu 10×56 Cent (* 200 000 Ex.) 25,–

50 JAHRE DEUTSCHES FERNSEHEN

218 [496] 10 Euro (S) 2002. Rs. Mattscheibe. 925er Silber, 18 g, ∅ 32.5 mm, Randschrift »Information, Bildung, Unterhaltung«:

			ST	PP
2002 G	Normalprägung	(2 000 000 Ex.)	20,–	
2002 G	Spiegelglanz	(* 290 000 Ex.)		25,–

Entwurf und Modell von Jordi Truxa Regel.

*Ausgegeben ab 7. November 2002 (Normalprägung), 23. Dezember 2002 (Spiegelglanz). * Eingeschmolzen bis auf 270 000 Ex.*

Numisblatt 22 Nr. 218 in Normalprägung mit Briefmarkenkleinbogen zu 10×56 Cent (* 200 000 Ex.) 25,–

ST

219 [493] 100 Euro (G) 2002. Rs. Brückenmotive und Architekturelemente in Anlehnung an die Gestaltung der Banknoten. 999.9er Gold, 15.55 g (½ oz.), ∅ 28 mm, Rand unterbrochen geriffelt:

2002 A	Stempelglanz	(100 000 Ex.)	*MW + 12 %*
2002 D	Stempelglanz	(100 000 Ex.)	*MW + 10 %*
2002 F	Stempelglanz	(100 000 Ex.)	*MW + 10 %*
2002 G	Stempelglanz	(100 000 Ex.)	*MW + 10 %*
2002 J	Stempelglanz	(100 000 Ex.)	*MW + 10 %*

Entwurf und Modell von Anton Zvone Jezovšek.

Ausgegeben ab 9. Mai 2002 durch die Verkaufsstelle für Sammlermünzen in Bad Homburg (mehrwertsteuerfrei im Kalenderjahr 2019).

220 [494] 200 Euro (G) 2002. Typ wie Nr. 219. 999.9er Gold, 31.10 g (1 oz.), ∅ 32.5 mm, Randschrift »Im Zeichen der Einigung Europas«:

2002 A	Stempelglanz	(20 000 Ex.)	2100,–
2002 D	Stempelglanz	(20 000 Ex.)	2000,–
2002 F	Stempelglanz	(20 000 Ex.)	2000,–
2002 G	Stempelglanz	(20 000 Ex.)	2000,–
2002 J	Stempelglanz	(20 000 Ex.)	2000,–

Entwurf und Modell von Anton Zvone Jezovšek.

Ausgegeben ab 9. Mai 2002 durch die Verkaufsstelle für Sammlermünzen in Bad Homburg.

Eine Annahmeverpflichtung der Nr. 220 für Privatleute besteht erst seit 2008.

Zum gleichen Anlass: Nr. 214.

100 JAHRE DEUTSCHES MUSEUM
VON MEISTERWERKEN DER NATURWISSENSCHAFT UND TECHNIK

ST **PP**

221 [497] 10 Euro (S) 2003. Rs. Oskar von Miller (1855–1934), Begründer des Deutschen Museums in München. 925er Silber, 18 g, ∅ 32.5 mm, Randschrift »Sammeln, Ausstellen, Forschen, Bilden«:
2003 D Normalprägung (2 050 000 Ex.) 20,–
2003 D Spiegelglanz (350 000 Ex.) 25,–

Entwurf und Modell von Victor Benjamin Huster.
Ausgegeben ab 10. April 2003 (Normalprägung), Mai 2003 (Spiegelglanz).

Numisblatt 23 Nr. 221 in Normalprägung mit Briefmarkenkleinbogen zu 10×55 Cent (* 200 000 Ex.) 25,–

200. GEBURTSTAG VON JUSTUS VON LIEBIG

222 [498] 10 Euro (S) 2003. Rs. Justus von Liebig (1803–1873), Chemiker. 925er Silber, 18 g, ∅ 32.5 mm, Randschrift »Forschen, Lehren, Anwenden«:
2003 J Normalprägung (2 050 000 Ex.) 20,–
2003 J Spiegelglanz (350 000 Ex.) 25,–

Entwurf und Modell von Bodo Broschat.
Ausgegeben ab 8. Mai 2003 (Normalprägung), Mai 2003 (Spiegelglanz).

109F 10 Euro 2003. Fehlprägung Justus von Liebig, Randschrift »Kunst« in verschiedenen Sprachen (von Nr. 216) –,–

Numisblatt 24 Nr. 222 in Normalprägung mit Briefmarkenkleinbogen zu 10×55 Cent (* 200 000 Ex.) 25,–

Zum 175. Geburtstag von Justus von Liebig: Deutsche Demokratische Republik Nr. 69.

				ST	PP
223	[499]	10	Euro (S) 2003. Rs. Karte mit den zwölf Austragungsorten auf Fußball. 925er Silber, 18 g, ∅ 32.5 mm, Randschrift »Die Welt zu Gast bei Freunden ADFGJ«:		
			2003 Normalprägung (3 550 000 Ex.)	20,–	
			2003 Spiegelglanz (400 000 Ex.)		25,–

Entwurf und Modell von Erich Ott (Wertseite) und Lucia Maria Hardegen (Bildseite).

Verordnung vom 13. November 2002. Ausgegeben ab 5. Juni 2003 (Normalprägung), Juli 2003 (Spiegelglanz).

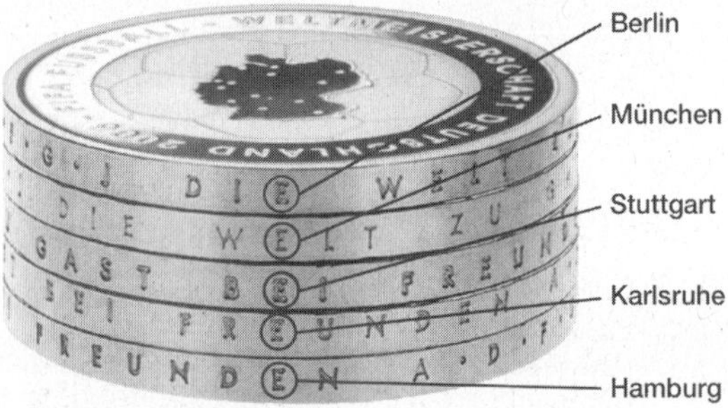

Nr. 223 wurde in Normalprägung und Spiegelglanz zu jeweils gleichen Teilen von allen fünf Münzstätten hergestellt. Die gesamte Auflage enthält in der Rändelung die unveränderte Zeichenkette der fünf Münzbuchstaben. Zur Unterscheidung der Münzstätte wurde an jeweils anderer Stelle der in der Randschrift genau fünfmal vorkommende Buchstabe E mit verkürztem Mittelbalken dargestellt.

110F 10 Euro 2003 [F]. Fehlprägung Fußball-Weltmeisterschaft, Randschrift »Ruhrpott Kulturlandschaft« (von Nr. 225) 850,–

Numisblatt 25 Nr. 223 in Normalprägung mit Briefmarken zu 2×45+20, 6×55+25 und 2×144+56 Cent (Ersttagsstempel 6. März 2003) (* 250 000 Ex.) 25,–

Zum gleichen Anlass: Nrn. 228, 235, 241, 244.

Nach dem Abschluss der Fußball-Weltmeisterschaft 2006 wurden von allen vier Silbermünzen zusammen rund 600 000 Ex. in Normalprägung an die Bundesbank zurückgegeben und nachfolgend eingeschmolzen.

50. JAHRESTAG DES VOLKSAUFSTANDES VOM 17. JUNI 1953

					ST	PP
224	[500]	10 Euro (S) 2003. Rs. Losungen »Streik«, »Nieder mit den Normen«, »Rücktritt der Regierung«, »Freie geheime Wahlen«, »Demokratie« und »Freiheit«, von Panzerketten niedergewalzt. 925er Silber, 18 g, ∅ 32.5 mm, Randschrift »Erinnerung an den Volksaufstand in der DDR«:				
		2003 A	Normalprägung	(2 050 000 Ex.)	20,–	
		2003 A	Spiegelglanz	(350 000 Ex.)		25,–

Entwurf und Modell von Hans Joachim Dobler.

Ausgegeben ab 12. Juni 2003 (Normalprägung), Juli 2003 (Spiegelglanz).

Numisblatt 26 Nr. 224 in Normalprägung mit Briefmarkenkleinbogen zu 10×55+25 Cent (* 200 000 Ex.) 25,–

LANDSCHAFTEN IN DEUTSCHLAND – 1. AUSGABE

					ST	PP
225	[501]	10 Euro (S) 2003. Rs. Industrielandschaft Ruhrgebiet mit dem Förderturm der Zeche »Zollverein« in Essen. 925er Silber, 18 g, ∅ 32.5 mm, Randschrift »Ruhrpott Kulturlandschaft«:				
		2003 F	Normalprägung	(2 050 000 Ex.)	20,–	
		2003 F	Spiegelglanz	(350 000 Ex.)		25,–

Entwurf und Modell von Hans Joachim Dobler.

Ausgegeben ab 10. Juli 2003 (Normalprägung), Juli 2003 (Spiegelglanz).

Numisblatt 27 Nr. 225 in Normalprägung mit Briefmarkenkleinbogen zu 10×55 Cent (* 200 000 Ex.) 25,–

200. GEBURTSTAG VON GOTTFRIED SEMPER

						ST	PP
226	[503]	10	Euro (S) 2003. Rs. Gottfried Semper (1803–1879), Baumeister, Grundriss des zweiten Hoftheaters (heute Sächsische Staatsoper) in Dresden. 925er Silber, 18 g, ∅ 32.5 mm, Randschrift »Architekt, Forscher, Kosmopolit, Demokrat«:				
			2003 G	Normalprägung	(2 050 000 Ex.)	20,–	
			2003 G	Spiegelglanz	(350 000 Ex.)		25,–

Entwurf und Modell von Michael Otto.

Ausgegeben ab 13. November 2003 (Normalprägung), Dezember 2003 (Spiegelglanz).

Numisblatt 28 Nr. 226 in Normalprägung mit Briefmarkenkleinbogen zu 10×55 Cent (* 200 000 Ex.) 25,–

UNESCO WELTKULTURERBE – 1. AUSGABE

						ST
227	[502]	100	Euro (G) 2003. Rs. Monogramm von Kaiser Heinrich I. von der Quedlinburger Urkunde (922) für die Abtei Corvey an der Weser mit der ältesten überlieferten Erwähnung der »villa Quitilingaburg«, belegt mit dem Quedlinburger Schlossberg mit der Stiftskirche Sancti Servatii und den Namen der Stadtkirchen Sancti Wiperti, Sancti Aegidii, Sancti Blasii, Sancti Benedicti und Sancti Nicolai. 999.9er Gold, 15.55 g (1/2 oz.), ∅ 28 mm, Rand unterbrochen geriffelt:			
			2003 A	Stempelglanz	(80 000 Ex.)	*MW + 8 %*
			2003 D	Stempelglanz	(80 000 Ex.)	*MW + 5 %*
			2003 F	Stempelglanz	(80 000 Ex.)	*MW + 5 %*
			2003 G	Stempelglanz	(80 000 Ex.)	*MW + 5 %*
			2003 J	Stempelglanz	(80 000 Ex.)	*MW + 5 %*

Entwurf und Modell von Agatha Kill.

Ausgegeben ab 1. November 2003 durch die Verkaufsstelle für Sammlermünzen in Bad Homburg (mehrwertsteuerfrei im Kalenderjahr 2019).

XVIII. FUSSBALL-WELTMEISTERSCHAFT 2006 IN DEUTSCHLAND
2. AUSGABE

ST **PP**

228 [504] 10 Euro (S) 2004. Rs. Fußball als weltumspannendes Sportgerät beim Umkreisen der Erde. 925er Silber, 18 g, ∅ 32.5 mm, Randschrift »Die Welt zu Gast bei Freunden ADFGJ«:

			ST	PP
2004	Normalprägung	(4 000 000 Ex.)	20,–	
2004	Spiegelglanz	(400 000 Ex.)		25,–

Entwurf und Modell von Erich Ott (Wertseite) und Lucia Maria Hardegen (Bildseite).

Verordnung vom 13. November 2002. Ausgegeben ab 5. Februar 2004 (Normalprägung), Juni 2004 (Spiegelglanz).

Nr. 228 wurde in Normalprägung und Spiegelglanz zu jeweils gleichen Teilen von allen fünf Münzstätten hergestellt, die anhand der Randschrift unterschieden werden können (siehe Seite 258).

Numisblatt 29 Nr. 228 in Normalprägung mit Briefmarken zu 4×55+25, 2×144+56 und 4×45+20 Cent (* 240 000 Ex.) 25,–

85 JAHRE STAATLICHE ARCHITEKTURSCHULE »BAUHAUS«

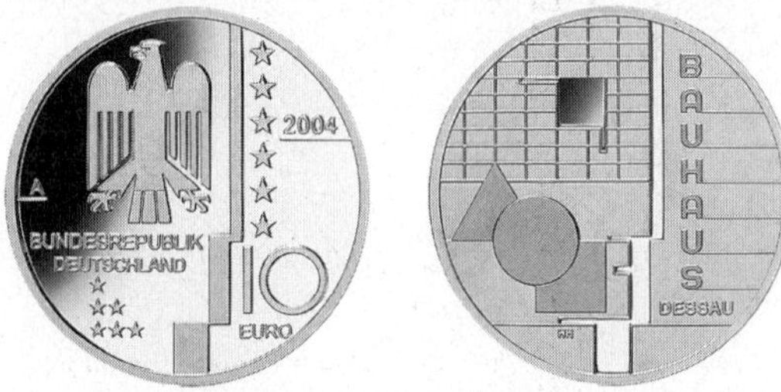

229 [505] 10 Euro (S) 2004. Rs. Fassade des Bauhausgebäudes von Walter Gropius in Dessau (1925), kombiniert mit stilisiertem Gesicht des Emblems von Oskar Schlemmer. 925er Silber, 18 g, ∅ 32.5 mm, Randschrift »Kunst, Technik, Lehre«:

			ST	PP
2004 A	Normalprägung	(1 800 000 Ex.)	20,–	
2004 A	Spiegelglanz	(300 000 Ex.)		25,–

Entwurf und Modell von Heinz Hoyer.

Ausgegeben ab 7. April 2004 (Normalprägung), Juni 2004 (Spiegelglanz).

Numisblatt 30 Nr. 229 in Normalprägung mit Briefmarkenkleinbogen zu 10×55 Cent (* 190 000 Ex.) 25,–

ERWEITERUNG DER EUROPÄISCHEN UNION

ST **PP**

230 [506] 10 Euro (S) 2004. Rs. Etappen des europäischen Einigungsprozesses mit den Namen der Mitgliedstaaten in Form der Sitzanordnung in einem Plenarsaal. 925er Silber, 18 g, ∅ 32.5 mm, Randschrift »Freude, schöner Götterfunken«:

			ST	PP
2004 G	Normalprägung	(1 800 000 Ex.)	20,–	
2004 G	Spiegelglanz	(300 000 Ex.)		25,–

Entwurf und Modell von Aase Thorsen.

Ausgegeben ab 6. Mai 2004 (Normalprägung), Juni 2004 (Spiegelglanz).

Numisblatt 31 Nr. 230 in Normalprägung mit Briefmarkenkleinbogen zu 10×55 Cent (* 190 000 Ex.) 25,–

LANDSCHAFTEN IN DEUTSCHLAND – 2. AUSGABE

231 [507] 10 Euro (S) 2004. Rs. Zugvögel vor Karte der Nationalparke Wattenmeer. 925er Silber, 18 g, ∅ 32.5 mm, Randschrift »Meeresgrund trifft Horizont«:

			ST	PP
2004 J	Normalprägung	(1 800 000 Ex.)	20,–	
2004 J	Spiegelglanz	(300 000 Ex.)		25,–

Entwurf und Modell von Dietrich Dorfstecher.

Verordnung vom 18. Juni 2003. Ausgegeben ab 3. Juni 2004 (Normalprägung), Juni 2004 (Spiegelglanz).

Numisblatt 32 Nr. 231 in Normalprägung mit Briefmarkenkleinbogen zu 10×55 Cent (* 190 000 Ex.) 25,–

200. GEBURTSTAG VON EDUARD MÖRIKE

			ST	PP
232 [508]	10 Euro (S) 2004. Rs. Eduard Mörike (1804–1875), Dichter. 925er Silber, 18 g, ∅ 32.5 mm, Randschrift »Ohne das Schöne, was soll der Gewinn«:			
	2004 F Normalprägung	(1 800 000 Ex.)	20,–	
	2004 F Spiegelglanz	(300 000 Ex.)		25,–

Entwurf und Modell von Erich Ott.

Ausgegeben ab 9. September 2004 (Normalprägung), November 2004 (Spiegelglanz).

Numisblatt 33 Nr. 232 in Normalprägung mit Briefmarkenkleinbogen zu 10×55 Cent (* 190 000 Ex.) 25,–

EUROPÄISCHES WELTRAUMLABOR »COLUMBUS« FÜR DIE INTERNATIONALE RAUMSTATION (INTERNATIONAL SPACE STATION)

			ST	PP
233 [510]	10 Euro (S) 2004. Rs. Internationale Raumstation mit dem »Columbus« Modul über dem europäischen Kontinent. 925er Silber, 18 g, ∅ 32.5 mm, Randschrift »Raumfahrt verbindet die Welt«:			
	2004 D Normalprägung	(1 800 000 Ex.)	20,–	
	2004 D Spiegelglanz	(300 000 Ex.)		25,–

Entwurf und Modell von František Chochola.

Ausgegeben ab 4. November 2004 (Normalprägung), November 2004 (Spiegelglanz).

Numisblatt 34 Nr. 233 in Normalprägung mit Briefmarkenkleinbogen zu 10×55 Cent (* 190 000 Ex.) 25,–

UNESCO WELTKULTURERBE – 2. AUSGABE

ST

234 [509] 100 Euro (G) 2004. Rs. Stadtansicht von Bamberg mit dem Alten Rathaus auf der Regnitzbrücke, Dom, Neuem Palais und Michaelsberg. 999.9er Gold, 15.55 g (½ oz.), ∅ 28 mm, Rand unterbrochen geriffelt:

2004 A	Stempelglanz	(80 000 Ex.)	*MW + 8 %*
2004 D	Stempelglanz	(80 000 Ex.)	*MW + 5 %*
2004 F	Stempelglanz	(80 000 Ex.)	*MW + 5 %*
2004 G	Stempelglanz	(80 000 Ex.)	*MW + 5 %*
2004 J	Stempelglanz	(80 000 Ex.)	*MW + 5 %*

Entwurf von Ulrich Böhme, Modell von Werner Mebert.

Ausgegeben ab 1. Oktober 2004 durch die Verkaufsstelle für Sammlermünzen in Bad Homburg (mehrwertsteuerfrei im Kalenderjahr 2019).

XVIII. FUSSBALL-WELTMEISTERSCHAFT 2006 IN DEUTSCHLAND 3. AUSGABE

				ST	PP
235 [511] 10 Euro (S) 2005. Rs. Spielszene aus der Sicht der Torbespannung als Gradnetz der Weltkugel. 925er Silber, 18 g, ∅ 32.5 mm, Randschrift »Die Welt zu Gast bei Freunden ADFGJ«:					
	2005	Normalprägung	(4 000 000 Ex.)	20,–	
	2005	Spiegelglanz	(400 000 Ex.)		25,–

Entwurf und Modell von Erich Ott (Wertseite) und Lucia Maria Hardegen (Bildseite).

Verordnung vom 13. November 2002. Ausgegeben ab 10. Februar 2005 (Normalprägung), 3. Februar 2006 (Spiegelglanz).

Nr. 235 wurde in Normalprägung und Spiegelglanz zu jeweils gleichen Teilen von allen fünf Münzstätten hergestellt, die anhand der Randschrift unterschieden werden können (siehe Seite 258).

Numisblatt 35 Nr. 235 in Normalprägung mit Briefmarken zu 5×55+25 und 5×45+20 Cent (* 230 000 Ex.) 25,–

Zum gleichen Anlass: Nrn. 223, 228, 241, 244.

LANDSCHAFTEN IN DEUTSCHLAND – 3. AUSGABE

ST PP

236 [512] 10 Euro (S) 2005. Rs. Nationalpark Bayerischer Wald (1970) auf dem Hintergrund einer Baumscheibe. 925er Silber, 18 g, ∅ 32.5 mm, Randschrift »Grenzenlose Waldwildnis«:

				ST	PP
2005 D	Normalprägung		(1 800 000 Ex.)	20,–	
2005 D	Spiegelglanz	(max. 300 000 Ex.)	(270 000 Ex.)		25,–

Entwurf und Modell von Bodo Broschat.

Ausgegeben ab 7. April 2005 (Normalprägung), 3. Februar 2006 (Spiegelglanz).

Numisblatt 36 Nr. 236 in Normalprägung mit Briefmarkenkleinbogen zu 10×55 Cent (* 180 000 Ex.) 25,–

200. TODESTAG VON FRIEDRICH VON SCHILLER

237 [513] 10 Euro (S) 2005. Rs. Friedrich von Schiller (1759–1805), Dichter, von den Titeln seiner Hauptwerke umgeben. 925er Silber, 18 g, ∅ 32.5 mm, Randschrift »Ernst ist das Leben, heiter ist die Kunst« (Wallenstein I, 138):

				ST	PP
2005 G	Normalprägung		(1 800 000 Ex.)	20,–	
2005 G	Spiegelglanz	(max. 300 000 Ex.)	(270 000 Ex.)		25,–

Entwurf und Modell von Carsten Theumer.

Ausgegeben ab 12. Mai 2005 (Normalprägung), 3. Februar 2006 (Spiegelglanz).

Numisblatt 37 Nr. 237 in Normalprägung mit Briefmarkenkleinbogen zu 10×55 Cent (* 180 000 Ex.) 25,–

100 JAHRE SPEZIELLE RELATIVITÄTSTHEORIE VON ALBERT EINSTEIN

ST PP

238 [514] 10 Euro (S) 2005. Rs. Krümmung der Raumzeit durch die Masse eines Himmelskörpers (1916), Formel zur Äquivalenz von Masse und Energie (1905) aus der Relativitätstheorie von Albert Einstein (1879–1955). 925er Silber, 18 g, ∅ 32.5 mm, Randschrift »Nicht aufhören zu fragen«:

2005 J Normalprägung (1 800 000 Ex.) 20,–
2005 J Spiegelglanz (max. 300 000 Ex.) (270 000 Ex.) 25,–

Entwurf und Modell von Heinz Hoyer.

Ausgegeben ab 7. Juli 2005 (Normalprägung), 3. Februar 2006 (Spiegelglanz).

Numisblatt 38 Nr. 238 in Normalprägung mit Briefmarkenkleinbogen zu 10×55 Cent (* 180 000 Ex.) 25,–

1200 JAHRE MAGDEBURG

239 [515] 10 Euro (S) 2005. Rs. Westwerk der Domkirche Sankt Mauritius und Sankt Katharina, flankiert von der Holzskulptur von Ernst Barlach für die Gefallenen des Ersten Weltkrieges, dem Goldenen Reiter am Alten Markt, den Magdeburger Halbkugeln von Otto von Guericke, der Narrenkappe von Till Eulenspiegel, dem Jahrtausendturm im Elbauenpark und der Klosterkirche Unser Lieben Frauen. 925er Silber, 18 g, ∅ 32.5 mm, Randschrift »Magadoburg 805, Magdeburg 2005«:

2005 A Normalprägung (1 800 000 Ex.) 20,–
2005 A Spiegelglanz (max. 300 000 Ex.) (270 000 Ex.) 25,–

Entwurf und Modell von Heinz Hoyer.

Ausgegeben ab 8. September 2005 (Normalprägung), 3. Februar 2006 (Spiegelglanz).

Numisblatt 39 Nr. 239 in Normalprägung mit Briefmarkenkleinbogen zu 10×55 Cent (* 180 000 Ex.) 25,–

100. JAHRESTAG DER VERLEIHUNG DES FRIEDENSNOBELPREISES AN BERTHA VON SUTTNER

ST PP

240 [517] 10 Euro (S) 2005. Rs. Bertha Sophia Felicita Freifrau von Suttner (1843–1914), Friedensnobelpreisträgerin 1905, Buchtitel »Die Waffen nieder!«. 925er Silber, 18 g, Ø 32.5 mm, Randschrift zweimal »Ειρήνη Pax Frieden«:

2005 F Normalprägung (1 800 000 Ex.) 20,–
2005 F Spiegelglanz (max. 300 000 Ex.) (270 000 Ex.) 25,–

Entwurf und Modell von Bodo Broschat.

Ausgegeben ab 3. November 2005 (Normalprägung), 3. Februar 2006 (Spiegelglanz).

Numisblatt 40 Nr. 240 in Normalprägung mit Briefmarkenkleinbogen zu 10×55 Cent (* 180 000 Ex.) 25,–

Weitere Münzausgaben auf Bertha von Suttner: Österreich Nrn. 284, 347.

XVIII. FUSSBALL-WELTMEISTERSCHAFT 2006 IN DEUTSCHLAND 4. AUSGABE

ST

241 [516] 100 Euro (G) 2005. Rs. Menschen im Fußballstadion. 999.9er Gold, 15.55 g (½ oz.), Ø 28 mm, Rand unterbrochen geriffelt:

2005 A Stempelglanz (70 000 Ex.) *MW + 8 %*
2005 D Stempelglanz (70 000 Ex.) *MW + 5 %*
2005 F Stempelglanz (70 000 Ex.) *MW + 5 %*
2005 G Stempelglanz (70 000 Ex.) *MW + 5 %*
2005 J Stempelglanz (70 000 Ex.) *MW + 5 %*

Entwurf und Modell von Erich Ott (Wertseite) und Heinz Hoyer (Bildseite, 2. Preis des Gestaltungswettbewerbes).

Verordnung vom 1. September 2004. Ausgegeben ab 4. Oktober 2005 durch die Verkaufsstelle für Sammlermünzen in Bad Homburg (mehrwertsteuerfrei im Kalenderjahr 2019).

SCHLESWIG-HOLSTEINISCHE PRÄSIDENTSCHAFT IM BUNDESRAT (NOVEMBER 2005 – OKTOBER 2006)

242 [519] 2 Euro (K-N / N, N-Me plattiert) 2006. Holstentor in Lübeck, Inschrift »Schleswig-Holstein«, Staatsbezeichnung »Bundesrepublik Deutschland«, zwölf Sterne. Rs. wie Nr. 213. Riffelrand mit Inschrift »Einigkeit und Recht und Freiheit« sowie Bundesadler:

	Normalprägung + Stempelglanz	**VZ**	**ST**	Spiegelglanz	**PP**
2006 A	(6 000 000 Ex. + 150 000 Ex.)	2,50	6,–	(133 150 Ex.)	–,–
D	(6 300 000 Ex. + 90 000 Ex.)	2,50	6,–	(133 120 Ex.)	–,–
F	(7 260 000 Ex. + 150 000 Ex.)	2,50	6,–	(133 120 Ex.)	–,–
G	(4 260 000 Ex. + 150 000 Ex.)	2,50	6,–	(133 120 Ex.)	–,–
J	(6 300 000 Ex. + 150 000 Ex.)	2,50	6,–	(133 120 Ex.)	–,–

Entwurf und Modell von Heinz Hoyer (Bildseite).

Verordnung vom 18. Mai 2005. Bekanntmachung im Amtsblatt 33 der Europäischen Union vom 9. Februar 2006. Ausgegeben ab 3. Februar 2006.

		ST	**PP**
Satz	Nr. 242 (A, D, F, G, J) im Blisterpack		
	Stempelglanz ~~(max. 80 000 Ex.)~~ (* 60 000 Ex.)	60,–	
	Spiegelglanz ~~(max. 70 000 Ex.)~~ (* 58 000 Ex.)		100,–

* in den vorstehenden Prägezahlen enthalten

F Fehlprägung Holstentor. Rs. wie Nr. 253 (Karte des europäischen Kontinents):
2006 A *nur aus Sätzen* 1200,–

Die Urstempel der Bildseite wurden für alle fünf Münzstätten durch die Staatliche Münze Berlin hergestellt. Bei ersten Probeprägungen nach dem Künstlerentwurf mit Staatsbezeichnung und Sternen auf waagerecht schraffiertem Grund zeigte sich, dass im Gegensatz zu den Sternen sich die Schrift von den Querlinien des Ringes nur undeutlich abhob, worauf fortan auf die Schraffur verzichtet wurde. Die Probeprägungen wurden anschließend durch Verwalzen entwertet und zum Altmetall gegeben.

250. GEBURTSTAG VON WOLFGANG AMADEUS MOZART

ST **PP**

243 [518] 10 Euro (S) 2006. Rs. Wolfgang Gottlieb (Theophilus, Amadé) Mozart (1756–1791), Komponist. 925er Silber, 18 g, ∅ 32.5 mm, Randschrift »Mozart: Die Welt hat einen Sinn [und er ist uns erspürbar im Gleichnis der Musik]«, nach einem Tagebucheintrag (1920) von Hermann Hesse:

2006 D Normalprägung (1 600 000 Ex.) 20,–
2006 D Spiegelglanz ~~(max. 300 000 Ex.)~~ (265 000 Ex.) 25,–

Entwurf und Modell von Jordi Truxa Regel.

Ausgegeben ab 2. Januar 2006 (Normalprägung), Juni 2006 (Spiegelglanz).

Numisblatt 41 Nr. 243 in Normalprägung mit Briefmarkenkleinbogen zu 10×55 Cent (* 170 000 Ex.) 25,–

Weitere Münzausgaben auf Wolfgang Amadeus Mozart: Österreich Nrn. 50, 74, 193–196, 283, 325, 328, 346, 416, 428.

XVIII. FUSSBALL-WELTMEISTERSCHAFT 2006 IN DEUTSCHLAND
5. AUSGABE

244 [520] 10 Euro (S) 2006. Rs. Fußball mit Brandenburger Tor als verbindendem Element zwischen Deutschland und der Welt. 925er Silber, 18 g, ∅ 32.5 mm, Randschrift »Die Welt zu Gast bei Freunden ADFGJ«:

2006 Normalprägung (3 500 000 Ex.) 20,–
2006 Spiegelglanz ~~(max. 400 000 Ex.)~~ (300 000 Ex.) 25,–

Entwurf und Modell von Erich Ott (Wertseite) und Lucia Maria Hardegen (Bildseite).

Verordnung vom 13. November 2002. Ausgegeben ab 9. Februar 2006 (Normalprägung), Juni 2006 (Spiegelglanz).

Nr. 244 wurde in Spiegelglanz nur von Karlsruhe, in Normalprägung zu gleichen Teilen von allen fünf Münzstätten hergestellt, die anhand der Randschrift unterschieden werden können (siehe Seite 258).

Numisblatt 42 Nr. 244 in Normalprägung mit Briefmarken zu 5×55+25 und 5×45+20 Cent (* 180 000 Ex.) 25,–

225. GEBURTSTAG VON KARL FRIEDRICH SCHINKEL

ST PP

245 [521] 10 Euro (S) 2006. Rs. Rückenakt eines knienden Jünglings mit Senkblei an Quadermauer, nach einer Reliefplatte von Karl Friedrich Schinkel (1781–1841) für die Berliner Bauakademie. 925er Silber, 18 g, ∅ 32.5 mm, Randschrift »Der Mensch bilde sich in allem schön«:

2006 F Normalprägung (1 600 000 Ex.) 20,–
2006 F Spiegelglanz (max. 300 000 Ex.) (265 000 Ex.) 25,–

Entwurf und Modell von Axel Bertram.

Ausgegeben ab 2. März 2006 (Normalprägung), Juni 2006 (Spiegelglanz).

Numisblatt 43 Nr. 245 in Normalprägung mit Briefmarkenkleinbogen zu 10×55 Cent (* 170 000 Ex.) 25,–

800 JAHRE DRESDEN

246 [522] 10 Euro (S) 2006. Rs. Stadtansicht von Dresden mit Kunstakademie, Frauenkirche, Hausmannsturm, Katholischer Hofkirche (Kathedrale Sanctissimae Trinitatis), Augustusbrücke und Semperoper, gespiegelt in der Elbe im Zustand der Kriegszerstörung. 925er Silber, 18 g, ∅ 32.5 mm, Randschrift mit den Jahreszahlen 1206 (älteste überlieferte Erwähnung), 1485 (herzogliche Residenz), 1547 (kurfürstliche Residenz), 1697 (königliche Residenz), 1832 (Stadtratswahl), 1945 (Zerstörung), 1989 (Wende), 2006:

2006 A Normalprägung (1 600 000 Ex.) 20,–
2006 A Spiegelglanz (max. 300 000 Ex.) (240 000 Ex.) 40,–

Entwurf und Modell von Heinz Hoyer.

Verordnung vom 13. Juli 2005. Ausgegeben ab 24. August 2006 (Normalprägung), Dezember 2006 (Spiegelglanz).

Numisblatt 44 Nr. 246 in Normalprägung mit Briefmarkenkleinbogen zu 10×55 Cent (Ersttagsstempel 13. Oktober 2005) (* 170 000 Ex.) 25,–

650 JAHRE STÄDTEHANSE

ST **PP**

247 [523] 10 Euro (S) 2006. Rs. Kogge als Handelsschiff der Hansestädte. 925er Silber, 18 g, ∅ 32.5 mm, Randschrift »Wandel durch Handel. Von der Hanse nach Europa«:

			ST	PP
2006 J	Normalprägung	(1 600 000 Ex.)	20,–	
2006 J	Spiegelglanz ~~(max. 300 000 Ex.)~~	(240 000 Ex.)		25,–

Entwurf und Modell von Erich Ott.

Ausgegeben ab 7. September 2006 (Normalprägung), Dezember 2006 (Spiegelglanz).

Numisblatt 45 Nr. 247 in Normalprägung mit Briefmarkenkleinbogen zu 10×70 Cent (* 170 000 Ex.) 25,–

UNESCO WELTKULTURERBE – 3. AUSGABE

ST

248 [524] 100 Euro (G) 2006. Rs. Goethehaus, Schillerhaus, Herzogin-Anna-Amalia-Bibliothek, Wittumspalais, Herderkirche, Stadtschloss, Fürstengruft, Goethes Gartenhaus und Schloss Belvedere in Weimar, Schloss Tiefurt und Schloss Ettersburg. 999.9er Gold, 15.55 g (½ oz.), ∅ 28 mm, Rand unterbrochen geriffelt:

			ST
2006 A	Stempelglanz	(70 000 Ex.)	*MW + 8 %*
2006 D	Stempelglanz	(70 000 Ex.)	*MW + 5 %*
2006 F	Stempelglanz	(70 000 Ex.)	*MW + 5 %*
2006 G	Stempelglanz	(70 000 Ex.)	*MW + 5 %*
2006 J	Stempelglanz	(70 000 Ex.)	*MW + 5 %*

Entwurf und Modell von Dietrich Dorfstecher.

Verordnung vom 9. März 2005. Ausgegeben ab 2. Oktober 2006 durch die Verkaufsstelle für Sammlermünzen in Weiden (mehrwertsteuerfrei im Kalenderjahr 2019).

Weitere Münzausgaben auf Weimar: Deutsche Demokratische Republik Nr. 83, Bundesrepublik Deutschland Nr. 197.

10 Cent

Nordic Gold (Aluminiumbronze), 4.10 g, ∅ 19.75 mm, Wellenrand, ⇈

249 [485a] 10 Cent (Al-Bro) 2007–2019. Brandenburger Tor in Berlin, zwölf Sterne. Rs. Karte des europäischen Kontinents, zwölf Sterne, Wertangabe:

	Normalprägung + Stempelglanz		VZ	ST	Spiegelglanz	PP
2007 A	*nur aus Sätzen*	(88 000 Ex.)		–,–	(70 150 Ex.)	–,–
D	*nur aus Sätzen*	(88 000 Ex.)		–,–	(70 120 Ex.)	–,–
F	*nur aus Sätzen*	(88 000 Ex.)		–,–	(70 120 Ex.)	–,–
G	*nur aus Sätzen*	(88 000 Ex.)		–,–	(70 120 Ex.)	–,–
J	*nur aus Sätzen*	(88 000 Ex.)		–,–	(70 120 Ex.)	–,–
2008 A	*nur aus Sätzen*	(75 000 Ex.)		–,–	(58 150 Ex.)	–,–
D	*nur aus Sätzen*	(72 500 Ex.)		–,–	(55 120 Ex.)	–,–
F	*nur aus Sätzen*	(72 500 Ex.)		–,–	(55 120 Ex.)	–,–
G	*nur aus Sätzen*	(72 500 Ex.)		–,–	(55 120 Ex.)	–,–
J	*nur aus Sätzen*	(72 500 Ex.)		–,–	(55 120 Ex.)	–,–
2009 A	*nur aus Sätzen*	(59 500 Ex.)		–,–	(47 150 Ex.)	–,–
D	*nur aus Sätzen*	(52 000 Ex.)		–,–	(42 120 Ex.)	–,–
F	*nur aus Sätzen*	(52 000 Ex.)		–,–	(42 120 Ex.)	–,–
G	*nur aus Sätzen*	(52 000 Ex.)		–,–	(42 120 Ex.)	–,–
J	*nur aus Sätzen*	(52 000 Ex.)		–,–	(42 120 Ex.)	–,–
2010 A	*nur aus Sätzen*	(53 800 Ex.)		–,–	(45 150 Ex.)	–,–
D	*nur aus Sätzen*	(46 800 Ex.)		–,–	(40 120 Ex.)	–,–
F	*nur aus Sätzen*	(46 800 Ex.)		–,–	(40 120 Ex.)	–,–
G	*nur aus Sätzen*	(46 800 Ex.)		–,–	(40 120 Ex.)	–,–
J	*nur aus Sätzen*	(46 800 Ex.)		–,–	(40 120 Ex.)	–,–
2011 A	*nur aus Sätzen*	(51 000 Ex.)		–,–	(43 000 Ex.)	–,–
D	*nur aus Sätzen*	(45 500 Ex.)		–,–	(37 000 Ex.)	–,–
F	*nur aus Sätzen*	(45 500 Ex.)		–,–	(37 000 Ex.)	–,–
G	*nur aus Sätzen*	(45 500 Ex.)		–,–	(37 000 Ex.)	–,–
J	*nur aus Sätzen*	(45 500 Ex.)		–,–	(37 000 Ex.)	–,–
2012 A	*nur aus Sätzen*	(47 600 Ex.)		–,–	(40 000 Ex.)	–,–
D	*nur aus Sätzen*	(41 200 Ex.)		–,–	(32 000 Ex.)	–,–
F	*nur aus Sätzen*	(41 200 Ex.)		–,–	(32 000 Ex.)	–,–
G	*nur aus Sätzen*	(41 200 Ex.)		–,–	(32 000 Ex.)	–,–
J	*nur aus Sätzen*	(41 200 Ex.)		–,–	(32 000 Ex.)	–,–

	Normalprägung + Stempelglanz		VZ	ST	Spiegelglanz	PP
2013 A	*nur aus Sätzen*	(42 500 Ex.)		–,–	(35 000 Ex.)	–,–
D	*nur aus Sätzen*	(36 100 Ex.)		–,–	(30 000 Ex.)	–,–
F	*nur aus Sätzen*	(36 100 Ex.)		–,–	(30 000 Ex.)	–,–
G	*nur aus Sätzen*	(36 100 Ex.)		–,–	(30 000 Ex.)	–,–
J	*nur aus Sätzen*	(36 100 Ex.)		–,–	(30 000 Ex.)	–,–
2014 A	*nur aus Sätzen*	(38 000 Ex.)		–,–	(34 000 Ex.)	–,–
D	*nur aus Sätzen*	(33 000 Ex.)		–,–	(27 000 Ex.)	–,–
F	*nur aus Sätzen*	(33 000 Ex.)		–,–	(27 000 Ex.)	–,–
G	*nur aus Sätzen*	(33 000 Ex.)		–,–	(27 000 Ex.)	–,–
J	*nur aus Sätzen*	(33 000 Ex.)		–,–	(27 000 Ex.)	–,–
2015 A	*nur aus Sätzen*	(39 800 Ex.)		–,–	(34 000 Ex.)	–,–
D	*nur aus Sätzen*	(33 825 Ex.)		–,–	(27 000 Ex.)	–,–
F	*nur aus Sätzen*	(33 825 Ex.)		–,–	(27 000 Ex.)	–,–
G	*nur aus Sätzen*	(33 825 Ex.)		–,–	(27 000 Ex.)	–,–
J	*nur aus Sätzen*	(33 825 Ex.)		–,–	(27 000 Ex.)	–,–
2016 A	*nur aus Sätzen*	(34 800 Ex.)		–,–	(30 000 Ex.)	–,–
D	*nur aus Sätzen*	(30 825 Ex.)		–,–	(24 000 Ex.)	–,–
F	*nur aus Sätzen*	(30 825 Ex.)		–,–	(24 000 Ex.)	–,–
G	*nur aus Sätzen*	(30 825 Ex.)		–,–	(24 000 Ex.)	–,–
J	*nur aus Sätzen*	(30 825 Ex.)		–,–	(24 000 Ex.)	–,–
2017 A	(25 200 000 Ex. +	32 800 Ex.)	*NW*	–,50	(27 000 Ex.)	–,–
D	(26 460 000 Ex. +	25 825 Ex.)	*NW*	–,50	(20 000 Ex.)	–,–
F	(30 240 000 Ex. +	25 825 Ex.)	*NW*	–,50	(20 000 Ex.)	–,–
G	(17 640 000 Ex. +	25 825 Ex.)	*NW*	–,50	(20 000 Ex.)	–,–
J	(26 460 000 Ex. +	25 825 Ex.)	*NW*	–,50	(20 000 Ex.)	–,–
2018 A	(24 000 000 Ex. +	27 400 Ex.)	*NW*	–,50	(24 000 Ex.)	–,–
D	(25 200 000 Ex. +	22 625 Ex.)	*NW*	–,50	(20 000 Ex.)	–,–
F	(28 800 000 Ex. +	22 625 Ex.)	*NW*	–,50	(20 000 Ex.)	–,–
G	(16 800 000 Ex. +	22 625 Ex.)	*NW*	–,50	(20 000 Ex.)	–,–
J	(25 200 000 Ex. +	22 625 Ex.)	*NW*	–,50	(20 000 Ex.)	–,–
2019 A	(* 29 500 000 Ex. +	22 500 Ex.)	*NW*	–,50	(21 000 Ex.)	–,–
D	(* 32 490 000 Ex. +	22 500 Ex.)	*NW*	–,50	(21 000 Ex.)	–,–
F	(* 35 460 000 Ex. +	22 500 Ex.)	*NW*	–,50	(21 000 Ex.)	–,–
G	(* 20 560 000 Ex. +	22 500 Ex.)	*NW*	–,50	(21 000 Ex.)	–,–
J	(* 30 990 000 Ex. +	22 500 Ex.)	*NW*	–,50	(21 000 Ex.)	–,–

Entwurf und Modell von Reinhart Heinsdorff (Bildseite).

* Die Prägezahlen des Jahrgangs 2019 sind vorläufig (noch nicht endgültig festgestellt).

Auf dem ursprünglichen Gipsmodell für die Münzen zu 10, 20, 50 Cent erscheinen auf dem Brandenburger Tor die beiden mittleren Pferde der Quadriga, die im Original jeweils das innere Vorderbein erheben, in künstlerischer Freiheit mit angehobenen äußeren Vorderbeinen. Dieses Modell wurde zunächst für die Erstprägungen der 10, 20, 50 Cent mit den radial ausgerichteten Sternen verwendet, dann aber bei den Normalprägungen mit aufrechten Sternen und Jahreszahlen ab 2002 korrigiert und zeigen somit die realistische Darstellung der Quadriga. Im Zuge der Anfertigung neuer Urwerkzeuge der nationalen Seiten wurde bei den Nominalen zu 10 und 20 Cent ab 2007 wieder auf das ursprüngliche Modell mit der Fehlstellung der Pferdebeine zurückgegriffen.

20 Cent

Nordic Gold (Aluminiumbronze), 5.74 g, ∅ 22.25 mm, Rand mit sieben Kerben, ⇈

250 [486a] 20 Cent (Al-Bro) 2007–2019. Typ wie Nr. 249:

	Normalprägung + Stempelglanz	VZ	ST	Spiegelglanz	PP
2007 A	(21 600 000 Ex. + 88 000 Ex.)	*NW*	–,80	(70 150 Ex.)	–,–
D	(22 680 000 Ex. + 88 000 Ex.)	*NW*	–,80	(70 120 Ex.)	–,–
F	(25 720 000 Ex. + 88 000 Ex.)	*NW*	–,80	(70 120 Ex.)	–,–
G	(15 120 000 Ex. + 88 000 Ex.)	*NW*	–,80	(70 120 Ex.)	–,–
J	(22 930 000 Ex. + 88 000 Ex.)	*NW*	–,80	(70 120 Ex.)	–,–
2008 A	(15 800 000 Ex. + 75 000 Ex.)	*NW*	–,80	(58 150 Ex.)	–,–
D	(16 590 000 Ex. + 72 500 Ex.)	*NW*	–,80	(55 120 Ex.)	–,–
F	(18 960 000 Ex. + 72 500 Ex.)	*NW*	–,80	(55 120 Ex.)	–,–
G	(11 060 000 Ex. + 72 500 Ex.)	*NW*	–,80	(55 120 Ex.)	–,–
J	(16 340 000 Ex. + 72 500 Ex.)	*NW*	–,80	(55 120 Ex.)	–,–
2009 A	(21 600 000 Ex. + 59 500 Ex.)	*NW*	–,80	(47 150 Ex.)	–,–
D	(22 680 000 Ex. + 52 000 Ex.)	*NW*	–,80	(42 120 Ex.)	–,–
F	(25 920 000 Ex. + 52 000 Ex.)	*NW*	–,80	(42 120 Ex.)	–,–
G	(15 120 000 Ex. + 52 000 Ex.)	*NW*	–,80	(42 120 Ex.)	–,–
J	(22 680 000 Ex. + 52 000 Ex.)	*NW*	–,80	(42 120 Ex.)	–,–
2010 A	(24 400 000 Ex. + 53 800 Ex.)	*NW*	–,80	(45 150 Ex.)	–,–
D	(25 620 000 Ex. + 46 800 Ex.)	*NW*	–,80	(40 120 Ex.)	–,–
F	(29 280 000 Ex. + 46 800 Ex.)	*NW*	–,80	(40 120 Ex.)	–,–
G	(17 080 000 Ex. + 46 800 Ex.)	*NW*	–,80	(40 120 Ex.)	–,–
J	(25 620 000 Ex. + 46 800 Ex.)	*NW*	–,80	(40 120 Ex.)	–,–
2011 A	(33 000 000 Ex. + 51 000 Ex.)	*NW*	–,80	(43 000 Ex.)	–,–
D	(34 650 000 Ex. + 45 500 Ex.)	*NW*	–,80	(37 000 Ex.)	–,–
F	(39 600 000 Ex. + 45 500 Ex.)	*NW*	–,80	(37 000 Ex.)	–,–
G	(23 100 000 Ex. + 45 500 Ex.)	*NW*	–,80	(37 000 Ex.)	–,–
J	(34 650 000 Ex. + 45 500 Ex.)	*NW*	–,80	(37 000 Ex.)	–,–
2012 A	(21 200 000 Ex. + 47 600 Ex.)	*NW*	–,80	(40 000 Ex.)	–,–
D	(22 260 000 Ex. + 41 200 Ex.)	*NW*	–,80	(32 000 Ex.)	–,–
F	(25 440 000 Ex. + 41 200 Ex.)	*NW*	–,80	(32 000 Ex.)	–,–
G	(14 840 000 Ex. + 41 200 Ex.)	*NW*	–,80	(32 000 Ex.)	–,–
J	(22 260 000 Ex. + 41 200 Ex.)	*NW*	–,80	(32 000 Ex.)	–,–
2013 A	(16 000 000 Ex. + 42 500 Ex.)	*NW*	–,80	(35 000 Ex.)	–,–
D	(16 800 000 Ex. + 36 100 Ex.)	*NW*	–,80	(30 000 Ex.)	–,–
F	(19 200 000 Ex. + 36 100 Ex.)	*NW*	–,80	(30 000 Ex.)	–,–
G	(11 200 000 Ex. + 36 100 Ex.)	*NW*	–,80	(30 000 Ex.)	–,–
J	(16 800 000 Ex. + 36 100 Ex.)	*NW*	–,80	(30 000 Ex.)	–,–

	Normalprägung + Stempelglanz	VZ	ST	Spiegelglanz	PP
2014 A	(19 200 000 Ex. + 38 000 Ex.)	*NW*	–,80	(34 000 Ex.)	–,–
D	(20 160 000 Ex. + 33 000 Ex.)	*NW*	–,80	(27 000 Ex.)	–,–
F	(23 040 000 Ex. + 33 000 Ex.)	*NW*	–,80	(27 000 Ex.)	–,–
G	(13 440 000 Ex. + 33 000 Ex.)	*NW*	–,80	(27 000 Ex.)	–,–
J	(20 160 000 Ex. + 33 000 Ex.)	*NW*	–,80	(27 000 Ex.)	–,–
2015 A	(22 800 000 Ex. + 39 800 Ex.)	*NW*	–,80	(34 000 Ex.)	–,–
D	(23 940 000 Ex. + 33 825 Ex.)	*NW*	–,80	(27 000 Ex.)	–,–
F	(27 360 000 Ex. + 33 825 Ex.)	*NW*	–,80	(27 000 Ex.)	–,–
G	(15 960 000 Ex. + 33 825 Ex.)	*NW*	–,80	(27 000 Ex.)	–,–
J	(23 940 000 Ex. + 33 825 Ex.)	*NW*	–,80	(27 000 Ex.)	–,–
2016 A	(38 400 000 Ex. + 34 800 Ex.)	*NW*	–,80	(30 000 Ex.)	–,–
D	(40 320 000 Ex. + 30 825 Ex.)	*NW*	–,80	(24 000 Ex.)	–,–
F	(46 080 000 Ex. + 30 825 Ex.)	*NW*	–,80	(24 000 Ex.)	–,–
G	(26 880 000 Ex. + 30 825 Ex.)	*NW*	–,80	(24 000 Ex.)	–,–
J	(40 320 000 Ex. + 30 825 Ex.)	*NW*	–,80	(24 000 Ex.)	–,–
2017 A	(21 600 000 Ex. + 32 800 Ex.)	*NW*	–,80	(27 000 Ex.)	–,–
D	(22 680 000 Ex. + 25 825 Ex.)	*NW*	–,80	(20 000 Ex.)	–,–
F	(25 920 000 Ex. + 25 825 Ex.)	*NW*	–,80	(20 000 Ex.)	–,–
G	(15 120 000 Ex. + 25 825 Ex.)	*NW*	–,80	(20 000 Ex.)	–,–
J	(22 680 000 Ex. + 25 825 Ex.)	*NW*	–,80	(20 000 Ex.)	–,–
2018 A	(28 400 000 Ex. + 27 400 Ex.)	*NW*	–,80	(24 000 Ex.)	–,–
D	(29 820 000 Ex. + 22 625 Ex.)	*NW*	–,80	(20 000 Ex.)	–,–
F	(34 080 000 Ex. + 22 625 Ex.)	*NW*	–,80	(20 000 Ex.)	–,–
G	(19 880 000 Ex. + 22 625 Ex.)	*NW*	–,80	(20 000 Ex.)	–,–
J	(29 820 000 Ex. + 22 625 Ex.)	*NW*	–,80	(20 000 Ex.)	–,–
2019 A	(*33 800 000 Ex. + 22 500 Ex.)	*NW*	–,80	(21 000 Ex.)	–,–
D	(*37 010 000 Ex. + 22 500 Ex.)	*NW*	–,80	(21 000 Ex.)	–,–
F	(*40 620 000 Ex. + 22 500 Ex.)	*NW*	–,80	(21 000 Ex.)	–,–
G	(*23 570 000 Ex. + 22 500 Ex.)	*NW*	–,80	(21 000 Ex.)	–,–
J	(*35 510 000 Ex. + 22 500 Ex.)	*NW*	–,80	(21 000 Ex.)	–,–

Entwurf und Modell von Reinhart Heinsdorff (Bildseite).

50 Cent

Nordic Gold (Aluminiumbronze), 7.80 g, ∅ 24.25 mm, Wellenrand, ⇈

251 [487a] 50 Cent (Al-Bro) 2007–2019. Typ wie Nr. 249:

		Normalprägung + Stempelglanz		VZ	ST	Spiegelglanz	PP
2007	A	*nur aus Sätzen*	(88 000 Ex.)		–,–	(70 150 Ex.)	–,–
	D	*nur aus Sätzen*	(88 000 Ex.)		–,–	(70 120 Ex.)	–,–
	F	*nur aus Sätzen*	(88 000 Ex.)		–,–	(70 120 Ex.)	–,–
	G	*nur aus Sätzen*	(88 000 Ex.)		–,–	(70 120 Ex.)	–,–
	J	*nur aus Sätzen*	(88 000 Ex.)		–,–	(70 120 Ex.)	–,–
2008	A	*nur aus Sätzen*	(75 000 Ex.)		–,–	(58 150 Ex.)	–,–
	D	*nur aus Sätzen*	(72 500 Ex.)		–,–	(55 120 Ex.)	–,–
	F	*nur aus Sätzen*	(72 500 Ex.)		–,–	(55 120 Ex.)	–,–
	G	*nur aus Sätzen*	(72 500 Ex.)		–,–	(55 120 Ex.)	–,–
	J	*nur aus Sätzen*	(72 500 Ex.)		–,–	(55 120 Ex.)	–,–
2009	A	*nur aus Sätzen*	(59 500 Ex.)		–,–	(47 150 Ex.)	–,–
	D	*nur aus Sätzen*	(52 000 Ex.)		–,–	(42 120 Ex.)	–,–
	F	*nur aus Sätzen*	(52 000 Ex.)		–,–	(42 120 Ex.)	–,–
	G	*nur aus Sätzen*	(52 000 Ex.)		–,–	(42 120 Ex.)	–,–
	J	*nur aus Sätzen*	(52 000 Ex.)		–,–	(42 120 Ex.)	–,–
2010	A	*nur aus Sätzen*	(53 800 Ex.)		–,–	(45 150 Ex.)	–,–
	D	*nur aus Sätzen*	(46 800 Ex.)		–,–	(40 120 Ex.)	–,–
	F	*nur aus Sätzen*	(46 800 Ex.)		–,–	(40 120 Ex.)	–,–
	G	*nur aus Sätzen*	(46 800 Ex.)		–,–	(40 120 Ex.)	–,–
	J	*nur aus Sätzen*	(46 800 Ex.)		–,–	(40 120 Ex.)	–,–
2011	A	*nur aus Sätzen*	(51 000 Ex.)		–,–	(43 000 Ex.)	–,–
	D	*nur aus Sätzen*	(45 500 Ex.)		–,–	(37 000 Ex.)	–,–
	F	*nur aus Sätzen*	(45 500 Ex.)		–,–	(37 000 Ex.)	–,–
	G	*nur aus Sätzen*	(45 500 Ex.)		–,–	(37 000 Ex.)	–,–
	J	*nur aus Sätzen*	(45 500 Ex.)		–,–	(37 000 Ex.)	–,–
2012	A	*nur aus Sätzen*	(47 600 Ex.)		–,–	(40 000 Ex.)	–,–
	D	*nur aus Sätzen*	(41 200 Ex.)		–,–	(32 000 Ex.)	–,–
	F	*nur aus Sätzen*	(41 200 Ex.)		–,–	(32 000 Ex.)	–,–
	G	*nur aus Sätzen*	(41 200 Ex.)		–,–	(32 000 Ex.)	–,–
	J	*nur aus Sätzen*	(41 200 Ex.)		–,–	(32 000 Ex.)	–,–
2013	A	*nur aus Sätzen*	(42 500 Ex.)		–,–	(35 000 Ex.)	–,–
	D	*nur aus Sätzen*	(36 100 Ex.)		–,–	(30 000 Ex.)	–,–
	F	*nur aus Sätzen*	(36 100 Ex.)		–,–	(30 000 Ex.)	–,–
	G	*nur aus Sätzen*	(36 100 Ex.)		–,–	(30 000 Ex.)	–,–
	J	*nur aus Sätzen*	(36 100 Ex.)		–,–	(30 000 Ex.)	–,–
2014	A	*nur aus Sätzen*	(38 000 Ex.)		–,–	(34 000 Ex.)	–,–
	D	*nur aus Sätzen*	(33 000 Ex.)		–,–	(27 000 Ex.)	–,–
	F	*nur aus Sätzen*	(33 000 Ex.)		–,–	(27 000 Ex.)	–,–
	G	*nur aus Sätzen*	(33 000 Ex.)		–,–	(27 000 Ex.)	–,–
	J	*nur aus Sätzen*	(33 000 Ex.)		–,–	(27 000 Ex.)	–,–
2015	A	*nur aus Sätzen*	(39 800 Ex.)		–,–	(34 000 Ex.)	–,–
	D	*nur aus Sätzen*	(33 825 Ex.)		–,–	(27 000 Ex.)	–,–
	F	*nur aus Sätzen*	(33 825 Ex.)		–,–	(27 000 Ex.)	–,–
	G	*nur aus Sätzen*	(33 825 Ex.)		–,–	(27 000 Ex.)	–,–
	J	*nur aus Sätzen*	(33 825 Ex.)		–,–	(27 000 Ex.)	–,–

	Normalprägung + Stempelglanz		VZ	ST	Spiegelglanz	PP
2016 A	*nur aus Sätzen*	(34 800 Ex.)		–,–	(30 000 Ex.)	–,–
D	*nur aus Sätzen*	(30 825 Ex.)		–,–	(24 000 Ex.)	–,–
F	*nur aus Sätzen*	(30 825 Ex.)		–,–	(24 000 Ex.)	–,–
G	*nur aus Sätzen*	(30 825 Ex.)		–,–	(24 000 Ex.)	–,–
J	*nur aus Sätzen*	(30 825 Ex.)		–,–	(24 000 Ex.)	–,–
2017 A	*nur aus Sätzen*	(32 800 Ex.)		–,–	(27 000 Ex.)	–,–
D	*nur aus Sätzen*	(25 825 Ex.)		–,–	(20 000 Ex.)	–,–
F	*nur aus Sätzen*	(25 825 Ex.)		–,–	(20 000 Ex.)	–,–
G	*nur aus Sätzen*	(25 825 Ex.)		–,–	(20 000 Ex.)	–,–
J	*nur aus Sätzen*	(25 825 Ex.)		–,–	(20 000 Ex.)	–,–
2018 A	*nur aus Sätzen*	(27 400 Ex.)		–,–	(24 000 Ex.)	–,–
D	*nur aus Sätzen*	(22 625 Ex.)		–,–	(20 000 Ex.)	–,–
F	*nur aus Sätzen*	(22 625 Ex.)		–,–	(20 000 Ex.)	–,–
G	*nur aus Sätzen*	(22 625 Ex.)		–,–	(20 000 Ex.)	–,–
J	*nur aus Sätzen*	(22 625 Ex.)		–,–	(20 000 Ex.)	–,–
2019 A	*nur aus Sätzen*	(22 500 Ex.)		–,–	(21 000 Ex.)	–,–
D	*nur aus Sätzen*	(22 500 Ex.)		–,–	(21 000 Ex.)	–,–
F	*nur aus Sätzen*	(22 500 Ex.)		–,–	(21 000 Ex.)	–,–
G	*nur aus Sätzen*	(22 500 Ex.)		–,–	(21 000 Ex.)	–,–
J	*nur aus Sätzen*	(22 500 Ex.)		–,–	(21 000 Ex.)	–,–

1 Euro

Ring Nickelmessing, Zentrum Kupfernickel mit Nickelkern, 7.50 g, ∅ 23.25 mm
Rand unterbrochen geriffelt, ⇈

252 [488a] 1 Euro (N-Me / N, K-N plattiert) 2007–2019. Bundesadler, zwölf Sterne auf waagerecht schraffiertem Grund. Rs. Karte des europäischen Kontinents, zwölf Sterne, Wertangabe:

	Normalprägung + Stempelglanz		VZ	ST	Spiegelglanz	PP
2007 A	*nur aus Sätzen*	(88 000 Ex.)		–,–	(70 150 Ex.)	–,–
D	*nur aus Sätzen*	(88 000 Ex.)		–,–	(70 120 Ex.)	–,–
F	*nur aus Sätzen*	(88 000 Ex.)		–,–	(70 120 Ex.)	–,–
G	*nur aus Sätzen*	(88 000 Ex.)		–,–	(70 120 Ex.)	–,–
J	*nur aus Sätzen*	(88 000 Ex.)		–,–	(70 120 Ex.)	–,–
2008 A	*nur aus Sätzen*	(75 000 Ex.)		–,–	(58 150 Ex.)	–,–
D	*nur aus Sätzen*	(72 500 Ex.)		–,–	(55 120 Ex.)	–,–
F	*nur aus Sätzen*	(72 500 Ex.)		–,–	(55 120 Ex.)	–,–
G	*nur aus Sätzen*	(72 500 Ex.)		–,–	(55 120 Ex.)	–,–
J	*nur aus Sätzen*	(72 500 Ex.)		–,–	(55 120 Ex.)	–,–

		Normalprägung + Stempelglanz	VZ	ST	Spiegelglanz	PP
2009 A	*nur aus Sätzen*	(59 500 Ex.)		–,–	(47 150 Ex.)	–,–
D	*nur aus Sätzen*	(52 000 Ex.)		–,–	(42 120 Ex.)	–,–
F	*nur aus Sätzen*	(52 000 Ex.)		–,–	(42 120 Ex.)	–,–
G	*nur aus Sätzen*	(52 000 Ex.)		–,–	(42 120 Ex.)	–,–
J	*nur aus Sätzen*	(52 000 Ex.)		–,–	(42 120 Ex.)	–,–
2010 A	*nur aus Sätzen*	(53 800 Ex.)		–,–	(45 150 Ex.)	–,–
D	*nur aus Sätzen*	(46 800 Ex.)		–,–	(40 120 Ex.)	–,–
F	*nur aus Sätzen*	(46 800 Ex.)		–,–	(40 120 Ex.)	–,–
G	*nur aus Sätzen*	(46 800 Ex.)		–,–	(40 120 Ex.)	–,–
J	*nur aus Sätzen*	(46 800 Ex.)		–,–	(40 120 Ex.)	–,–
2011 A	*nur aus Sätzen*	(51 000 Ex.)		–,–	(43 000 Ex.)	–,–
D	*nur aus Sätzen*	(45 500 Ex.)		–,–	(37 000 Ex.)	–,–
F	*nur aus Sätzen*	(45 500 Ex.)		–,–	(37 000 Ex.)	–,–
G	*nur aus Sätzen*	(45 500 Ex.)		–,–	(37 000 Ex.)	–,–
J	*nur aus Sätzen*	(45 500 Ex.)		–,–	(37 000 Ex.)	–,–
2012 A	*nur aus Sätzen*	(47 600 Ex.)		–,–	(40 000 Ex.)	–,–
D	*nur aus Sätzen*	(41 200 Ex.)		–,–	(32 000 Ex.)	–,–
F	*nur aus Sätzen*	(41 200 Ex.)		–,–	(32 000 Ex.)	–,–
G	*nur aus Sätzen*	(41 200 Ex.)		–,–	(32 000 Ex.)	–,–
J	*nur aus Sätzen*	(41 200 Ex.)		–,–	(32 000 Ex.)	–,–
2013 A	*nur aus Sätzen*	(42 500 Ex.)		–,–	(35 000 Ex.)	–,–
D	*nur aus Sätzen*	(36 100 Ex.)		–,–	(30 000 Ex.)	–,–
F	*nur aus Sätzen*	(36 100 Ex.)		–,–	(30 000 Ex.)	–,–
G	*nur aus Sätzen*	(36 100 Ex.)		–,–	(30 000 Ex.)	–,–
J	*nur aus Sätzen*	(36 100 Ex.)		–,–	(30 000 Ex.)	–,–
2014 A	*nur aus Sätzen*	(38 000 Ex.)		–,–	(34 000 Ex.)	–,–
D	*nur aus Sätzen*	(33 000 Ex.)		–,–	(27 000 Ex.)	–,–
F	*nur aus Sätzen*	(33 000 Ex.)		–,–	(27 000 Ex.)	–,–
G	*nur aus Sätzen*	(33 000 Ex.)		–,–	(27 000 Ex.)	–,–
J	*nur aus Sätzen*	(33 000 Ex.)		–,–	(27 000 Ex.)	–,–
2015 A	*nur aus Sätzen*	(39 800 Ex.)		–,–	(34 000 Ex.)	–,–
D	*nur aus Sätzen*	(33 825 Ex.)		–,–	(27 000 Ex.)	–,–
F	*nur aus Sätzen*	(33 825 Ex.)		–,–	(27 000 Ex.)	–,–
G	*nur aus Sätzen*	(33 825 Ex.)		–,–	(27 000 Ex.)	–,–
J	*nur aus Sätzen*	(33 825 Ex.)		–,–	(27 000 Ex.)	–,–
2016 A	*nur aus Sätzen*	(34 800 Ex.)		–,–	(30 000 Ex.)	–,–
D	*nur aus Sätzen*	(30 825 Ex.)		–,–	(24 000 Ex.)	–,–
F	*nur aus Sätzen*	(30 825 Ex.)		–,–	(24 000 Ex.)	–,–
G	*nur aus Sätzen*	(30 825 Ex.)		–,–	(24 000 Ex.)	–,–
J	*nur aus Sätzen*	(30 825 Ex.)		–,–	(24 000 Ex.)	–,–
2017 A	*nur aus Sätzen*	(32 800 Ex.)		–,–	(27 000 Ex.)	–,–
D	*nur aus Sätzen*	(25 825 Ex.)		–,–	(20 000 Ex.)	–,–
F	*nur aus Sätzen*	(25 825 Ex.)		–,–	(20 000 Ex.)	–,–
G	*nur aus Sätzen*	(25 825 Ex.)		–,–	(20 000 Ex.)	–,–
J	*nur aus Sätzen*	(25 825 Ex.)		–,–	(20 000 Ex.)	–,–

	Normalprägung + Stempelglanz		VZ	ST	Spiegelglanz	PP
2018 A	*nur aus Sätzen*	(27 400 Ex.)		–,–	(24 000 Ex.)	–,–
D	*nur aus Sätzen*	(22 625 Ex.)		–,–	(20 000 Ex.)	–,–
F	*nur aus Sätzen*	(22 625 Ex.)		–,–	(20 000 Ex.)	–,–
G	*nur aus Sätzen*	(22 625 Ex.)		–,–	(20 000 Ex.)	–,–
J	*nur aus Sätzen*	(22 625 Ex.)		–,–	(20 000 Ex.)	–,–
2019 A	*nur aus Sätzen*	(22 500 Ex.)		–,–	(21 000 Ex.)	–,–
D	*nur aus Sätzen*	(22 500 Ex.)		–,–	(21 000 Ex.)	–,–
F	*nur aus Sätzen*	(22 500 Ex.)		–,–	(21 000 Ex.)	–,–
G	*nur aus Sätzen*	(22 500 Ex.)		–,–	(21 000 Ex.)	–,–
J	*nur aus Sätzen*	(22 500 Ex.)		–,–	(21 000 Ex.)	–,–

Entwurf von Sneschana Russewa Hoyer, Modell von Heinz Hoyer (Bildseite).

* Die Prägezahlen des Jahrgangs 2019 sind vorläufig (noch nicht endgültig festgestellt).

2 Euro

Ring Kupfernickel, Zentrum Nickelmessing mit Nickelkern, 8.50 g, ∅ 25.75 mm
Riffelrand mit ✤ EINIGKEIT UND RECHT UND FREIHEIT, ↑↑

253 [489a] 2 Euro (K-N / N, N-Me plattiert) 2008, 2010, 2011, 2014, 2016, 2017, 2019. Typ wie Nr. 252:

	Normalprägung	+ Stempelglanz	VZ	ST	Spiegelglanz	PP
2008 A	(11 400 000 Ex. +	75 000 Ex.)	*NW*	3,50	(58 150 Ex.)	–,–
D	(11 970 000 Ex. +	72 500 Ex.)	*NW*	3,50	(55 120 Ex.)	–,–
F	(13 680 000 Ex. +	72 500 Ex.)	*NW*	3,50	(55 120 Ex.)	–,–
G	(7 980 000 Ex. +	72 500 Ex.)	*NW*	3,50	(55 120 Ex.)	–,–
J	(11 970 000 Ex. +	72 500 Ex.)	*NW*	3,50	(55 120 Ex.)	–,–
2010 A	(19 600 000 Ex. +	53 800 Ex.)	*NW*	3,50	(45 150 Ex.)	–,–
D	(20 580 000 Ex. +	46 800 Ex.)	*NW*	3,50	(40 120 Ex.)	–,–
F	(23 520 000 Ex. +	46 800 Ex.)	*NW*	3,50	(40 120 Ex.)	–,–
G	(13 720 000 Ex. +	46 800 Ex.)	*NW*	3,50	(40 120 Ex.)	–,–
J	(20 580 000 Ex. +	46 800 Ex.)	*NW*	3,50	(40 120 Ex.)	–,–
2011 A	(23 800 000 Ex. +	51 000 Ex.)	*NW*	3,50	(43 000 Ex.)	–,–
D	(24 990 000 Ex. +	45 500 Ex.)	*NW*	3,50	(37 000 Ex.)	–,–
F	(28 560 000 Ex. +	45 500 Ex.)	*NW*	3,50	(37 000 Ex.)	–,–
G	(16 660 000 Ex. +	45 500 Ex.)	*NW*	3,50	(37 000 Ex.)	–,–
J	(24 990 000 Ex. +	45 500 Ex.)	*NW*	3,50	(37 000 Ex.)	–,–

	Normalprägung + Stempelglanz	VZ	ST	Spiegelglanz	PP
2014 A	(5 600 000 Ex. + 38 000 Ex.)	NW	3,50	(34 000 Ex.)	–,–
D	(5 880 000 Ex. + 33 000 Ex.)	NW	3,50	(27 000 Ex.)	–,–
F	(6 720 000 Ex. + 33 000 Ex.)	NW	3,50	(27 000 Ex.)	–,–
G	(3 920 000 Ex. + 33 000 Ex.)	NW	3,50	(27 000 Ex.)	–,–
J	(5 880 000 Ex. + 33 000 Ex.)	NW	3,50	(27 000 Ex.)	–,–
2016 A	(14 200 000 Ex. + 34 800 Ex.)	NW	3,50	(30 000 Ex.)	–,–
D	(14 910 000 Ex. + 30 825 Ex.)	NW	3,50	(24 000 Ex.)	–,–
F	(17 040 000 Ex. + 30 825 Ex.)	NW	3,50	(24 000 Ex.)	–,–
G	(9 940 000 Ex. + 30 825 Ex.)	NW	3,50	(24 000 Ex.)	–,–
J	(14 910 000 Ex. + 30 825 Ex.)	NW	3,50	(24 000 Ex.)	–,–
2017 A	(18 200 000 Ex. + 32 800 Ex.)	NW	3,50	(27 000 Ex.)	–,–
D	(19 110 000 Ex. + 25 825 Ex.)	NW	3,50	(20 000 Ex.)	–,–
F	(21 840 000 Ex. + 25 825 Ex.)	NW	3,50	(20 000 Ex.)	–,–
G	(12 740 000 Ex. + 25 825 Ex.)	NW	3,50	(20 000 Ex.)	–,–
J	(19 110 000 Ex. + 25 825 Ex.)	NW	3,50	(20 000 Ex.)	–,–
2019 A	(* 12 550 000 Ex. + 22 500 Ex.)	NW	3,50	(21 000 Ex.)	–,–
D	(* 15 690 000 Ex. + 22 500 Ex.)	NW	3,50	(21 000 Ex.)	–,–
F	(* 15 120 000 Ex. + 22 500 Ex.)	NW	3,50	(21 000 Ex.)	–,–
G	(* 8 700 000 Ex. + 22 500 Ex.)	NW	3,50	(21 000 Ex.)	–,–
J	(* 13 190 000 Ex. + 22 500 Ex.)	NW	3,50	(21 000 Ex.)	–,–

Entwurf von Sneschana Russewa Hoyer, Modell von Heinz Hoyer (Bildseite).

MECKLENBURG-VORPOMMERSCHE PRÄSIDENTSCHAFT IM BUNDESRAT (NOVEMBER 2006 – OKTOBER 2007)

254 [526] 2 Euro (K-N / N, N-Me plattiert) 2007. Schloss Schwerin, Sitz des Landtages 1948–1952 und seit 1990, Inschrift »Mecklenburg-Vorpommern«, Staatsbezeichnung »Bundesrepublik Deutschland«, zwölf Sterne. Rs. wie Nr. 253. Riffelrand mit Inschrift »Einigkeit und Recht und Freiheit« sowie Bundesadler:

	Normalprägung + Stempelglanz	VZ	ST	Spiegelglanz	PP
2007 A	(985 000 Ex. + 148 000 Ex.)	2,50	5,–	(125 150 Ex.)	–,–
D	(11 835 000 Ex. + 148 000 Ex.)	NW	3,50	(125 120 Ex.)	–,–
F	(11 850 000 Ex. + 148 000 Ex.)	NW	3,50	(125 120 Ex.)	–,–
G	(4 200 000 Ex. + 148 000 Ex.)	NW	3,50	(125 120 Ex.)	–,–
J	(1 070 000 Ex. + 148 000 Ex.)	2,50	5,–	(125 120 Ex.)	–,–

Entwurf und Modell von Heinz Hoyer (Bildseite).

Verordnung vom 24. Mai 2006. Bekanntmachung im Amtsblatt 76 der Europäischen Union vom 4. April 2007. Ausgegeben ab 2. Februar 2007.

		ST	PP
Satz	Nr. 254 (A, D, F, G, J) im Blisterpack		
	Stempelglanz ~~(max. 80 000 Ex.)~~ (* 60 000 Ex.)	50,–	
	Spiegelglanz ~~(max. 70 000 Ex.)~~ (* 55 000 Ex.)		100,–
	* in den vorstehenden Prägezahlen enthalten		

50 JAHRE RÖMISCHE VERTRÄGE
ZUR GRÜNDUNG DER EUROPÄISCHEN GEMEINSCHAFT – 1. AUSGABE

255 [528] 2 Euro (K-N / N, N-Me plattiert) 2007. Vertragswerk mit den Unterschriften der sechs Gründungsmitglieder und Inschrift »Europa« auf dem sternförmigen Straßenpflaster des Kapitolplatzes (Piazza del Campidoglio) in Roma (Rom), oben bogig »Römische Verträge / 50 Jahre«, unten »Bundesrepublik Deutschland«, zwölf Sterne. Rs. wie Nr. 253. Riffelrand mit Inschrift »Einigkeit und Recht und Freiheit« sowie Bundesadler:

	Normalprägung + Stempelglanz	VZ	ST	Spiegelglanz	PP
2007 A	(1 000 000 Ex. + 88 000 Ex.)	2,50	4,–	(90 150 Ex.)	–,–
D	(14 500 000 Ex. + 88 000 Ex.)	*NW*	3,50	(90 120 Ex.)	–,–
F	(8 000 000 Ex. + 88 000 Ex.)	*NW*	3,50	(90 120 Ex.)	–,–
G	(5 000 000 Ex. + 88 000 Ex.)	*NW*	3,50	(90 120 Ex.)	–,–
J	(1 500 000 Ex. + 88 000 Ex.)	2,50	4,–	(90 120 Ex.)	–,–

Entwurf und Modell von Helmut Andexlinger (Bildseite).

Verordnung vom 27. September 2006. Bekanntmachung im Amtsblatt 65 der Europäischen Union vom 21. März 2007. Ausgegeben ab 25. März 2007.

		PP
Satz	Nr. 255 (A, D, F, G, J) im Blisterpack	
	Spiegelglanz ~~(max. 50 000 Ex.)~~ (* 20 000 Ex.)	180,–
	* in den vorstehenden Prägezahlen enthalten	

Münzausgaben zu 2 Euro 2007 in ähnlicher Zeichnung aus Belgien, Finnland, Frankreich, Griechenland, Irland, Italien, Luxemburg, den Niederlanden, Österreich, Portugal, Slowenien und Spanien siehe im Euro Münzkatalog 2019 (18. Auflage) von Gerhard Schön.

50 JAHRE BUNDESLAND SAARLAND

ST PP

256 [525] 10 Euro (S) 2007. Rs. Personifikationen von Bergbau, Industrie, Wissenschaft und Kultur vor der Völklinger Stahlhütte und der Saarländischen Universitäts- und Landesbibliothek in Saarbrücken. 925er Silber, 18 g, ∅ 32.5 mm, Randschrift »Deutschland, Frankreich, Europa«:

			ST	PP
2007 G	Normalprägung	(1 600 000 Ex.)	20,–	
2007 G	Spiegelglanz (max. 300 000 Ex.)	(239 600 Ex.)		25,–

Entwurf und Modell von Erika Binz Blanke.

Verordnung vom 22. März 2006. Ausgegeben ab 18. Januar 2007.

Numisblatt 46 Nr. 256 in Normalprägung mit Briefmarkenkleinbogen zu 10×55 Cent (Ersttagsstempel 2. Januar 2007) (* 150 000 Ex.) 25,–

50 JAHRE RÖMISCHE VERTRÄGE ZUR GRÜNDUNG DER EUROPÄISCHEN GEMEINSCHAFT – 2. AUSGABE

257 [527] 10 Euro (S) 2007. Rs. Karte der sechs Gründungsmitglieder Frankreich, Italien, Deutschland, Belgien, Niederlande und Luxemburg, mit Sternen auf den europäischen Kontinent ausstrahlend. 925er Silber, 18 g, ∅ 32.5 mm, Randschrift »Europäische Union, in Vielfalt geeint«:

			ST	PP
2007 F	Normalprägung	(1 600 000 Ex.)	20,–	
2007 F	Spiegelglanz (max. 300 000 Ex.)	(239 600 Ex.)		25,–

Entwurf und Modell von Carsten Mahn.

Verordnung vom 27. September 2006. Ausgegeben ab 1. März 2007.

Numisblatt 47 Nr. 257 in Normalprägung mit Briefmarkenkleinbogen zu 10×55 Cent (* 150 000 Ex.) 25,–

Zum gleichen Anlass: Nr. 255.

175. GEBURTSTAG VON WILHELM BUSCH

ST PP

258 [529] 10 Euro (S) 2007. Rs. Heinrich Christian Wilhelm Busch (1832–1908), Erzähler, Maler und Zeichner von Bildergeschichten, von frommer Helene sowie Max und Moritz flankiert. 925er Silber, 18 g, ∅ 32.5 mm, Randschrift »Wer rudert, sieht den Grund nicht«:
2007 D Normalprägung (1 600 000 Ex.) 20,–
2007 D Spiegelglanz (max. 300 000 Ex.) (239 600 Ex.) 25,–

Entwurf und Modell von Othmar Kukula.

Verordnung vom 5. April 2006. Ausgegeben ab 14. Juni 2007.

Numisblatt 48 Nr. 258 in Normalprägung mit Briefmarkenblock zu 45+20, 2×55+25 und 145+55 Cent (* 150 000 Ex.) 25,–

50 JAHRE DEUTSCHE BUNDESBANK

259 [530] 10 Euro (S) 2007. Rs. Banknoten, Münzen und Goldbarren sowie Industrieanlagen und Geldinstitute auf Waagschalen unter Wachstumskurve in fünf Jahrzehnten vor der Fensterfront der Bundesbankzentrale in Frankfurt am Main. 925er Silber, 18 g, ∅ 32.5 mm, Randschrift »Preisstabilität gewährleisten«:
2007 J Normalprägung (1 600 000 Ex.) 20,–
2007 J Spiegelglanz (max. 300 000 Ex.) (240 949 Ex.) 25,–

Entwurf und Modell von Susanne Kraißer.

Ausgegeben ab 9. August 2007.

Numisblatt 49 Nr. 259 in Normalprägung mit Briefmarkenkleinbogen zu 10×55 Cent (* 150 000 Ex.) 25,–

800. GEBURTSTAG DER HL. ELISABETH VON THÜRINGEN

ST **PP**

260 [532] 10 Euro (S) 2007. Rs. Hl. Elisabeth von Thüringen (1207–1231) bei der Speisung von Armen und Kranken, von der Wartburg in Eisenach und der Elisabethkirche des Deutschen Ordens in Marburg flankiert. 925er Silber, 18 g, ∅ 32.5 mm, Randschrift »Wir sollen die Menschen froh machen«:

			ST	PP
2007 A	Normalprägung	(1 600 000 Ex.)	20,–	
2007 A	Spiegelglanz (max. 300 000 Ex.)	(239 600 Ex.)		25,–

Entwurf und Modell von Barbara Gunhild Ruppel.
Ausgegeben ab 8. November 2007.

Numisblatt 50 Nr. 260 in Normalprägung mit Briefmarkenkleinbogen zu 10×55 Cent (* 150 000 Ex.) 25,–

UNESCO WELTKULTURERBE – 4. AUSGABE

ST

261 [531] 100 Euro (G) 2007. Rs. Holstentor vor der Ansicht der Hansestadt Lübeck von Westen mit Jakobikirche, Marienkirche, Aegidienkirche, Petrikirche und dem Dom. 999.9er Gold, 15.55 g ($\frac{1}{2}$ oz.), ∅ 28 mm, Rand unterbrochen geriffelt:

			ST
2007 A	Stempelglanz	(66 000 Ex.)	*MW + 8 %*
2007 D	Stempelglanz	(66 000 Ex.)	*MW + 5 %*
2007 F	Stempelglanz	(66 000 Ex.)	*MW + 5 %*
2007 G	Stempelglanz	(66 000 Ex.)	*MW + 5 %*
2007 J	Stempelglanz	(66 000 Ex.)	*MW + 5 %*

Entwurf und Modell von Bodo Broschat.
Verordnung vom 2. November 2006. Ausgegeben ab 1. Oktober 2007 durch die Verkaufsstelle für Sammlermünzen in Weiden (mehrwertsteuerfrei im Kalenderjahr 2019).

HAMBURGISCHE PRÄSIDENTSCHAFT IM BUNDESRAT (NOVEMBER 2007 – OKTOBER 2008)

262 [534] 2 Euro (K-N / N, N-Me plattiert) 2008. Hauptkirche Sankt Michaelis (1750) in Hamburg, Inschrift »Hamburg«, Staatsbezeichnung »Bundesrepublik Deutschland«, zwölf Sterne. Rs. wie Nr. 253 (Karte des europäischen Kontinents). Riffelrand mit Inschrift »Einigkeit und Recht und Freiheit« sowie Bundesadler:

	Normalprägung + Stempelglanz	VZ	ST	Spiegelglanz	PP
2008 A	(950 000 Ex. + 125 000 Ex.)	2,50	4,–	(113 150 Ex.)	–,–
D	(8 900 000 Ex. + 122 500 Ex.)	*NW*	3,50	(110 120 Ex.)	–,–
F	(9 000 000 Ex. + 122 500 Ex.)	*NW*	3,50	(110 120 Ex.)	–,–
G	(4 200 000 Ex. + 122 500 Ex.)	*NW*	3,50	(110 120 Ex.)	–,–
J	(6 300 000 Ex. + 122 500 Ex.)	*NW*	3,50	(120 120 Ex.)	–,–

Entwurf und Modell von Erich Ott (Bildseite) (2. Preis des Gestaltungswettbewerbes).
Verordnung vom 24. Mai 2006. Bekanntmachung im Amtsblatt 13 der Europäischen Union vom 18. Januar 2008. Ausgegeben ab 1. Februar 2008.

		VZ	ST
F	Fehlprägung Michaeliskirche. Rs. wie Nr. 213 (Karte der Europäischen Union mit fünfzehn Mitgliedstaaten): 2008 F (600 000 Ex.)	12,–	30,–

		ST	PP
Satz	Nr. 262 (A, D, F, G, J) im Blisterpack		
	Stempelglanz (max. 80 000 Ex.) (* 50 000 Ex.)	30,–	
	Spiegelglanz (max. 70 000 Ex.) (* 55 000 Ex.)		50,–

* in den vorstehenden Prägezahlen enthalten

200. GEBURTSTAG VON CARL SPITZWEG

263 [533] 10 Euro (S) 2008. Rs. Dichter beim Skandieren epischer Verse auf Matratzenlager unter undichtem Dach im Schutze eines Regenschirmes, nach dem Gemälde »Der arme Poet« (1839) von Carl Spitzweg (1808–1885). 925er Silber, 18 g, ∅ 32.5 mm, Randschrift »Ach, die Vergangenheit ist schön«:

ST PP

2008 D Normalprägung (1 500 000 Ex.) 20,–

2008 D Spiegelglanz (max. 260 000 Ex.) (228 600 Ex.) 30,–

Entwurf und Modell von Hannes Dauer.

Verordnung vom 16. Mai 2007. Ausgegeben ab 7. Februar 2008.

Numisblatt 51 Nr. 263 in Normalprägung mit Briefmarkenkleinbogen zu 10×55 Cent (* 150 000 Ex.) 25,–

150. GEBURTSTAG VON MAX PLANCK

264 [535] 10 Euro (S) 2008. Rs. Max Planck (1858–1947), Nobelpreisträger für Physik 1918, vor den Graphen der Strahlungsspektren (1900) eines schwarzen Körpers für verschiedene Temperaturen in Abhängigkeit von der Wellenlänge als Grundlage der Quantentheorie. 925er Silber, 18 g, ∅ 32.5 mm, Randschrift »Dem Anwenden muss das Erkennen vorausgehen«:

2008 F Normalprägung (1 500 000 Ex.) 20,–

2008 F Spiegelglanz (max. 260 000 Ex.) (228 600 Ex.) 25,–

Entwurf und Modell von Michael Otto.

Verordnung vom 18. Juli 2007. Ausgegeben ab 10. April 2008.

Numisblatt 52 Nr. 264 in Normalprägung mit Briefmarkenkleinbogen zu 10×55 Cent (* 150 000 Ex.) 25,–

125. GEBURTSTAG VON FRANZ KAFKA

265 [536] 10 Euro (S) 2008. Rs. Franz Kafka (1883–1924), Schriftsteller, vor Handschrift und dem Veitsdom in Prag. 925er Silber, 18 g, ∅ 32.5 mm, Randschrift »Ein Käfig ging einen Vogel suchen«:

2008 G Normalprägung (1 500 000 Ex.) 20,–

2008 G Spiegelglanz (max. 260 000 Ex.) (228 600 Ex.) 25,–

Entwurf und Modell von František Chochola.

Verordnung vom 18. Juli 2007. Ausgegeben ab 10. Juli 2008.

ST PP

Numisblatt 53 Nr. 265 in Normalprägung mit Briefmarkenkleinbogen zu 10×55 Cent (* 150 000 Ex.) 25,–

50 JAHRE SEGELSCHULSCHIFF »GORCH FOCK II«

266 [537] 10 Euro (S) 2008. Rs. Dreimastbark »Gorch Fock II« (1958), Segelschulschiff der Bundesmarine, benannt nach einem Pseudonym des Schriftstellers Johann Wilhelm Kinau (1880–1916). 925er Silber, 18 g, ∅ 32.5 mm, Randschrift »Seefahrt ist not«:

			ST	PP
2008 J	Normalprägung	(1 500 000 Ex.)	20,–	
2008 J	Spiegelglanz (max. 260 000 Ex.)	(228 600 Ex.)		30,–

Entwurf und Modell von František Chochola.

Ausgegeben ab 7. August 2008.

Numisblatt 54 Nr. 266 in Normalprägung mit Briefmarkenkleinbogen zu 10×55 Cent (* 150 000 Ex.) 25,–

ARCHÄOLOGIE IN DEUTSCHLAND – 1. AUSGABE

267 [539] 10 Euro (S) 2008. Rs. Himmelsscheibe der Bronzezeit mit Vollmond und Sichel vor dem Siebengestirn der Plejaden und weiteren Sternen zwischen den Horizontbögen auf der Sonnenbarke aus dem Fund (1999) auf dem Mittelberg bei Nebra an der Unstrut. 925er Silber, 18 g, ∅ 32.5 mm, Randschrift »Der geschmiedete Himmel im Herzen Europas«:

			ST	PP
2008 A	Normalprägung	(1 500 000 Ex.)	20,–	
2008 A	Spiegelglanz (max. 260 000 Ex.)	(228 600 Ex.)		40,–

Entwurf und Modell von Bodo Broschat.

Verordnung vom 14. November 2007. Ausgegeben ab 9. Oktober 2008.

Numisblatt 55 Nr. 267 in Normalprägung mit Briefmarkenkleinbogen zu 10×55 Cent (* 150 000 Ex.) 25,–

UNESCO WELTKULTURERBE – 5. AUSGABE

ST

268 [538] 100 Euro (G) 2008. Rs. Altstadt von Goslar mit Mönchehaus, Breitem Tor, Rathaus und Marktkirche neben dem Erzbergwerk Rammelsberg. 999.9er Gold, 15.55 g (½ oz.), ∅ 28 mm, Rand unterbrochen geriffelt:

2008 A	Stempelglanz	(64 000 Ex.)	*MW + 8 %*
2008 D	Stempelglanz	(64 000 Ex.)	*MW + 5 %*
2008 F	Stempelglanz	(64 000 Ex.)	*MW + 5 %*
2008 G	Stempelglanz	(64 000 Ex.)	*MW + 5 %*
2008 J	Stempelglanz	(64 000 Ex.)	*MW + 5 %*

Entwurf und Modell von Wolfgang Theodor Doehm.

Verordnung vom 5. Dezember 2007. Ausgegeben ab 1. Oktober 2008 durch die Verkaufsstelle für Sammlermünzen (mehrwertsteuerfrei im Kalenderjahr 2019).

10 JAHRE EUROPÄISCHE WÄHRUNGSUNION

269 [540] 2 Euro (K-N / N, N-Me plattiert) 2009. Strichmännchen beim Festhalten eines Eurosymbols in Gestalt der Zahl 10 als Ritzzeichnung nach prähistorischer Art auf einem Münzplättchen antiker Form, oben bogig »Bundesrepublik Deutschland«, unten »WWU 1999–2009« (Wirtschafts- und Währungsunion), zwölf Sterne. Rs. wie Nr. 253. Riffelrand mit Inschrift »Einigkeit und Recht und Freiheit« sowie Bundesadler:

	Normalprägung + Stempelglanz		VZ	ST	Spiegelglanz	PP
2009 A	(6 000 000 Ex. +	59 500 Ex.)	*NW*	3,50	(67 150 Ex.)	–,–
D	(6 300 000 Ex. +	52 000 Ex.)	*NW*	3,50	(62 120 Ex.)	–,–
F	(7 200 000 Ex. +	52 000 Ex.)	*NW*	3,50	(62 120 Ex.)	–,–
G	(4 200 000 Ex. +	52 000 Ex.)	*NW*	3,50	(62 120 Ex.)	–,–
J	(6 300 000 Ex. +	52 000 Ex.)	*NW*	3,50	(62 120 Ex.)	–,–

Entwurf und Modell von Georgios Stamatopoulos (Bildseite).

Verordnung vom 21. Mai 2008. Bekanntmachung im Amtsblatt 315 der Europäischen Union vom 10. Dezember 2008. Ausgegeben ab 5. Januar 2009.

Satz Nr. 269 (A, D, F, G, J) im Blisterpack
Spiegelglanz (* 20 000 Ex.) 130,–

* in den vorstehenden Prägezahlen enthalten

SAARLÄNDISCHE PRÄSIDENTSCHAFT IM BUNDESRAT (NOVEMBER 2008 – OKTOBER 2009)

270 [541] 2 Euro (K-N / N, N-Me plattiert) 2009. Ludwigskirche in Saarbrücken, Inschrift »Saarland«, Staatsbezeichnung »Bundesrepublik Deutschland«, zwölf Sterne. Rs. wie Nr. 253. Riffelrand mit Inschrift »Einigkeit und Recht und Freiheit« sowie Bundesadler:

	Normalprägung + Stempelglanz	VZ	ST	Spiegelglanz	PP
2009 A	(6 000 000 Ex. + 104 500 Ex.)	NW	3,50	(97 150 Ex.)	–,–
D	(6 300 000 Ex. + 97 000 Ex.)	NW	3,50	(92 120 Ex.)	–,–
F	(7 200 000 Ex. + 97 000 Ex.)	NW	3,50	(92 120 Ex.)	–,–
G	(4 200 000 Ex. + 97 000 Ex.)	NW	3,50	(92 120 Ex.)	–,–
J	(6 300 000 Ex. + 97 000 Ex.)	NW	3,50	(92 120 Ex.)	–,–

Entwurf und Modell von Friedrich Brenner (Bildseite).

Verordnung vom 24. Mai 2006. Bekanntmachung im Amtsblatt 31 der Europäischen Union vom 7. Februar 2009. Ausgegeben ab 6. Februar 2009.

		ST	PP
Satz	Nr. 270 (A, D, F, G, J) im Blisterpack		
	Stempelglanz ~~(max. 50 000 Ex.)~~ (* 45 000 Ex.)	30,–	
	Spiegelglanz (* 50 000 Ex.)		50,–

* in den vorstehenden Prägezahlen enthalten

12. LEICHTATHLETIK-WELTMEISTERSCHAFTEN 2009 IN BERLIN

271 [542] 10 Euro (S) 2009. Rs. Speerwerferin im Berliner Olympiastadion. 925er Silber, 18 g, ∅ 32.5 mm, Randschrift »Sport bewegt die Welt ADFGJ« und Münzbuchstabe als Morsezeichen:

		Normalprägung	ST	Spiegelglanz	PP
2009 [A]	• –	(404 000 Ex.)	20,–	(41 450 Ex.)	60,–
[D]	– • •	(321 500 Ex.)	20,–	(39 850 Ex.)	60,–
[F]	• • – •	(321 500 Ex.)	20,–	(39 650 Ex.)	60,–
[G]	– – •	(321 500 Ex.)	20,–	(39 650 Ex.)	60,–
[J]	• – – –	(321 500 Ex.)	20,–	(39 400 Ex.)	60,–

Entwurf und Modell von Bodo Broschat.

Verordnung vom 20. August 2008. Ausgegeben ab 9. April 2009.

ST PP

Numisblatt 56 Nr. 271 von 2009 [A] in Normalprägung mit Briefmarkenblock zu 45+20, 2×55+25 und 145+55 Cent (* 130 000 Ex.) 25,–

400 JAHRE »ASTRONOMIA NOVA« VON JOHANNES KEPLER

272 [543] 10 Euro (S) 2009. Rs. Johannes Kepler mit Veranschaulichung der ersten beiden Keplerschen Gesetze. 925er Silber, 18 g, ∅ 32.5 mm, Randschrift »Astronomia Nova, Wende zur Himmelsmechanik«:

2009 F Normalprägung (1 643 000 Ex.) 20,–

2009 F Spiegelglanz ~~(max. 200 000 Ex.)~~ (190 000 Ex.) 25,–

Entwurf von Ulrich Böhme, Modell von Werner Mebert.

Verordnung vom 27. Mai 2008. Ausgegeben ab 7. Mai 2009.

Numisblatt 57 Nr. 272 in Normalprägung mit Briefmarkenkleinbogen zu 10×55 Cent (* 130 000 Ex.) 25,–

Weitere Münzausgaben auf Johannes Kepler: Österreich Nr. 103, San Marino Nr. 136.

100 JAHRE INTERNATIONALE LUFTFAHRTAUSSTELLUNG

273 [544] 10 Euro (S) 2009. Rs. Vierstrahliges Großraumflugzeug Airbus »A 380« (2005) beim Anflug auf die Landebahn, vom Gleitfluggerät des Otto Lilienthal, Heißluftballon, Hubschrauber, Düsenflieger und der Internationalen Raumstation flankiert. 925er Silber, 18 g, ∅ 32.5 mm, Randschrift »Faszination Fliegen, Tradition, Innovation«:

2009 D Normalprägung (1 650 000 Ex.) 20,–

2009 D Spiegelglanz ~~(max. 200 000 Ex.)~~ (190 000 Ex.) 25,–

Entwurf und Modell von Bodo Broschat.

Verordnung vom 12. November 2008. Ausgegeben ab 4. Juni 2009.

Numisblatt 58 Nr. 273 in Normalprägung mit Briefmarkenkleinbogen zu 10×55 Cent (* 130 000 Ex.) 25,–

600 JAHRE UNIVERSITÄT LEIPZIG

ST PP

274 [545] 10 Euro (S) 2009. Rs. Siegel der Universität mit dem hl. Johannes dem Täufer und dem hl. Laurentius neben dem Porträt von Gottfried Wilhelm Leibniz (1646–1716), darunter der Neubau (2009) des Universitätshauptgebäudes. 925er Silber, 18 g, ∅ 32.5 mm, Randschrift »Aus Tradition Grenzen überschreiten«:

2009 A Normalprägung (1 613 000 Ex.) 20,–

2009 A Spiegelglanz (max. 200 000 Ex.) (190 000 Ex.) 25,–

Entwurf und Modell von Dietrich Dorfstecher.

Verordnung vom 3. Juli 2008. Ausgegeben ab 9. Juli 2009.

Numisblatt 59 Nr. 274 in Normalprägung mit Briefmarkenkleinbogen zu 10×55 Cent (Ersttagsstempel 2. Juli 2009) (* 130 000 Ex.) 25,–

100 JAHRE JUGENDHERBERGEN

275 [546] 10 Euro (S) 2009. Rs. Jugendherberge (1912) in der Burg Altena in Westfalen, von Dreiecken in Anlehnung an das Signet des Deutschen Jugendherbergswerkes umgeben. 925er Silber, 18 g, ∅ 32.5 mm, Randschrift »Begegnung, Gemeinschaft, Toleranz«:

2009 G Normalprägung (1 610 000 Ex.) 20,–

2009 G Spiegelglanz (max. 200 000 Ex.) (190 000 Ex.) 25,–

Entwurf und Modell von Hans Joachim Dobler.

Verordnung vom 7. Mai 2008. Ausgegeben ab 13. August 2009.

Numisblatt 60 Nr. 275 in Normalprägung mit Briefmarkenkleinbogen zu 10×55 Cent (* 130 000 Ex.) 25,–

100. GEBURTSTAG VON MARION GRÄFIN DÖNHOFF

ST **PP**

276 [548] 10 Euro (S) 2009. Rs. Marion Gräfin Dönhoff (1909–2002), Journalistin und Widerstandskämpferin. 925er Silber, 18 g, ∅ 32.5 mm, Randschrift »Lieben ohne zu besitzen«:

				ST	PP
2009 J	Normalprägung		(1 600 000 Ex.)	20,–	
2009 J	Spiegelglanz	~~(max. 200 000 Ex.)~~	(190 000 Ex.)		25,–

Entwurf und Modell von Christian Höpfner.

Verordnung vom 10. Dezember 2008. Ausgegeben ab 30. November 2009.

Numisblatt 61 Nr. 276 in Normalprägung mit Briefmarkenkleinbogen zu 10×55 Cent (Ersttagsstempel 12. November 2009) (* 130 000 Ex.) 25,–

UNESCO WELTKULTURERBE – 6. AUSGABE

ST

277 [547] 100 Euro (G) 2009. Rs. Porta Nigra, Dom und Liebfrauenkirche in Trier. 999.9er Gold, 15.55 g (½ oz.), ∅ 28 mm, Rand unterbrochen geriffelt:

			ST
2009 A	Stempelglanz	(64 000 Ex.)	*MW + 8 %*
2009 D	Stempelglanz	(64 000 Ex.)	*MW + 5 %*
2009 F	Stempelglanz	(64 000 Ex.)	*MW + 5 %*
2009 G	Stempelglanz	(64 000 Ex.)	*MW + 5 %*
2009 J	Stempelglanz	(64 000 Ex.)	*MW + 5 %*

Entwurf und Modell von Michael Otto.

Verordnung vom 19. November 2008. Ausgegeben ab 1. Oktober 2009 durch die Verkaufsstelle für Sammlermünzen in Weiden (mehrwertsteuerfrei im Kalenderjahr 2019).

BREMISCHE PRÄSIDENTSCHAFT IM BUNDESRAT (NOVEMBER 2009 – OKTOBER 2010)

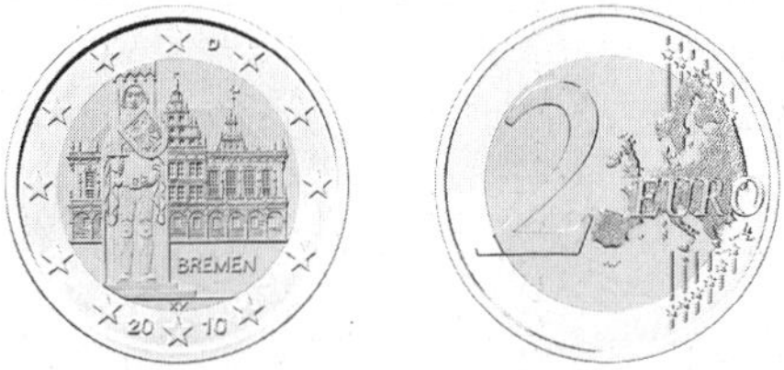

278 [549] 2 Euro (K-N / N, N-Me plattiert) 2010. Roland (Hruotland) (um 736–778), Ritter im Frankenreich, als Kalksteinstatue (1404) mit Richtschwert als Zeichen der Stadtgerechtigkeit vor dem Rathaus in Bremen, Inschrift »Bremen«, Landeskennzeichen »D«, zwölf Sterne. Rs. wie Nr. 253. Riffelrand mit Inschrift »Einigkeit und Recht und Freiheit« sowie Bundesadler:

	Normalprägung + Stempelglanz	VZ	ST	Spiegelglanz	PP
2010 A	(6 000 000 Ex. + 98 800 Ex.)	*NW*	3,50	(95 950 Ex.)	–,–
D	(6 300 000 Ex. + 91 800 Ex.)	*NW*	3,50	(90 920 Ex.)	–,–
F	(7 200 000 Ex. + 91 800 Ex.)	*NW*	3,50	(90 920 Ex.)	–,–
G	(4 200 000 Ex. + 91 800 Ex.)	*NW*	3,50	(90 920 Ex.)	–,–
J	(6 300 000 Ex. + 91 800 Ex.)	*NW*	3,50	(90 920 Ex.)	–,–

Entwurf und Modell von Bodo Broschat (Bildseite).

Verordnung vom 21. Januar 2009. Bekanntmachung im Amtsblatt 12 der Europäischen Union vom 19. Januar 2010. Ausgegeben ab 29. Januar 2010.

		ST	PP
Satz	Nr. 278 (A, D, F, G, J) im Blisterpack		
	Stempelglanz (max. 50 000 Ex.) (* 45 000 Ex.)	25,–	
	Spiegelglanz (max. 50 000 Ex.) (* 50 800 Ex.)		45,–

* in den vorstehenden Prägezahlen enthalten

200. GEBURTSTAG VON ROBERT SCHUMANN

279 [550] 10 Euro (S) 2010. Rs. Robert Schumann (1810–1856), Komponist, nach einem Reliefbildnis (1846) von Ernst Rietschel. 925er Silber, 18 g, ∅ 32.5 mm, Randschrift »Töne sind höhere Worte« als Tagebucheintrag (1828):

			ST	PP
2010 J	Normalprägung	(1 700 000 Ex.)	20,–	
2010 J	Spiegelglanz (max. 200 000 Ex.)	(182 900 Ex.)		25,–

Entwurf und Modell von Christian Höpfner.

Verordnung vom 29. April 2009. Ausgegeben ab 6. Mai 2010.

ST PP

Numisblatt 62 Nr. 279 in Normalprägung mit Briefmarkenkleinbogen zu 10×55 Cent (* 100 000 Ex.) 25,–

Zum gleichen Anlass: San Marino Nr. 142.

100. GEBURTSTAG VON KONRAD ZUSE

280 [551] 10 Euro (S) 2010. Rs. Konrad Zuse (1910–1995), Entwickler des ersten programmgesteuerten Digitalrechners (1941). 925er Silber, 18 g, ∅ 32.5 mm, Randschrift »Konrad Zuse, Visionär zwischen Null und Eins«:

2010 G Normalprägung (1 706 000 Ex.) 20,–
2010 G Spiegelglanz ~~(max. 200 000 Ex.)~~ (182 900 Ex.) 25,–

Entwurf und Modell von Heinz Hoyer.
Verordnung vom 13. Mai 2009. Ausgegeben ab 10. Juni 2010.

Numisblatt 63 Nr. 280 in Normalprägung mit Briefmarkenkleinbogen zu 10×55 Cent (* 100 000 Ex.) 25,–

300 JAHRE PORZELLANHERSTELLUNG IN DEUTSCHLAND

281 [553] 10 Euro (S) 2010. Rs. Zerbrochener Teller. 925er Silber, 18 g, ∅ 32.5 mm, Randschrift »Zauber der Zerbrechlichkeit«:

2010 F Normalprägung (1 749 000 Ex.) 20,–
2010 F Spiegelglanz ~~(max. 200 000 Ex.)~~ (182 900 Ex.) 25,–

Entwurf von Ulrich Böhme, Modell von Werner Mebert.
Verordnung vom 17. September 2009. Ausgegeben ab 8. Juli 2010.

Numisblatt 64 Nr. 281 in Normalprägung mit Briefmarkenkleinbogen zu 10×55 Cent (* 100 000 Ex.) 25,–

20. JAHRESTAG DES BEITRITTS DER DEUTSCHEN DEMOKRATISCHEN REPUBLIK ZUR BUNDESREPUBLIK DEUTSCHLAND

				ST	PP
282	[554]	10 Euro (S) 2010. Rs. Landkarte mit Inschrift »Wir sind *ein* Volk«. 925er Silber, 18 g, ∅ 32.5 mm, Randschrift »Einigkeit und Recht und Freiheit«:			
		2010 A Normalprägung	(2 100 000 Ex.)	20,–	
		2010 A Spiegelglanz ~~(max. 200 000 Ex.)~~	(184 200 Ex.)		25,–

Entwurf und Modell von Erich Ott.

Verordnung vom 5. August 2009. Ausgegeben ab 2. September 2010.

Numisblatt 65 Nr. 282 in Normalprägung mit Briefmarkenkleinbogen zu 10×55 Cent (Ersttagsstempel 9. September 2010) (* 100 000 Ex.) 25,–

175 JAHRE EISENBAHN IN DEUTSCHLAND

				ST	PP
283	[556]	10 Euro (S) 2010. Rs. Dampflokomotive »Adler« (1835) von Robert Stephenson für die Ludwigseisenbahn von Nürnberg nach Fürth mit Spurweitenangabe »1435« in Millimetern vor der Kontur eines Intercity Express (ICE 3) (2000), nach der Aufstellung im Nürnberger Verkehrsmuseum. 925er Silber, 18 g, ∅ 32.5 mm, Randschrift »Auf vereinten Gleisen 1835–2010«:			
		2010 D Normalprägung	(2 041 000 Ex.)	20,–	
		2010 D Spiegelglanz ~~(max. 200 000 Ex.)~~	(186 000 Ex.)		30,–

Entwurf und Modell von Bodo Broschat.

Verordnung vom 25. November 2009. Ausgegeben ab 26. Oktober 2010.

Numisblatt 66 Nr. 283 in Normalprägung mit Briefmarkenkleinbogen zu 10×55 Cent (Ersttagsstempel 11. November 2010) (* 100 000 Ex.) 25,–

41. ALPINE SKI-WELTMEISTERSCHAFTEN 2011 IN GARMISCH-PARTENKIRCHEN

284 [557] 10 Euro (S) 2010. Rs. Slalomläufer mit Münzstättenkodierung auf dem Trikot vor dem Massiv der Alpspitze über der Skyline des Austragungsortes mit der Pfarrkirche Sankt Martin in Garmisch und der Klosterkirche Sankt Anton in Partenkirchen. 925er Silber, 18 g, ∅ 32.5 mm, Randschrift »Festspiele im Schnee ADFGJ«:

		Normalprägung	ST	Spiegelglanz	PP
2010	[A]	(400 000 Ex.)	20,–	(41 470 Ex.)	30,–
	[D]	(400 000 Ex.)	20,–	(43 470 Ex.)	30,–
	[F]	(400 000 Ex.)	20,–	(41 470 Ex.)	30,–
	[G]	(400 000 Ex.)	20,–	(41 470 Ex.)	30,–
	[J]	(400 000 Ex.)	20,–	(41 220 Ex.)	30,–

Entwurf und Modell von Bodo Broschat.
Verordnung vom 28. April 2010. Ausgegeben ab 26. Oktober 2010.

A	D	F	G	J
////	//\/	/\\/	/\//	/\\/
\///	///\	////	////	\//\

Die Kennzeichnung der Prägeanstalt wurde als microglyph® Code realisiert, welcher aufgrund seiner redundanten Verteilung über die gesamte Trikotfläche von optischen Lesegeräten auch noch bei weitgehender Abnutzung des Münzbildes zuverlässig entziffert werden kann. Von Auge lässt sich beispielsweise die oberste Doppelvierergruppe am (vom Betrachter aus gesehen) rechten Träger zur Unterscheidung heranziehen.

Numisblatt 67 Nr. 284 in Normalprägung mit Briefmarkenkleinbogen zu 10×55 Cent (Ersttagsstempel 25. November 2010) (* 100 000 Ex.) 25,–

UN INTERNATIONALES JAHR DER WÄLDER 2011 – 1. AUSGABE

285 [552] 20 Euro (G) 2010. Rs. Eichenblatt (Quercus robur – Fagaceae). 999.9er Gold, 3.89 g (1/8 oz.), ∅ 17.5 mm, Rand unterbrochen geriffelt:

			ST
2010 A	Stempelglanz	(40 000 Ex.)	275,–
2010 D	Stempelglanz	(40 000 Ex.)	250,–
2010 F	Stempelglanz	(40 000 Ex.)	250,–
2010 G	Stempelglanz	(40 000 Ex.)	250,–
2010 J	Stempelglanz	(40 000 Ex.)	250,–

Entwurf und Modell von František Chochola (Adlerseite) und Heinz Hoyer (Bildseite).

Verordnung vom 27. Januar 2010. Ausgegeben ab 23. Juni 2010 durch die Verkaufsstelle für Sammlermünzen in Weiden.

UNESCO WELTERBESTÄTTEN IN DEUTSCHLAND – 7. AUSGABE

286 [555] 100 Euro (G) 2010. Rs. Fürstbischöfliche Residenz und Hofgarten in Würzburg. 999.9er Gold, 15.55 g (1/2 oz.), ∅ 28 mm, Rand unterbrochen geriffelt:

2010 A	Stempelglanz	(64 000 Ex.)	*MW + 8 %*
2010 D	Stempelglanz	(64 000 Ex.)	*MW + 5 %*
2010 F	Stempelglanz	(64 000 Ex.)	*MW + 5 %*
2010 G	Stempelglanz	(64 000 Ex.)	*MW + 5 %*
2010 J	Stempelglanz	(64 000 Ex.)	*MW + 5 %*

Entwurf und Modell von Dietrich Dorfstecher.

Verordnung vom 7. Oktober 2009. Ausgegeben ab 4. Oktober 2010 durch die Verkaufsstelle für Sammlermünzen in Weiden (mehrwertsteuerfrei im Kalenderjahr 2019).

NORDRHEIN-WESTFÄLISCHE PRÄSIDENTSCHAFT IM BUNDESRAT (NOVEMBER 2010 – OKTOBER 2011)

287 [558] 2 Euro (K-N / N, N-Me plattiert) 2011. Kölner Dom, Inschrift »Nordrhein-Westfalen«, Landeskennzeichen »D«, zwölf Sterne. Rs. wie Nr. 253. Riffelrand mit Inschrift »Einigkeit und Recht und Freiheit« sowie Bundesadler:

	Normalprägung + Stempelglanz	VZ	ST	Spiegelglanz	PP
2011 A	(6 000 000 Ex. + 98 000 Ex.)	*NW*	3,50	(98 000 Ex.)	–,–
D	(6 300 000 Ex. + 92 500 Ex.)	*NW*	3,50	(92 000 Ex.)	–,–
F	(7 200 000 Ex. + 92 500 Ex.)	*NW*	3,50	(92 000 Ex.)	–,–
G	(4 200 000 Ex. + 92 500 Ex.)	*NW*	3,50	(92 000 Ex.)	–,–
J	(6 300 000 Ex. + 92 500 Ex.)	*NW*	3,50	(92 000 Ex.)	–,–

Entwurf und Modell von Heinz Hoyer (Bildseite).

Verordnung vom 21. Januar 2009. Bekanntmachung im Amtsblatt 24 der Europäischen Union vom 26. Januar 2011. Ausgegeben ab 28. Januar 2011.

		ST	PP
Satz	Nr. 287 (A, D, F, G, J) im Blisterpack		
	Stempelglanz (* 47 000 Ex.)	20,–	
	Spiegelglanz (max. 52 000 Ex.) (* 55 000 Ex.)		40,–

* in den vorstehenden Prägezahlen enthalten

200. GEBURTSTAG VON FRANZ LISZT

288 [559] 10 Euro (S) 2011. Rs. Franz (Ferencz) Liszt (1811–1886), Pianist und Komponist, vor Konzertflügel. 625er Silber, 16 g, ∅ 32.5 mm, Randschrift »Génie oblige / Genie verpflichtet«:

			ST	PP
2011 G	Normalprägung	(2 187 000 Ex.)	15,–	
2011 G	Spiegelglanz (max. 200 000 Ex.)	(178 000 Ex.)		25,–

Entwurf und Modell von Michael Otto.

Verordnungen vom 27. Januar 2010 und 20. Oktober 2010. Ausgegeben ab 3. Februar 2011.

Numisblatt 68 Nr. 288 in Normalprägung mit Briefmarkenkleinbogen zu 10×55 Cent (* 92 000 Ex.) 25,–

125 JAHRE AUTOMOBIL

ST **PP**

289 [560] 10 Euro (K-N) 2011. Rs. Autofahrer am Lenkrad beim Elchtest auf kurvenreicher Straße. 14 g, ∅ 32.5 mm, Randschrift »Was uns bewegt«:
2011 F Normalprägung (1 800 000 Ex.) 15,–

a 10 Euro (S) 2011. 625er Silber, 16 g, ∅ 32.5 mm, Feingehaltsangabe »Silber 625«:
2011 F Spiegelglanz (max. 200 000 Ex.) (223 000 Ex.) 25,–

Entwurf und Modell von Jordi Truxa Regel.

Verordnungen vom 20. Oktober 2010 und 13. April 2011. Ausgegeben ab 9. Juni 2011 (Spiegelglanz), 3. November 2011 (Normalprägung).

Numisblatt 69 Nr. 289 in Normalprägung mit Briefmarkenkleinbogen zu 10×55 Cent (Ersttagsstempel 5. Mai 2011) (*90 000 Ex.) 20,–

VI. FUSSBALL-WELTMEISTERSCHAFT DER FRAUEN 2011 IN DEUTSCHLAND

290 [561] 10 Euro (K-N) 2011. Rs. Spielerin am Ball vor Globus. 14 g, ∅ 32.5 mm, Randschrift »Die Zukunft des Fußballs ist weiblich«, nach einem Ausspruch (1995) von Joseph Blatter:
2011 Normalprägung (1 800 000 Ex.) 15,–

a 10 Euro (S) 2011. 625er Silber, 16 g, ∅ 32.5 mm, Feingehaltsangabe »Silber 625«:
2011 Spiegelglanz (max. 200 000 Ex.) (235 000 Ex.) 25,–

Entwurf und Modell von Alina Hoyer, Stempel von Manuela Hähnel.

Verordnung vom 24. März 2010. Ausgegeben ab 9. Juni 2011 (Spiegelglanz), 7. Oktober 2011 (Normalprägung).

Numisblatt 70 Nr. 290 in Normalprägung mit Briefmarken zu 55+25 und 145+55 Cent (Ersttagsstempel 7. April 2011) (*90 000 Ex.) 20,–

Nr. 290 wurde in Normalprägung und Spiegelglanz von allen fünf Münzstätten zu gleichen Teilen hergestellt. Die gesamte Auflage trägt auf der Wertseite die unveränderte Zeichenkette der fünf Münzbuchstaben. Zur Unterscheidung der Münzstätte wurde an jeweils anderer Stelle der in der Randschrift genau fünfmal vorkommende Buchstabe S mit Serifen dargestellt.

500 JAHRE »TILL EULENSPIEGEL«

ST PP

291 [563] 10 Euro (K-N) 2011. Rs. Till Eulenspiegel aus dem Volksbuch (1511) von Hermann Bote (um 1450–1520). 14 g, ∅ 32.5 mm, Randschrift »so bin ich doch hie gewesen«:
2011 D Normalprägung (1 800 000 Ex.) 15,–

a 10 Euro (S) 2011. 625er Silber, 16 g, ∅ 32.5 mm, »Silber 625«:
2011 D Spiegelglanz ~~(max. 200 000 Ex.)~~ (223 000 Ex.) 25,–

Entwurf und Modell von Friedrich Brenner.

Verordnung vom 2. Juni 2010. Ausgegeben ab 14. Juli 2011 (Spiegelglanz), 15. Dezember 2011 (Normalprägung).

Numisblatt 71 Nr. 291 in Normalprägung mit Briefmarkenkleinbogen zu 10×55 Cent (* 90 000 Ex.) 20,–

150. JAHRESTAG DER ENTDECKUNG DES URVOGELS

292 [564] 10 Euro (K-N) 2011. Rs. Urvogel (Archaeopteryx lithographica – Archaeopterygidae) als Fossilfund (1875) in Solnhofener Plattenkalk im Steinbruch des Jakob Niemeyer am Blumenberg bei Eichstätt aus dem Bestand des Museums für Naturkunde der Humboldt-Universität zu Berlin. 14 g, ∅ 32.5 mm, Randschrift »Archaeopteryx, Zeuge der Evolution«:
2011 A Normalprägung (1 800 000 Ex.) 15,–

a 10 Euro (S) 2011. 625er Silber, 16 g, ∅ 32.5 mm, »Silber 625«:
2011 A Spiegelglanz ~~(max. 200 000 Ex.)~~ (223 000 Ex.) 25,–

Entwurf und Modell von Barbara Gunhild Ruppel.

Verordnung vom 24. Februar 2010. Ausgegeben ab 11. August 2011 (Spiegelglanz), 1. Dezember 2011 (Normalprägung).

		ST	PP
Numisblatt 72	Nr. 292 in Normalprägung mit Briefmarkenkleinbogen zu 10×55 Cent (* 90 000 Ex.)	20,–	

100 JAHRE HAMBURGER ELBTUNNEL

293 [565] 10 Euro (K-N) 2011. Rs. Alter Elbtunnel (1911) in Hamburg zwischen Sankt Pauli und Steinwerder. 14 g, ∅ 32.5 mm, Randschrift »Verbindung von Stadt und Hafen«:

2011 J Normalprägung (1 900 000 Ex.) 15,–

a 10 Euro (S) 2011. 625er Silber, 16 g, ∅ 32.5 mm, Feingehaltsangabe »Silber 625«:

2011 J Spiegelglanz ~~(max. 200 000 Ex.)~~ (223 000 Ex.) 25,–

Entwurf und Modell von Herwig Otto.

Verordnung vom 21. April 2010. Ausgegeben ab 15. September 2011 (Spiegelglanz), 1. Dezember 2011 (Normalprägung).

		ST
Numisblatt 73	Nr. 293 in Normalprägung mit Briefmarkenkleinbogen zu 10×55 Cent (* 90 000 Ex.)	20,–

UN INTERNATIONALES JAHR DER WÄLDER 2011 – 2. AUSGABE

294 [562] 20 Euro (G) 2011. Rs. Buchenblatt (Fagus sylvatica – Fagaceae). 999.9er Gold, 3.89 g (⅛ oz.), ∅ 17.5 mm, Rand unterbrochen geriffelt:

			ST
2011 A	Stempelglanz	(40 000 Ex.)	250,–
2011 D	Stempelglanz	(40 000 Ex.)	225,–
2011 F	Stempelglanz	(40 000 Ex.)	225,–
2011 G	Stempelglanz	(40 000 Ex.)	225,–
2011 J	Stempelglanz	(40 000 Ex.)	225,–

Entwurf und Modell von František Chochola.

Verordnung vom 27. Januar 2010. Ausgegeben ab 23. Juni 2011 durch die Verkaufsstelle für Sammlermünzen in Weiden.

UNESCO WELTERBESTÄTTEN IN DEUTSCHLAND – 8. AUSGABE

ST

295 [566] 100 Euro (G) 2011. Rs. Wartburg bei Eisenach mit Reiterdarstellung und historischen Nachrichten. 999.9er Gold, 15.55 g (½ oz.), ∅ 28 mm, Rand unterbrochen geriffelt:

2011 A	Stempelglanz	(60 000 Ex.)	*MW + 8 %*
2011 D	Stempelglanz	(60 000 Ex.)	*MW + 5 %*
2011 F	Stempelglanz	(60 000 Ex.)	*MW + 5 %*
2011 G	Stempelglanz	(60 000 Ex.)	*MW + 5 %*
2011 J	Stempelglanz	(60 000 Ex.)	*MW + 5 %*

Entwurf und Modell von Wolfgang Reuter.

Verordnung vom 30. November 2010. Ausgegeben ab 4. Oktober 2011 durch die Verkaufsstelle für Sammlermünzen in Weiden (mehrwertsteuerfrei im Kalenderjahr 2019).

10 JAHRE EURO BARGELD IM ZAHLUNGSVERKEHR

296 [567] 2 Euro (K-N / N, N-Me plattiert) 2012. Euro als Weltwährung, oben bogig »Bundesrepublik Deutschland«, unten »2002–2012«, zwölf Sterne. Rs. wie Nr. 253. Riffelrand mit Inschrift »Einigkeit und Recht und Freiheit« sowie Bundesadler:

	Normalprägung + Stempelglanz	VZ	ST	Spiegelglanz	PP
2012 A	(6 000 000 Ex. + 47 600 Ex.)	*NW*	3,50	(95 000 Ex.)	–,–
D	(6 300 000 Ex. + 41 200 Ex.)	*NW*	3,50	(87 000 Ex.)	–,–
F	(7 200 000 Ex. + 41 200 Ex.)	*NW*	3,50	(87 000 Ex.)	–,–
G	(4 200 000 Ex. + 41 200 Ex.)	*NW*	3,50	(87 000 Ex.)	–,–
J	(6 300 000 Ex. + 41 200 Ex.)	*NW*	3,50	(87 000 Ex.)	–,–

Entwurf und Modell von Helmut Andexlinger (Bildseite).

Verordnung vom 5. Oktober 2011. Bekanntmachung im Amtsblatt 17 der Europäischen Union vom 20. Januar 2012. Ausgegeben ab 2. Januar 2012.

Satz Nr. 296 (A, D, F, G, J) im Blisterpack
Spiegelglanz ~~(max. 60 000 Ex.)~~ (* 55 000 Ex.) 40,–
* in den vorstehenden Prägezahlen enthalten

BAYERISCHE PRÄSIDENTSCHAFT IM BUNDESRAT (NOVEMBER 2011 – OKTOBER 2012)

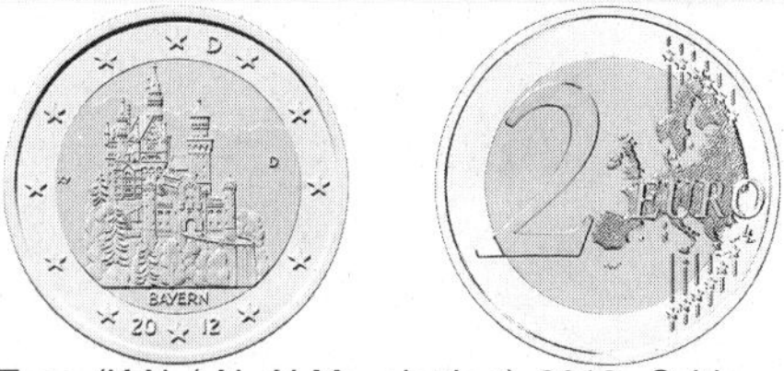

297 [568] 2 Euro (K-N / N, N-Me plattiert) 2012. Schloss Neuschwanstein, Inschrift »Bayern«, Landeskennzeichen »D«, zwölf Sterne. Rs. wie Nr. 253. Riffelrand mit Inschrift »Einigkeit und Recht und Freiheit« sowie Bundesadler:

	Normalprägung + Stempelglanz	VZ	ST	Spiegelglanz	PP
2012 A	(6 000 000 Ex. + 94 600 Ex.)	*NW*	3,50	(95 000 Ex.)	–,–
D	(6 300 000 Ex. + 88 200 Ex.)	*NW*	3,50	(87 000 Ex.)	–,–
F	(7 200 000 Ex. + 88 200 Ex.)	*NW*	3,50	(87 000 Ex.)	–,–
G	(4 200 000 Ex. + 88 200 Ex.)	*NW*	3,50	(87 000 Ex.)	–,–
J	(6 300 000 Ex. + 88 200 Ex.)	*NW*	3,50	(87 000 Ex.)	–,–

Entwurf und Modell von Erich Ott (Bildseite).

Verordnung vom 21. Januar 2009. Bekanntmachung im Amtsblatt 10 der Europäischen Union vom 12. Januar 2012. Ausgegeben ab 3. Februar 2012.

		ST	PP
Satz	Nr. 297 (A, D, F, G, J) im Blisterpack		
	Stempelglanz ~~(max. 52 000 Ex.)~~ (* 47 000 Ex.)	20,–	
	Spiegelglanz ~~(max. 60 000 Ex.)~~ (* 55 000 Ex.)		40,–

300. GEBURTSTAG VON FRIEDRICH DEM GROSSEN

298 [569] 10 Euro (K-N) 2012. Rs. Friedrich II. (1712–1786), Kurfürst von Brandenburg ab 1740, König von Preußen, Zitat »in meinem Staate kann jeder nach seiner Façon selig werden«. 14 g, ∅ 32.5 mm, Randschrift »mich meinen Mitbürgern nützlich erweisen«:
2012 A Normalprägung (1 727 000 Ex.) 15,–

a 10 Euro (S) 2012. 625er Silber, 16 g, ∅ 32.5 mm, »Silber 625«:
2012 A Spiegelglanz ~~(max. 250 000 Ex.)~~ (230 000 Ex.) 25,–

Entwurf und Modell von Erich Ott.

Verordnung vom 15. Juni 2011. Ausgegeben ab 9. Februar 2012.

Numisblatt 74 Nr. 298 in Normalprägung mit Briefmarkenkleinbogen zu 10×55 Cent (Ersttagsstempel 2. Januar 2012) (* 92 000 Ex.) 20,–

50 JAHRE DEUTSCHE WELTHUNGERHILFE

ST PP

299 [570] 10 Euro (K-N) 2012. Rs. Pflanze auf Ackerboden mit Trockenrissen. 14 g, ∅ 32.5 mm, Randschrift »Hilfe zur Selbsthilfe«:
2012 G Normalprägung (1 579 000 Ex.) 15,–

a 10 Euro (S) 2012. 625er Silber, 16 g, ∅ 32.5 mm, Feingehaltsangabe »Silber 625«:
2012 G Spiegelglanz (max. 250 000 Ex.) (220 000 Ex.) 25,–

Entwurf und Modell von Elena Gerber.

Verordnung vom 25. Mai 2011. Ausgegeben ab 12. April 2012.

Numisblatt 75 Nr. 299 in Normalprägung mit Briefmarkenkleinbogen zu 10×55 Cent (* 88 000 Ex.) 20,–

200 JAHRE MÄRCHEN DER GEBRÜDER GRIMM

300 [571] 10 Euro (K-N) 2012. Rs. Jacob Grimm (1785–1863) und Wilhelm Grimm (1786–1859), Philologen und Altertumsforscher, nach einer Radierung von Ludwig Emil Grimm. 14 g, ∅ 32.5 mm, Randschrift »und wenn sie nicht gestorben sind [dann leben sie noch heute]«:
2012 F Normalprägung (1 488 000 Ex.) 15,–

a 10 Euro (S) 2012. 625er Silber, 16 g, ∅ 32.5 mm, Feingehaltsangabe »Silber 625«:
2012 F Spiegelglanz (max. 250 000 Ex.) (220 000 Ex.) 25,–

Entwurf und Modell von Christian Höpfner.

Verordnung vom 5. Oktober 2011. Ausgegeben ab 14. Juni 2012.

Numisblatt 76 Nr. 300 in Normalprägung mit Briefmarkenkleinbogen zu 10×55 Cent (* 86 000 Ex.) 20,–

100 JAHRE DEUTSCHE NATIONALBIBLIOTHEK

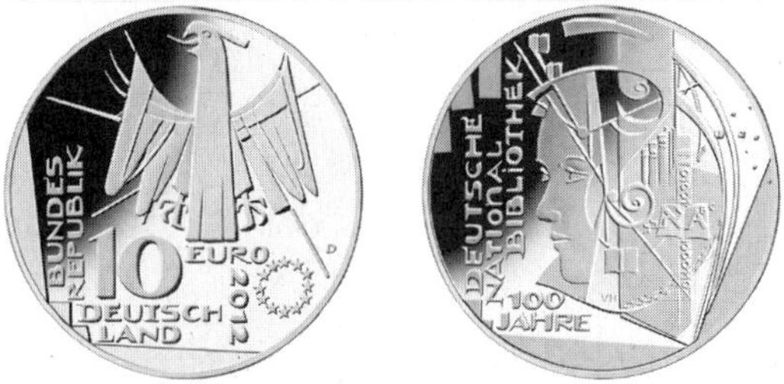

ST PP

301 [573] 10 Euro (K-N) 2012. Rs. Bibliotheksbenutzer mit Büchern, Musikalien und Digitalisaten. 14 g, ∅ 32.5 mm, Randschrift »Bücher sind der Eingang zur Welt«:

2012 D Normalprägung (1 436 500 Ex.) 15,–

a 10 Euro (S) 2012. 625er Silber, 16 g, ∅ 32.5 mm, Feingehaltsangabe »Silber 625«:

2012 D Spiegelglanz (max. 250 000 Ex.) (210 000 Ex.) 25,–

Entwurf und Modell von Victor Benjamin Huster.

Verordnung vom 21. September 2011. Ausgegeben ab 13. September 2012.

301F 10 Euro 2012. Fehlprägung Deutsche Nationalbibliothek, 925er Silber, 18 g, Randschrift »Auf vereinten Gleisen 1835–2010« (von Nr. 283) –,–

Numisblatt 77 Nr. 301 in Normalprägung mit Briefmarkenkleinbogen zu 10×55 Cent (* 82 000 Ex.) 20,–

150. GEBURTSTAG VON GERHART HAUPTMANN

302 [575] 10 Euro (K-N) 2012. Rs. Gerhart Hauptmann (1862–1946), Schriftsteller, Nobelpreisträger für Literatur 1912, nach einer Lithographie (1903) von Karl Bauer. 14 g, ∅ 32.5 mm, Randschrift »A jeder Mensch hat halt 'ne Sehnsucht« als Abschluss des 3. Aktes des Dramas »Die Weber«:

2012 J Normalprägung (1 432 000 Ex.) 15,–

a 10 Euro (S) 2012. 625er Silber, 16 g, ∅ 32.5 mm, Feingehaltsangabe »Silber 625«:

2012 J Spiegelglanz (max. 250 000 Ex.) (200 000 Ex.) 25,–

Entwurf und Modell von Jordi Truxa Regel.

Verordnung vom 14. Dezember 2011. Ausgegeben ab 8. November 2012.

Numisblatt 78 Nr. 302 in Normalprägung mit Briefmarkenkleinbogen zu 10×55 Cent (Ersttagsstempel 2. November 2012) (* 82 000 Ex.) 20,–

UN INTERNATIONALES JAHR DER WÄLDER 2011 – 3. AUSGABE

ST

303 [572] 20 Euro (G) 2012. Rs. Fichtenzweig (Picea abies – Pinaceae). 999.9er Gold, 3.89 g (1/8 oz.), Ø 17.5 mm, Rand unterbrochen geriffelt:

2012 A	Stempelglanz	(40 000 Ex.)	225,–
2012 D	Stempelglanz	(40 000 Ex.)	200,–
2012 F	Stempelglanz	(40 000 Ex.)	200,–
2012 G	Stempelglanz	(40 000 Ex.)	200,–
2012 J	Stempelglanz	(40 000 Ex.)	200,–

Entwurf und Modell von František Chochola.

Verordnung vom 27. Januar 2010. Ausgegeben ab 26. Juni 2012 durch die Verkaufsstelle für Sammlermünzen in Weiden.

UNESCO WELTERBESTÄTTEN IN DEUTSCHLAND – 9. AUSGABE

304 [574] 100 Euro (G) 2012. Rs. Aachener Dom von der Südseite mit karolingischem Zentralbau (um 800), gotischer Chorhalle, Matthiaskapelle, Annakapelle, Ungarischer Kapelle und neugotischem Westturm (1884). 999.9er Gold, 15.55 g (1/2 oz.), Ø 28 mm, Rand unterbrochen geriffelt:

2012 A	Stempelglanz	(54 000 Ex.)	*MW + 8 %*
2012 D	Stempelglanz	(54 000 Ex.)	*MW + 5 %*
2012 F	Stempelglanz	(54 000 Ex.)	*MW + 5 %*
2012 G	Stempelglanz	(54 000 Ex.)	*MW + 5 %*
2012 J	Stempelglanz	(54 000 Ex.)	*MW + 5 %*

Entwurf und Modell von Erich Ott.

Verordnung vom 5. Oktober 2011. Ausgegeben ab 1. Oktober 2012 durch die Verkaufsstelle für Sammlermünzen in Weiden (mehrwertsteuerfrei im Kalenderjahr 2019).

50 JAHRE VERTRAG ÜBER DIE ZUSAMMENARBEIT ZWISCHEN DEUTSCHLAND UND FRANKREICH

305 [576] 2 Euro (K-N / N, N-Me plattiert) 2013. Konrad Adenauer (1876–1967) und Charles de Gaulle (1890–1970), Inschriften »Traité de l'Élysée 50 ans« und »50 Jahre Élyséevertrag«, Landeskennzeichen »D«, zwölf Sterne. Rs. wie Nr. 253. Riffelrand mit Inschrift »Einigkeit und Recht und Freiheit« sowie Bundesadler:

	Normalprägung + Stempelglanz	VZ	ST	Spiegelglanz	PP
2013 A	(2 200 000 Ex. + 42 500 Ex.)	*NW*	3,50	(85 000 Ex.)	–,–
D	(2 310 000 Ex. + 36 100 Ex.)	*NW*	3,50	(80 000 Ex.)	–,–
F	(2 640 000 Ex. + 36 100 Ex.)	*NW*	3,50	(80 000 Ex.)	–,–
G	(1 540 000 Ex. + 36 100 Ex.)	*NW*	3,50	(80 000 Ex.)	–,–
J	(2 310 000 Ex. + 36 100 Ex.)	*NW*	3,50	(80 000 Ex.)	–,–

Entwurf von Stefanie Lindner, Alina Hoyer und Sneschana Russewa Hoyer (Bildseite).

Verordnung vom 19. September 2012. Ausgegeben ab 22. Januar 2013.

Satz Nr. 305 (A, D, F, G, J) im Blisterpack
Spiegelglanz (* 50 000 Ex.) 40,–

* in den vorstehenden Prägezahlen enthalten

BADEN-WÜRTTEMBERGISCHE PRÄSIDENTSCHAFT IM BUNDESRAT (NOVEMBER 2012 – OKTOBER 2013)

306 [577] 2 Euro (K-N / N, N-Me plattiert) 2013. Brunnenhaus und Klosterkirche der Zisterzienserabtei Maulbronn, Inschrift »Baden-Württemberg«, Landeskennzeichen »D«, zwölf Sterne. Rs. wie Nr. 253. Riffelrand mit Inschrift »Einigkeit und Recht und Freiheit« sowie Bundesadler:

	Normalprägung + Stempelglanz	VZ	ST	Spiegelglanz	PP
2013 A	(6 000 000 Ex. + 89 500 Ex.)	*NW*	3,50	(90 000 Ex.)	–,–
D	(6 300 000 Ex. + 83 100 Ex.)	*NW*	3,50	(85 000 Ex.)	–,–
F	(7 200 000 Ex. + 83 100 Ex.)	*NW*	3,50	(85 000 Ex.)	–,–
G	(4 200 000 Ex. + 83 100 Ex.)	*NW*	3,50	(85 000 Ex.)	–,–
J	(6 300 000 Ex. + 83 100 Ex.)	*NW*	3,50	(85 000 Ex.)	–,–

Entwurf und Modell von Eugen Ruhl (Bildseite).

Verordnung vom 16. März 2011. Ausgegeben ab 1. Februar 2013.

		ST	PP
Satz	Nr. 306 (A, D, F, G, J) im Blisterpack		
	Stempelglanz (* 47 000 Ex.)	20,–	
	Spiegelglanz ~~(max. 50 000 Ex.)~~ (* 55 000 Ex.)		40,–

* in den vorstehenden Prägezahlen enthalten

200 JAHRE MÄRCHEN DER GEBRÜDER GRIMM – 2. AUSGABE

307 [578] 10 Euro (K-N) 2013. Rs. Stiefmutter mit vergiftetem Apfel für Schneewittchen (1812) als Spiegelbild mit den sieben Zwergen. 14 g, ∅ 32.5 mm, Randschrift »Spieglein, Spieglein an der Wand [wer ist die Schönste im ganzen Land?]«:
2013 J Normalprägung (1 292 000 Ex.) 15,–

a 10 Euro (S) 2013. 625er Silber, 16 g, ∅ 32.5 mm, Feingehaltsangabe »Silber 625«:
2013 J Spiegelglanz (200 000 Ex.) 25,–

Entwurf und Modell von Bastian Prillwitz.

Verordnung vom 14. November 2012. Ausgegeben ab 21. März 2013.

Numisblatt 79 Nr. 307 in Normalprägung mit Briefmarkenkleinbogen zu 10×55 Cent (Ersttagsstempel 14. Juni 2012) 20,–

150 JAHRE DEUTSCHES ROTES KREUZ

308 [579] 10 Euro (K-N) 2013. Rs. Rettungsdienst. 14 g, ∅ 32.5 mm, Randschrift »Aus Liebe zum Menschen«:
2013 A Normalprägung (1 297 000 Ex.) 15,–

a 10 Euro (S) 2013. 625er Silber, 16 g, ∅ 32.5 mm, Feingehaltsangabe »Silber 625«:
2013 A Spiegelglanz (200 000 Ex.) 25,–

Entwurf und Modell von Bodo Broschat.

Verordnung vom 19. September 2012. Ausgegeben ab 11. April 2013.

Numisblatt 80 Nr. 308 in Normalprägung mit Briefmarkenkleinbogen zu 10×58 Cent (Ersttagsstempel 4. April 2013) 20,–

200. GEBURTSTAG VON RICHARD WAGNER

ST PP

309 [580] 10 Euro (K-N) 2013. Rs. Richard Wagner (1813–1883), Komponist. 14 g, ∅ 32.5 mm, Randschrift »Wandel und Wechsel liebt, wer lebt« aus der Oper »Das Rheingold« (1869):
2013 D Normalprägung (1 255 000 Ex.) 15,–

a 10 Euro (S) 2013. 625er Silber, 16 g, ∅ 32.5 mm, Feingehaltsangabe »Silber 625«:
2013 D Spiegelglanz (210 000 Ex.) 25,–

Entwurf und Modell von Erich Ott.

Verordnung vom 5. September 2012. Ausgegeben ab 22. Mai 2013.

Numisblatt 81 Nr. 309 in Normalprägung mit Briefmarkenkleinbogen zu 10×58 Cent (Ersttagsstempel 2. Mai 2013) (*77 500 Ex.) 20,–

200. GEBURTSTAG VON GEORG BÜCHNER

310 [583] 10 Euro (K-N) 2013. Rs. Georg Büchner (1813–1837), Schriftsteller, Parole »Friede den Hütten, Krieg den Palästen« des Hessischen Landboten (1834). 14 g, ∅ 32.5 mm, Randschrift »ich bin so jung, und die Welt ist so alt« aus dem Lustspiel »Leonce und Lena« (1836):
2013 F Normalprägung (1 283 500 Ex.) 15,–

a 10 Euro (S) 2013. 625er Silber, 16 g, ∅ 32.5 mm, Feingehaltsangabe »Silber 625«:
2013 F Spiegelglanz (200 000 Ex.) 25,–

Entwurf und Modell von Eugen Ruhl.

Verordnung vom 9. Januar 2013. Ausgegeben ab 10. Oktober 2013.

Numisblatt 82 Nr. 310 in Normalprägung mit Briefmarkenkleinbogen zu 10×58 Cent (*77 500 Ex.) 20,–

125. JAHRESTAG DES NACHWEISES ELEKTROMAGNETISCHER WELLEN

ST **PP**

311 [584] 10 Euro (K-N) 2013. Rs. Kugelfunkenstrecke (1888) von Heinrich Rudolf Hertz (1857–1894). 14 g, ∅ 32.5 mm, Randschrift »Licht ist eine elektrische Erscheinung«:
2013 G Normalprägung (1 077 500 Ex.) 15,–

a 10 Euro (S) 2013. 625er Silber, 16 g, ∅ 32.5 mm, Feingehaltsangabe »Silber 625«:
2013 G Spiegelglanz (200 000 Ex.) 25,–

Entwurf und Modell von Othmar Kukula.

Verordnung vom 9. Januar 2013. Ausgegeben ab 21. November 2013.

Numisblatt 83 Nr. 311 in Normalprägung mit Briefmarkenkleinbogen zu 10×58 Cent (Ersttagsstempel 2. November 2013) (* 77 500 Ex.) 20,–

UN INTERNATIONALES JAHR DER WÄLDER 2011 – 4. AUSGABE

ST

312 [581] 20 Euro (G) 2013. Rs. Kiefernzweig (Pinus sylvestris – Pinaceae). 999.9er Gold, 3.89 g (⅛ oz.), ∅ 17.5 mm, Rand unterbrochen geriffelt:

2013 A	Stempelglanz	(40 000 Ex.)	225,–
2013 D	Stempelglanz	(40 000 Ex.)	200,–
2013 F	Stempelglanz	(40 000 Ex.)	200,–
2013 G	Stempelglanz	(40 000 Ex.)	200,–
2013 J	Stempelglanz	(40 000 Ex.)	200,–

Entwurf und Modell von František Chochola.

Verordnung vom 27. Januar 2010. Ausgegeben ab 26. Juni 2013 durch die Verkaufsstelle für Sammlermünzen in Weiden.

UNESCO WELTERBESTÄTTEN IN DEUTSCHLAND – 10. AUSGABE

ST

313 [582] 100 Euro (G) 2013. Rs. Pappelbestandene Friedhofsinsel mit dem Denkmal für Jean Jacques Rousseau (1712–1778) vor dem Wörlitzer Schloss (1773) im Gartenreich von Leopold Friedrich Franz von Anhalt-Dessau (1740–1817). 999.9er Gold, 15.55 g (½ oz.), ∅ 28 mm, Rand unterbrochen geriffelt:

2013 A	Stempelglanz	~~(max. 44 000 Ex.)~~	(40 000 Ex.)	*MW + 8 %*
2013 D	Stempelglanz	~~(max. 44 000 Ex.)~~	(40 000 Ex.)	*MW + 5 %*
2013 F	Stempelglanz	~~(max. 44 000 Ex.)~~	(40 000 Ex.)	*MW + 5 %*
2013 G	Stempelglanz	~~(max. 44 000 Ex.)~~	(40 000 Ex.)	*MW + 5 %*
2013 J	Stempelglanz	~~(max. 44 000 Ex.)~~	(40 000 Ex.)	*MW + 5 %*

Entwurf und Modell von Lorenz Crössmann.

Ausgegeben ab 1. Oktober 2013 durch die Verkaufsstelle für Sammlermünzen in Weiden (mehrwertsteuerfrei im Kalenderjahr 2019).

NIEDERSÄCHSISCHE PRÄSIDENTSCHAFT IM BUNDESRAT (NOVEMBER 2013 – OKTOBER 2014)

314 [586] 2 Euro (K-N / N, N-Me plattiert) 2014. Michaeliskirche in Hildesheim, Inschrift »Niedersachsen«, Landeskennzeichen »D«, zwölf Sterne. Rs. wie Nr. 253. Riffelrand mit Inschrift »Einigkeit und Recht und Freiheit« sowie Bundesadler:

	Normalprägung + Stempelglanz	**VZ**	**ST**	Spiegelglanz	**PP**
2014 A	(6 000 000 Ex. + 85 000 Ex.)	*NW*	3,50	(84 000 Ex.)	–,–
D	(6 300 000 Ex. + 80 000 Ex.)	*NW*	3,50	(77 000 Ex.)	–,–
F	(7 200 000 Ex. + 80 000 Ex.)	*NW*	3,50	(77 000 Ex.)	–,–
G	(4 200 000 Ex. + 80 000 Ex.)	*NW*	3,50	(77 000 Ex.)	–,–
J	(6 300 000 Ex. + 80 000 Ex.)	*NW*	3,50	(77 000 Ex.)	–,–

Entwurf und Modell von Erich Ott (Bildseite).

Verordnung vom 16. März 2011. Ausgegeben ab 7. Februar 2014.

		ST	**PP**
Satz	Nr. 314 (A, D, F, G, J) im Blisterpack		
	Stempelglanz (* 47 000 Ex.)	20,–	
	Spiegelglanz (* 50 000 Ex.)		40,–

* in den vorstehenden Prägezahlen enthalten

200 JAHRE MÄRCHEN DER GEBRÜDER GRIMM – 3. AUSGABE

ST PP

315 [585] 10 Euro (K-N) 2014. Rs. Hänsel und Gretel (1812) vor der Hexe aus dem Lebkuchenhaus. 14 g, ∅ 32.5 mm, Randschrift »Knuper, knuper, kneischen«:
2014 G Normalprägung (1 220 000 Ex.) 15,–

a 10 Euro (S) 2014. 625er Silber, 16 g, ∅ 32.5 mm, Feingehaltsangabe »Silber 625«:
2014 G Spiegelglanz (max. 200 000 Ex.) (195 000 Ex.) 25,–

Entwurf und Modell von Marianne Dietz.

Verordnung vom 26. Juni 2013. Ausgegeben ab 6. Februar 2014.

Numisblatt 84 Nr. 315 in Normalprägung mit Briefmarkenblock zu 60+30, 90+40 und 145+55 Cent 25,–

250. GEBURTSTAG VON JOHANN GOTTFRIED SCHADOW

316 [587] 10 Euro (K-N) 2014. Rs. Selbstporträt (1824) des Bildhauers Johann Gottfried Schadow (1764–1850) vor Pferdeskulptur (1793) für die Quadriga des Brandenburger Tores, den Marmorstatuen (1795) der Prinzessinnen Friderike und Luise von Mecklenburg-Strelitz sowie dem Sandsteinfries (1800) nach dem Entwurf von Friedrich Gilly für das Münzgebäude am Werderschen Markt in Berlin. 14 g, ∅ 32.5 mm, Randschrift »Lust haben wir Künstler nur zu unserer Arbeit«:
2014 A Normalprägung (1 185 000 Ex.) 15,–

a 10 Euro (S) 2014. 625er Silber, 16 g, ∅ 32.5 mm, Feingehaltsangabe »Silber 625«:
2014 A Spiegelglanz (max. 200 000 Ex.) (195 000 Ex.) 25,–

Entwurf und Modell von Bodo Broschat.

Verordnung vom 26. Juni 2013. Ausgegeben ab 8. Mai 2014.

Numisblatt 85 Nr. 316 in Normalprägung mit Briefmarkenkleinbogen zu 10×60 Cent 25,–

150. GEBURTSTAG VON RICHARD STRAUSS

ST PP

317 [588] 10 Euro (K-N) 2014. Rs. Richard Georg Strauss (1864–1949), Komponist. 14 g, ∅ 32.5 mm, Randschrift »Ton und Wort sind Bruder und Schwester«:
2014 D Normalprägung (1 202 000 Ex.) 15,–

a 10 Euro (S) 2014. 625er Silber, 16 g, ∅ 32.5 mm, Feingehaltsangabe »Silber 625«:
2014 D Spiegelglanz (max. 200 000 Ex.) (185 000 Ex.) 25,–

Entwurf und Modell von Erich Ott.

Verordnung vom 21. August 2013. Ausgegeben ab 5. Juni 2014.

Numisblatt 86 Nr. 317 in Normalprägung mit Briefmarkenkleinbogen zu 10×60 Cent 25,–

600. JAHRESTAG DES KONSTANZER KONZILS

318 [590] 10 Euro (K-N) 2014. Rs. Entscheidungsfindung auf dem Konzil (1414–1418) in Konstanz zwischen König Sigismund, den Tiaren dreier Päpste und Jan Hus auf dem Scheiterhaufen, nach der Chronik des Ulrich Richental. 14 g, ∅ 32.5 mm, Randschrift »pro unione ac reformatione ecclesiae«:
2014 F Normalprägung (1 186 000 Ex.) 15,–

a 10 Euro (S) 2014. 625er Silber, 16 g, ∅ 32.5 mm, Feingehaltsangabe »Silber 625«:
2014 F Spiegelglanz (max. 200 000 Ex.) (185 000 Ex.) 25,–

Entwurf und Modell von Katrin Pannicke.

Verordnung vom 21. August 2013. Ausgegeben ab 3. Juli 2014.

Numisblatt 87 Nr. 318 in Normalprägung mit Briefmarkenkleinbogen zu 10×60 Cent 25,–

300 JAHRE TEMPERATURSKALA NACH FAHRENHEIT

ST **PP**

319 [592] 10 Euro (K-N) 2014. Rs. Quecksilberthermometer (1714) von Daniel Gabriel Fahrenheit (1686–1736) mit dem Gefrierpunkt des Wassers bei 32 Grad zwischen den Temperaturskalen nach Sir Isaac Newton (1701), Ole Rømer (1702), René Antoine Ferchault de Réaumur (1730), Joseph Nicolas Delisle (1732), Anders Celsius (1742), Sir William Thomson (1. Baron Kelvin) (1848) und William John Macquorn Rankine (1859). 14 g, ∅ 32.5 mm, Randschrift »Ein Meilenstein der Messtechnik«:
2014 J Normalprägung (1 133 000 Ex.) 15,–

a 10 Euro (S) 2014. 625er Silber, 16 g, ∅ 32.5 mm, Feingehaltsangabe »Silber 625«:
2014 J Spiegelglanz ~~(max. 200 000 Ex.)~~ (185 000 Ex.) 25,–

Entwurf und Modell von Victor Benjamin Huster.
Verordnung vom 20. November 2013. Ausgegeben ab 6. November 2014.

Numisblatt 88 Nr. 319 in Normalprägung mit Briefmarkenkleinbogen zu 10×60 Cent (Ersttagsstempel 3. November 2013) 25,–

UN INTERNATIONALES JAHR DER WÄLDER 2011 – 5. AUSGABE

ST

320 [589] 20 Euro (G) 2014. Rs. Kastanienblatt (Aesculus hippocastanum – Sapindaceae). 999.9er Gold, 3.89 g (⅛ oz.), ∅ 17.5 mm, Rand unterbrochen geriffelt:

2014 A	Stempelglanz	(40 000 Ex.)	225,–
2014 D	Stempelglanz	(40 000 Ex.)	200,–
2014 F	Stempelglanz	(40 000 Ex.)	200,–
2014 G	Stempelglanz	(40 000 Ex.)	200,–
2014 J	Stempelglanz	(40 000 Ex.)	200,–

Entwurf und Modell von František Chochola (Adlerseite) und Heinz Hoyer (Bildseite).
Verordnung vom 27. Januar 2010. Ausgegeben ab 26. Juni 2014 durch die Verkaufsstelle für Sammlermünzen in Weiden.

UNESCO WELTERBESTÄTTEN IN DEUTSCHLAND – 11. AUSGABE
1250 JAHRE KLOSTER LORSCH

ST

321 [591] 100 Euro (G) 2014. Rs. Westfassade der karolingischen Torhalle (Königshalle) (9. Jh.) des Benediktinerklosters Lorsch in Hessen (764) vor Traditionsnotiz der Schenkung des Plidroch über Grundstücke in Neckarsulm (771) aus dem »Codex Laureshamensis« (1195). 999.9er Gold, 15.55 g (½ oz.), ∅ 28 mm, Rand unterbrochen geriffelt:

2014 A	Stempelglanz	(max. ~~44 000~~ Ex.)	(40 000 Ex.)	*MW + 8 %*
2014 D	Stempelglanz	(max. ~~44 000~~ Ex.)	(40 000 Ex.)	*MW + 5 %*
2014 F	Stempelglanz	(max. ~~44 000~~ Ex.)	(40 000 Ex.)	*MW + 5 %*
2014 G	Stempelglanz	(max. ~~44 000~~ Ex.)	(40 000 Ex.)	*MW + 5 %*
2014 J	Stempelglanz	(max. ~~44 000~~ Ex.)	(40 000 Ex.)	*MW + 5 %*

Entwurf und Modell von František Chochola.

Verordnung vom 20. November 2013. Ausgegeben ab 1. Oktober 2014 durch die Verkaufsstelle für Sammlermünzen in Weiden (mehrwertsteuerfrei im Kalenderjahr 2019).

HESSISCHE PRÄSIDENTSCHAFT IM BUNDESRAT
(NOVEMBER 2014 – OKTOBER 2015)

322 [593] 2 Euro (K-N / N, N-Me plattiert) 2015. Paulskirche in Frankfurt, Inschrift »Hessen«, Landeskennzeichen »D«, zwölf Sterne. Rs. wie Nr. 253. Riffelrand mit Inschrift »Einigkeit und Recht und Freiheit« sowie Bundesadler:

	Normalprägung + Stempelglanz		VZ	ST	Spiegelglanz	PP
2015 A	(6 000 000 Ex. +	79 800 Ex.)	*NW*	3,50	(84 000 Ex.)	–,–
D	(6 300 000 Ex. +	73 825 Ex.)	*NW*	3,50	(77 000 Ex.)	–,–
F	(7 200 000 Ex. +	73 825 Ex.)	*NW*	3,50	(77 000 Ex.)	–,–
G	(4 200 000 Ex. +	73 825 Ex.)	*NW*	3,50	(77 000 Ex.)	–,–
J	(6 300 000 Ex. +	73 825 Ex.)	*NW*	3,50	(77 000 Ex.)	–,–

Entwurf und Modell von Heinz Hoyer (Bildseite).

Verordnung vom 16. März 2011. Ausgegeben ab 30. Januar 2015.

		ST	PP
Satz	Nr. 322 (A, D, F, G, J) im Blisterpack		
	Stempelglanz ~~(max. 43 000 Ex.)~~ (* 40 000 Ex.)	20,–	
	Spiegelglanz (* 50 000 Ex.)		40,–
	* in den vorstehenden Prägezahlen enthalten		

25. JAHRESTAG DES BEITRITTS DER DEUTSCHEN DEMOKRATISCHEN REPUBLIK ZUR BUNDESREPUBLIK DEUTSCHLAND

323 [594] 2 Euro (K-N / N, N-Me plattiert) 2015. Bevölkerung vor dem Brandenburger Tor in Berlin beim Aufbau eines vereinten Europa, Umschrift »25 Jahre deutsche Einheit«, dreimal »Wir sind ein Volk«, Landeskennzeichen »D«, zwölf Sterne. Rs. wie Nr. 253. Riffelrand mit Inschrift »Einigkeit und Recht und Freiheit« sowie Bundesadler:

	Normalprägung + Stempelglanz	VZ	ST	Spiegelglanz	PP
2015 A	(6 000 000 Ex. + 39 800 Ex.)	*NW*	3,50	(74 000 Ex.)	–,–
D	(6 300 000 Ex. + 33 825 Ex.)	*NW*	3,50	(67 000 Ex.)	–,–
F	(7 200 000 Ex. + 33 825 Ex.)	*NW*	3,50	(67 000 Ex.)	–,–
G	(4 200 000 Ex. + 33 825 Ex.)	*NW*	3,50	(67 000 Ex.)	–,–
J	(6 300 000 Ex. + 33 825 Ex.)	*NW*	3,50	(67 000 Ex.)	–,–

Entwurf und Modell von Bernd Wendhut (Bildseite, 2. Preis des Gestaltungswettbewerbes zum 20. Jahrestag der Vereinigung der beiden deutschen Staaten.

Verordnung vom 4. Juni 2014. Ausgegeben ab 30. Januar 2015.

		PP
Satz	Nr. 323 (A, D, F, G, J) im Blisterpack	
	Spiegelglanz (* 40 000 Ex.)	40,–
	* in den vorstehenden Prägezahlen enthalten	

30 JAHRE EUROPAFLAGGE ALS SYMBOL DER EUROPÄISCHEN UNION

324 [603] 2 Euro (K-N / N, N-Me plattiert) 2015. Zwölf Menschen mit Europaflagge, Inschrift »Bundesrepublik Deutschland 1985–2015«, zwölf Sterne. Rs. wie Nr. 253. Riffelrand mit Inschrift »Einigkeit und Recht und Freiheit« sowie Bundesadler:

	Normalprägung + Stempelglanz	VZ	ST	Spiegelglanz	PP
2015 A	(6 000 000 Ex.)	*NW*	3,50	(25 000 Ex.)	–,–
D	(6 300 000 Ex.)	*NW*	3,50	(25 000 Ex.)	–,–
F	(7 200 000 Ex.)	*NW*	3,50	(25 000 Ex.)	–,–
G	(4 200 000 Ex.)	*NW*	3,50	(25 000 Ex.)	–,–
J	(6 300 000 Ex.)	*NW*	3,50	(25 000 Ex.)	–,–

Entwurf und Modell von Georgios Stamatopoulos (Bildseite).
Verordnung vom 12. August 2015. Bekanntmachung C 253/08 im Amtsblatt der Europäischen Union vom 1. August 2015. Ausgegeben ab 5. November 2015.

PP

Satz Nr. 324 (A, D, F, G, J) im Blisterpack
Spiegelglanz ~~(max. 28 000 Ex.)~~ (* 25 000 Ex.) 80,–
* in den vorstehenden Prägezahlen enthalten

Münzausgaben zu 2 Euro 2015 in ähnlicher Zeichnung aus Belgien, Estland, Finnland, Frankreich, Griechenland, Irland, Italien, Lettland, Litauen, Luxemburg, Malta, den Niederlanden, Österreich, Portugal, der Slowakei, Slowenien, Spanien und Zypern siehe im Euro Münzkatalog 2019 (18. Auflage) von Gerhard Schön.

200 JAHRE MÄRCHEN DER GEBRÜDER GRIMM – 4. AUSGABE

ST PP

325 [595] 10 Euro (K-N) 2015. Rs. Dornröschen (1812) im Schlaf nach dem Stich an der Spindel im Turmzimmer, von Dornenhecke mit Rosenblüten umgeben. 14 g, ∅ 32.5 mm, Randschrift »Ein hundertjähriger tiefer Schlaf«:
2015 D Normalprägung (1 103 000 Ex.) 20,–

a 10 Euro (S) 2015. 625er Silber, 16 g, ∅ 32.5 mm, Feingehaltsangabe »Silber 625«:
2015 D Spiegelglanz ~~(max. 195 000 Ex.)~~ (180 000 Ex.) 40,–

Entwurf und Modell von Marianne Dietz.
Verordnung vom 4. Juni 2014. Ausgegeben ab 12. Februar 2015.

Numisblatt 89 Nr. 325 in Normalprägung mit Briefmarkenkleinbogen
25,–

200. GEBURTSTAG VON OTTO VON BISMARCK

				ST	PP
326	[596]	10	Euro (K-N) 2015. Rs. Otto von Bismarck zu Schönhausen (1815–1898), Ministerpräsident von Preußen 1862–1890, Bundeskanzler 1867–1871, Reichskanzler 1871–1890. 14 g, ∅ 32.5 mm, Randschrift »Die Politik ist die Lehre vom Möglichen«: 2015 A Normalprägung (1 078 000 Ex.)	15,–	
a		10	Euro (S) 2015. 625er Silber, 16 g, ∅ 32.5 mm, Feingehaltsangabe »Silber 625«: 2015 A Spiegelglanz (180 000 Ex.)		25,–

Entwurf und Modell von Michael Otto.

Verordnung vom 20. August 2014. Ausgegeben ab 26. März 2015.

Numisblatt 90 Nr. 326 in Normalprägung mit Briefmarkenkleinbogen 25,–

150 JAHRE DEUTSCHE GESELLSCHAFT ZUR RETTUNG SCHIFFBRÜCHIGER

				ST	PP
327	[597]	10	Euro (K-N) 2015. Rs. Hanseatenkreuz als Anker eines gekenterten Bootes. 14 g, ∅ 32.5 mm, Randschrift »Freiwillig, unabhängig, spendenfinanziert«: 2015 J Normalprägung (1 068 000 Ex.)	15,–	
a		10	Euro (S) 2015. 625er Silber, 16 g, ∅ 32.5 mm, Feingehaltsangabe »Silber 625«: 2015 J Spiegelglanz ~~(max. 180 000 Ex.)~~ (175 000 Ex.)		25,–

Entwurf und Modell von Joachim Dimanski.

Verordnung vom 20. August 2014. Ausgegeben ab 7. Mai 2015.

Numisblatt 91 Nr. 327 in Normalprägung mit Briefmarkenkleinbogen 25,–

1000 JAHRE LEIPZIG

ST PP

328 [599] 10 Euro (K-N) 2015. Rs. Bevölkerung vor Stadtansicht von Leipzig. 14 g, ∅ 32.5 mm, Randschrift »Bürgersinn, Bürgerfleiß, Bürgerstolz«:
2015 F Normalprägung (1 054 000 Ex.) 15,–

a 10 Euro (S) 2015. 625er Silber, 16 g, ∅ 32.5 mm, Feingehaltsangabe »Silber 625«:
2015 F Spiegelglanz (175 000 Ex.) 25,–

Entwurf und Modell von Anne Karen Hentschel.
Verordnung vom 20. August 2014. Ausgegeben ab 2. Juli 2015.

Numisblatt 92 Nr. 328 in Normalprägung mit Briefmarkenkleinbogen
25,–

500. GEBURTSTAG VON LUCAS CRANACH DEM JÜNGEREN

329 [600] 10 Euro (K-N) 2015. Rs. Geflügelte Schlange mit Rubinring aus dem Familienwappen des Malers Lucas Cranach jr. (1515–1586). 14 g, ∅ 32.5 mm, Randschrift »Dem fürtrefflichen Maler«:
2015 G Normalprägung (1 032 000 Ex.) 15,–

a 10 Euro (S) 2015. 625er Silber, 16 g, ∅ 32.5 mm, Feingehaltsangabe »Silber 625«:
2015 G Spiegelglanz (175 000 Ex.) 25,–

Entwurf und Modell von Erich Ott.
Verordnung vom 19. November 2014. Ausgegeben ab 1. Oktober 2015.

Numisblatt 93 Nr. 329 in Normalprägung mit Briefmarkenkleinbogen
25,–

25. JAHRESTAG DES BEITRITTS DER DEUTSCHEN DEMOKRATISCHEN REPUBLIK ZUR BUNDESREPUBLIK DEUTSCHLAND – 2. AUSGABE

					ST	PP
330	[601]	25 Euro (S) 2015. Rs. wie Nr. 323. 999er Silber, 18 g, ∅ 32.5 mm, Randschrift »Einigkeit und Recht und Freiheit«:				
		2015 A	Normalprägung	(300 000 Ex.)	40,–	
		2015 D	Normalprägung	(300 000 Ex.)	30,–	
		2015 F	Normalprägung	(300 000 Ex.)	30,–	
		2015 G	Normalprägung	(300 000 Ex.)	30,–	
		2015 J	Normalprägung	(300 000 Ex.)	30,–	
		2015 A	Spiegelglanz	(* 50 000 Ex.)		60,–
		2015 D	Spiegelglanz	(* 50 000 Ex.)		50,–
		2015 F	Spiegelglanz	(* 50 000 Ex.)		50,–
		2015 G	Spiegelglanz	(* 50 000 Ex.)		50,–
		2015 J	Spiegelglanz	(* 50 000 Ex.)		50,–

Entwurf und Modell von Bernd Wendhut (2. Preis des Gestaltungswettbewerbes zum 20. Jahrestag der Vereinigung der beiden deutschen Staaten).

*Verordnung vom 25. Februar 2015. Ausgegeben ab 1. Oktober 2015. *davon 35 000 Ex. im Fünferblister.*

Numisblatt 94	Nr. 330 in Normalprägung mit Briefmarkenkleinbogen	–,–
Satz	Nr. 330 als Fünferblister in Spiegelglanz	260,–

UN INTERNATIONALES JAHR DER WÄLDER 2011 – 6. AUSGABE

					ST
331	[598]	20 Euro (G) 2015. Rs. Lindenblatt (Tilia platyphyllos – Malvaceae). 999.9er Gold, 3.89 g (1/8 oz.), ∅ 17.5 mm, Rand unterbrochen geriffelt:			
		2015 A	Stempelglanz	(40 000 Ex.)	225,–
		2015 D	Stempelglanz	(40 000 Ex.)	200,–
		2015 F	Stempelglanz	(40 000 Ex.)	200,–
		2015 G	Stempelglanz	(40 000 Ex.)	200,–
		2015 J	Stempelglanz	(40 000 Ex.)	200,–

Entwurf und Modell von František Chochola.

Verordnung vom 27. Januar 2010. Ausgegeben ab 26. Juni 2015 durch die Verkaufsstelle für Sammlermünzen in Weiden.

UNESCO WELTERBESTÄTTEN IN DEUTSCHLAND – 12. AUSGABE

332 [602] 100 Euro (G) 2015. Rs. Oberes Mittelrheintal als Kulturlandschaft zwischen Bingen, Lorch, Bacharach, Kaub, Oberwesel, Sankt Goar, Sankt Goarshausen, Kamp-Bornhofen, Boppard, Braubach, Rhens, Lahnstein und Koblenz. 999.9er Gold, 15.55 g (½ oz.), ∅ 28 mm, Rand unterbrochen geriffelt:

				ST
2015 A	Stempelglanz	~~(max. 40 000 Ex.)~~	(32 600 Ex.)	*MW + 8 %*
2015 D	Stempelglanz	~~(max. 40 000 Ex.)~~	(32 600 Ex.)	*MW + 5 %*
2015 F	Stempelglanz	~~(max. 40 000 Ex.)~~	(32 600 Ex.)	*MW + 5 %*
2015 G	Stempelglanz	~~(max. 40 000 Ex.)~~	(32 600 Ex.)	*MW + 5 %*
2015 J	Stempelglanz	~~(max. 40 000 Ex.)~~	(32 600 Ex.)	*MW + 5 %*

Entwurf und Modell von Friedrich Brenner.

Verordnung vom 4. Juni 2014. Ausgegeben ab 1. Oktober 2015 durch die Verkaufsstelle für Sammlermünzen in Weiden (mehrwertsteuerfrei im Kalenderjahr 2019).

SÄCHSISCHE PRÄSIDENTSCHAFT IM BUNDESRAT (NOVEMBER 2015 – OKTOBER 2016)

333 [605] 2 Euro (K-N / N, N-Me plattiert) 2016. Kronentor (1719) des Dresdener Zwingers, Inschrift »Sachsen«, Landeskennzeichen »D«, zwölf Sterne. Rs. wie Nr. 253. Riffelrand mit Inschrift »Einigkeit und Recht und Freiheit« sowie Bundesadler:

	Normalprägung + Stempelglanz	VZ	ST	Spiegelglanz	PP
2016 A	(6 000 000 Ex. + 69 800 Ex.)	*NW*	3,50	(73 000 Ex.)	–,–
D	(6 300 000 Ex. + 65 825 Ex.)	*NW*	3,50	(67 000 Ex.)	–,–
F	(7 200 000 Ex. + 65 825 Ex.)	*NW*	3,50	(67 000 Ex.)	–,–
G	(4 200 000 Ex. + 65 825 Ex.)	*NW*	3,50	(67 000 Ex.)	–,–
J	(6 300 000 Ex. + 65 825 Ex.)	*NW*	3,50	(67 000 Ex.)	–,–

Entwurf und Modell von Jordi Truxa Regel (Bildseite).

Verordnung vom 25. Februar 2015. Bekanntmachung C 428/04 im Amtsblatt der Europäischen Union vom 19. Dezember 2015. Ausgegeben ab 5. Februar 2016.

Satz Nr. 333 (A, D, F, G, J) im Blisterpack
Stempelglanz (* 35 000 Ex.) 20,–
Spiegelglanz (* 43 000 Ex.) 40,–

KLIMAZONEN DER ERDE – 1. AUSGABE

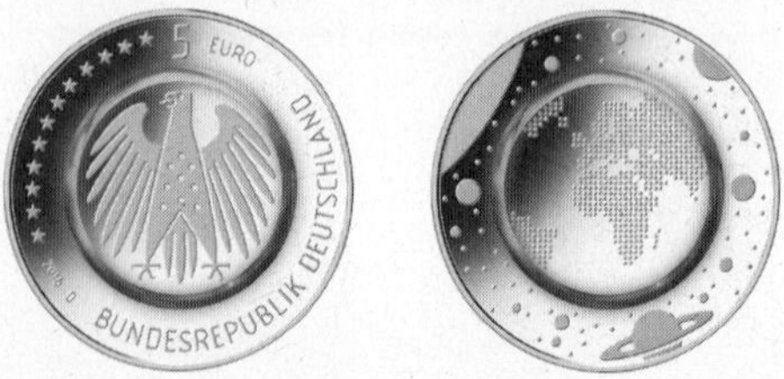

334 [607] 5 Euro (K-N_{25} / K-N_{19}) 2016. Rs. Erde im Weltall, Atmosphäre in blauer Farbe (transluzenter Polymerring). 9 g, ∅ 27.25 mm, Randschrift zweimal »Blauer Planet Erde«:

			ST	PP
2016 A	Normalprägung	(400 000 Ex.)	40,–	
2016 D	Normalprägung	(400 000 Ex.)	40,–	
2016 F	Normalprägung	(400 000 Ex.)	40,–	
2016 G	Normalprägung	(400 000 Ex.)	40,–	
2016 J	Normalprägung	(400 000 Ex.)	40,–	
2016 A	Spiegelglanz	(50 000 Ex.)		80,–
2016 D	Spiegelglanz	(50 000 Ex.)		80,–
2016 F	Spiegelglanz	(50 000 Ex.)		80,–
2016 G	Spiegelglanz	(50 000 Ex.)		80,–
2016 J	Spiegelglanz	(50 000 Ex.)		80,–

Entwurf von Alina Hoyer (Adlerseite) sowie Stefan Klein und Olaf Neumann (Bildseite).
Verordnung vom 29. April 2015. Ausgegeben ab 5. Februar 2016 (Spiegelglanz), 14. April 2016 (Normalprägung).

200 JAHRE MÄRCHEN DER GEBRÜDER GRIMM – 5. AUSGABE

335 [604] 20 Euro (S) 2016. Rs. Rotkäppchen im Wald bei der Begegnung mit dem Wolf. 925er Silber, 18 g, ∅ 32.5 mm, Randschrift »und lauf nicht vom Weg ab«:

			ST	PP
2016 A	Normalprägung	(1 082 000 Ex.)	25,–	
2016 A	Spiegelglanz ~~(max. 175 000 Ex.)~~	(171 000 Ex.)		40,–

Entwurf und Modell von Elena Gerber.
Verordnung vom 13. Mai 2015. Ausgegeben ab 4. Februar 2016.

Numisblatt 95 Nr. 335 in Normalprägung mit Briefmarkenkleinbogen –,–

125. GEBURTSTAG VON NELLY SACHS

ST **PP**

336 [606] 20 Euro (S) 2016. Rs. Amsel auf Stacheldraht, nach dem Gedicht »Kommt einer von ferne« (1965) von Leonie (»Nelly«) Sachs (1891–1970), Nobelpreisträgerin für Literatur 1966. 925er Silber, 18 g, ∅ 32.5 mm, Randschrift »Frieden, du leiseste aller Geburten«:

2016 F Normalprägung (952 000 Ex.) 25,–
2016 F Spiegelglanz (max. 170 000 Ex.) (155 000 Ex.) 40,–

Entwurf und Modell von Georg Mann.
Verordnung vom 26. August 2015. Ausgegeben ab 7. April 2016.

Numisblatt 96 Nr. 336 in Normalprägung mit Briefmarkenkleinbogen –,–

200. GEBURTSTAG VON ERNST LITFASS

337 [609] 20 Euro (S) 2016. Rs. Anschlagsäule (1855) von Ernst Litfaß (1816–1874) mit aufgeklebten Plakaten. 925er Silber, 18 g, ∅ 32.5 mm, Randschrift zweimal »Rundum informiert«:

2016 D Normalprägung (943 000 Ex.) 25,–
2016 D Spiegelglanz (max. 170 000 Ex.) (150 000 Ex.) 40,–

Entwurf und Modell von Susanne Jünger.
Verordnung vom 11. November 2015. Ausgegeben ab 7. Juli 2016.

Numisblatt 97 Nr. 337 in Normalprägung mit Briefmarkenkleinbogen –,–

175 JAHRE DEUTSCHLANDLIED

				ST	PP
338	[611]	20 Euro (S) 2016. Rs. August Heinrich Hoffmann (1798–1874) von Fallersleben, Textdichter des Deutschlandliedes (1841), seit 1922 Nationalhymne, Inschrift »Einigkeit und Recht und Freiheit«. 925er Silber, 18 g, ∅ 32.5 mm, Randschrift »sind des Glückes Unterpfand«:			
		2016 J Normalprägung	(972 000 Ex.)	25,–	
		2016 J Spiegelglanz (max. 170 000 Ex.)	(150 000 Ex.)		40,–

Entwurf und Modell von Claudius Riedmiller.

Verordnung vom 26. August 2015. Ausgegeben ab 6. Oktober 2016.

Numisblatt 98 Nr. 338 in Normalprägung mit Briefmarkenkleinbogen –,–

125. GEBURTSTAG VON OTTO DIX

				ST	PP
339	[612]	20 Euro (S) 2016. Rs. Selbstporträt des Malers und Graphikers Otto Dix (1891–1969) mit Signatur neben Tanzpaar beim Shimmy (1922) von einem Aquarell. 925er Silber, 18 g, ∅ 32.5 mm, Randschrift »Du musst alles selber sein«:			
		2016 G Normalprägung	(938 000 Ex.)	25,–	
		2016 G Spiegelglanz (max. 170 000 Ex.)	(150 000 Ex.)		40,–

Entwurf und Modell von Friedrich Brenner.

Verordnung vom 1. Dezember 2015. Ausgegeben ab 3. November 2016.

Numisblatt 99 Nr. 339 in Normalprägung mit Briefmarkenkleinbogen –,–

HEIMISCHE VÖGEL – 1. AUSGABE

ST

340 [608] 20 Euro (G) 2016. Rs. Nachtigall (Luscinia megarhynchos – Muscicapidae). 999.9er Gold, 3.89 g (⅛ oz.), ∅ 17.5 mm, Rand unterbrochen geriffelt:

2016 A	Stempelglanz	(40 000 Ex.)	225,–
2016 D	Stempelglanz	(40 000 Ex.)	200,–
2016 F	Stempelglanz	(40 000 Ex.)	200,–
2016 G	Stempelglanz	(40 000 Ex.)	200,–
2016 J	Stempelglanz	(40 000 Ex.)	200,–

Entwurf und Modell von Adelheid Fuss (Adlerseite) und Bodo Broschat (Bildseite).

Verordnung vom 27. Mai 2015. Ausgegeben ab 23. Juni 2016 durch die Verkaufsstelle für Sammlermünzen in Weiden.

UNESCO WELTERBESTÄTTEN IN DEUTSCHLAND – 13. AUSGABE

341 [610] 100 Euro (G) 2016. Rs. Regensburg und Stadtamhof. 999.9er Gold, 15.55 g (½ oz.), ∅ 28 mm, Rand unterbrochen geriffelt:

2016 A	Stempelglanz	(max. 40 000 Ex.)	(29 400 Ex.)	*MW + 8 %*
2016 D	Stempelglanz	(max. 40 000 Ex.)	(29 400 Ex.)	*MW + 5 %*
2016 F	Stempelglanz	(max. 40 000 Ex.)	(29 400 Ex.)	*MW + 5 %*
2016 G	Stempelglanz	(max. 40 000 Ex.)	(29 400 Ex.)	*MW + 5 %*
2016 J	Stempelglanz	(max. 40 000 Ex.)	(29 400 Ex.)	*MW + 5 %*

Entwurf und Modell von Friedrich Brenner.

Verordnung vom 8. Juli 2015. Ausgegeben ab 4. Oktober 2016 durch die Verkaufsstelle für Sammlermünzen in Weiden (mehrwertsteuerfrei im Kalenderjahr 2019).

RHEINLAND-PFÄLZISCHE PRÄSIDENTSCHAFT IM BUNDESRAT (NOVEMBER 2016 – OKTOBER 2017)

342 [613] 2 Euro (K-N / N, N-Me plattiert) 2017. Nordtor »Porta Nigra« (170) der römischen Stadt Trier (Augusta Treverorum), von 1035 bis 1802 Stiftskirche Sankt Simeon, Inschrift »Rheinland-Pfalz«, Landeskennzeichen »D«, zwölf Sterne. Rs. wie Nr. 253. Riffelrand mit Inschrift »Einigkeit und Recht und Freiheit« sowie Bundesadler:

	Normalprägung + Stempelglanz	**VZ**	**ST**	Spiegelglanz	**PP**
2017 A	(6 000 000 Ex. + 66 800 Ex.)	*NW*	3,50	(68 000 Ex.)	–,–
D	(6 300 000 Ex. + 59 825 Ex.)	*NW*	3,50	(61 000 Ex.)	–,–
F	(7 200 000 Ex. + 59 825 Ex.)	*NW*	3,50	(61 000 Ex.)	–,–
G	(4 200 000 Ex. + 59 825 Ex.)	*NW*	3,50	(61 000 Ex.)	–,–
J	(6 300 000 Ex. + 59 825 Ex.)	*NW*	3,50	(61 000 Ex.)	–,–

Entwurf und Modell von František Chochola (Bildseite).

Verordnung vom 25. Februar 2015. Bekanntmachung C 023/04 im Amtsblatt der Europäischen Union vom 24. Januar 2017. Ausgegeben ab 3. Februar 2017.

		ST	**PP**
Satz	Nr. 342 (A, D, F, G, J) im Blisterpack		
	Stempelglanz (* 34 000 Ex.)	20,–	
	Spiegelglanz (* 41 000 Ex.)		40,–

* in den vorstehenden Prägezahlen enthalten

KLIMAZONEN DER ERDE – 2. AUSGABE

343 [616] 5 Euro (K-N$_{25}$ / K-N$_{19}$) 2017. Rs. Papagei im Flug über Baumkronen des Regenwaldes aus der Vogelperspektive, Inschrift »Tropische Zone«, Troposphäre in roter Farbe (transluzenter Polymerring). 9 g, ∅ 27.25 mm, Randschrift »Klimazonen der Erde«:

2017 A	Normalprägung	(400 000 Ex.)	25,–	
2017 D	Normalprägung	(400 000 Ex.)	25,–	
2017 F	Normalprägung	(400 000 Ex.)	25,–	
2017 G	Normalprägung	(400 000 Ex.)	25,–	
2017 J	Normalprägung	(400 000 Ex.)	25,–	
2017 A	Spiegelglanz	(60 000 Ex.)		40,–
2017 D	Spiegelglanz	(60 000 Ex.)		40,–
2017 F	Spiegelglanz	(60 000 Ex.)		40,–
2017 G	Spiegelglanz	(60 000 Ex.)		40,–
2017 J	Spiegelglanz	(60 000 Ex.)		40,–

Entwurf und Modell von Stefanie Radtke.

Verordnung vom 9. November 2016. Ausgegeben ab 3. Februar 2017 (Spiegelglanz), 27. April 2017 (Normalprägung).

200 JAHRE MÄRCHEN DER GEBRÜDER GRIMM – 6. AUSGABE

344 [614] 20 Euro (S) 2017. Rs. Esel, Hund, Katze und Hahn als Bremer Stadtmusikanten (1819) bei der Vertreibung der Räuberbande aus dem Nachtquartier. 925er Silber, 18 g, ∅ 32.5 mm, Randschrift »etwas besseres als den Tod findest du überall«:

			ST	PP
2017 J	Normalprägung	(997 000 Ex.)	25,–	
2017 J	Spiegelglanz	(145 000 Ex.)		40,–

Entwurf und Modell von Elena Gerber.
Verordnung vom 16. März 2016. Ausgegeben ab 9. Februar 2017.

Numisblatt 100 Nr. 344 in Normalprägung mit Briefmarkenkleinbogen –,–

500. JAHRESTAG DER REFORMATION – 1. AUSGABE

345 [615] 20 Euro (S) 2017. Rs. Martin Luther (1483–1546), nach dem Gemälde (1529) von Lucas Maler »Cranach« (1472–1553), hinter Einladungsschrift der sächsischen Landesuniversität Wittenberg mit den ersten sechs »Disputationsthesen zur Klärung der Kraft der Ablässe« (1517). 925er Silber, 18 g, ∅ 32.5 mm, Randschrift »Hier stehe ich, ich kann nicht anders«:

			ST	PP
2017 A	Normalprägung	(1 030 000 Ex.)	25,–	
2017 A	Spiegelglanz	(145 000 Ex.)		40,–

Entwurf und Modell von Patrick Niesel.
Verordnung vom 27. April 2016. Ausgegeben ab 6. April 2017.

Numisblatt 101 Nr. 345 in Normalprägung mit Briefmarkenkleinbogen –,–

50 JAHRE DEUTSCHE SPORTHILFE

					ST	PP
346	[617]	20 Euro (S) 2017. Rs. Läufergruppe in kreisförmiger Anordnung. 925er Silber, 18 g, ∅ 32.5 mm, Randschrift »Leistung, Fairplay, Miteinander«:				
		2017 D	Normalprägung	(935 000 Ex.)	25,–	
		2017 D	Spiegelglanz (max. 145 000 Ex.)	(130 000 Ex.)		40,–

Entwurf und Modell von Adelheid Fuss.

Verordnung vom 14. September 2016. Ausgegeben ab 4. Mai 2017.

Numisblatt 102 Nr. 346 in Normalprägung mit Briefmarkenkleinbogen –,–

200 JAHRE FAHRRAD

					ST	PP
347	[620]	20 Euro (S) 2017. Rs. Radfahrer auf Laufmaschine (1817) von Karl Freiherr Drais von Sauerbronn (1785–1851) vor Kutsche ohne Pferd nach Missernte und Anstieg der Haferpreise in Folge des Vulkanausbruches des Tambora (1815) auf Sumbawa in Niederländisch Indien. 925er Silber, 18 g, ∅ 32.5 mm, Randschrift »200 Jahre Zweiradprinzip«:				
		2017 G	Normalprägung	(907 000 Ex.)	25,–	
		2017 G	Spiegelglanz (max. 145 000 Ex.)	(130 000 Ex.)		40,–

Entwurf und Modell von Friedrich Brenner.

Verordnung vom 14. September 2016. Ausgegeben ab 13. Juli 2017.

Numisblatt 103 Nr. 347 in Normalprägung mit Briefmarkenkleinbogen –,–

300. GEBURTSTAG VON JOHANN JOACHIM WINCKELMANN

348 [622] 20 Euro (S) 2017. Rs. Johann Joachim Winckelmann (1717–1768), Begründer der Klassischen Archäologie und Kunstgeschichte. 925er Silber, 18 g, ∅ 32.5 mm, Randschrift »edle Einfalt und stille Größe«:

				ST	PP
2017 F	Normalprägung		(888 000 Ex.)	25,–	
2017 F	Spiegelglanz	(max. 145 000 Ex.)	(130 000 Ex.)		40,–

Entwurf und Modell von André Witting.

Verordnung vom 30. November 2016. Ausgegeben ab 12. Oktober 2017.

Numisblatt 104 Nr. 348 in Normalprägung mit Briefmarkenkleinbogen –,–

HEIMISCHE VÖGEL – 2. AUSGABE

349 [619] 20 Euro (G) 2017. Rs. Pirol (Oriolus oriolus – Oriolidae). 999.9er Gold, 3.89 g (1/8 oz.), ∅ 17.5 mm, Rand unterbrochen geriffelt:

				ST
2017 A	Stempelglanz	(max. 40 000 Ex.)	(33 600 Ex.)	250,–
2017 D	Stempelglanz	(max. 40 000 Ex.)	(33 600 Ex.)	225,–
2017 F	Stempelglanz	(max. 40 000 Ex.)	(33 600 Ex.)	225,–
2017 G	Stempelglanz	(max. 40 000 Ex.)	(33 600 Ex.)	225,–
2017 J	Stempelglanz	(max. 40 000 Ex.)	(33 600 Ex.)	225,–

Entwurf und Modell von Adelheid Fuss (Adlerseite) und František Chochola (Bildseite).

Verordnung vom 27. Mai 2015. Ausgegeben ab 22. Juni 2017 durch die Verkaufsstelle für Sammlermünzen in Weiden.

500. JAHRESTAG DER REFORMATION – 2. AUSGABE

ST

350 [618] 50 Euro (G) 2017. Rs. Herz mit schwarzem Kreuz auf weißer Rose als Zeichen der Geborgenheit im Glauben, auf blauem Feld der himmlischen Freude innerhalb des goldenen Ringes der ewigen Seligkeit als Siegel (1530) und Sinnbild der Theologie von Martin Luther (1483–1546), Umschrift »Lutherrose«. 999.9er Gold, 7.78 g (¼ oz.), ∅ 20 mm, Rand unterbrochen geriffelt:

2017 A	Stempelglanz	(30 000 Ex.)	375,–
2017 D	Stempelglanz	(30 000 Ex.)	350,–
2017 F	Stempelglanz	(30 000 Ex.)	350,–
2017 G	Stempelglanz	(30 000 Ex.)	350,–
2017 J	Stempelglanz	(30 000 Ex.)	350,–

Entwurf und Modell von Adelheid Fuss.

Verordnung vom 31. August 2016. Ausgegeben ab 24. Mai 2017 durch die Verkaufsstelle für Sammlermünzen in Weiden.

UNESCO WELTERBESTÄTTEN IN DEUTSCHLAND – 14. AUSGABE 500. JAHRESTAG DER REFORMATION

351 [621] 100 Euro (G) 2017. Rs. Geburtshaus und Sterbehaus von Martin Luther in Eisleben vor Lutherhaus und Wohnhaus von Philipp Melanchthon sowie Stadtkirche und Schlosskirche in Wittenberg. 999.9er Gold, 15.55 g (½ oz.), ∅ 28 mm, Rand unterbrochen geriffelt:

2017 A	Stempelglanz	~~(max. 40 000 Ex.)~~	(31 600 Ex.)	*MW + 8 %*
2017 D	Stempelglanz	~~(max. 40 000 Ex.)~~	(31 600 Ex.)	*MW + 5 %*
2017 F	Stempelglanz	~~(max. 40 000 Ex.)~~	(31 600 Ex.)	*MW + 5 %*
2017 G	Stempelglanz	~~(max. 40 000 Ex.)~~	(31 600 Ex.)	*MW + 5 %*
2017 J	Stempelglanz	~~(max. 40 000 Ex.)~~	(31 600 Ex.)	*MW + 5 %*

Entwurf und Modell von Bastian Prillwitz.

Verordnung vom 16. März 2016. Ausgegeben ab 2. Oktober 2017 durch die Verkaufsstelle für Sammlermünzen in Weiden (mehrwertsteuerfrei im Kalenderjahr 2019).

BERLINISCHE PRÄSIDENTSCHAFT IM BUNDESRAT (NOVEMBER 2017 – OKTOBER 2018)

352 2 Euro (K-N / N, N-Me plattiert) 2018. Schloss Charlottenburg (1695), Inschrift »Berlin«, Landeskennzeichen »D«, zwölf Sterne. Rs. wie Nr. 253. Riffelrand mit Inschrift »Einigkeit und Recht und Freiheit« sowie Bundesadler:

	Normalprägung +	Stempelglanz	VZ	ST	Spiegelglanz	PP
2018 A	(6 000 000 Ex. +	60 400 Ex.)	*NW*	3,50	(63 000 Ex.)	–,–
D	(6 300 000 Ex. +	55 625 Ex.)	*NW*	3,50	(59 000 Ex.)	–,–
F	(7 200 000 Ex. +	55 625 Ex.)	*NW*	3,50	(59 000 Ex.)	–,–
G	(4 200 000 Ex. +	55 625 Ex.)	*NW*	3,50	(59 000 Ex.)	–,–
J	(6 300 000 Ex. +	55 625 Ex.)	*NW*	3,50	(59 000 Ex.)	–,–

Entwurf und Modell von Bodo Broschat (Bildseite).

Verordnung vom 25. Februar 2015. Bekanntmachung C 400/05 im Amtsblatt der Europäischen Union vom 6. November 2018. Ausgegeben ab 30. Januar 2018.

Satz		**ST**	**PP**
	Nr. 352 (A, D, F, G, J) im Blisterpack		
	Stempelglanz (* 33 000 Ex.)	20,–	
	Spiegelglanz ~~(max. 40 000 Ex.)~~ (* 39 000 Ex.)		40,–

* in den vorstehenden Prägezahlen enthalten

100. GEBURTSTAG VON HELMUT SCHMIDT

353 2 Euro (K-N / N, N-Me plattiert) 2018. Helmut Schmidt (1918–2015), Bundeskanzler 1974–1982, zwölf Sterne. Rs. wie Nr. 253. Riffelrand mit Inschrift »Einigkeit und Recht und Freiheit« sowie Bundesadler:

	Normalprägung +	Stempelglanz	VZ	ST	Spiegelglanz	PP
2018 A	(6 000 000 Ex. +	57 400 Ex.)	*NW*	3,50	(64 000 Ex.)	–,–
D	(6 300 000 Ex. +	52 625 Ex.)	*NW*	3,50	(60 000 Ex.)	–,–
F	(7 200 000 Ex. +	52 625 Ex.)	*NW*	3,50	(60 000 Ex.)	–,–
G	(4 200 000 Ex. +	52 625 Ex.)	*NW*	3,50	(60 000 Ex.)	–,–
J	(6 300 000 Ex. +	52 625 Ex.)	*NW*	3,50	(60 000 Ex.)	–,–

Entwurf und Modell von Bodo Broschat (Bildseite).

Verordnung vom 26. April 2017. Bekanntmachung C 444/05 im Amtsblatt der Europäischen Union vom 23. Dezember 2017. Ausgegeben ab 30. Januar 2018.

			ST	PP
Satz	Nr. 353 (A, D, F, G, J) im Blisterpack			
	Stempelglanz (* 30 000 Ex.)		20,–	
	Spiegelglanz (* 40 000 Ex.)			40,–

* in den vorstehenden Prägezahlen enthalten

KLIMAZONEN DER ERDE – 3. AUSGABE

354 [627] 5 Euro (K-N_{25} / K-N_{19}) 2018. Rs. Drei Ziegen an Olivenbaum in Mittelmeerlandschaft, Inschrift »Subtropische Zone«, Troposphäre in oranger Farbe (transluzenter Polymerring). 9 g, ∅ 27.25 mm, Randschrift »Klimazonen der Erde«:

			ST	PP
2018 A	Normalprägung	(600 000 Ex.)	12,–	
2018 D	Normalprägung	(600 000 Ex.)	12,–	
2018 F	Normalprägung	(600 000 Ex.)	12,–	
2018 G	Normalprägung	(600 000 Ex.)	12,–	
2018 J	Normalprägung	(600 000 Ex.)	12,–	
2018 A	Spiegelglanz	(80 000 Ex.)		25,–
2018 D	Spiegelglanz	(80 000 Ex.)		25,–
2018 F	Spiegelglanz	(80 000 Ex.)		25,–
2018 G	Spiegelglanz	(80 000 Ex.)		25,–
2018 J	Spiegelglanz	(80 000 Ex.)		25,–

Entwurf und Modell von Stefanie Radtke (Adlerseite) und Patrick Niesel (Bildseite).
Verordnung vom 26. April 2017. Ausgegeben ab 19. April 2018.

200 JAHRE MÄRCHEN DER GEBRÜDER GRIMM – 7. AUSGABE

355 [623] 20 Euro (S) 2018. Rs. Froschkönig mit der in den Teich gefallenen Goldkugel der Prinzessin. 925er Silber, 18 g, ∅ 32.5 mm, Randschrift »Königstochter, jüngste, mach mir auf«:

			ST	PP
2018 F	Normalprägung	(919 000 Ex.)	25,–	
2018 F	Spiegelglanz (max. 145 000 Ex.)	(130 000 Ex.)		40,–

Entwurf und Modell von Anne Karen Hentschel.
Verordnung vom 15. März 2017. Ausgegeben ab 25. Januar 2018.

Numisblatt 105 Nr. 355 in Normalprägung mit Briefmarkenkleinbogen –,–

275 JAHRE GEWANDHAUSORCHESTER LEIPZIG

ST PP

356 [626] 20 Euro (S) 2018. Rs. Schlagfigur zum Konzertauftakt vor den Namen von Komponisten. 925er Silber, 18 g, ∅ 32.5 mm, Randschrift »res severa verum gaudium« (wahre Freude ist eine ernste Sache):

			ST	PP
2018 G	Normalprägung	(877 000 Ex.)	25,–	
2018 G	Spiegelglanz (max. 145 000 Ex.)	(125 000 Ex.)		40,–

Entwurf und Modell von Lucia Maria Hardegen.
Verordnung vom 31. Mai 2017. Ausgegeben ab 8. März 2018.

Numisblatt 106 Nr. 356 in Normalprägung mit Briefmarkenkleinbogen –,–

800 JAHRE HANSESTADT ROSTOCK

357 [628] 20 Euro (S) 2018. Rs. Stadtansicht von Rostock mit Kröpeliner Tor, Steintor, Rathaus, Petrikirche, Vogelfluglinie und Leuchtturm vor Schifffahrtsrouten auf der Ostsee. 925er Silber, 18 g, ∅ 32.5 mm, Randschrift »sit intra te concordia et publica felicitas« (in deinen Mauern sei Eintracht und allgemeines Wohlergehen):

			ST	PP
2018 J	Normalprägung	(864 000 Ex.)	25,–	
2018 J	Spiegelglanz (max. 145 000 Ex.)	(125 000 Ex.)		40,–

Entwurf und Modell von Anne Karen Hentschel.
Verordnung vom 23. August 2017. Ausgegeben ab 17. Mai 2018.

Numisblatt 107 Nr. 357 in Normalprägung mit Briefmarkenkleinbogen –,–

150. GEBURTSTAG VON PETER BEHRENS

					ST	PP
358	[631]	20	Euro (S) 2018. Rs. Peter Behrens (1868–1940), Industriedesigner und Architekt, vor der Turbinenhalle (1909) in Berlin. 925er Silber, 18 g, ∅ 32.5 mm, Randschrift »im uebrigen Autodidakt«:			
			2018 A Normalprägung	(831 000 Ex.)	25,–	
			2018 A Spiegelglanz (max. 145 000 Ex.)	(117 000 Ex.)		40,–

Entwurf und Modell von Anna Steinmann.

Verordnung vom 22. November 2017. Ausgegeben ab 13. September 2018.

Numisblatt 108 Nr. 358 in Normalprägung mit Briefmarkenkleinbogen –,–

100. GEBURTSTAG VON ERNST OTTO FISCHER

					ST	PP
359	[633]	20	Euro (S) 2018. Rs. Dibenzolchrom (1955) mit Metallatom in Doppelkegelstruktur zwischen zwei Benzolringen nach Ernst Otto Fischer (1918–2007), Nobelpreisträger für Chemie 1973. 925er Silber, 18 g, ∅ 32.5 mm, Randschrift »Naturwissenschaften sind weder gut noch boese«:			
			2018 D Normalprägung	(827 000 Ex.)	25,–	
			2018 D Spiegelglanz (max. 145 000 Ex.)	(117 000 Ex.)		40,–

Entwurf und Modell von Katrin Pannicke.

Verordnung vom 22. November 2017. Ausgegeben ab 11. Oktober 2018.

Numisblatt 109 Nr. 359 in Normalprägung mit Briefmarkenkleinbogen –,–

HEIMISCHE VÖGEL – 3. AUSGABE

ST

360 [629] 20 Euro (G) 2018. Rs. Uhu (Bubo bubo – Strigidae). 999.9er Gold, 3.89 g (1/8 oz.), ∅ 17.5 mm, Rand unterbrochen geriffelt:

2018 A	Stempelglanz	~~(max. 40 000 Ex.)~~	(30 000 Ex.)	375,–
2018 D	Stempelglanz	~~(max. 40 000 Ex.)~~	(30 000 Ex.)	350,–
2018 F	Stempelglanz	~~(max. 40 000 Ex.)~~	(30 000 Ex.)	350,–
2018 G	Stempelglanz	~~(max. 40 000 Ex.)~~	(30 000 Ex.)	350,–
2018 J	Stempelglanz	~~(max. 40 000 Ex.)~~	(30 000 Ex.)	350,–

Entwurf und Modell von Adelheid Fuss.

Verordnung vom 27. Mai 2015. Ausgegeben ab 21. Juni 2018 durch die Verkaufsstelle für Sammlermünzen in Weiden.

MUSIKINSTRUMENTENBAU IN DEUTSCHLAND – 1. AUSGABE

361 [630] 50 Euro (G) 2018. Rs. Kontrabass. 999.9er Gold, 7.78 g (1/4 oz.), ∅ 22 mm, Rand unterbrochen geriffelt:

2018 A	Stempelglanz	~~(max. 50 000 Ex.)~~	(20 350 Ex.)	375,–
2018 D	Stempelglanz	~~(max. 50 000 Ex.)~~	(20 350 Ex.)	350,–
2018 F	Stempelglanz	~~(max. 50 000 Ex.)~~	(20 350 Ex.)	350,–
2018 G	Stempelglanz	~~(max. 50 000 Ex.)~~	(20 350 Ex.)	350,–
2018 J	Stempelglanz	~~(max. 50 000 Ex.)~~	(20 350 Ex.)	350,–

Entwurf und Modell von Erich Ott.

Verordnung vom 23. August 2017. Ausgegeben ab 10. August 2018 durch die Verkaufsstelle für Sammlermünzen in Weiden.

UNESCO WELTERBESTÄTTEN IN DEUTSCHLAND – 15. AUSGABE

ST

362 [632] 100 Euro (G) 2018. Rs. Schloss Augustusburg (1725) in Brühl mit dem Treppenhaus (1746) von Balthasar Neumann und dem Jagdschloss Falkenlust (1740). 999.9er Gold, 15.55 g (½ oz.), ∅ 28 mm, Rand unterbrochen geriffelt:

2018 A	Stempelglanz	~~(max. 40 000 Ex.)~~	(27 100 Ex.)	*MW + 8 %*
2018 D	Stempelglanz	~~(max. 40 000 Ex.)~~	(27 100 Ex.)	*MW + 5 %*
2018 F	Stempelglanz	~~(max. 40 000 Ex.)~~	(27 100 Ex.)	*MW + 5 %*
2018 G	Stempelglanz	~~(max. 40 000 Ex.)~~	(27 100 Ex.)	*MW + 5 %*
2018 J	Stempelglanz	~~(max. 40 000 Ex.)~~	(27 100 Ex.)	*MW + 5 %*

Entwurf und Modell von Bastian Prillwitz.

Verordnung vom 15. März 2017. Ausgegeben ab 1. Oktober 2018 durch die Verkaufsstelle für Sammlermünzen in Weiden (mehrwertsteuerfrei im Kalenderjahr 2019).

70 JAHRE BUNDESRAT

363 [635] 2 Euro (K-N / N, N-Me plattiert) 2019. Gebäude des Preußischen Herrenhauses (1904) in Berlin nach Plänen von Friedrich Schulze (1843–1912), ab 1921 Tagungsort des Preußischen Staatsrates, seit 2000 Sitz des Bundesrates als Ländervertretung der Bundesrepublik Deutschland, zwölf Sterne. Rs. wie Nr. 253. Riffelrand mit Inschrift »Einigkeit und Recht und Freiheit« sowie Bundesadler:

	Normalprägung + Stempelglanz		VZ	ST	Spiegelglanz	PP
2019 A	(* 6 000 000 Ex. +	52 500 Ex.)	*NW*	3,50	(61 000 Ex.)	–,–
D	(* 6 300 000 Ex. +	52 500 Ex.)	*NW*	3,50	(61 000 Ex.)	–,–
F	(* 7 200 000 Ex. +	52 500 Ex.)	*NW*	3,50	(61 000 Ex.)	–,–
G	(* 4 200 000 Ex. +	52 500 Ex.)	*NW*	3,50	(61 000 Ex.)	–,–
J	(* 6 300 000 Ex. +	52 500 Ex.)	*NW*	3,50	(61 000 Ex.)	–,–

Entwurf und Modell von Michael Otto (Bildseite).

Verordnung vom 18. April 2018. Bekanntmachung C 466/08 im Amtsblatt der Europäischen Union vom 28. Dezember 2018. Ausgegeben ab 29. Januar 2019.

		ST	PP
Satz	Nr. 363 (A, D, F, G, J) im Blisterpack		
	Stempelglanz (* max. 30 000 Ex.)	20,–	
	Spiegelglanz (* max. 40 000 Ex.)		40,–

* in den vorstehenden Prägezahlen enthalten

KLIMAZONEN DER ERDE – 4. AUSGABE

— 5 Euro (K-N_{25} / K-N_{19}) 2019. Rs. Feldhase auf Ackerflur vor Mischwaldsaum, Inschrift »Gemäßigte Zone«, Troposphäre in grüner Farbe (transluzenter Polymerring). 9 g, ∅ 27.25 mm, Randschrift »Klimazonen der Erde«:

			ST	PP
2019 A	Normalprägung	(600 000 Ex.)	12,–	
2019 D	Normalprägung	(600 000 Ex.)	12,–	
2019 F	Normalprägung	(600 000 Ex.)	12,–	
2019 G	Normalprägung	(600 000 Ex.)	12,–	
2019 J	Normalprägung	(600 000 Ex.)	12,–	
2019 A	Spiegelglanz	(80 000 Ex.)		25,–
2019 D	Spiegelglanz	(80 000 Ex.)		25,–
2019 F	Spiegelglanz	(80 000 Ex.)		25,–
2019 G	Spiegelglanz	(80 000 Ex.)		25,–
2019 J	Spiegelglanz	(80 000 Ex.)		25,–

Entwurf und Modell von Stefanie Radtke (Adlerseite) und Peter Lasch (Bildseite).

Verordnung vom 29. August 2018. Ausgegeben ab 19. September 2019.

LUFTBEWEGTE SPORTGERÄTE – 1. AUSGABE

— 10 Euro (K-N_{25} / K-N_{19}) 2019. Rs. Gleitschirmflieger im Gebirge, Luft ohne Farbe (transparenter Polymerring). 9.8 g, ∅ 28.75 mm, Randschrift zweimal »Luft bewegt«:

			ST	PP
2019 A	Normalprägung	(300 000 Ex.)	20,–	
2019 D	Normalprägung	(300 000 Ex.)	20,–	
2019 F	Normalprägung	(300 000 Ex.)	20,–	
2019 G	Normalprägung	(300 000 Ex.)	20,–	
2019 J	Normalprägung	(300 000 Ex.)	20,–	
2019 A	Spiegelglanz	(50 000 Ex.)		40,–
2019 D	Spiegelglanz	(50 000 Ex.)		40,–
2019 F	Spiegelglanz	(50 000 Ex.)		40,–
2019 G	Spiegelglanz	(50 000 Ex.)		40,–
2019 J	Spiegelglanz	(50 000 Ex.)		40,–

Entwurf und Modell von André Witting (Adlerseite) und Natalie Tekampe (Bildseite).

Verordnung vom 13. Juni 2018. Ausgegeben ab 4. April 2019.

100 JAHRE FRAUENWAHLRECHT IN DEUTSCHLAND

				ST	PP
—	20	Euro (S) 2019. Rs. Kundgebung von Frauenrechtlerinnen. 925er Silber, 18 g, ∅ 32.5 mm, Randschrift »Heraus mit dem Frauenwahlrecht«:			
		2019 D Normalprägung	(* 700 000 Ex.)	25,–	
		2019 D Spiegelglanz	(max. 120 000 Ex.)		40,–

Entwurf und Modell von Anne Karen Hentschel.

Verordnung vom 11. Juli 2018. Ausgegeben ab 17. Januar 2019.

Numisblatt 110 Münze in Normalprägung mit Briefmarkenkleinbogen –,–

100 JAHRE STAATLICHE ARCHITEKTURSCHULE »BAUHAUS«

				ST	PP
—	20	Euro (S) 2019. Rs. Menschen auf Freitreppe zwischen der Kunstschule in Weimar, dem Bauhausgebäude in Dessau (1925) und dem Bauhausarchiv des Museums für Gestaltung in Berlin. 925er Silber, 18 g, ∅ 32.5 mm, Randschrift »die Welt neu denken«:			
		2019 J Normalprägung	(* 650 000 Ex.)	25,–	
		2019 J Spiegelglanz	(max. 120 000 Ex.)		40,–

Entwurf und Modell von Bastian Prillwitz.

Verordnung vom 11. Juli 2018. Ausgegeben ab 14. März 2019.

Numisblatt 111 Münze in Normalprägung mit Briefmarkenkleinbogen –,–

200 JAHRE MÄRCHEN DER GEBRÜDER GRIMM – 8. AUSGABE

			ST	PP
—	20	Euro (S) 2019. Rs. Tapferes Schneiderlein als Thronfolger vor dem Königsschloss mit den sieben erschlagenen Stubenfliegen. 925er Silber, 18 g, ∅ 32.5 mm, Randschrift »Siebene auf einen Streich!«:		
		2019 G Normalprägung	25,–	
		2019 G Spiegelglanz (max. 120 000 Ex.)		40,–

Entwurf und Modell von Marianne Dietz.
Verordnung vom 18. April 2018. Ausgegeben ab 16. Mai 2019.

Numisblatt 112 Münze in Normalprägung mit Briefmarkenkleinbogen –,–

100 JAHRE WEIMARER REICHSVERFASSUNG

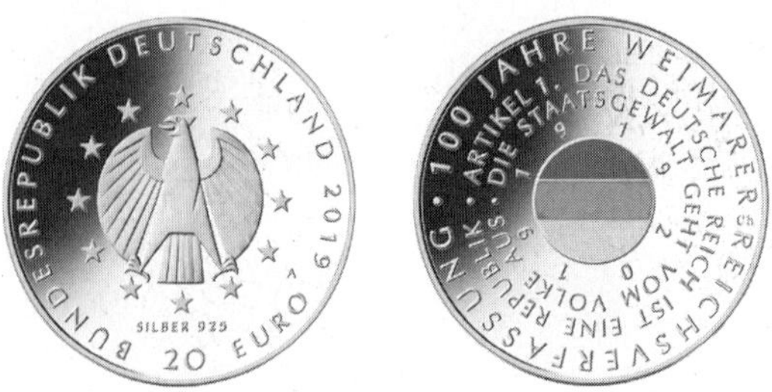

			ST	PP
—	20	Euro (S) 2019. Rs. Artikel 1 der in Weimar ausgearbeiteten Verfassung des Deutschen Reiches als Republik (1919), Nationalflagge in Farbe (Tampondruck). 925er Silber, 18 g, ∅ 32.5 mm, Randschrift »Nationalversammlung Weimar 1919«:		
		2019 A Normalprägung	25,–	
		2019 A Spiegelglanz (max. 120 000 Ex.)		40,–

Entwurf und Modell von František Chochola.
Verordnung vom 7. November 2018. Ausgegeben ab 8. August 2019.

Numisblatt 113 Münze in Normalprägung mit Briefmarkenkleinbogen –,–

250. GEBURTSTAG VON ALEXANDER VON HUMBOLDT

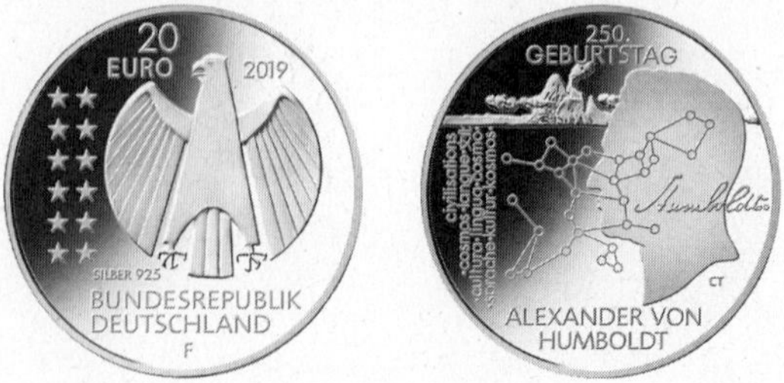

			ST	PP
—	20	Euro (S) 2019. Rs. Alexander von Humboldt (1769–1859), Naturforscher. 925er Silber, 18 g, ∅ 32.5 mm, Randschrift »Alles ist Wechselwirkung«:		
		2019 F Normalprägung	25,–	
		2019 F Spiegelglanz (max. 120 000 Ex.)		40,–

Entwurf und Modell von Carsten Theumer.

Verordnung vom 7. November 2018. Ausgegeben ab 5. September 2019.

Numisblatt 114 Münze in Normalprägung mit Briefmarkenkleinbogen –,–

HEIMISCHE VÖGEL – 4. AUSGABE

			ST
—	20	Euro (G) 2019. Rs. Wanderfalke (Falco peregrinus – Falconidae). 999.9er Gold, 3.89 g (1/8 oz.), ∅ 17.5 mm, Rand unterbrochen geriffelt:	
		2019 A Stempelglanz (max. 35 000 Ex.)	–,–
		2019 D Stempelglanz (max. 35 000 Ex.)	–,–
		2019 F Stempelglanz (max. 35 000 Ex.)	–,–
		2019 G Stempelglanz (max. 35 000 Ex.)	–,–
		2019 J Stempelglanz (max. 35 000 Ex.)	–,–

Entwurf und Modell von Adelheid Fuss (Adlerseite) und Bodo Broschat (Bildseite).

Verordnung vom 27. Mai 2015. Ausgegeben ab 19. Juni 2019 durch die Verkaufsstelle für Sammlermünzen in Weiden.

MUSIKINSTRUMENTENBAU IN DEUTSCHLAND – 2. AUSGABE

				ST
—	50	Euro (G) 2019. Rs. Hammerflügel. 999.9er Gold, 7.78 g (¼ oz.), ∅ 22 mm, Rand unterbrochen geriffelt:		
		2019 A Stempelglanz	(max. 30 000 Ex.)	–,–
		2019 D Stempelglanz	(max. 30 000 Ex.)	–,–
		2019 F Stempelglanz	(max. 30 000 Ex.)	–,–
		2019 G Stempelglanz	(max. 30 000 Ex.)	–,–
		2019 J Stempelglanz	(max. 30 000 Ex.)	–,–

Entwurf und Modell von Erich Ott.

Verordnung vom 10. Januar 2018. Ausgegeben ab 20. August 2019 durch die Verkaufsstelle für Sammlermünzen in Weiden.

UNESCO WELTERBESTÄTTEN IN DEUTSCHLAND – 16. AUSGABE

—	100	Euro (G) 2019. Rs. Kaiserdom Sankt Maria und Sankt Stephan in Speyer. 999.9er Gold, 15.55 g (½ oz.), ∅ 28 mm, Rand unterbrochen geriffelt:		
		2019 A Stempelglanz	(max. 35 000 Ex.)	–,–
		2019 D Stempelglanz	(max. 35 000 Ex.)	–,–
		2019 F Stempelglanz	(max. 35 000 Ex.)	–,–
		2019 G Stempelglanz	(max. 35 000 Ex.)	–,–
		2019 J Stempelglanz	(max. 35 000 Ex.)	–,–

Entwurf und Modell von Bodo Broschat.

Verordnung vom 12. Dezember 2018. Ausgegeben ab 1. Oktober 2019 durch die Verkaufsstelle für Sammlermünzen in Weiden (mehrwertsteuerfrei im Kalenderjahr 2019).

Für die weiteren Gedenkmünzen zu 2 Euro sind die folgenden Bauwerke als Motive vorgesehen:

Brandenburg	Schloss Sanssouci in Potsdam	2020
Sachsen-Anhalt	Magdeburger Dom	2021
Thüringen	Wartburg bei Eisenach	2022

Die Münzserie zu 5 Euro mit Polymerring wird in den kommenden Jahren fortgesetzt mit Subpolarer Zone in türkiser Farbe (2020) und Polarzone in violetter Farbe (2021).

Die Serie zu 10 Euro mit transparentem Polymerring behandelt in abweichenden Legierungen die luftgetriebene Fortbewegung an Land (2020) und auf dem Wasser (2021).

In der Märchenserie der Gebrüder Grimm wird sich die neunte Ausgabe mit dem Wolf und den sieben Geißlein (2020) befassen.

Die weiteren vier Silbermünzen zu 20 Euro 2020 behandeln die Themen 250. Geburtstag von Ludwig van Beethoven, 300. Geburtstag von Hieronymus Freiherr von Münchhausen, XVI. Fußball-Europameisterschaft 2020 in Europa sowie 900 Jahre Stadt Freiburg im Breisgau.

Als Sondermünzen zu 20 Euro in Gold erscheinen in den folgenden Jahren die Motive Weißstorch (2020) und Schwarzspecht (2021).

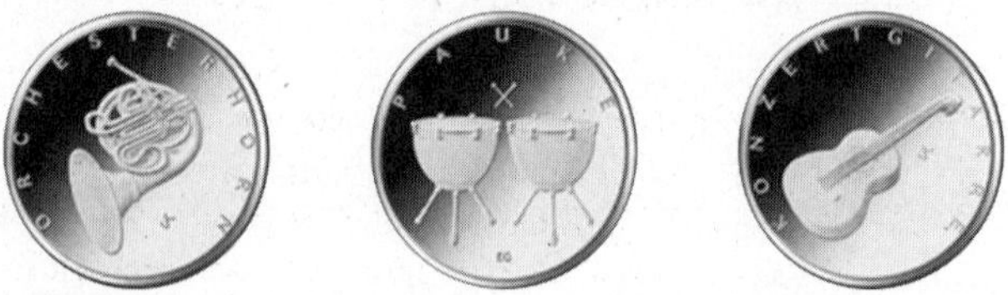

Als Sondermünzen zu 50 Euro in Gold erscheinen in den kommenden Jahren die Motive Orchesterhorn (2020), Kesselpauken (2021) und Konzertgitarre (2022).

Amtliche Sondermünzsätze in Spiegelglanz

Blisterpack mit den Silbermünzen zu 10 Euro

					PP
Satz 1	2002 (5)	Nrn. 214–218		(* 60 000 Ex.)	180,–

Ausgegeben ab Dezember 2002 durch die Verkaufsstelle für Sammlermünzen.

Satz 2	2003 (6)	Nrn. 221–226		(* 80 000 Ex.)	150,–

In einer Teilauflage dieser Sätze ist die Münze zur Fußball-Weltmeisterschaft mit Randschrift »Ruhrpott Kulturlandschaft« (Nr. 223F) enthalten.

Ausgegeben ab Dezember 2003 durch die Verkaufsstelle für Sammlermünzen.

Satz 3	2004 (6)	Nrn. 228–233		(* 80 000 Ex.)	150,–

Ausgegeben ab Dezember 2004 durch die Verkaufsstelle für Sammlermünzen.

Satz 4	2005 (6)	Nrn. 235–240		(* 80 000 Ex.)	150,–

Ausgegeben ab Februar 2006 durch die Verkaufsstelle für Sammlermünzen.

Satz 5	2006 (5)	Nrn. 243–247	(max. ~~80 000~~ Ex.)	(* 70 000 Ex.)	140,–

Ausgegeben ab Dezember 2006 durch die Verkaufsstelle für Sammlermünzen.

Satz 6	2007 (5)	Nrn. 256–260	(max. ~~80 000~~ Ex.)	(* 70 000 Ex.)	125,–

Ausgegeben ab November 2007 durch die Verkaufsstelle für Sammlermünzen.

Satz 7	2008 (5)	Nrn. 263–267	(max. ~~80 000~~ Ex.)	(* 70 000 Ex.)	150,–

Ausgegeben ab Oktober 2008 durch die Verkaufsstelle für Sammlermünzen.

Satz 8	2009 (6)	Nrn. 271–276	(max. ~~80 000~~ Ex.)	(* 60 000 Ex.)	185,–

Ausgegeben ab November 2009 durch die Verkaufsstelle für Sammlermünzen.

Satz 9	2010 (6)	Nrn. 279–284	(max. ~~60 000~~ Ex.)	(* 57 900 Ex.)	160,–

Ausgegeben ab 19. Januar 2011 durch die Verkaufsstelle für Sammlermünzen.

Satz 10	2011 (6)	Nrn. 288–293	(max. ~~60 000~~ Ex.)	(* 63 000 Ex.)	150,–

Ausgegeben ab 15. September 2011 durch die Verkaufsstelle für Sammlermünzen.

Satz 11	2012 (5)	Nrn. 298–302	(max. ~~65 000~~ Ex.)	(* 60 000 Ex.)	125,–

Ausgegeben ab 8. November 2012 durch die Verkaufsstelle für Sammlermünzen.

Satz 12	2013 (5)	Nrn. 307–311	(max. ~~60 000~~ Ex.)	(* 55 000 Ex.)	125,–

Ausgegeben ab 21. November 2013 durch die Verkaufsstelle für Sammlermünzen.

Satz 13	2014 (5)	Nrn. 315–319		(* 60 000 Ex.)	125,–

Ausgegeben ab 6. November 2014 durch die Verkaufsstelle für Sammlermünzen.

Satz 14	2015 (5)	Nrn. 325–329		(* 60 000 Ex.)	140,–

Ausgegeben ab 1. Oktober 2015 durch die Verkaufsstelle für Sammlermünzen.

* in den Prägezahlen der einzelnen Sondermünzen enthalten

Amtliche Sondermünzsätze in Spiegelglanz

Blisterpack mit den Silbermünzen zu 20 Euro

Satz 15	2016 (5)	Nrn. 335–339		(* 55 000 Ex.)	200,–

Ausgegeben ab 3. November 2016 durch die Verkaufsstelle für Sammlermünzen.

Satz 16	2017 (5)	Nrn. 344–348	(max. ~~55 000~~ Ex.)	(* 49 000 Ex.)	200,–

Ausgegeben ab 12. Oktober 2017 durch die Verkaufsstelle für Sammlermünzen.

Satz 17	2018 (5)	Nrn. 355–359	(max. ~~55 000~~ Ex.)	(* 45 500 Ex.)	200,–

Ausgegeben ab 11. Oktober 2018 durch die Verkaufsstelle für Sammlermünzen.

Satz 18	2019 (5)	Nrn. 366–370		(* max. 45 000 Ex.)	200,–

Ausgegeben ab 5. September 2019 durch die Verkaufsstelle für Sammlermünzen.

* in den Prägezahlen der einzelnen Sondermünzen enthalten

Münzsätze

1, 2, 5, 10, 50 Pfennig, 1, 2, 5 Mark
Mit 2 Mark Planck (1964–1971), Adenauer / Heuss (1972–1978), Adenauer / Heuss / Schumacher (1979–1987), Schumacher / Erhard (1988–1989), Schumacher / Erhard / Strauß (1990–1993), Erhard / Strauß / Brandt (1994–2001)

Umlaufmünzsätze in Stempelglanz

in Hartfolie mit Kartonstreifen (1974–2001), in Blisterkarte aus Kunststoff (seit 2002)

Umlaufmünzsätze in Spiegelglanz

in weichmacherhaltiger Plastikfolie (1964–1970), in Hartfolie mit Kartonstreifen (1971–1973), in Kassette aus Hartkunststoff mit blauer Einlage (1974–2001), in Kassette aus Hartkunststoff mit weinroter Einlage im Schuber (seit 2002)

		Auflage	PP
1950/1964 G (8)		(600 Ex.)	1500,–
1950/1965 F (8)		(300 Ex.)	2900,–
1950/1965 G (8)		(8 233 Ex.)	200,–
1966 F (8)		(450 Ex.)	3000,–
1966 G (8)		(3 070 Ex.)	540,–
1966 J (8)		(1 000 Ex.)	900,–
1967 F (8)		(1 600 Ex.)	600,–
1967 G (8)	2 Pfennig Bronze	(3 630 Ex.)	360,–
	2 Pfennig Stahlkern	(520 Ex.)	3500,–
1967 J (8)		(1 500 Ex.)	750,–
1968 F (8)		(3 100 Ex.)	530,–
1968 G (8)	2 Pfennig Bronze	(3 651 Ex.)	350,–
	2 Pfennig Stahlkern	(2 372 Ex.)	425,–
1968 J (8)		(2 000 Ex.)	550,–
1969 F (8)		(5 100 Ex.)	120,–
1969 G (8)		(8 700 Ex.)	120,–
1969 J (8)		(5 000 Ex.)	120,–
1970 F (8)		(5 240 Ex.)	160,–
1970 G (8)		(10 200 Ex.)	100,–
1970 J (8)		(5 000 Ex.)	120,–
1971 D (8)		(8 000 Ex.)	100,–
1971 F (8)		(8 100 Ex.)	100,–
1971 G (8)		(10 200 Ex.)	100,–
1971 J (8)		(8 000 Ex.)	100,–
1972 D (9)		(8 000 Ex.)	100,–
1972 F (9)		(8 100 Ex.)	100,–
1972 G (9)		(10 000 Ex.)	100,–
1972 J (9)		(8 000 Ex.)	100,–
1973 D (9)		(9 000 Ex.)	100,–
1973 F (9)		(9 100 Ex.)	100,–
1973 G (9)		(9 000 Ex.)	100,–
1973 J (9)		(9 000 Ex.)	100,–

	Auflage	ST	Auflage	PP
1974 D (9)	(20 000 Ex.)	40,–	(35 000 Ex.)	38,–
1974 F (9)	(20 000 Ex.)	40,–	(35 100 Ex.)	38,–
1974 G (9)	(20 000 Ex.)	40,–	(35 100 Ex.)	38,–
1974 J (9)	(20 000 Ex.)	40,–	(35 000 Ex.)	38,–
1975 D (9)	(26 000 Ex.)	20,–	(43 120 Ex.)	20,–
1975 F (9)	(26 000 Ex.)	20,–	(43 100 Ex.)	20,–
1975 G (9)	(26 000 Ex.)	20,–	(43 100 Ex.)	20,–
1975 J (9)	(26 000 Ex.)	20,–	(43 120 Ex.)	20,–
1976 D (9)	(26 000 Ex.)	20,–	(43 120 Ex.)	20,–
1976 F (9)	(26 000 Ex.)	20,–	(43 100 Ex.)	20,–
1976 G (9)	(26 000 Ex.)	20,–	(43 100 Ex.)	20,–
1976 J (9)	(26 000 Ex.)	20,–	(43 120 Ex.)	20,–
1977 D (9)	(29 000 Ex.)	20,–	(50 620 Ex.)	20,–
1977 F (9)	(29 000 Ex.)	20,–	(50 600 Ex.)	20,–
1977 G (9)	(29 000 Ex.)	20,–	(50 600 Ex.)	20,–
1977 J (9)	(29 000 Ex.)	20,–	(50 620 Ex.)	20,–
1978 D (9)	(29 500 Ex.)	20,–	(54 120 Ex.)	20,–
1978 F (9)	(29 500 Ex.)	20,–	(54 100 Ex.)	20,–
1978 G (9)	(29 500 Ex.)	20,–	(54 100 Ex.)	20,–
1978 J (9)	(29 500 Ex.)	20,–	(54 120 Ex.)	20,–
1979 D, F, G, J (10)	(je 44 000 Ex.)	je 20,–	(je 89 120 Ex.)	je 20,–
1980 D, F, G, J (10)	(je 44 000 Ex.)	je 20,–	(je 110 370 Ex.)	je 20,–
1981 D, F, G, J (10)	(je 35 000 Ex.)	je 20,–	(je 91 120 Ex.)	je 20,–
1982 D, F, G, J (10)	(je 33 000 Ex.)	je 20,–	(je 78 120 Ex.)	je 20,–
1983 D, F, G, J (10)	(je 31 000 Ex.)	je 22,–	(je 75 120 Ex.)	je 22,–
1984 D (10)	(25 500 Ex.)	45,–	(63 870 Ex.)	28,–
1984 F (10)	(25 500 Ex.)	45,–	(63 935 Ex.)	28,–
1984 G (10)	(25 500 Ex.)	45,–	(63 870 Ex.)	28,–
1984 J (10)	(25 500 Ex.)	45,–	(63 870 Ex.)	28,–
1985 D (10)	(23 414 Ex.)	25,–	(56 392 Ex.)	25,–
1985 F (10)	(23 000 Ex.)	25,–	(54 067 Ex.)	25,–
1985 G (10)	(23 000 Ex.)	25,–	(54 731 Ex.)	25,–
1985 J (10)	(23 000 Ex.)	25,–	(53 887 Ex.)	25,–
1986 D, F, G, J (10)	(je 15 000 Ex.)	je 125,–	(je 44 120 Ex.)	je 30,–
1987 D, F, G, J (10)	(je 18 000 Ex.)	je 55,–	(je 45 120 Ex.)	je 30,–
1988 D, F, G, J (9)	(je 18 000 Ex.)	je 28,–	(je 45 120 Ex.)	je 25,–
1989 D, F, G, J (9)	(je 18 000 Ex.)	je 28,–	(je 45 120 Ex.)	je 25,–
1990 D, F, G, J (10)	(je 20 000 Ex.)	je 28,–	(je 45 120 Ex.)	je 25,–
1991 A (10)	(20 000 Ex.)	25,–	(45 150 Ex.)	25,–
1991 D, F, G, J (10)	(je 20 000 Ex.)	je 25,–	(je 45 120 Ex.)	je 25,–
1992 A (10)	(20 000 Ex.)	25,–	(45 150 Ex.)	25,–
1992 D, F, G, J (10)	(je 20 000 Ex.)	je 25,–	(je 45 120 Ex.)	je 25,–
1993 A (10)	(20 000 Ex.)	40,–	(45 150 Ex.)	25,–
1993 D, F, G, J (10)	(je 20 000 Ex.)	je 40,–	(je 45 120 Ex.)	je 25,–
1994 A (10)	(20 000 Ex.)	30,–	(45 150 Ex.)	25,–
1994 D, F, G, J (10)	(je 20 000 Ex.)	je 30,–	(je 45 120 Ex.)	je 25,–
1995 A (10)	(20 000 Ex.)	350,–	(45 150 Ex.)	250,–
1995 D, F, G, J (10)	(je 20 000 Ex.)	je 350,–	(je 45 120 Ex.)	je 250,–

	Auflage	ST	Auflage	PP
1996 A (10)	(50 000 Ex.)	50,–	(45 150 Ex.)	50,–
1996 D, F, G, J (10)	(je 50 000 Ex.)	je 50,–	(je 45 120 Ex.)	je 50,–
1997 A (10)	(70 000 Ex.)	40,–	(70 150 Ex.)	40,–
1997 D, F, G, J (10)	(je 70 000 Ex.)	je 40,–	(je 70 120 Ex.)	je 40,–
1998 A (10)	(70 000 Ex.)	40,–	(62 150 Ex.)	40,–
1998 D, F, G, J (10)	(je 70 000 Ex.)	je 40,–	(je 62 120 Ex.)	je 40,–
1999 A (10)	(70 000 Ex.)	40,–	(65 150 Ex.)	40,–
1999 D, F, G, J (10)	(je 70 000 Ex.)	je 40,–	(je 65 120 Ex.)	je 40,–
2000 A (10)	(77 000 Ex.)	50,–	(78 150 Ex.)	50,–
2000 D, F, G, J (10)	(je 77 000 Ex.)	je 50,–	(je 78 120 Ex.)	je 50,–
2001 A (10)	(130 000 Ex.)	50,–	(83 150 Ex.)	60,–
2001 D, F, G, J (10)	(je 130 000 Ex.)	je 50,–	(je 83 120 Ex.)	je 60,–

Als Privatauftrag wurde von einem Münzhändler im Jahre 2001 angelieferte Rollenware zu 5, 10, 50 Pfennig, 1 Mark 1990 A durch die Münze Berlin zu Münzsätzen in Hartfolie verpackt (2 500 Ex.).

Sondersatz in Spiegelglanz

100 Jahre Vereinigte Deutsche Metallwerke

		PP
KS1	1, 2, 5, 10, 50 Pfennig, 1 Mark 1971 G, 2 Mark Planck 1971 G, 2 Mark Adenauer 1969 G, 2 Mark Heuss 1971 G, 5 Mark 1971 G sowie Goldklippe zu 10 Pfennig 1873 G mit Feingehaltspunze 585 als Neuprägung von den Originalstempeln	1200,–

Münzsätze

1, 2, 5, 10, 20, 50 Cent, 1, 2 Euro
Mit 2 Euro Bundesadler (2007 Römische Verträge, 2009 Währungsunion, 2012 Euro Bargeld, 2013 Élyséevertrag, 2015 Deutsche Einheit),
seit 2006 mit zusätzlicher Gedenkmünze zu 2 Euro (Bundesländer)

	Auflage	ST	Auflage	PP
2002 A (8)	(135 000 Ex.)	9,–	(100 150 Ex.)	18,–
2002 D, F, G, J (8)	(je 135 000 Ex.)	je 9,–	(je 100 120 Ex.)	je 18,–
2003 A (8)	(180 000 Ex.)	10,–	(120 150 Ex.)	12,–
2003 D, F, G, J (8)	(je 180 000 Ex.)	je 10,–	(je 120 120 Ex.)	je 12,–
2004 A (8)	(133 000 Ex.)	10,–	(106 150 Ex.)	16,–
2004 D, F, G, J (8)	(je 133 000 Ex.)	je 10,–	(je 106 120 Ex.)	je 16,–
2005 A (8)	(100 000 Ex.)	12,–	(85 150 Ex.)	20,–
2005 D, F, G, J (8)	(je 100 000 Ex.)	je 12,–	(je 85 120 Ex.)	je 20,–
2006 A (9)	(83 000 Ex.)	15,–	(75 150 Ex.)	25,–
2006 D, F, G, J (9)	(je 83 000 Ex.)	je 15,–	(je 75 120 Ex.)	je 25,–
2007 A (9)	(83 000 Ex.)	15,–	(70 150 Ex.)	25,–
2007 D, F, G, J (9)	(je 83 000 Ex.)	je 15,–	(je 70 120 Ex.)	je 25,–
2008 A (9)	(70 000 Ex.)	15,–	(58 150 Ex.)	25,–
2008 D, F, G, J (9)	(je 70 000 Ex.)	je 15,–	(je 55 120 Ex.)	je 25,–
2009 A (9)	(55 000 Ex.)	15,–	(47 150 Ex.)	25,–
2009 D, F, G, J (9)	(je 50 000 Ex.)	je 15,–	(je 42 120 Ex.)	je 25,–

	Auflage	ST	Auflage	PP
2010 A (9)	(50 000 Ex.)	15,–	(45 150 Ex.)	25,–
2010 D, F, G, J (9)	(je 45 000 Ex.)	je 15,–	(je 40 120 Ex.)	je 25,–
2011 A (9)	(48 000 Ex.)	15,–	(43 000 Ex.)	25,–
2011 D, F, G, J (9)	(je 44 000 Ex.)	je 15,–	(je 37 000 Ex.)	je 25,–
2012 A (9)	(45 000 Ex.)	15,–	(40 000 Ex.)	25,–
2012 D, F, G, J (9)	(je 40 000 Ex.)	je 15,–	(je 32 000 Ex.)	je 25,–
2013 A (9)	(40 000 Ex.)	15,–	(35 000 Ex.)	25,–
2013 D, F, G, J (9)	(je 35 000 Ex.)	je 15,–	(je 30 000 Ex.)	je 25,–
2014 A (9)	(36 000 Ex.)	15,–	(34 000 Ex.)	30,–
2014 D, F, G, J (9)	(je 32 000 Ex.)	je 15,–	(je 27 000 Ex.)	je 30,–
2015 A (9)	(38 000 Ex.)	15,–	(34 000 Ex.)	30,–
2015 D, F, G, J (9)	(je 33 000 Ex.)	je 15,–	(je 27 000 Ex.)	je 30,–
2016 A (9)	(33 000 Ex.)	15,–	(30 000 Ex.)	30,–
2016 D, F, G, J (9)	(je 30 000 Ex.)	je 15,–	(je 24 000 Ex.)	je 30,–
2017 A (9)	(31 000 Ex.)	15,–	(27 000 Ex.)	30,–
2017 D, F, G, J (9)	(je 25 000 Ex.)	je 15,–	(je 20 000 Ex.)	je 30,–
2018 A (9)	(26 000 Ex.)	15,–	(24 000 Ex.)	30,–
2018 D, F, G, J (9)	(je 22 000 Ex.)	je 15,–	(je 20 000 Ex.)	je 30,–
2019 A, D, F, G, J (9)	(*je 22 500 Ex.)	je 15,–	(*je 21 000 Ex.)	je 30,–

Für die Deutsche Post Philatelie wurden zusätzliche Münzsätze in Spiegelglanz in Sonderverpackung hergestellt mit Jahreszahlen 1997 (je 5 000 Ex.), 1998 (je 5 000 Ex.), 1999 (je 9 000 Ex.), 2000 (je 15 000 Ex.), 2001 (je 19 000 Ex.), 2002 (je 30 000 Ex.), 2003 (je 25 000 Ex.), 2004 (je 15 000 Ex.), 2005 (je 10 000 Ex.), sowie zusätzliche Münzsätze in Stempelglanz mit Jahreszahlen 2001 (ADFJ: je 5 808 Ex., G: 23 018 Ex., mit jeweils nur einer Münze zu 2 Mark), 2002 (je 10 000 Ex.), 2006 (je 7 000 Ex.), 2007 (je 5 000 Ex.), 2008 (A: 5 000 Ex., DFGJ: je 2 500 Ex.), 2009 (A: 4 500 Ex., DFGJ: je 2 000 Ex.), 2010 (A: 3 800 Ex., DFGJ: je 1 800 Ex.), 2011 (A: 3 000 Ex., DFGJ: je 1 500 Ex.), 2012 (A: 2 600 Ex., DFGJ: je 1 200 Ex.), 2013 (A: 2 500 Ex., DFGJ: je 1 100 Ex.), 2014 (A: 2 000 Ex., DFGJ: je 1 000 Ex.), 2015 (A: 1 800 Ex., DFGJ: je 825 Ex.), 2016 (A: 1 800 Ex., DFGJ: je 825 Ex.), 2017 (A: 1 800 Ex., DFGJ: je 825 Ex.), 2018 (A: 1 400 Ex., DFGJ: je 625 Ex.).

Seit 2002 werden Umlaufmünzsätze in abweichend gestalteten Blisterkarten durch die Münze Berlin, das Bayerische Hauptmünzamt und die Staatlichen Münzen Baden-Württemberg im Rahmen ihrer sonstigen Geschäftstätigkeit auf eigene Rechnung oder für private Auftraggeber aus von Banken bezogener Rollenware oder aufgebrochenen amtlichen Sätzen konfektioniert und zum Verkauf ab Werk oder an Messeständen sowie über andere Vertriebsstellen an Sammler und Touristen angeboten.

Ab 2006 wurde eine Loseblattsammlung »Die Jahressätze der deutschen Münzprägestätten« vermarktet, zu deren Herstellung amtliche Umlaufmünzsätze von privater Seite aufgebrochen und in Heimarbeit zusammen mit jeweils einer Silbermünze zu 10 Euro in Normalprägung neu verpackt wurden. Die Anbringung der Unterschriften von Münzdirektoren in Faksimile beruhte auf einer Lizenzvereinbarung mit den Prägeanstalten.

Münzsatz »Élyséevertrag« 2003 der Verkaufsstelle für Sammlermünzen (mit Einzelstücken aus Deutschland und Frankreich) sowie Münzsatz »Karl V.« 2003 (mit Serien aus Belgien, Deutschland, den Niederlanden, Österreich und Spanien) siehe im Euro Münzkatalog 2019 (18. Auflage) von Gerhard Schön.

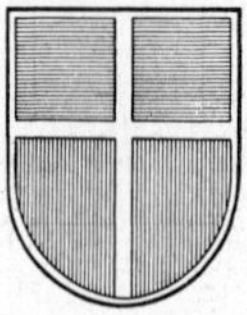

Saarland

Fläche: 2 559 km²; 948 000 Einwohner (1950).
Im Jahre 1946 wurde das Saarland (Sarre) aus der französischen Besatzungszone ausgegliedert und politisch wie wirtschaftlich mit Frankreich verbunden. 1954 kam es zu Vereinbarungen über ein europäisches Saarstatut im Rahmen der gleichzeitig gegründeten Westeuropäischen Union (WEU). Die Bevölkerung des Saarlandes lehnte dieses Statut am 23. Oktober 1955 mit großer Mehrheit ab, wodurch die Rückkehr zu Deutschland und die politische Eingliederung als Bundesland zum 1. Januar 1957 ermöglicht wurde. Hauptstadt: Saarbrücken (Sarrebruck).

100 Reichspfennig = 1 Reichsmark;
ab 20. November 1947:
100 Centimen (Centimes) = 1 Französischer Franken (Franc);
ab 6. Juli 1959: 100 Pfennig = 1 Deutsche Mark;
seit 1. Januar 1999: 100 Cent = 1 Euro

10	Franken	1954	Cu 91 / Al 09	3.00 g	∅ 20.00 mm
20	Franken	1954	Cu 91 / Al 09	4.00 g	∅ 23.00 mm
50	Franken	1954	Cu 91 / Al 09	8.00 g	∅ 27.00 mm
100	Franken	1955	Cu 75 / Ni 25	6.00 g	∅ 24.00 mm

SS **VZ** **ST**

1 [801] 10 Franken (Al-Bro) 1954. Wappen vor Zechenanlage. Rs. Wertangabe. Rand glatt [Paris]:
1954 (11 000 000 Ex.) 2,– 5,– 10,–

Entwurf von Theo Siegle, Stempel von Pierre Turin.

1E »Essai« (Al-Bro) (1100 Ex.) 40,–

2 [802] 20 Franken (Al-Bro) 1954. Typ wie Nr. 1. Rand glatt [Paris]:
1954 (12 950 000 Ex.) 3,– 6,– 12,–

2E1 »Essai« (Al-Bro) (1100 Ex.) 50,–
2E2 »Essai« (G) 900er Gold, 9.7 g (50 Ex.) 400,–

				SS	VZ	ST
3	[803]	50	Franken (Al-Bro) 1954. Typ wie Nr. 1. Rand glatt [Paris]:			
			1954 (5 300 000 Ex.)	15,–	25,–	40,–
3E			»Essai« (Al-Bro) (1100 Ex.)			60,–

				SS	VZ	ST
4	[804]	100	Franken (K-N) 1955. Wappen auf Stahlfachwerk. Rs. Wertangabe. Riffelrand [Paris]:			
			1955 (11 000 000 Ex.)	5,–	10,–	25,–

Entwurf von Theo Siegle, Stempel von Pierre Turin.
Verordnung vom 7. Juli 1954.

4E »Essai« (G) 900er Gold, 11.4 g (50 Ex.) 600,–

4P1 Motivprobe (K-N), auf mittlere Höhe verkürzte Stangen in der Umschrift der Wappenseite (3 Ex.) –,–

4P2 Motivprobe (K-N), auf Buchstabenhöhe verkürzte Stangen in der Umschrift der Wappenseite (3 Ex.) –,–

Die Währungsumstellung vom 6. Juli 1959 erfolgte zum Kurs von 100 Franken = 0,8507 Deutsche Mark.

Deutsche Demokratische Republik

Fläche: 108 333 km²; 16 675 000 Einwohner (1988).
Die Deutsche Demokratische Republik wurde am 7. Oktober 1949 auf dem Gebiet der Sowjetischen Besatzungszone Deutschlands (SBZ) ausgerufen und erhielt am 11. Oktober 1949 von der Sowjetischen Militäradministration in Deutschland (SMAD) die Verwaltungsaufgabe übertragen. Die fünf Länder (Brandenburg, Mecklenburg-Vorpommern, Sachsen-Anhalt, Sachsen und Thüringen) wurden 1952 durch vierzehn Bezirke ersetzt.

Das Ergebnis der freien und geheimen Wahlen zur Volkskammer der Deutschen Demokratischen Republik vom 18. März 1990 bildete die Grundlage zur Vereinigung beider deutscher Staaten am 3. Oktober 1990. Mit Inkrafttreten der Währungs-, Wirtschafts- und Sozialunion am 1. Juli 1990 ist die Deutsche Mark (West) als gesetzliches Zahlungsmittel eingeführt worden. Die Kleinmünzen von 1 bis 50 Pfennig (Ost) hatten vom 1. Juli 1990 bis zum 30. Juni 1991 auf dem Gebiet der Deutschen Demokratischen Republik einen Kurswert von 1 bis 50 Pfennig (West).

Ausgabeinstitute
Deutsche Notenbank (20. Juli 1948 – 31. Dezember 1967)
Staatsbank der DDR (1. Januar 1968 – 30. Juni 1990)

Münzstätten
A Berlin (auch ohne Münzzeichen)
Leningradskij Monetnyj Dvor (Münzhof Sankt Petersburg) (1 Pfennig 1968)
E Muldenhütten bei Freiberg in Sachsen (in Betrieb bis 1953)

ab 24. Juni 1948: 100 Pfennig = 1 Deutsche Mark (Ost);
ab 31. Oktober 1951: 100 Pfennig = 1 Deutsche Mark der Deutschen Notenbank;
ab 1. August 1964: 100 Pfennig = 1 Mark der Deutschen Notenbank (MDN);
ab 1. Januar 1968: 100 Pfennig = 1 Mark der DDR (M);
ab 1. Juli 1990: 100 Pfennig = 1 Deutsche Mark (West)

1 Pfennig **	1948–1990	Al 97 / Mg 03 *	0.75 g	∅ 17.00 mm
5 Pfennig	1948–1990	Al 97 / Mg 03 *	1.10 g	∅ 19.00 mm
10 Pfennig	1948–1990	Al 97 / Mg 03 *	1.50 g	∅ 21.00 mm
20 Pfennig	1969–1990	Cu 63 / Zn 37	5.40 g	∅ 22.20 mm
50 Pfennig	1949–1950	Cu 915 / Al 085 *	3.30 g	∅ 20.00 mm
50 Pfennig	1958–1990	Al 97 / Mg 03	2.00 g	∅ 23.00 mm
1 Mark	1956	Al 96 / Mg 03 / Zn 01	2.50 g	∅ 25.00 mm
1 Mark	1962–1990	Al 97 / Mg 03	2.50 g	∅ 25.00 mm
2 Mark	1957–1990	Al 97 / Mg 03	3.00 g	∅ 27.00 mm
5 Mark	1969	Cu 90 / Ni 10	9.70 g	∅ 29.00 mm

* Legierungen in den Jahren vor 1956 ohne festgelegte Anteile.
** in späteren Jahren (ab etwa 1983) zunächst Al 98 / Mg 02 und zuletzt Al 99 / Mg 01.

Gedenkmünzen

5	Mark	1971–1990	Cu 62 / Zn 20 / Ni 18	9.60 g	∅ 29.00 mm
10	Mark	1972–1990	Cu 62 / Zn 20 / Ni 18	12.00 g	∅ 31.00 mm
20	Mark	1971	Cu 62 / Zn 20 / Ni 18	16.50 g	∅ 33.00 mm
20	Mark	1971–1990	Cu 62 / Zn 20 / Ni 18	15.00 g	∅ 33.00 mm

Sondermünzen

5	Mark	1968–1990	Cu 62 / Zn 20 / Ni 18	12.20 g	∅ 29.00 mm
10	Mark	1966–1967	Ag 800 / Zn 200	17.00 g	∅ 31.00 mm
10	Mark	1968–1975	Ag 625 / Cu 375	17.00 g	∅ 31.00 mm
10	Mark	1976–1990	Ag 500 / Cu 500	17.00 g	∅ 31.00 mm
20	Mark	1966–1968	Ag 800 / Zn 200	20.90 g	∅ 33.00 mm
20	Mark	1969–1990	Ag 625 / Cu 375	20.90 g	∅ 33.00 mm
20	Mark	1977–1985	Ag 500 / Cu 500	20.90 g	∅ 33.00 mm
20	Mark	1990	Ag 9995	18.20 g	∅ 33.00 mm

WÄHRUNGSREFORM 24. Juni 1948: 10 Reichsmark = 1 Deutsche Mark (Ost)
(ab 31. Oktober 1951: Deutsche Mark der Deutschen Notenbank)

			SS	VZ	ST
1	[1501]	1 Pfennig (Al) 1948–1950. Ähre auf Zahnrad, unten Jahreszahl. Rs. Wert, Landesname »Deutschland«:			
		1948 A (243 000 275 Ex.)	2,–	8,–	35,–
		1949 A (243 000 275 Ex.)	2,–	5,–	25,–
		1950 A (243 000 275 Ex.)	2,–	8,–	35,–
		1949 E (55 200 000 Ex.)	10,–	45,–	250,–
		1950 E (55 200 000 Ex.)	4,–	15,–	60,–

Entwurf und Modell von Franz Paul Krischker.

Ausgegeben ab 2. März 1950. Außer Kurs seit 1. Januar 1972.

Die Darstellung auf der Bildseite der ersten Münzen der Sowjetischen Besatzungszone hatte der Medailleur der Berliner Münze von seinen Probeprägungen von 1943 für das Reichskommissariat Ukraine (siehe Seite 471) übernommen.

1P 1 Pfennig (Zink) 1948 A. Materialprobe, 1.8 g (wenige Ex.) 2500,–

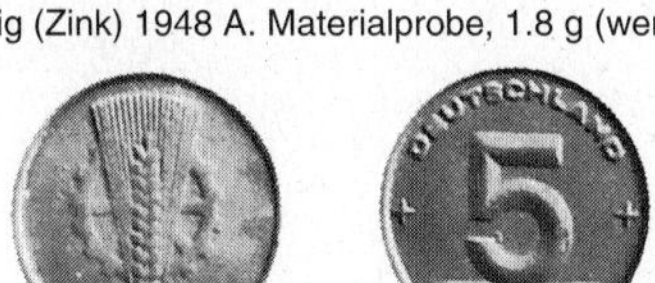

			SS	VZ	ST
2	[1502]	5 Pfennig (Al) 1948–1950. Typ wie Nr. 1:			
		1948 A (205 072 430 Ex.)	2,–	12,–	100,–
		1949 A (205 072 430 Ex.)	3,–	18,–	150,–
		1950 A (205 072 430 Ex.)	2,–	8,–	65,–

Ausgegeben ab 1. April 1949. Außer Kurs seit 1. Januar 1972.

				SS	VZ	ST
3	[1503]	10 Pfennig (Al) 1948–1950. Typ wie Nr. 1:				
		1948 A	(216 537 385 Ex.)	2,–	10,–	120,–
		1949 A	(216 537 385 Ex.)	2,–	10,–	120,–
		1950 A	(216 537 385 Ex.)	2,–	10,–	120,–
		1950 E	(16 000 000 Ex.)	8,–	100,–	650,–

Ausgegeben ab 1. April 1949. Außer Kurs seit 1. Januar 1972.

3P 10 Pfennig 1949 A. Rändelungsprobe, Riffelrand (90 Kerben) –,–

Vorsicht vor von privater Seite nachträglich mit Randkerben versehenen Stücken aus der regulären Produktion!

4 [1504] 50 Pfennig (Al-Bro) 1949, 1950. Pflug vor Hüttenwerk. Rs. Wert, Landesname »Deutschland«. Arabeskenrand:

1949 A	(8 Ex.)		8000,–	15000,–
1950 A	(67 703 405 Ex.)	3,–	10,–	50,–

Entwurf und Modell von Franz Paul Krischker.

Ausgegeben ab 1. September 1950. Außer Kurs seit 1. Dezember 1958.

4P1 50 Pfennig (Al-Bro) 1949 A. Motivprobe, ursprünglicher Stil der Wertseite, Wertzahl mit kleiner Null (wenige Ex.) 12000,–

4P2 50 Pfennig (Al-Bro) 1949 A. Motivprobe, Stil der Inschriften wie Nr. 4P1, Wertzahl mit vergrößerter Null (wenige Ex.) 12000,–

4P3 50 Pfennig (K-N) 1950 A. Materialprobe, Typ wie Nr. 4, Kupfernickel, 3.65 g 2500,–

Vorsicht vor von privater Seite nachträglich vernickelten Stücken aus der regulären Produktion!

5 [1505] 1 Pfennig (Al) 1952, 1953. Hammer und Zirkel zwischen zwei Ähren als Symbol für das Bündnis der Arbeiterklasse mit den werktätigen Bauern und der schaffenden Intelligenz, nach dem Emblem des Fünfjahrplans, unten Jahreszahl. Rs. Wert, Landesname »Deutschland«:

		SS	VZ	ST
1952 A	(297 213 351 Ex.)	1,–	5,–	15,–
1952 E	(49 295 502 Ex.)	2,–	10,–	45,–
1953 A	(114 001 762 Ex.)	1,–	5,–	15,–
1953 E	(50 876 044 Ex.)	3,–	12,–	70,–

Entwurf von Willy Wenger und Heinrich Herrmann (Bildseite).
Ausgegeben ab 24. März 1952. Außer Kurs seit 1. Januar 1972.

6 [1506] 5 Pfennig (Al) 1952, 1953. Typ wie Nr. 5:

		SS	VZ	ST
1952 A	(113 397 140 Ex.)	1,–	6,–	15,–
1952 E	(24 024 000 Ex.)	4,–	10,–	30,–
1953 A	(40 993 578 Ex.)	1,–	6,–	15,–
1953 E	(28 665 873 Ex.)	5,–	15,–	120,–

Ausgegeben ab 24. März 1952. Außer Kurs seit 1. Januar 1972.

7 [1507] 10 Pfennig (Al) 1952, 1953. Typ wie Nr. 5:

		SS	VZ	ST
1952 A	(70 426 704 Ex.)	2,–	12,–	100,–
1952 E	(21 497 796 Ex.)	4,–	20,–	360,–
1953 A	(18 610 969 Ex.)	3,–	15,–	120,–
1953 E	(11 500 000 Ex.)	8,–	35,–	400,–

Ausgegeben ab 24. März 1952. Außer Kurs seit 1. Januar 1972.

Mit den Stempeln des 10 Pfennig 1953 A wurde eine Serie von Materialproben in verschiedenen Aluminiumlegierungen (auch eloxiert) sowie auf Stahlschrötlingen unterschiedlicher Herstellungsart und Oberflächenbehandlung angefertigt.

*Jahrgang 1968 A der Münze zu 1 Pfennig wurde wegen Auslastung der Münze Berlin (Prägung von Umlaufmünzen für Myanmar) auch als Auftragsfertigung im Münzhof Leningrad (Sankt Petersburg) hergestellt.

1 Pfennig

Aluminium, 0.75 g, ∅ 17.00 mm, Rand glatt

8 [1508] 1 Pfennig (Al) 1960–1965, 1968, 1972, 1973, 1975, 1977–1990. Staatswappen der Deutschen Demokratischen Republik (vom 27. September 1955). Rs. Wertangabe zwischen Eichenblättern:

	Normalprägung + Stempelglanz	VZ	ST	Spiegelglanz	PP
1 großes Wappen, große Wertzahl, alte Blätter					
1960 A	(101 807 993 Ex.)	–,50	3,–		
1961 A	(101 775 914 Ex.)	–,50	3,–		
1962 A	(81 459 160 Ex.)	–,50	3,–		
1963 A	(101 401 582 Ex.)	–,50	2,–		
1964 A	(98 967 334 Ex.)	1,–	4,–		
1965 A	(38 584 510 Ex.)	12,–	60,–		
1968 A*	(813 680 000 Ex.)	–,20	1,–		
1972 A	(4 800 734 Ex.)	10,–	25,–		
1973 A	(5 517 600 Ex.)	12,–	30,–		
1975 A	(202 752 200 Ex.)	–,50	2,–		
2 kleines Wappen, kleine Wertzahl, neue Blätter					
1977 A	(61 560 000 Ex.)	1,–	4,–		
1978 A	(200 050 000 Ex.)	–,50	2,–		
1979 A	(100 640 000 Ex. + 25 550 Ex.)	–,20	1,–		
1980 A	(153 000 020 Ex. + 25 000 Ex.)	–,20	1,–		
1981 A	(200 436 000 Ex. + 25 000 Ex.)	–,20	1,–	(40 Ex.)	–,–
1982 A	(99 200 000 Ex. + 25 000 Ex.)	–,50	2,–	(2 500 Ex.)	–,–
1983 A	(150 000 000 Ex. + 22 500 Ex.)	1,–	3,–	(2 550 Ex.)	–,–
1984 A	(137 600 000 Ex. + 22 500 Ex.)	–,50	2,–	(3 505 Ex.)	–,–
1985 A	(125 060 000 Ex. + 10 000 Ex.)	–,50	2,–	(2 961 Ex.)	–,–
1986 A	(73 900 000 Ex. + 10 000 Ex.)	–,50	2,–	(2 800 Ex.)	–,–
1987 A	(50 015 000 Ex. + 11 000 Ex.)	–,50	2,–	(2 542 Ex.)	–,–
1988 A	(75 450 000 Ex. + 13 750 Ex.)	–,20	1,–	(2 441 Ex.)	–,–
1989 A	(84 390 000 Ex. + 13 600 Ex.)	–,20	1,–	(2 467 Ex.)	–,–
1990 A	(15 660 000 Ex. + 13 600 Ex.)	6,–	15,–		

Entwurf von Rudi Högner.

Ausgegeben ab 1. Mai 1960. Kurswert 1 Pfennig (West) ab 1. Juli 1990. Außer Kurs seit 1. Juli 1991.

		ST
8P [1508P]	1 Pfennig (Al) [1957] A. Motivprobe, Staatswappen (in von Nr. 8 abweichender Zeichnung), Wertseite von Nr. 5 (wenige Ex.)	–,–

Aluminium, 1.10 g, ∅ 19.00 mm, Rand glatt

9 [1509] 5 Pfennig (Al) 1968, 1972, 1975, 1976, 1978–1990. Typ wie Nr. 8:

	Normalprägung + Stempelglanz	VZ	ST	Spiegelglanz	PP
1 großes Wappen, große Wertzahl, alte Blätter					
1968 A	(282 303 297 Ex.)	–,50	2,–		*
1972 A	(51 461 800 Ex.)	1,–	3,–		**
1975 A	(84 709 850 Ex.)	–,50	2,–		
2 kleines Wappen, abweichende Schriftaufteilung					
1976 A	(wenige Ex.)		–,–		
3 kleines Wappen, kleine Wertzahl, neue Blätter					
1978 A	(43 257 450 Ex.)	1,–	3,–		
1979 A	(46 194 200 Ex. + 25 550 Ex.)	–,50	2,–		
1980 A	(31 976 670 Ex. + 31 600 Ex.)	–,50	2,–		
1981 A	(33 102 400 Ex. + 25 000 Ex.)	–,50	2,–	(40 Ex.)	–,–
1982 A	(915 600 Ex. + 25 000 Ex.)	150,–	400,–	(2 500 Ex.)	–,–
1983 A	(100 890 000 Ex. + 22 500 Ex.)	–,50	2,–	(2 550 Ex.)	–,–
1984 A	(6 000 Ex. + 22 500 Ex.)		60,–	(3 520 Ex.)	–,–
1985 A	(1 000 000 Ex. + 10 000 Ex.)	10,–	20,–	(2 874 Ex.)	–,–
1986 A	(1 000 000 Ex. + 10 000 Ex.)	10,–	20,–	(2 800 Ex.)	–,–
1987 A	(20 000 Ex. + 11 000 Ex.)		18,–	(2 378 Ex.)	–,–
1988 A	(35 930 000 Ex. + 13 750 Ex.)	–,20	1,–	(2 409 Ex.)	–,–
1989 A	(21 540 000 Ex. + 13 600 Ex.)	–,20	1,–	(2 732 Ex.)	–,–
1990 A	(50 630 000 Ex. + 13 600 Ex.)	–,30	2,–		

Entwurf von Rudi Högner.

Ausgegeben ab 15. Mai 1968. Kurswert 5 Pfennig (West) ab 1. Juli 1990. Außer Kurs seit 1. Juli 1991.

* 1968 auch als Musterexemplare in PP (wenige Ex.)
** 1972 auch als Musterexemplare in Glanzprägung (wenige Ex.) 250,–

Münzsätze mit Nr. 9 siehe ab Seite 431.

9F Fehlprägungen zu 5 Pfennig auf artfremden Ronden:
a) 1968 A, Messing, 3.2 g (Versuchsprägung?) ST 750,–
b) 1968 A, messingplattierter Stahl (Versuchsprägung?) ST –,–
c) 1972 A, Stahl, 2.65 g, ∅ 19 mm (Versuchsprägung?) ST 600,–
d) 1972 A, Nickel, 3.25 g, ∅ 19 mm (Versuchsprägung?) ST 500,–
e) 1972 A, Nickel, 3.75 g, ∅ 18.5 mm (Versuchsprägung?) ST 500,–
f) 1975 A, Stahl, 2.65 g, ∅ 19 mm (Versuchsprägung?) ST 600,–
g) 1978 A, Kupfernickel, 2.7 g ST 600,–
h) 1983 A, Nickel –,–

ST

9P 5 Pfennig (Al) 1982 A. Rändelungsprobe (zum Internationalen Jahr der Behinderten), Riffelrand 1500,–

10 Pfennig

Aluminium, 1.50 g, ∅ 21.00 mm, Rand glatt

10 [1510] 10 Pfennig (Al) 1963, 1965, 1967, 1968, 1970–1973, 1978–1990. Rs. Wertangabe, darüber Eichenblatt:

	Normalprägung + Stempelglanz	VZ	ST	Spiegelglanz	PP
1 Wappenseite mit alter Schriftaufteilung					
1963 A	(21 063 474 Ex.)	18,–	85,–		
1965 A	(55 312 635 Ex.)	3,–	16,–		
1967 A	(96 994 702 Ex.)	2,–	12,–		
1968 A	(207 460 678 Ex.)	1,–	3,–		
1970 A	(13 386 600 Ex.)	1,–	5,–		
1971 A	(66 618 228 Ex.)	1,–	5,–		
1972 A	(5 701 781 Ex.)	4,–	25,–		
1973 A	(11 257 088 Ex.)	1,–	7,–		
1978 A	(40 000 000 Ex.)	1,–	4,–		
1979 A	(54 665 000 Ex. + 25 550 Ex.)	–,50	2,–		
1980 A	(20 664 000 Ex. + 25 000 Ex.)	–,50	3,–		
1981 A	(40 704 150 Ex. + 25 000 Ex.)	–,50	2,–	(40 Ex.)	–,–
1982 A	(40 212 000 Ex. + 25 000 Ex.)	1,–	4,–	(2 500 Ex.)	–,–
1983 A	(40 699 000 Ex. + 22 500 Ex.)	1,–	3,–	(2 550 Ex.)	–,–
1984 A	(12 000 Ex. + 22 500 Ex.)		42,–	(3 175 Ex.)	–,–
1985 A	(1 010 000 Ex. + 10 000 Ex.)	6,–	20,–	(2 823 Ex.)	–,–
2 Wappenseite mit neuer Schriftaufteilung					
1986 A	(1 000 000 Ex. + 10 000 Ex.)	6,–	20,–	(2 800 Ex.)	–,–
1987 A	(20 000 Ex. + 11 000 Ex.)		20,–	(2 392 Ex.)	–,–
1988 A	(10 705 000 Ex. + 13 750 Ex.)	–,50	2,–	(2 554 Ex.)	–,–
1989 A	(37 620 000 Ex. + 13 600 Ex.)	–,50	1,–	(2 648 Ex.)	–,–
1990 A	*nur aus Sätzen* (13 600 Ex.)		25,–		

Entwurf von Rudi Högner.

Ausgegeben ab 1. Dezember 1963. Kurswert 10 Pfennig (West) ab 1. Juli 1990. Außer Kurs seit 1. Juli 1991.

Münzsätze mit Nr. 10 siehe ab Seite 431.

Jahrgänge 1963 A, 1965 A, 1967 A, 1968 A, 1971 A, 1973 A, 1978 A, 1979 A, 1980 A, 1981 A, 1982 A mit stellenweiser Randkerbung vorkommend (von privater Seite mittels Kombinationszange bewerkstelligt).

10F Fehlprägungen zu 10 Pfennig auf artfremden Ronden:
a) 1968 A, Nickel, 3.31 g ST 400,–
b) 1983 A, Aluminium, 1.1 g (Ronde von Nr. 9) –,–

		ST
10P1	10 Pfennig (E, Me plattiert) 1965 A. Materialprobe (ca. 30 Ex.)	750,–
10P2	10 Pfennig (Me) 1967 A. Materialprobe, 4.6 g (wenige Ex.)	1000,–
10P3	10 Pfennig (Me) 1968 A. Materialprobe für Nr. 11 (ca. 10 Ex.)	600,–
10P4	10 Pfennig (C) 1970 A. Materialprobe (wenige Ex.)	400,–
10P5	10 Pfennig (C) 1972 A. Materialprobe (wenige Ex.)	400,–

20 Pfennig

Messing, 5.40 g, ∅ 22.20 mm, Rand glatt

11 [1511] 20 Pfennig (Me) 1969, 1971–1974, 1979–1990. Rs. Wertangabe:

	Normalprägung	+ Stempelglanz	**VZ**	**ST**	Spiegelglanz	**PP**
1969	(167 168 134 Ex.)		2,–	6,–		
1971	(24 562 709 Ex.)		2,–	6,–		
1972 A	(5 006 887 Ex.)		5,–	12,–		
1973 A	(2 524 000 Ex.)		6,–	15,–		
1974 A	(7 458 000 Ex.)		2,–	6,–		
1979 A	(292 500 Ex. +	25 550 Ex.)	4,–	8,–		
1980 A	(2 190 270 Ex. +	25 000 Ex.)	15,–	30,–		
1981 A	(983 200 Ex. +	25 000 Ex.)	6,–	12,–	(40 Ex.)	–,–
1982 A	(10 455 000 Ex. +	25 000 Ex.)	6,–	12,–	(2 500 Ex.)	–,–
1983 A	(25 806 700 Ex. +	22 500 Ex.)	2,–	5,–	(2 550 Ex.)	–,–
1984 A	(25 008 700 Ex. +	34 500 Ex.)	2,–	5,–	(3 025 Ex.)	–,–
1985 A	(1 558 500 Ex. +	10 000 Ex.)	8,–	20,–	(2 816 Ex.)	–,–
1986 A	(1 147 000 Ex. +	10 000 Ex.)	7,–	15,–	(2 800 Ex.)	–,–
1987 A	(19 850 Ex. +	11 000 Ex.)	8,–	20,–	(2 374 Ex.)	–,–
1988 A	(15 000 Ex. +	13 750 Ex.)	8,–	20,–	(2 300 Ex.)	–,–
1989 A	(14 677 500 Ex. +	13 600 Ex.)	1,–	3,–	(2 393 Ex.)	–,–
1990 A	*nur aus Sätzen*	(13 600 Ex.)		25,–		

Entwurf von Axel Bertram.

Ausgegeben ab 1. August 1969. Kurswert 20 Pfennig (West) ab 1. Juli 1990. Außer Kurs seit 1. Juli 1991.

In gleicher Zeichnung: Nrn. 15P2 (1 Mark), 16P2 (2 Mark).
Münzsätze mit Nr. 11 siehe ab Seite 431.

11F Fehlprägungen zu 20 Pfennig auf artfremden Ronden:
a) 1971, Aluminium, 1.5 g (Ronde von Nr. 10) –,–
b) 1971, Nickel? –,–
c) 1973 A, Nickel? (12 Ex.?) ST 600,–
d) 1984 A, Nickel? –,–

Fehlprägung mit zwei Wappenseiten vorkommend (falsche Stempelkoppelung)

Mit Jahreszahl 1969 wurden Materialproben mit erhöhtem Kupferanteil in der Legierung hergestellt, die von Auge nicht von der Normalversion unterscheidbar sind und deshalb nicht bewertet werden.

Silberfarbene Stücke mit Jahreszahl 1969 haben sich als von privater Seite vernickelt herausgestellt.

		ST
11P	20 Pfennig (E, Me plattiert) 1982 A. Materialprobe (wenige Ex.)	1200,–

50 Pfennig

Aluminium, 2.00 g, ∅ 23.00 mm, Riffelrand

12 [1512] 50 Pfennig (Al) 1958, 1968, 1971–1973, 1979–1990. Typ wie Nr. 10:

	Normalprägung + Stempelglanz	VZ	ST	Spiegelglanz	PP
1 kleines Wappen, Umschrift weit vom Rand entfernt					
1958 A	(101 605 933 Ex.)	2,–	10,–		
2 großes Wappen, Umschrift nah am Rand, alte Schriftaufteilung					
1968 A	(19 860 400 Ex.)	2,–	5,–		*
1971 A	(35 829 130 Ex.)	2,–	5,–		
1972 A	(8 117 258 Ex.)	2,–	6,–		
1973 A	(6 530 456 Ex.)	3,–	9,–		
1979 A	(1 027 000 Ex. + 25 550 Ex.)	3,–	9,–		
1980 A	(1 117 750 Ex. + 39 350 Ex.)	15,–	30,–		
1981 A	(10 546 050 Ex. + 25 000 Ex.)	2,–	8,–	(40 Ex.)	–,–
1982 A	(79 832 250 Ex. + 25 000 Ex.)	1,–	2,–	(2 500 Ex.)	–,–
1983 A	(1 308 550 Ex. + 22 500 Ex.)	5,–	12,–	(2 550 Ex.)	–,–
1984 A	(5 000 Ex. + 22 500 Ex.)	25,–	40,–	(3 620 Ex.)	–,–
1985 A	(1 565 000 Ex. + 10 000 Ex.)	5,–	12,–	(2 823 Ex.)	–,–
3 wie vorher, jetzt neue Schriftaufteilung					
1986 A	(776 000 Ex. + 10 000 Ex.)	5,–	12,–	(2 800 Ex.)	–,–
1987 A	(21 300 Ex. + 11 000 Ex.)	6,–	15,–	(2 345 Ex.)	–,–
4 großes Wappen, Umschrift weit vom Rand entfernt					
1988 A	(15 000 Ex. + 13 750 Ex.)	6,–	15,–	(2 300 Ex.)	–,–
1989 A	(15 000 Ex. + 13 600 Ex.)	6,–	15,–	(2 300 Ex.)	–,–
1990 A	*nur aus Sätzen* (13 600 Ex.)		25,–		

Entwurf von Rudi Högner.

Ausgegeben ab 1. Juni 1958. Kurswert 50 Pfennig (West) ab 1. Juli 1990. Außer Kurs seit 1. Juli 1991.

* 1968 auch als Musterexemplare in Glanzprägung (wenige Ex.) –,–

Münzsätze mit Nr. 12 siehe ab Seite 431.

12F 50 Pfennig (Me) 1968 A (Versuchsprägung?) ST 1000,–

12P 50 Pfennig (Al) 1958 A. Einseitige Produktionsprobe der Wertseite, leere Seite mit Randstab. Riffelrand (wenige Ex.) ST –,–

1 Deutsche Mark

Aluminium, 2.50 g, ∅ 25.00 mm, Rand mit dreizehn Sternen

				SS	VZ	ST
13	[1513]	1	Deutsche Mark (Al) 1956, 1962, 1963. Rs. Wert zwischen Eichenblättern:			
			1. Aluminium 96% / Magnesium 3% / Zink 1% (Duraluminium):			
			1956 A (112 108 235 Ex.)	1,–	4,–	15,–
			2. Aluminium 97% / Magnesium 3%:			
			1962 A (45 920 218 Ex.)	–,50	3,–	10,–
			1963 A (31 909 934 Ex.) *(geprägt ab 1970)*	–,50	2,–	8,–

Entwurf von Rudi Högner.

Ausgegeben ab 2. Juli 1956. Außer Kurs seit 1. Januar 1980.

Stücke von 1956 A mit Randriffelung haben sich als von privater Seite manipuliert herausgestellt.

13P1 1 Deutsche Mark (Al) 1956 A. Reduktionsprobe auf Ronde für 2 Mark ∅ 27 mm (Urstempel von Nr. 13, Prägebild weit vom Randstab entfernt), Riffelrand, 3 g 2500,–

13P2 1 Deutsche Mark (C, ferritisch) 1956 A. Materialprobe ∅ 25 mm, Chromstahl (Chrom 13%, Kohlenstoff 0.10%), Rand glatt, 4.7 g (wenige Ex.) 2000,–

13P3 1 Deutsche Mark (C, ferritisch) 1956 A. Materialprobe ∅ 25 mm, Chromstahl (Chrom 13%, Kohlenstoff 0.10%), Rand mit dreizehn Sternen, 4.7 g (wenige Ex.) 2000,–

13P4 1 Deutsche Mark (C, ferritisch) 1962 A. Materialprobe ∅ 25 mm, inchromierter Titanstahl (Titan 0.5%, Kohlenstoff 0.05%), Rand mit dreizehn Sternen, 7 g (wenige Ex.) 2000,–

13P5 1 Deutsche Mark (S) 1956 A. Materialprobe ∅ 25 mm, 500er Silber (Rest Kupfer), Rand mit dreizehn Sternen, 8.6 g (wenige Ex.) –,–

13P6 1 Deutsche Mark (S) 1956 A. Materialprobe ∅ 25 mm, 900er Silber (Rest Kupfer), Rand mit dreizehn Sternen, 9.2 g –,–

13P7 1 Deutsche Mark (S) 1962 A. Materialprobe ∅ 25 mm, 800er Silber (Rest Zink), Rand glatt, 8.8 g (wenige Ex.) –,–

2 Deutsche Mark

Aluminium, 3.00 g, ∅ 27.00 mm, Riffelrand

			SS	VZ	ST
14	[1515]	2 Deutsche Mark (Al) 1957 A. Typ wie Nr. 13 (77 960 942 Ex.)	1,–	3,–	12,–

Entwurf von Rudi Högner.

Ausgegeben ab 1. Juni 1957. Außer Kurs seit 1. Januar 1980.

14P1 2 Deutsche Mark (C, ferritisch) 1957 A. Materialprobe ∅ 27 mm, Chromstahl (Chrom 13%, Kohlenstoff 0.10%), Riffelrand, 6.5 g (wenige Ex.) 2500,–

14P2 2 Deutsche Mark (C, ferritisch) 1957 A. Materialprobe auf Ronde für 5 Mark ∅ 29 mm (Urstempel von Nr. 14, Prägebild weit vom Randstab entfernt), Chromstahl (Chrom 14%, Kohlenstoff 0.07%), Rand glatt:
a) 11 g (wenige Ex.) 2500,–
b) 14.5 g –,–

14P3 2 Deutsche Mark (C, austenitisch) 1957 A. Materialprobe auf Ronde für 5 Mark ∅ 29 mm (wie Nr. 14P2), Chrommanganstahl (Mangan 18%, Chrom 10%, Kohlenstoff 0.12%), Rand glatt:
a) 11 g –,–
b) 14.5 g –,–

14P4 2 Deutsche Mark (C, austenitisch) 1957 A. Materialprobe auf Ronde für 5 Mark ∅ 29 mm (wie Nr. 14P2), Chromnickelstahl (Chrom 18%, Nickel 9%, Kohlenstoff 0.05%), Rand glatt, 15 g –,–

14P5 2 Deutsche Mark (S) 1957 A. Materialprobe auf Ronde für 5 Mark ∅ 29 mm (Urstempel von Nr. 14, Prägebild weit vom Randstab entfernt), 750er Silber (Rest Zink), Rand mit dreizehn Sternen und Zwischenraum, 11.5 g (wenige Ex.) –,–

14P6 — (S) [1963]. Motivprobe auf Ronde für 5 Mark ∅ 29 mm, Staatswappen (wie Nr. 14P5). Rs. Paul von Hindenburg (1847–1934) (Stempel von Deutsches Reich Nr. 83). 750er Silber (Rest Zink), 11.5 g (wenige Ex.) –,–

14P7 — (N-Bro) [1969]. Einseitige Reduktionsprobe der Wappenseite auf Ronde für 5 Mark ∅ 29 mm, Staatswappen (Urstempel von Nr. 14, Prägebild weit vom Randstab entfernt). Kupfer 90% / Nickel 10%, Rand glatt 1200,–

14P8 5 Mark (N-Bro) [1969]. Einseitige Reduktionsprobe der Wappenseite ∅ 29 mm, Staatswappen (wie Nr. 14P7). Kupfer 90% / Nickel 10%, Randschrift viermal ∗ 5 MARK (von Nr. 24) 2500,–

Nrn. 14P7 und 14P8 wurden im Vorfeld der Produktion von Nr. 24 hergestellt.

1 Mark

Aluminium, 2.50 g, ∅ 25.00 mm, Rand mit dreizehn Sternen

15 [1514] 1 Mark (Al) 1972, 1973, 1975, 1977–1990. Staatswappen, wie Nr. 11. Rs. Wertangabe zwischen Eichenblättern:

	Normalprägung + Stempelglanz	VZ	ST	Spiegelglanz	PP
1 große Wertzahl, alte Blätter					
1972 A	(30 288 415 Ex.)	2,–	10,–		
2 kleine Wertzahl, neue Blätter					
1973 A	(6 971 786 Ex.)	3,–	12,–		
1975 A	(32 093 900 Ex.)	2,–	8,–		
1977 A	(119 813 200 Ex.)	1,–	3,–		
1978 A	(18 824 650 Ex.)	1,–	3,–		
1979 A	(1 003 250 Ex. + 25 550 Ex.)	3,–	15,–		
1980 A	(1 068 850 Ex. + 25 000 Ex.)	15,–	30,–		
1981 A	(1 006 000 Ex. + 25 000 Ex.)	4,–	15,–	(40 Ex.)	–,–
1982 A	(51 618 750 Ex. + 25 000 Ex.)	1,–	3,–	(2 500 Ex.)	–,–
1983 A	(1 065 000 Ex. + 22 500 Ex.)	3,–	15,–	(2 550 Ex.)	–,–
1984 A	(5 000 Ex. + 22 500 Ex.)	25,–	50,–	(3 275 Ex.)	–,–
1985 A	(1 128 000 Ex. + 10 000 Ex.)	2,–	8,–	(2 887 Ex.)	–,–
1986 A	(1 000 000 Ex. + 10 000 Ex.)	3,–	15,–	(2 800 Ex.)	–,–
1987 A	(21 000 Ex. + 11 000 Ex.)	5,–	18,–	(2 356 Ex.)	–,–
1988 A	(15 000 Ex. + 13 750 Ex.)	8,–	20,–	(2 440 Ex.)	–,–
1989 A	(17 000 Ex. + 13 600 Ex.)	5,–	18,–	(2 354 Ex.)	–,–
1990 A	*nur aus Sätzen* (13 600 Ex.)		30,–		

Entwurf von Axel Bertram (Wappenseite) und Rudi Högner (Wertseite).

Ausgegeben ab 22. November 1978. Außer Kurs seit 1. Juli 1990.

Halbfabrikat (unbeprägte Ronde mit Rändelung von Nr. 15) im Handel vorgekommen.

Münzsätze mit Nr. 15 siehe ab Seite 431.

		ST
15P1 [1514P2]	1 Mark (Al) 1972 A. Motivprobe, Wertzahl 1 zwischen Jahreszahl und MARK, unten A. Rand mit dreizehn Sternen (wenige Ex.)	1800,–

ST

15P2 [1514P1] 1 Mark (Al) 1972 A. Motivprobe, wie Nr. 11, Wertzahl 1, darunter MARK, unten A und Jahreszahl. Rand mit dreizehn Sternen (wenige Ex.) 1800,–

15P3 [1514P3] 1 Mark (Al) 1972 A. Motivprobe, Wertzahl 1 zwischen geteilter Jahreszahl, darunter MARK, unten A. Rand mit dreizehn Sternen (wenige Ex.) 1500,–

Entwürfe von Axel Bertram.

15P4 1 Mark (N-Bro) 1978 A. Materialprobe, Kupfer 90% / Nickel 10%, 7.15 g, Rand glatt (wenige Ex.) 1250,–

15P5 1 Mark (K-N) 1978 A. Materialprobe, Kupfer 75% / Nickel 25%, Rand glatt (wenige Ex.) 1250,–

15P6 1 Mark (K-N-Zk) 1986 A. Materialprobe, Rand mit dreizehn Sternen (wenige Ex.) 1250,–

2 Mark

Aluminium, 3.00 g, ∅ 27.00 mm, Riffelrand

16 [1516] 2 Mark (Al) 1972, 1974, 1975, 1977–1990. Typ wie Nr. 15:

	Normalprägung + Stempelglanz		**VZ**	**ST**	Spiegelglanz	**PP**
1972 A *	(wenige Ex.)			7500,–		
1974 A	(5 789 928 Ex.)		6,–	25,–		
1975 A	(32 464 230 Ex.)		4,–	12,–		
1977 A	(27 858 700 Ex.)		4,–	12,–		
1978 A	(23 414 600 Ex.)		8,–	20,–		
1979 A	(985 000 Ex. +	25 550 Ex.)	6,–	15,–		
1980 A	(1 019 200 Ex. +	48 850 Ex.)	8,–	15,–		
1981 A	(938 550 Ex. +	25 000 Ex.)	5,–	15,–	(40 Ex.)	–,–

	Normalprägung + Stempelglanz	VZ	ST	Spiegelglanz	PP
1982 A	(60 488 000 Ex. + 25 000 Ex.)	3,–	6,–	(2 500 Ex.)	–,–
1983 A	(1 030 000 Ex. + 22 500 Ex.)	5,–	12,–	(2 550 Ex.)	–,–
1984 A	(6 000 Ex. + 22 500 Ex.)		40,–	(3 065 Ex.)	–,–
1985 A	(1 310 000 Ex. + 10 000 Ex.)	5,–	18,–	(3 285 Ex.)	–,–
1986 A	(1 000 000 Ex. + 10 000 Ex.)	5,–	18,–	(2 800 Ex.)	–,–
1987 A	(29 900 Ex. + 11 000 Ex.)		25,–	(2 356 Ex.)	–,–
1988 A	(15 000 Ex. + 13 750 Ex.)		20,–	(2 434 Ex.)	–,–
1989 A	(30 000 Ex. + 13 600 Ex.)		15,–	(2 300 Ex.)	–,–
1990 A	*nur aus Sätzen* (13 600 Ex.)		30,–		

Entwurf von Axel Bertram (Wappenseite) und Rudi Högner (Wertseite).

Ausgegeben ab 22. November 1978. Außer Kurs seit 1. Juli 1990.

* Jahrgang 1972 A mit kleinerem Staatswappen siehe Nr. 16P3.

ST

16P1 [1516P3] 2 Mark (Al) 1972 A. Motivprobe, wie Nr. 15P1. Perlkreis (wenige Ex.) 2600,–

Entwurf von Axel Bertram.

16P2 2 Mark (Al) 1972 A. Motivprobe, wie Nr. 15P2. Perlkreis (nur Urstempel bekannt) ×

Entwürfe von Axel Bertram.

16P3 2 Mark (Al) 1972 A. Reduktionsprobe, Prägebild der Wappenseite weit vom Randstab entfernt (Urstempel von Nr. 15), Wertseite von Nr. 16 (wenige Ex.) 7500,–

16P4 [1516P1] 2 Mark (K-N) 1977 A. Materialprobe, Kupfer 75% / Nickel 25%, 8.94 g, Rand glatt (wenige Ex.) 1750,–

16P5 [1516P2] 2 Mark (K-N-Zk) 1986 A. Materialprobe, Riffelrand (wenige Ex.) 1750,–

Münzsätze mit Nr. 16 siehe ab Seite 431.

Zu den nachfolgend beschriebenen Sondermünzen und Gedenkmünzen sind die Prägezahlen nach den Protokollen des VEB Münze der DDR sowie die Anzahl der nach der Vernichtung unter Aufsicht der Staatsbank der DDR verbliebenen Stücke angegeben. Das Einschmelzen von Silbermünzen aus Lagerbeständen der Staatsbank der DDR (sowie einigen wenigen Rückläufen aus dem Zahlungsverkehr) erfolgte in den Jahren 1976–1982 und diente der Silbergewinnung für kommende Emissionen. Hingegen fand die Vernichtung von Münzen aus unedlen Metallen im wesentlichen in den Jahren 1987–1991 statt und umfasste neben unverkauften Restbeständen an Sondermünzen und Gedenkmünzen vor allem die infolge der Währungsunion aus dem Verkehr gezogenen Münzen zu 5, 10 und 20 Mark (außer Kurs seit 1. Juli 1990).

NEUE WÄHRUNGSBEZEICHNUNG ab 1. August 1964:
100 Pfennig = 1 Mark der Deutschen Notenbank (MDN)

125. TODESTAG VON KARL FRIEDRICH SCHINKEL

			ST	PP
17	[1517]	10 MDN (S) 1966. Rs. Karl Friedrich Schinkel (1781–1841), Baumeister und Maler. Randschrift 10 MARK DER DEUTSCHEN NOTENBANK. 800er Silber, 17 g:		
		a) Stempelglanz (50 000 Ex.*)	250,–	
		b) Polierte Platte (wenige Ex.**) *(geprägt 1974)*		15000,–

Entwurf von Axel Bertram, Modell von Gerhard Rommel.

*Ausgegeben ab 28. Dezember 1966. * Eingeschmolzen bis auf 48 883 Ex.*

** Die Version in Polierter Platte besteht aus 625er Silber.

17F Fehlprägung Schinkel ohne Randschrift –,–

17P1 10 MDN (K) 1966. Materialprobe, Rand glatt, 15.3 g (wenige Ex.) –,–

Nr. 17 ist auch als Paar einseitiger Kupferabschläge ohne Rändelung (je 19 g) vorgekommen.

17P2 10 MDN (S) [1966]. Ronde ohne Prägung, nur mit Rändelung, mit Punkt zwischen Ende und Anfang der Randschrift –,–

17X Abschlag der Bildseite (Schinkel) in Aluminium für Werbezwecke (300 Ex.) 270,–

Zum 225. Geburtstag von Karl Friedrich Schinkel: Bundesrepublik Deutschland Nr. 245.

250. TODESTAG VON GOTTFRIED WILHELM LEIBNIZ

ST PP

18 [1518] 20 MDN (S) 1966. Rs. Gottfried Wilhelm Leibniz (1646–1716), Philosoph, Historiker, Mathematiker und Diplomat. Randschrift 20 MARK DER DEUTSCHEN NOTENBANK. 800er Silber, 20.9 g:
a) Stempelglanz (50 000 Ex.*) 150,–
b) Polierte Platte (wenige Ex.**) *(geprägt 1974)* 15000,–

Entwurf von Dietrich Dorfstecher, Modell von Gerhard Rommel.

*Ausgegeben ab 28. Dezember 1966. * Eingeschmolzen bis auf 48 581 Ex.*

** Die Version in Polierter Platte besteht aus 625er Silber.

18F Fehlprägung Leibniz auf Ronde von Nr. 17 mit Randschrift 10 MARK DER DEUTSCHEN NOTENBANK –,–

18P1 20 MDN (K) 1966. Materialprobe, Rand glatt, 18.6 g (wenige Ex.) –,–

Nr. 18 ist auch als Paar einseitiger Kupferabschläge ohne Rändelung (je 22 g) vorgekommen.

18P2 20 MDN (S) 1966. Produktionsprobe, ohne Freiraum zwischen Ende und Anfang der Randschrift –,–

18P3 20 MDN (S) [1966]. Ronde ohne Prägung, nur mit Rändelung, mit Punkt zwischen Ende und Anfang der Randschrift –,–

18X Abschlag der Bildseite (Leibniz) in Aluminium für Werbezwecke (300 Ex.)
Zum gleichen Anlass: Bundesrepublik Deutschland Nr. 117. 260,–

100. GEBURTSTAG VON KÄTHE KOLLWITZ

19 [1519] 10 MDN (S) 1967. Rs. Käthe Kollwitz (1867–1945), Graphikerin, Malerin und Bildhauerin. Randschrift ∗ 10 MARK DER DEUTSCHEN NOTENBANK. 800er Silber, 17 g:
a) Stempelglanz (100 552 Ex.*) 50,–
b) Polierte Platte (wenige Ex.**) *(geprägt 1974)* 9000,–

Entwurf von Axel Bertram, Modell von Gerhard Rommel.

*Ausgegeben ab 30. August 1967. * Eingeschmolzen bis auf 61 940 Ex.*

** Die Version in Polierter Platte besteht aus 625er Silber.

Varianten der Wappenseite vorkommend (oberer Abschluss der Grannen im Ährenkranz).

ST **PP**

19F [1519F] Fehlprägung Kollwitz mit Randschrift dreimal ∗10 MARK (von Nr. 22) *(geprägt 1968)* 180,–

19P 10 MDN (K-N) 1967. Materialprobe, Rand glatt, 11.5 g –,–

19X Abschlag der Bildseite (Kollwitz) in Aluminium für Werbezwecke (400 Ex.)
Zum 125. Geburtstag von Käthe Kollwitz: Bundesrepublik Deutschland Nr. 177. 200,–

200. GEBURTSTAG VON WILHELM VON HUMBOLDT

20 [1520] 20 MDN (S) 1967. Rs. Wilhelm von Humboldt (1767–1835), Philologe und Staatsmann. Randschrift ∗20 MARK DER DEUTSCHEN NOTENBANK. 800er Silber, 20.9 g:
a) Stempelglanz (87 776 Ex.*) 120,–
b) Polierte Platte (wenige Ex.**) *(geprägt 1974)* 10000,–

Entwurf von Axel Bertram, Modell von Gerhard Rommel.
*Ausgegeben ab 30. August 1967. * Eingeschmolzen bis auf 52 598 Ex.*
** Die Version in Polierter Platte besteht aus 625er Silber.

20F1 Fehlprägung Humboldt mit doppelter Randschrift

20F2 [1520F] Fehlprägung Humboldt mit Randschrift dreimal ∗20 MARK (von Nr. 23) *(geprägt 1968)* 180,–

20X Abschlag der Bildseite (Humboldt) in Aluminium für Werbezwecke (400 Ex.) 225,–

Zum gleichen Anlass: Bundesrepublik Deutschland Nr. 118.
Auf 100 Jahre Universität Berlin: Preußen Nr. 23.
Auf 175 Jahre Universität Berlin: Deutsche Demokratische Republik Nr. 103.

THEODOR NEUBAUER

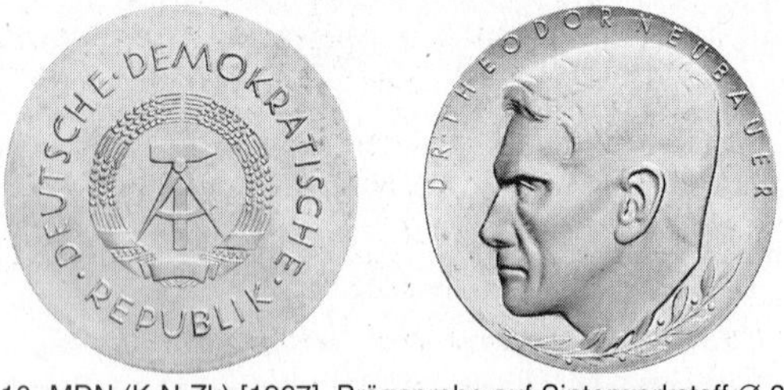

M1 10 MDN (K-N-Zk) [1967]. Prägeprobe auf Sinterwerkstoff Ø 30.3 mm, Staatswappen, ohne Wertangabe, ohne Randstab. Rs. Theodor Neubauer (1890–1945), Porträt auf Lorbeerzweig. Randschrift ∗10 MARK DER DEUTSCHEN NOTENBANK. 13 g (30 Ex.) 5000,–

Im Rahmen der Medaillenproduktion sollte der Einsatz einer Randschrift bei Sinterwerkstoffen getestet werden. Hierzu verwendete man die Prägestempel der Ehrenmedaille Dr. Theodor Neubauer für Bildungswesen zusammen mit dem (verkürzten) Rändeleisen einer nur wenig größeren Münze (10 Mark Kollwitz). Die in Sintertechnik hergestellten Ronden wurden von den Berliner Metallhütten und Halbzeugwerken (BMHW) geliefert. Bei dem angewendeten Verfahren wird Metallpulver mit hohem Druck zusammengepresst und sintert bei Temperaturen weit unter dem Schmelzpunkt zu einem Werkstück zusammen. Aufgrund der verbleibenden Hohlräume kann Gewalteinwirkung auf solche Ronden zum Zerspringen des Materials führen. Die Prägeversuche auf den Ronden fanden in der Münze Berlin statt. Für die aus Messing hergestellten regulären Ehrenmedaillen wurden im Lauf der Jahre verschiedene leicht abweichende Wappenseiten verwendet.

Vorsicht vor manipulierten Stücken (versilberten Messingmedaillen mit nachträglich eingeschlagenen Buchstaben der Randschrift)!

			ST	PP
M2	—	(Medaille) (K-N-Zk) [um 1967]. Prägeprobe Ø 30.3 mm, beidseitig Staatswappen im Stil der Nr. M1, mit Randstab. Rand glatt. 12 g (30 Ex.)	200,–	

Die Ronden für Nr. M2 wurden in dem allgemein üblichen Verfahren aus einer Legierung hergestellt.

NEUE WÄHRUNGSBEZEICHNUNG ab 1. Januar 1968:
100 Pfennig = 1 Mark der Deutschen Demokratischen Republik (M)

125. GEBURTSTAG VON ROBERT KOCH

21 [1522] 5 Mark (K-N-Zk) 1968. Rs. Robert Koch (1843–1910), Arzt, Bakteriologe, Entdecker des Tuberkelbazillus 1882. Randschrift viermal ∗ 5 MARK. 12.2 g:

a) Stempelglanz (100 226 Ex.*) 16,–

b) Polierte Platte (wenige Ex.) *(geprägt 1976)* 3000,–

Entwurf von Axel Bertram, Modell von Gerhard Rommel.

*Ausgegeben ab 16. Dezember 1968. * Eingeschmolzen bis auf 100 224 Ex.*

21F Fehlprägung Koch ohne Randschrift ST 500,–

21P 5 Mark (K) 1968. Materialprobe, Rand glatt, 12.5 g –,–

21X Abschlag der Bildseite (Koch) in Aluminium für Werbezwecke (350 Ex.):

a) leere Seite mit Randstab 160,–

b) leere Seite ohne Randstab 140,–

Zum 150. Geburtstag von Robert Koch: Bundesrepublik Deutschland Nr. 180.

500. TODESTAG VON JOHANNES GUTENBERG

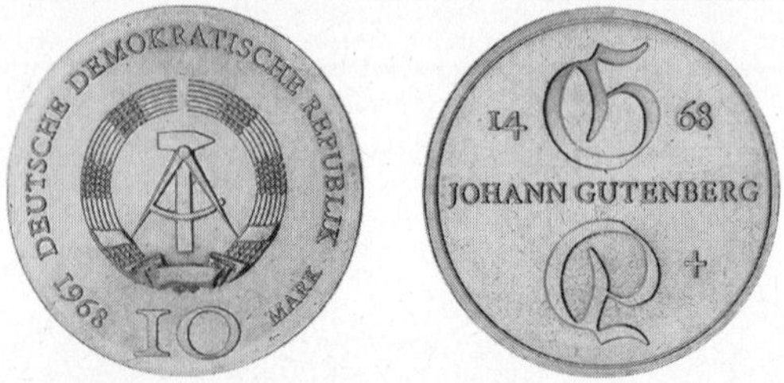

ST PP

22 [1523] 10 Mark (S) 1968. Rs. Kupferpatrize und Bleiletter »G« für Johannes Gensfleisch zum Gutenberg (1400–1468), Erfinder von Druckerpresse und Schriftsatz mit beweglichen Lettern. Randschrift dreimal ∗ 10 MARK. 625er Silber, 17 g:
Stempelglanz (100 328 Ex.*) 50,–

Entwurf von Axel Bertram.

*Ausgegeben ab 16. Dezember 1968. * Eingeschmolzen bis auf 66 526 Ex.*

22F Fehlprägung Gutenberg ohne Randschrift ST 600,–

22P 10 Mark (K) 1968. Materialprobe, Rand glatt, 15 g –,–

22X Abschlag der Bildseite (Gutenberg) in Aluminium für Werbezwecke (300 Ex.) 190,–

Zum gleichen Anlass: Bundesrepublik Deutschland Nr. 120.

150. GEBURTSTAG VON KARL MARX

23 [1521] 20 Mark (S) 1968. Rs. Karl Marx (1818–1883), Sozialideologe. Randschrift dreimal ∗ 20 MARK. 800er Silber, 20.9 g:
a) Stempelglanz (76 538 Ex.*) 70,–
b) Polierte Platte (wenige Ex.**) *(geprägt 1974)* 15000,–

Entwurf von Axel Bertram, Modell von Gerhard Rommel.

*Ausgegeben ab 3. Mai 1968. * Eingeschmolzen bis auf 53 146 Ex.*

** Die Version in Polierter Platte besteht aus 625er Silber.

23P [1521G] 20 Mark (G) 1968. Materialprobe, 999er Gold, 36.8 g, Randschrift dreimal ∗ 20 MARK (1 Ex.) –,–

Nr. 23P wurde von der Staatsbank der DDR dem Staatsratsvorsitzenden Walter Ulbricht zum 75. Geburtstag am 30. Juni 1968 als Präsent in einer Kassette zusammen mit Nrn. 17–20 überreicht. Über den Staatsrat der DDR gelangte die Kassette mit den Münzen 1993 in das Deutsche Historische Museum zu Berlin.

23X Abschlag der Bildseite (Marx) in Aluminium für Werbezwecke (300 Ex.) 180,–

Zum 100. Todestag von Karl Marx: Bundesrepublik Deutschland Nr. 157, Deutsche Demokratische Republik Nr. 91.

20 JAHRE DEUTSCHE DEMOKRATISCHE REPUBLIK

				SS	VZ	ST
24	[1524]	5	Mark (N-Bro) 1969. Staatswappen. Rs. Gedenkinschrift, Wertangabe. Kupfer 90% / Nickel 10%, Randschrift viermal ∗5 MARK, 9.7 g (50 221 667 Ex.*)	–,50	2,–	6,–

Entwurf von Axel Bertram.

*Ausgegeben ab 25. September 1969. * Eingeschmolzen bis auf 10 502 990 Ex.*

Halbfabrikat (unbeprägte Ronde mit Rändelung von Nr. 24) im Handel vorgekommen.

24F Fehlprägungen:
1. doppelte Randschrift SS 50,–
2. mit mongolisch kyrillischer Randschrift »Neg Tögrög 1921–1971« von Mongolei Nr. 34 (1 Tugrik) ST –,–
3. auf Ronde ∅ 27.4 mm von Mongolei Nr. 33 (50 Mongo), Kupfernickel, 9 g, mit mongolisch kyrillischer Randschrift »Tawin Möngö 1970« (1 Ex. bekannt) ST *12000,–*

Einige Stücke der Nr. 24 aus der regulären Produktion sprechen (aufgrund von Inhomogenitäten in der Legierung) auf Magneten an.

24P1 5 Mark (N-Bro) 1969. Produktionsprobe, Kupfer 90% / Nickel 10%, Rand glatt –,–

Weitere Proben für Nr. 24 in diesem Material siehe Nrn. 14P7 und 14P8.

24P2 5 Mark (Al) 1969. Materialprobe, mit Randschrift, 2.8 g (wenige Ex.) 600,–
24P3 5 Mark (Al-Bro) 1969. Materialprobe, mit Randschrift, 9.5 g (wenige Ex.) *
24P4 5 Mark (Me) 1969. Materialprobe, Kupfer 63% / Zink 37%, mit Randschrift, 8.7 g (wenige Ex.) *
24P5 5 Mark (E, Me plattiert) 1969. Materialprobe, Rand glatt, 7.1 g (wenige Ex.) 750,–
24P6 5 Mark (E, N plattiert) 1969. Materialprobe, Rand glatt, 6.4 g (wenige Ex.) 750,–
24P7 5 Mark (N-Me) 1969. Materialprobe, mit Randschrift, 9.5 g (wenige Ex.) *
24P8 5 Mark (K-N-Zk) 1969. Materialprobe, Kupfer 62% / Zink 20% / Nickel 18%, mit Randschrift. 8.8 g (wenige Ex.) 750,–
24P9 5 Mark (N) 1969. Materialprobe, Nickel 98%, mit Randschrift, 9.9 g (wenige Ex.) 750,–

** Nrn. 24P3, 24P4 und 24P7 sind von Auge praktisch nicht von der Normalversion unterscheidbar und werden deshalb nicht bewertet.*

24P10 [1524P] 5 Mark (K-N) 1969. Materialprobe in Verkaufsauflage, Kupfer 75% / Nickel 25%, mit Randschrift, 9.7 g (12 741 Ex.) 50,–

Nr. 24P10 hatte gesetzliche Zahlungskraft wie die Normalausgabe. Im Gesetzblatt ist für den Münzwerkstoff lediglich »Kupfernickel« vorgeschrieben.

Auf 25 Jahre DDR: Nrn. 49–50.
Auf 30 Jahre DDR: Nr. 71.
Auf 40 Jahre DDR: Nr. 127.

75. TODESTAG VON HEINRICH HERTZ

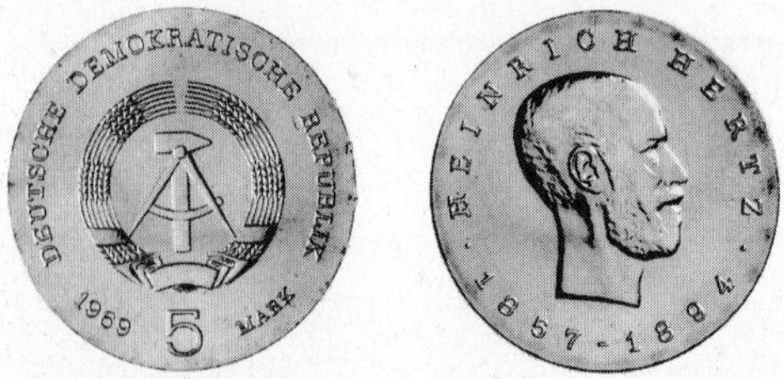

ST **PP**

25 [1526] 5 Mark (K-N-Zk) 1969. Rs. Heinrich Hertz (1857–1894), Physiker, Begründer der Hochfrequenztechnik. Randschrift viermal ∗ 5 MARK. 12.2 g:
a) Stempelglanz (100 268 Ex.*) 25,–
b) Polierte Platte (wenige Ex.) *(geprägt 1976)* 3000,–

Entwurf von Axel Bertram, Modell von Werner Rosenthal.
*Ausgegeben ab 15. Dezember 1969. * Eingeschmolzen bis auf 100 217 Ex.*

25F Fehlprägungen Hertz:
1. ohne Randschrift –,–
2. auf Ronde von Nr. 24, Kupfer 90% / Nickel 10% VZ 250,–

25X Abschlag der Bildseite (Hertz) in Aluminium für Werbezwecke (350 Ex.) 180,–

250. TODESTAG VON JOHANN FRIEDRICH BÖTTGER

26 [1527] 10 Mark (S) 1969. Rs. Kaffeekanne, gekreuzte Kurschwerter als Zeichen der 1710 gegründeten und von Johann Friedrich Böttger (1682–1719) geleiteten Meißener Porzellanmanufaktur. Randschrift dreimal ∗ 10 MARK. 625er Silber, 17 g:
a) Stempelglanz (100 313 Ex.*) 40,–
b) Polierte Platte (wenige Ex.) *(geprägt 1974)* 5000,–

Entwurf von Axel Bertram.
*Ausgegeben ab 15. Dezember 1969. * Eingeschmolzen bis auf 66 652 Ex.*

26X Abschlag der Bildseite (Böttger) in Aluminium für Werbezwecke (300 Ex.) 150,–

220. GEBURTSTAG VON JOHANN WOLFGANG VON GOETHE

ST PP

27 [1525] 20 Mark (S) 1969. Rs. Johann Wolfgang von Goethe (1749–1832), Dichter. Randschrift dreimal ∗ 20 MARK. 625er Silber, 20.9 g:
a) Stempelglanz (88 589 Ex.*) 90,–
b) Polierte Platte (wenige Ex.) *(geprägt 1974)* 8000,–

Entwurf von Axel Bertram, Modell von Wilfried Fitzenreiter.
*Ausgegeben ab 1. Oktober 1969. * Eingeschmolzen bis auf 53 222 Ex.*

27X Abschlag der Bildseite (Goethe) in Aluminium für Werbezwecke (300 Ex.) 200,–

125. GEBURTSTAG VON WILHELM CONRAD RÖNTGEN

28 [1530] 5 Mark (K-N-Zk) 1970. Rs. Kathodenstrahlröhre des Physikers Wilhelm Conrad Röntgen (1845–1923), Entdeckers der Röntgenstrahlen (X-Strahlen) 1895, Nobelpreisträger für Physik 1901. Randschrift viermal ∗ 5 MARK. 12.2 g:
a) Stempelglanz (100 244 Ex.*) 15,–
b) Polierte Platte (wenige Ex.) *(geprägt 1976)* 3000,–

Entwurf von Axel Bertram.

Die Sterne der Randschrift erscheinen erstmals in kleinerer Form mit plastisch gravierten Strahlen.

*Ausgegeben ab 10. Dezember 1970. * Eingeschmolzen bis auf 100 237 Ex.*

28F Fehlprägung Röntgen ohne Randschrift ST 750,–

ST PP

28P 5 Mark (K-N-Zk) 1970, Produktionsprobe mit großen Sternen in der Randschrift (Rändeleisen der Nrn. 21 und 25) –,–

Die sonst nur für die Gedenkmünzen Koch und Hertz verwendeten großen Sterne sind hier als flache sich kreuzende Linien ausgeführt.

28X Abschlag der Bildseite (Röntgen) in Aluminium für Werbezwecke (350 Ex.):
1. leere Seite mit Randstab 160,–
2. leere Seite ohne Randstab 140,–

Zum 150. Geburtstag von Wilhelm Conrad Röntgen: Bundesrepublik Deutschland Nr. 185.

200. GEBURTSTAG VON LUDWIG VAN BEETHOVEN

ST PP

29 [1528] 10 Mark (S) 1970. Rs. Ludwig van Beethoven (1770–1827), Komponist. Randschrift dreimal ∗ 10 MARK. 625er Silber, 17 g:
a) Stempelglanz (100 265 Ex.*) 40,–
b) Polierte Platte (wenige Ex.) *(geprägt 1974)* 5000,–

Entwurf von Axel Bertram, Modell von Wilfried Fitzenreiter.

*Ausgegeben ab 15. September 1970. *Eingeschmolzen bis auf 72 343 Ex.*

29F Fehlprägung Beethoven ohne Randschrift ST 600,–

29P 10 Mark (S) 1970. Motivprobe, Haarsträhnen als fein geschnittene unregelmäßige Linien –,–

29X Abschlag der Bildseite (Beethoven) in Aluminium für Werbezwecke (300 Ex.) 150,–

Zum gleichen Anlass: Bundesrepublik Deutschland Nr. 126.

150. GEBURTSTAG VON FRIEDRICH ENGELS

				ST	PP
30	[1529]	20	Mark (S) 1970. Rs. Friedrich Engels (1820–1895), Politiker, Theoretiker des Sozialismus. Randschrift dreimal ∗ 20 MARK. 625er Silber, 20.9 g:		
			a) Stempelglanz (83 615 Ex.*)	70,–	
			b) Polierte Platte (wenige Ex.) *(geprägt 1974)*		6000,–

Entwurf von Günter Gnauck, Modell von Gerhard Lichtenfeld.

*Ausgegeben ab 15. September 1970. * Eingeschmolzen bis auf 47 719 Ex.*

30F Fehlprägung Engels mit doppelter Randschrift -,-

30X Abschlag der Bildseite (Engels) in Aluminium für Werbezwecke (330 Ex.) 150,–

STÄDTE – 1. AUSGABE
BERLIN

31 [1536] 5 Mark (K-N-Zk) 1971, 1979–1990. Rs. Brandenburger Tor (1791) in Berlin, erbaut nach Plänen von Carl Gotthard Langhans (1732–1808), mit der Quadriga von Johann Gottfried Schadow (1764–1850). Randschrift viermal ∗ 5 MARK. 9.6 g:

	Normalprägung + Stempelglanz		VZ	ST	Spiegelglanz	PP
1 Umschrift der Bildseite nah am Rand						
1971 A	(*18 137 882 Ex.)		2,–	30,–		
1979 A	*nur aus Sätzen*	(32 500 Ex.)		35,–		
1980 A	*nur aus Sätzen*	(29 800 Ex.)		38,–		
1981 A	*nur aus Sätzen*	(30 900 Ex.)		42,–		
1982 A	*nur aus Sätzen*	(30 000 Ex.)		40,–		

Jahr		Normalprägung + Stempelglanz	VZ	ST	Spiegelglanz	PP
2 Umschrift der Bildseite weit vom Rand entfernt						
1982 A	*nur aus Sätzen*	(1 Ex.)		–,–	(2 500 Ex.)	–,–
1983 A	*nur aus Sätzen*	(3 000 Ex.)		800,–		
1984 A	*nur aus Sätzen*	(18 500 Ex.)		60,–	(3 015 Ex.)	–,–
1985 A	*nur aus Sätzen*	(3 000 Ex.)		800,–		
1986 A	*nur aus Sätzen*	(15 780 Ex.)		80,–	(2 800 Ex.)	–,–
1987 A	(** 287 810 Ex. +	59 500 Ex.)	6,–	25,–	(6 424 Ex.)	–,–
1988 A	*nur aus Sätzen*	(25 650 Ex.)		25,–	(2 300 Ex.)	–,–
1989 A	*nur aus Sätzen*	(25 500 Ex.)		25,–	(2 405 Ex.)	–,–
1990 A	*nur aus Sätzen*	(50 500 Ex.)		25,–		

Entwurf von Axel Bertram, Modell von Wilfried Fitzenreiter.

Ausgegeben ab 8. Mai 1972. Außer Kurs seit 1. Juli 1990.
** Eingeschmolzen bis auf 1 700 202 Ex.*
*** Eingeschmolzen bis auf 311 800 Ex.*

Halbfabrikat (unbeprägte Ronde mit Randschrift von Nr. 31) im Handel vorgekommen.

Nr. 31 von 1987 in Polierter Platte kommt auch in Sonderausführung (Feld und Relief spiegelnd) vor (wenige Ex.).

31F Fehlprägungen Brandenburger Tor 1971 A:
1. Stempelstellung ⇃↾ VZ 250,–
2. doppelte Randschrift (zweimal in gleicher Stellung)
3. doppelte Randschrift (einmal kopfstehend gegenläufig)

ST

31P 5 Mark (K-N-Zk) 1971 A. Motivprobe, auf dem Tor neutrale Flagge ohne Konturen (wenige Ex.) –,–

Münzsätze mit Nr. 31 siehe ab Seite 431. Auf 750 Jahre Berlin 1987 wurde ein zehnteiliger Satz von Nr. 31 in Stempelglanz mit je einem Exemplar der Jahre 1971, 1979–1987 ausgegeben (3000 Ex.) (siehe Seite 437). Die Jahrgänge 1983 und 1985 kommen nur aus diesem Satz vor. Für den Zahlungsverkehr wurden nur die Jahrgänge 1971 und 1987 geprägt. Außerhalb der Sätze waren ansonsten einzeln erhältlich: 1987 in Stempelglanz und Polierter Platte, sowie 1990 in Stempelglanz.

100. GEBURTSTAG VON HEINRICH MANN

SS VZ ST/E

32 [1531] 20 Mark (K-N-Zk) 1971. Rs. Heinrich Mann (1871–1950), Schriftsteller. Randschrift viermal ∗ 20 MARK in abwechselnd gegengerichteter Stellung. 16.5 g (2 029 000 Ex.*) 1,– 4,– 25,–

Entwurf von Axel Bertram, Modell von Wilfried Fitzenreiter.

*Ausgegeben ab 10. März 1971. * Eingeschmolzen bis auf 1 248 867 Ex.*

32X Abschlag der Bildseite (Heinrich Mann) in Aluminium für Werbezwecke (2 Ex.) –,–

Probeprägung Schiller mit Jahreszahl 1971 (Wappenseite von Nr. 32) siehe Nr. 39P.

85. GEBURTSTAG VON ERNST THÄLMANN

33 [1535] 20 Mark (K-N-Zk) 1971 A. Rs. Ernst Thälmann (1886–1944), Politiker, Vorsitzender der Kommunistischen Partei Deutschlands. Randschrift viermal ∗ 20 MARK in gleichgerichteter Stellung. 15 g (10 003 431 Ex.*) 1,– 3,– 20,–

Entwurf von Axel Bertram, Modell von Wilfried Fitzenreiter.

*Ausgegeben ab 10. Dezember 1971. * Eingeschmolzen bis auf 4 885 517 Ex.*

Zum 100. Geburtstag von Ernst Thälmann: Nr. 109.

400. GEBURTSTAG VON JOHANNES KEPLER

ST PP

34 [1534] 5 Mark (K-N-Zk) 1971. Rs. Sonne im Brennpunkt der elliptischen Erdumlaufbahn mit der Skizzierung von acht Fahrstrahlsektoren zur Veranschaulichung der beiden Gesetze des Mathematikers und kaiserlichen Hofastronomen Johannes Kepler (1571–1630) aus der Schrift »Mysterium cosmographicum« (1596) und dem Hauptwerk »Astronomia nova« (1611). Randschrift viermal ∗ 5 MARK. 12.2 g:
a) Stempelglanz (100 266 Ex.*) 18,–
b) Polierte Platte (wenige Ex.) *(geprägt 1976)* 3000,–

Entwurf von Axel Bertram.

*Ausgegeben ab 15. Oktober 1971. * Eingeschmolzen bis auf 100 239 Ex.*

34P — (K-N-Zk) [1971]. Einseitige Motivprobe der Bildseite (Kepler) in abweichender Zeichnung, leere Seite tellerförmig, Rand glatt. 12.1 g –,–

34X Abschlag der Bildseite (Kepler) in Aluminium für Werbezwecke (450 Ex.) 150,–

Weitere Münzausgaben auf Johannes Kepler: Bundesrepublik Deutschland Nr. 272, Österreich Nr. 294.

500. GEBURTSTAG VON ALBRECHT DÜRER

35 [1532] 10 Mark (S) 1971. Rs. Monogramm des Malers, Graphikers und Kunstschriftstellers Albrecht Dürer (1471–1528). Randschrift dreimal ∗ 10 MARK. 625er Silber, 17 g:
a) Stempelglanz (100 112 Ex.*) 40,–
b) Polierte Platte (wenige Ex.) *(geprägt 1974)* –,–

Entwurf von Axel Bertram.

*Ausgegeben ab 1. Juli 1971. * Eingeschmolzen bis auf 61 224 Ex.*

35P 10 Mark (S) 1971. Produktionsprobe, Rand mit Halbmonden in abwechselnd gegengerichteter Stellung –,–

35X Abschlag der Bildseite (Dürer) in Aluminium für Werbezwecke (300 Ex.) 150,–

Zum gleichen Anlass: Bundesrepublik Deutschland Nr. 128.
Zum 400. Todestag: Deutsches Reich Nr. 56.

100. GEBURTSTAG VON KARL LIEBKNECHT UND ROSA LUXEMBURG

ST PP

36 [1533] 20 Mark (S) 1971. Rs. Karl Liebknecht (1871–1919), Gründer des Spartakusbundes, und Rosa Luxemburg (1870–1919), sozialistische Politikerin. Randschrift dreimal ∗20 MARK. 625er Silber, 20.9 g:

a) Stempelglanz (76 814 Ex.*) 70,–

b) Polierte Platte (wenige Ex.) *(geprägt 1974)* 5000,–

Entwurf von Axel Bertram, Modell von Wilfried Fitzenreiter.

*Ausgegeben ab 1. Juli 1971. * Eingeschmolzen bis auf 47 465 Ex.*

36X Abschlag der Bildseite (Liebknecht / Luxemburg) in Aluminium für Werbezwecke (410 Ex.) 150,–

STÄDTE – 2. AUSGABE
MEISSEN

37 [1543] 5 Mark (K-N-Zk) 1972, 1981, 1983. Rs. Meißener Burgberg mit Dom und Albrechtsburg. Randschrift viermal ∗5 MARK. 9.6 g:

	Normalprägung + Stempelglanz		VZ	ST	Spiegelglanz	PP
1972 A	(10 199 353 Ex.)		2,–	10,–		
1981 A	*nur aus Sätzen*				(40 Ex.)	–,–
1983 A	*nur aus Sätzen*	(25 000 Ex.)		120,–	(2 550 Ex.)	–,–

Entwurf von Axel Bertram.

Ausgegeben ab 20. November 1972. Außer Kurs seit 1. Juli 1990.
** Eingeschmolzen bis auf 930 094 Ex.*

Münzsätze mit Nr. 37 siehe ab Seite 431.

37F Fehlprägung Meißen 1972 A ohne Randschrift VZ 300,–

NATIONALE MAHN- UND GEDENKSTÄTTE BUCHENWALD

SS VZ ST/E

38 [1539] 10 Mark (K-N-Zk) 1972 A. Rs. Figurengruppe von Fritz Cremer (1906–1993) mit der Darstellung der um die Freiheit kämpfenden Gefangenen in der Gedenkstätte (1958) auf dem Gelände des nationalsozialistischen Konzentrationslagers und nachmaligen sowjetischen Speziallagers Buchenwald auf dem Ettersberg bei Weimar. Randschrift viermal ∗10 MARK. 12 g (15 108 981 Ex.*)
1,– 3,– 18,–

Entwurf von Axel Bertram, Modell von Wilfried Fitzenreiter.

*Ausgegeben ab 1. Juni 1972. *Eingeschmolzen bis auf 3 553 920 Ex.*

FRIEDRICH VON SCHILLER

39 [1537] 20 Mark (K-N-Zk) 1972 A. Rs. Friedrich von Schiller (1759–1805), Dichter. Randschrift viermal ∗20 MARK in gleichgerichteter Stellung. Kupfer 62% / Zink 20% / Nickel 18%, 15 g (7 480 378 Ex.*)
1,– 4,– 30,–

Entwurf von Axel Bertram, Modell von Wilfried Fitzenreiter.

Randschrift in zwei Varianten (breite und schmale Sterne) vorkommend.

*Ausgegeben ab 1. März 1972. *Eingeschmolzen bis auf 3 654 903 Ex.*

ST

39P1 20 Mark (K-N-Zk) 1971. Produktionsprobe, Wappenseite und Rändelung von Nr. 32 (Heinrich Mann), Bildseite von Nr. 39 (Schiller). Randschrift viermal ∗20 MARK in abwechselnd gegengerichteter Stellung. Kupfer 58% / Zink 24% / Nickel 18%:
a) 13.5 g –,–
b) 15.2 g –,–
c) 16.5 g –,–

39P2 [1537P1] 20 Mark (K-N-Zk) 1971. Produktionsprobe, wie Nr. 39P1. Randschrift viermal ∗20 MARK in abwechselnd gegengerichteter Stellung. Kupfer 62% / Zink 20% / Nickel 18%, 15 g (wenige Ex.) 4000,–

39P3 [1537P2] 20 Mark (K-N-Zk) 1972. Produktionsprobe, wie Nr. 39, ohne Münzstättenzeichen. Rand glatt. Kupfer 62% / Zink 20% / Nickel 18%, 15 g (wenige Ex.)
2500,–

ST

39P4 20 Mark (K-N-Zk) 1972. Produktionsprobe, wie Nr. 39, ohne Münzstättenzeichen. Randschrift viermal ∗20 MARK in abwechselnd gegengerichteter Stellung. Kupfer 62% / Zink 20% / Nickel 18%, 15 g (wenige Ex.) 2500,–

Einseitige Abschläge der Wertseite von Nr. 39 [1537G] in 999er Gold, 31.10 g, sind unbefugte Prägungen aus späterer Zeit.

Zum 175. Geburtstag von Friedrich von Schiller: Deutsches Reich Nrn. 77–78.
Zum 150. Todestag: Bundesrepublik Deutschland Nr. 112.
Zum 200. Todestag: Bundesrepublik Deutschland Nr. 237.

WILHELM PIECK

SS VZ ST/E

40 [1541] 20 Mark (K-N-Zk) 1972 A. Rs. Wilhelm Pieck (1876–1960), Staatspräsident 1949–1960. Randschrift viermal ∗20 MARK. 15 g (7 633 342 Ex.*) 1,– 4,– 25,–

Entwurf von Axel Bertram, Modell von Wilfried Fitzenreiter.
*Ausgegeben ab 1. September 1972. *Eingeschmolzen bis auf 2 385 810 Ex.*

40F Fehlprägungen Pieck:
1. ohne Randschrift ∅ 33 mm ST 1250,–
2. auf Ronde ∅ 31 mm (von Nr. 38) ohne Randschrift –,–

75. TODESTAG VON JOHANNES BRAHMS

ST PP

41 [1540] 5 Mark (K-N-Zk) 1972. Rs. Notenzitat aus dem 4. Satz der 1. Symphonie von Johannes Brahms (1833–1897) mit fehlerhafter Wiedergabe der dritten Note als »h« statt »c«. Randschrift viermal ∗5 MARK. 12.2 g:
a) Stempelglanz (100 420 Ex.*) 15,–
b) Polierte Platte (wenige Ex.) *(geprägt 1976)* 3000,–

Entwurf von Axel Bertram.
*Ausgegeben ab 25. August 1972. *Eingeschmolzen bis auf 100 366 Ex.*

41F Fehlprägung Brahms ohne Randschrift –,–

41X Abschlag der Bildseite (Brahms) in Aluminium für Werbezwecke (300 Ex.) 160,–

175. GEBURTSTAG VON HEINRICH HEINE

			ST	PP
42	[1542]	10 Mark (S) 1972. Rs. Harry »Heinrich« Heine (1797–1856), Lyriker. Randschrift dreimal ∗ 10 MARK. 625er Silber, 17 g: Stempelglanz (100 297 Ex.*)	45,–	

Entwurf von Axel Bertram, Modell von Wilfried Fitzenreiter.

*Ausgegeben ab 15. November 1972. * Eingeschmolzen bis auf 55 336 Ex.*

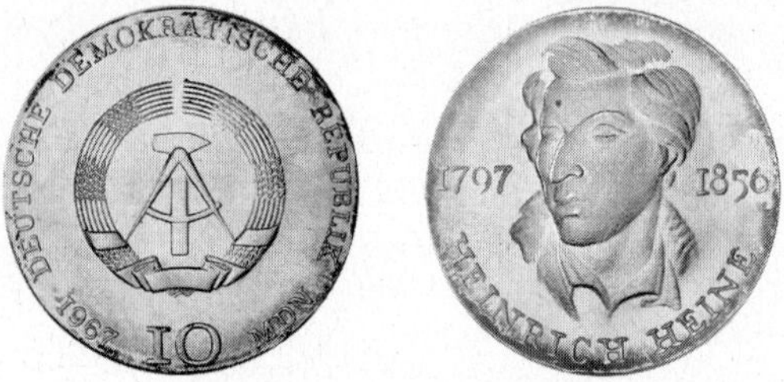

42P 10 MDN (S) 1967. Motivprobe, Wappenseite von Nr. 19 (Kollwitz), Bildseite (Heine) mit großem Prägebild des Porträts und abweichendem Stil der Inschrift. Randschrift dreimal ∗ 10 MARK (von Nr. 42). 625er Silber, 17 g *(geprägt 1972)* –,–

42X Abschlag der Bildseite (Heine) in Aluminium für Werbezwecke (300 Ex.) 160,–

Zum 200. Geburtstag von Heinrich Heine: Bundesrepublik Deutschland Nr. 190.

500. GEBURTSTAG VON LUCAS CRANACH DEM ÄLTEREN

				ST	PP
43	[1538]	20	Mark (S) 1972. Rs. Geflügelte Schlange mit Rubinring aus dem Familienwappen (1508) des Malers und Graphikers Lucas Maler »Cranach« (aus Kronach) (1472–1553). Randschrift dreimal ∗ 20 MARK. 625er Silber, 20.9 g:		
			a) Stempelglanz (80 096 Ex.*)	60,–	
			b) Polierte Platte (wenige Ex.) *(geprägt 1974)*		5000,–

Entwurf von Axel Bertram.

*Ausgegeben ab 18. Mai 1972. * Eingeschmolzen bis auf 47 548 Ex.*

43X Abschlag der Bildseite (Cranach) in Aluminium für Werbezwecke (300 Ex.) 160,–

43M — (Medaille) (S) [1972] A. Signet des VEB Münze der DDR, Bildseite von Nr. 43 (Cranach). Polierte Platte (wenige Ex.) *(geprägt um 1985)* 2000,–

X. WELTFESTSPIELE DER JUGEND UND STUDENTEN 1973 IN BERLIN

				SS	VZ	ST/E
44	[1545]	10	Mark (K-N-Zk) 1973 A. Rs. Emblem der Spiele. Riffelrand. 12 g (3 594 022 Ex.*)	1,–	3,–	18,–

Entwurf von Axel Bertram.

*Ausgegeben ab 7. Mai 1973. * Eingeschmolzen bis auf 2 742 342 Ex.*

			ST
44P1	—	(K-N-Zk) 1973. Einseitige Reduktionsprobe der Bildseite (Prägebild weit vom Randstab entfernt), leere Seite mit Randstab, Rand glatt	–,–
44P2	10	Mark (K-N-Zk) 1973 A. Reduktionsprobe (Prägebild auf beiden Seiten weit vom Randstab entfernt), Randschrift viermal ∗ 10 MARK	750,–

44P3 10 Mark (K-N-Zk) 1973 A. Motivprobe, Staatswappen, darunter Wertangabe, oben Münzstättenzeichen, mit Randstab. Bildseite von Nr. 44, Rand glatt –,–

SS VZ ST/E

45 [1548] 20 Mark (K-N-Zk) 1973 A. Rs. Otto Grotewohl (1894–1964), sozialdemokratischer Politiker, Ministerpräsident 1949–1964. Randschrift viermal ∗ 20 MARK. 15 g (2 534 724 Ex.*) 1,– 3,– 20,–

Entwurf von Axel Bertram (Wertseite) und Günter Junge (Bildseite), Modell von Ludwig Engelhardt.

*Ausgegeben ab 12. November 1973. * Eingeschmolzen bis auf 1 531 207 Ex.*

45F Fehlprägung Grotewohl ohne Randschrift –,–

ST

45P1 [1548P2] — (K-N-Zk) [1973]. Einseitige Motivprobe der Bildseite, Kopfbild von Otto Grotewohl im Vollschriftkreis –,–

Entwurf von Axel Bertram, Modell von Wilfried Fitzenreiter.

45P2 [1548P1] — (K-N-Zk) [1973]. Einseitige Produktionsprobe der Bildseite von Nr. 45 (Grotewohl) in grober Zeichnung –,–

Motivproben 30 Jahre DDR mit Jahreszahl 1973 (Wappenseite von Nr. 45) siehe Nrn. 71P2 und 71P5.

125. GEBURTSTAG VON OTTO LILIENTHAL

			ST	PP
46	[1546]	5 Mark (K-N-Zk) 1973. Rs. Gleitfluggerät des Luftfahrtpioniers Otto Lilienthal (1848–1896). Randschrift viermal ∗ 5 MARK. 12.2 g:		
		a) Stempelglanz (100 300 Ex.*)	30,–	
		b) Polierte Platte (wenige Ex.) *(geprägt 1976)*		2500,–

Entwurf von Axel Bertram.

*Ausgegeben ab 10. Juli 1973. * Eingeschmolzen bis auf 100 234 Ex.*

46X Abschlag der Bildseite (Lilienthal) in Aluminium für Werbezwecke (300 Ex.) 160,–

75. GEBURTSTAG VON BERTOLT BRECHT

			ST	PP
47	[1544]	10 Mark (S) 1973. Rs. Bertolt Brecht (1898–1956), sozialistischer Lyriker, Epiker und Theaterregisseur. Randschrift dreimal ∗ 10 MARK. 625er Silber, 17 g:		
		a) Stempelglanz (100 197 Ex.*)	35,–	
		b) Polierte Platte (wenige Ex.) *(geprägt 1974)*		4000,–

Entwurf von Axel Bertram, Modell von Wilfried Fitzenreiter.

*Ausgegeben ab 5. März 1973. * Eingeschmolzen bis auf 55 413 Ex.*

60. TODESTAG VON AUGUST BEBEL

			ST	PP
48	[1547]	20 Mark (S) 1973. Rs. August Bebel (1840–1913), sozialdemokratischer Politiker und Reichstagsabgeordneter. Randschrift dreimal ∗ 20 MARK. 625er Silber, 20.9 g:		
		a) Stempelglanz (77 360 Ex.*)	60,–	
		b) Polierte Platte (wenige Ex.) *(geprägt 1974)*		5000,–

Entwurf von Axel Bertram, Modell von Wilfried Fitzenreiter.

*Ausgegeben ab 25. September 1973. * Eingeschmolzen bis auf 47 197 Ex.*

48F Fehlprägung Bebel mit doppelter Randschrift –,–

			SS	VZ	ST/E
49	[1551]	10 Mark (K-N-Zk) 1974 A. Rs. Staatswappen, Motto, Jahreszahlen. Riffelrand. 12 g (3 070 650 Ex.*)	1,–	3,–	18,–

Entwurf von Günter Junge.
*Ausgegeben ab 20. August 1974. * Eingeschmolzen bis auf 2 285 170 Ex.*

49P [1551S] 10 Mark (S) 1974 A. Materialprobe, 500er Silber, 17 g, Randschrift dreimal ∗ 10 MARK (1 500 Ex.) 900,–

			ST	PP
50	[1552]	10 Mark (S) 1974. Rs. Motive aus den Bezirkshauptstädten mit Mariendom und Severikirche in Erfurt, Kronentor des Dresdner Zwingers, Schloss Sanssouci in Potsdam, Berliner Fernsehturm, Universitätshochhaus in Leipzig, Kulturpalast in Neubrandenburg und Karl-Marx-Monument in Chemnitz. Randschrift dreimal ∗ 10 MARK. 625er Silber, 17 g:		
		a) Stempelglanz (70 200 Ex.*)	45,–	
		b) Polierte Platte (200 Ex.)		2000,–

Entwurf von Dietrich Dorfstecher, Modell von Gerhard Rommel.
*Ausgegeben ab 20. August 1974. * Eingeschmolzen bis auf 52 585 Ex.*

Nr. 50 in Polierter Platte kommt in zwei Versionen vor. Die Erstauflage weist eine nur mäßige Mattierung mit »offenen Fenstern« bei leicht körnigem Münzgrund auf. Zur Verbesserung der Qualität wurden für die Nachauflage die Prägestempel mit Sandstrahl nachbehandelt und durch Rotationsschliff hochglanzpoliert. Dadurch sind einzelne Details mit flachem Relief (wie die Spitze des Fernsehturms) verschwunden, die Fenster erscheinen nunmehr »geschlossen« bei tiefspiegelndem Münzgrund.

Auf 20 Jahre DDR: Nr. 24.
Auf 30 Jahre DDR: Nr. 71.
Auf 40 Jahre DDR: Nr. 127.

100. TODESTAG VON PHILIPP REIS

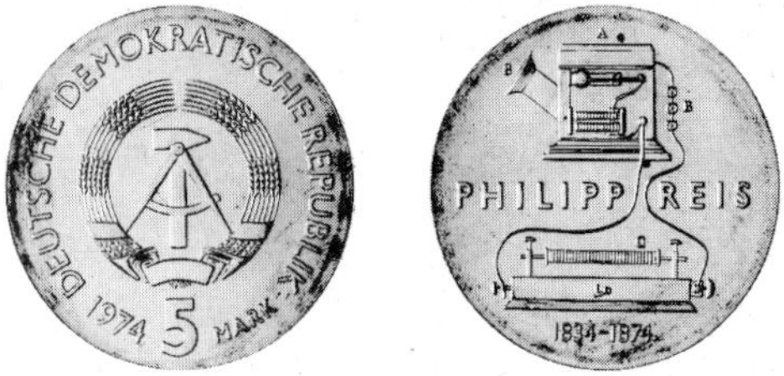

ST **PP**

51 [1550] 5 Mark (K-N-Zk) 1974. Rs. Konstruktionszeichnung des ersten Fernsprechers des Physikers Philipp Reis (1834–1874). Randschrift viermal ∗ 5 MARK. 12.2 g:
a) Stempelglanz (100 200 Ex.*) 18,–
b) Polierte Platte (wenige Ex.) *(geprägt 1976)* 2500,–

Entwurf von Axel Bertram.
*Ausgegeben ab 17. Juni 1974. * Eingeschmolzen bis auf 100 122 Ex.*

200. GEBURTSTAG VON CASPAR DAVID FRIEDRICH

52 [1553] 10 Mark (S) 1974. Rs. Caspar David Friedrich (1774–1840), Landschaftsmaler der deutschen Romantik. Randschrift dreimal ∗ 10 MARK. 625er Silber, 17 g:
a) Stempelglanz (75 000 Ex.*) 45,–
b) Polierte Platte (100 [auf der Plombe] mit Stern numerierte Ex.) 4000,–

Entwurf von Günter Junge, Modell von Ludwig Engelhardt.
*Ausgegeben ab 8. November 1974. * Eingeschmolzen bis auf 49 416 Ex.*

52P [1553P] 10 Mark (K-N-Zk / Me) 1974. Materialprobe, Bimetall (Ring Neusilber, Zentrum Tombak), Rand glatt (wenige Ex.) *(geprägt 1983)* 5000,–

ST PP

52M1 — (Medaille) (K-N-Zk / Me) 1983 A. Wappenseite wie Nr. 52, Inschrift 1974 A 1983 statt Wertangabe, Bildseite von Nr. 52 (Friedrich), Rand glatt (wenige Ex.) 2000,–

52M2 — (Medaille) (K-N-Zk / Me) [1983]. Wappenseite in anderer Zeichnung ohne Jahreszahlen, Bildseite von Nr. 52 (Friedrich), Rand glatt (wenige Ex.) 1600,–

Die Herstellung der Nrn. 52P, 52M1 und 52M2 erfolgte auf handgefertigten Bimetallronden. Weitere Versuchsprägungen in Bimetall siehe Nrn. 79P2 und 79M.

250. GEBURTSTAG VON IMMANUEL KANT

53 [1549] 20 Mark (S) 1974. Rs. Immanuel Kant (1724–1804), Philosoph. Randschrift dreimal ∗ 20 MARK. 625er Silber, 20.9 g:
a) Stempelglanz (67 883 Ex.*) 60,–
b) Polierte Platte (4 284 Ex.) 90,–

Entwurf von Axel Bertram, Modell von Wilfried Fitzenreiter.
*Ausgegeben ab 8. März 1974. * Eingeschmolzen bis auf 44 465 Ex.*

53M — (Medaille) (S) [1974] A. Signet des VEB Münze der DDR, Bildseite von Nr. 53 (Kant). Polierte Platte (wenige Ex.) *(geprägt um 1985)* 2000,–

Zum gleichen Anlass: Bundesrepublik Deutschland Nr. 138.

20 JAHRE WARSCHAUER VERTRAG

SS VZ ST/E

54 [1557] 10 Mark (K-N-Zk) 1975 A. Rs. Wappen der Vertragstaaten zwischen römischer Zahl. Riffelrand. 12 g (2 522 356 Ex.*) 1,– 3,– 18,–

Entwurf von Dietrich Dorfstecher, Modell von Werner Rosenthal.
*Ausgegeben ab 9. Mai 1975. * Eingeschmolzen bis auf 1 906 746 Ex.*

INTERNATIONALES JAHR DER FRAU 1975

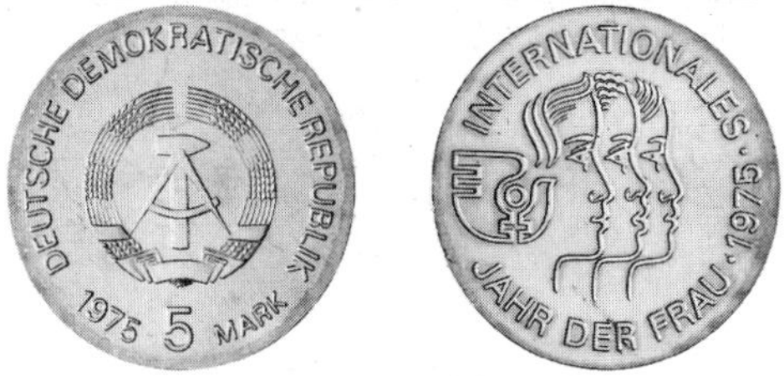

ST **PP**

55 [1558] 5 Mark (K-N-Zk) 1975. Rs. Drei Frauenköpfe und Emblem. Randschrift viermal ∗ 5 MARK. 12.2 g:
Stempelglanz (161 047 Ex.) 10,–

Entwurf von Axel Bertram (Wappenseite) und Klaus Hennig (Bildseite).
Ausgegeben ab 16. Juni 1975.

100. GEBURTSTAG VON THOMAS MANN

56 [1556] 5 Mark (K-N-Zk) 1975. Rs. Thomas Mann (1875–1955), Schriftsteller. Randschrift viermal ∗ 5 MARK. 12.2 g:
Stempelglanz (102 355 Ex.*) 15,–

Entwurf von Erika Schöneberg, Modell von Rainer Radack.
*Ausgegeben ab 9. Mai 1975. *Eingeschmolzen bis auf 102 354 Ex.*

100. GEBURTSTAG VON ALBERT SCHWEITZER

57 [1554] 10 Mark (S) 1975. Rs. Albert Schweitzer (1875–1965), Philosoph, Arzt und Musiker. Randschrift dreimal ∗ 10 MARK. 625er Silber, 17 g:
a) Stempelglanz (100 100 Ex.*) 45,–
b) Polierte Platte (1040 Ex.) 750,–

Entwurf von Axel Bertram, Modell von Wilfried Fitzenreiter.
*Ausgegeben ab 31. Januar 1975. *Eingeschmolzen bis auf 63 433 Ex.*

ST PP

57P [1554P1] 10 Mark (S) 1975 A. Motivprobe, 500er Silber, 17 g, Wappenseite von Nr. 54 (Warschauer Vertrag), Bildseite von Nr. 57 (Schweitzer), Rand glatt (8 810 Ex.) 120,–

57X1 Abschlag der Bildseite (Schweitzer) in Aluminium für Werbezwecke, leere Seite mit Randstab (306 Ex.) 160,–

57X2 [1554P2] Abschlag der Bildseite (Schweitzer) in versilbertem Tombak, 14.5 g, für Werbezwecke, leere Seite mit Randstab (wenige Ex.) 1750,–

Zum gleichen Anlass: Bundesrepublik Deutschland Nr. 142.

225. TODESTAG VON JOHANN SEBASTIAN BACH

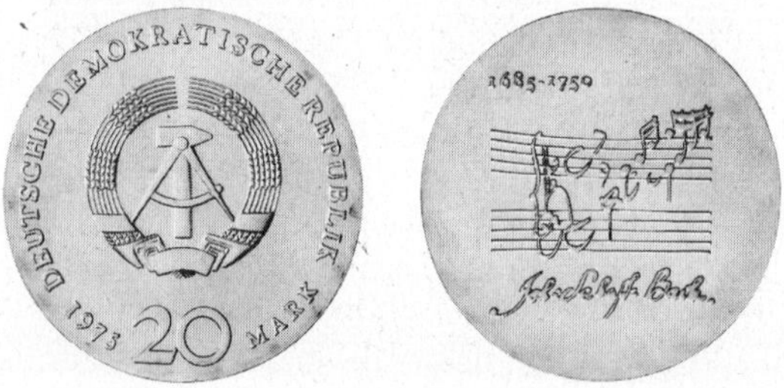

58 [1555] 20 Mark (S) 1975. Rs. Detail der Originalpartitur des 1. Praeludiums aus »Das wohltemperierte Clavier« des Komponisten und Organisten Johann Sebastian Bach (1685–1750), Thomaskantors in Leipzig, darunter Namenszug (Bildseite mit erhabenem Prägebild). Randschrift dreimal ∗ 20 MARK. 625er Silber, 20.9 g:
a) Stempelglanz (72 160 Ex.*) 80,–
b) Polierte Platte (wenige Ex.) 12000,–

Entwurf von Klaus Wittkugel.
*Ausgegeben ab 21. April 1975. * Eingeschmolzen bis auf 49 497 Ex.*

58P [1555P] 20 Mark (S) 1975. Motivprobe, Bildseite mit vertieftem Prägebild *(geprägt 1976)*:
a) Stempelglanz (10 261 Ex.) 150,–
b) Polierte Platte, Feld der Bildseite mattiert, Notenzitat und Schrift spiegelnd (wenige Ex.) 12000,–

Zum 300. Geburtstag von Johann Sebastian Bach: Bundesrepublik Deutschland Nr. 161.
Zum 250. Todestag: Bundesrepublik Deutschland Nr. 200.

20 JAHRE NATIONALE VOLKSARMEE

			SS	VZ	ST/E
59	[1560]	10 Mark (K-N-Zk) 1976 A. Rs. Soldat der Nationalen Volksarmee. Riffelrand. 12 g (754 508 Ex.*)	1,–	3,–	18,–

Entwurf von Klaus Wittkugel, Modell von Gerhard Rommel.

*Ausgegeben ab 10. Februar 1976. * Eingeschmolzen bis auf 593 765 Ex.*

Auf 25 Jahre NVA: Nr. 78.

200. GEBURTSTAG VON FERDINAND VON SCHILL

			ST	PP
60	[1559]	5 Mark (K-N-Zk) 1976. Rs. Tschako und Säbel des preußischen Offiziers Ferdinand von Schill (1776–1809), Kommandeurs eines Husarenregiments gegen die französische Besatzung 1809. Randschrift viermal ∗ 5 MARK. 12.2 g:		
		a) Stempelglanz (100 216 Ex.)	20,–	
		b) Polierte Platte (wenige Ex.)		2500,–

Entwurf von Axel Bertram.

Ausgegeben ab 6. Januar 1976.

150. TODESTAG VON CARL MARIA VON WEBER

ST **PP**

61 [1562] 10 Mark (S) 1976. Rs. Carl Maria von Weber (1786–1826), Komponist. Randschrift dreimal ∗ 10 MARK. 500er Silber, 17 g:
a) Stempelglanz (101 642 Ex.*) 60,–
b) Polierte Platte (6 037 Ex.) 80,–

Entwurf von Dietrich Dorfstecher, Modell von Gerhard Rommel.
*Ausgegeben ab 20. August 1976. * Eingeschmolzen bis auf 45 042 Ex.*

150. GEBURTSTAG VON WILHELM LIEBKNECHT

62 [1561] 20 Mark (S) 1976. Rs. Wilhelm Liebknecht (1826–1900), sozialdemokratischer Politiker. Randschrift dreimal ∗ 20 MARK. 625er Silber, 20.9 g:
a) Stempelglanz (50 060 Ex.*) 70,–
b) Polierte Platte (4 020 Ex.) 90,–

Entwurf von Heinz Rodewald, Modell von Wilfried Fitzenreiter.
*Ausgegeben ab 15. April 1976. * Eingeschmolzen bis auf 43 160 Ex.*

62P [1561P] 20 Mark (S) 1976. Motivprobe, Porträt der Bildseite in anderem Ausrichtungswinkel zur Inschrift –,–

125. TODESTAG VON FRIEDRICH LUDWIG JAHN

ST PP

63 [1564] 5 Mark (K-N-Zk) 1977. Rs. Friedrich Ludwig Jahn (1778–1852), Begründer der Turnbewegung in Deutschland. Randschrift viermal ∗ 5 MARK. 12.2 g:
a) Stempelglanz (90 675 Ex.) 25,–
b) Polierte Platte (10 000 Ex.) 45,–

Entwurf von Heinz Rodewald, Modell von Wilfried Fitzenreiter.

Ausgegeben ab 15. Juni 1977.

375. GEBURTSTAG VON OTTO VON GUERICKE

64 [1565] 10 Mark (S) 1977. Rs. Stadtwappenbild von Magdeburg über den geöffneten Halbkugeln des Bürgermeisters und Erfinders Otto von Guericke (1602–1686). Randschrift dreimal ∗ 10 MARK. 500er Silber, 17 g:
a) Stempelglanz (69 316 Ex.*) 65,–
b) Polierte Platte (6 000 Ex.) 90,–

Entwurf von Dietrich Dorfstecher, Modell von Gerhard Rommel.

*Ausgegeben ab 31. August 1977. * Eingeschmolzen bis auf 43 443 Ex.*

Zum 1200. Jahrestag der Stadtgründung von Magdeburg: Bundesrepublik Deutschland Nr. 239.

64P [1565P] 10 Mark (S) [1977]. Motivprobe, Pferdegespanne mit den Magdeburger Halbkugeln, Inschrift PROBE statt Jahreszahl (6 000 Ex.) 350,–

Entwurf von Dietrich Dorfstecher, Modell von Gerhard Rommel.

200. GEBURTSTAG VON CARL FRIEDRICH GAUSS

ST **PP**

65 [1563] 20 Mark (S) 1977. Rs. Glockenkurve einer normalverteilten, nicht standardisierten Zufallsgröße mit dem Graphen der Integralfunktion in anderem Ordinatenmaßstab, nach dem Mathematiker und Astronomen Carl Friedrich Gauß (1777–1855). Randschrift dreimal ∗ 20 MARK. 500er Silber, 20.9 g:
Stempelglanz (56 525 Ex.*) 80,–

Entwurf von Axel Bertram.
*Ausgegeben ab 18. April 1977. * Eingeschmolzen bis auf 42 502 Ex.*
Zum gleichen Anlass: Bundesrepublik Deutschland Nr. 144.

INTERNATIONALES ANTI-APARTHEID-JAHR 1978

VZ **ST/E** **PP**

66 [1569] 5 Mark (K-N-Zk) 1978 A. Rs. Faust mit Stern gegen Flammen. Randschrift viermal ∗ 5 MARK. 9.6 g:
a) Normalprägung (259 000 + 86 270 Ex.*) 6,– 15,–
b) Polierte Platte (4 000 Ex.) 45,–

Entwurf von Joachim Rieß, Modell von Volker Beier.
*Ausgegeben ab 29. September 1978. * Eingeschmolzen bis auf 257 262 Ex.*

3. INTERNATIONALER GEMEINSCHAFTSRAUMFLUG DER SOWJETUNION

VZ ST/E PP

67 [1568] 10 Mark (K-N-Zk) 1978 A. Rs. Erdkugel und Raumschiff »Sojuz 31« mit der Flugbahn der Kosmonauten Valerij Fëdorovič Bykovskij (*1934) (UdSSR) und Sigmund Jähn (*1937) (DDR). Randschrift viermal ∗ 10 MARK. 12 g:
a) Normalprägung (724 750 + 32 075 Ex.*) 10,– 30,–
b) Polierte Platte (2 600 Ex.) 250,–

Entwurf von Dietrich Dorfstecher (Wertseite) und Erika Schöneberg (Bildseite), Modell von Rainer Radack.

*Ausgegeben ab 28. August 1978. * Eingeschmolzen bis auf 591 165 Ex.*

67P [1568S] 10 Mark (S) 1978 A. Materialprobe, 500er Silber, 17 g, Randschrift dreimal ∗ 10 MARK, Polierte Platte (100 Ex.*) 10000,–

** Eingeschmolzen bis auf 25 Ex.*

175. TODESTAG VON FRIEDRICH GOTTLIEB KLOPSTOCK

ST PP

68 [1566] 5 Mark (K-N-Zk) 1978. Rs. Friedrich Gottlieb Klopstock (1724–1803), Dichter. Randschrift viermal ∗ 5 MARK. 12.2 g:
a) Stempelglanz (75 500 Ex.*) 18,–
b) Polierte Platte (4 500 Ex.) 45,–

Entwurf von Karl Thewalt, Modell von Gerhard Lichtenfeld.

*Ausgegeben ab 28. Februar 1978. * Eingeschmolzen bis auf 70 500 Ex.*

175. GEBURTSTAG VON JUSTUS VON LIEBIG

69 [1567] 10 Mark (S) 1978. Rs. Justus von Liebig (1803–1873), Chemiker. Randschrift dreimal ∗ 10 MARK. 500er Silber, 17 g:
a) Stempelglanz (70 510 Ex.*) 65,–
b) Polierte Platte (4 500 Ex.) 90,–

Entwurf von Erika Schöneberg, Modell von Rainer Radack.

*Ausgegeben ab 22. Mai 1978. * Eingeschmolzen bis auf 40 058 Ex.*

Zum 200. Geburtstag von Justus von Liebig: Bundesrepublik Deutschland Nr. 222.

175. TODESTAG VON JOHANN GOTTFRIED HERDER

			ST	PP
70	[1570]	20 Mark (S) 1978. Rs. Johann Gottfried Herder (1744–1803), Philosoph. Randschrift dreimal ∗ 20 MARK. 500er Silber, 20.9 g:		
		a) Stempelglanz (50 550 Ex.*)	80,–	
		b) Polierte Platte (4 500 Ex.)		100,–

Entwurf von Klaus Wittkugel, Modell von Werner Stötzer.

*Ausgegeben ab 8. November 1978. * Eingeschmolzen bis auf 36 550 Ex.*

30 JAHRE DEUTSCHE DEMOKRATISCHE REPUBLIK

			VZ	ST/E	PP
71	[1573]	20 Mark (K-N-Zk) 1979 A. Rs. Arbeiter und Arbeiterin vor Chemiewerk. Randschrift viermal ∗ 20 MARK. 15 g:			
		Normalprägung (975 050 + 25 950 Ex.*)	8,–	20,–	

Entwurf von Axel Bertram (Wertseite) und Dietrich Dorfstecher (Bildseite), Modell von Gerhard Rommel.

*Ausgegeben ab 29. Juni 1979. * Eingeschmolzen bis auf 642 075 Ex.*

71P1 — (K-N-Zk) 1979. Einseitige Motivprobe, sprießende Blütenblätter (Blattsymbol), leere Seite mit Randstab, Rand glatt (wenige Ex.) 1750,–

Entwurf von Joachim Rieß (1. Preis des Gestaltungswettbewerbs), Modell von Volker Beier.

ST PP

71P2 20 Mark (K-N-Zk) 1973 A. Motivprobe, Wappenseite von Nr. 45 (Grotewohl) mit Jahreszahl 1973, Bildseite von Nr. 71P1 (Blattsymbol). Randschrift viermal ∗ 20 MARK –,–

71P3 [1573P3] 20 Mark (K-N-Zk) 1979 A. Motivprobe, Inschrift A / DEUTSCHE / DEMOKRATISCHE / REPUBLIK / PROBE / 20 / MARK. Bildseite von Nr. 71P1 (Blattsymbol). Randschrift viermal ∗ 20 MARK (wenige Ex.) 6000,–

71P4 [1573P2] 20 Mark (K-N-Zk) 1979 A. Motivprobe in Verkaufsauflage, Wappenseite im Stil der Nrn. 45 und 71P2, Inschrift PROBE statt Jahreszahl, Bildseite von Nr. 71P1 (Blattsymbol). Rand glatt (10 000 Ex.) 150,–

71P5 [1573P1] 20 Mark (K-N-Zk) 1973 A. Motivprobe, Wappenseite von Nr. 45 (Grotewohl) mit Jahreszahl 1973, Bildseite Arbeiter und Arbeiterin vor Chemiewerk, Inschrift in dünnen, nach oben gerückten Buchstaben, mit Freiraum zwischen Stufenblock und Randstab. Randschrift viermal ∗ 20 MARK (ca. 20 Ex.) 3200,–

71P6 [1573P4] — (K-N-Zk) 1979. Einseitige Motivprobe, Nelke mit Staatswappen, leere Seite mit Randstab, Rand glatt (wenige Ex.) 1750,–

Entwurf von Heinz Rodewald.

PP

71M1 — (Medaille) (K-N-Zk) 1979 A. Signet des VEB Münze der DDR, Bildseite von Nr. 71P6 (Nelke). Rand glatt. 15 g, Polierte Platte 600,–

71M2 — (Medaille) (Me vergoldet) 1979 A. Typ wie Nr. 71M1. Rand glatt, Polierte Platte 500,–

Nr. 71M2 war Bestandteil der Musterkoffer des VEB Münze der DDR.

Auf 20 Jahre DDR: Nr. 24.
Auf 25 Jahre DDR: Nrn. 49–50.
Auf 40 Jahre DDR: Nr. 127.

100. GEBURTSTAG VON ALBERT EINSTEIN

ST **PP**

72 [1572] 5 Mark (K-N-Zk) 1979. Rs. Albert Einstein (1879–1955), Schöpfer der Relativitätstheorie, Pionier der Quantentheorie, Nobelpreisträger für Physik 1921. Randschrift viermal * 5 MARK. 12.2 g:
a) Stempelglanz (55 500 Ex.*) 50,–
b) Polierte Platte (4 500 Ex.) 70,–

Entwurf von Heinz Rodewald, Modell von Wilfried Fitzenreiter.
*Ausgegeben ab 26. Februar 1979. * Eingeschmolzen bis auf 55 475 Ex.*
Zum gleichen Anlass: Schweiz Nrn. 52–53.
Zum 50. Todestag: Bundesrepublik Deutschland Nr. 238.

175. GEBURTSTAG VON LUDWIG FEUERBACH

ST PP

73 [1574] 10 Mark (S) 1979. Rs. Ludwig Feuerbach (1804–1872), Philosoph des Materialismus. Randschrift dreimal ∗ 10 MARK. 500er Silber, 17 g:

a) Stempelglanz (50 500 Ex.*) 120,–

b) Polierte Platte (4 500 Ex.) 150,–

Entwurf von Erika Schöneberg, Modell von Rainer Radack.

*Ausgegeben ab 20. Juli 1979. * Eingeschmolzen bis auf 38 834 Ex.*

250. GEBURTSTAG VON GOTTHOLD EPHRAIM LESSING

74 [1571] 20 Mark (S) 1979. Rs. Nathan zwischen Saladin und dem Tempelherrn, Szenenbild aus dem dramatischen Lehrgedicht »Nathan der Weise« des Dichters und Literaturtheoretikers Gotthold Ephraim Lessing (1729–1781). Randschrift dreimal ∗ 20 MARK. 500er Silber, 20.9 g:

a) Stempelglanz (40 500 Ex.*) 80,–

b) Polierte Platte (4 521 Ex.) 100,–

Entwurf von Axel Bertram.

*Ausgegeben ab 15. Januar 1979. * Eingeschmolzen bis auf 39 343 Ex.*

74M — (Medaille) (S) [1979] A. Signet des VEB Münze der DDR, Bildseite von Nr. 74 (Lessing). Polierte Platte (wenige Ex.) *(geprägt um 1985)* 2000,–

Zum 200. Geburtstag: Deutsches Reich Nrn. 59–60.
Zum 200. Todestag: Bundesrepublik Deutschland Nr. 153.

75. TODESTAG VON ADOLPH VON MENZEL

75 [1576] 5 Mark (K-N-Zk) 1980. Rs. Adolph von Menzel (1815–1905), Maler, Graphiker und Zeichner. Randschrift viermal ∗ 5 MARK. 12.2 g:

a) Stempelglanz (54 750 Ex.) 25,–

b) Polierte Platte (5 500 Ex.) 45,–

Entwurf von Dietrich Dorfstecher, Modell von Gerhard Rommel.

Ausgegeben ab 20. Juni 1980.

225. GEBURTSTAG VON GERHARD J. D. VON SCHARNHORST

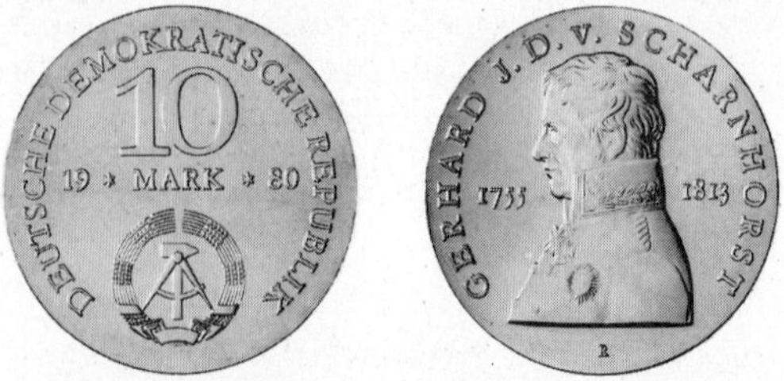

ST PP

76 [1577] 10 Mark (S) 1980. Rs. Gerhard Johann David von Scharnhorst (1755–1813), preußischer General und Militärtheoretiker. Randschrift dreimal ∗ 10 MARK. 500er Silber, 17 g:
a) Stempelglanz (49 500 Ex.*) 35,–
b) Polierte Platte (5 500 Ex.) 55,–

Entwurf und Modell von Heinz Rodewald.
*Ausgegeben ab 15. September 1980. * Eingeschmolzen bis auf 49 497 Ex.*

75. TODESTAG VON ERNST ABBE

77 [1575] 20 Mark (S) 1980. Rs. Schematische Darstellung der Mikroskoptheorie des Physikers und Sozialreformers Ernst Carl Abbe (Abée) (1840–1905), Begründers des wissenschaftlichen Gerätebaus. Randschrift dreimal ∗ 20 MARK. 500er Silber, 20.9 g:
a) Stempelglanz (39 500 Ex.) 60,–
b) Polierte Platte (5 503 Ex.) 75,–

Entwurf von Joachim Rieß, Modell von Volker Beier.
Ausgegeben ab 27. Februar 1980.

ST PP

77M — (Medaille) (S) [1980] A. Signet des VEB Münze der DDR, Bildseite von Nr. 77 (Abbe). Polierte Platte (wenige Ex.) *(geprägt um 1985)* 2000,–

77U Zu den XXII. Olympischen Sommerspielen 1980 in Moskau wurden 1200 Ex. der 20 Mark Abbe in Stempelglanz durch Melvyn Roy Wacks (Signatur MRW) mit Gegenstempeln versehen (Motiv zwei griechische Läufer, Inschriften »Citius Altius Fortius« und »1980 Moscow Games«) und in Hartkunststoffrahmen angeboten:

1. mit römischer Zahl XXII (800 Ex.)
2. mit römischer Zahl XIX (sic!), Nachauflage (400 Ex.)

25 JAHRE NATIONALE VOLKSARMEE

VZ ST/E PP

78 [1578] 10 Mark (K-N-Zk) 1981 A. Rs. Panzer, Raketenschnellboot und Jagdflugzeuge. Randschrift viermal ∗ 10 MARK. 12 g:
a) Normalprägung (780 000 + 30 300 Ex.*) 6,– 12,–
b) Polierte Platte (5 500 Ex.) 40,–

Entwurf von Heinz Rodewald.
*Ausgegeben ab 2. Februar 1981. * Eingeschmolzen bis auf 626 700 Ex.*
Auf 20 Jahre NVA: Nr. 59.

700 JAHRE MÜNZPRÄGUNG IN BERLIN

ST PP

79 [1582] 10 Mark (K-N-Zk) 1981. Rs. Ewiger Pfennig (1369) der Stadt Berlin. Randschrift viermal ∗ 10 MARK. 12 g:
a) Stempelglanz (54 540 Ex.) 40,–
b) Polierte Platte (5 500 Ex.) 65,–

Entwurf von Heinz Rodewald.
Ausgegeben ab 18. November 1981.

ST PP

79P1 [1582P1] 10 Mark (S) 1981. Motivprobe, Goldgulden unter Kurfürst Joachim I. von Brandenburg aus der Münze Berlin, Inschrift PROBE. Randschrift ERSTE GOLDGULDENPRÄGUNG UM 1513. 500er Silber, 17 g:
a) Stempelglanz, Produktionsprobe (wenige Ex.) 2000,–
b) Polierte Platte (2 250 Ex.) 1000,–

Entwurf von Heinz Rodewald.

79P2 [1582P2] 10 Mark (K-N-Zk / Me) 1974. Materialprobe, Bimetall (Ring Neusilber, Zentrum Tombak), Wappenseite von Nr. 52 (Friedrich) mit Jahreszahl 1974, Bildseite von Nr. 79P1 (Goldgulden), Rand glatt (wenige Ex.) *(geprägt 1983)* 4000,–

79M — (Medaille) (K-N-Zk / Me) [1983]. Wappenseite von Nr. 52M2, Bildseite von Nr. 79P1 (Goldgulden), Rand glatt (wenige Ex.) 1600,–

Die Herstellung der Nrn. 79P2 und 79M erfolgte auf handgefertigten Bimetallronden. Weitere Versuchsprägungen in Bimetall siehe Nrn. 52P, 52M1 und 52M2.

450. TODESTAG VON TILMAN RIEMENSCHNEIDER

80 [1580] 5 Mark (K-N-Zk) 1981. Rs. Tilman Riemenschneider (um 1455–1531), Bildhauer und Holzschnitzer. Randschrift viermal ∗5 MARK. 12.2 g:
a) Stempelglanz (54 500 Ex.) 35,–
b) Polierte Platte (5 500 Ex.) 50,–

Entwurf und Modell von Heinz Rodewald.
Ausgegeben ab 1. Juni 1981.

150. TODESTAG VON GEORG WILHELM FRIEDRICH HEGEL

ST **PP**

81 [1581] 10 Mark (S) 1981. Rs. Georg Wilhelm Friedrich Hegel (1770–1831), Philosoph. Randschrift dreimal ∗ 10 MARK. 500er Silber, 17 g:
a) Stempelglanz (49 500 Ex.) 35,–
b) Polierte Platte (5 500 Ex.) 50,–

Entwurf von Günter Junge, Modell von Ludwig Engelhardt.
Ausgegeben ab 1. September 1981.

81P 10 Mark (S) 1981. Motivprobe, kleines Staatswappen, große Wertzahl. Randschrift dreimal ∗ 10 MARK (wenige Ex.) –,–

150. TODESTAG VON CARL REICHSFREIHERR VOM STEIN

82 [1579] 20 Mark (S) 1981. Rs. Heinrich Friedrich Carl Reichsfreiherr vom und zum Stein (1757–1831), Staatsmann. Randschrift dreimal ∗ 20 MARK. 500er Silber, 20.9 g:
a) Stempelglanz (39 500 Ex.*) 60,–
b) Polierte Platte (5 500 Ex.) 80,–

Entwurf von Joachim Rieß, Modell von Volker Beier.
*Ausgegeben ab 9. März 1981. * Eingeschmolzen bis auf 39 264 Ex.*
Zum gleichen Anlass: Bundesrepublik Deutschland Nr. 154.
Zum 100. Todestag: Deutsches Reich Nr. 72.

VZ ST/E PP

83 [1585] 5 Mark (K-N-Zk) 1982 A. Rs. Gartenhaus von Johann Wolfgang von Goethe (1749–1832) im Ilmpark zu Weimar. Randschrift viermal ∗ 5 MARK. 9.6 g:
a) Normalprägung (205 500 + 40 000 Ex.*) 15,– 25,–
b) Polierte Platte, Haus und Bäume mattiert (5 500 Ex.) 60,–

Entwurf von Heinz Rodewald.
*Ausgegeben ab 22. Juni 1982. *Eingeschmolzen bis auf 220 400 Ex.*

83P [1585P] 5 Mark (K-N-Zk) 1982 A. Produktionsprobe, Polierte Platte, nur Haus mattiert, Bäume glänzend:
a) (210 [durch Gegenstempel über MARK] numerierte Ex.) 4000,–
b) ohne Seriennummer (wenige Ex.) –,–

Zum 100. Todestag von Johann Wolfgang von Goethe: Deutsches Reich Nrn. 73–74.
Zum 220. Geburtstag: Deutsche Demokratische Republik Nr. 27.
Zum 150. Todestag: Bundesrepublik Deutschland Nr. 156.
Zum 250. Geburtstag: Bundesrepublik Deutschland Nr. 197.

84 [1586] 5 Mark (K-N-Zk) 1982, 1983. Rs. Wartburg bei Eisenach. Randschrift viermal ∗ 5 MARK. 9.6 g:
a) 1982 A Normalprägung (205 500 + 41 000 Ex.*) 10,– 20,–
b) 1982 A Polierte Platte (5 500 Ex.) 50,–
c) 1983 A Normalprägung (21 000 Ex.) 200,–

Entwurf von Heinz Rodewald.
*Ausgegeben ab 28. Juli 1982. *Eingeschmolzen bis auf 221 283 Ex.*
Zum 400. Jahrestag der Reformation: Sachsen Nr. 32.
Zum 450. Geburtstag von Martin Luther: Deutsches Reich Nrn. 75–76.
Zum 500. Geburtstag: Bundesrepublik Deutschland Nr. 158, Deutsche Demokratische Republik Nrn. 88–89, 94.

200. GEBURTSTAG VON FRIEDRICH FRÖBEL

ST **PP**

85 [1584] 5 Mark (K-N-Zk) 1982. Rs. Drei Kinder mit Würfel, Zylinder und Kugel, symbolisch für die Kindergartenbewegung des Pädagogen Friedrich Wilhelm August Fröbel (1782–1852). Randschrift viermal ∗ 5 MARK. 12.2 g:

a) Stempelglanz (54 500 Ex.) 35,–

b) Polierte Platte (5 500 Ex.) 50,–

Entwurf von Dietrich Dorfstecher, Modell von Gerhard Rommel.

Ausgegeben ab 5. April 1982.

NEUES GEWANDHAUS LEIPZIG

86 [1583] 10 Mark (S) 1982. Rs. Neues Gewandhaus (1981), Wirkungsstätte des Gewandhausorchesters, von musischem Zierstück überhöht. Randschrift dreimal ∗ 10 MARK. 500er Silber, 17 g:

a) Stempelglanz (49 510 Ex.*) 35,–

b) Polierte Platte (5 500 Ex.) 50,–

Entwurf von Joachim Rieß, Modell von Volker Beier.

*Ausgegeben ab 1. März 1982. * Eingeschmolzen bis auf 49 165 Ex.*

125. GEBURTSTAG VON CLARA ZETKIN

ST PP

87 [1587] 20 Mark (S) 1982. Rs. Clara Zetkin (1857–1933), Politikerin. Randschrift dreimal ∗ 20 MARK. 500er Silber, 20.9 g:
a) Stempelglanz (39 500 Ex.) 50,–
b) Polierte Platte (5 500 Ex.) 70,–

Entwurf von Erika Schöneberg (Wertseite) und Dietrich Dorfstecher (Bildseite), Modell von Gerhard Rommel.
Ausgegeben ab 30. September 1982.

87P [1587P] 20 Mark (S) 1982. Motivprobe, Kopfbild von Clara Zetkin, bogige Inschrift:
a) (90 [durch Gegenstempel rechts neben der Jahreszahl] numerierte Ex.) 10000,–
b) ohne Seriennummer (wenige Ex.) –,–

Entwurf von Erika Schöneberg, Modell von Rainer Radack.

STÄDTE – 4. AUSGABE
EISLEBEN UND WITTENBERG (2)

VZ ST/E PP

88 [1590] 5 Mark (K-N-Zk) 1983 A. Rs. Geburtshaus von Martin Luther (1483–1546) in Eisleben von der Gartenseite. Randschrift viermal ∗ 5 MARK. 9.6 g:
a) Normalprägung (197 680 + 68 000 Ex.*) 10,– 20,–
b) Polierte Platte (5 500 Ex.) 40,–

Entwurf von Heinz Rodewald.
*Ausgegeben ab 10. März 1983. * Eingeschmolzen bis auf 238 580 Ex.*

				VZ	ST/E	PP
89	[1588]	5	Mark (K-N-Zk) 1983 A. Rs. Schlosskirche zu Wittenberg. Randschrift viermal ∗ 5 MARK. 9.6 g:			
			a) Normalprägung (196 500 + 68 300 Ex.*)	15,–	30,–	
			b) Polierte Platte (5 500 Ex.)			50,–

Entwurf von Heinz Rodewald.

*Ausgegeben ab 17. Januar 1983. * Eingeschmolzen bis auf 237 800 Ex.*

Weitere Ausgaben auf den 500. Geburtstag von Martin Luther: Nrn. 84, 94.

30 JAHRE KAMPFGRUPPEN DER ARBEITERKLASSE

				VZ	ST/E	PP
90	[1593]	10	Mark (K-N-Zk) 1983 A. Rs. Betriebsangehörige als Arbeiter mit Schutzhelm und Kämpfer mit Stahlhelm. Randschrift viermal ∗ 10 MARK. 12 g:			
			a) Normalprägung (460 900 + 45 000 Ex.*)	6,–	15,–	
			b) Polierte Platte (5 000 Ex.)			50,–

Entwurf von Dietrich Dorfstecher, Modell von Evelyn Nitzsche Hartnick.

*Ausgegeben ab 15. September 1983. * Eingeschmolzen bis auf 393 980 Ex.*

				VZ	ST/E	PP
90P1		10	Mark (K-N-Zk) 1983 A. Motivprobe, mit zusätzlichem Kampfgruppenemblem am Armansatz des Kämpfers (wenige Ex.)		–,–	

Nr. 90P1 ist auch in einem einzelnen Exemplar (siehe linke Abbildung) mit eingeschlagenen (vertieften) Buchstaben PROBE und Seriennummer 001 in großen Ziffern (Punzen wie bei Nrn. 83P und 87P) vorgekommen. Hierbei handelt es sich um einen Versuch der Münze Berlin im Vorfeld der Produktion von Nr. 90P2 (siehe rechte Abbildung).

VZ ST/E PP

90P2 [1593P] 10 Mark (K-N-Zk) 1983 A. Motivprobe, wie Nr. 90P1, Inschrift PROBE unter der Jahreszahl:
a) (100 [durch Gegenstempel unter MARK] numerierte Ex.) 4000,–
b) ohne Seriennummer (wenige Ex.) –,–

100. TODESTAG VON KARL MARX

91 [1592] 20 Mark (K-N-Zk) 1983 A. Rs. Karl Marx (1818–1883), Sozialideologe, Jahreszahlen unter Namenszug. Randschrift viermal ∗20 MARK. 15 g:
a) Normalprägung (940 000 + 60 000 Ex.*) 6,– 15,–
b) Polierte Platte (6 000 Ex.) 40,–

Entwurf von Sneschana Russewa Hoyer, Modell von Heinz Hoyer.
*Ausgegeben ab 6. April 1983. * Eingeschmolzen bis auf 655 614 Ex.*

91P1 20 Mark (K-N-Zk) 1983 A. Motivprobe, Jahreszahlen seitlich über dem Namenszug 4000,–

VZ ST/E PP

91P2 [1592P] 20 Mark (K-N-Zk) 1983 A. Motivprobe, wie Nr. 91P1, Inschrift PROBE links neben Wertangabe:

a) (100 [durch Gegenstempel unter MARK] numerierte Ex.) 4000,–

b) ohne Seriennummer (wenige Ex.) –,–

Zum gleichen Anlass: Bundesrepublik Deutschland Nr. 157.
Zum 150. Geburtstag von Karl Marx: Deutsche Demokratische Republik Nr. 23.

125. GEBURTSTAG VON MAX PLANCK

ST PP

92 [1594] 5 Mark (K-N-Zk) 1983. Rs. Max Planck (1858–1947), Schöpfer der Quantentheorie, Nobelpreisträger für Physik 1918. Randschrift viermal ∗ 5 MARK. 12.2 g:

a) Stempelglanz (55 800 Ex.*) 35,–

b) Polierte Platte (4 380 Ex.) 60,–

Entwurf von Dietrich Dorfstecher, Modell von Evelyn Nitzsche Hartnick.
*Ausgegeben ab 20. Oktober 1983. * Eingeschmolzen bis auf 45 800 Ex.*
Zum 100. Geburtstag von Max Planck: Bundesrepublik Deutschland Nr. 115.
Zum 150. Geburtstag: Bundesrepublik Deutschland Nr. 264.

100. TODESTAG VON RICHARD WAGNER

ST PP

93 [1589] 10 Mark (S) 1983. Rs. Tannhäuser (†um 1268) und weitere Minnesänger im Sängerkrieg auf der Wartburg, Szenenbild aus der Oper »Tannhäuser« des Komponisten Richard Wagner (1813–1883). Randschrift dreimal ∗ 10 MARK. 500er Silber, 17 g:

a) Stempelglanz (49 500 Ex.) 40,–

b) Polierte Platte (5 500 Ex.) 60,–

Entwurf von Dietrich Dorfstecher, Modell von Gerhard Rommel.

Ausgegeben ab 17. Januar 1983.

500. GEBURTSTAG VON MARTIN LUTHER

94 [1591] 20 Mark (S) 1983. Rs. Martin Luther (1483–1546), Reformator. Randschrift dreimal ∗ 20 MARK. 500er Silber, 20.9 g:

a) Stempelglanz (40 500 Ex.) 350,–

b) Polierte Platte (5 500 Ex.) 500,–

Entwurf und Modell von Heinz Rodewald.

Ausgegeben ab 10. März 1983.

Stücke mit gleichmäßig mattierter Oberfläche sind von privater Seite nachträglich mit Sandstrahl behandelte Exemplare aus der regulären Stempelglanzproduktion.

94P1 20 Mark (K-N-Zk) 1983. Materialprobe, Randschrift viermal ∗ 20 MARK. 15 g –,–

94P2 [1591P] 20 Mark (K-N-Zk) 1983. Materialprobe, wie Nr. 94P1, Inschrift PROBE links unter Jahreszahl:

a) (100 [durch Gegenstempel] numerierte Ex.) 6000,–

b) ohne Seriennummer (wenige Ex.) –,–

Münzsätze zum gleichen Anlass siehe ab Seite 431.

Zum gleichen Anlass: Bundesrepublik Deutschland Nr. 158, Deutsche Demokratische Republik Nrn. 84, 88–89.

Zum 400. Jahrestag der Reformation: Sachsen Nr. 32.

Zum 450. Geburtstag von Martin Luther: Deutsches Reich Nrn. 75–76.

STÄDTE – 5. AUSGABE
LEIPZIG (2)

			VZ	ST/E	PP
95	[1596]	5 Mark (K-N-Zk) 1984 A. Rs. Altes Rathaus (1556) zu Leipzig. Randschrift viermal ∗ 5 MARK. 9.6 g:			
		a) Normalprägung (204 500 + 40 001 Ex.*)	6,–	15,–	
		b) Polierte Platte (5 500 Ex.)			40,–

Entwurf von Heinz Rodewald.
*Ausgegeben ab 9. März 1984. * Eingeschmolzen bis auf 219 501 Ex.*

			VZ	ST/E	PP
96	[1598]	5 Mark (K-N-Zk) 1984 A. Rs. Thomaskirche (1496) zu Leipzig. Randschrift viermal ∗ 5 MARK. 9.6 g:			
		a) Normalprägung (211 540 + 40 000 Ex.*)	8,–	20,–	
		b) Polierte Platte (5 500 Ex.)			40,–

Entwurf von Heinz Rodewald.
*Ausgegeben ab 26. Juni 1984. * Eingeschmolzen bis auf 225 840 Ex.*

150. TODESTAG VON ADOLF FREIHERR VON LÜTZOW

ST PP

97 [1599] 5 Mark (K-N-Zk) 1984 A. Rs. Drei reitende Jäger des Freikorps des preußischen Reiteroffiziers und Freischarführers Adolf Ludwig Wilhelm Freiherr von Lützow (1782–1834). Randschrift viermal ∗ 5 MARK. 12.2 g:

	ST	PP
a) Stempelglanz (45 000 Ex.)	70,–	
b) Polierte Platte (5 000 Ex.)		100,–

Entwurf von Dietrich Dorfstecher, Modell von Gerhard Rommel.

Ausgegeben ab 10. Oktober 1984.

100. TODESTAG VON ALFRED BREHM

98 [1597] 10 Mark (S) 1984 A. Rs. Afrikanischer Marabu (Leptoptilus crumeniferus – Ciconiidae) in Hockstellung, nach einer Illustration aus dem »Tierleben« von Alfred Edmund Brehm (1829–1884). Randschrift dreimal ∗ 10 MARK. 500er Silber, 17 g:

	ST	PP
a) Stempelglanz (40 000 Ex.)	50,–	
b) Polierte Platte (5 000 Ex.)		80,–

Entwurf von Sneschana Russewa Hoyer, Modell von Heinz Hoyer.

Ausgegeben ab 15. Mai 1984.

225. TODESTAG VON GEORG FRIEDRICH HÄNDEL

99 [1595] 20 Mark (S) 1984 A. Rs. Georg Friedrich Händel (1685–1759), Komponist. Randschrift dreimal ∗ 20 MARK. 500er Silber, 20.9 g:

	ST	PP
a) Stempelglanz (35 900 Ex.)	125,–	
b) Polierte Platte (4 500 Ex.)		160,–

Entwurf und Modell von Heinz Rodewald.

Ausgegeben ab 27. Februar 1984.

Zum 300. Geburtstag von Georg Friedrich Händel: Bundesrepublik Deutschland Nr. 161.

STÄDTE – 6. AUSGABE
DRESDEN (2)

			VZ	ST/E	PP
100	[1602]	5 Mark (K-N-Zk) 1985 A. Rs. Wallpavillon des Dresdner Zwingers (1732). Randschrift viermal ∗ 5 MARK. 9.6 g:			
		a) Normalprägung (194 520 + 50 000 Ex.*)	10,–	20,–	
		b) Polierte Platte (5 500 Ex.)			40,–

Entwurf von Heinz Rodewald.

*Ausgegeben ab 5. Februar 1985. * Eingeschmolzen bis auf 219 520 Ex.*

			VZ	ST/E	PP
101	[1601]	5 Mark (K-N-Zk) 1985 A. Rs. Frauenkirche (1726/1743) in Dresden als Ruine nach dem britischen Luftangriff vom 13. Februar 1945. Randschrift viermal ∗ 5 MARK. 9.6 g:			
		a) Normalprägung (195 000 + 56 000 Ex.*)	12,–	25,–	
		b) Polierte Platte (8 000 Ex.)			40,–

Entwurf von Heinz Rodewald.

*Ausgegeben ab 5. Februar 1985. * Eingeschmolzen bis auf 228 076 Ex.*

Auf den Wiederaufbau der Frauenkirche: Bundesrepublik Deutschland Nr. 184.

40. JAHRESTAG DER BEFREIUNG VOM FASCHISMUS

VZ ST/E PP

102P1 [1603P5] 5 Mark (K-N-Zk) [1985] A. Motivprobe, Meliton Kantarija mit sowjetischer Fahne auf der Ruine des Reichstagsgebäudes (1945) in Berlin, Inschrift PROBE. Randschrift viermal ∗ 5 MARK. 9.6 g:
a) (300 [durch Gegenstempel] numerierte Ex.) 2500,–
b) ohne Seriennummer (wenige Ex.) –,–

Entwurf von Heinz Rodewald.

102 [1603] 10 Mark (K-N-Zk) 1985 A. Rs. Denkmal eines Rotarmisten mit einem deutschen Kind auf dem Arm, Hauptfigur des Sowjetischen Ehrenmals im Treptower Park in Berlin. Randschrift viermal ∗ 10 MARK. 12 g:
a) Normalprägung (750 600 + 30 000 Ex.*) 5,– 12,–
b) Polierte Platte (5 000 Ex.) 45,–

Entwurf von Dietrich Dorfstecher, Modell von Gerhard Rommel.
*Ausgegeben ab 17. April 1985. * Eingeschmolzen bis auf 606 010 Ex.*

102P2 [1603P4] 10 Mark (K-N-Zk) 1985 A. Reduktionsprobe, größeres Prägebild der Bildseite (Denkmal und Inschrift) (50 Ex.) 4000,–

102P3 [1603P3] 10 Mark (S) 1985 A. Materialprobe, wie Nr. 102. Randschrift dreimal ∗ 10 MARK. 500er Silber, 17 g (10 Ex.) 15000,–

102P4 [1603P2] 10 Mark (S) 1985 A. Materialprobe, wie Nr. 102, mit »P« rechts neben dem Staatswappen. Randschrift dreimal ∗ 10 MARK. 500er Silber, 17 g, Polierte Platte (10 Ex.) 15000,–

102P5 [1603P1] 10 Mark (G) 1985 A. Materialprobe, wie Nr. 102, mit »P« rechts neben dem Staatswappen. $333\frac{1}{3}$er Gold, 15 g, Polierte Platte (266 Ex.*) 6000,–

Nr. 102P5 wurde als Ehrenpräsent für ausländische Staatsgäste hergestellt. Die Belieferung des VEB Münze der DDR mit 400 Goldronden aus der Schweiz sowie die Entgegennahme der Prägungen erfolgte durch die Abteilung für Kommerzielle Koordinierung unter Alexander Schalck Golodkowski. * Die Gesamtproduktion bestand aus 266 Ex. in verplombten Kassetten mit Lederetuis sowie den restlichen als Ausschuss deklarierten 134 Ex., deren weiterer Verbleib unbekannt ist. Auf den anschließend durch die Staatsbank angefertigten Zertifikaten ist die Prägezahl als Druckfehler mit 200 Ex. angegeben. Die Bezeichnung der Legierung als 900er Gold im Aufsatz *Das Geheimnis des Honecker-Guldens* von Helmut Caspar, Geldgeschichtliche Nachrichten 43 (2008) 161–164, ist unzutreffend.

Vorsicht vor Sammlerfälschungen (vergoldete Stücke der Normalprägung mit nachträglich vertieft eingestempeltem Buchstaben »P«)!

175 JAHRE UNIVERSITÄT BERLIN

ST **PP**

103 [1606] 10 Mark (S) 1985 A. Rs. Denkmale auf den Staatsmann und Philologen Wilhelm von Humboldt (1767–1835) und den Naturforscher Alexander von Humboldt (1769–1859) vor dem Eingang zum Hauptgebäude der 1949 nach den Gebrüdern Humboldt benannten Universität zu Berlin. Randschrift dreimal ∗ 10 MARK. 500er Silber, 17 g:

a) Stempelglanz (38 000 Ex.) 60,–

b) Polierte Platte (4 000 Ex.) 90,–

Entwurf von Joachim Rieß, Modell von Heinz Rodewald.

Ausgegeben ab 30. August 1985.

103P [1606P] 10 Mark (S) 1985 A. Motivprobe, Wertangabe, »P« und Staatswappen im Schriftkreis. Rs. Eingang zum Hauptgebäude der Universität im Vollschriftkreis:

a) (112 [durch Gegenstempel links neben MARK] numerierte Ex.) 6500,–

b) ohne Seriennummer (wenige Ex.) –,–

Entwurf von Joachim Rieß, Modell von Volker Beier.

Auf 100 Jahre Universität Berlin: Preußen Nr. 23.

Zum 200. Geburtstag von Wilhelm von Humboldt: Bundesrepublik Deutschland Nr. 118, Deutsche Demokratische Republik Nr. 20.

Auf 150 Jahre Friedensklasse des Ordens Pour le Mérite: Bundesrepublik Deutschland Nr. 178.

225. TODESTAG VON CAROLINE NEUBER

			ST	PP
104	[1604]	5 Mark (K-N-Zk) 1985 A. Rs. Friederike Caroline Neuber (1697–1760), Schauspielerin, Theaterleiterin und Schriftstellerin, bei der Verbannung des Harlekins von der Bühne im Zuge der Erneuerung des deutschen Theaters im Sinne der Aufklärung. Randschrift viermal ∗ 5 MARK. 12.2 g:		
		a) Stempelglanz (51 825 Ex.)	50,–	
		b) Polierte Platte (4 000 Ex.)		80,–

Entwurf von Sneschana Russewa Hoyer, Modell von Heinz Hoyer.

Ausgegeben ab 5. Juli 1985.

WIEDERERÖFFNUNG DER SEMPEROPER IN DRESDEN

105	[1600]	10 Mark (S) 1985 A. Rs. Sächsisches Hoftheater zu Dresden, nach Plänen von Gottfried Semper (1803–1879) als Nachfolgebau des 1841 eingeweihten und 1869 abgebrannten ersten Opernhauses 1871–1878 erbaut, 1945 durch Bombenangriff beschädigt, am 13. Februar 1985 wiedereröffnet. Randschrift ∗ 1841 ∗ 1878 ∗ *1945* ∗ 1985. 500er Silber, 17 g:		
		a) Stempelglanz (55 002 Ex.)	45,–	
		b) Polierte Platte (5 000 Ex.)		90,–

Entwurf von Joachim Rieß, Modell von Volker Beier.

Ausgegeben ab 15. Januar 1985.

Zum 200. Geburtstag von Gottfried Semper: Bundesrepublik Deutschland Nr. 226.

125. TODESTAG VON ERNST MORITZ ARNDT

			ST	PP
106	[1605]	20 Mark (S) 1985 A. Rs. Ernst Moritz Arndt (1769–1860), politischer Schriftsteller und Dichter. Randschrift dreimal ∗ 20 MARK. 500er Silber, 20.9 g:		
		a) Stempelglanz (36 000 Ex.)	100,–	
		b) Polierte Platte (4 000 Ex.)		125,–

Entwurf von Sneschana Russewa Hoyer, Modell von Heinz Hoyer.

Ausgegeben ab 8. August 1985.

106F Fehlprägung Arndt in Neusilber auf Ronde von Nr. 102 mit Randschrift viermal ✻ 10 MARK –,–

STÄDTE – 7. AUSGABE
POTSDAM (2)

			VZ	ST/E	PP
107	[1609]	5 Mark (K-N-Zk) 1986 A. Rs. Schloss Sanssouci (1748) in Potsdam, Sommerresidenz Friedrichs des Großen. Randschrift viermal ∗ 5 MARK. 9.6 g:			
		a) Normalprägung (270 080 + 58 560 Ex.*)	5,–	12,–	
		b) Polierte Platte (4 200 Ex.)			60,–

Entwurf von Heinz Rodewald.

*Ausgegeben ab 15. Mai 1986. * Eingeschmolzen bis auf 295 340 Ex.*

107P 5 Mark (K-N-Zk) 1986 A. Dickabschlag (auf Ronde von Nr. 110), 12.2 g (wenige Ex.) –,–

Ein Exemplar der Nr. 107P ging als Präsent an den Rat des Bezirks Potsdam.

				VZ	ST/E	PP
108	[1610]	5	Mark (K-N-Zk) 1986 A. Rs. Neues Palais (1769) in Potsdam. Randschrift viermal ∗ 5 MARK. 9.6 g:			
			a) Normalprägung (268 800 + 58 302 Ex.*)	5,–	12,–	
			b) Polierte Platte (4 204 Ex.)			60,–

Entwurf von Heinz Rodewald.

*Ausgegeben ab 26. Juni 1986. * Eingeschmolzen bis auf 294 002 Ex.*

Zum 200. Todestag Friedrichs des Großen: Bundesrepublik Deutschland Nr. 164.

108P [1610P] 5 Mark (K-N-Zk) 1986 A. Motivprobe, Einsteinturm (1924) in Potsdam, darunter »P«. Randschrift viermal ∗ 5 MARK. 9.6 g (10 Ex.) 25000,–

Entwurf von Heinz Rodewald.

100. GEBURTSTAG VON ERNST THÄLMANN

				VZ	ST/E	PP
109	[1608]	10	Mark (K-N-Zk) 1986 A. Rs. Ernst Thälmann (1886–1944) an der Spitze eines Demonstrationszuges. Randschrift viermal ∗ 10 MARK. 12 g:			
			a) Normalprägung (709 750 + 42 000 Ex.*)	5,–	12,–	
			b) Polierte Platte (4 002 Ex.)			45,–

Entwurf von Sneschana Russewa Hoyer, Modell von Heinz Hoyer.

*Ausgegeben ab 3. April 1986. * Eingeschmolzen bis auf 581 642 Ex.*

	VZ	ST/E	PP
109P [1608P] 10 Mark (S) 1986 A. Materialprobe, mit »P« rechts neben dem Staatswappen. 500er Silber, 17 g (107 Ex.)		4000,–	

Zum 85. Geburtstag von Ernst Thälmann: Nr. 33.

175. TODESTAG VON HEINRICH VON KLEIST

	ST	PP
110 [1611] 5 Mark (K-N-Zk) 1986 A. Rs. Heinrich von Kleist (1777–1811), Dichter. Randschrift viermal ∗ 5 MARK. 12.2 g:		
a) Stempelglanz (46 700 Ex.)	90,–	
b) Polierte Platte (4 000 Ex.)		120,–

Entwurf von Sneschana Russewa Hoyer, Modell von Heinz Hoyer.

Ausgegeben ab 21. August 1986.

Zum 200. Geburtstag von Heinrich von Kleist: Bundesrepublik Deutschland Nr. 145.

275 JAHRE CHARITÉ BERLIN

	ST	PP
111 [1612] 10 Mark (S) 1986 A. Rs. Pesthaus (1710) in Berlin, seit 1727 Charité, mit dem Krankenhausneubau im Hintergrund. Randschrift dreimal ∗ 10 MARK. 500er Silber, 17 g:		
a) Stempelglanz (38 000 Ex.)	60,–	
b) Polierte Platte (4 101 Ex.)		90,–

Entwurf von Joachim Rieß, Modell von Volker Beier.

Ausgegeben ab 1. September 1986.

Münzsätze mit Nr. 111 siehe ab Seite 431.

200. GEBURTSTAG VON JACOB UND WILHELM GRIMM

				ST	PP
112	[1607]	20	Mark (S) 1986 A. Rs. »Der gestiefelte Kater«, als Märchen aufgezeichnet von den Philologen und Altertumsforschern Jacob Grimm (1785–1863) und Wilhelm Grimm (1786–1859). Randschrift dreimal ∗ 20 MARK. 625er Silber, 20.9 g:		
			a) Stempelglanz (37 650 Ex.)	250,–	
			b) Polierte Platte (3 508 Ex.)		320,–

Entwurf von Sneschana Russewa Hoyer, Modell von Heinz Hoyer.
Ausgegeben ab 26. Februar 1986.

STÄDTE – 8. AUSGABE
BERLIN (3)

				VZ	ST/E	PP
113	[1613]	5	Mark (K-N-Zk) 1987 A. Rs. Nikolaiviertel in Berlin. Randschrift viermal ∗ 5 MARK. 9.6 g:			
			a) Normalprägung (468 801 + 139 005 Ex.*)	4,–	8,–	
			b) Polierte Platte (4 200 Ex.)			45,–
			c) Polierte Platte, Feld und Relief spiegelnd (wenige Ex.)			–,–

Entwurf von Joachim Rieß, Modell von Volker Beier.
*Ausgegeben ab 16. Januar 1987. *Eingeschmolzen bis auf 492 606 Ex.*

VZ ST/E PP

114 [1614] 5 Mark (K-N-Zk) 1987 A. Rs. Rotes Rathaus (1869) in Berlin. Randschrift viermal ∗ 5 MARK. 9.6 g:

a) Normalprägung (473 810 + 136 800 Ex.*) 4,– 8,–
b) Polierte Platte (4 200 Ex.) 45,–
c) Polierte Platte, Feld und Relief spiegelnd (wenige Ex.) –,–

Entwurf von Sneschana Russewa Hoyer, Modell von Heinz Hoyer.
*Ausgegeben ab 16. Januar 1987. * Eingeschmolzen bis auf 495 110 Ex.*

115 [1615] 5 Mark (K-N-Zk) 1987 A. Rs. Weltzeituhr auf dem Alexanderplatz in Berlin. Randschrift viermal ∗ 5 MARK. 9.6 g:

a) Normalprägung (474 801 + 137 001 Ex.*) 4,– 8,–
b) Polierte Platte (4 200 Ex.) 45,–
c) Polierte Platte, Feld und Relief spiegelnd (wenige Ex.) –,–

Entwurf von Heinz Rodewald.
*Ausgegeben ab 16. Januar 1987. * Eingeschmolzen bis auf 496 202 Ex.*

SCHAUSPIELHAUS BERLIN

ST PP

116 [1616] 10 Mark (S) 1987 A. Rs. Schauspielhaus auf dem Gendarmenmarkt (Platz der Akademie) in Berlin, erbaut 1818–1821 nach Plänen von Karl Friedrich Schinkel, nach Kriegszerstörung 1984 wiedereröffnet, seit 1994 Konzerthaus Berlin. Randschrift dreimal ∗ 10 MARK. 500er Silber, 17 g:

a) Stempelglanz (46 100 Ex.) 45,–
b) Polierte Platte (4 000 Ex.) 90,–

Entwurf und Modell von Heinz Rodewald.
Ausgegeben ab 5. März 1987.

			ST	PP
117	[1617]	20 Mark (S) 1987 A. Rs. Berliner Stadtsiegel (um 1280/1381) mit behelmtem brandenburgischem Adlerschild, von zwei Bären flankiert. Randschrift dreimal ∗ 20 MARK. 625er Silber, 20.9 g:		
		a) Stempelglanz (36 575 Ex.)	400,–	

b) Polierte Platte, gesamte Siegelfläche mattiert (2 199 Ex.) 750,–

c) Polierte Platte, nur erhabene Motivteile mattiert, tieferliegende Flächen spiegelnd (2 201 Ex.) 750,–

Entwurf von Wilfried Klink, Modell von Bettina Klink von Woyski.
Ausgegeben ab 26. März 1987.

Münzsätze, Münztaschen und Numisbriefe zum gleichen Anlass siehe ab Seite 431.
Zum gleichen Anlass: Bundesrepublik Deutschland Nr. 165, Deutsche Demokratische Republik Nr. 31 (1987).

TRANSPORTWESEN – 1. AUSGABE
150 JAHRE FERNEISENBAHN IN DEUTSCHLAND

			VZ	ST/E	PP
118	[1618]	5 Mark (K-N-Zk) 1988 A. Rs. Dampflokomotive »Saxonia« (1838) auf der Eröffnungsfahrt der ersten Ferneisenbahnstrecke. Randschrift 1839 LEIPZIG – DRESDEN. 9.6 g:			
		a) Normalprägung (366 800 + 130 000 Ex.*)	5,–	10,–	
		b) Polierte Platte (3 200 Ex.)			80,–

Entwurf von Wilfried Klink, Modell von Bettina Klink von Woyski.

*Ausgegeben ab 18. Februar 1988. * Eingeschmolzen bis auf 401 800 Ex.*

TRANSPORTWESEN – 2. AUSGABE
30 JAHRE ÜBERSEEHAFEN ROSTOCK

			VZ	ST/E	PP
119	[1619]	5 Mark (K-N-Zk) 1988 A. Rs. Semicontainerschiff vom Typ »Meridian« im Hafen von Rostock. Randschrift · OSTSEE · EIN MEER DES FRIEDENS. 9.6 g:			
		a) Normalprägung (366 800 + 130 001 Ex.*)	5,–	10,–	
		b) Polierte Platte (3 200 Ex.)			80,–

Entwurf von Heinz Rodewald.

*Ausgegeben ab 18. Februar 1988. * Eingeschmolzen bis auf 396 001 Ex.*

			VZ	ST/E	PP
119P		5 Mark (K-N-Zk) 1988 A. Produktionsprobe, Randschrift viermal ✻ 5 MARK		–,–	

Münztasche »Verkehrswesen« und Numisbriefe siehe ab Seite 431.

40 JAHRE DEUTSCHER SPORTAUSSCHUSS (AB 1957 DEUTSCHER TURN- UND SPORTBUND)

VZ ST/E PP

120 [1623] 10 Mark (K-N-Zk) 1988 A. Rs. Drei Läuferinnen. Randschrift viermal ∗ 10 MARK. 12 g:
a) Normalprägung (611 800 + 85 000 Ex.*) 4,– 12,–
b) Polierte Platte (3 300 Ex.) 90,–

Entwurf von Sneschana Russewa Hoyer, Modell von Heinz Hoyer.
*Ausgegeben ab 14. Juni 1988. * Eingeschmolzen bis auf 540 120 Ex.*

120P [1623P] 10 Mark (S) 1988 A. Materialprobe, 500er Silber, 17 g, mit »P« unter der Wertzahl, Randschrift dreimal ∗ 10 MARK, Polierte Platte (1 000 Ex.) 1000,–

50. TODESTAG VON ERNST BARLACH

ST PP

121 [1620] 5 Mark (K-N-Zk) 1988 A. Rs. Bronzeplastik »Der Flötenbläser« (1936) des Bildhauers, Graphikers und Dichters Ernst Barlach (1870–1938). Randschrift viermal ∗ 5 MARK. 12.2 g:
a) Stempelglanz (51 601 Ex.) 50,–
b) Polierte Platte (3 000 Ex.) 100,–

Entwurf von Joachim Rieß, Modell von Heinz Hoyer.
Ausgegeben ab 18. Februar 1988.

500. GEBURTSTAG VON ULRICH VON HUTTEN

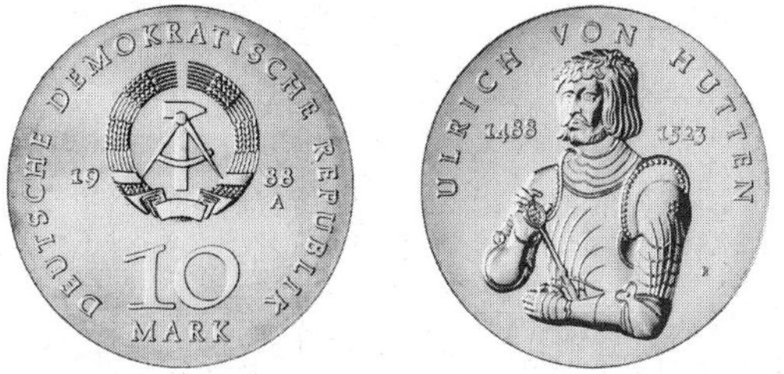

ST **PP**

122 [1622] 10 Mark (S) 1988 A. Rs. Ulrich von Hutten (1488–1523), Reichsritter, Dichter und Humanist. Randschrift ICH HAB'S GEWAGT! 500er Silber, 17 g:

a) Stempelglanz (37 000 Ex.) 80,–
b) Polierte Platte (3 000 Ex.) 200,–

Entwurf und Modell von Heinz Rodewald.
Ausgegeben ab 19. Mai 1988.

100. TODESTAG VON CARL ZEISS

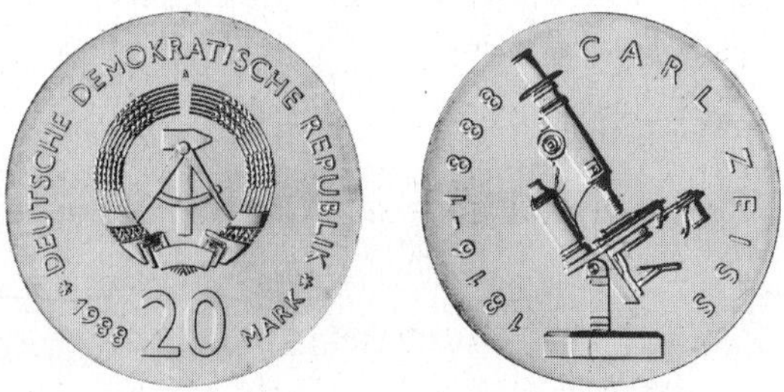

123 [1621] 20 Mark (S) 1988 A. Rs. »Mineralogisches Stativ IV« (1879) aus der Produktion von Carl Zeiß (1816–1888) auf der Grundlage der Abbeschen Mikroskoptheorie. Randschrift dreimal ∗20 MARK. 625er Silber, 20.9 g:

a) Stempelglanz (35 020 Ex.) 250,–
b) Polierte Platte (3 001 Ex.) 320,–

Entwurf von Sneschana Russewa Hoyer, Modell von Heinz Hoyer.
Ausgegeben ab 17. März 1988.

123P [1621P] 20 Mark (S) 1988 A. Produktionsprobe, Randschrift mit großen klobigen Buchstaben (15 Ex.) 10000,–

Zum gleichen Anlass: Bundesrepublik Deutschland Nr. 169.

STÄDTE – 9. AUSGABE
ZWICKAU UND MÜHLHAUSEN (2)

VZ ST/E PP

124 [1626] 5 Mark (K-N-Zk) 1989 A. Rs. Katharinenkirche in Zwickau. Randschrift THOMAS MÜNTZER 1489–1525. 9.6 g:
a) Normalprägung (362 440 + 134 700 Ex.*) 5,– 10,–
b) Polierte Platte (3 200 Ex.) 70,–

Entwurf von Wilfried Klink, Modell von Bettina Klink von Woyski.

*Ausgegeben ab 23. Februar 1989. * Eingeschmolzen bis auf 402 140 Ex.*

125 [1627] 5 Mark (K-N-Zk) 1989 A. Rs. Marienkirche zu Mühlhausen in Thüringen. Randschrift THOMAS MÜNTZER 1489–1525. 9.6 g:
a) Normalprägung (362 400 + 134 500 Ex.*) 5,– 10,–
b) Polierte Platte (3 200 Ex.) 70,–

Entwurf von Heinz Rodewald.

*Ausgegeben ab 23. Februar 1989. * Eingeschmolzen bis auf 401 900 Ex.*

Auf den 500. Geburtstag von Thomas Müntzer: Nr. 130.

40 JAHRE RAT FÜR GEGENSEITIGE WIRTSCHAFTSHILFE (RGW)

VZ ST/E PP

126 [1625] 10 Mark (K-N-Zk) 1989 A. Rs. Gebäude des Rates für Gegenseitige Wirtschaftshilfe (Zdanie SEV) in Moskau. Randschrift viermal ∗ 10 MARK. 12 g:
a) Normalprägung (57 000 + 40 000 Ex.) 20,– 40,–
b) Polierte Platte (3 000 Ex.) 200,–

Entwurf von Heinz Rodewald.
Ausgegeben ab 12. Januar 1989.

40 JAHRE DEUTSCHE DEMOKRATISCHE REPUBLIK

127 [1630] 10 Mark (K-N-Zk) 1989 A. Rs. Wappen von Berlin (mit Freiraum um Mauerkrone) und den vierzehn Bezirkshauptstädten Schwerin, Rostock, Neubrandenburg, Magdeburg, Potsdam, Frankfurt/Oder, Erfurt, Halle/Saale, Leipzig, Cottbus, Suhl, Gera, Chemnitz (Karl-Marx-Stadt) und Dresden in geographischer Anordnung. Randschrift viermal ∗ 10 MARK. 12 g:
a) Normalprägung (694 000 + 65 000 Ex.*) 5,– 12,–
b) Polierte Platte, nur erhabene Motivteile der Wappen mattiert, tieferliegende Flächen spiegelnd (3 080 Ex.) 150,–
[1630P1] c) Polierte Platte, gesamter Wappenblock flächig mattiert (10 Ex.) 10000,–

Entwurf von Heinz Rodewald.
*Ausgegeben ab 20. Juni 1989. * Eingeschmolzen bis auf 588 900 Ex.*

127P1 [1630P2] 10 Mark (K-N-Zk) [1989]. Einseitige Motivprobe der Bildseite, ohne Freiraum um Mauerkrone des Berliner Wappens, leere Seite mit Randstab, Randschrift viermal ∗ 10 MARK –,–

127P2 10 Mark (S) 1989 A. Materialprobe (mit Freiraum um Mauerkrone), Randschrift dreimal ∗ 10 MARK. 500er Silber, 17 g:

[1630P3] a) Stempelglanz (10 [durch Gegenstempel rechts neben der Wertzahl] numerierte Ex.) 12000,–

ST PP

[1630P4] b) Polierte Platte, nur erhabene Motivteile der Wappen mattiert, tieferliegende Flächen spiegelnd (10 [durch Gegenstempel links neben der Wertzahl] numerierte Ex.) 12000,–

[1630P5] c) Polierte Platte, gesamter Wappenblock flächig mattiert (10 [durch Gegenstempel links neben der Wertzahl] mit Stern numerierte Ex.) 12000,–

d) Stempelglanz, ohne Seriennummer (wenige Ex.) –,–

e) Polierte Platte, wie Nr. 127P2b, ohne Seriennummer (wenige Ex.) –,–

f) Polierte Platte, wie Nr. 127P2c, ohne Seriennummer (wenige Ex.) –,–

100. GEBURTSTAG VON CARL VON OSSIETZKY

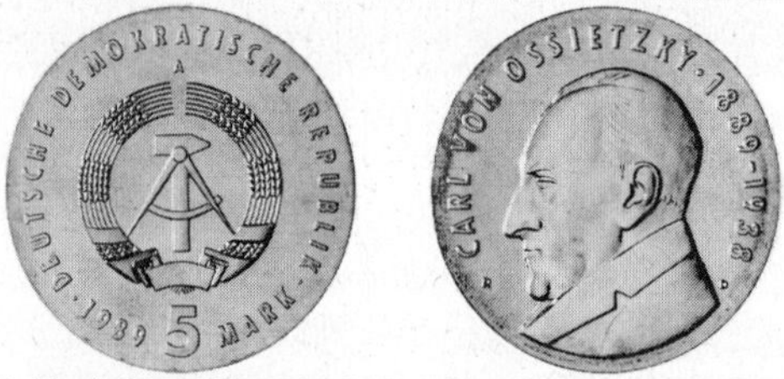

128 [1628] 5 Mark (K-N-Zk) 1989 A. Rs. Carl von Ossietzky (1889–1938), politischer Publizist, Friedensnobelpreisträger. Randschrift viermal ∗ 5 MARK. 12.2 g:

a) Stempelglanz (50 400 Ex.) 50,–

b) Polierte Platte (3 066 Ex.) 120,–

Entwurf von Dietrich Dorfstecher, Modell von Gerhard Rommel.

Ausgegeben ab 9. Mai 1989.

128P 5 Mark (K-N-Zk) 1989 A. Motivprobe, Porträt mit stark hervortretender, nach unten gezogener Unterlippe –,–

225. GEBURTSTAG VON JOHANN GOTTFRIED SCHADOW

			ST	PP
129	[1629]	10 Mark (S) 1989 A. Rs. Quadriga von Johann Gottfried Schadow (1764–1850) vom Brandenburger Tor in Berlin. Randschrift dreimal * 10 MARK. 500er Silber, 17 g:		
		a) Stempelglanz (39 200 Ex.)	100,–	
		b) Polierte Platte (3 000 Ex.)		250,–

Entwurf von André Kahane, Modell von Gerhard Rommel.

Ausgegeben ab 9. Mai 1989.

Weitere Münzausgaben mit dem Brandenburger Tor: Bundesrepublik Deutschland Nrn. 176, 209–211, Deutsche Demokratische Republik Nrn. 31, 137–138.

500. GEBURTSTAG VON THOMAS MÜNTZER

130	[1624]	20 Mark (S) 1989 A. Rs. Thomas Müntzer (1489–1525), Theologe und Bauernführer. Randschrift dreimal * 20 MARK. 625er Silber, 20.9 g:		
		a) Stempelglanz (38 500 Ex.)	90,–	
		b) Polierte Platte (3 090 Ex.)		200,–

Entwurf von Günter Gnauck, Modell von Bernd Göbel.

Ausgegeben ab 12. Januar 1989.

Zum gleichen Anlass: Nrn. 124–125. Münztaschen und Numisbriefe siehe ab Seite 431.

500 JAHRE POSTWESEN

				VZ	ST/E	PP
131	[1631]	5	Mark (K-N-Zk) 1990 A. Rs. Viersitziger Personenpostwagen (um 1880). Randschrift viermal ∗ 5 MARK. 9.6 g:			
			a) Normalprägung (366 320 + 130 500 Ex.*)	5,–	10,–	
			b) Polierte Platte (4 200 Ex.)			50,–

Entwurf von Wilfried Klink, Modell von Bettina Klink von Woyski.

*Ausgegeben ab 15. Februar 1990. * Eingeschmolzen bis auf 392 720 Ex.*

131P	[1631P]	5	Mark (K-N-Zk) 1990 A. Motivprobe, Posthorn, mit »P« rechts unter dem Staatswappen (110 Ex.)		6500,–

Entwurf von Wilfried Klink, Modell von Bettina Klink von Woyski.

275. TODESTAG VON ANDREAS SCHLÜTER

				VZ	ST/E	PP
132	[1632]	5	Mark (K-N-Zk) 1990 A. Rs. Zeughaus (1695) in Berlin nach Plänen des Baumeisters Andreas Schlüter (1660–1714), 1731–1876 Waffenarsenal, bis 1945 Heeresmuseum, ab 1952 Museum für Deutsche Geschichte, seit 1990 Sitz des Deutschen Historischen Museums. Randschrift viermal ∗ 5 MARK. 9.6 g:			
			a) Normalprägung (372 920 + 130 500 Ex.*)	4,–	8,–	
			b) Polierte Platte (4 200 Ex.)			50,–

Entwurf von Sneschana Russewa Hoyer, Modell von Heinz Hoyer.

*Ausgegeben ab 15. Februar 1990. * Eingeschmolzen bis auf 407 620 Ex.*

Numisbriefe siehe ab Seite 438.

100 JAHRE INTERNATIONALER KAMPFTAG DER ARBEITERKLASSE

			VZ	ST/E	PP
133	[1637]	10 Mark (K-N-Zk) 1990 A. Rs. Datumsangabe »1. Mai«, Jahreszahlen. Randschrift viermal ∗ 10 MARK. 12 g:			
		a) Normalprägung (632 000 + 115 000 Ex.*)	3,–	6,–	
		b) Polierte Platte (4 367 Ex.)			70,–

Entwurf von Harald Larisch.

*Ausgegeben ab 27. März 1990. * Eingeschmolzen bis auf 589 457 Ex.*

100. GEBURTSTAG VON KURT TUCHOLSKY

			ST	PP
134	[1633]	5 Mark (K-N-Zk) 1990 A. Rs. Kurt Tucholsky (1890–1935), Schriftsteller und Publizist. Randschrift viermal ∗ 5 MARK. 12.2 g:		
		a) Stempelglanz (50 171 Ex.)	40,–	
		b) Polierte Platte (4 000 Ex.)		80,–

Entwurf und Modell von Heinz Rodewald.

Ausgegeben ab 15. Februar 1990.

175. TODESTAG VON JOHANN GOTTLIEB FICHTE

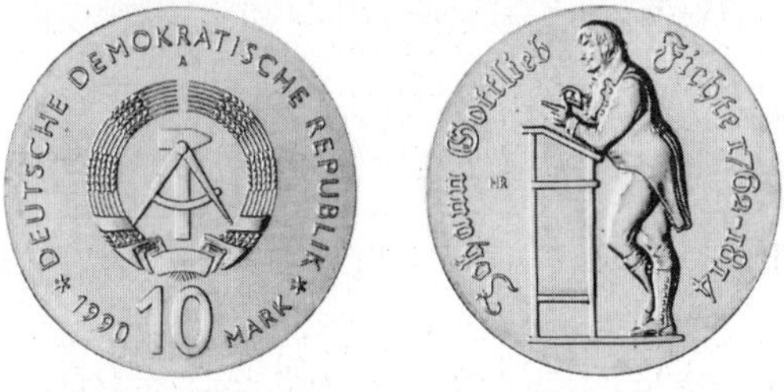

			ST	PP
135	[1636]	10 Mark (S) 1990 A. Rs. Johann Gottlieb Fichte (1762–1814), Philosoph. Randschrift dreimal ∗ 10 MARK. 500er Silber, 17 g:		
		a) Stempelglanz (40 564 Ex.)	70,–	
		b) Polierte Platte (4 200 Ex.)		120,–

Entwurf von Sneschana Russewa Hoyer, Modell von Heinz Hoyer.

Ausgegeben ab 25. Juni 1990.

Zum 150. Todestag von Johann Gottlieb Fichte: Bundesrepublik Deutschland Nr. 116.

275. TODESTAG VON ANDREAS SCHLÜTER

ST PP

136 [1634] 20 Mark (S) 1990 A. Rs. Sterbender Krieger als Reliefplastik des Bildhauers und Baumeisters Andreas Schlüter (1660–1714) auf Schlussstein der Fassade des Innenhofes des Zeughauses in Berlin. Randschrift dreimal ∗ 20 MARK. 625er Silber, 20.9 g:
a) Stempelglanz (37 000 Ex.) 120,–
b) Polierte Platte (3 500 Ex.) 200,–

Entwurf von André Kahane, Modell von Wilfried Statt.

Ausgegeben ab 15. Februar 1990.

Zum gleichen Anlass: Nr. 132.

ÖFFNUNG DER BERLINER MAUER AM BRANDENBURGER TOR (2)

VZ ST/E PP

137 [1635] 20 Mark (K-N-Zk) 1990 A. Rs. Brandenburger Tor in Berlin, Datumsangabe »22. Dezember 1989« der Maueröffnung. Randschrift viermal ∗ 20 MARK. 15 g:
Normalprägung (302 005 Ex.) 6,– 12,–

Entwurf von Axel Bertram (Wappenseite) und Hanka Polkehn (Bildseite), Modell von Wilfried Fitzenreiter.

Ausgegeben ab 3. April 1990.

Zum 5. Jahrestag der Maueröffnung am Brandenburger Tor wurden einige Exemplare der Nr. 137 im Rahmen einer betrieblichen Feier in der Münze Berlin mit dem Datum »22. 12. 1994« punziert.

138 [1635S] 20 Mark (S) 1990 A. Typ wie Nr. 137. Randschrift viermal ∗ 20 MARK. 999½er Silber, 18.2 g:
a) Stempelglanz (154 525 Ex.) 25,–
b) Polierte Platte (12 100 Ex.) 100,–

Ausgegeben ab 3. April 1990.

Nr. 138 in Stempelglanz kommt in zwei Varianten der Randschrift vor.

Weitere Münzausgaben mit dem Brandenburger Tor: Bundesrepublik Deutschland Nrn. 176, 209–211, Deutsche Demokratische Republik Nrn. 31, 129.

Umlaufmünzensätze in Stempelglanz

1, 5, 10, 20, 50 Pfennig, 1, 2 Mark (Nrn. 8–12, 15, 16) und 5 Mark mit glänzender Oberfläche und Querschliff in Kassette aus Hartkunststoff mit blauer Einlage aus Hartkunststoff (1979–1983), Kassette aus Hartkunststoff mit roter, grüner oder schwarzer Einlage aus Karton (1984–1986), in Noppenfolie aus Kunststoff mit Kartonstreifen (1987–1990)

	enthält 5 Mark		ST
1979	Brandenburger Tor (Nr. 31)	(25 550 Ex.)	80,–
1980	Brandenburger Tor (Nr. 31)	(25 000 Ex.)	110,–
1981	Brandenburger Tor (Nr. 31)	(25 000 Ex.)	75,–
1982	Brandenburger Tor (Nr. 31)	(21 000 Ex.)	120,–
1983	Meißen (Nr. 37)	(18 500 Ex.)	250,–
1984	Brandenburger Tor (Nr. 31)	(18 500 Ex.)	180,–
1985	Frauenkirche (Nr. 101)	(6 000 Ex.)	100,–
1986	Brandenburger Tor (Nr. 31)	(7 000 Ex.)	150,–
1987	Brandenburger Tor (Nr. 31)	(8 000 Ex.)	85,–
1988	Brandenburger Tor (Nr. 31)	(10 650 Ex.)	80,–
1989	Brandenburger Tor (Nr. 31)	(10 500 Ex.)	90,–
1990	Brandenburger Tor (Nr. 31)	(10 500 Ex.)	210,–

Minisätze

1, 5, 10, 20, 50 Pfennig, 1, 2 Mark (Nrn. 8–12, 15, 16) und Plakette aus Neusilber mit Details aus dem von Schadow geschaffenen klassizistischen Wandfries der Berliner Münze in Verpackungen wie die Umlaufmünzensätze in Stempelglanz

	enthält Plakette		ST
1982	700 Jahre Münze Berlin	(4 000 Ex.)	150,–
1983	Prometheus	(4 000 Ex.)	210,–
1984	Erzträger	(4 000 Ex.)	140,–
1985	Gelehrte	(4 000 Ex.)	70,–
1986	Schmelzen	(3 000 Ex.)	80,–
1987	Schmieden	(3 000 Ex.)	85,–
1988	Strecken	(3 100 Ex.)	85,–
1989	Prägen	(3 100 Ex.)	90,–
1990	Plutus	(3 100 Ex.)	160,–

Die Auflagen der vorstehenden Jahrgangssätze sind in den Prägezahlen vorne im Katalog enthalten.

Umlaufmünzensätze in Polierter Platte

1, 5, 10, 20, 50 Pfennig, 1, 2 Mark (Nrn. 8–12, 15, 16) und 5 Mark in Kassette aus Hartkunststoff mit roter oder grüner Einlage aus Karton

	enthält 5 Mark		PP
1981	Meißen (Nr. 37)	(40 Ex.)	10000,–
1982	Brandenburger Tor (Nr. 31)	(2 500 Ex.)	500,–
1983	Meißen (Nr. 37)	(2 550 Ex.)	450,–
1984	Brandenburger Tor (Nr. 31)	(3 015 Ex.)	210,–
1985	Frauenkirche (Nr. 101)	(2 816 Ex.)	180,–
1986	Brandenburger Tor (Nr. 31)	(2 800 Ex.)	200,–
1987	Brandenburger Tor (Nr. 31)	(2 345 Ex.)	180,–
1988	Brandenburger Tor (Nr. 31)	(2 300 Ex.)	220,–
1989	Brandenburger Tor (Nr. 31)	(2 300 Ex.)	260,–

Die Auflagen der Jahrgangssätze in Spiegelglanz sind in den Prägezahlen (Rubrik PP) vorne im Katalog enthalten.

Plakettensatz

Schadowfries von 1800 / Münzwesen Berlin

	ST	PP
Acht Plaketten in Kupfernickel wie in den Minisätzen in Hartkunststoffrahmen mit Kartoneinlage, Inschrift »Minister der Finanzen der Deutschen Demokratischen Republik«, 1983 A, 1984 A, 1988 A	–,–	–,–

Auch als Satz einseitiger Versuchsprägungen in Kupfernickel vorkommend.

Der Plakettensatz wurde 1991 in Silber mit geänderter Inschrift von der Münze Berlin wieder aufgelegt.

Satzetuis aus Hartkunststoff

MARTIN LUTHER EHRUNG DER DDR

			ST	PP
a	1983/1	5 Mark Wartburg 1982 (Nr. 84), Eisleben (Nr. 88) und Wittenberg (Nr. 89)	250,–	350,–
aa		wie 1983/1, mit 5 Mark Wartburg 1983	800,–	
b	1983/2	20 Mark Luther (Nr. 94), 5 Mark Wartburg 1982 (Nr. 84), Eisleben (Nr. 88) und Wittenberg (Nr. 89)	1000,–	1200,–

			ST	PP
bb		wie 1983/2, mit 5 Mark Wartburg 1983	1400,–	

MESSESTADT LEIPZIG

			ST	PP
c	1984/1	10 Mark Gewandhaus 1982 (Nr. 86), 5 Mark Altes Rathaus (Nr. 95) und Thomaskirche (Nr. 96)	400,–	700,–

			ST	PP
d	1984/2	5 Mark Altes Rathaus (Nr. 95) und Thomaskirche (Nr. 96)	140,–	250,–

JOHANN SEBASTIAN BACH

			ST	PP
e	1984/3	20 Mark Bach 1975 (Nr. 58) und 5 Mark Thomaskirche (Nr. 96)	300,–	

DRESDEN

			ST
f	1985/1	5 Mark Zwinger (Nr. 100) und Frauenkirche (Nr. 101)	130,–

g	1985/2	10 Mark Semperoper (Nr. 105), 5 Mark Zwinger (Nr. 100) und Frauenkirche (Nr. 101)	250,–
h	1985/3	10 Mark Weber 1976 (Nr. 61), Wagner (Nr. 93) und Semperoper (Nr. 105)	400,–

POTSDAM

			ST
i	1986/1	5 Mark Sanssouci (Nr. 107) und Neues Palais (Nr. 108)	85,–

BERLIN

j	1986/2	10 Mark Universität 1985 (Nr. 103), Charité (Nr. 111) und Plakette 1987	275,–
k	1986/3	20 MDN Humboldt 1967 (Nr. 20), 10 Mark Universität 1985 (Nr. 103), Charité (Nr. 111) und Plakette 1987	–,–

l	1986/4	10 Mark Charité (Nr. 111), 5 Mark Koch 1968 (Nr. 21) und Plakette 1987	200,–

ERNST THÄLMANN

m	1986/5	10 Mark Buchenwald 1972 (Nr. 38) und Thälmann 1986 (Nr. 109)	50,–

750 JAHRE BERLIN

n	1987/1	5 Mark Brandenburger Tor (Nr. 31), Nikolaiviertel (Nr. 113), Rotes Rathaus (Nr. 114), Alexanderplatz (Nr. 115) und Plakette	100,–
o	1987/2	10 Mark Weber 1976 (Nr. 61), Schauspielhaus (Nr. 116) und Plakette	300,–

			ST
p	1987/3	10 Mark Schauspielhaus (Nr. 116), 5 Mark Brandenburger Tor (Nr. 31), Rotes Rathaus (Nr. 114) und Plakette	300,–
q	1987/4	20 Mark Stadtsiegel (Nr. 117), 10 Mark Ewiger Pfennig 1981 (Nr. 79) und Plakette	950,–

THEATER VON WELTRUF

r	1987/5	10 Mark Gewandhaus 1982 (Nr. 86), Semperoper 1985 (Nr. 105) und Schauspielhaus (Nr. 116)	400,–

*Die Satzetuis aus Hartkunststoff wurden in Auflagen von je *150 Ex. bis *6000 Ex. ausgegeben.*

BRANDENBURGER TOR

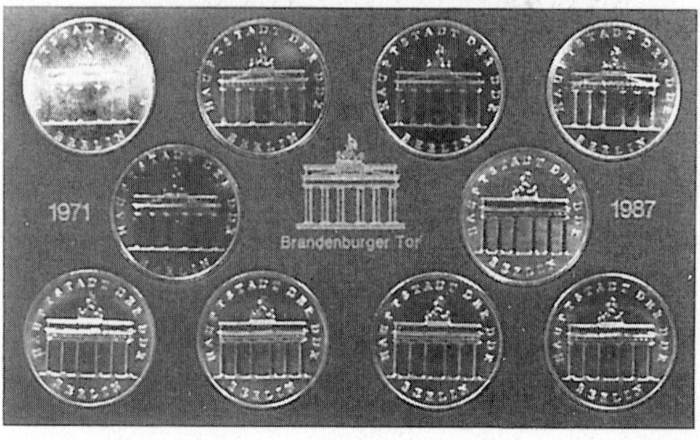

s		5 Mark Brandenburger Tor 1971, 1979–1987 (Nr. 31) (3 000 Ex.)	2500,–

750 JAHRE BERLIN

ST

t 1987 5 Mark Brandenburger Tor (Nr. 31), Nikolaiviertel (Nr. 113), Rotes Rathaus (Nr. 114), Alexanderplatz (Nr. 115) und Plakette (*200 000 Ex.) 60,–

VERKEHRSWESEN

u 1988 5 Mark Ferneisenbahn (Nr. 118), Rostock (Nr. 119) und Medaille (*100 000 Ex.) 30,–

THOMAS MÜNTZER EHRUNG DER DDR

v 1989 5 Mark Zwickau (Nr. 124), Mühlhausen (Nr. 125) und Medaille (*100 000 Ex.) 30,–

* projektierte Auflagezahlen

Die Auflagen der vorstehenden thematischen Sätze sind in den Prägezahlen vorne im Katalog enthalten.

NUMISBRIEFE

Die amtlichen Numisbriefe konnten neben der Normalversion (nicht gelaufen, nur mit Gefälligkeitsersttagsstempel) auch bis zu einem Jahr nach dem Ausgabetag innerhalb der DDR als echt gelaufener Wertbrief (Wertangabe 17 Mark oder Kaufpreis) mit zusätzlichem Tagesstempel neben der Freimachung erworben werden. Unverkaufte Restbestände wurden später nachträglich mit der Empfängeradresse des VEB Philatelie (Deutsche Postphilatelie) Wermsdorf versehen.

Amtliche Ausgaben des Ministeriums für Post- und Fernmeldewesen (MPF) der DDR

		Normal-version nicht gelaufen	als Wertbrief echt gelaufen
	750 Jahre Berlin I 16. Januar 1987		
N1	Münze 5 Mark Nikolaiviertel 1987 (Nr. 113b) Briefmarken zu 10, 20, 50, 70 Pfennig Illustration: Aquarellierte Teilansicht des Nikolaiviertels (* 60 000 Ex.)	30,–	–,–

Graphik von Paul Reißmüller.

	750 Jahre Berlin II 25. Juni 1987		
N2	Münze 5 Mark Alexanderplatz 1987 (Nr. 115b) Briefmarken zu 20, 35, 70, 85 Pfennig Illustration: Aquarellierte Teilansicht des Alexanderplatzes mit der Weltzeituhr (* 60 000 Ex.)	30,–	–,–

Graphik von Paul Reißmüller.

	750 Jahre Berlin III 8. September 1987		
N3	Münze 5 Mark Rotes Rathaus 1987 (Nr. 114b) Briefmarkenblock zu 1,35 Mark Illustration: Aquarellierte Teilansicht des Roten Rathauses (* 60 000 Ex.)	30,–	–,–

Graphik von Paul Reißmüller.

Halbamtliche Ausgabe des VEB Philatelie Wermsdorf

	XXIV. Olympische Sommerspiele 1988 in Seoul 9. August 1988		
NA4	Münze 10 Mark DDR Sport 1988 (Nr. 120b) Briefmarkenblock zu 85 Pfennig Illustration: Diskuswerfer des Myron (* 50 000 Ex.)	35,–	

Amtliche Ausgaben des Ministeriums für Post- und Fernmeldewesen der DDR

Normalversion nicht gelaufen | als Wertbrief echt gelaufen

500 Jahre Schiffercompagnie Stralsund

20. September 1988

N4 Münze 5 Mark Überseehafen Rostock 1988 (Nr. 119b)
Briefmarken zu 5, 10, 70 Pfennig, 1,20 Mark
Illustration: Segelschulschiff »Tovarišč«, Frachtdampfer »Vorwärts« und Mehrzweckfrachtschiff »Äquator« (* 60 000 Ex.)
25,– –,–

Graphik von Jochen Bertholdt.

Solidarität

4. Oktober 1988

N5 Münze 5 Mark Anti-Apartheid 1978 (Nr. 66b)
Briefmarken zu 2×10+5 Pfennig
Illustration: Landkarte von Afrika mit Flammen am Kap, Inschrift »No Apartheid« (* 59 000 Ex.) 50,– –,–

Graphik von Joachim Rieß.

500. Geburtstag von Thomas Müntzer I

21. März 1989

N6 Münze 5 Mark Mühlhausen 1989 (Nr. 125b)
Briefmarkenblock zu 110 Pfennig
Illustration: Ausschnitt »Müntzer in der Schlacht« aus dem Monumentalgemälde »Frühbürgerliche Revolution in Deutschland 1525« im Panoramamuseum Bad Frankenhausen (* 50 000 Ex.)
25,– –,–

Graphik von Werner Tübke.

Friedrich List / Erste deutsche Ferneisenbahn

4. April 1989

N7 Münze 5 Mark Lokomotive »Saxonia« 1988 (Nr. 118b)
Briefmarken zu 15, 20, 50 Pfennig
Illustration: Aquarellierte Ansicht des Bahnhofsgebäudes Niederau bei Meißen (* 50 000 Ex.) 25,– –,–

Graphik von Jochen Bertholdt.

	Normalversion nicht gelaufen	als Wertbrief echt gelaufen

500. Geburtstag von Thomas Müntzer II

22. August 1989

N8 Münze 5 Mark Zwickau 1989 (Nr. 124b)
Briefmarken zu 20, 85 Pfennig
Illustration: Ausschnitt »Müntzer in der Schlacht mit gesenkter Fahne« aus dem Monumentalgemälde in Bad Frankenhausen (* 50 000 Ex.) 25,– –,–

Graphik von Werner Tübke.

Museum für Deutsche Geschichte im Zeughaus Berlin

6. März 1990

N9 Münze 5 Mark Zeughaus 1990 (Nr. 132b)
Briefmarken zu 40, 70 Pfennig
Illustration: Trophäengruppe von Andreas Schlüter 1700 an der Südfassade des Zeughauses (* 50 000 Ex.) 25,– –,–

Graphik von Wilfried Ebert.

Halbamtliche Ausgabe des VEB Philatelie Wermsdorf
(ursprünglich vom MPF als amtliche Ausgabe geplant)

500 Jahre Postwesen

28. August 1990

N10 Münze 5 Mark Postwesen 1990 (Nr. 131b)
Briefmarken zu 30, 50, 70, 100 Pfennig
Illustration: Briefbote und Kutschenwagen (* 60 000 Ex.)
20,–

* projektierte Auflagenzahlen

Die Auflagen der vorstehenden Numisbriefe sind in den Prägezahlen vorne im Katalog enthalten.

Private Ausgaben

Alle weiteren Numisbriefe mit Münzen der DDR wurden von privater Seite konfektioniert.

Literatur:

Meier, Bruno / Böttcher, Horst / Gabriel, Manfred / Schmalfuß, Kurt: *Die Banknoten und Münzen der Deutschen Demokratischen Republik*. [1]Berlin 1989, [N]1992, [2]Frankfurt (am Main) 1996.

Steguweit, Wolfgang / Bannicke, Elke / Schön, Gerhard: *Die Gedenkmünzen der Deutschen Demokratischen Republik und ihre Schöpfer. Das Münzarchiv der Staatsbank der Deutschen Demokratischen Republik*. [2]Frankfurt (am Main) 2000.

Danzig

Fläche: 1 966 km²; 407 500 Einwohner (1938).
Bei der zweiten Teilung Polens 1793 kam die bis dahin ziemlich autonome Stadt Danzig an Preußen, wurde jedoch durch den Frieden von Tilsit 1807 als »Freie Stadt« staatsrechtlich eigenständig. Preußen erhielt Danzig 1814 zurück. Nach dem Ersten Weltkrieg wurde Danzig vom Deutschen Reich getrennt und am 15. November 1920 erneut zur Freien Stadt erklärt. Am 1. September 1939 wiederum an das Reich angeschlossen, wurde Danzig nach dem Zweiten Weltkrieg 1945 polnischer Verwaltung unterstellt. Das wiedervereinigte Deutschland verzichtete 1990 auf jegliche Gebietsansprüche.

100 Pfennig = 1 Mark;
ab 20. Oktober 1923: 100 Pfennig(e) = 1 Danziger Gulden
(Währungsparität bis 1935: 25 Danziger Gulden = 1 Pfund Sterling);
ab 1. September 1939: 100 Reichspfennig = 1 Reichsmark
seit 1945: 100 Groszy (Groschen) = 1 Złoty (Gulden)

10	Pfennig	1920	Zn	2.00 g	Ø 22.00 mm
1	Pfennig	1923–1937	Cu 95 / Sn 04 / Zn 01	1.67 g	Ø 17.00 mm
2	Pfennige	1923–1937	Cu 95 / Sn 04 / Zn 01	2.50 g	Ø 19.50 mm
5	Pfennige	1923–1928	Cu 75 / Ni 25	2.00 g	Ø 17.50 mm
10	Pfennige	1923	Cu 75 / Ni 25	4.00 g	Ø 21.50 mm
½	Gulden	1923–1927	Ag 750 / Cu 250	2.50 g	Ø 19.50 mm
1	Gulden	1923	Ag 750 / Cu 250	5.00 g	Ø 23.50 mm
2	Gulden	1923	Ag 750 / Cu 250	10.00 g	Ø 26.50 mm
5	Gulden	1923–1927	Ag 750 / Cu 250	25.00 g	Ø 35.00 mm
25	Gulden	1923–1930	Au 916 / Cu 084	7.98 g	Ø 22.05 mm
5	Pfennig	1932	Cu 915 / Al 085	2.00 g	Ø 17.50 mm
10	Pfennig	1932	Cu 915 / Al 085	3.50 g	Ø 21.50 mm
½	Gulden	1932	Ni	3.00 g	Ø 19.50 mm
1	Gulden	1932	Ni	5.00 g	Ø 23.50 mm
2	Gulden	1932	Ag 500 / Cu 500	10.00 g	Ø 26.00 mm
5	Gulden	1932	Ag 500 / Cu 500	15.00 g	Ø 30.00 mm
5	Gulden	1935	Ni	11.00 g	Ø 29.00 mm
10	Gulden	1935	Ni	17.00 g	Ø 34.00 mm

100 Pfennig = 1 Mark

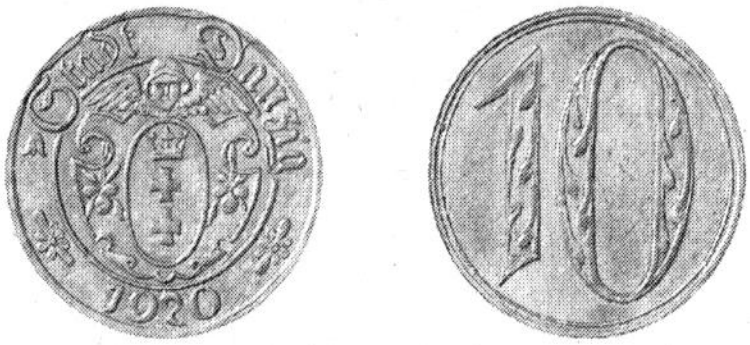

			S	SS	VZ
1	[D1b]	10 Pfennig (Zink) 1920. Stadtwappen in Kartusche mit Engelskopf. Rs. Wertzahl im Feld (124 000 Ex.)	160,–	400,–	900,–

2	[D1a]	10 Pfennig (Zink) 1920. Stadtwappen in Kartusche mit Engelskopf. Rs. Wertzahl in Schildrahmen (876 000 Ex.)	18,–	50,–	100,–

Auch als Silberabschlag, 4.65 g, vorkommend (27 Ex.)

Nrn. 1 und 2 wurden in der Gewehrfabrik Danzig hergestellt (zahlreiche Varianten).

WÄHRUNGSREFORM 20. Oktober 1923
NEUE WÄHRUNG: 100 Pfennig(e) = 1 Danziger Gulden

3 [D2] 1 Pfennig (Bro) 1923, 1926, 1929, 1930, 1937. Wappenbild. Rs. Wertangabe:

1923	(4 000 000 Ex.)	3,–	5,–	12,–
1926	(1 500 000 Ex.)	3,–	5,–	12,–
1929	(1 000 000 Ex.)	4,–	8,–	25,–
1930	(2 000 000 Ex.)	3,–	6,–	12,–
1937	(3 000 000 Ex.)	3,–	6,–	10,–

Spiegelglanz, 1923 450,–

Kurswert 1 Reichspfennig ab 1. September 1939. Außer Kurs seit 1. November 1940.

4 [D3] 2 Pfennige (Bro) 1923, 1926, 1937. Typ wie Nr. 3:

1923	(1 000 000 Ex.)	3,–	6,–	12,–
1926	(1 750 000 Ex.)	3,–	5,–	10,–
1937	(500 000 Ex.)	4,–	8,–	20,–

Spiegelglanz, 1923 500,–

Kurswert 2 Reichspfennig ab 1. September 1939. Außer Kurs seit 1. November 1940.

			S	SS	VZ
5	[D4]	5 Pfennige (K-N) 1923, 1928. Wappenbild und Jahreszahl auf gotischem Pfeilergrundriss:			
		1923 (3 000 000 Ex.)	4,–	8,–	18,–
		1928 (1 000 000 Ex.)	5,–	10,–	25,–
		Spiegelglanz, 1923 550,–			

Außer Kurs seit 1. Oktober 1932.

5F Fehlprägung 5 Pfennige 1923 in Bronze VZ 400,–

			S	SS	VZ
6	[D5]	10 Pfennige (K-N) 1923. Typ wie Nr. 5:			
		1923 (5 000 000 Ex.)	5,–	8,–	18,–
		Spiegelglanz 600,–			

Außer Kurs seit 1. Oktober 1932.

6F Fehlprägung 10 Pfennige in Bronze VZ 600,–

			S	SS	VZ
7	[D6]	½ Gulden (S) 1923, 1927. Stadtwappen, Wertangabe. Rs. Kogge:			
		1923 (1 000 000 Ex.)	20,–	40,–	65,–
		1927 (400 000 Ex.)	25,–	50,–	90,–
		Spiegelglanz, 1923 750,–			
		Spiegelglanz, 1927 3000,–			

Außer Kurs seit 1. April 1932.

			S	SS	VZ
8	[D7]	1 Gulden (S) 1923. Stadtwappen mit Löwen als Schildhalter, von Stern überhöht. Rs. Kogge, Wertangabe:			
		1923 (3 500 500 Ex.)	20,–	40,–	80,–
		Spiegelglanz 800,–			

Außer Kurs seit 1. April 1932.

8E Für die Mitglieder des Senats wurden Goldabschläge hergestellt (20 Ex.).

				S	SS	VZ
9	[D8]	2 Gulden (S) 1923. Typ wie Nr. 8:				
		1923	(1 250 000 Ex.)	50,–	110,–	180,–

Spiegelglanz 1000,–

Außer Kurs seit 1. April 1932.

10	[D9]	5 Gulden (S) 1923, 1927. Rs. Marienkirche:				
		1923	(700 500 Ex.)	100,–	220,–	360,–
		1927	(160 000 Ex.)	150,–	350,–	600,–

Spiegelglanz, 1923 2000,–

Außer Kurs seit 1. April 1932.

SS VZ PP

11 [D10] 25 Gulden (G) 1923. Wappenbild zwischen Säulen, von steigenden Löwen flankiert. Rs. Neptun mit Dreizack und Pegasus nach der Brunnenfigur auf dem Langenmarkt. Randschrift »nec temere nec timide« (weder tollkühn noch furchtsam) (1 000 Ex.) 6000,– 9000,–

Von der Auflage der Nr. 11 wurden 800 Ex. in Spiegelglanz hergestellt. Die restlichen 200 Ex. wurden dann als Normalprägungen mit denselben noch polierten Stempeln hergestellt, so dass sich die zwei Herstellungsarten kaum voneinander unterscheiden lassen.

Außer Kurs seit 2. Mai 1935.

SS VZ ST

12 [D11] 25 Gulden (G) 1930. Stadtwappen mit Löwen als Schildhalter. Rs. Neptunbrunnen, wie Nr. 11. Randschrift »nec temere nec timide« (4 000 Ex.) 2000,– 3500,–

Die Auflage verblieb zunächst bei der Reichsbank in Berlin. Einige Exemplare wurden als Präsent in einem mit Bernsteinintarsienarbeit versehenen silbernen Geschenketui mit Gedenkinschrift »Zur Erinnerung an die Wiedervereinigung Danzigs mit dem Großdeutschen Reich« verdienten Personen überreicht.

Außer Kurs seit 2. Mai 1935.

S SS VZ

13 [D12] 5 Pfennig (Al-Bro) 1932. Steinbutt (Psetta maxima – Scophthalmidae). Rs. Wertangabe (4 000 000 Ex.) 2,– 6,– 15,–

Kurswert 3½ Reichspfennig ab 1. September 1939. Kurswert 5 Reichspfennig ab 24. Oktober 1939. Außer Kurs seit 1. November 1940.

14 [D13] 10 Pfennig (Al-Bro) 1932. Atlantischer Kabeljau (Dorsch, Pomuchel) (Gadus morhua – Gadidae). Rs. Wertangabe (5 000 000 Ex.) 2,– 6,– 15,–

Kurswert 7 Reichspfennig ab 1. September 1939. Kurswert 10 Reichspfennig ab 24. Oktober 1939. Außer Kurs seit 1. November 1940.

15 [D14] ½ Gulden (N) 1932. Stadtwappenbild. Rs. Wertangabe (1 400 000 Ex.) 15,– 35,– 60,–

Kurswert 35 Reichspfennig ab 1. September 1939. Außer Kurs seit 25. Juni 1940.

			S	SS	VZ
16	[D15]	1 Gulden (N) 1932. Stadtwappenbild. Rs. Wertzahl (2 500 000 Ex.)	18,–	40,–	70,–

Kurswert 70 Reichspfennig ab 1. September 1939. Außer Kurs seit 25. Juni 1940.

17 [D16] 2 Gulden (S) 1932. Stadtwappen mit widersehenden Löwen als Schildhalter. Rs. Kogge und Achtstern, nach dem Stadtsiegel von 1399 (1 250 000 Ex.) 100,– 250,– 500,–

Außer Kurs seit 1. Oktober 1935.

18 [D17] 5 Gulden (S) 1932. Rs. Marienkirche (430 000 Ex.)

Außer Kurs seit 1. Oktober 1935. 160,– 500,– 900,–

19 [D18] 5 Gulden (S) 1932. Rs. Krantor (430 000 Ex.) 350,– 900,– 1600,–

Außer Kurs seit 1. Oktober 1935.

S SS VZ

20 [D19] 5 Gulden (N) 1935. Ovales Stadtwappen mit widersehenden Löwen als Schildhalter, Motto »nec temere nec timide« (weder tollkühn noch furchtsam). Rs. Kogge, nach dem Stadtsiegel (1299) (800 000 Ex.) 200,– 400,– 750,–

21 [D20] 10 Gulden (N) 1935. Rs. Rathaus (380 000 Ex.)
500,– 1600,– 2500,–

Die Währungsumstellung vom 1. September 1939 erfolgte zum Kurs von 1 Gulden = 0,70 Reichsmark.

Deutsch Neuguinea

Fläche: 249 500 km^2; 600 000 Einwohner (1912).
Um britischen Maßnahmen zuvorzukommen, ließ Bismarck am 16. November 1884 die deutsche Flagge an der Nordküste von Neuguinea hissen. Abmachungen mit den Briten grenzten sodann die gegenseitigen Interessen ab. Im Mai 1885 erhielt die Deutsche Neuguinea-Compagnie einen kaiserlichen Schutzbrief, 1899 aber trat sie ihre Hoheitsbefugnisse an das Deutsche Reich ab. Im Ersten Weltkrieg wurde Deutsch Neuguinea (bestehend aus Kaiser-Wilhelms-Land auf der Hauptinsel, dem Bismarck-Archipel und den Nordsalomonen) von Australien besetzt. 1921 wurde die von Australien als Besatzungsmacht ausgeübte deutsche Hoheit durch ein Völkerbundmandat ersetzt, mit dem Australien betraut wurde. 1975 wurde Neuguinea zusammen mit Papua in die Unabhängigkeit entlassen. Hauptstadt: Rabaul (auf New Britain, zeitweise in Neupommern umbenannt).

1	Pfennig	1894	Cu 95 / Sn 04 / Zn 01	2.00 g	∅ 17.50 mm
2	Pfennig	1894	Cu 95 / Sn 04 / Zn 01	3.33 g	∅ 20.00 mm
10	Pfennig	1894	Cu 95 / Sn 04 / Zn 01	10.00 g	∅ 30.00 mm
½	Mark	1894	Ag 900 / Cu 100	2.78 g	∅ 20.00 mm
1	Mark	1894	Ag 900 / Cu 100	5.56 g	∅ 24.00 mm
2	Mark	1894	Ag 900 / Cu 100	11.11 g	∅ 28.00 mm
5	Mark	1894	Ag 900 / Cu 100	27.78 g	∅ 38.00 mm
10	Mark	1895	Au 900 / Cu 100	3.98 g	∅ 19.50 mm
20	Mark	1895	Au 900 / Cu 100	7.96 g	∅ 22.50 mm

Die Münzen wurden in Berlin geprägt. Mit Ausnahme der Nr. 3 entsprechen sie den Spezifikationen der deutschen Münzen.

100 Pfennig = 1 Mark

SS **VZ** **ST**

1 [N701] 1 Pfennig (Bro) 1894 A. Inschrift NEUGUINEA / COMPAGNIE auf gekreuzten Palmzweigen. Rs. Wertzahl, Umschrift EIN NEUGUINEA PFENNIG, Jahreszahl (500 000 Ex.) 80,– 150,– 300,–
Spiegelglanz 400,–

2 [N702] 2 Pfennig (Bro) 1894 A. Typ wie Nr. 1 (250 000 Ex.)
Spiegelglanz –,– 100,– 175,– 320,–

3 [N703] 10 Pfennig (Bro) 1894 A. Großer Paradiesvogel (Paradisaea apoda – Paradisaeidae). Rs. Inschrift 10 / NEUGUINEA / PFENNIG / Jahreszahl zwischen Palmzweigen, oben bogig NEUGUINEA COMPAGNIE (100 000 Ex.) 125,– 240,– 400,–
Spiegelglanz 500,–

SS VZ ST

4 [N704] ½ Mark (S) 1894 A. Typ wie Nr. 3 (20 070 Ex.) 175,– 300,– 425,–
Spiegelglanz 500,–

5 [N705] 1 Mark (S) 1894 A. Typ wie Nr. 3 (45 000 Ex.) 200,– 350,– 500,–
Spiegelglanz –,–

6 [N706] 2 Mark (S) 1894 A. Typ wie Nr. 3 (15 000 Ex.) 400,– 750,– 1200,–
Spiegelglanz –,–

7 [N707] 5 Mark (S) 1894 A. Typ wie Nr. 3 (23 000 Ex.) 800,– 2000,– 5000,–
Spiegelglanz –,–

				VZ	ST
8	[N708]	10	Mark (G) 1895 A. Typ wie Nr. 3 (2000 Ex.) Spiegelglanz 40000,–	25000,–	40000,–

9	[N709]	20	Mark (G) 1895 A. Typ wie Nr. 3 (1500 Ex.) Spiegelglanz 45000,–	30000,–	45000,–

Außer Kurs seit 15. April 1911.

Deutsch Ostafrika

Fläche: 995 000 km²; 7 650 000 Einwohner (1914).
Der europäische Einfluss in Ostafrika ist zuerst von Deutschen ausgeübt worden, indem vor allem Karl Peters sich um 1884 von eingeborenen Häuptlingen in Usambara Hoheitsrechte abtreten ließ. In einem deutsch-britischen Abkommen wurde 1886 dem Sultan von Sansibar ein Küstenstreifen zugebilligt und das Hinterland in Interessensphären aufgeteilt. Der Sultan von Sansibar gab 1888 den Küstenstreifen frei, so dass die Deutsch Ostafrikanische Gesellschaft Wirtschaft und Hoheitsrechte im ganzen späteren Tanganjika vermengen konnte. Aufstände führten zur Erklärung des Territoriums zum Schutzgebiet 1891 durch die deutsche Regierung, die erst 1907 eine zivile Kolonialverwaltung errichtete, aber nach einer guerillakriegartigen Verteidigung im Ersten Weltkrieg das Schutzgebiet im Vertrag von Versailles dem Völkerbund herausgeben musste, der es an die Briten als Mandatsgebiet unter den Namen Tanganyika Territory weitergab. Hauptstadt: Dar es Salam (Verwaltungssitz 1915 nach Tabora verlegt).

1	Pesa	1890–1892	Cu	6.52 g	∅ 25.20 mm
½	Heller	1904–1906	Cu 95 / Sn 04 / Zn 01	2.50 g	∅ 17.00 mm
1	Heller	1904–1913	Cu 95 / Sn 04 / Zn 01	4.00 g	∅ 20.00 mm
5	Heller	1908–1909	Cu 95 / Sn 04 / Zn 01	20.00 g	∅ 37.00 mm
5	Heller	1912–1914	Cu 75 / Ni 25	3.12 g	∅ 21.00 mm
10	Heller	1908–1914	Cu 75 / Ni 25	6.25 g	∅ 26.00 mm
¼	Rupie	1891–1914	Ag 916 / Cu 084	2.92 g	∅ 19.20 mm
½	Rupie	1891–1914	Ag 916 / Cu 084	5.83 g	∅ 24.40 mm
1	Rupie	1890–1914	Ag 916 / Cu 084	11.66 g	∅ 30.50 mm
2	Rupien	1893–1894	Ag 916 / Cu 084	23.32 g	∅ 35.00 mm
5	Heller	1916	Cu	4.00 g	∅ 23.00 mm
20	Heller	1916	Cu	11.50 g	∅ 29.00 mm
15	Rupien	1916	Au 750 / Ag 160 / Cu 090	7.16 g	∅ 22.00 mm

ab 1. Januar 1897: 64 Pesa = 1 Rupie (Rupee);
ab 28. Februar 1904: 100 Heller = 1 Rupie
(Währungsparität ab 28. Februar 1904: 15 Rupien = 20 Mark)

AUSGABEN DER DEUTSCH OSTAFRIKANISCHEN GESELLSCHAFT

				SS	VZ	ST
1	[N710]	1	Pesa (K) A.H. 1307/1890–1309/1892. Reichsadler (zweites Modell), Umschrift DEUTSCH OSTAFRIKANISCHE GESELLSCHAFT, Jahreszahl. Rs. Inschrift »sharâkat almâniyâ« (Deutsche Gesellschaft) in kiSwahili, darunter »sanat« und Jahr der Hedschra:			
			1890 [A] (1 000 000 Ex.)	10,–	15,–	70,–
			1891 [A] (12 550 946 Ex.)	15,–	25,–	85,–
			1892 [A] (27 541 389 Ex.)	15,–	25,–	85,–

Außer Kurs seit 1. April 1910.

				SS	VZ	ST
2	[N711]	¼	Rupie (S) 1891, 1898, 1901. Kaiser Wilhelm II. (1859–1941) in der Uniform der Garde du Corps. Rs. Wappen mit Palme und schreitendem Löwen:			
			1891 [A] (76 688 Ex.)	30,–	80,–	185,–
			1898 [A] (100 000 Ex.)	50,–	100,–	200,–
			1901 [A] (350 000 Ex.)	30,–	80,–	180,–

				SS	VZ	ST
3	[N712]	½	Rupie (S) 1891, 1897, 1901. Typ wie Nr. 2:			
			1891 [A] (68 342 Ex.)	80,–	150,–	250,–
			1897 [A] (75 000 Ex.)	100,–	200,–	400,–
			1901 [A] (215 000 Ex.)	75,–	150,–	300,–

				SS	VZ	ST
4	[N713]	1 Rupie (S) 1890–1894, 1897–1902. Typ wie Nr. 2:				
		1890 [A]	(154 394 Ex.)	60,–	100,–	200,–
		1891 [A]	(126 258 Ex.)	60,–	100,–	200,–
		1892 [A]	(359 735 Ex.)	40,–	85,–	175,–
		1893 [A]	(142 355 Ex.)	65,–	160,–	350,–
		1894 [A]	(48 200 Ex.)	400,–	750,–	1200,–
		1897 [A]	(244 030 Ex.)	55,–	150,–	300,–
		1898 [A]	(318 000 Ex.)	50,–	100,–	220,–
		1899 [A]	(226 754 Ex.)	50,–	100,–	220,–
		1900 [A]	(209 289 Ex.)	60,–	120,–	250,–
		1901 [A]	(319 022 Ex.)	50,–	85,–	180,–
		1902 [A]	(151 019 Ex.)	90,–	140,–	300,–
5	[N714]	2 Rupien (S) 1893, 1894. Typ wie Nr. 2:				
		1893 [A]	(32 854 Ex.)	600,–	1800,–	3800,–
		1894 [A]	(18 000 Ex.)	700,–	2800,–	4200,–

Einseitige Versuchsprägungen für ein vermeintliches 5 Rupien Stück mit Kaiser Wilhelm II. in der Uniform der Garde du Corps sind Medaillenabschläge ohne Bezug zu Deutsch Ostafrika.

AUSGABEN DES AUSWÄRTIGEN AMTES

NEUE WÄHRUNG: 100 Heller = 1 Rupie

				SS	VZ	ST
6	[N715]	½ Heller (Bro) 1904–1906. Bebänderte Kaiserkrone. Rs. Wertangabe im Lorbeerkranz:				
		1904 A	(1 200 858 Ex.)	12,–	30,–	80,–
		1905 A	(7 192 410 Ex.)	10,–	25,–	60,–
		1905 J	(4 000 000 Ex.)	10,–	25,–	60,–
		1906 J	(6 000 000 Ex.)	8,–	20,–	50,–

Spiegelglanz, 1904 A 180,–
Spiegelglanz, 1906 A –,–

Nr.				SS	VZ	ST
7	[N716]	1 Heller (Bro) 1904–1913. Typ wie Nr. 6:				
		1904 A	(10 255 763 Ex.)	3,–	10,–	50,–
		1904 J	(2 500 000 Ex.)	4,–	10,–	60,–
		1905 A	(3 759 519 Ex.)	3,–	10,–	60,–
		1905 J	(7 556 000 Ex.)	3,–	8,–	50,–
		1906 A	(3 003 694 Ex.)	5,–	10,–	60,–
		1906 J	(3 066 000 Ex.)	10,–	25,–	90,–
		1907 J	(17 790 000 Ex.)	5,–	12,–	40,–
		1908 J	(12 205 366 Ex.)	4,–	8,–	40,–
		1909 J	(1 698 000 Ex.)	10,–	25,–	80,–
		1910 J	(5 096 000 Ex.)	3,–	10,–	40,–
		1911 J	(6 420 000 Ex.)	3,–	10,–	40,–
		1912 J	(7 011 789 Ex.)	8,–	12,–	60,–
		1913 A	(6 000 000 Ex.)	3,–	10,–	40,–
		1913 J	(5 186 457 Ex.)	3,–	10,–	40,–

Spiegelglanz, 1904 A 120,–
Spiegelglanz, 1905 A (95 Ex.) 200,–

Nr.				SS	VZ	ST
8	[N717]	5 Heller (Bro) 1908, 1909. Typ wie Nr. 6:				
		1908 J	(600 000 Ex.)	80,–	180,–	550,–
		1909 J	(756 106 Ex.)	80,–	180,–	550,–

Nr.				SS	VZ	ST
9	[N718]	5 Heller (K-N) 1912–1914. Bebänderte Kaiserkrone, geteilte Jahreszahl. Rs. Wertangabe, Lorbeerzweige (mit Loch):				
		1912 J				1200,–
		1913 A	(1 000 000 Ex.)	20,–	60,–	150,–
		1913 J	(1 000 000 Ex.)	20,–	60,–	150,–
		1914 J	(1 000 000 Ex.)	20,–	60,–	150,–

			SS	VZ	ST
10 [N719]	10 Heller (K-N) 1908–1911, 1914. Typ wie Nr. 9 (mit Loch):				
	1908 J	(2 000 526 Ex.)	25,–	60,–	150,–
	1909 J		25,–	60,–	200,–
	1910 J	(500 000 Ex.)	25,–	60,–	200,–
	1911 A	(500 000 Ex.)	30,–	75,–	250,–
	1914 J	(200 000 Ex.)	60,–	150,–	400,–

Spiegelglanz, 1908 J 265,–

11 [N720] ¼ Rupie (S) 1904, 1906, 1907, 1909, 1910, 1912–1914. Kaiser Wilhelm II. in der Uniform der Garde du Corps:

		SS	VZ	ST
1904 A	(400 000 Ex.)	30,–	70,–	200,–
1906 A	(300 000 Ex.)	30,–	70,–	200,–
1906 J	(100 000 Ex.)	80,–	120,–	320,–
1907 J	(200 000 Ex.)	40,–	100,–	200,–
1909 A	(300 000 Ex.)	40,–	100,–	200,–
1910 J	(600 000 Ex.)	30,–	75,–	160,–
1912 J	(400 000 Ex.)	30,–	75,–	160,–
1913 A	(200 000 Ex.)	50,–	140,–	280,–
1913 J	(400 000 Ex.)	30,–	75,–	160,–
1914 J	(200 000 Ex.)	45,–	140,–	250,–

Spiegelglanz, 1904 A (150 Ex.) 240,–

12 [N721] ½ Rupie (S) 1904, 1906, 1907, 1909, 1910, 1912–1914. Typ wie Nr. 11:

		SS	VZ	ST
1904 A	(400 000 Ex.)	75,–	140,–	400,–
1906 A	(50 000 Ex.)	180,–	350,–	850,–
1906 J	(50 000 Ex.)	180,–	350,–	850,–
1907 J	(140 000 Ex.)	70,–	150,–	320,–
1909 A	(100 000 Ex.)	85,–	180,–	370,–
1910 J	(300 000 Ex.)	50,–	120,–	270,–
1912 J	(200 000 Ex.)	50,–	120,–	270,–

		SS	VZ	ST
1913 A	(100 000 Ex.)	90,–	200,–	450,–
1913 J	(200 000 Ex.)	60,–	140,–	300,–
1914 J	(100 000 Ex.)	90,–	200,–	400,–

Spiegelglanz, 1904 A (150 Ex.) 320,–
Spiegelglanz, 1906 A (58 Ex.) 750,–

13 [N722] 1 Rupie (S) 1904–1914. Typ wie Nr. 11:

		SS	VZ	ST
1904 A	(1 000 000 Ex.)	40,–	100,–	240,–
1905 A	(300 000 Ex.)	55,–	120,–	300,–
1905 J	(1 000 000 Ex.)	40,–	80,–	160,–
1906 A	(950 000 Ex.)	40,–	90,–	180,–
1906 J	(700 000 Ex.)	40,–	90,–	180,–
1907 J	(880 000 Ex.)	40,–	90,–	180,–
1908 J	(500 000 Ex.)	45,–	100,–	200,–
1909 A	(200 000 Ex.)	80,–	175,–	300,–
1910 J	(2 700 000 Ex.)	50,–	100,–	200,–
1911 A	(300 000 Ex.)	50,–	125,–	240,–
1911 J	(1 400 000 Ex.)	40,–	90,–	180,–
1912 J	(300 000 Ex.)	60,–	110,–	300,–
1913 A	(400 000 Ex.)	65,–	120,–	250,–
1913 J	(1 400 000 Ex.)	40,–	90,–	180,–
1914 J	(500 000 Ex.)	60,–	120,–	250,–

Spiegelglanz, 1904 A (150 Ex.) 250,–
Spiegelglanz, 1906 A (60 Ex.) 360,–

Notprägungen

Hergestellt in der Eisenbahnwerkstätte von Tabora und der Ölmühle von Lulanguru

S SS VZ

14 [N723] 5 Heller (Me) 1916. Kaiserkrone über Jahreszahl und Inschrift D.O.A. (Deutsch Ostafrika). Rs. Wertangabe zwischen Zweigen (302 000 Ex.) 10,– 30,– 90,–

15 [N724] 20 Heller (Me, K) 1916. Typ wie Nr. 14 (große Krone und breite Jahreszahl, unter HELLER mehrere Blattpaare an den Zweigen) 8,– 20,– 50,–

S **SS** **VZ**

16 [N725] 20 Heller (Me, K) 1916. Vs. wie Nr. 15 (große Krone und breite Jahreszahl). Rs. Wertangabe zwischen Zweigen (unter HELLER je ein Blatt am Zweig) 6,– 15,– 50,–

17 [N726] 20 Heller (Me, K) 1916. Kaiserkrone über Jahreszahl und Inschrift D.O.A. (kleine Krone und schmale Jahreszahl). Rs. wie Nr. 15 (unter HELLER mehrere Blattpaare an den Zweigen) 10,– 25,– 70,–

18 [N727] 20 Heller (Me, K) 1916. Vs. wie Nr. 17 (kleine Krone und schmale Jahreszahl). Rs. wie Nr. 16 (unter HELLER je ein Blatt am Zweig) 5,– 12,– 40,–

Von den Münzen zu 20 Heller (alle Varianten zusammen) wurden 1 634 700 Ex. geprägt. Zunächst wurden vorhandene Messingbestände (alte Patronen- und Granathülsen sowie Rohre, Beschläge und Bleche aus Schiffswracks) vermünzt, danach Kupfer und Bronzelegierungen. Zur Unterscheidung der Materialvarianten der Notmünzen aus Tabora sollte nicht allein der Augenschein (Farbunterschied) herangezogen, sondern auch Dichte und elektrische Leitfähigkeit untersucht werden.

SS VZ ST

19 [N728] 15 Rupien (G) 1916. Reichsadler (zweites Modell), Umschrift DEUTSCH OSTAFRIKA, Wertangabe. Rs. Afrikanischer Elephant (Loxodonta africana – Elephantidae) vor dem Kilimanjaro:
1. kleine Arabeske unter A von OSTAFRIKA (6 395 Ex.)
3200,– 4500,– –,–

2. große Arabeske unter TA von OSTAFRIKA (9 803 Ex.)
3200,– 4500,– –,–

Als Münzmaterial wurde Gold aus den Minen von Sekenke mit natürlichem Silbergehalt und zugesetztem Kupferanteil verwendet.

Deutsch Kiautschou Gebiet

Fläche: 515 km²; 200 000 Einwohner (1914).
Zur Vergeltung für die Ermordung zweier deutscher Missionare in Shāndōng (Shantung) 1897 besetzte Deutschland militärisch die Bucht von Jiāozhōu (Kiautschou) (ohne die gleichnamige Stadt) in der Provinz Shāndōng an der Gelben See. Das Gebiet wurde daraufhin mit Wirkung vom 6. März 1898 von China an das Deutsche Reich auf 99 Jahre verpachtet. Am 7. November 1914 musste es vor dem japanischen Angriff kapitulieren und blieb in japanischer Gewalt, bis es 1922 an China zurückgegeben wurde. Hauptstadt: Qīngdǎo (Tsingtau).

100 Cent (Fen) = 10 Jiao = 1 Mexikanischer Piaster (Peso, Dollar, Yuan)

1 [N729] 5 Cent (K-N) 1909. Reichsadler auf Anker (Marineadler), Umschrift »Deutsch Kiautschou Gebiet«. Rs. Chinesische Schriftzeichen »Dai Deguo Bao« (Kaiserlich deutsche Münze), am oberen Rand »Qīngdǎo«, seitlich Wertangabe »5 Fen«, unten bogig von rechts nach links »20 Stück auf einen Piaster großes Geld«:
1909 [A] (611 431 Ex.) 50,– 120,– 300,–

2 [N730] 10 Cent (K-N) 1909. Typ wie Nr. 1, Wertangabe »1 Jiao«:
1909 [A] (670 412 Ex.) 50,– 120,– 300,–

Verordnung vom 11. Oktober 1909.

BESETZTE GEBIETE IM ERSTEN WELTKRIEG
1914–1918

Gebiet des Oberbefehlshabers Ost

Das Gebiet des Oberbefehlshabers Ost umfasste die von deutschen Truppen im Ersten Weltkrieg besetzten Teile des Russischen Reiches mit Kurland, Litauen und Bialystok-Grodno.

100 Kopeken = 1 Rubel (Ostrubel, Darlehensrubel)
(Währungsparität ab 1916: 1 Rubel = 2 Mark)

1 Kopeke	1916	Fe	2.90 g	∅ 21.50 mm
2 Kopeken	1916	Fe	5.80 g	∅ 24.00 mm
3 Kopeken	1916	Fe	8.70 g	∅ 27.50 mm

				SS	VZ	ST
1	[N601]	1 Kopeke (E) 1916. Inschrift »Gebiet des Oberbefehlshabers Ost« zwischen Eichenzweigen. Rs. Wertangabe und Jahreszahl auf Eisernem Kreuz:				
		1916 A	(11 942 046 Ex.)	5,–	10,–	35,–
		1916 J	(7 682 000 Ex.)	6,–	12,–	50,–
2	[N602]	2 Kopeken (E) 1916. Typ wie Nr. 1:				
		1916 A	(6 972 574 Ex.)	6,–	12,–	40,–
		1916 J	(8 017 000 Ex.)	6,–	12,–	50,–

3	[N603]	3 Kopeken (E) 1916. Typ wie Nr. 1:				
		1916 A	(8 670 000 Ex.)	6,–	12,–	45,–
		1916 J	(7 903 000 Ex.)	6,–	12,–	45,–

Auch als Silberabschlag von 1916 A vorgekommen.

Ausgegeben ab 1916 durch die Darlehenskasse Ost in Kaunas (Kowno).

Königreich Polen

Die Mittelmächte ließen im 1915 besetzten Kongresspolen am 5. November 1916 ein Königreich Polen proklamieren. Die deutsche Verwaltung wurde am 11. November 1918 von Marschall Jozef Piłsudski gestürzt und die (zweite) Republik Polen ausgerufen. Hauptstadt: Warschau (Warszawa).

Ab 16. Februar 1917: 100 Pfennig (Fenigów, Singular: Fenig, Plural: Fenigi) =
1 Mark (Marka Polska, Plural: Marki Polskie, Genitiv Plural: Marek Polskich)

1 Fenig	1917–1918	Fe sherardisiert	2.00 g	∅ 15.00 mm
5 Fenigów	1917–1918	Fe sherardisiert	2.50 g	∅ 18.00 mm
10 Fenigów	1917–1918	Fe sherardisiert	3.50 g	∅ 21.00 mm
20 Fenigów	1917–1918	Fe sherardisiert	4.00 g	∅ 23.00 mm

					SS	VZ	ST
1	[N604]	1 Fenig (E, verzinkt) 1917, 1918. Gekrönter Adler, von Krone überhöht. Rs. Wertangabe, Umschrift »Królestwo Polskie« (Königreich Polen). Rand glatt:					
			1917 F	*unten enthalten*	500,–	1200,–	3000,–
			1918 F	(51 484 000 Ex.)	8,–	20,–	50,–

Für eine geplante Münze zu 2 Fenigi 1917 F existiert ein Gipsmodell.

					SS	VZ	ST
2	[N605]	5 Fenigów (E, verzinkt) 1917, 1918. Typ wie Nr. 1. Rand glatt:					
			1917 F	(18 700 000 Ex.)	6,–	15,–	40,–
			1918 F	(22 690 000 Ex.)	6,–	15,–	40,–

			SS	VZ	ST
2F		5 Fenigów 1917 F mit Reichsadler von Deutschland Nr. 20 (siehe Seite 137) (falsche Stempelkoppelung)	1500,–	–,–	–,–

			SS	VZ	ST
3	[N606]	10 Fenigów (E, verzinkt) 1917, 1918. Typ wie Nr. 1. Rand glatt:			
		1917 F Umschrift berührt Randstab	20,–	50,–	120,–
		1917 F (33 000 000 Ex.)	8,–	20,–	50,–
		1918 F (14 990 000 Ex.)	10,–	25,–	60,–

			SS	VZ	ST
4	[N607]	20 Fenigów (E, verzinkt) 1917, 1918. Typ wie Nr. 1. Rand glatt:			
		1917 F } (21 159 800 Ex.)	8,–	20,–	50,–
		1918 F }	6,–	15,–	40,–

Außer Kurs seit 1. Juli 1924.

Belgien

Im Ersten Weltkrieg war fast ganz Belgien von deutschen Truppen besetzt. Am 26. August 1914 (sechs Tage nach dem Einmarsch in Brüssel) wurde durch Kabinettsorder ein Generalgouverneur für die besetzten Gebiete Belgiens in der Person eines Freiherrn von der Goltz ernannt, welcher am 10. Dezember 1914 durch Moritz Freiherr von Bissing (1844–1917) ersetzt wurde, auf den nach dessen Tode am 18. April Freiherr von Falkenhausen bis zum Zusammenbruch der Besetzung im November 1918 folgte. Unter dem 21. März 1917 wurde Belgien in zwei Regionen geteilt, um die Sprachverschiedenheit zwischen Flamen und Wallonen auszunützen. Die deutsche Besatzung versuchte sich auf den am 4. Februar 1917 gegründeten Flandrischen Rat (Raad van Vlaanderen) zu stützen.

100 Centimen (Centiemen, Centimes) = 1 Belgischer Franken (Frank, Franc)

5 Centimen	1915–1916	Zn	2.50 g	∅ 18.50 mm
10 Centimen	1915–1917	Zn	4.00 g	∅ 22.00 mm
25 Centimen	1915–1918	Zn	6.40 g	∅ 26.00 mm
50 Centimen	1918	Zn	5.00 g	∅ 24.00 mm

				SS	VZ	ST
45	[N608]	5	Centimen (Zink) 1915, 1916. Wappenlöwe. Rs. Wertangabe. Rand glatt:			
			1915 (10 199 200 Ex.)	4,–	6,–	12,–
			1916 (45 414 600 Ex.)	3,–	5,–	10,–

				SS	VZ	ST
46	[N609]	10	Centimen (Zink) 1915–1917. Typ wie Nr. 45. Rand glatt:			
			1915 (9 681 242 Ex.)	5,–	8,–	15,–
			1916 (37 282 011 Ex.)	3,–	5,–	10,–
			1917 (1 447 300 Ex.)	15,–	38,–	65,–

Jahrgang 1916 als Nickelabschlag vorkommend.
Jahrgang 1917 als Silberabschlag (5.65 g) vorkommend.

				SS	VZ	ST
47	[N610]	25	Centimen (Zink) 1915–1918. Typ wie Nr. 45. Rand glatt:			
			1915 (8 079 538 Ex.)	3,–	6,–	12,–
			1916 (10 671 132 Ex.)	3,–	6,–	15,–
			1917 (3 554 868 Ex.)	5,–	10,–	22,–
			1918 (5 489 200 Ex.)	4,–	6,–	15,–

				SS	VZ	ST
48	[N611]	50	Centimen (Zink) 1918. Fünfstrahliger Stern. Rs. Wappenschild über Lorbeerzweig. Rand glatt (mit Loch):			
			1918 (7 397 000 Ex.)	10,–	18,–	30,–

Nrn. 45–48 wurden in Brüssel geprägt. Ausgegeben durch Verordnung vom 7. August 1915. Außer Kurs seit 13. August 1922.

Stadt Gent

100 Centimen (Centiemen, Centimes) = 1 Belgischer Franken (Frank, Franc)

SS VZ ST

1 [N612] 50 Centiemen / Centimes (E, Me I K plattiert) 1915. Löwe, zweisprachiger Stadtname. Rs. Wertangabe, zweisprachige Umschrift (viereckig) (512 773 Ex.) 16,– 32,– 65,–

Auch beidseitig messingplattiert vorkommend.

2 [N613] 1 Frank / Franc (E, Me I K plattiert) 1915. Typ wie Nr. 1 (rund) (370 186 Ex.) 18,– 35,– 85,–

3 [N617 I] 1 Frank / Franc (K vergoldet) 1915. Typ wie Nr. 1 (viereckig) 300,– 450,– 700,–

4 [N614] 2 Frank / Francs (E, Me I K plattiert) 1915. Typ wie Nr. 1 (viereckig) (313 709 Ex.) 25,– 50,– 100,–

SS VZ ST

5 [N615] 5 Franken / Francs (E, Me galvanisiert) 1917. Gekrönter Löwenschild, zweisprachiger Stadtname, Motto »Fides et amor« (Treue und Liebe). Rs. Wertangabe, zweisprachige Umschrift (108 494 Ex.) 35,– 60,– 120,–

6 [N617 II] 2 Frank (K vergoldet) 1918. Gekrönter Löwenschild, niederländischer Stadtname, Motto »Fides et amor« (Treue und Liebe). Rs. Wertangabe, niederländische Umschrift, Motto »Pax et labor« (Frieden und Arbeit) 200,– 400,– 600,–

7 [N616] 5 Frank (E, Me galvanisiert) 1918. Typ wie Nr. 6 (339 406 Ex.) 30,– 55,– 100,–

Die Prägung von Notmünzen wurde im Jahre 1915 vom Stadtrat beschlossen und bei der Firma Geeraert in Gent in Auftrag gegeben.

BESETZTE GEBIETE IM ZWEITEN WELTKRIEG
1939–1945

Allgemeine Ausgaben
(Prägungen für die Reichskreditkassen)

5 Pfennig	1940–1941	Zn	2.50 g	∅ 19.00 mm
10 Pfennig	1940–1941	Zn	3.33 g	∅ 21.00 mm

1 [N618] 5 Reichspfennig (Zink) 1940, 1941. Hakenkreuz, Umschrift »Reichskreditkassen«. Rs. Adlerkopf, Eichenblätter, Wertangabe. Rand glatt (mit Loch):

		SS	**VZ**
1940 A	(11 310 763 Ex.)	30,–	50,–
1940 B	(3 020 340 Ex.)	350,–	850,–
1940 D	(7 682 000 Ex.)	50,–	90,–
1940 E	(2 445 150 Ex.)	350,–	800,–
1940 F	(1 798 461 Ex.)	280,–	500,–
1940 G	(1 247 492 Ex.)		9000,–
1940 J	(1 678 000 Ex.)	280,–	500,–
1941 A	(10 670 418 Ex.)	800,–	1500,–
1941 F	(2 049 590 Ex.)		5000,–

Entwurf von Hans Herbert Schweitzer.

Jahrgang 1940 auch ohne Münzzeichen mit Inschrift »Probe« auf dem Randstab vorkommend.

2 [N619] 10 Reichspfennig (Zink) 1940, 1941. Typ wie Nr. 1. Rand glatt (mit Loch):

		SS	**VZ**
1940 A	(7 435 223 Ex.)	20,–	45,–
1940 B	(843 040 Ex.)		6000,–
1940 D	(964 000 Ex.)		9000,–
1940 E	(510 350 Ex.)		4000,–
1940 F	(651 894 Ex.)	350,–	750,–
1940 G	(2 264 370 Ex.)	150,–	320,–
1940 J	(532 000 Ex.)	500,–	900,–
1941 A	(9 469 036 Ex.)	800,–	1800,–
1941 F	*in 1940 enthalten*		12500,–

Jahrgang 1940 auch ohne Münzzeichen mit Inschrift »Probe« auf dem Randstab vorkommend. In abweichender Zeichnung existiert eine weitere Probe von 1940 A ohne Loch.

Rechtsgrundlage für die Ausgaben von Reichskreditkassenmünzen war die Verordnung über Reichskreditkassen vom 3. Mai 1940 in der Fassung vom 15. Mai 1940. Die ursprüngliche Fassung hatte nur die Ausgabe von Reichskreditkassenscheinen für die besetzten Gebiete in Dänemark und Norwegen vorgesehen. Unter dem 15. Mai 1940 wurde die Ausgabe von Reichskreditkassenmünzen unter Ausdehnung des Geltungsbereichs der erwähnten Verordnung vom 3. Mai 1940 auf Belgien, Frankreich, Luxemburg und die Niederlande gleichzeitig mit dem Erlass der Verordnung über die Errichtung und den Geschäftskreis von Reichskreditkassen in den besetzten Gebieten autorisiert. Die Ausdehnung auf die eingegliederten Ostgebiete erfolgte unter dem 20. Mai 1940.

Böhmen und Mähren

Einen Tag nach dem am 15. März 1939 erfolgten militärischen Einmarsch in die Tschechoslowakei, die bereits am 10. Oktober 1938 die sudetendeutschen Randgebiete an das Deutsche Reich hatte abtreten müssen, erklärte Adolf Hitler in Prag die Tschechoslowakische Republik für beendet und ein Protektorat Böhmen und Mähren an deren Stelle für errichtet. Die deutsche Besatzung von Prag kapitulierte am 8. Mai 1945 vor den Aufständischen.

100 Heller (Haléřů) = 1 Krone (Koruna)

10 Heller	1940–1944	Zn	1.88 g	∅ 17.00 mm
20 Heller	1940–1944	Zn	2.63 g	∅ 20.00 mm
50 Heller	1940–1944	Zn	3.70 g	∅ 22.00 mm
1 Krone	1941–1944	Zn	4.48 g	∅ 23.00 mm

19 [N620] 10 Heller (Zink) 1940–1944. Wappenlöwe, oben bogig »Böhmen und Mähren«, unten »Čechy a Morava«. Rs. Karlsbrücke in Prag. Rand glatt:

		SS	VZ	ST
1940	(82 100 000 Ex.)	2,–	5,–	15,–
1941		2,–	5,–	15,–
1942		2,–	5,–	15,–
1943		2,–	5,–	15,–
1944		4,–	10,–	20,–

Ausgegeben ab 25. November 1940. Außer Kurs seit 1. Januar 1952. Einlösbar bis 31. Januar 1952.

20 [N621] 20 Heller (Zink) 1940–1944. Rs. Weizengarbe, Sichel, Lindenblätter. Rand glatt:

		SS	VZ	ST
1940	(105 600 000 Ex.)	3,–	6,–	15,–
1941		2,–	4,–	10,–
1942		2,–	4,–	10,–
1943		2,–	4,–	10,–
1944		4,–	10,–	25,–

Ausgegeben ab 6. Juli 1940. Außer Kurs seit 1. Juni 1948. Einlösbar bis 30. Juni 1948.

21 [N622] 50 Heller (Zink) 1940–1944. Rs. Lindenzweige und Weizenähren. Riffelrand (100 Kerben):

		SS	VZ	ST
1940	(53 300 000 Ex.)	2,–	8,–	15,–
1941		2,–	8,–	15,–
1942		2,–	5,–	12,–
1943		3,–	8,–	25,–
1944		2,–	5,–	20,–

Ausgegeben ab 13. August 1940. Außer Kurs seit 1. März 1948. Einlösbar bis 31. März 1948.

22 [N623] 1 Krone (Zink) 1941–1944. Rs. Lindenzweige. Riffelrand (86 Kerben):

		SS	VZ	ST
1941	(102 800 000 Ex.)	2,–	5,–	15,–
1942		2,–	5,–	15,–
1943		2,–	5,–	15,–
1944		2,–	5,–	15,–

Ausgegeben ab 15. Dezember 1941. Außer Kurs seit 1. Januar 1952. Einlösbar bis 31. Januar 1952.

Nrn. 19–22 wurden durch die private Prägeanstalt Vichr Aktiengesellschaft in Lissa (Lysá) hergestellt.

Generalgouvernement

für die besetzten polnischen Gebiete

Nach dem von den Außenministern Molotov und Ribbentrop am 28. September 1939 unterzeichneten Protokoll wurde der Rest des polnischen Staates, den das Deutsche Reich und die Sowjetunion übriggelassen hatten, am 26. Oktober 1939 zu einem Generalgouvernement unter deutscher Verwaltung erklärt, welches in die Distrikte Krakau, Warschau, Lublin und Radom unterteilt und 1941 um Galizien erweitert wurde. Hauptstadt: Krakau (Kraków).

100 Groszy (Groschen) = 1 Złoty (Gulden)

1	Grosz	1939	Zn	1.25 g	∅ 14.70 mm
5	Groszy	1939	Zn	1.75 g	∅ 16.00 mm
10	Groszy	1923	Zn	2.00 g	∅ 17.60 mm
20	Groszy	1923	Zn	3.00 g	∅ 20.00 mm
50	Groszy	1938	Fe, Ni galvanisiert	5.00 g	∅ 23.00 mm

SS VZ ST

5 [N624] 1 Grosz (Zink) 1939. Gekrönter Wappenadler (Staatswappen vom 1. August 1919), Umschrift »Rzeczpospolita Polska« (Republik Polen), oben Jahreszahl. Rs. Wertangabe. Rand glatt:
1939 (33 909 000 Ex.) 3,– 8,– 20,–

Entwurf von Wojciech Jastrzębowski.

5E »Próba« (200 Ex.) 100,–

6 2 Grosze (Zink) 1939. Typ wie Nr. 5. Rand glatt ×

6E »Próba« (200 Ex.) 150,–

A7 [N628] 5 Groszy (Zink) 1939. Typ wie Nr. 5. Rand glatt (mit Loch):
1939 (15 324 000 Ex.) 4,– 9,– 25,–

A7E »Próba« (200 Ex.) 100,–

8 [N625] 10 Groszy (Zink) 1923. Rs. Wert im Kranz. Rand glatt *(geprägt ab 1939)*:
1923 (42 175 000 Ex.) 1,– 4,– 10,–

Entwurf von Wojciech Jastrzębowski.

SS VZ ST

9 [N626] 20 Groszy (Zink) 1923. Typ wie Nr. 8. Rand glatt *(geprägt ab 1939)*:
1923 (40 025 000 Ex.) 1,– 4,– 10,–

A10 [N627] 50 Groszy (E, N galvanisiert) 1938. Gekrönter Wappenadler, Umschrift »Rzeczpospolita Polska«, unten Jahreszahl. Rs. Wert im Kranz. Rand glatt:
1938 (ca. 32 000 000 Ex.) 4,– 10,– 25,–
Stücke mit vermeintlich fehlendem Münzzeichen beruhen auf Stempelverschmutzung.

Nrn. 5–A10 wurden in Warschau geprägt (Münzzeichen Pfeil aus dem Wappen von Kościesza). Ausgegeben durch Bekanntmachung vom 23. April 1940. Nr. A10 wurde bereits 1938 von der polnischen Regierung in Auftrag gegeben und gelangte ab Frühjahr 1939 in den Zahlungsverkehr.

Getto Litzmannstadt

Fläche: 4 km^2; 160 000 Einwohner (1940).
Die Stadt Łódź (Lodsch), unter deutscher Besetzung im Reichsgau Wartheland mit der Hauptstadt Posen gelegen, wurde von 11. April 1940 bis Kriegsende nach dem deutschen General Karl Litzmann (1850–1936) benannt, welcher dort im Winter 1914 eine Kesselschlacht gewonnen hatte. Im Getto von Litzmannstadt wurden ab 1942 Münzen von der jüdischen Selbstverwaltung für den eigenen Bedarf herausgegeben.

SS VZ

1 [L1] 10 Pfennig (Mg) 1942. Davidstern mit Ähren, Umschrift »Litzmannstadt Getto«. Rs. Wertzahl, oben bogig »Der Aelteste der Juden«. ∅ 21.2 mm (100 000 Ex.) 600,– –,–
Nr. 1 wurde auf Betreiben des Reichsstatthalters im Wartheland wegen zu großer Ähnlichkeit der Wertseite mit der Reichsmünze zu 10 Pfennig zurückgezogen.

SS VZ

2 [L2] 10 Pfennig (Mg) 1942. Davidstern mit Jahreszahl, Umschrift DER AELTESTE DER JUDEN IN LITZMANNSTADT. Rs. Inschrift QUITTUNG ÜBER 10 PFENNIG. 0.74 g, ∅ 18.9 mm (1 000 000 Ex.) 350,– –,–

3 [L3] 5 Mark 1943. Davidstern und Inschrift GETTO in runder Einfassung. Rs. Schriftband mit QUITTUNG ÜBER auf Wertangabe, Umschrift DER AELTESTE DER JUDEN IN LITZMANNSTADT. ∅ 22.6 mm (800 000 Ex.):

a) (Mg) 1.0 g 300,– –,–

b) (Al) 1.5 g 60,– 120,–

4 [L4] 10 Mark 1943. Typ wie Nr. 3. ∅ 28.2 mm (100 000 Ex.):

a) (Mg) 1.7 g 400,– –,–

b) (Al) 2.6 g, 3.4 g 60,– 120,–

5 [L5] 20 Mark (Al) 1943. Typ wie Nr. 3. 7.0 g, ∅ 33.4 mm (600 Ex.) 800,– 1500,–

Von allen Münzen des Gettos Litzmannstadt existieren mehr Fälschungen (Nachahmungen aus späterer Zeit) als Originale. In Zeichnung der Nr. 2 gibt es zahlreiche Phantasieprägungen in den verschiedensten Metallen.

Reichskommissariat Ukraine

Das »Reichskommissariat Ukraine« wurde am 1. September 1941 gebildet und umfasste große Teile der beim deutschen Vormarsch von den Heeresgruppen Mitte und Süd der Wehrmacht besetzten Gebiete in der Ukraine. Bis zum Spätsommer 1942 wurden diesem Reichskommissariat weitere Gebietsteile zugeordnet und eine Verwaltungsgliederung in die sechs Generalbezirke Kiew (Kyjiv), Dnjepropetrowsk (Dnipropetrov'sk), Nikolajew (Mykolajiv), Krim (Krym), Schitomir (Žytomyr) und Wolhynien-Podolien vorgenommen. Als Reichskommissar für die Ukraine fungierte der Gauleiter von Ostpreußen, Erich Koch. Die Zentralnotenbank in Rowno (Rivne) setzte für die Ukraine ab 1942 eigene Geldscheine in Umlauf. Die Pläne zur Ausgabe von Münzen kamen aufgrund der ab 1943 einsetzenden Rückeroberung der Ukraine durch die Rote Armee nicht mehr zur Durchführung.

100 Kopeken (Singular: Kopijka, Plural: Kopijky, Genitiv Plural: Kopijok) =
1 Karbowanez (Singular: Karbovanec, Genitiv Plural: Karbovanciv)
(Währungsparität: 10 Reichspfennig = 1 Karbowanez = 1 Rubel)

			SS	VZ	ST
A1	[N619A]	50 Kopeken (E) 1943. Ähre auf Zahnrad, unten Jahreszahl. Rs. Wert, Umschrift »Reichskommissariat Ukraine«, Inschrift »Probe«. 4.25 g, ∅ 22 mm, Rand glatt:			
		1943 [A]			15000,–

Entwurf und Modell von Franz Paul Krischker.

Der Entwurf der Bildseite wurde fünf Jahre später für die Münzserie der Sowjetischen Besatzungszone (siehe Seite 351) wiederverwendet.

STAATLICHE NOTMÜNZEN
1918–1923

Herzogtum Anhalt

Nr.				SS	VZ	ST
1	[N1]	25	Pfennig (E) [1918]. Gekröntes Wappen. Rs. Wertangabe	12,–	30,–	55,–
1P		25	Pfennig (Zink) [1918]. Materialprobe ST 400,–			

Herzogtum Braunschweig

Nr.				SS	VZ	ST
2	[N2]	5	Pfennig (E) 1918. Sachsenross. Rs. Wertangabe	5,–	10,–	25,–
2P			Motivprobe mit erhobenem Rossschweif ST 400,–			

Nr.				SS	VZ	ST
3	[N3]	10	Pfennig (E) 1918, 1920. Typ wie Nr. 2	4,–	8,–	18,–
3P			Motivprobe 1918 mit erhobenem Rossschweif ST 500,–			
4		10	Pfennig (Zink) 1918. Typ wie Nr. 2	5,–	12,–	25,–
5	[N4]	50	Pfennig (E) 1918, 1920. Typ wie Nr. 2:			
			1918	5,–	10,–	22,–
			1920	8,–	18,–	35,–
5P			Motivprobe 1918 mit erhobenem Rossschweif ST 600,–			

Staatsbank Braunschweig

Nr.				SS	VZ	ST
6	[N5]	10	Pfennig (Zink) 1920, 1921. Sachsenross. Rs. Wertangabe, oben bogig NOT / GELD	5,–	12,–	30,–
7	[N6]	50	Pfennig (E) 1920. Rs. Wertangabe, oben bogig KRIEGSNOTGELD	5,–	12,–	30,–
8		50	Pfennig (E) 1921. Rs. Wertangabe, oben bogig NOTGELD	10,–	25,–	40,–

Schwarzburg-Sondershausen

Nr.				SS	VZ	ST
9	[N7]	10	Pfennig (E) [1918]. Wappenadler. Rs. Wertangabe	12,–	25,–	55,–
10	[N8]	20	Pfennig (E) [1918]. Typ wie Nr. 9	12,–	25,–	55,–

				SS	VZ	ST
11	[N53]	20	Pfennig (Steinzeug) 1920, 1921. Wertangabe, Umschrift SACHSEN. Rs. Sichel und Ähren:			
			1920 (4 200 Ex.)			65,–
			1921 (641 000 Ex.)			6,–

				SS	VZ	ST
12	[N54]	50	Pfennig (Steinzeug) 1920, 1921. Rs. Weintraube und Spaten:			
			1920 (4 200 Ex.)			65,–
			1921 (493 000 Ex.)			6,–

				SS	VZ	ST
13	[N55]	1	Mark (Steinzeug) 1920, 1921. Rs. Segelschiff:			
			1920 (4 200 Ex.)			65,–
			1921 (546 000 Ex.)			6,–

				SS	VZ	ST
14	[N56]	2	Mark (Steinzeug) 1920, 1921. Rs. Adler im Horst:			
			1920 (4 200 Ex.)			70,–
			1921 (576 000 Ex.)			6,–

				SS	VZ	ST
15	[N57]	5	Mark (Steinzeug) 1920, 1921. Rs. Putto zwischen Ähren (mit Golddekor):			
			1920 (4 000 Ex.)			85,–
			1921 (72 000 Ex.)			25,–

				SS	VZ	ST
16	[N58]	10	Mark (Steinzeug) 1920, 1921. Rs. Landwirt mit Sichel und Getreidegarbe (mit Golddekor):			
			1920 (3 900 Ex.)			85,–
			1921 (74 000 Ex.)			25,–

				SS	VZ	ST
17	[N59]	20	Mark (Steinzeug) 1920, 1921. Rs. Mutter und Kind (mit Golddekor):			
			1920 (5 000 Ex.)			90,–
			1921 (67 000 Ex.)			35,–

Nrn. 11–17 wurden aus braunem Böttger Steinzeug mit Stahlstempeln durch die Staatliche Porzellanmanufaktur Meißen (Beizeichen stehende gekreuzte Kurschwerter) hergestellt. Für den Zahlungsverkehr waren nach der Verordnung vom 31. Dezember 1920 lediglich Nrn. 11–14 mit Jahreszahl 1921 zugelassen. Einlösbar bis 14. Januar 1922.

Provinz Westfalen

				SS	VZ	ST
18	[N9]	50	Pfennig (Al) 1921. Westfalenross, Wertangabe. Rs. Heinrich Friedrich Carl Reichsfreiherr vom und zum Stein (1757–1831), Staatsmann (258 023 Ex.)	4,–	10,–	15,–
19	[N10]	1	Mark (Al) 1921. Typ wie Nr. 18 (173 191 Ex.)	5,–	10,–	18,–

Nr.				SS	VZ	ST
20	[N11]	5	Mark (Al) 1921. Typ wie Nr. 18. ∅ 32 mm (120 753 Ex.)	5,–	10,–	20,–

				SS	VZ	ST
21	[N12]	5	Mark (Me) 1921. Typ wie Nr. 18. ∅ 38 mm (4 035 Ex.) Auch als Silberabschlag vorkommend.	160,–	300,–	600,–
22	[N13]	10	Mark (Bro) 1921. Typ wie Nr. 18 (116 489 Ex.)	8,–	16,–	28,–

Alle Prägungen von 1921 wurden mit mattierter Oberfläche hergestellt.

				SS	VZ	ST
23	[N14]	100	Mark (Me vergoldet) 1922. Typ wie Nr. 18, Wertangabe zweizeilig mit »Mark« (97 435 Ex.) Auch als Silberabschlag vorkommend.	9,–	15,–	30,–
24	[N15]	500	Mark (Me vergoldet) 1922. Typ wie Nr. 23 (57 593 Ex.) Auch als Silberabschlag vorkommend.	9,–	20,–	35,–
25	[N16]	50	Mark (Al) 1923. Rs. Annette von Droste-Hülshoff (1797–1848), Schriftstellerin (92 587 Ex.) Auch als Silberabschlag vorkommend.	5,–	10,–	20,–
26	[N17]	100	Mark (Al) 1923. Typ wie Nr. 25. ∅ 38 mm (95 149 Ex.)	5,–	10,–	20,–

				SS	VZ	ST
27	[N18]	100	Mark (Bro) 1923. Typ wie Nr. 25. ∅ 26 mm (94 778 Ex.) Auch als Silberabschlag, 6.33 g, vorkommend.	6,–	15,–	25,–
28	[N19]	500	Mark (Bro) 1923. Typ wie Nr. 25 (65 117 Ex.) Auch als Silberabschlag vorkommend.	10,–	20,–	35,–
29	[N20]	10000	Mark (Me vergoldet) 1923. Typ wie Nr. 23:			
			1. Kopf in hohem Relief, breiter Randstab (315 809 Ex.)	9,–	20,–	35,–
			2. Kopf in flachem Relief, schmaler Randstab (199 657 Ex.) Auch als Silberabschlag vorkommend.	10,–	25,–	40,–
30	[N22]	5	Millionen Mark (Me vergoldet) 1923. Typ wie Nr. 23 (114 936 Ex.) Auch als Silberabschlag vorkommend.	10,–	25,–	40,–

SS VZ ST

31 [N24] 1/4 Million Mark (Al) 1923. Typ wie Nr. 18, Wertangabe dreizeilig mit »Mk« (219 675 Ex.) 6,– 10,– 20,–
Auch als Silberabschlag vorkommend.

32 [N25] 2 Millionen Mark (Al) 1923. Typ wie Nr. 31 (390 089 Ex.)
Auch als Silberabschlag vorkommend. 6,– 12,– 25,–

33 [N21] 5 Millionen Mark (Me vergoldet) 1923. Typ wie Nr. 31 (8 095 Ex.)
Auch als Silberabschlag vorkommend. 125,– 240,– 450,–

34 [N23] 50 Millionen Mark (Me vergoldet) 1923. Typ wie Nr. 31:
1. breiter Randstab (106 060 Ex.) 10,– 20,– 40,–
2. schmaler Randstab (37 664 Ex.) 65,– 110,– 220,–

35 [N27] 50 Millionen Mark (Al) 1923. Typ wie Nr. 31. ∅ 44 mm (78 464 Ex.) 10,– 22,– 40,–

36 [N26] 50 Millionen Mark (Al) 1923. Typ wie Nr. 31. ∅ 38 mm (995 000 Ex.)
Auch als Silberabschlag vorkommend. 4,– 10,– 20,–

Nrn. 18–36 wurden von der Landesbank der Provinz Westfalen ausgegeben. Eine Verwendung als Zahlungsmittel ist nicht nachgewiesen.

37 [N29] — (Medaille) (K-N-Zk versilbert) [1923]. Annette von Droste-Hülshoff. Rs. Carl Reichsfreiherr vom Stein. ∅ 44 mm (9 985 Ex.) 100,– 160,– 220,–

38 [N28] 1 Billion Mark (K-N-Zk versilbert) 1923. Typ wie Nr. 31 (11 113 Ex.) 180,– 370,– 600,–

39 1 Billion Mark (Me vergoldet) 1923. Typ wie Nr. 31 (500 Ex.) 350,– 650,– 1000,–

Nrn. 37–39 wurden erst nach der Inflation hergestellt. Nr. 40 fällt aus.

Freie und Hansestadt Hamburg

41 [N33] 200 000 Mark (Al) 1923 J. Behelmtes Wappen mit Schildhaltern. Rs. Wertangabe. Rand glatt, 1 g, ∅ 23 mm (2 500 000 Ex.) 4,– 8,– 15,–

42 [N34] 1/2 Million Mark (Al) 1923 J. Typ wie Nr. 41. Rand glatt, 2 g, ∅ 28 mm (2 000 000 Ex.) 4,– 8,– 15,–

Prägungen zu 1/2, 1, 3 und 5 Mark 1922 J in verschiedenen Metallen sind Proben.

Hamburgische Bank von 1923 Aktiengesellschaft

				SS	VZ	ST
43	[N35]	1/100	Verrechnungsmarke (Al) [1923] [J]. Behelmtes Wappen. Rs. Wertangabe. Rand glatt, 0.8 g, ∅ 20.5 mm (9 128 000 Ex.)	5,–	10,–	20,–
44	[N36]	5/100	Verrechnungsmarke (Al) [1923] [J]. Typ wie Nr. 43. Rand glatt, 1 g, ∅ 23 mm (8 100 000 Ex.)	8,–	12,–	20,–
45	[N37]	1/10	Verrechnungsmarke (Al) [1923] [J]. Typ wie Nr. 43. Rand glatt, 1.6 g, ∅ 26.5 mm (8 600 000 Ex.)	4,–	8,–	20,–

Nrn. 43–45 auch als Abschläge in Kupfernickelzink mit jeweils zwei Wappenseiten vorkommend.

Provinz Schleswig-Holstein

Gold-Girobank Schleswig-Holstein Aktiengesellschaft

46	[N38]	5/100	Gutschriftsmarke (Al) 1923 [J]. Landeswappen, Wahlspruch »up ewig ungedeelt« (auf ewig ungeteilt). Rs. Wertangabe. Rand glatt, 1 g, ∅ 23 mm (3 330 000 Ex.)	5,–	12,–	20,–
47	[N39]	10/100	Gutschriftsmarke (Al) 1923 [J]. Typ wie Nr. 46. Rand glatt, 1.6 g, ∅ 26.5 mm (4 500 000 Ex.)	5,–	12,–	20,–

Freie Hansestadt Bremen

48	[N40]	2	Bremer Verrechnungspfennig (Me) [1924]. Stadtschlüssel. Rs. Wertangabe. Rand glatt, 2.85 g, ∅ 20.5 mm (500 790 Ex.)	12,–	30,–	75,–

Auch als Silberabschlag vorkommend *(geprägt 1930).*

49	[N41]	5	Bremer Verrechnungspfennig (Al) [1924]. Typ wie Nr. 48. Rand glatt, 0.65 g, ∅ 18 mm (669 150 Ex.)	12,–	25,–	70,–

Auch als Silberabschlag vorkommend *(geprägt 1930).*

SS VZ ST

50 [N42] 10 Bremer Verrechnungspfennig (Al) [1924]. Typ wie Nr. 48. Rand glatt, 0.9 g, ∅ 20.5 mm (695 450 Ex.) 12,– 25,– 70,–

Auch als Silberabschlag vorkommend *(geprägt 1930).*

51 [N43] 20 Bremer Verrechnungspfennig (Al) [1924]. Typ wie Nr. 48. Rand glatt, 1.2 g, ∅ 24 mm (381 600 Ex.) 20,– 40,– 80,–

Auch als Silberabschlag vorkommend *(geprägt 1930).*

52 [N44] 50 Bremer Verrechnungspfennig (Al) [1924] J. Stadtwappen mit Löwen als Schildhalter. Rand glatt, 1.65 g, ∅ 27 mm (483 000 Ex.) 80,– 150,– 260,–

Auch als Silberabschlag, 6.9 g, vorkommend *(geprägt 1930).*

53 1 Bremer Verrechnungsmark (Al) [1924]. Stadtwappen mit widersehenden Löwen als Schildhalter. Rs. Große Wertzahl in vertieftem Kreis. Riffelrand, ∅ 29 mm 600,– 1500,– –,–

			SS	VZ	ST
54	[N45]	1 Bremer Verrechnungsmark (E, Al plattiert) [1924]. Rs. Kleine Wertzahl im Feld. Riffelrand, 4.9 g, ∅ 29 mm (495 660 Ex.) Auch als Silberabschlag vorkommend *(geprägt 1930).*	160,–	280,–	500,–

Verordnung vom 29. Februar 1924. Ausgegeben ab 18. März 1924. Außer Kurs seit 1. Oktober 1924.

Nrn. 48–51 wurden durch die Firma Lauer in Nürnberg, Nrn. 53–54 durch die Firma Kissing in Menden hergestellt. Nr. 52 sowie alle Silberabschläge stammen aus der Produktion der Hamburgischen Münze.

Liechtenstein

Liechtenstein **Liechtenstein**

Fläche: 160 km^2; 38 114 Einwohner (2018).
Den Aufstieg seines Hauses begründete Fürst Karl I. von Liechtenstein, der als Landeshauptmann von Mähren, kaiserlicher Statthalter in Böhmen, Vorsitzender der Enteignungskommission der Güter der aufständigen Adligen nach der Schlacht am Weißen Berg (1620) sowie als Kippermünzunternehmer bedeutenden Grundbesitz erwerben konnte. Die von seinen Nachfolgern zugekauften Herrschaften Schellenberg (1699) und Vaduz (1712) im Schwäbischen Kreis wurden am 23. Januar 1719 durch Kaiser Karl VI. für seinen Obersthofmeister Anton Florian zum reichsunmittelbaren Fürstentum Liechtenstein erhoben. Von 1815 bis 1866 gehörte Liechtenstein dem Deutschen Bund an und bildete von 1852 bis 1919 mit dem österreichischen Vorarlberg ein Zoll- und Steuergebiet. Seit 1920 besteht eine Zollunion mit der Schweiz. Hauptstadt: Vaduz.

60 Kreuzer = 1 Rheinischer Gulden;
ab 24. März 1857: 100 Neukreuzer = 1 Gulden (Florin);
ab 26. August 1898: 100 Heller = 1 Krone (Corona);
seit 26. Mai 1924: 100 Rappen = 1 Schweizer Franken

Münzstätten

A Österreichisches Hauptmünzamt, Wien
B Eidgenössische Münzstätte, Bern
HF Huguenin Frères & Co. / Huguenin Médailleurs SA, Le Locle
[MM] Mayer Mint GmbH, Karlsfeld

1	Vereinstaler	1862	Ag 900 / Cu 100	18.52 g	∅ 33.00 mm
1	Krone	1898–1915	Ag 835 / Cu 165	5.00 g	∅ 23.00 mm
2	Kronen	1912–1915	Ag 835 / Cu 165	10.00 g	∅ 27.00 mm
5	Kronen	1898–1915	Ag 900 / Cu 100	24.00 g	∅ 36.00 mm
10	Kronen	1898–1900	Au 900 / Cu 100	3.39 g	∅ 19.00 mm
20	Kronen	1898	Au 900 / Cu 100	6.78 g	∅ 21.00 mm
½	Franken	1924	Ag 835 / Cu 165	2.50 g	∅ 18.00 mm
1	Franken	1924	Ag 835 / Cu 165	5.00 g	∅ 23.00 mm
2	Franken	1924	Ag 835 / Cu 165	10.00 g	∅ 27.00 mm
5	Franken	1924	Ag 900 / Cu 100	25.00 g	∅ 37.00 mm
10	Franken	1930–1946	Au 900 / Cu 100	3.22 g	∅ 19.00 mm
10	Franken	1988–2006	Ag 900 / Cu 100	30.00 g	∅ 37.30 mm
20	Franken	1930–1946	Au 900 / Cu 100	6.45 g	∅ 21.00 mm
25	Franken	1956–1961	Au 900 / Cu 100	5.65 g	∅ 20.00 mm
50	Franken	1956–1961	Au 900 / Cu 100	11.29 g	∅ 25.00 mm
50	Franken	1988–2006	Au 900 / Ag 054 / Cu 046	10.00 g	∅ 22.30 mm
100	Franken	1952	Au 900 / Cu 100	32.26 g	∅ 35.00 mm

Frühere Ausgaben siehe im Deutschen Münzkatalog 18. Jahrhundert (5. Auflage 2019) und im Weltmünzkatalog 19. Jahrhundert (17. Auflage 2016).

JOHANN II. 1858–1929

				S	SS	VZ	ST
1	[1373]	1	Vereinstaler (S) 1862. Johann II. (1840–1929), Kopfbild nach rechts, Titelumschrift. Rs. Wappen auf gekröntem Wappenmantel. Randschrift »Klar und fest«. 900er Silber, 18.518 g, ∅ 33 mm [Wien] (1 920 Ex.)	900,–	1600,–	3500,–	6000,–

Stempel von Joseph Boehm (Vorderseite) und Johann Pfeiffer (Rückseite).

Nr. 1 hatte bei Ausgabe einen Kurswert von 1½ Florin gleich 150 Neukreuzern und wurde 1893 gegen 3,53 Kronen außer Kurs gesetzt (in Deutschland gültig bis 1907 als 3 Mark).

Als Goldabschlag (29.63 g) mit glattem Rand in der Sammlung Ferrari vorgekommen.

Nachahmungen in Silber, Gold und Platin von neugeschnittenen Stempeln mit Münzstättenzeichen M unter dem Wappenmantel wurden 1966 mit Genehmigung der fürstlichen Regierung durch die Firma Motek Horowicz & Co. beim Bayerischen Hauptmünzamt in München in Auftrag gegeben.

WÄHRUNGSREFORM 26. August 1898: 1 Florin = 2 Kronen
NEUE WÄHRUNG: 100 Heller = 1 Krone

Für eine geplante Münze zu 10 Heller 1898 sind die Stempel der Wertseite vorhanden.

2 [1378] 1 Krone (S) 1900, 1904, 1910, 1915. Johann II., Kopfbild nach links, Titelumschrift. Rs. Gekröntes Wappen zwischen Lorbeerzweigen, Wertangabe, Jahreszahl. Randschrift »Klar und fest«. 835er Silber, 5 g, ∅ 23 mm [Wien]:

1900	(50 000 Ex.)	6,–	12,–	25,–	60,–
1904	(75 000 Ex.)	5,–	10,–	20,–	45,–
1910	(50 000 Ex.)	5,–	10,–	20,–	45,–
1915	(75 000 Ex.)	5,–	10,–	20,–	45,–

Entwurf und Modell von Jean Baptiste Gustave Deloye.

			S	SS	VZ	ST
2E		1 Krone (S) 1898. Motivprobe mit Signatur am Halsabschnitt. Rs. Gekrönte Wertzahl 1 zwischen Lorbeerzweigen, Inschrift ESSAI rechts neben der Jahreszahl, erhabene Randschrift [Wien] (125 Ex.)			2500,–	4500,–

3 [1377] 2 Kronen (S) 1912, 1915. Typ wie Nr. 2. 835er Silber, 10 g, ∅ 27 mm [Wien]:

		S	SS	VZ	ST
1912	(50 000 Ex.)	8,–	12,–	35,–	120,–
1915	(37 500 Ex.)	8,–	12,–	35,–	120,–

4 [1376] 5 Kronen (S) 1900, 1904, 1910, 1915. Typ wie Nr. 2. 900er Silber, 24 g, ∅ 36 mm [Wien]:

		S	SS	VZ	ST
1900	(5 000 Ex.)	90,–	160,–	350,–	750,–
1904	(15 000 Ex.)	35,–	80,–	150,–	300,–
1910	(10 000 Ex.)	40,–	90,–	180,–	350,–
1915	(10 000 Ex.)	40,–	90,–	180,–	350,–

S SS VZ ST

4E 5 Kronen (S) 1898. Motivprobe, mit Signatur am Halsabschnitt, Inschrift ESSAI rechts neben der Jahreszahl, erhabene Randschrift [Wien] (100 Ex.) 5000,–

5 [1375] 10 Kronen (G) 1900. Typ wie Nr. 2. 900er Gold, 3.387 g, ∅ 19 mm, Arabeskenrand [Wien] (1 500 Ex.) 600,– 1500,– 2800,– 5000,–

5E 10 Kronen (G) 1898. Motivprobe mit Signatur am Halsabschnitt, Inschrift ESSAI rechts neben der Jahreszahl, Riffelrand [Wien] (30 Ex.) 14000,–

6 [1374] 20 Kronen (G) 1898. Typ wie Nr. 2. 900er Gold, 6.775 g, ∅ 21 mm, Randschrift »Klar und fest« [Wien] (1 500 Ex.) 600,– 1500,– 2800,– 5000,–

6E 20 Kronen (G) 1898. Motivprobe mit Signatur am Halsabschnitt, Inschrift ESSAI rechts neben der Jahreszahl, erhabene Randschrift [Wien] (30 Ex.) 15000,–

Außer Kurs seit 28. August 1920.

WÄHRUNGSUMSTELLUNG 26. Mai 1924
NEUE WÄHRUNG: 100 Rappen = 1 Franken

Nr.				S	SS	VZ	ST
7	[1382]	½	Franken (S) 1924. Typ wie Nr. 2. 835er Silber, 2.5 g, ∅ 18 mm, Riffelrand [Bern] (* 30 000 Ex.)	35,–	80,–	150,–	350,–

* Eingeschmolzen bis auf 14 255 Ex.

Nr.				S	SS	VZ	ST
8	[1381]	1	Franken (S) 1924. Typ wie Nr. 2. 835er Silber, 5 g, ∅ 23 mm, Randschrift »Klar und fest« [Bern] (* 60 000 Ex.)	25,–	60,–	100,–	220,–

* Eingeschmolzen bis auf 14 645 Ex.

Nr.				S	SS	VZ	ST
9	[1380]	2	Franken (S) 1924. Typ wie Nr. 2. 835er Silber, 10 g, ∅ 27 mm [Bern] (* 50 000 Ex.)	35,–	80,–	150,–	380,–

* Eingeschmolzen bis auf 8293 Ex.

Nr.				S	SS	VZ	ST
10	[1379]	5	Franken (S) 1924. Typ wie Nr. 2. 900er Silber, 25 g, ∅ 37 mm, erhabene Randschrift [Bern] (* 15 000 Ex.)	120,–	250,–	500,–	1200,–

* Eingeschmolzen bis auf 3740 Ex.

Außer Kurs seit 2. April 1931.

FRANZ I. 1929–1938

S SS VZ ST

11 [1384] 10 Franken (G) 1930. Franz I. (1853–1938), Kopfbild nach rechts. Rs. Wappen. 900er Gold, 3.226 g, ∅ 19 mm [Bern] (2500 Ex.)
Stempel von Ludwig Hujer. 500,– 900,– 1500,–

12 [1383] 20 Franken (G) 1930. Typ wie Nr. 11. 900er Gold, 6.451 g, ∅ 21 mm [Bern] (2500 Ex.) 500,– 900,– 1500,–
Stempel von Ludwig Hujer.

FRANZ JOSEPH II. 1938–1989

13 [1389] 10 Franken (G) 1946. Franz Joseph II. (1906–1989), Kopfbild nach links. Rs. Wappen, von elf Sternen umgeben, Wertangabe. 900er Gold, 3.226 g, ∅ 19 mm, Riffelrand [Bern] (10 000 Ex.)
Stempel von Arnold Stockmann. *MW* 180,– 250,–

14 [1388] 20 Franken (G) 1946. Typ wie Nr. 13. 900er Gold, 6.451 g, ∅ 21 mm, Randschrift »Ad legem anni MCMXXXI« (nach dem Münzgesetz von 1931) [Bern] (10 000 Ex.) *MW* 280,– 400,–
Stempel von Arnold Stockmann.

S SS VZ ST

15 [1387a] 25 Franken (G) 1956. Franz Josef II. und Georgina von Wilczek (1921–1989). Rs. Wappen, Wertangabe. 900er Gold, 5.645 g, ∅ 20 mm, Randschrift »Dominus providebit« (der Herr wird vorsehen) [Bern] (17 000 Ex.) *MW* 250,– 320,–

Entwurf und Modell von Edwin Grienauer.

Auch als Materialprobe mit Inschrift »Bronze« auf glattem Rand vorkommend.

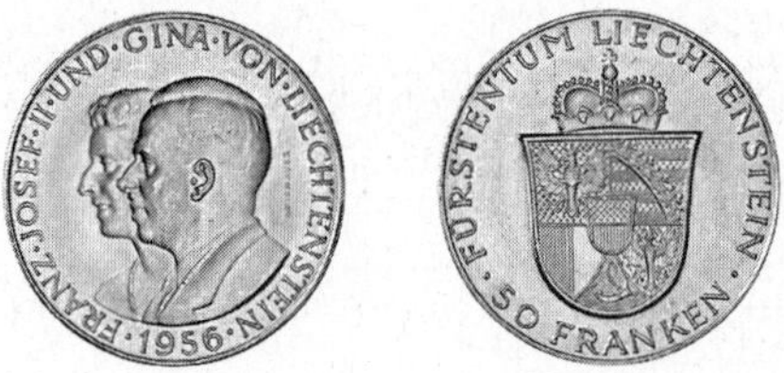

16 [1386a] 50 Franken (G) 1956. Typ wie Nr. 15. 900er Gold, 11.29 g, ∅ 25 mm [Bern] (17 000 Ex.) *MW* 450,– 600,–

Entwurf und Modell von Edwin Grienauer.

Auch als Materialprobe mit Inschrift »Bronze« auf glattem Rand vorkommend.

17 [1385] 100 Franken (G) 1952. Typ wie Nr. 15. 900er Gold, 32.258 g, ∅ 35 mm, Randschrift »Dominus providebit« und dreizehn Sterne [Bern] (4000 Ex.) 1200,– 1800,– 3000,–

Entwurf und Modell von Edwin Grienauer.

Auch als Materialprobe mit Inschrift »Bronze« auf glattem Rand vorkommend.

100 JAHRE LIECHTENSTEINISCHE LANDESBANK (2)

VZ ST

18 [1387b] 25 Franken (G) 1961. Franz Josef II., Kopfbild nach rechts. Rs. Staatswappen. 900er Gold, 5.645 g, ∅ 20 mm, Riffelrand [Bern] (20 000 Ex.) *MW* 290,–

19 [1386b] 50 Franken (G) 1961. Typ wie Nr. 18. 900er Gold, 11.29 g, ∅ 25 mm [Bern] (20 000 Ex.) *MW* 550,–

Verordnung vom 5. Oktober 1961. Ausgegeben ab 1. Juni 1986 (mehrwertsteuerfrei im Kalenderjahr 2019).

50. JAHRESTAG DER THRONBESTEIGUNG VON FÜRST FRANZ JOSEF II. (2)

PP

20 [1390] 10 Franken (S) 1988. Franz Josef II., Kopfbild nach rechts. Rs. Staatswappen. 900er Silber, 30 g, ∅ 37.3 mm, HF (35 000 Ex.) 30,–

21 [1386c] 50 Franken (G) 1988. Typ wie Nr. 20. 900er Gold, 10 g, ∅ 22.3 mm, HF (35 000 Ex.) 450,–

Entwurf und Modell von Georg Malin.

Verordnung vom 25. Mai 1988. Ausgegeben ab 26. Juli 1988 (Goldmünze mehrwertsteuerfrei im Kalenderjahr 2019).

PP

22 [1392a] 10 Franken (S) 1990. Hans Adam II. (*1945), Fürst von Liechtenstein seit 1989. Rs. Wappen auf gekröntem Wappenmantel. 900er Silber, 30 g, ∅ 37.3 mm, HF (35 000 Ex.) 30,–

23 [1391a] 50 Franken (G) 1990. Typ wie Nr. 22. 900er Gold, 10 g, ∅ 22.3 mm, HF (25 000 Ex.) 450,–

Entwurf und Modell von Josef Fösleitner.

Verordnung vom 27. Juni 1990. Ausgegeben ab 16. August 1990 (Goldmünze mehrwertsteuerfrei im Kalenderjahr 2019).

200 JAHRE SOUVERÄNITÄT DES FÜRSTENTUMS LIECHTENSTEIN (2)

24 [1392b] 10 Franken (S) 2006. Johann I. (1760–1836), Fürst von Liechtenstein ab 1805. Rs. Wappen auf gekröntem Wappenmantel. 900er Silber, 30 g, ∅ 37.3 mm, B (15 000 Ex.) 30,–

25 [1391b] 50 Franken (G) 2006. Typ wie Nr. 24. 900er Gold, 10 g, ∅ 22.3 mm, B (10 000 Ex.) 450,–

Verordnung vom 16. März 2006. Ausgegeben ab 12. Juli 2006 (Goldmünze mehrwertsteuerfrei im Kalenderjahr 2019).

PP

26 5 Franken (S) 2019. Anton Florian (1656–1721), Fürst von Liechtenstein ab 1712, Landesherr von Schellenberg und Vaduz ab 1718. Rs. Wappen auf gekröntem Wappenmantel. 999er Silber, 31.10 g (1 oz.), ∅ 38.61 mm [MM] (max. 7 500 Ex.) ×

27 10 Franken (S) 2019. Typ wie Nr. 26. 999er Silber, 62.20 g (2 oz.) (mit zwei aufgeklebten Kristallen), ∅ 38.61 mm [MM] (max. 1 719 Ex.) ×

28 10 Franken (G) 2019. Typ wie Nr. 26. 999.9er Gold, 0.5 g, ∅ 11 mm [MM] (max. 15 000 Ex.) ×

29 25 Franken (G) 2019. Typ wie Nr. 26. 999.9er Gold, 7.78 g (¼ oz.), ∅ 22.5 mm [MM] (max. 999 Ex.) ×

30 100 Franken (G) 2019. Typ wie Nr. 26. 999.9er Gold, 31.10 g (1 oz.) (mit zwei aufgeklebten Kristallen), ∅ 33 mm [MM] (max. 300 Ex.)

Entwurf von Hans Peter Gassner. ×

Alle seit 1930 geprägten liechtensteinischen Münzen sind derzeit als gesetzliche Zahlungsmittel gültig.

Österreich

Austria **Autriche**

Fläche: 83 871 km^2; 8 822 267 Einwohner (2018).
Über Jahrhunderte waren die Geschicke Österreichs und Deutschlands als Teile des Heiligen Römischen Reiches aufs engste verbunden. Das Haus Habsburg stellte für das Heilige Römische Reich Deutscher Nation bis 1806 und für das Kaisertum Österreich ab 1804 eine Reihe hervorragender Herrscher. Nach dem Zerfall der Donaumonarchie in einzelne Nationalstaaten und dem Regierungsverzicht von Kaiser Karl I. am 11. November 1918 wurde im deutschsprachigen Landesteil die »Republik Deutschösterreich« geschaffen, der eine Vereinigung mit der in Berlin ausgerufenen »Deutschen Republik« von den Siegermächten untersagt wurde und sich daraufhin am 21. Oktober 1919 in »Republik Österreich« umbenannte. Hauptstadt: Wien (Vindobona, Vienna, Bécs, Dunaj).

60 Kreuzer = 1 Rheinischer Gulden;
ab 24. März 1857: 100 Neukreuzer = 1 Gulden (Florin);
ab 2. August 1892: 100 Heller = 1 Krone (Corona)
(Goldparität: 2952 Kronen = 1 kg Münzgold, 3280 Kronen = 1 kg Feingold);
ab 1. Januar 1925: 100 Groschen = 1 Schilling;
ab 18. März 1938: 100 Reichspfennig = 1 Reichsmark;
ab 30. November 1945: 100 Groschen = 1 Schilling;
seit 1. Januar 1999: 100 Cent = 1 Euro

Münzstätten
Österreichisches Hauptmünzamt / Münze Österreich AG, Wien (in Betrieb seit 1194) (1976 Beizeichen Stadtwappen, sonst seit 1872 ohne Münzzeichen)
Burg Hasegg, Hall in Tirol (1976 Beizeichen Tiroler Adler)

Prägungen der Münzstätte Wien von 1938–1944 siehe im Katalogteil Deutschland (Seiten 163, 465).

1 Dukat	1872–1915	Au 986 / Cu 014	3.49 g	∅ 19.75 mm
4 Dukaten	1872–1915	Au 986 / Cu 014	13.96 g	∅ 39.50 mm
1 Heller	1892–1916	Cu 95 / Sn 04 / Zn 01	1.67 g	∅ 17.00 mm
2 Heller	1892–1915	Cu 95 / Sn 04 / Zn 01	3.33 g	∅ 19.00 mm
2 Heller	1916–1918	Fe	2.78 g	∅ 17.00 mm
10 Heller	1892–1911	Ni	3.00 g	∅ 19.00 mm
10 Heller	1915–1916	Cu 50 / Zn 40 / Ni 10	3.00 g	∅ 19.00 mm
20 Heller	1892–1914	Ni	4.00 g	∅ 21.00 mm
20 Heller	1915–1918	Fe	3.33 g	∅ 21.00 mm

1	Krone	1892–1916	Ag 835 / Cu 165	5.00 g	∅ 23.00 mm
2	Kronen	1912–1913	Ag 835 / Cu 165	10.00 g	∅ 27.00 mm
5	Kronen	1900–1909	Ag 900 / Cu 100	24.00 g	∅ 36.00 mm
10	Kronen	1892–1912	Au 900 / Cu 100	3.39 g	∅ 19.00 mm
20	Kronen	1892–1924	Au 900 / Cu 100	6.78 g	∅ 21.00 mm
100	Kronen	1908–1924	Au 900 / Cu 100	33.88 g	∅ 37.00 mm
100	Kronen	1923–1924	Cu 95 / Sn 04 / Zn 01	1.67 g	∅ 17.00 mm
200	Kronen	1924	Cu 95 / Sn 04 / Zn 01	3.33 g	∅ 19.00 mm
1000	Kronen	1924	Cu 75 / Ni 25	4.50 g	∅ 22.00 mm
1	Groschen	1925–1938	Cu 95 / Sn 04 / Zn 01	1.67 g	∅ 17.00 mm
2	Groschen	1925–1938	Cu 95 / Sn 04 / Zn 01	3.33 g	∅ 19.00 mm
5	Groschen	1931–1938	Cu 75 / Ni 25	3.00 g	∅ 17.00 mm
10	Groschen	1925–1929	Cu 75 / Ni 25	4.50 g	∅ 22.00 mm
50	Groschen	1934–1936	Cu 75 / Ni 25	5.50 g	∅ 24.00 mm
½	Schilling	1924–1926	Ag 640 / Cu 360	3.00 g	∅ 19.00 mm
1	Schilling	1924	Ag 800 / Cu 200	7.00 g	∅ 26.00 mm
1	Schilling	1925–1932	Ag 640 / Cu 360	6.00 g	∅ 25.00 mm
1	Schilling	1934–1935	Cu 75 / Ni 25	7.00 g	∅ 26.00 mm
2	Schilling	1928–1937	Ag 640 / Cu 360	12.00 g	∅ 29.00 mm
5	Schilling	1934–1936	Ag 835 / Cu 165	15.00 g	∅ 31.00 mm
25	Schilling	1926–1938	Au 900 / Cu 100	5.88 g	∅ 21.00 mm
100	Schilling	1926–1938	Au 900 / Cu 100	23.52 g	∅ 33.00 mm
1	Groschen	1947	Zn	1.80 g	∅ 17.00 mm
2	Groschen	1950–1994	Al 985 / Mg 015	0.90 g	∅ 18.00 mm
5	Groschen	1948–1994	Zn	2.50 g	∅ 19.00 mm
10	Groschen	1947–1949	Zn	3.50 g	∅ 21.00 mm
10	Groschen	1951–2001	Al 985 / Mg 015	1.10 g	∅ 20.00 mm
20	Groschen	1950–1954	Cu 915 / Al 085	4.50 g	∅ 22.00 mm
50	Groschen	1946–1955	Al 985 / Mg 015	1.40 g	∅ 22.00 mm
50	Groschen	1959–2001	Cu 915 / Al 085	3.00 g	∅ 19.50 mm
1	Schilling	1946–1957	Al 985 / Mg 015	2.00 g	∅ 25.00 mm
1	Schilling	1959–2001	Cu 915 / Al 085	4.20 g	∅ 22.50 mm
2	Schilling	1946–1952	Al 985 / Mg 015	2.80 g	∅ 28.00 mm
5	Schilling	1952–1957	Al 985 / Mg 015	4.00 g	∅ 31.00 mm
5	Schilling	1960–1968	Ag 640 / Cu 360	5.20 g	∅ 23.50 mm
5	Schilling	1968–2001	Cu 75 / Ni 25	4.80 g	∅ 23.50 mm
10	Schilling	1957–1973	Ag 640 / Cu 360	7.50 g	∅ 27.00 mm
10	Schilling	1974–2001	Ni, Cu 75 / Ni 25 plattiert	6.20 g	∅ 26.00 mm
20	Schilling	1980–2001	Cu 92 / Al 06 / Ni 02	8.00 g	∅ 27.70 mm
25	Schilling	1955–1973	Ag 800 / Cu 200	13.00 g	∅ 30.00 mm
50	Schilling	1959–1973	Ag 900 / Cu 100	20.00 g	∅ 34.00 mm
50	Schilling	1974–1978	Ag 640 / Cu 360	20.00 g	∅ 34.00 mm
50	Schilling	1996–2001	Ring Cu 92 / Al 06 / Ni 02, Zentrum Ni, Cu 75 / Ni 25 plattiert	8.15 g	∅ 26.50 mm
100	Schilling	1974–1979	Ag 640 / Cu 360	24.00 g	∅ 36.00 mm
500	Schilling	1980–1982	Ag 640 / Cu 360	24.00 g	∅ 38.00 mm
500	Schilling	1983–2001	Ag 925 / Cu 075	24.00 g	∅ 37.00 mm
1000	Schilling	1976	Au 900 / Cu 100	13.50 g	∅ 27.00 mm

1	Cent	2002–2019	Fe, Cu galvanisiert	2.30 g	∅ 16.25 mm
2	Cent	2002–2019	Fe, Cu galvanisiert	3.06 g	∅ 18.75 mm
5	Cent	2002–2019	Fe, Cu galvanisiert	3.92 g	∅ 21.25 mm
10	Cent	2002–2019	Cu 89 / Al 05 / Zn 05 / Sn 01	4.10 g	∅ 19.75 mm
20	Cent	2002–2019	Cu 89 / Al 05 / Zn 05 / Sn 01	5.74 g	∅ 22.25 mm
50	Cent	2002–2019	Cu 89 / Al 05 / Zn 05 / Sn 01	7.80 g	∅ 24.25 mm
1	Euro	2002–2019	Ring Cu 75 / Zn 20 / Ni 05, Zentrum Ni, Cu 75 / Ni 25 plattiert	7.50 g	∅ 23.25 mm
2	Euro	2002–2019	Ring Cu 75 / Ni 25, Zentrum Ni, Cu 75 / Zn 20 / Ni 05 plattiert	8.50 g	∅ 25.75 mm
3	Euro	2016–2019	Cu 75 / Ni 25	16.00 g	∅ 34.00 mm
5	Euro	2012–2019	Cu	8.90 g	∅ 28.50 mm
10	Euro	2012–2019	Cu	15.00 g	∅ 32.00 mm

Sondermünzen

100	Schilling	1991–2001	Ag 900 / Cu 100	20.00 g	∅ 34.00 mm
100	Schilling	2000–2001	Ring Ag 900 / Cu 100, Zentrum Ti	13.75 g	∅ 34.00 mm
200	Schilling	1995	Ag 925 / Cu 075	33.63 g	∅ 40.00 mm
500	Schilling	1991–1996	Au 986 / Cu 014	8.11 g	∅ 22.00 mm
500	Schilling	1997–1999	Au 995 / Cu 005	8.04 g	∅ 22.00 mm
500	Schilling	2000–2001	Au 986 / Cu 014	10.14 g	∅ 22.00 mm
500	Schilling	1995	Ring Au 986 / Cu 014, Zentrum Ag 900 / Cu 100	13.33 g	∅ 30.00 mm
1000	Schilling	1991–1996	Au 986 / Cu 014	16.22 g	∅ 30.00 mm
1000	Schilling	1997–1999	Au 995 / Cu 005	16.08 g	∅ 30.00 mm
1000	Schilling	2000–2001	Au 986 / Cu 014	16.22 g	∅ 30.00 mm
1000	Schilling	1994	Ring Ag 900 / Cu 100, Zentrum Au 986 / Cu 014	39.85 g	∅ 40.00 mm
1000	Schilling	1995	Au 9167 / Cu 0430 / Ag 0403	16.96 g	∅ 28.00 mm
5	Euro	2002–2017	Ag 800 / Cu 200	10.00 g	∅ 28.50 mm
5	Euro	2017–2019	Ag 925 / Cu 075	8.41 g	∅ 28.50 mm
10	Euro	2002–2016	Ag 925 / Cu 075	17.30 g	∅ 32.00 mm
10	Euro	2017–2019	Ag 925 / Cu 075	16.81 g	∅ 32.00 mm
20	Euro	2002–2016	Ag 900 / Cu 100	20.00 g	∅ 34.00 mm
20	Euro	2017–2019	Ag 925 / Cu 075	22.42 g	∅ 34.00 mm
25	Euro	2003–2006	Ring Ag 900 / Cu 100, Zentrum Nb	17.15 g	∅ 34.00 mm
25	Euro	2007–2019	Ring Ag 900 / Cu 100, Zentrum Nb	16.50 g	∅ 34.00 mm
50	Euro	2002–2016	Au 986 / Cu 014	10.14 g	∅ 22.00 mm
50	Euro	2017–2019	Au 986 / Cu 014	7.89 g	∅ 22.00 mm
100	Euro	2002–2018	Au 986 / Cu 014	16.22 g	∅ 30.00 mm
100	Euro	2019	Au 986 / Cu 014	15.78 g	∅ 30.00 mm

Anlegermünzen

200	Schilling	1991–2001	Au 9999	3.12 g	∅ 16.00 mm
500	Schilling	1989–2001	Au 9999	7.78 g	∅ 22.00 mm
1000	Schilling	1994–2001	Au 9999	15.55 g	∅ 28.00 mm
2000	Schilling	1989–2001	Au 9999	31.10 g	∅ 37.00 mm

1½	Euro	2008–2019	Ag 999	31.10 g	∅ 37.00 mm
4	Euro	2014–2019	Au 9999	1.24 g	∅ 13.00 mm
10	Euro	2002–2019	Au 9999	3.12 g	∅ 16.00 mm
25	Euro	2002–2019	Au 9999	7.78 g	∅ 22.00 mm
50	Euro	2002–2019	Au 9999	15.55 g	∅ 28.00 mm
100	Euro	2002–2019	Au 9999	31.10 g	∅ 37.00 mm
2000	Euro	2009	Au 9999	622.13 g	∅ 74.00 mm
100000	Euro	2004	Au 9999	31106.5 g	∅ 370.00 mm
4	Euro	2017–2019	Pt 9995	1.24 g	∅ 13.00 mm
100	Euro	2016–2019	Pt 9995	31.10 g	∅ 37.00 mm

* Die Stücke zu 10 Groschen wurden ab 1979 auch ohne Magnesiumanteil in der Legierung hergestellt.

Kaiserreich

Frühere Ausgaben siehe im Deutschen Münzkatalog 18. Jahrhundert (5. Auflage 2019) und im Weltmünzkatalog 19. Jahrhundert (17. Auflage 2016).

FRANZ JOSEPH I. 1848–1916

1 [344] 1 Dukat (G) 1872–1915. Franz Joseph I. (1830–1916), belorbeertes Kopfbild nach rechts. Rs. Gekrönter Doppeladler mit dreifeldigem Brustschild des Hauses Habsburg-Lothringen als Staatswappen des Kaiserreiches (von 1815). 986⅑er Gold, 3.4909 g, ∅ 19.75 mm:

			SS	VZ	ST
1872	(460 000 Ex.)		*MW*	180,–	250,–
1873	(515 616 Ex.)		*MW*	180,–	250,–
1874	(352 729 Ex.)		*MW*	180,–	250,–
1875	(184 488 Ex.)		*MW*	180,–	250,–
1876	(679 847 Ex.)		*MW*	160,–	240,–
1877	(822 508 Ex.)		*MW*	160,–	240,–
1878	(280 963 Ex.)		*MW*	180,–	250,–
1879	(361 556 Ex.)		*MW*	160,–	240,–
1880	(340 912 Ex.)		*MW*	160,–	240,–
1881	(476 872 Ex.)		*MW*	160,–	240,–
1882	(389 909 Ex.)		*MW*	160,–	240,–
1883	(408 639 Ex.)		*MW*	160,–	240,–
1884	(238 039 Ex.)		*MW*	160,–	240,–
1885	(257 383 Ex.)		*MW*	160,–	240,–
1886	(290 705 Ex.)		*MW*	160,–	240,–

		SS	VZ	ST
1887	(223 055 Ex.)	*MW*	160,–	240,–
1888	(308 869 Ex.)	*MW*	160,–	240,–
1889	(334 788 Ex.)	*MW*	160,–	240,–
1890	(373 860 Ex.)	*MW*	160,–	240,–
1891	(324 584 Ex.)	*MW*	160,–	240,–
1892	(360 841 Ex.)	*MW*	160,–	240,–
1893	(285 024 Ex.)	*MW*	160,–	240,–
1894	(292 645 Ex.)	*MW*	160,–	240,–
1895	(329 569 Ex.)	*MW*	160,–	240,–
1896	(413 892 Ex.)	*MW*	160,–	240,–
1897	(263 151 Ex.)	*MW*	160,–	240,–
1898	(349 590 Ex.)	*MW*	160,–	240,–
1899	(411 559 Ex.)	*MW*	160,–	240,–
1900	(360 811 Ex.)	*MW*	160,–	240,–
1901	(348 621 Ex.)	*MW*	160,–	240,–
1902	(311 471 Ex.)	*MW*	160,–	240,–
1903	(380 014 Ex.)	*MW*	160,–	240,–
1904	(517 144 Ex.)	*MW*	160,–	240,–
1905	(391 538 Ex.)	*MW*	180,–	250,–
1906	(491 574 Ex.)	*MW*	160,–	240,–
1907	(554 200 Ex.)	*MW*	160,–	240,–
1908	(408 832 Ex.)	*MW*	160,–	240,–
1909	(366 318 Ex.)	*MW*	160,–	240,–
1910	(440 424 Ex.)	*MW*	160,–	240,–
1911	(590 826 Ex.)	*MW*	160,–	240,–
1912	(494 991 Ex.)	*MW*	160,–	240,–
1913	(319 926 Ex.)	*MW*	160,–	240,–
1914	(378 341 Ex.)	*MW*	160,–	240,–
1915	(laufende amtliche Neuprägungen)			*MW + 8 %*
1951	(Fehler des Stempelschneiders)	160,–	250,–	400,–

2 [345] 4 Dukaten (G) 1872–1915. Franz Joseph I., belorbeertes Brustbild nach rechts. Rs. wie Nr. 1. 986 1/9er Gold, 13.9636 g, ∅ 39.5 mm:

1872	(12 000 Ex.)	1000,–	2200,–	5000,–
1873	(24 124 Ex.)	900,–	2000,–	4000,–
1874	(15 476 Ex.)	900,–	2000,–	4000,–
1875	(11 633 Ex.)	900,–	2000,–	4000,–

		SS	VZ	ST
1876	(5 243 Ex.)	1200,–	2500,–	4500,–
1877	(5 970 Ex.)	900,–	2000,–	4000,–
1878	(23 376 Ex.)	900,–	2000,–	4000,–
1879	(29 245 Ex.)	900,–	2000,–	4000,–
1880	(23 002 Ex.)	900,–	2000,–	4000,–
1881	(34 711 Ex.)	900,–	2000,–	4000,–
1882	(28 772 Ex.)	900,–	2000,–	4000,–
1883	(36 739 Ex.)	900,–	2000,–	4000,–
1884	(35 035 Ex.)	900,–	2000,–	4000,–
1885	(27 942 Ex.)	900,–	2000,–	4000,–
1886	(18 322 Ex.)	900,–	2000,–	4000,–
1887	(26 947 Ex.)	900,–	2000,–	4000,–
1888	(35 712 Ex.)	900,–	2000,–	4000,–
1889	(31 186 Ex.)	900,–	2000,–	4000,–
1890	(47 289 Ex.)	800,–	1600,–	3000,–
1891	(53 846 Ex.)	800,–	1600,–	3000,–
1892	(58 168 Ex.)	800,–	1600,–	3000,–
1893	(54 273 Ex.)	800,–	1600,–	3000,–
1894	(34 743 Ex.)	800,–	1600,–	3000,–
1895	(40 337 Ex.)	800,–	1600,–	3000,–
1896	(49 067 Ex.)	800,–	1600,–	3000,–
1897	(35 049 Ex.)	800,–	1600,–	3000,–
1898	(53 774 Ex.)	800,–	1600,–	3000,–
1899	(54 481 Ex.)	800,–	1600,–	3000,–
1900	(48 169 Ex.)	700,–	1500,–	2500,–
1901	(51 597 Ex.)	700,–	1500,–	2500,–
1902	(69 380 Ex.)	700,–	1500,–	2500,–
1903	(72 658 Ex.)	700,–	1500,–	2500,–
1904	(80 086 Ex.)	700,–	1500,–	2500,–
1905	(90 906 Ex.)	700,–	1500,–	2500,–
1906	(123 443 Ex.)	700,–	1500,–	2500,–
1907	(104 295 Ex.)	700,–	1500,–	2500,–
1908	(80 428 Ex.)	600,–	1200,–	1800,–
1909	(83 852 Ex.)	600,–	1200,–	1800,–
1910	(101 354 Ex.)	*MW*	1000,–	1600,–
1911	(141 807 Ex.)	*MW*	1000,–	1600,–
1912	(150 691 Ex.)	*MW*	750,–	1200,–
1913	(119 133 Ex.)	*MW*	750,–	1200,–
1914	(102 712 Ex.)	*MW*	750,–	1200,–
1915	(laufende amtliche Neuprägungen)			*MW + 5 %*

Nach dem Zerfall der Donaumonarchie verfügte das Königreich der Serben, Kroaten und Slowenen (ab 1929 Jugoslawien) die gebührenpflichtige Punzierung von Edelmetallwaren, insbesondere der als Handelsmünzen und Brautschmuck beliebten 1 und 4 Dukaten (Nrn. 1 und 2), die dort zu dieser Zeit keine gesetzliche Zahlungskraft besaßen. Für Importwaren war 1919–1922 eine Punze »Doppeladler« vorgeschrieben, die 1922 durch eine spitzovale Punze »Schwert im Kranz« mit Feingehaltsangabe »I« (mindestens 750er Gold) ersetzt wurde. Erst 1931 ließ das Königreich Jugoslawien eigene Handelsgoldmünzen zu 1 und 4 Dukaten herstellen (siehe Weltmünzkatalog 20. Jahrhundert, Nrn. 11 und 12), die als inländische Produkte zunächst die 1922–1933 gültige achteckige Punze »Zweig zwischen zwei Vögeln« mit Feingehaltsangabe »I« und der Kennzahl des Stempelungsortes »1« (Belgrad), ab 1933 dann eine rechteckige Punze »Weizenähre« mit »I« und »1« erhielten.

WÄHRUNGSREFORM 2. August 1892: 1 Florin = 2 Kronen
NEUE WÄHRUNG: 100 Heller = 1 Krone

				SS	VZ	ST
3	[372]	1 Heller (Bro) 1892–1903, 1909–1916. Gekrönter Doppeladler mit dreifeldigem Brustschild des Hauses Habsburg-Lothringen. Rs. Wertzahl auf Zweigen in Einfassung:				
		1892	(wenige Ex.)	200,–	350,–	600,–
		1893	(29 022 000 Ex.)	1,–	4,–	12,–
		1894	(30 120 000 Ex.)	1,–	4,–	12,–
		1895	(49 515 000 Ex.)	1,–	3,–	10,–
		1896	(15 600 000 Ex.)	4,–	8,–	20,–
		1897	(12 465 000 Ex.)	5,–	12,–	32,–
		1898	(6 780 000 Ex.)	15,–	35,–	60,–
		1899	(1 901 000 Ex.)	25,–	70,–	140,–
		1900	(26 981 000 Ex.)	1,–	4,–	8,–
		1901	(52 096 000 Ex.)	1,–	2,–	4,–
		1902	(20 553 000 Ex.)	1,–	3,–	6,–
		1903	(13 779 000 Ex.)	1,–	4,–	8,–
		1909	(12 668 000 Ex.)	–,50	2,–	4,–
		1910	(21 941 000 Ex.)	–,50	2,–	4,–
		1911	(18 387 000 Ex.)	–,50	1,–	3,–
		1912	(27 053 000 Ex.)	–,50	1,–	3,–
		1913	(8 782 000 Ex.)	–,50	1,–	3,–
		1914	(9 906 000 Ex.)	–,50	1,–	3,–
		1915	(5 673 000 Ex.)	–,50	1,–	3,–
		1916	*in Nr. 26 enthalten*	1,–	3,–	8,–

				SS	VZ	ST
4	[373]	2 Heller (Bro) 1892–1915. Typ wie Nr. 3:				
		1892	(260 000 Ex.)	150,–	300,–	600,–
		1893	(41 507 000 Ex.)	2,–	8,–	18,–
		1894	(78 036 000 Ex.)	1,–	3,–	8,–
		1895	(25 610 000 Ex.)	2,–	5,–	10,–
		1896	(43 080 000 Ex.)	1,–	3,–	8,–
		1897	(98 055 000 Ex.)	–,50	2,–	6,–
		1898	(10 720 000 Ex.)	3,–	15,–	30,–
		1899	(42 734 000 Ex.)	1,–	3,–	12,–
		1900	(7 942 000 Ex.)	8,–	18,–	35,–

		SS	VZ	ST
1901	(12 157 000 Ex.)	10,–	28,–	60,–
1902	(18 760 000 Ex.)	1,–	5,–	12,–
1903	(26 983 000 Ex.)	2,–	5,–	12,–
1904	(12 863 000 Ex.)	3,–	12,–	30,–
1905	(6 679 000 Ex.)	4,–	12,–	35,–
1906	(20 104 000 Ex.)	2,–	5,–	12,–
1907	(23 804 000 Ex.)	1,–	3,–	10,–
1908	(21 984 000 Ex.)	1,–	3,–	10,–
1909	(25 975 000 Ex.)	1,–	3,–	10,–
1910	(28 406 000 Ex.)	2,–	4,–	10,–
1911	(50 007 058 Ex.)	–,50	2,–	8,–
1912	(74 234 000 Ex.)	–,50	2,–	8,–
1913	(27 432 000 Ex.)	1,–	3,–	9,–
1914	(60 674 000 Ex.)	–,50	1,–	6,–
1915	(7 871 000 Ex.)	–,50	1,–	6,–

5 [374] 10 Heller (N) 1892–1895, 1907–1911. Rs. Wertzahl in Kartusche:

1892	(wenige Ex.)	500,–	1200,–	2000,–
1893	(43 524 000 Ex.)	1,–	5,–	15,–
1894	(45 558 000 Ex.)	1,–	4,–	18,–
1895	(79 918 000 Ex.)	1,–	4,–	10,–
1907	(8 662 000 Ex.)	1,–	5,–	10,–
1908	(7 772 000 Ex.)	1,–	5,–	10,–
1909	(20 462 000 Ex.)	1,–	2,–	6,–
1910	(10 164 000 Ex.)	1,–	3,–	8,–
1911	(3 634 000 Ex.)	4,–	10,–	22,–

6 [375] 20 Heller (N) 1892–1895, 1907–1909, 1911, 1914. Typ wie Nr. 5:

1892	(1 500 000 Ex.)	35,–	65,–	140,–
1893	(41 457 000 Ex.)	2,–	10,–	20,–
1894	(50 116 000 Ex.)	2,–	10,–	20,–
1895	(32 927 000 Ex.)	2,–	10,–	18,–
1907	(7 650 000 Ex.)	3,–	12,–	26,–

		SS	VZ	ST
1908	(7 469 000 Ex.)	3,–	11,–	25,–
1909	(7 590 000 Ex.)	6,–	15,–	30,–
1911	(19 560 000 Ex.)	2,–	6,–	12,–
1914	(2 342 000 Ex.)	10,–	20,–	45,–

7 [376] 1 Krone (S) 1892–1907. Belorbeertes Kopfbild von Franz Joseph I. nach rechts. Rs. Gekrönte Wertzahl zwischen Lorbeerzweigen:

1892	(235 000 Ex.)	160,–	650,–	1000,–
1893	(50 124 000 Ex.)	4,–	9,–	18,–
1894	(28 002 500 Ex.)	5,–	10,–	22,–
1895	(15 115 000 Ex.)	5,–	25,–	60,–
1896	(3 068 000 Ex.)	14,–	35,–	80,–
1897	(2 142 000 Ex.)	35,–	120,–	250,–
1898	(5 855 000 Ex.)	5,–	15,–	35,–
1899	(11 820 000 Ex.)	4,–	10,–	20,–
1900	(3 068 000 Ex.)	5,–	12,–	30,–
1901	(10 387 000 Ex.)	4,–	10,–	22,–
1902	(2 947 000 Ex.)	6,–	14,–	32,–
1903	(2 198 000 Ex.)	6,–	20,–	40,–
1904	(993 000 Ex.)	12,–	50,–	110,–
1905	(505 000 Ex.)	18,–	50,–	110,–
1906	(164 500 Ex.)	170,–	320,–	600,–
1907	(244 000 Ex.)	90,–	240,–	360,–

8 [377] 5 Kronen (S) 1900, 1907. Rs. Gekrönter Doppeladler mit dreifeldigem Brustschild im Lorbeerkranz, mit fünf Kaiserkronen belegt:

1900	(8 961 416 Ex.)	25,–	50,–	120,–
1907	(1 539 200 Ex.)	25,–	60,–	140,–

					SS	VZ	ST
9	[378]	10	Kronen (G) 1892, 1893, 1896, 1897, 1905, 1906. Rs. Gekrönter Doppeladler mit dreifeldigem Brustschild. 900er Gold, 3.387 g:				
			1892	(wenige Ex.)			–,–
			1893	(wenige Ex.)			–,–
			1896	(210 734 Ex.)	160,–	220,–	260,–
			1897	(1 803 270 Ex.)	*MW*	200,–	240,–
			1905	(1 933 230 Ex.)	*MW*	200,–	240,–
			1906	(1 081 161 Ex.)	*MW*	200,–	240,–

					SS	VZ	ST
10	[379]	20	Kronen (G) 1892–1905. Typ wie Nr. 9. 900er Gold, 6.775 g:				
			1892	(652 909 Ex.)		*MW*	280,–
			1893	(7 872 023 Ex.)		*MW*	280,–
			1894	(6 713 890 Ex.)		*MW*	280,–
			1895	(2 265 926 Ex.)		*MW*	280,–
			1896	(6 867 570 Ex.)		*MW*	280,–
			1897	(5 132 829 Ex.)		*MW*	280,–
			1898	(1 873 789 Ex.)		*MW*	280,–
			1899	(98 408 Ex.)		*MW*	300,–
			1900	(26 537 Ex.)	300,–	450,–	650,–
			1901	(48 677 Ex.)	280,–	400,–	550,–
			1902	(440 751 Ex.)		*MW*	280,–
			1903	(322 679 Ex.)		*MW*	280,–
			1904	(494 356 Ex.)		*MW*	280,–
			1905	(146 097 Ex.)		*MW*	280,–

ZUM 60. JAHRESTAG SEINER THRONBESTEIGUNG (5)

					SS	VZ	ST
11	[396]	1	Krone (S) 1908. Kopfbild von Franz Joseph I. mit langer Halspartie nach rechts. Rs. Gekröntes Monogramm aus FJI, Jahreszahlen 1848–1908, Gedenkumschrift:				
			1908	(4 784 992 Ex.)	4,–	6,–	10,–

				SS	VZ	ST
12	[397]	5	Kronen (S) 1908. Rs. Eilende Ruhmesgöttin, Jahreszahlen 1848–1908, Gedenkumschrift: 1908 (3 941 600 Ex.)	25,–	40,–	70,–

13	[398]	10	Kronen (G) 1908. Rs. Gekrönter Doppeladler, seitlich Jahreszahlen 1848–1908, Gedenkumschrift. 900er Gold, 3.387 g: 1908 (654 022 Ex.)	*MW*	200,–	240,–

14	[399]	20	Kronen (G) 1908. Rs. Gekrönter Doppeladler, darüber bogig Jahreszahlen 1848–1908, Gedenkumschrift. 900er Gold, 6.775 g: 1908 (188 346 Ex.)	*MW*	300,–	420,–

SS VZ ST

15 [400] 100 Kronen (G) 1908. Rs. Lagernde Ruhmesgöttin auf Wolken mit Lorbeerkranz und Wappenschild, Jahreszahlen 1848–1908, Gedenkinschrift. 900er Gold, 33.875 g:
1908 (16 026 Ex.) *MW* 1600,– 2100,–
Spiegelglanz 2500,–

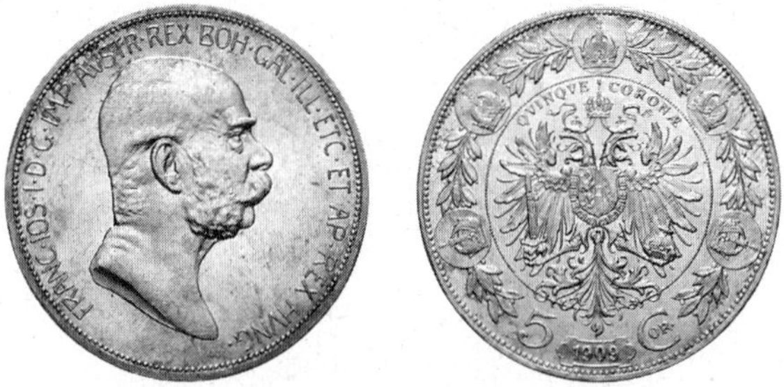

16 [380] 5 Kronen (S) 1909. Kopfbild von Franz Joseph I. mit langer Halspartie nach rechts. Rs. Gekrönter Doppeladler mit dreifeldigem Brustschild im Lorbeerkranz, mit fünf Kaiserkronen belegt:
1909 (1 708 800 Ex.) 25,– 90,– 200,–

17 [381] 10 Kronen (G) 1909. Rs. Gekrönter Doppeladler mit dreifeldigem Brustschild. 900er Gold, 3.387 g:
1909 (2 319 872 Ex.) *MW* 200,– 240,–

18 [382] 20 Kronen (G) 1909. Typ wie Nr. 17. 900er Gold, 6.775 g:
1909 (227 754 Ex.) 500,– 900,– 1500,–

				SS	VZ	ST
19	[383]	1	Krone (S) 1912–1916. Kopfbild von Franz Joseph I. (nach Stefan Schwartz). Rs. Gekrönte Wertzahl zwischen Lorbeerzweigen:			
			1912 (8 457 000 Ex.)	4,–	6,–	10,–
			1913 (9 345 000 Ex.)	*MW*	4,–	8,–
			1914 (37 897 000 Ex.)	*MW*	4,–	6,–
			1915 (23 000 134 Ex.)	*MW*	4,–	6,–
			1916 (12 415 404 Ex.)	*MW*	4,–	6,–
19P		1	Krone (Al) 1916. Materialprobe ST 200,–			

20	[384]	2	Kronen (S) 1912, 1913. Rs. Gekrönter Doppeladler mit dreifeldigem Brustschild:			
			1912 (10 244 500 Ex.)	*MW*	8,–	12,–
			1913 (7 256 002 Ex.)	*MW*	8,–	12,–
20P		2	Kronen (Al) 1913. Materialprobe ST 260,–			
21	[385]	5	Kronen (S) 1909. Rs. Gekrönter Doppeladler mit dreifeldigem Brustschild im Lorbeerkranz, mit fünf Kaiserkronen belegt:			
			1909 (1 775 787 Ex.)	25,–	70,–	150,–

22	[386]	10	Kronen (G) 1909–1912. Typ wie Nr. 20. 900er Gold, 3.387 g:			
			1909 (192 135 Ex.)	*MW*	200,–	240,–
			1910 (1 005 387 Ex.)	*MW*	180,–	220,–
			1911 (1 285 667 Ex.)	*MW*	180,–	220,–
			1912 (laufende amtliche Neuprägungen)			*MW + 8 %*

23 [387] 20 Kronen (G) 1909–1916. Typ wie Nr. 20. 900er Gold, 6.775 g:

		SS	VZ	ST
1909	(102 404 Ex.)	1000,–	2000,–	3000,–
1910	(386 031 Ex.)	300,–	450,–	600,–
1911	(59 313 Ex.)	500,–	800,–	1200,–
1912	(4 460 Ex.)	600,–	1200,–	1800,–
1913	(28 058 Ex.)	1000,–	2000,–	3000,–
1914	(82 104 Ex.)	550,–	900,–	1300,–
1915	(laufende amtliche Neuprägungen)			*MW* + 6 %
1916	*in Nr. 30 enthalten*	3000,–	8000,–	20000,–

24 [388] 100 Kronen (G) 1909–1915. Typ wie Nr. 20. 900er Gold, 33.875 g:

		SS	VZ	ST
1909	(3 203 Ex.)	*MW*	2000,–	3200,–
1910	(3 074 Ex.)	*MW*	2000,–	3200,–
1911	(11 165 Ex.)	*MW*	2000,–	3200,–
1912	(3 591 Ex.)	*MW*	2000,–	3200,–
1913	(2 696 Ex.)	*MW*	2000,–	3200,–
1914	(1 195 Ex.)	*MW*	2500,–	4000,–
1915	(laufende amtliche Neuprägungen)			*MW* + 4 %

25 [389] 10 Heller (K-N-Zk) 1915, 1916. Gekrönter Doppeladler mit dreifeldigem Brustschild des Hauses Habsburg-Lothringen. Rs. Wertzahl im Kranz:

		SS	VZ	ST
1915	(18 366 000 Ex.)	1,–	3,–	8,–
1916	(27 487 000 Ex.)	–,50	2,–	6,–

26 [390] 1 Heller (Bro) 1916. Gekrönter Doppeladler mit Bindenschild auf der Brust als Staatswappen der österreichischen Länder (von 1915). Rs. Wertzahl auf Zweigen in Einfassung:

		SS	VZ	ST
1916	(* 12 484 000 Ex.)	8,–	25,–	60,–

* Prägezahl einschließlich Nr. 3 von 1916

26P 1 Heller (E) 1916. Materialprobe ST 300,–

27 [393] 2 Heller (E) 1916–1918. Gekrönter Doppeladler mit Bindenschild. Rs. Wertzahl auf Lorbeerzweigen:

		SS	VZ	ST
1916	(61 909 000 Ex.)	1,–	3,–	10,–
1917	(81 186 000 Ex.)	–,50	2,–	8,–
1918	(66 353 000 Ex.)	–,50	1,–	6,–

28 [391] 10 Heller (K-N-Zk) 1916. Gekrönter Doppeladler mit Bindenschild. Rs. Wertzahl im Kranz:

		SS	VZ	ST
1916	(14 804 000 Ex.)	1,–	3,–	10,–

28P 10 Heller (Al) 1916. Materialprobe ST 300,–

29 [394] 20 Heller (E) 1915–1918. Typ wie Nr. 28:

		SS	VZ	ST
1915	(wenige Ex.)			–,–
1916	(130 770 000 Ex.)	–,30	3,–	8,–
1917	(127 420 000 Ex.)	–,40	2,–	8,–
1918	(48 985 000 Ex.)	–,20	1,–	5,–

29P 20 Heller (Al) 1918. Materialprobe ST 300,–

				SS	VZ	ST
30	[392]	20	Kronen (G) 1916. Kopfbild von Franz Joseph I. nach rechts. Rs. Gekrönter Doppeladler mit Bindenschild. 900er Gold, 6.775 g:			
			1916 (* 71 763 Ex.)	600,–	900,–	1300,–

* Prägezahl einschließlich Nr. 23 von 1916

KARL I. 1916–1918

Kleinmünzen aus der Regierungszeit von Karl I. siehe Nrn. 27 und 29.

32 [418] 20 Kronen (G) 1918. Sel. Karl I. (1887–1922), Kopfbild nach rechts. Rs. Gekrönter Doppeladler mit Bindenschild. Randschrift »Omnia cum populo meo« (Alles mit meinem Volk). 900er Gold, 6.775 g:
1918 (* 2 000 Ex.) –,–

** Eingeschmolzen bis auf 1 Ex. (aufbewahrt im Münzkabinett des Kunsthistorischen Museums in Wien).*

33 100 Kronen (G) 1918. Typ wie Nr. 32. 900er Gold, 33.875 g ×

Stempel von Richard Placht (Vorderseite) und Josef Prinz (Rückseite).

Nr. 32 auch als zeitgenössische Versuchsprägung der Porträtseite in Kupfer mit rückseitiger Inschrift »Muster für das 20 K Stück MCMXVIII« vorkommend. Spätestens 1927 wurden Messingabschläge der Porträtseite von Nr. 33 angefertigt, die seit 1952 mit nachträglicher Rückseitenpunzierung »Probe 5 Kronen 1918« im Handel nachweisbar sind.

ERSTE REPUBLIK 1918–1934

SS VZ ST

34 [419] 100 Kronen (Bro) 1923, 1924. Adlerkopf mit Mauerkrone. Rs. Wertzahl und Eichenzweig:

		SS	VZ	ST
1923	(6 403 680 Ex.)	5,–	15,–	32,–
1924	(42 898 820 Ex.)	1,–	2,–	6,–

Kurswert 1 Groschen ab 1. Januar 1925. Kurswert 1 Reichspfennig (gültig in ganz Deutschland) ab 23. April 1938. Außer Kurs seit 1. März 1942.

35 [420] 200 Kronen (Bro) 1924. Krückenkreuz als Ehrenzeichen für Verdienste um die Republik Österreich, ab 1933 Abzeichen der Vaterländischen Front. Rs. Wertzahl (57 160 000 Ex.) –,50 2,– 8,–

Kurswert 2 Groschen ab 1. Januar 1925. Kurswert 2 Reichspfennig (gültig in ganz Deutschland) ab 23. April 1938. Außer Kurs seit 1. März 1942.

36 [421] 1000 Kronen (K-N) 1924. Tirolerin. Rs. Wertzahl im Kranz (72 353 000 Ex.) 1,– 4,– 10,–

Entwurf und Modell von Heinrich Zita. Außer Kurs seit 1. Oktober 1939.

37 [422] 20 Kronen (G) 1923, 1924. Adler mit Mauerkrone und Bindenschild, in den Fängen Hammer und Sichel, als Staatswappen der Ersten Republik (vom 8. Mai 1919). Rs. Wert im Kranz, Umschrift mit Angabe der Währungsparität. 900er Gold, 6.775 g:

		SS	VZ	ST
1923	(6 988 Ex.)	1400,–	2000,–	2600,–
1924	(10 337 Ex.)	1200,–	1800,–	2500,–

				SS	VZ	ST
38	[423]	100	Kronen (G) 1923, 1924. Typ wie Nr. 37. 900er Gold, 33.875 g:			
			1923 (617 Ex.)	2000,–	3000,–	4000,–
			1924 (2851 Ex.)	2000,–	3000,–	4000,–
			Spiegelglanz, 1923 4000,–			

WÄHRUNGSUMSTELLUNG 1. Januar 1925: 10 000 Kronen = 1 Schilling
NEUE WÄHRUNG: 100 Groschen = 1 Schilling

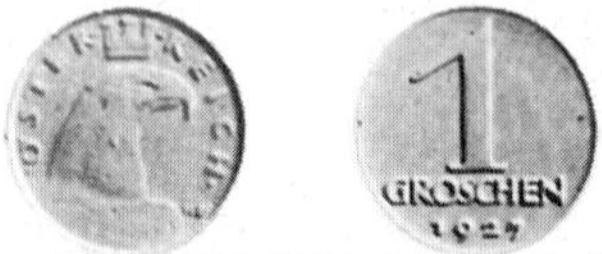

39	[424]	1	Groschen (Bro) 1925–1938. Adlerkopf mit Mauerkrone, wie Nr. 34. Rs. Wertangabe:			
			1925 (30 465 000 Ex.)	–,40	2,–	8,–
			1926 (15 487 000 Ex.)	–,50	3,–	8,–
			1927 (9 318 000 Ex.)	–,40	2,–	6,–
			1928 (17 189 000 Ex.)	–,30	1,–	5,–
			1929 (11 400 000 Ex.)	–,30	1,–	5,–
			1930 (8 893 000 Ex.)	–,40	2,–	6,–
			1931 (971 000 Ex.)	12,–	30,–	80,–
			1932 (3 041 000 Ex.)	3,–	10,–	20,–
			1933 (3 940 000 Ex.)	2,–	6,–	12,–
			1934 (4 232 000 Ex.)	–,50	1,–	3,–
			1935 (3 741 000 Ex.)	1,–	2,–	5,–
			1936 (6 027 000 Ex.)	–,50	1,–	3,–
			1937 (5 830 000 Ex.)	–,50	1,–	3,–
			1938 (1 652 000 Ex.)	3,–	10,–	25,–

Kurswert 1 Reichspfennig (gültig in ganz Deutschland) ab 23. April 1938. Außer Kurs seit 1. März 1942.

40	[425]	2	Groschen (Bro) 1925–1930, 1934–1938. Krückenkreuz, wie Nr. 35. Rs. Wertangabe:			
			1925 (29 892 000 Ex.)	1,–	2,–	8,–
			1926 (17 782 000 Ex.)	1,–	2,–	6,–

		SS	VZ	ST
1927	(7 757 000 Ex.)	1,–	3,–	6,–
1928	(19 478 000 Ex.)	1,–	2,–	5,–
1929	(16 184 000 Ex.)	1,–	2,–	5,–
1930	(5 708 000 Ex.)	1,–	3,–	6,–
1934	(812 000 Ex.)	12,–	30,–	50,–
1935	(3 148 000 Ex.)	1,–	3,–	6,–
1936	(4 412 000 Ex.)	1,–	2,–	4,–
1937	(3 791 000 Ex.)	1,–	2,–	4,–
1938	(864 000 Ex.)	5,–	15,–	32,–

Kurswert 2 Reichspfennig (gültig in ganz Deutschland) ab 23. April 1938. Außer Kurs seit 1. März 1942.

41 [426] 5 Groschen (K-N) 1931, 1932, 1934, 1936–1938. Typ wie Nr. 40:

1931	(16 631 000 Ex.)	1,–	5,–	15,–
1932	(4 701 000 Ex.)	2,–	6,–	18,–
1934	(3 210 000 Ex.)	2,–	6,–	18,–
1936	(1 240 000 Ex.)	5,–	10,–	25,–
1937	(1 548 000 Ex.)	30,–	60,–	140,–
1938	(876 000 Ex.)	200,–	400,–	750,–

Außer Kurs seit 1. Oktober 1939.

42 [427] 10 Groschen (K-N) 1925, 1928, 1929. Tirolerin, wie Nr. 36. Rs. Wert im Kranz:

1925	(66 199 000 Ex.)	1,–	3,–	10,–
1928	(11 468 000 Ex.)	4,–	10,–	30,–
1929	(12 020 000 Ex.)	2,–	6,–	10,–

Außer Kurs seit 1. Oktober 1939.

43 [428] ½ Schilling (S) 1924–1926. Bindenschild. Rs. Wertzahl in Raute:

1924	(wenige Ex.)			–,–
1925	(18 370 000 Ex.)	2,–	4,–	10,–
1926	(12 370 000 Ex.)	3,–	9,–	20,–

A44 1 Schilling (S) 1924. Parlamentsgebäude in Wien. Rs. Bindenschild auf Zweigen. 800er Silber, 7 g, ∅ 26 mm:

1924	(11 086 000 Ex.)	6,–	8,–	12,–

Außer Kurs seit 1. Januar 1925.

44 [429] 1 Schilling (S) 1925, 1926, 1932. Typ wie Nr. A44. 640er Silber, 6 g, ∅ 25 mm:

		SS	VZ	ST
1925	(38 209 000 Ex.)	4,–	6,–	12,–
1926	(20 157 000 Ex.)	4,–	6,–	10,–
1932	(700 000 Ex.)	50,–	90,–	180,–

45 [436] 25 Schilling (G) 1926–1931, 1933, 1934. Adler mit Mauerkrone und Bindenschild, in den Fängen Hammer und Sichel. Rs. Wert und Lorbeerzweige. 900er Gold, 5.881 g:

		SS	VZ	ST
1926	(276 705 Ex.)	*MW*	260,–	320,–
1927	(72 572 Ex.)	*MW*	260,–	320,–
1928	(134 041 Ex.)	*MW*	260,–	320,–
1929	(243 269 Ex.)	*MW*	260,–	320,–
1930	(129 595 Ex.)	*MW*	260,–	320,–
1931	(160 003 Ex.)	*MW*	260,–	320,–
1933	(4 944 Ex.)	1000,–	2000,–	3000,–
1934	(9 383 Ex.)	400,–	600,–	900,–

Außer Kurs seit 15. Juni 1938.

46 [437] 100 Schilling (G) 1926–1931, 1933, 1934. Typ wie Nr. 45. 900er Gold, 23.523 g:

1926	(63 795 Ex.)	*MW*	1200,–
1927	(68 746 Ex.)	*MW*	1200,–
1928	(40 188 Ex.)	*MW*	1200,–
1929	(74 628 Ex.)	*MW*	1200,–
1930	(24 849 Ex.)	*MW*	1200,–
1931	(101 935 Ex.)	*MW*	1200,–

		SS	VZ	ST
1933	(4 727 Ex.)	1000,–	1500,–	2200,–
1934	(9 383 Ex.)		*MW*	1300,–

Entwurf und Modell von Arnold Hartig. Außer Kurs seit 15. Juni 1938.

100. TODESTAG VON FRANZ SCHUBERT

			SS	VZ	ST	PP
47	[430]	2 Schilling (S) 1928. Wertangabe im Kreis der neun Länderwappen, von Bindenschild überhöht. Rs. Franz Schubert (1797–1828), Komponist (6 900 000 Ex.)	8,–	12,–	22,–	400,–

Weitere Münzausgaben auf Franz Schubert: Nrn. 135, 235.

100. GEBURTSTAG VON THEODOR BILLROTH

			SS	VZ	ST	PP
48	[431]	2 Schilling (S) 1929. Rs. Theodor Billroth (1829–1894), Chirurg (2 000 000 Ex.)	12,–	25,–	40,–	800,–

700. TODESTAG VON WALTHER VON DER VOGELWEIDE

			SS	VZ	ST	PP
49	[432]	2 Schilling (S) 1930. Rs. Walther von der Vogelweide (um 1170–1230), Minnesänger (500 000 Ex.)	8,–	12,–	22,–	140,–

Zum gleichen Anlass (mit gleicher Bildseite): Deutsches Reich Nr. 68.
Zum 750. Todestag: Bundesrepublik Deutschland Nr. 152.

175. GEBURTSTAG VON WOLFGANG AMADEUS MOZART

				SS	VZ	ST	PP
50	[433]	2 Schilling (S) 1931. Rs. Wolfgang Gottlieb (Theophilus, Amadé) Mozart (1756–1791), Komponist (500 000 Ex.)		20,–	35,–	60,–	350,–

Weitere Münzausgaben auf Wolfgang Amadeus Mozart: Bundesrepublik Deutschland Nr. 243, Österreich Nrn. 74, 193–196, 283, 325, 328, 346, 416, 428.

200. GEBURTSTAG VON JOSEPH HAYDN

51	[434]	2 Schilling (S) 1932. Rs. Joseph Haydn (1732–1809), Komponist (300 000 Ex.)	70,–	110,–	150,–	550,–

Weitere Münzausgaben auf Joseph Haydn: Nr. 306.
Zum 250. Geburtstag: Nr. 152.

1. TODESTAG VON IGNAZ SEIPEL

52	[435]	2 Schilling (S) 1933. Rs. Ignaz Seipel (1876–1932), Bundeskanzler 1922–1924 und 1926–1929 (400 000 Ex.)	30,–	50,–	75,–	400,–

Außer Kurs seit 15. Juni 1938.

				SS	VZ	ST
53	[438]	50	Groschen (K-N) 1934. Nimbierter Doppeladler mit Bindenschild als Staatswappen des Bundesstaates (vom 1. Mai 1934). Rs. Wertzahl im Quadrat (»Nachtschilling«):			
			1934 (8 224 822 Ex.)	20,–	50,–	90,–

				SS	VZ	ST
54	[440]	50	Groschen (K-N) 1935, 1936. Staatswappen, Landesname. Rs. Wertangabe:			
			1935 (11 435 000 Ex.)	3,–	6,–	18,–
			1936 (1 000 000 Ex.)	25,–	70,–	140,–

Außer Kurs seit 1. Oktober 1939.

				SS	VZ	ST
55	[439]	1	Schilling (K-N) 1934, 1935. Rs. Wertangabe vor Ähren:			
			1934 (30 641 000 Ex.)	2,–	5,–	10,–
			1935 (11 987 000 Ex.)	5,–	12,–	35,–

Außer Kurs seit 1. Oktober 1939.

						SS	VZ	ST
56	[445]	5	Schilling (S) 1934–1936. Rs. Madonna von Mariazell:					
			1934	(3 066 000 Ex.)		12,–	30,–	50,–
			1935	(5 377 000 Ex.)		12,–	30,–	50,–
			1936	(1 557 000 Ex.)		40,–	80,–	150,–

Außer Kurs seit 15. Juni 1938.

57 [446] 25 Schilling (G) 1935–1938. Rs. Leopold III. der Heilige, Markgraf von Österreich 1096–1136, mit Modell von Stift Klosterneuburg. 900er Gold, 5.881 g:

		SS	VZ	ST
1935	(2 880 Ex.)	600,–	1000,–	1400,–
1936	(7 267 Ex.)	600,–	1000,–	1400,–
1937	(7 665 Ex.)	600,–	1000,–	1400,–
1938	(* 1 357 Ex.)			–,–

*Außer Kurs seit 15. Juni 1938. * Eingeschmolzen bis auf wenige Ex.*

58 [447] 100 Schilling (G) 1935–1938. Rs. Madonna von Mariazell. 900er Gold, 23.523 g:

		SS	VZ	ST
1935	(951 Ex.)	3500,–	6000,–	9000,–
1936	(12 417 Ex.)	1000,–	1600,–	2500,–
1937	(2 936 Ex.)	1200,–	2000,–	3000,–
1938	(* 1 433 Ex.)			–,–

*Außer Kurs seit 15. Juni 1938. * Eingeschmolzen bis auf wenige Ex.*

ZUM TODE VON ENGELBERT DOLLFUSS

			SS	VZ	ST	PP
59	[441]	2 Schilling (S) 1934. Rs. Engelbert Dollfuß (1892–1934), Bundeskanzler 1932–1934 (1 500 000 Ex.)	12,–	20,–	38,–	250,–

25. TODESTAG VON KARL LUEGER

			SS	VZ	ST	PP
60	[442]	2 Schilling (S) 1935. Rs. Karl Lueger (1844–1910), Politiker, Kommunalreformer (500 000 Ex.)	20,–	30,–	45,–	250,–

200. TODESTAG VON PRINZ EUGEN VON SAVOYEN

			SS	VZ	ST	PP
61	[443]	2 Schilling (S) 1936. Rs. Prinz Eugen von Savoyen (1663–1736), kaiserlicher Generalfeldmarschall (500 000 Ex.)	12,–	20,–	32,–	230,–

Weitere Münzausgaben auf Prinz Eugen: Nrn. 86, 171.

200. JAHRESTAG DER VOLLENDUNG DER KARLSKIRCHE ZU WIEN

			SS	VZ	ST	PP
62	[444]	2 Schilling (S) 1937. Rs. Kirche Sankt Karl Borromäus zu Wien, erbaut von Johann Bernhard Fischer von Erlach (1656–1723), vollendet 1737 von seinem Sohn Joseph Emanuel (500 000 Ex.)	12,–	20,–	32,–	200,–

Außer Kurs seit 15. Juni 1938.

WÄHRUNGSUMSTELLUNG 18. März 1938: 1½ Schilling = 1 Reichsmark
NEUE WÄHRUNG: 100 Reichspfennig = 1 Reichsmark

Prägungen der Münzstätte Wien von 1938–1944 siehe im Katalogteil Deutschland (Seiten 163, 465).

ZWEITE REPUBLIK seit 1945

WÄHRUNGSREFORM 30. November 1945: 1 Reichsmark = 1 Schilling
NEUE WÄHRUNG: 100 Groschen = 1 Schilling

WÄHRUNGSREFORM 19. November 1947: 3 (alte) Schilling = 1 (neuer) Schilling

Die Kleinmünzen zu 1, 5, 10 Reichspfennig waren von der Währungsreform nicht betroffen und behielten ihren Kurswert von 1, 5, 10 Groschen.

			VZ	ST	PP
63	[448]	1 Groschen (Zink) 1947. Adler mit Mauerkrone, Bindenschild, Hammer und Sichel, Fänge mit gesprengten Eisenketten, als Staatswappen der Zweiten Republik (vom 1. Mai 1945). Rs. Wertangabe auf Alpenveilchen. Rand glatt (24 173 000 Ex.) *(geprägt bis 1980)*	–,50	2,–	100,–

Entwurf von Michael Povolný (Adlerseite) und Adolf Hofmann (Wertseite).
Ausgegeben ab 5. April 1948. Zum Kurswert von 1 Groschen blieben auch die Münzen zu 1 Reichspfennig (Deutschland Nrn. 92 und 96) nach 1945 in Österreich gültig. Außer Kurs seit 1. März 2002.

64 [449] 2 Groschen (Al) 1950–1952, 1954, 1957, 1962, 1964–1994. Staatswappen. Rs. Wertangabe. Rand glatt:

			ST	PP
1950	(21 652 000 Ex.)		5,–	30,–
1951	(7 377 000 Ex.)		5,–	290,–
1952	(37 851 000 Ex.)		3,–	30,–
1954	(46 167 000 Ex.)		3,–	50,–
1957	(26 923 000 Ex.)		3,–	45,–
1962	(6 692 000 Ex.)		2,–	25,–
1964	(173 000 Ex.)	(nur PP)		12,–
1965	(14 475 000 Ex.)		1,–	4,–
1966	(7 454 000 Ex.)		1,–	8,–

			VZ	ST	PP
1967	(13 000 Ex.)	(nur PP)			120,–
1968	(1 825 000 Ex.)			1,–	12,–
1969	(57 000 Ex.)	(nur PP)			10,–
1970	(260 000 Ex.)	(nur PP)			5,–
1971	(145 000 Ex.)	(nur PP)			5,–
1972	(2 895 000 Ex.)			–,40	2,–
1973	(6 032 000 Ex.)			–,40	2,–
1974	(1 480 000 Ex.)			–,40	1,–
1975	(1 148 000 Ex.)			–,40	1,–
1976	(2 800 000 Ex.)			–,40	2,–
1977	(1 884 000 Ex.)			–,40	2,–
1978	(1 571 000 Ex.)			–,40	2,–
1979	(2 478 000 Ex.)			–,40	2,–
1980	(1 941 000 Ex.)			–,40	12,–
1981	(999 000 Ex.)			–,60	12,–
1982	(4 000 000 Ex.)			–,40	4,–
1983	(2 730 000 Ex.)			–,40	3,–
1984	(565 000 Ex.)			3,–	8,–
1985	(1 109 000 Ex.)			1,–	10,–
1986	(1 840 000 Ex.)			1,–	12,–
1987	(1 000 000 Ex.)			1,–	5,–
1988	(1 100 000 Ex.)			1,–	3,–
1989	(988 000 Ex.)			1,–	3,–
1990	(35 000 Ex.)	(nur PP)			30,–
1991	(2 627 000 Ex.)			–,80	4,–
1992	(25 000 Ex.)	(nur ST/U)		–,–	
1993	(28 000 Ex.)	(nur ST/U)		–,–	
1994	(25 000 Ex.)	(nur ST/U)		–,–	

Entwurf von Michael Povolný (Adlerseite) und Benno Rost (Wertseite).
Ausgegeben ab 15. Juli 1950. Außer Kurs seit 1. März 2002.
Einlösbar ohne zeitliche Beschränkung.

65 [450] 5 Groschen (Zink) 1948, 1950, 1951, 1953, 1955, 1957, 1961–1994. Staatswappen. Rs. Wertangabe auf Edelweiß. Riffelrand:

		VZ	ST	PP
1948	(17 269 000 Ex.)	6,–	18,–	
1950	(19 426 431 Ex.)		15,–	180,–
1951	(12 454 569 Ex.)		15,–	30,–
1953	(14 931 000 Ex.)		15,–	
1955	(12 288 000 Ex.)		15,–	
1957	(26 809 000 Ex.)		8,–	45,–
1961	(3 429 000 Ex.)	4,–	10,–	30,–
1962	(5 999 000 Ex.)		6,–	45,–
1963	(13 293 000 Ex.)		6,–	30,–
1964	(4 659 000 Ex.)		3,–	6,–

			VZ	ST	PP
1965	(13 704 000 Ex.)			2,–	3,–
1966	(9 348 000 Ex.)			2,–	8,–
1967	(4 404 000 Ex.)			3,–	12,–
1968	(31 434 000 Ex.)			2,–	10,–
1969	(44 000 Ex.)	(nur PP)			16,–
1970	(144 000 Ex.)	(nur PP)			4,–
1971	(125 000 Ex.)	(nur PP)			4,–
1972	(11 095 000 Ex.)			–,50	1,–
1973	(10 456 000 Ex.)			–,50	1,–
1974	(2 998 000 Ex.)			–,50	1,–
1975	(7 153 000 Ex.)			–,50	1,–
1976	(8 124 000 Ex.)			–,50	1,–
1977	(1 645 000 Ex.)			–,50	1,–
1978	(2 701 000 Ex.)			–,50	1,–
1979	(4 971 000 Ex.)			–,50	1,–
1980	(3 148 000 Ex.)			2,–	8,–
1981	(499 000 Ex.)			3,–	8,–
1982	(4 000 000 Ex.)			1,–	3,–
1983	(566 000 Ex.)			2,–	4,–
1984	(1 053 000 Ex.)			1,–	3,–
1985	(1 959 000 Ex.)			1,–	4,–
1986	(1 050 000 Ex.)			1,–	6,–
1987	(1 500 000 Ex.)			1,–	3,–
1988	(1 300 000 Ex.)			1,–	3,–
1989	(2 642 000 Ex.)			1,–	2,–
1990	(2 643 000 Ex.)			1,–	6,–
1991	(2 427 000 Ex.)			1,–	5,–
1992	(696 000 Ex.)			2,–	
1993	(28 000 Ex.)	(nur ST/U)		–,–	
1994	(25 000 Ex.)	(nur ST/U)		–,–	

Entwurf von Michael Povolný (Adlerseite) und Adolf Hofmann (Wertseite).
Ausgegeben ab 17. Juni 1948. Außer Kurs seit 1. März 2002.
Einlösbar ohne zeitliche Beschränkung.

66 [451] 10 Groschen (Zink) 1947–1949. Staatswappen. Rs. Wertangabe auf Enzian. Rand glatt:

		VZ	ST	PP
1947	(6 844 580 Ex.)	10,–	25,–	65,–
1948	(66 205 000 Ex.)	2,–	8,–	60,–
1949	(51 202 000 Ex.)	2,–	8,–	70,–

Entwurf von Michael Povolný (Adlerseite) und Adolf Hofmann (Wertseite).
Ausgegeben ab 1. Juli 1947. Außer Kurs seit 1. Juni 1959.
Einlösbar bis 31. Oktober 1959.

67 [452] 10 Groschen (Al) 1951–1953, 1955, 1957, 1959, 1961–2001. Staatswappen. Rs. Wertangabe. Rand glatt:

		VZ	ST	PP
1951	(9 573 000 Ex.)	3,–	15,–	85,–
1952	(45 911 400 Ex.)	1,–	8,–	40,–
1953	(22 577 600 Ex.)	1,–	8,–	175,–
1955	(51 707 000 Ex.)	1,–	8,–	28,–
1957	(33 509 000 Ex.)	1,–	8,–	180,–
1959	(80 719 000 Ex.)	1,–	8,–	40,–
1961	(11 283 000 Ex.)	5,–	12,–	
1962	(24 635 000 Ex.)	1,–	3,–	40,–
1963	(38 062 000 Ex.)	1,–	3,–	40,–
1964	(34 928 000 Ex.)		2,–	3,–
1965	(40 615 000 Ex.)		2,–	3,–
1966	(24 991 000 Ex.)		2,–	5,–
1967	(32 553 000 Ex.)		2,–	12,–
1968	(42 412 000 Ex.)		2,–	10,–
1969	(19 980 000 Ex.)		2,–	5,–
1970	(37 100 000 Ex.)		1,–	2,–
1971	(57 532 000 Ex.)		1,–	2,–
1972	(75 742 000 Ex.)		1,–	2,–
1973	(60 341 000 Ex.)		1,–	2,–
1974	(56 002 000 Ex.)		1,–	2,–
1975	(60 625 000 Ex.)		1,–	2,–
1976	(39 401 000 Ex.)		1,–	2,–
1977	(53 654 000 Ex.)		1,–	2,–
1978	(57 900 000 Ex.)		1,–	2,–
1979	(103 730 000 Ex.)		–,50	2,–
1980	(79 896 000 Ex.)		–,50	3,–
1981	(92 317 000 Ex.)		–,50	3,–
1982	(100 000 000 Ex.)		–,50	2,–
1983	(93 833 000 Ex.)		–,50	2,–
1984	(86 668 000 Ex.)		–,50	2,–
1985	(86 349 000 Ex.)		–,30	2,–
1986	(108 954 000 Ex.)		–,30	3,–
1987	(114 100 000 Ex.)		–,30	2,–
1988	(114 500 000 Ex.)		–,30	2,–
1989	(127 822 000 Ex.)		–,30	2,–
1990	(182 085 000 Ex.)		–,30	3,–
1991	(145 027 000 Ex.)		–,30	2,–
1992	(120 025 000 Ex.)		–,30	
1993	(120 028 000 Ex.)		–,30	
1994	(110 025 000 Ex.)		–,30	
1995	(110 027 000 Ex.)		–,30	
1996	(100 025 000 Ex.)		–,30	
1997	(80 025 000 Ex.)		–,30	
1998	(35 025 000 Ex.)		–,30	

		VZ	ST	PP
1999	(50 000 Ex.)		–,–	
2000	(75 000 Ex.)		–,–	
2001	(75 000 Ex.)		–,–	

Entwurf und Modell von Hans Köttenstorfer.
Ausgegeben ab 27. November 1951. Außer Kurs seit 1. März 2002.
Einlösbar ohne zeitliche Beschränkung.

68 [453] 20 Groschen (Al-Bro) 1950, 1951, 1954. Rs. Wertzahl. Rand glatt:

		VZ	ST	PP
1950	(1 619 000 Ex.)	5,–	12,–	42,–
1951	(7 781 000 Ex.)	2,–	5,–	38,–
1954	(5 343 000 Ex.)	2,–	6,–	250,–

Ausgegeben ab 23. Dezember 1950. Außer Kurs seit 1. Mai 1959.
Einlösbar bis 31. Juli 1959.

69 [454] 50 Groschen (Al) 1946, 1947, 1952, 1955. Rs. Wertzahl auf Bindenschild mit Ähren. Riffelrand:

		VZ	ST	PP
1946	(13 058 000 Ex.)	2,–	10,–	350,–
1947	(26 990 000 Ex.)	1,–	4,–	28,–
1952	(7 455 000 Ex.)	3,–	9,–	55,–
1955	(10 543 000 Ex.)	2,–	5,–	60,–

Ausgegeben ab 11. Dezember 1947. Außer Kurs seit 3. Juni 1961.
Einlösbar bis 31. Dezember 1961.

70 [455] 1 Schilling (Al) 1946, 1947, 1952, 1957. Rs. Säender Landmann, nach der Figur des Teufels mit dem Giftweizen auf dem Gemälde (1923) von Albin Egger. Rand glatt:

		VZ	ST	PP
1946	(27 336 000 Ex.)	3,–	18,–	400,–
1947	(35 838 000 Ex.)	2,–	9,–	40,–
1952	(23 331 000 Ex.)	2,–	9,–	60,–
1957	(28 649 000 Ex.)	3,–	8,–	140,–

Ausgegeben ab 11. Dezember 1947. Außer Kurs seit 3. Mai 1961.
Einlösbar bis 31. Dezember 1961.

				VZ	ST	PP
71	[456]	2 Schilling (Al) 1946, 1947, 1952. Rs. Weintrauben und Ähren. Rand glatt:				
		1946	(10 082 000 Ex.)	5,–	25,–	900,–
		1947	(20 140 000 Ex.)	4,–	18,–	45,–
		1952	(148 500 Ex.)	160,–	400,–	850,–

Ausgegeben ab 11. Dezember 1947. Außer Kurs seit 30. Juni 1957. Einlösbar bis 30. Juni 1958.

72	[457]	5 Schilling (Al) 1952, 1957. Rs. Wertangabe. Riffelrand:				
		1952	(29 872 600 Ex.)	6,–	15,–	40,–
		1957	(240 200 Ex.)	240,–	400,–	750,–

Ausgegeben ab 25. Oktober 1952. Außer Kurs seit 16. Februar 1961. Einlösbar bis 31. Dezember 1961.

WIEDERERÖFFNUNG DER BUNDESTHEATER

73 [458] 25 Schilling (S) 1955. Wertangabe im Wappenkranz der neun Bundesländer. Rs. Thalia mit Maske und Lyra vor Bühnenvorhang (1 500 000 Ex.) 20,– 90,–

Auf den 50. Jahrestag der Wiedereröffnung der Bundestheater: Nr. 322.

200. GEBURTSTAG VON WOLFGANG AMADEUS MOZART

			VZ	ST	PP
74	[459]	25 Schilling (S) 1956. Rs. Denkmal auf Wolfgang Amadeus Mozart (1756–1791) im Burggarten in Wien (5 000 000 Ex.)		10,–	360,–

Weitere Münzausgaben auf Wolfgang Amadeus Mozart: Bundesrepublik Deutschland Nr. 243, Österreich Nrn. 50, 193–196, 283, 325, 328, 346, 416, 428.

800 JAHRE MARIAZELL

75 [460] 25 Schilling (S) 1957. Rs. Basilika von Mariazell (5 000 000 Ex.) 10,– 320,–

76 [491] 50 Groschen (Al-Bro) 1959–2001. Bindenschild. Rs. Wertangabe, Enzianblüte. Riffelrand:

		VZ	ST	PP
1959	(14 122 000 Ex.)	2,–	15,–	25,–
1960	(22 404 000 Ex.)	2,–	20,–	90,–
1961	(19 891 000 Ex.)	2,–	10,–	60,–
1962	(10 008 000 Ex.)	1,–	10,–	50,–
1963	(9 483 000 Ex.)	1,–	10,–	45,–
1964	(5 331 000 Ex.)	1,–	3,–	6,–
1965	(15 007 000 Ex.)	–,50	2,–	10,–
1966	(7 322 000 Ex.)	–,50	2,–	15,–
1967	(8 237 000 Ex.)	–,50	2,–	15,–
1968	(7 757 000 Ex.)	–,50	2,–	9,–
1969	(7 096 000 Ex.)	–,50	1,–	8,–
1970	(3 123 000 Ex.)	–,50	1,–	10,–
1971	(14 301 000 Ex.)	–,50	1,–	3,–
1972	(17 447 000 Ex.)	–,50	1,–	3,–
1973	(17 992 000 Ex.)	–,50	1,–	3,–

		VZ	ST	PP
1974	(15 928 000 Ex.)	–,50	1,–	2,–
1975	(7 775 000 Ex.)	–,50	1,–	2,–
1976	(11 194 000 Ex.)	–,50	1,–	2,–
1977	(7 302 000 Ex.)	–,50	1,–	2,–
1978	(12 450 000 Ex.)	–,50	1,–	2,–
1979	(16 395 000 Ex.)	–,50	1,–	2,–
1980	(29 932 000 Ex.)	–,50	1,–	3,–
1981	(13 042 000 Ex.)	–,50	1,–	3,–
1982	(10 000 000 Ex.)	–,50	1,–	2,–
1983	(15 247 000 Ex.)	–,50	1,–	2,–
1984	(20 807 000 Ex.)	–,50	1,–	2,–
1985	(15 699 000 Ex.)	–,50	1,–	2,–
1986	(17 058 000 Ex.)	–,50	1,–	2,–
1987	(7 300 000 Ex.)	–,50	1,–	2,–
1988	(16 300 000 Ex.)	–,30	1,–	2,–
1989	(17 391 000 Ex.)	–,30	1,–	2,–
1990	(29 688 000 Ex.)	–,30	1,–	2,–
1991	(45 021 000 Ex.)	–,30	1,–	2,–
1992	(20 025 000 Ex.)	–,30	1,–	
1993	(15 028 000 Ex.)	–,30	1,–	
1994	(10 025 000 Ex.)	–,30	1,–	
1995	(20 027 000 Ex.)	–,30	1,–	
1996	(15 025 000 Ex.)	–,30	1,–	
1997	(10 025 000 Ex.)	–,30	1,–	
1998	(25 000 Ex.)		–,–	
1999	(50 000 Ex.)		–,–	
2000	(75 000 Ex.)		–,–	
2001	(75 000 Ex.)		–,–	

Entwurf und Modell von Hans Köttenstorfer (Wappenseite) und Ferdinand Welz (Wertseite).
Ausgegeben ab 1. Oktober 1959. Außer Kurs seit 1. März 2002.
Einlösbar ohne zeitliche Beschränkung.

77 [492] 1 Schilling (Al-Bro) 1959–2001. Wertangabe, Landesname. Rs. Edelweiß (Leontopodium alpinum – Asteraceae). Rand glatt:

		VZ	ST	PP
1959	(46 726 000 Ex.)	2,–	20,–	20,–
1960	(46 111 000 Ex.)	1,–	18,–	180,–
1961	(51 115 000 Ex.)	1,–	12,–	360,–
1962	(9 303 000 Ex.)	5,–	20,–	65,–
1963	(24 845 000 Ex.)	4,–	18,–	40,–
1964	(11 709 000 Ex.)	1,–	6,–	18,–
1965	(23 925 000 Ex.)	1,–	3,–	12,–
1966	(18 688 000 Ex.)	1,–	3,–	12,–
1967	(22 214 000 Ex.)	1,–	3,–	15,–
1968	(30 877 000 Ex.)	1,–	3,–	12,–
1969	(9 183 000 Ex.)	1,–	3,–	6,–

		VZ	ST	PP
1970	(10 779 000 Ex.)	1,–	3,–	4,–
1971	(28 056 000 Ex.)	–,50	1,–	3,–
1972	(54 655 000 Ex.)	–,50	1,–	3,–
1973	(41 422 000 Ex.)	–,50	1,–	3,–
1974	(43 789 000 Ex.)	–,50	1,–	3,–
1975	(14 038 000 Ex.)	–,50	1,–	3,–
1976	(28 792 000 Ex.)	–,50	1,–	3,–
1977	(19 628 000 Ex.)	–,50	1,–	3,–
1978	(35 675 000 Ex.)	–,50	1,–	3,–
1979	(64 846 000 Ex.)	–,50	1,–	3,–
1980	(49 903 000 Ex.)	–,50	1,–	4,–
1981	(37 551 000 Ex.)	–,50	1,–	4,–
1982	(30 000 000 Ex.)	–,50	1,–	3,–
1983	(38 251 000 Ex.)	–,50	1,–	3,–
1984	(31 956 000 Ex.)	–,50	1,–	3,–
1985	(49 199 000 Ex.)	–,50	1,–	3,–
1986	(57 620 000 Ex.)	–,50	1,–	3,–
1987	(44 200 000 Ex.)	–,50	1,–	3,–
1988	(51 600 000 Ex.)	–,50	1,–	3,–
1989	(62 859 000 Ex.)	–,50	1,–	3,–
1990	(103 745 000 Ex.)	–,50	1,–	3,–
1991	(117 727 000 Ex.)	–,50	1,–	3,–
1992	(55 025 000 Ex.)	–,50	1,–	
1993	(60 028 000 Ex.)	–,50	1,–	
1994	(50 025 000 Ex.)	–,50	1,–	
1995	(70 027 000 Ex.)	–,50	1,–	
1996	(65 025 000 Ex.)	–,50	1,–	
1997	(50 025 000 Ex.)	–,50	1,–	
1998	(60 025 000 Ex.)	–,50	1,–	
1999	(50 000 Ex.)		–,–	
2000	(75 000 Ex.)		–,–	
2001	(75 000 Ex.)		–,–	

Entwurf und Modell von Edwin Grienauer (Wertseite) und Ferdinand Welz (Bildseite).
Ausgegeben ab 1. September 1959. Außer Kurs seit 1. März 2002.
Einlösbar ohne zeitliche Beschränkung.

77P 1 Schilling (Al-Bro) 1959. Motivprobe, Bindenschild –,–

78 [493] 5 Schilling (S) 1960–1968. Reiter in der Levade in der Spanischen Hofreitschule zu Wien. Rs. Bindenschild und Wert. 640er Silber, 5.2 g, Riffelrand:

1960	(12 618 000 Ex.)	3,–	8,–	65,–
1961	(17 902 000 Ex.)	3,–	6,–	28,–
1962	(6 771 000 Ex.)	3,–	6,–	42,–
1963	(1 811 000 Ex.)	5,–	20,–	120,–

		VZ	ST	PP
1964	(4 030 000 Ex.)	3,–	4,–	6,–
1965	(4 759 000 Ex.)	3,–	4,–	6,–
1966	(4 481 000 Ex.)	3,–	5,–	10,–
1967	(1 900 000 Ex.)	4,–	9,–	18,–
1968	(4 812 000 Ex.)	3,–	5,–	10,–

Entwurf und Modell von Hans Köttenstorfer (Bildseite) und Josef Köblinger (Wertseite).
Ausgegeben ab 2. Januar 1961. Außer Kurs seit 1. Oktober 1969.
Einlösbar bis 30. September 1970.
In gleicher Zeichnung: Nr. 98.

79 [494] 10 Schilling (S) 1957–1959, 1964–1973. Bindenschild. Rs. Kopf einer Wachauerin mit Goldhaube. 640er Silber, 7.5 g, Riffelrand:

1957	(15 635 500 Ex.)	5,–	10,–	70,–
1958	(27 280 000 Ex.)	5,–	10,–	700,–
1959	(4 739 500 Ex.)	5,–	10,–	50,–
1964	(187 000 Ex.)	10,–	25,–	30,–
1965	(1 721 000 Ex.)	4,–	6,–	10,–
1966	(3 430 500 Ex.)	4,–	6,–	12,–
1967	(1 393 500 Ex.)	4,–	6,–	18,–
1968	(1 525 000 Ex.)	4,–	6,–	9,–
1969	(1 337 500 Ex.)	4,–	6,–	10,–
1970	(4 583 000 Ex.)	*MW*	4,–	6,–
1971	(7 400 500 Ex.)	*MW*	4,–	6,–
1972	(14 285 500 Ex.)	*MW*	4,–	6,–
1973	(14 639 000 Ex.)	*MW*	4,–	6,–

Entwurf und Modell von Ferdinand Welz.
Ausgegeben ab 1. Juli 1957. Außer Kurs seit 1. April 1975.
Einlösbar bis 31. März 1977.
In ähnlicher Zeichnung: Nr. 112.

100. GEBURTSTAG VON CARL AUER VON WELSBACH

80 [461] 25 Schilling (S) 1958. Rs. Carl Freiherr Auer von Welsbach (1858–1929), Chemiker (5 000 000 Ex.) 10,– 1200,–

150. JAHRESTAG DES TIROLER AUFSTANDES

VZ ST PP

81 [462] 50 Schilling (S) 1959. Bekränzter Tiroler Adler, von den Wappen der übrigen acht Bundesländer umgeben. Rs. Andreas Hofer (1767–1810), Aufstandsführer gegen die bayerische Regierung in Tirol (3 000 000 Ex.) 16,– 400,–

Zum 175. Jahrestag des Tiroler Aufstandes: Nr. 161.
Zum 200. Jahrestag: Nr. 364.

100. TODESTAG VON ERZHERZOG JOHANN

82 [463] 25 Schilling (S) 1959. Heraldischer Panther der Steiermark zwischen den Wappen der übrigen Bundesländer. Rs. Erzherzog Johann (1782–1859), Feldherr in den Franzosenkriegen, Gründer des Steiermärkischen Landesmuseums Joanneum in Graz, Reichsverweser über Deutschland 1848–1849 (1 900 000 Ex.) 10,– 300,–

Weitere Münzausgabe auf Erzherzog Johann: Nr. 216.

40. JAHRESTAG DER VOLKSABSTIMMUNG IN KÄRNTEN

83 [464] 25 Schilling (S) 1960. Rs. Paar in Kärntner Volkstracht an der Wahlurne (1 600 000 Ex.) 10,– 325,–

40 JAHRE BURGENLAND

			VZ	ST	PP
84	[465]	25 Schilling (S) 1961. Rs. Kalvarienbergkirche in Eisenstadt (1 400 000 Ex.)		18,–	210,–

ANTON BRUCKNER

85	[466]	25 Schilling (S) 1962. Rs. Anton Bruckner (1824–1896), Komponist (2 400 000 Ex.)		10,–	180,–

300. GEBURTSTAG VON PRINZ EUGEN VON SAVOYEN

86	[467]	25 Schilling (S) 1963. Rs. Prinz Eugen von Savoyen (1663–1736), kaiserlicher Generalfeldmarschall (2 000 000 Ex.)		10,–	100,–

Weitere Münzausgaben auf Prinz Eugen: Nrn. 61, 171.

600 JAHRE TIROL BEI ÖSTERREICH

			VZ	ST	PP
87	[468]	50 Schilling (S) 1963. Rs. Wappenschilde von Österreich und Tirol, durch Kette verbunden (3 000 000 Ex.)		16,–	135,–

IX. OLYMPISCHE WINTERSPIELE 1964 IN INNSBRUCK

			VZ	ST	PP
88	[469]	50 Schilling (S) 1964. Rs. Skispringer vor Berglandschaft, olympische Ringe (2 900 000 Ex.)		16,–	30,–

FRANZ GRILLPARZER

			VZ	ST	PP
89	[470]	25 Schilling (S) 1964. Wertangabe, vom Staatswappen überhöht und von den Wappen der neun Bundesländer umgeben. Rs. Franz Grillparzer (1791–1872), Dichter (1 696 340 Ex.)		10,–	15,–
89F		25 Schilling (S) 1964. Wertangabe im Kreis von neun Wappen, wie Nr. 73. Rs. Franz Grillparzer (3 660 Ex.)			270,–

Zum 200. Geburtstag von Franz Grillparzer: Nr. 192.

600 JAHRE UNIVERSITÄT WIEN

Nr.				VZ	ST	PP
90	[471]	50	Schilling (S) 1965. Rs. Rudolf IV. der Stifter, Herzog von Österreich 1358–1365 (2 200 000 Ex.)		16,–	35,–

150 JAHRE TECHNISCHE HOCHSCHULE WIEN

Nr.				VZ	ST	PP
91	[472]	25	Schilling (S) 1965. Rs. Johann Joseph Ritter von Prechtl (1778–1854), Technologe, Direktor des Polytechnischen Instituts zu Wien (1 600 000 Ex.)		10,–	25,–

150 JAHRE ÖSTERREICHISCHE NATIONALBANK

Nr.				VZ	ST	PP
92	[473]	50	Schilling (S) 1966. Rs. Gebäude der Nationalbank in Wien (1 800 000 Ex.)		16,–	70,–

130. TODESTAG VON FERDINAND RAIMUND

VZ **ST** **PP**

93 [474] 25 Schilling (S) 1966. Rs. Ferdinand Raimund (1790–1836), Dichter (1 400 000 Ex.) 10,– 70,–

250. GEBURTSTAG VON MARIA THERESIA

94 [475] 25 Schilling (S) 1967. Rs. Maria Theresia (1717–1780), Erzherzogin von Österreich, Königin von Ungarn ab 1740, Königin von Böhmen ab 1743, römische Kaiserin ab 1745 als Gemahlin von Franz Stephan von Lothringen (2 500 000 Ex.) 10,– 35,–

Weitere Münzausgaben auf Maria Theresia: Nr. 143, 210. Münzen aus der Zeit von Maria Theresia siehe im Deutschen Münzkatalog 18. Jahrhundert (5. Auflage 2019).

100 JAHRE DONAUWALZER

95 [476] 50 Schilling (S) 1967. Rs. Johann Strauß jr. (1825–1899) in Halbfigur beim Violinspiel, nach der Bronzestatue (1923) von Edmund Ritter von Hellmer (1850–1935) im Wiener Stadtpark (3 000 000 Ex.) 16,– 70,–

Weitere Münzausgaben auf Johann Strauß jr.: Nrn. 118, 205, 250, 256.

50 JAHRE REPUBLIK ÖSTERREICH

			VZ	ST	PP
96	[478]	50 Schilling (S) 1968. Rs. Parlamentsgebäude in Wien, erbaut nach Plänen des dänischen Architekten Theophil Hansen, mit dem Brunnen der Pallas Athene von Carl Kundmann (1 700 000 Ex.)		16,–	28,–

Mattierungsvariante »Beleuchtetes Parlament« mit spiegelnden Säulenzwischenräumen PP 150,–

300. GEBURTSTAG VON LUKAS VON HILDEBRANDT

			VZ	ST	PP
97	[477]	25 Schilling (S) 1968. Rs. Hauptportal zum Schloss Belvedere in Wien, erbaut nach Plänen von Johann Lukas von Hildebrandt (1668–1745) (1 300 000 Ex.)		12,–	25,–

Weitere Münzausgaben mit Schloss Belvedere: Nrn. 142, 227, 281, 344.

98 [493a] 5 Schilling (K-N) 1968–2001. Typ wie Nr. 78. Rand glatt:

Jahr	Auflage	VZ	ST	PP
1968	(2 075 000 Ex.)	2,–	10,–	
1969	(41 243 000 Ex.)	–,60	1,50	6,–
1970	(15 863 000 Ex.)	–,60	1,50	4,–

		VZ	ST	PP
1971	(21 506 000 Ex.)	–,50	1,–	4,–
1972	(5 505 000 Ex.)	–,50	1,–	4,–
1973	(8 346 000 Ex.)	–,50	1,–	4,–
1974	(18 032 000 Ex.)	–,50	1,–	4,–
1975	(6 898 000 Ex.)	–,50	1,–	4,–
1976	(1 502 000 Ex.)	2,–	10,–	8,–
1977	(6 467 000 Ex.)	–,50	1,–	4,–
1978	(9 950 000 Ex.)	–,50	1,–	4,–
1979	(11 651 000 Ex.)	–,50	1,–	4,–
1980	(14 946 000 Ex.)	–,50	1,–	4,–
1981	(13 886 000 Ex.)	–,50	1,–	4,–
1982	(5 000 000 Ex.)	–,80	2,–	4,–
1983	(9 333 000 Ex.)	–,50	1,–	4,–
1984	(13 828 000 Ex.)	–,50	1,–	4,–
1985	(12 799 000 Ex.)	–,50	1,–	6,–
1986	(16 600 000 Ex.)	–,50	1,–	8,–
1987	(9 800 000 Ex.)	–,50	1,–	4,–
1988	(10 200 000 Ex.)	–,50	1,–	4,–
1989	(24 081 000 Ex.)	–,50	1,–	4,–
1990	(36 547 000 Ex.)	–,50	1,–	10,–
1991	(24 027 000 Ex.)	–,50	1,–	5,–
1992	(20 025 000 Ex.)	–,50	1,–	
1993	(20 028 000 Ex.)	–,50	1,–	
1994	(10 025 000 Ex.)	–,50	1,–	
1995	(20 027 000 Ex.)	–,50	1,–	
1996	(10 025 000 Ex.)	–,50	1,–	
1997	(10 025 000 Ex.)	–,50	1,–	
1998	(10 025 000 Ex.)	–,50	1,–	
1999	(50 000 Ex.)		–,–	
2000	(75 000 Ex.)		–,–	
2001	(75 000 Ex.)		–,–	

Entwurf und Modell von Hans Köttenstorfer (Bildseite) und Josef Köblinger (Wertseite).
Ausgegeben ab 15. Januar 1969. Außer Kurs seit 1. März 2002.
Einlösbar ohne zeitliche Beschränkung.

450. TODESTAG VON KAISER MAXIMILIAN I.

99 [480] 50 Schilling (S) 1969. Rs. Maximilian I. (1459–1519), römischer Kaiser ab 1493, nach einer zeitgenössischen Medaille (2 100 000 Ex.) 16,– 25,–

PETER ROSEGGER

			VZ	ST	PP
100	[479]	25 Schilling (S) 1969. Rs. Peter Rosegger (1843–1918), Schriftsteller (1 400 000 Ex.)		10,–	22,–

100. GEBURTSTAG VON FRANZ LEHÁR

101 [481] 25 Schilling (S) 1970. Rs. Franz Lehár (1870–1948), Operettenkomponist (1 800 000 Ex.) 10,– 15,–

300 JAHRE UNIVERSITÄT INNSBRUCK

102 [482] 50 Schilling (S) 1970. Rs. Siegel (1673) der Universität Innsbruck mit dem Standbild von Markgraf Leopold III. dem Heiligen mit Kirchenmodell und Fünfadlerbanner als Namenspatron des Stifters Kaiser Leopold I., von Wappenschilden mit Tiroler Adler und Doppeladler flankiert (2 200 000 Ex.) 16,– 18,–

100. GEBURTSTAG VON KARL RENNER

			VZ	ST	PP
103	[483]	50 Schilling (S) 1970. Rs. Karl Renner (1870–1950), Bundespräsident ab 1945 (2 500 000 Ex.)		16,–	18,–

200 JAHRE WIENER BÖRSE

104	[484]	25 Schilling (S) 1971. Rs. Börse in Wien (2 000 000 Ex.)		10,–	12,–

80. GEBURTSTAG VON JULIUS RAAB

105	[485]	50 Schilling (S) 1971. Rs. Julius Raab (1891–1964), Bundeskanzler 1953–1961 (2 500 000 Ex.)		16,–	18,–

350 JAHRE UNIVERSITÄT SALZBURG

VZ ST PP

106 [487] 50 Schilling (S) 1972. Rs. Siegel der Universität Salzburg mit dem Wappen des Erzstiftes zwischen den Buchstaben PA und SF (Paris Archiepiscopus Salzburgensis Fundator) des Begründers Erzbischof Paris Lodron, darunter bogig die römischen Jahreszahlen der Gründung 1622 und der Wiedererrichtung 1962 (3 000 000 Ex.) 16,– 18,–

50. TODESTAG VON CARL MICHAEL ZIEHRER

107 [486] 25 Schilling (S) 1972. Rs. Carl Michael Ziehrer (1843–1922), Operettenkomponist, kaiserlicher Hofballmusikdirektor (2 100 000 Ex.) 10,– 12,–

100 JAHRE HOCHSCHULE FÜR BODENKULTUR IN WIEN

108 [488] 50 Schilling (S) 1972. Rs. Hochschulgebäude, darunter Wappenschilde mit den Siegeln der Fakultäten (2 000 000 Ex.) 16,– 18,–

500 JAHRE BUMMERLHAUS IN STEYR

			VZ	ST	PP
109	[489]	50 Schilling (S) 1973. Rs. Gasthaus »Zum Goldenen Löwen« in Steyr, genannt »Bummerlhaus« nach der einem kleinen Hund ähnlichen Löwenfigur über dem Eingang (3 000 000 Ex.)		16,–	18,–

100. GEBURTSTAG VON MAX REINHARDT

			VZ	ST	PP
110	[490]	25 Schilling (S) 1973. Rs. Max Reinhardt (1873–1943), Regisseur und Theaterleiter (2 500 000 Ex.)		10,–	12,–

100. GEBURTSTAG VON THEODOR KÖRNER

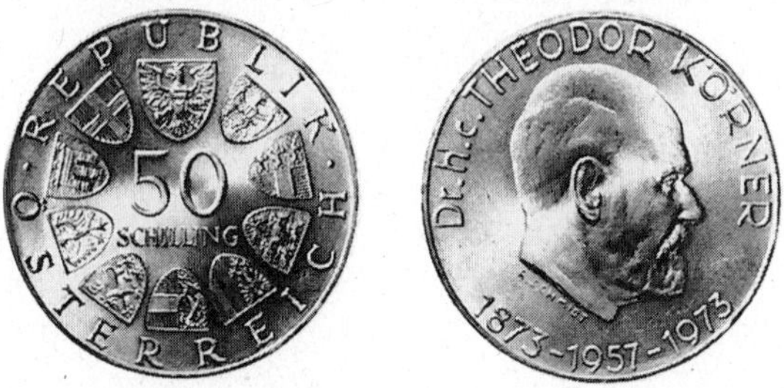

			VZ	ST	PP
111	[511]	50 Schilling (S) 1973. Rs. Theodor Körner (1873–1957), Bundespräsident 1951–1957 (3 000 000 Ex.)		16,–	18,–

112 10 Schilling (N, K-N plattiert) 1974–2001. Bundeswappen, Landesname. Rs. Kopf einer Wachauerin mit Goldhaube, wie Nr. 79. Riffelrand:

Jahr	Auflage	VZ	ST	PP
1974	(59 952 500 Ex.)	–,80	3,–	5,–
1975	(16 918 500 Ex.)	–,80	3,–	5,–
1976	(13 503 500 Ex.)	–,80	3,–	5,–
1977	(3 848 000 Ex.)	1,–	6,–	5,–
1978	(6 856 000 Ex.)	1,–	6,–	5,–
1979	(11 746 000 Ex.)	–,80	2,–	5,–
1980	(10 932 000 Ex.)	–,80	2,–	8,–
1981	(9 519 000 Ex.)	–,80	2,–	8,–
1982	(5 000 000 Ex.)	–,80	2,–	5,–
1983	(9 058 000 Ex.)	–,80	2,–	5,–
1984	(8 001 000 Ex.)	–,80	2,–	5,–
1985	(9 054 000 Ex.)	–,80	2,–	5,–
1986	(8 861 000 Ex.)	–,80	2,–	5,–
1987	(9 300 000 Ex.)	–,80	2,–	5,–
1988	(9 050 000 Ex.)	–,80	2,–	5,–
1989	(16 271 000 Ex.)	–,80	2,–	5,–
1990	(27 185 000 Ex.)	–,80	2,–	5,–
1991	(18 027 000 Ex.)	–,80	2,–	5,–
1992	(10 977 000 Ex.)	–,80	2,–	
1993	(12 528 000 Ex.)	–,80	2,–	
1994	(15 025 000 Ex.)	–,80	2,–	
1995	(12 527 000 Ex.)	–,80	2,–	
1996	(12 525 000 Ex.)	–,80	2,–	
1997	(11 025 000 Ex.)	–,80	2,–	
1998	(5 025 000 Ex.)	–,80	2,–	
1999	(50 000 Ex.)		–,–	
2000	(75 000 Ex.)		–,–	
2001	(75 000 Ex.)		–,–	

Entwurf und Modell von Kurt Bodlak (Wappenseite) und Ferdinand Welz (Bildseite).
Ausgegeben ab 17. April 1974. Außer Kurs seit 1. März 2002.
Einlösbar ohne zeitliche Beschränkung.

Auch nach der Einführung des Euro Bargeldes bleibt der Nennwert der auf Schilling und Groschen lautenden Münzen garantiert. Bei der Österreichischen Nationalbank können diese Stücke ohne zeitliche Beschränkung in Euro umgetauscht werden.

INTERNATIONALE GARTENSCHAU 1974 IN WIEN

		ST	PP
113	50 Schilling (S) 1974. Rs. Freie Komposition mit pflanzlichen Formen (2 500 000 Ex.)	10,–	12,–

125 JAHRE GENDARMERIE IN ÖSTERREICH

114	50 Schilling (S) 1974. Rs. Eichenlaubumkränztes Bundeswappen als Emblem der Gendarmerie, darüber zwei flammende Handgranaten vom Korpsabzeichen (2 500 000 Ex.)	10,–	12,–

1200 JAHRE DOM ZU SALZBURG

115	50 Schilling (S) 1974. Rs. Hl. Rupert und hl. Virgil mit dem Modell des Salzburger Domes, darunter Landeswappen (2 500 000 Ex.)	10,–	12,–

50 JAHRE ÖSTERREICHISCHER RUNDFUNK

			ST	PP
116	50	Schilling (S) 1974. Rs. Emblem des Österreichischen Rundfunks, kombiniert mit der Ansicht eines Parabolradioteleskopes (2 500 000 Ex.)	10,–	12,–

Nr. 117 fällt aus (siehe Nr. 121).

150. GEBURTSTAG VON JOHANN STRAUSS JR.

118	100	Schilling (S) 1975. Rs. Denkmal auf Johann Strauß im Wiener Stadtpark. 640er Silber, 24 g (ST/N: 2 515 000 Ex., ST/U: 131 400 Ex., PP: 208 600 Ex.)	12,–	15,–

Weitere Münzausgaben auf Johann Strauß jr.: Nrn. 95, 205, 250, 256.

20 JAHRE STAATSVERTRAG

ST PP

119 100 Schilling (S) 1975. Rs. Bindenschild, von vier Ringen umgeben, symbolisch für den Abschluss des Staatsvertrages mit den vier Signatarstaaten (ST/N: 3 015 000 Ex., ST/U: 200 000 Ex., PP: 225 000 Ex.) 12,– 15,–

Auf 25 Jahre Staatsvertrag: Nr. 142.
Auf 40 Jahre Staatsvertrag: Nr. 227. Auf 50 Jahre Staatsvertrag: Nr. 319.

50 JAHRE ÖSTERREICHISCHER SCHILLING

120 100 Schilling (S) 1975. Rs. Sämann (ST/N: 3 018 000 Ex., ST/U: 216 000 Ex., PP: 201 000 Ex.) 12,– 15,–

XII. OLYMPISCHE WINTERSPIELE 1976 IN INNSBRUCK (4)

121 100 Schilling (S) 1976. Rs. Emblem der Spiele. 640er Silber, 24 g (ST/N: 2 526 400 Ex., ST/U: 300 000 Ex., PP: 373 600 Ex.) 12,– 16,–

Ausgegeben ab 23. Dezember 1974.

ST PP

ST PP

122 100 Schilling (S) 1976. Rs. Altes Rathaus und Stadtturm von Innsbruck:
1. Mzst. Wien, Msz. Stadtwappen (ST/N: 2 516 000 Ex., ST/U: 202 000 Ex., PP: 232 000 Ex.) 12,– 16,–
2. Mzst. Hall, Msz. Tiroler Adler (ST/N: 2 515 000 Ex., ST/U: 177 000 Ex., PP: 223 000 Ex.) 12,– 16,–

Ausgegeben ab 12. August 1975 (Wien), 16. September 1975 (Hall).

122P 100 Schilling (S) 1976. Motivprobe, Innsbrucker Stadtansicht 3000,–

123 100 Schilling (S) 1976. Rs. Abfahrtsläufer auf Fernsehbildwand:
1. Mzst. Wien, Msz. Stadtwappen (ST/N: 2 516 000 Ex., ST/U: 124 800 Ex., PP: 184 200 Ex.) 12,– 16,–
2. Mzst. Hall, Msz. Tiroler Adler (ST/N: 2 516 000 Ex., ST/U: 120 000 Ex., PP: 179 000 Ex.) 12,– 16,–

Ausgegeben ab 21. Oktober 1975 (Wien), 18. November 1975 (Hall).

124 100 Schilling (S) 1976. Rs. Skisprungschanze am Berg Isel:
1. Mzst. Wien, Msz. Stadtwappen (ST/N: 2 508 000 Ex., ST/U: 119 000 Ex., PP: 188 000 Ex.) 12,– 16,–
2. Mzst. Hall, Msz. Tiroler Adler (ST/N: 2 505 000 Ex., ST/U: 105 600 Ex., PP: 179 400 Ex.) 12,– 16,–

Ausgegeben ab 13. Januar 1976 (Wien), 4. Februar 1976 (Hall).

200 JAHRE BURGTHEATER IN WIEN

			ST	PP
125	100	Schilling (S) 1976. Rs. Ansicht des Burgtheaters, von Doppeladler überhöht (ST/N: 1 518 600 Ex., ST/U: 111 400 Ex., PP: 220 000 Ex.)	12,–	15,–

1000 JAHRE HERZOGTUM KÄRNTEN

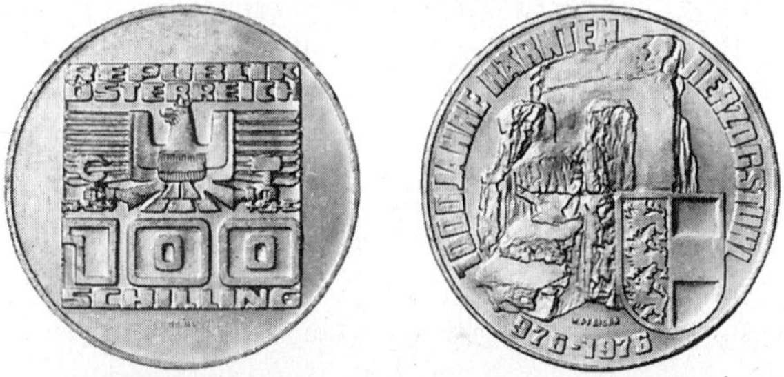

126	100	Schilling (S) 1976. Rs. Herzogstuhl am Zollfeld als Huldigungsort der Herzöge von Kärnten (ST/N: 1 529 000 Ex., ST/U: 103 000 Ex., PP: 168 000 Ex.)	12,–	15,–

1000. JAHRESTAG DER BELEHNUNG DER BABENBERGER MIT DER OSTMARK DES HERZOGTUMS BAYERN

127	1000	Schilling (G) 1976. Rs. Reitersiegel von Herzog Friedrich II. 900er Gold, 13.5 g (1 800 000 Ex.)	*MW + 6 %*

Nr. 127 kommt aufgrund unterschiedlicher Oberflächenbehandlung bei der Herstellung in Farbvarianten vor. Die gesamte Auflage besteht aus Gold 90% / Kupfer 10%.

175. GEBURTSTAG VON JOHANN NESTROY

			ST	PP
128	100	Schilling (S) 1976. Rs. Johann Nepomuk Nestroy (1801–1862), Schauspieler und Sänger (ST/N: 1 671 400 Ex., ST/U: 90 000 Ex., PP: 138 600 Ex.)	12,–	15,–

Zum 200. Geburtstag von Johann Nestroy: Nr. 269.

1200 JAHRE STIFT KREMSMÜNSTER

129	100	Schilling (S) 1977. Rs. Tassilokelch (ST/N: 1 782 000 Ex., ST/U: 83 000 Ex., PP: 135 000 Ex.)	12,–	16,–

900 JAHRE FESTUNG HOHENSALZBURG

130	100	Schilling (S) 1977. Rs. Festung Hohensalzburg (ST/N: 1 802 400 Ex., ST/U: 75 600 Ex., PP: 122 000 Ex.)	12,–	15,–

500 JAHRE MÜNZSTÄTTE HALL IN TIROL

ST **PP**

131 100 Schilling (S) 1977. Rs. Motiv des Probetalers von Weidenbusch (um 1480) (ST/N: 1 794 000 Ex., ST/U: 74 000 Ex., PP: 132 000 Ex.) 12,– 25,–

700 JAHRE STADT GMUNDEN

132 100 Schilling (S) 1978. Rs. Schloss Orth in Gmunden (ST/N: 1 794 000 Ex., ST/U: 76 000 Ex., PP: 130 000 Ex.) 12,– 15,–

700. JAHRESTAG DER SCHLACHT BEI DÜRNKRUT UND JEDENSPEIGEN

133 100 Schilling (S) 1978. Neun menschliche Figuren in radialer Anordnung als Symbol für die Bundesländer. Rs. Brustbild Rudolfs I. vor Schlachtszene im Marchfeld (ST/N: 1 600 000 Ex., ST/U: 77 000 Ex., PP: 123 000 Ex.) 12,– 15,–

Entwurf und Stempel von Helmut Zobl.

1100 JAHRE VILLACH

ST **PP**

134 100 Schilling (S) 1978. Rs. Villacher Stadtansicht mit dem Stadtsiegel und dem Kärntner Landeswappen (ST/N: 1 492 000 Ex., ST/U: 77 000 Ex., PP: 131 000 Ex.) 12,– 15,–

150. TODESTAG VON FRANZ SCHUBERT

135 50 Schilling (S) 1978. Rs. Franz Schubert (1797–1828), Komponist (2 000 000 Ex.) 10,– 12,–

Weitere Münzausgaben auf Franz Schubert: Nrn. 47, 235.

ERÖFFNUNG DES ARLBERG STRASSENTUNNELS

136 100 Schilling (S) 1978. Rs. Arlbergmassiv mit dem Straßentunnel als Handreichung (ST/N: 1 770 000 Ex., ST/U: 74 000 Ex., PP: 156 000 Ex.) 12,– 15,–

700 JAHRE DOM ZU WIENER NEUSTADT

			ST	PP
137	100	Schilling (S) 1979. Rs. Ansicht des Domes zu Neustadt im Steinfeld von der Südseite (ST/N: 1 792 600 Ex., ST/U: 73 000 Ex., PP: 134 400 Ex.)	12,–	15,–
137P	100	Schilling (S) 1979. Motivprobe, Westwerk des Domes zwischen Wappenschilden	1500,–	

200 JAHRE INNVIERTEL BEI ÖSTERREICH

			ST	PP
138	100	Schilling (S) 1979. Rs. Innvierteler Vierseithof (ST/N: 1 802 400 Ex., ST/U: 68 000 Ex., PP: 129 600 Ex.)	12,–	15,–

ERÖFFNUNG DES INTERNATIONALEN ZENTRUMS WIEN

			ST	PP
139	100	Schilling (S) 1979. Rs. Ansicht der UNO City in Wien (ST/N: 1 783 400 Ex., ST/U: 72 000 Ex., PP: 144 600 Ex.)	12,–	15,–

ERÖFFNUNG DES FESTSPIEL- UND KONGRESSHAUSES IN BREGENZ

		ST	PP
140	100 Schilling (S) 1979. Rs. Festspiel- und Kongresshaus in Bregenz (ST/N: 1 500 000 Ex., ST/U: 73 400 Ex., PP: 161 600 Ex.)	12,–	15,–

1000 JAHRE STEYR

		ST/N	ST/U	PP
141	500 Schilling (S) 1980. Rs. Ansicht der mittelalterlichen Stadt Steyr mit der Styraburg im heutigen Bundesland Oberösterreich, namengebend für die Steiermark (ST/N: 825 800 Ex., ST/U: 63 000 Ex., PP: 111 200 Ex.)	40,–	45,–	55,–

25 JAHRE STAATSVERTRAG

142	500 Schilling (S) 1980. Rs. Schloss Belvedere in Wien (ST/N: 787 000 Ex., ST/U: 79 000 Ex., PP: 134 000 Ex.)	40,–	45,–	50,–

Auf 20 Jahre Staatsvertrag: Nr. 119.
Auf 40 Jahre Staatsvertrag: Nr. 227. Auf 50 Jahre Staatsvertrag: Nr. 319.

200. TODESTAG VON MARIA THERESIA

ST/N ST/U PP

143 500 Schilling (S) 1980. Rs. Maria Theresia (1717–1780) (ST/N: 842 000 Ex., ST/U: 86 400 Ex., PP: 171 600 Ex.)
40,– 45,– 48,–

Weitere Münzausgaben auf Maria Theresia: Nrn. 94, 210.
Münzen aus der Zeit von Maria Theresia siehe im Deutschen Münzkatalog 18. Jahrhundert (5. Auflage 2019).

100 JAHRE ÖSTERREICHISCHES ROTES KREUZ

144 500 Schilling (S) 1980. Rs. Jean Henri Dunant (1828–1910), Begründer des Internationalen Roten Kreuzes, Friedensnobelpreisträger 1901 (ST/N: 860 000 Ex., ST/U: 90 000 Ex., PP: 200 000 Ex.)
40,– 45,– 48,–

VZ ST PP

145 20 Schilling (Al-N-Bro) 1980, 1981, 1991–1993. Vertreter der neun Bundesländer, den Bindenschild emporhebend. Rs. Wertangabe, Jahreszahl:

		VZ	ST	PP
1. Rand mit neunzehn vertieften Kugeln:				
1980	(9 899 500 Ex.)	2,–	5,–	20,–
1981	(499 500 Ex.)	4,–	8,–	25,–
1991	(140 000 Ex.)	4,–	8,–	
2. Rand glatt:				
1992	(125 000 Ex.)	5,–	10,–	
1993	(208 000 Ex.)	3,–	6,–	

Entwurf und Stempel von Helmut Zobl.

Ausgegeben ab 10. Dezember 1980. Außer Kurs seit 1. März 2002. Einlösbar ohne zeitliche Beschränkung.

800 JAHRE VERDUNER ALTAR

		ST/N	ST/U	PP
146	500 Schilling (S) 1981. Rs. Tafelbild des Verduner Altars (1181) im Stift Klosterneuburg mit der Darstellung von Samson mit dem Löwen (ST/N: 865 000 Ex., ST/U: 85 000 Ex., PP: 200 000 Ex.)	40,–	45,–	48,–

100. GEBURTSTAG VON ANTON WILDGANS

147	500 Schilling (S) 1981. Rs. Anton Wildgans (1881–1932), Schriftsteller (ST/N: 911 200 Ex., ST/U: 72 000 Ex., PP: 166 800 Ex.)	40,–	45,–	48,–

100. GEBURTSTAG VON OTTO BAUER

ST/N ST/U PP

148 500 Schilling (S) 1981. Rs. Otto Bauer (1881–1938), sozialdemokratischer Politiker (ST/N: 929 000 Ex., ST/U: 65 000 Ex., PP: 156 000 Ex.) 40,– 45,– 48,–

200 JAHRE TOLERANZPATENT

149 500 Schilling (S) 1981. Rs. Kreuz, in den Winkeln Jahreszahlen, Bibel und Kelch, symbolisch für das Toleranzpatent (1781) Josephs II. (ST/N: 792 000 Ex., ST/U: 60 000 Ex., PP: 148 000 Ex.) 40,– 45,– 48,–

1500. TODESTAG DES HEILIGEN SEVERIN VON NORICUM

		ST/N	ST/U	PP
150	500 Schilling (S) 1982. Rs. Hl. Severin (um 410–482) (ST/N: 837 400 Ex., ST/U: 42 600 Ex., PP: 120 000 Ex.)	40,–	45,–	48,–

500 JAHRE DRUCKHANDWERK IN ÖSTERREICH

		ST/N	ST/U	PP
151	500 Schilling (S) 1982. Rs. Druckerpresse (ST/N: 589 600 Ex., ST/U: 42 200 Ex., PP: 118 200 Ex.)	40,–	45,–	48,–

BUNDESLÄNDER – 1. AUSGABE
BURGENLAND
250. GEBURTSTAG VON JOSEPH HAYDN

		VZ	ST	PP
152	20 Schilling (Al-N-Bro) 1982, 1991–1993. Rs. Joseph Haydn (1732–1809), Komponist:			
	1. Rand mit neunzehn vertieften Kugeln:			
	1982 (3 150 000 Ex.)	3,–	5,–	10,–
	1991 (140 000 Ex.)	4,–	8,–	
	2. Rand glatt:			
	1992 (100 000 Ex.)	5,–	10,–	
	1993 (180 000 Ex.)	3,–	6,–	

Entwurf von Kurt Bodlak (Wertseite) und Thomas Pesendorfer (Bildseite).

Ausgegeben ab 27. April 1982.

Weitere Münzausgaben auf Joseph Haydn: Nr. 306.
Zum 200. Geburtstag von Joseph Haydn: Nr. 51.

825 JAHRE MARIAZELL

ST/N ST/U PP

153 500 Schilling (S) 1982. Rs. Madonna von Mariazell (ST/N: 589 600 Ex., ST/U: 41 600 Ex., PP: 118 800 Ex.) 40,– 45,– 48,–

80. GEBURTSTAG VON LEOPOLD FIGL

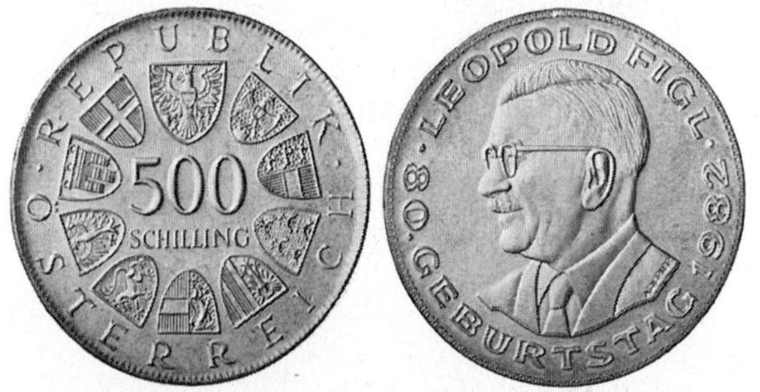

154 500 Schilling (S) 1982. Rs. Leopold Figl (1902–1965), Außenminister 1953–1959 (ST/N: 344 000 Ex., ST/U: 39 600 Ex., PP: 116 400 Ex.) 40,– 45,– 48,–

BUNDESLÄNDER – 2. AUSGABE
KÄRNTEN

VZ ST PP

155 20 Schilling (Al-N-Bro) 1983, 1991–1993. Rs. Burg Hochosterwitz der Grafen und Fürsten von Khevenhüller:

	VZ	ST	PP
1. Rand mit neunzehn vertieften Kugeln:			
1983 (1 067 000 Ex.)	3,–	5,–	8,–
1991 (140 000 Ex.)	4,–	8,–	
2. Rand glatt:			
1992 (100 000 Ex.)	5,–	10,–	
1993 (180 000 Ex.)	3,–	6,–	

Entwurf von Kurt Bodlak.
Ausgegeben ab 15. März 1983.

WELTCUPFINALE DER SPRINGREITER 1983 IN WIEN

		ST/N	ST/U	PP
156	500 Schilling (S) 1983. Rs. Springreiter (ST/N: 313 800 Ex., ST/U: 53 800 Ex., PP: 132 400 Ex.)	40,–	45,–	48,–

100 JAHRE WIENER RATHAUS

157	500 Schilling (S) 1983. Rs. Wiener Rathaus mit einem Teil des Rathausparks (ST/N: 412 000 Ex., ST/U: 54 200 Ex., PP: 133 800 Ex.)	40,–	45,–	48,–

APOSTOLISCHE VISITE VON PAPST JOHANNES PAUL II. ZUM ÖSTERREICHISCHEN KATHOLIKENTAG

ST/N ST/U PP

158 500 Schilling (S) 1983. Rs. Papst Johannes Paul II. mit segnender Geste, dahinter das Zeichen des Katholikentages (ST/N: 600 000 Ex., ST/U: 60 000 Ex., PP: 140 000 Ex.) 40,– 45,– 50,–

100 JAHRE PARLAMENTSGEBÄUDE

159 500 Schilling (S) 1983. Rs. Parlamentsgebäude in Wien mit der Auffahrtsrampe vom Ring (ST/N: 403 000 Ex., ST/U: 59 600 Ex., PP: 137 400 Ex.) 40,– 45,– 48,–

BUNDESLÄNDER – 3. AUSGABE NIEDERÖSTERREICH

Nr.			VZ	ST	PP
160	20	Schilling (Al-N-Bro) 1984, 1991–1993. Rs. Nordfassade des Schlosses Grafenegg in Niederösterreich:			
		1. Rand mit neunzehn vertieften Kugeln:			
		1984 (1 268 000 Ex.)	3,–	5,–	8,–
		1991 (140 000 Ex.)	4,–	8,–	
		2. Rand glatt:			
		1992 (100 000 Ex.)	5,–	10,–	
		1993 (180 000 Ex.)	3,–	6,–	

Entwurf von Josef Kaiser.
Ausgegeben ab 20. März 1984.

175. JAHRESTAG DES TIROLER AUFSTANDES

Nr.			ST/N	ST/U	PP
161	500	Schilling (S) 1984. Rs. Andreas Hofer (1767–1810), Aufstandsführer gegen die bayerische Regierung in Tirol, nach dem Denkmal am Berg Isel (ST/N: 392 200 Ex., ST/U: 63 200 Ex., PP: 144 600 Ex.)	40,–	45,–	50,–

Zum 150. Jahrestag des Tiroler Aufstandes: Nr. 81.
Zum 200. Jahrestag: Nr. 364.

100 JAHRE BODENSEESCHIFFFAHRT

Nr.			ST/N	ST/U	PP
162	500	Schilling (S) 1984. Rs. Passagierschiff »Vorarlberg« (ST/N: 394 800 Ex., ST/U: 63 000 Ex., PP: 142 200 Ex.)	40,–	45,–	48,–

700 JAHRE STIFT STAMS

		ST/N	ST/U	PP
163	500 Schilling (S) 1984. Rs. Stift Stams in Tirol (ST/N: 403 600 Ex., ST/U: 58 400 Ex., PP: 138 000 Ex.)	40,–	45,–	48,–

100. TODESTAG VON FANNY ELSSLER

		ST/N	ST/U	PP
164	500 Schilling (S) 1984. Rs. Fanny Elßler (1810–1884), Tänzerin (ST/N: 407 200 Ex., ST/U: 57 600 Ex., PP: 135 200 Ex.)	40,–	45,–	48,–

BUNDESLÄNDER – 4. AUSGABE
OBERÖSTERREICH
200 JAHRE DIÖZESE LINZ

		VZ	ST	PP
165	20 Schilling (Al-N-Bro) 1985, 1991–1993. Rs. Oberösterreichisches Landeswappen und Diözesanwappen auf Fensterrose des Linzer Domes:			

		VZ	ST	PP
1. Rand mit neunzehn vertieften Kugeln:				
1985	(859 000 Ex.)	3,–	5,–	12,–
1991	(140 000 Ex.)	4,–	8,–	
2. Rand glatt:				
1992	(100 000 Ex.)	5,–	10,–	
1993	(180 000 Ex.)	3,–	6,–	

Entwurf von Josef Fösleitner.

Ausgegeben ab 19. März 1985.

400 JAHRE KARL-FRANZENS-UNIVERSITÄT GRAZ

		ST/N	ST/U	PP
166	500 Schilling (S) 1985. Rs. Erzherzog Karl von Innerösterreich, Gründer der Universität Graz (ST/N: 431 000 Ex., ST/U: 50 000 Ex., PP: 119 000 Ex.)	40,–	45,–	48,–

40 JAHRE FRIEDEN IN ÖSTERREICH

167	500 Schilling (S) 1985. Rs. Friedensgöttin mit Palmzweig vor Landkarte Österreichs (ST/N: 336 800 Ex., ST/U: 47 200 Ex., PP: 116 000 Ex.)	40,–	45,–	48,–

2000 JAHRE BREGENZ

		ST/N	ST/U	PP
168	500 Schilling (S) 1985. Rs. Römischer Denar mit dem Kopfbild von Kaiser Tiberius neben Bregenzer Stadtsiegel (16. Jh.) (ST/N: 341 800 Ex., ST/U: 46 000 Ex., PP: 112 200 Ex.)	40,–	45,–	48,–

500. JAHRESTAG DER HEILIGSPRECHUNG VON MARKGRAF LEOPOLD III.

		ST/N	ST/U	PP
169	500 Schilling (S) 1985. Rs. Leopold III. der Heilige, Markgraf von Österreich 1096–1136, mit Modell von Stift Klosterneuburg (ST/N: 341 600 Ex., ST/U: 46 600 Ex., PP: 111 800 Ex.)	40,–	45,–	48,–

Weitere Münzausgaben auf Leopold III. den Heiligen: Nrn. 57, 231.

BUNDESLÄNDER – 5. AUSGABE STEIERMARK 800. JAHRESTAG DER GEORGENBERGER HANDFESTE

Nr.			VZ	ST	PP
170	20	Schilling (Al-N-Bro) 1986, 1991–1993. Rs. Leopold V. der Strenge, Herzog von Österreich 1177–1194 aus der Dynastie der Babenberger, und Ottokar (Otakar) VIII., Herzog der Steiermark ab 1180, beim Abschluss der Georgenberger Handfeste 1186 zu Enns:			
		1. Rand mit neunzehn vertieften Kugeln:			
		1986 (843 000 Ex.)	3,–	5,–	18,–
		1991 (140 000 Ex.)	4,–	8,–	
		2. Rand glatt:			
		1992 (100 000 Ex.)	5,–	10,–	
		1993 (180 000 Ex.)	3,–	6,–	

Entwurf von Thomas Pesendorfer.
Ausgegeben ab 20. März 1986.

250. TODESTAG VON PRINZ EUGEN VON SAVOYEN

Nr.			ST/N	ST/U	PP
171	500	Schilling (S) 1986. Rs. Prinz Eugen von Savoyen (1663–1736), kaiserlicher Generalfeldmarschall (ST/N: 359 200 Ex., ST/U: 41 200 Ex., PP: 99 600 Ex.)	40,–	45,–	48,–

Weitere Münzausgaben auf Prinz Eugen: Nrn. 61, 86.

500 JAHRE HALLER TALERMÜNZEN

Nr.			ST/N	ST/U	PP
172	500	Schilling (S) 1986. Rs. Ursprüngliche Talermünze mit dem Standbild von Erzherzog Sigismund von Tirol (ST/N: 359 800 Ex., ST/U: 41 200 Ex., PP: 99 000 Ex.)	40,–	45,–	48,–

300 JAHRE STIFT SANKT FLORIAN

		ST/N	ST/U	PP
173	500 Schilling (S) 1986. Rs. Ansicht des Barockstifts Sankt Florian (ST/N: 263 800 Ex., ST/U: 39 400 Ex., PP: 96 800 Ex.)	40,–	45,–	48,–

3. FOLGETREFFEN DER KONFERENZ FÜR SICHERHEIT UND ZUSAMMENARBEIT IN EUROPA (KSZE) AB 1986 IN WIEN

174	500 Schilling (S) 1986. Rs. Karte Europas (ST/N: 162 000 Ex., ST/U: 40 600 Ex., PP: 97 400 Ex.)	40,–	45,–	48,–

BUNDESLÄNDER – 6. AUSGABE
SALZBURG
300. JAHRESTAG DES REGIERUNGSANTRITTS VON ERZBISCHOF JOHANN ERNST VON THUN

175 20 Schilling (Al-N-Bro) 1987, 1991–1993. Rs. Wahlsiegel des Johann Ernst von Thun als Erzbischof von Salzburg 1687–1709:

		VZ	ST	PP
1. Rand mit neunzehn vertieften Kugeln:				
1987	(550 000 Ex.)	3,–	5,–	12,–
1991	(140 000 Ex.)	4,–	8,–	
2. Rand glatt:				
1992	(100 000 Ex.)	5,–	10,–	
1993	(180 000 Ex.)	3,–	6,–	

Entwurf von Josef Kaiser.

Ausgegeben ab 17. März 1987.

400. JAHRESTAG DES REGIERUNGSANTRITTS VON ERZBISCHOF WOLF DIETRICH VON RAITENAU

		ST/N	ST/U	PP
176	500 Schilling (S) 1987. Rs. Wolf Dietrich von Raitenau (1559–1617), Erzbischof von Salzburg 1587–1612 (ST/N: 157 600 Ex., ST/U: 48 800 Ex., PP: 93 600 Ex.)	40,–	45,–	48,–

150 JAHRE EISENBAHN IN ÖSTERREICH

177 500 Schilling (S) 1987. Rs. Dampflokomotive »Austria« und moderne Elektrolokomotive vor Bundesbahnemblem (ST/N: 152 000 Ex., ST/U: 53 200 Ex., PP: 94 800 Ex.) 40,– 45,– 48,–

800 JAHRE STIFTSKIRCHE HEILIGENKREUZ

		ST/N	ST/U	PP
178	500 Schilling (S) 1987. Vorderansicht der romanischen Kirche des Stiftes mit der Dreifaltigkeitssäule und dem barocken Kirchturm (ST/N: 153 200 Ex., ST/U: 52 000 Ex., PP: 94 800 Ex.)	40,–	45,–	48,–

850 JAHRE BENEDIKTINERABTEI SANKT GEORGENBERG
UND STIFT FIECHT

		ST/N	ST/U	PP
179	500 Schilling (S) 1988. Rs. Stift Fiecht, von der Benediktinerabtei Sankt Georgenberg überhöht (ST/N: 159 000 Ex., ST/U: 52 800 Ex., PP: 88 200 Ex.)	40,–	45,–	48,–

APOSTOLISCHE VISITE VON PAPST JOHANNES PAUL II. IN ÖSTERREICH

		ST/N	ST/U	PP
180	500 Schilling (S) 1988. Rs. Papst Johannes Paul II. mit festlicher Stola (ST/N: 157 600 Ex., ST/U: 53 600 Ex., PP: 88 800 Ex.)	40,–	45,–	50,–

100. JAHRESTAG DES SOZIALDEMOKRATISCHEN EINIGUNGSPARTEITAGES VON HAINFELD

181	500 Schilling (S) 1988. Rs. Victor Adler (1852–1918), sozialdemokratischer Politiker (ST/N: 160 800 Ex., ST/U: 52 400 Ex., PP: 86 800 Ex.)	40,–	45,–	48,–

BUNDESLÄNDER – 7. AUSGABE
TIROL
180. JAHRESTAG DES TIROLER AUFSTANDES

182 20 Schilling (Al-N-Bro) 1989, 1991–1993. Rs. Bekränzter Tiroler Adler, nach dem Sandwirtszwanziger von 1809:

		VZ	ST	PP
1. Rand mit neunzehn vertieften Kugeln:				
1989	(290 000 Ex.)	3,–	6,–	12,–
1991	(140 000 Ex.)	4,–	8,–	
2. Rand glatt:				
1992	(100 000 Ex.)	5,–	10,–	
1993	(180 000 Ex.)	3,–	6,–	

Entwurf von Thomas Pesendorfer.
Ausgegeben ab 6. Juni 1989.

GOLDBARRENMÜNZEN »WIENER PHILHARMONIKER«
1. AUSGABE (4)

ST

183 200 Schilling (G) 1991–2001. Orgel aus dem Goldenen Saal des Wiener Musikvereinsgebäudes. Rs. Violoncello zwischen zwei Bratschen und zwei Geigen vor Wiener Horn, Fagott und Harfe als Instrumente der Wiener Philharmoniker. 999.9er Gold, 3.11 g (1⁄10 oz.), Rand unterbrochen geriffelt:

1991	(82 500 Ex.)	*MW + 15 %*
1992	(99 000 Ex.)	*MW + 15 %*
1993	(100 350 Ex.)	*MW + 15 %*
1994	(109 886 Ex.)	*MW + 15 %*
1995	(151 174 Ex.)	*MW + 15 %*
1996	(128 250 Ex.)	*MW + 15 %*
1997	(115 317 Ex.)	*MW + 15 %*
1998	(102 796 Ex.)	*MW + 15 %*
1999	(145 030 Ex.)	*MW + 15 %*
2000	(32 571 Ex.)	*MW + 15 %*
2001	(26 390 Ex.)	*MW + 15 %*

Entwurf und Modell von Thomas Pesendorfer.

184 500 Schilling (G) 1989–2001. Typ wie Nr. 183. 999.9er Gold, 7.78 g (1⁄4 oz.), Rand unterbrochen geriffelt:

1989	(272 000 Ex.)	*MW + 10 %*
1990	(162 000 Ex.)	*MW + 10 %*
1991	(146 000 Ex.)	*MW + 10 %*
1992	(176 000 Ex.)	*MW + 10 %*
1993	(126 610 Ex.)	*MW + 10 %*
1994	(120 365 Ex.)	*MW + 10 %*
1995	(156 650 Ex.)	*MW + 10 %*
1996	(139 189 Ex.)	*MW + 10 %*
1997	(100 680 Ex.)	*MW + 10 %*
1998	(90 831 Ex.)	*MW + 10 %*
1999	(81 573 Ex.)	*MW + 10 %*
2000	(25 925 Ex.)	*MW + 10 %*
2001	(25 767 Ex.)	*MW + 10 %*

Ausgegeben ab 10. Oktober 1989 (mehrwertsteuerfrei im Kalenderjahr 2019).

				ST
185	1000	Schilling (G) 1994–2001. Typ wie Nr. 183. 999.9er Gold, 15.55 g (½ oz.), Rand unterbrochen geriffelt:		
		1994	(57 248 Ex.)	*MW + 7 %*
		1995	(94 713 Ex.)	*MW + 7 %*
		1996	(88 023 Ex.)	*MW + 7 %*
		1997	(68 243 Ex.)	*MW + 7 %*
		1998	(47 295 Ex.)	*MW + 7 %*
		1999	(44 184 Ex.)	*MW + 7 %*
		2000	(20 497 Ex.)	*MW + 7 %*
		2001	(26 799 Ex.)	*MW + 7 %*

186	2000	Schilling (G) 1989–2001. Typ wie Nr. 183. 999.9er Gold, 31.10 g (1 oz.), Rand unterbrochen geriffelt:		
		1989	(351 000 Ex.)	*MW + 5 %*
		1990	(484 500 Ex.)	*MW + 5 %*
		1991	(233 500 Ex.)	*MW + 5 %*
		1992	(537 000 Ex.)	*MW + 5 %*
		1993	(234 720 Ex.)	*MW + 5 %*
		1994	(217 864 Ex.)	*MW + 5 %*
		1995	(645 462 Ex.)	*MW + 5 %*
		1996	(377 562 Ex.)	*MW + 5 %*
		1997	(408 255 Ex.)	*MW + 5 %*
		1998	(330 303 Ex.)	*MW + 5 %*
		1999	(230 716 Ex.)	*MW + 5 %*
		2000	(245 693 Ex.)	*MW + 5 %*
		2001	(54 650 Ex.)	*MW + 5 %*

In gleicher Zeichnung (mit Nennwerten in Euro): Nrn. A285–288, 313, 348, 369.

> Ab 1989 wird die Herstellungsart »handgehoben« (Zweifachschlag, leicht mattiert, Spalte **ST/U**) von der Münze Österreich AG als Stempelglanz bezeichnet, im Gegensatz zur Normalprägung (Einfachschlag, Ausgabe [außer bei Gold] zum Nennwert, Spalte **ST/N**).

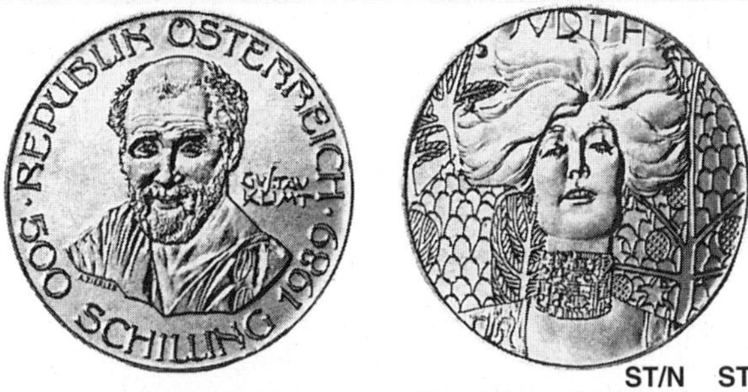

ST/N ST/U PP

187 500 Schilling (S) 1989. Gustav Klimt (1862–1918), Maler und Zeichner des Wiener Jugendstils. Rs. Ausschnitt aus dem Gemälde »Judith und Holofernes« (1901) (ST/N: 185 200 Ex., ST/U: 53 000 Ex., PP: 88 000 Ex.) 42,– 48,– 55,–

188 500 Schilling (S) 1989. Koloman Moser (1868–1918), Gründungsmitglied der Wiener Werkstätte. Rs. »Die Kunst« in Form eines geflügelten weiblichen Genius, nach dem Entwurf für ein Glasfenster (1898) (ST/N: 180 200 Ex., ST/U: 52 000 Ex., PP: 83 200 Ex.) 42,– 48,– 55,–

189 500 Schilling (S) 1990. Egon Schiele (1890–1918), Maler des frühen Expressionismus. Rs. »Mutter mit zwei Kindern« (1915/17) (ST/N: 199 800 Ex., ST/U: 46 600 Ex., PP: 81 800 Ex.) 42,– 48,– 55,–

			ST/N	ST/U	PP
190	500	Schilling (S) 1990. Oskar Kokoschka (1886–1980), Vertreter des Expressionismus. Rs. Plakatentwurf »Die Baumwollpflückerin« zur Kunstschau (1908) (ST/N: 201 900 Ex., ST/U: 45 200 Ex., PP: 81 000 Ex.)	42,–	48,–	55,–

BUNDESLÄNDER – 8. AUSGABE
VORARLBERG

			VZ	ST	PP
191	20	Schilling (Al-N-Bro) 1990–1993. Rs. Martinsturm in Bregenz:			
		1. Rand mit neunzehn vertieften Kugeln:			
		1990 (285 000 Ex.)	3,–	6,–	18,–
		1991 (140 000 Ex.)	4,–	8,–	
		2. Rand glatt:			
		1992 (100 000 Ex.)	5,–	10,–	
		1993 (180 000 Ex.)	3,–	6,–	

Entwurf von Herbert Wähner.
Ausgegeben ab 22. Mai 1990.

BUNDESLÄNDER – 9. AUSGABE – WIEN
200. GEBURSTAG VON FRANZ GRILLPARZER

		VZ	ST	PP
192	20 Schilling (Al-N-Bro) 1991–1993. Rs. Franz Grillparzer (1791–1872) vor der Fassade des Burgtheaters in Wien:			
	1. Rand mit neunzehn vertieften Kugeln:			
	1991 (637 000 Ex.)	3,–	5,–	12,–
	2. Rand glatt:			
	1992 (100 000 Ex.)	5,–	10,–	
	1993 (180 000 Ex.)	3,–	6,–	

Entwurf von Alfred Zierler.

Ausgegeben ab 15. Januar 1991.

Numisbrief 1 Nr. 192 von 1991 mit Briefmarke zu 4,50 Schilling, Illustration Theaterzettel »König Ottokar's Glück und Ende« (* 10 000 Ex.)

** in vorstehender Prägezahl enthalten* 22,–

Weitere Münzausgabe auf Franz Grillparzer: Nr. 89.

200. TODESTAG VON WOLFGANG AMADEUS MOZART (4)

PP

193 100 Schilling (S) 1991. Dom zu Salzburg vor Bauwerken der Stadt und der Festung Hohensalzburg. Rs. Wolfgang Gottlieb (Theophilus, Amadé) (1756–1791) am Spinett, von seinem Vater Leopold Mozart (1719–1787) auf der Violine begleitet, Ausschnitt aus einem Klebebild (1773) von Louis Carrogis »Carmontel«. 900er Silber, 20 g, Rand glatt (100 000 Ex.) 40,–

194 100 Schilling (S) 1991. Altes Burgtheater in Wien vor Bauwerken der Stadt. Rs. Wolfgang Amadeus Mozart mit Federkiel und Notenpapier beim Komponieren am Spinett. 900er Silber, 20 g, Riffelrand (100 000 Ex.) 40,–

PP

195 500 Schilling (G) 1991. Wolfgang Amadeus Mozart, nach einem Gemälde (1819) von Barbara Krafft. Rs. Don Giovanni beim Lautenspiel, aus der gleichnamigen Oper. $986\frac{1}{9}$er Gold, 8.113 g, Riffelrand (50 000 Ex.) 375,–

196 1000 Schilling (G) 1991. Wolfgang Amadeus Mozart, nach einer Silberstiftzeichnung (1789) von Dora Stock, von Orgelpfeifen, Violine und Spinetttastatur umgeben. Rs. Tamino, von Pamina begleitet, mit Hilfe der Zauberflöte die Feuerprobe im Prüfungstempel bestehend, aus der Oper »Die Zauberflöte«. $986\frac{1}{9}$er Gold, 16.225 g, Riffelrand (30 000 Ex.) 750,–

Weitere Münzausgaben auf Wolfgang Amadeus Mozart: Bundesrepublik Deutschland Nr. 243, Österreich Nrn. 50, 74, 283, 325, 328, 346, 416, 428.

DIRIGENTEN DER WIENER PHILHARMONIKER – 1. AUSGABE

		ST/N	ST/U	PP
197	500 Schilling (S) 1991. Herbert Ritter von Karajan (1908–1989). Rs. Festspielhaus in Salzburg (ST/N: 200 000 Ex., ST/U: 40 000 Ex., PP: 74 400 Ex.)	42,–	48,–	55,–

Weitere Münzausgabe auf Herbert von Karajan: Österreich Nr. 354.

DIRIGENTEN DER WIENER PHILHARMONIKER – 2. AUSGABE

		ST/N	ST/U	PP
198	500 Schilling (S) 1991. Karl Böhm (1894–1981). Rs. Opernhaus in Wien (ST/N: 200 000 Ex., ST/U: 40 000 Ex., PP: 71 400 Ex.)	42,–	48,–	55,–

1000 JAHRE »OSTARRÎCHI« – 1. AUSGABE
700. TODESTAG VON RUDOLF I. VON HABSBURG

		PP
199	100 Schilling (S) 1991. Rudolf I. auf dem Königsthron, von seinen Söhnen Albrecht und Rudolf flankiert. Rs. König Rudolf I. mit Szepter und Reichsapfel, nach einem zeitgenössischen Relief. 900er Silber, 20 g (75 000 Ex.)	90,–

1000 JAHRE »OSTARRÎCHI« – 2. AUSGABE

PP

200 100 Schilling (S) 1992. Philipp I., der Schöne (1478–1506), Sohn Maximilians I., und seine Gemahlin Johanna von Kastilien, Ausspruch von Matthias I. Corvinus »Tu felix Austria nube« (du, glückliches Österreich, heirate). Rs. Kaiser Maximilian I., Hüftbild mit Szepter und Schwert (75 000 Ex.) 40,–

DIRIGENTEN DER WIENER PHILHARMONIKER – 3. AUSGABE

ST/N ST/U PP

201 500 Schilling (S) 1992. Gustav Mahler (1860–1911). Rs. Muse mit Lyra vor dem Hintergrund stilisierter Notenlinien (ST/N: 200 000 Ex., ST/U: 37 000 Ex., PP: 64 000 Ex.) 42,– 48,– 55,–

DIRIGENTEN DER WIENER PHILHARMONIKER – 4. AUSGABE

202 500 Schilling (S) 1992. Richard Strauss (1864–1949). Rs. Octavian bei der Übergabe der Rose an Sophie, Szene aus der Oper »Der Rosenkavalier« (ST/N: 200 000 Ex., ST/U: 36 000 Ex., PP: 62 900 Ex.) 42,– 48,– 55,–

PP

203 100 Schilling (S) 1992. Theater am Kärntnertor in Wien, nach einem Kupferstich (1825). Rs. Otto Nicolai (1810–1849), Mitbegründer der Wiener Philharmoniker, nach einer Lithographie (1842) (75 000 Ex.) 30,–

204 500 Schilling (G) 1992. Innenansicht der Wiener Staatsoper mit Instrumenten im Orchestergraben. Rs. Signet und Instrumente der Wiener Philharmoniker (50 000 Ex.) 375,–

205 1000 Schilling (G) 1992. Gebäude des Wiener Musikvereins, Sitz der Wiener Philharmoniker. Rs. Johann Strauß jr. beim Violinspiel auf einem Neujahrskonzert vor der blumengeschmückten Orgel im Goldenen Saal des Wiener Musikvereins (50 000 Ex.) 750,–

Weitere Münzausgaben auf Johann Strauß jr.: Nrn. 95, 118, 250, 256.

1000 JAHRE »OSTARRÎCHI« – 3. AUSGABE

PP

206 100 Schilling (S) 1992. Philipp II. (1527–1598) und Ferdinand I. (1503–1564). Rs. Karl V. (1500–1558), Erzherzog von Österreich, König von Spanien, römischer Kaiser (75 000 Ex.) 32,–

1000 JAHRE »OSTARRÎCHI« – 4. AUSGABE

207 500 Schilling (G) 1993. Kunsthistorisches Museum in Wien. Rs. Kaiser Rudolf II., Erzherzog Ferdinand II. und Erzherzog Leopold Wilhelm. 986$^{1}/_{9}$er Gold, 8.113 g (50 000 Ex.) 375,–

1000 JAHRE »OSTARRÎCHI« – 5. AUSGABE

208 100 Schilling (S) 1993. Schlacht am Kahlenberg vor Wien gegen die Türken 1683. Rs. Kaiser Leopold I. (75 000 Ex.) 35,–

REGIONEN UND BRAUCHTUM IN ÖSTERREICH – 1. AUSGABE
SEENREGION

ST/N ST/U PP

209 500 Schilling (S) 1993. Hallstatt. Rs. Fronleichnamsprozession auf dem See. 925er Silber, 24 g (ST/N: 180 000 Ex., ST/U: 31 200 Ex., PP: 60 000 Ex.) 42,– 48,– 55,–

1000 JAHRE »OSTARRÎCHI« – 6. AUSGABE

PP

210 1000 Schilling (G) 1993. Schloss Schönbrunn in Wien mit Blick auf die Gloriette. Rs. Maria Theresia (1717–1780), nach einem Stich von Martin von Meytens. 986$\frac{1}{9}$er Gold, 16.225 g (50 000 Ex.) 750,–

Zum 250. Geburtstag von Maria Theresia: Nr. 94. Zum 200. Todestag: Nr. 143.
Münzen aus der Zeit von Maria Theresia siehe im Deutschen Münzkatalog 18. Jahrhundert (5. Auflage 2019).

REGIONEN UND BRAUCHTUM IN ÖSTERREICH – 2. AUSGABE
ALPENREGION

		ST/N	ST/U	PP
211	500 Schilling (S) 1993. Heiligenblut. Rs. Imster Schemenlauf (ST/N: 180 000 Ex., ST/U: 30 600 Ex., PP: 60 000 Ex.)	42,–	48,–	55,–

Die Münzserie »Österreich und sein Volk« behandelt die Themen Regionen und Brauchtum (1993–1996), Kunsthandwerk (1997–1998), Burgen (1999–2001), Schlösser (2002–2004), Stifte und Klöster (2006–2008), Sagen und Legenden (2009–2011), Bundesländer (2012–2016).

1000 JAHRE »OSTARRÎCHI« – 7. AUSGABE

		PP
212	500 Schilling (G) 1994. Clemens Wenzel Fürst von Metternich für Österreich, Lord Castlereagh für England, Fürst Rassumovskij für Russland, Fürst von Hardenberg für Preußen und Herzog Talleyrand-Périgord für Frankreich beim Wiener Kongress 1814–1815. Rs. Franz (1768–1835), Römischer Kaiser als Franz II. 1792–1806, Kaiser von Österreich als Franz I. ab 1804 (50 000 Ex.)	375,–

Münzen aus der Zeit von Franz II. siehe im Deutschen Münzkatalog 18. Jahrhundert (5. Auflage 2019).

800 JAHRE MÜNZSTÄTTE WIEN – 1. AUSGABE

		ST/N	ST/U
213	20 Schilling (Al-N-Bro) 1994. Rs. Fassade des Österreichischen Hauptmünzamtes. Rand glatt (ST/N: 2 000 000 Ex., ST/U: 37 000 Ex.)	4,–	22,–

Entwurf von Thomas Pesendorfer.

Ausgegeben ab 16. Februar 1994.

Numisbrief 2	Nr. 213 mit Briefmarke zu 6 Schilling, Illustration »Mittelalterliche Prägeszene« (* 12 000 Ex.) (Ersttagsstempel 18. Februar 1994)	26,–

** in vorstehender Prägezahl enthalten*

REGIONEN UND BRAUCHTUM IN ÖSTERREICH – 3. AUSGABE
PANNONISCHE REGION

ST/N ST/U PP

214 500 Schilling (S) 1994. Burgenländisches Bauernhaus in Apetlon am Neusiedler See, Maisfelder, Ziehbrunnen, Schilfgarben und Silberreiher. Rs. Volkstanzgruppe, flankiert von Maiskolben (ST/N: 160 000 Ex., ST/U: 28 800 Ex., PP: 55 000 Ex.) 42,– 48,– 55,–

800 JAHRE MÜNZSTÄTTE WIEN – 2. AUSGABE

PP

215 1000 Schilling (S / G) 1994. Rs. Motiv eines Wiener Pfennigs unter Leopold VI., umgeben von der Entwicklung der Münztechnik im Verlauf der Zeit. Ring 900er Silber, 26.667 g / Zentrum 986⅑er Gold, 13.185 g, gesamt 39.852 g (50 000 Ex.) 600,–

1000 JAHRE »OSTARRÎCHI« – 8. AUSGABE

PP

216 100 Schilling (S) 1994. Revolutionsszene (1848). Rs. Erzherzog Johann (1782–1859), Feldherr in den Franzosenkriegen, Gründer des Steiermärkischen Landesmuseums Joanneum in Graz, Reichsverweser über Deutschland 1848–1849 (75 000 Ex.) 35,–

Zum 100. Todestag von Erzherzog Johann: Nr. 82.

REGIONEN UND BRAUCHTUM IN ÖSTERREICH – 4. AUSGABE FLUSSREGION

	ST/N	ST/U	PP
217 500 Schilling (S) 1994. Donaulandschaft mit Stift Melk und Schloss Schönbühel. Rs. Erntedankfest in historischen Trachten (ST/N: 160 000 Ex., ST/U: 27 800 Ex., PP: 55 000 Ex.)	42,–	48,–	55,–

1000 JAHRE »OSTARRÎCHI« – 9. AUSGABE

PP

218 100 Schilling (S) 1994. Dampflokomotive und Donaudampfschiff vor Fabrikgebäuden im Zeitalter der Industrialisierung. Rs. Franz Joseph I. (1830–1916), Kaiser von Österreich ab 1848 (75 000 Ex.) 35,–

100 JAHRE OLYMPISCHE SPIELE DER NEUZEIT (3)

PP

219 200 Schilling (S) 1995. Bindenschild, von zehn stilisierten Männern und Frauen umgeben. Rs. Thomas Stangassinger (*1965), Goldmedaillengewinner 1994 im Slalom. 925er Silber, 33.63 g (* 100 000 Ex.) 40,–

*Ausgegeben ab 12. Januar 1995. * Eingeschmolzen bis auf 64 750 Ex.*

220 200 Schilling (S) 1995. Rs. Rhythmische Sportgymnastin, mit ihrem Band einen Violinschlüssel formend, als Symbol für die Verbindung von Kunst, Musik und Sport (* 100 000 Ex.) 40,–

*Ausgegeben ab 12. Januar 1995. * Eingeschmolzen bis auf 65 137 Ex.*

221 1000 Schilling (G) 1995. Mitteltrakt des Parlamentsgebäudes in Wien, Bindenschild. Rs. Kopf des Zeus. 916⅔er Gold, 16.97 g (* 60 000 Ex.) 750,–

*Ausgegeben ab 12. Januar 1995. * Eingeschmolzen bis auf 25 247 Ex.*

1000 JAHRE KREMS

ST/N ST/U

222 20 Schilling (Al-N-Bro) 1995. Rs. Piaristenkirche, Steinertor und Pulverturm in Krems. Rand glatt (ST/N: 2 000 000 Ex., ST/U: 27 000 Ex.) 4,– 10,–

Entwurf von Christa Reiter, Modell von Thomas Pesendorfer.

Ausgegeben ab 2. März 1995.

ÖSTERREICH ALS NEUES MITGLIED DER EUROPÄISCHEN UNION

PP

223 500 Schilling (G / S) 1995. Sternenband und Bindenschild in der Form der Buchstaben EU. Rs. Europabrücke und Wahrzeichen der neun Landeshauptstädte. Ring 986⅑ger Gold, 8.113 g / Zentrum 900er Silber, 5.222 g (mit zwölf sternförmigen Löchern), gesamt 13.335 g (40 000 Ex.) 400,–

REGIONEN UND BRAUCHTUM IN ÖSTERREICH – 5. AUSGABE STEIRISCHES HÜGELLAND

ST/N ST/U PP

224 500 Schilling (S) 1995. Kürbisse, Maisfelder und Reben, von klapperndem Windrad bewacht, im Hintergrund das ehemalige Kloster Schloss Stainz. Rs. Bäuerin beim Auslösen von Kürbiskernen, steirischer Volksmusikant mit Knopfharmonika (ST/N: 160 000 Ex., ST/U: 25 000 Ex., PP: 55 000 Ex.) 42,– 48,– 55,–

1000 JAHRE »OSTARRÎCHI« – 10. AUSGABE
ERSTE REPUBLIK

PP

225 100 Schilling (S) 1995. Menschenmenge vor dem Parlamentsgebäude in Wien. Rs. Schillingmünze, Briefmarken und Embleme vor Bauwerken aus der Zeit der Ersten Republik (75 000 Ex.) 32,–

REGIONEN UND BRAUCHTUM IN ÖSTERREICH – 6. AUSGABE
ALPENVORLAND

ST/N ST/U PP

226 500 Schilling (S) 1995. Stadtansicht von Waidhofen an der Ybbs, Dreifaltigkeitskirche und Vierseithof zwischen Obstbaumallee, Feldern und Waldflächen vor Alpenlandschaft. Rs. Forstwirt, einen mit Baumstämmen beladenen Schlitten über einen verschneiten Waldweg ins Tal lenkend (ST/N: 160 000 Ex., ST/U: 24 000 Ex., PP: 50 000 Ex.) 42,– 48,– 55,–

1000 JAHRE »OSTARRÎCHI« – 11. AUSGABE
50 JAHRE ZWEITE REPUBLIK

PP

227 1000 Schilling (G) 1995. Präsentation des Staatsvertrages (1955) auf dem Balkon von Schloss Belvedere in Wien. Rs. Konzentrationslager Mauthausen, Wiederaufbau der Albertina, Signet der Salzburger Festspiele, Internationales Zentrum in Wien. $986\frac{1}{9}$er Gold, 16.225 g (50 000 Ex.) 650,–

Weitere Münzausgaben mit Schloss Belvedere: Nrn. 97, 142, 281, 344. Auf 20 Jahre Staatsvertrag: Nr. 119. Auf 25 Jahre Staatsvertrag: Nr. 142. Auf 50 Jahre Staatsvertrag: Nr. 319.

1000 JAHRE »OSTARRÎCHI« – 12. AUSGABE

228 500 Schilling (G) 1996. Kaiser Friedrich I. »Barbarossa« mit seinem Gefolge beim Ritt durch Wien 1165. Rs. Heinrich II. »Jasomirgott« (um 1107–1177), Markgraf von Österreich ab 1141, nach dem Glasgemälde im Stift Heiligenkreuz, mit der Erhebungsurkunde der Mark Österreich zum Herzogtum 1156 (privilegium minus). $986\frac{1}{9}$er Gold, 8.113 g (50 000 Ex.) 375,–

100. TODESTAG VON ANTON BRUCKNER

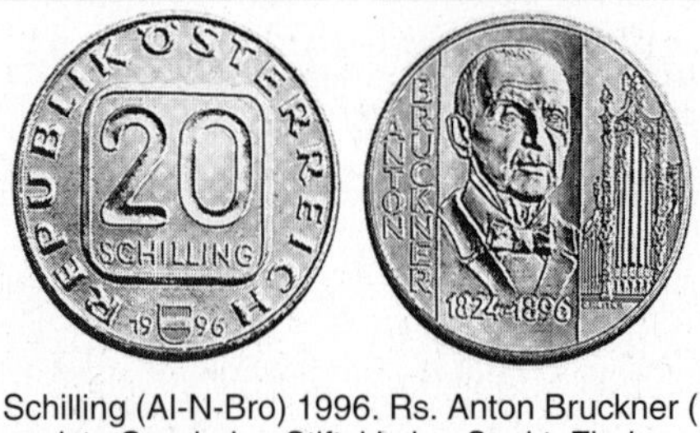

ST/N ST/U

229 20 Schilling (Al-N-Bro) 1996. Rs. Anton Bruckner (1824–1896), Komponist, Orgel der Stiftskirche Sankt Florian. Rand glatt (ST/N: 1 500 000 Ex., ST/U: 35 000 Ex.) 4,– 12,–

Entwurf von Christa Reiter.
Ausgegeben ab 28. Februar 1996.

ST/N ST/U

Numisbrief 3 Nr. 229 mit Briefmarke zu 5,50 Schilling, Illustration »Bruckner Orgel« und Notenfolge aus der »Missa solemnis« (* 10 000 Ex.) (Ersttagsstempel 26. April 1996) 18,–

** in vorstehender Prägezahl enthalten*

REGIONEN UND BRAUCHTUM IN ÖSTERREICH – 7. AUSGABE MÜHLVIERTEL

ST/N ST/U PP

230 500 Schilling (S) 1996. Flusslauf mit alter Mühle, im Hintergrund Schloss Weinberg und die Kirche von Kefermarkt. Rs. Flachsbrechen (ST/N: 160 000 Ex., ST/U: 25 000 Ex., PP: 50 000 Ex.) 42,– 48,– 55,–

1000 JAHRE »OSTARRÎCHI« – 13. AUSGABE

PP

231 100 Schilling (S) 1996. Rs. Leopold III. der Heilige, Markgraf von Österreich 1096–1136, mit Bindenschild (75 000 Ex.) 32,–

Weitere Münzausgaben auf Leopold III. den Heiligen: Nr. 57, 169.

1000 JAHRE »OSTARRÎCHI« – 14. AUSGABE

PP

232 1000 Schilling (G) 1996. Schenkungsurkunde von Kaiser Otto III. über Grundbesitz bei Neuhofen an der Ybbs für Bischof Gottschalk von Freising mit der ältesten überlieferten Erwähnung von »Ostarrîchi« (996) in freier Gestaltung mit Bindenschild. Rs. Thronbild von Kaiser Otto III. nach einem Evangeliar aus der Reichenauer Malerschule. 986 1/9er Gold, 16.225 g (50 000 Ex.) 650,–

1000 JAHRE »OSTARRÎCHI« – 15. AUSGABE

ST/N ST/U

233 50 Schilling (Al-N-Bro / N, K-N plattiert) 1996. Wertzahl, von den Wappen der neun Bundesländer umgeben. Rs. Heinrich I., Markgraf der bayerischen Ostmark (Österreich) 994–1018, zu Pferde, darunter Bindenschild mit Inschrift »Ostarrîchi« (ST/N: 900 000 Ex., ST/U: 100 000 Ex.) 8,– 50,–

REGIONEN UND BRAUCHTUM IN ÖSTERREICH – 8. AUSGABE
STÄDTE

ST/N ST/U PP

234 500 Schilling (S) 1996. Stadtansicht von Innsbruck. Rs. Viktualienmarkt (ST/N: 160 000 Ex., ST/U: 25 000 Ex., PP: 50 000 Ex.) 42,– 48,– 55,–

WIENER MUSIKLEGENDEN – 1. AUSGABE
200. GEBURTSTAG VON FRANZ SCHUBERT

PP

235 500 Schilling (G) 1997. Rs. Franz Schubert (1797–1828), Komponist. 995er Gold, 8.041 g (50 000 Ex.) 375,–

Weitere Münzausgaben auf Franz Schubert: Nrn. 47, 135.

850 JAHRE STEPHANSDOM IN WIEN

ST/N ST/U

236 20 Schilling (Al-N-Bro) 1997. Rs. Dom zu Sankt Stephan in Wien. Rand glatt (ST/N: 700 000 Ex., ST/U: 25 000 Ex.) 4,– 12,–

Entwurf von Thomas Pesendorfer.

Ausgegeben ab 26. Februar 1997.

Weitere Münzausgaben auf den Wiener Stephansdom: Nrn. 239, 274, 280, 343.

KUNSTHANDWERK IN ÖSTERREICH – 1. AUSGABE

ST/N ST/U PP

237 500 Schilling (S) 1997. Ziehbrunnen mit Schmiedeeisenkorb (1620) vor dem Kornmesserhaus in Bruck an der Mur. Rs. Kunstschmied bei der Arbeit. 925er Silber, 24 g (ST/N: 125 000 Ex., ST/U: 25 000 Ex., PP: 45 000 Ex.) 42,– 48,– 55,–

SCHICKSALE IM HAUSE HABSBURG – 1. AUSGABE

PP

238 1000 Schilling (G) 1997. Erzherzogin Maria Antonia (1755–1793) als Königin Marie Antoinette von Frankreich 1774–1792, nach einem Gemälde (1783) von Marie Louise Élisabeth Vigée Lebrun. Rs. Marie Antoinette als Witwe Capet vor dem Tribunal der Revolution 1793 in Paris, nach einer Zeichnung von Mariano Bovi. 995er Gold, 16.081 g (40 000 Ex.) 650,–

KUNSTHANDWERK IN ÖSTERREICH – 2. AUSGABE

ST/N ST/U PP

239 500 Schilling (S) 1997. Kanzel im Dom zu Sankt Stephan in Wien. Rs. Steinmetz auf einbeinigem Schemel bei der Arbeit (ST/N: 125 000 Ex., ST/U: 25 000 Ex., PP: 45 000 Ex.) 42,– 48,– 55,–

Weitere Münzausgaben auf den Wiener Stephansdom: Nrn. 236, 274, 280, 343.

100 JAHRE KUNSTMUSEUM DER WIENER SECESSION

ST/N ST/U

240 50 Schilling (Al-N-Bro / N, K-N plattiert) 1997. Rs. Kunstmuseum der Wiener Secession (1898) mit der Kuppel aus vergoldeten eisernen Lorbeerzweigen (»Krauthappel«) als Latentbild, Bauinschriften »Der Zeit ihre Kunst, der Kunst ihre Freiheit« und Zeitschriftentitel »Ver Sacrum« (Weihefrühling) (ST/N: 1 500 000 Ex., ST/U: 100 000 Ex.) 6,– 16,–

Weitere Münzausgaben auf die Wiener Secession: Nrn. 282, 312, 345.

SCHICKSALE IM HAUSE HABSBURG – 2. AUSGABE

PP

241 100 Schilling (S) 1997. Rs. Erzherzog Ferdinand Maximilian (1832–1867) als Kaiser Maximilian von Mexiko 1864–1867. Rs. S.M.S. »Novara« vor dem Schloss Miramar bei Triest 1864. 900er Silber, 20 g (45 000 Ex.) 35,–

Weitere Münzausgabe mit S.M.S. »Novara«: Nr. 309.

WIENER MUSIKLEGENDEN – 2. AUSGABE
500 JAHRE WIENER SÄNGERKNABEN

242 500 Schilling (G) 1998. New Yorker Skyline und Goldener Pavillon von Kyoto. Rs. Wiener Sängerknaben vor der Apsis der Wiener Hofburgkapelle. 995er Gold, 8.041 g (43 000 Ex.) 375,–

500. TODESTAG VON MICHAEL PACHER

ST/N **ST/U**

243 20 Schilling (Al-N-Bro) 1998. Rs. Altar von Michael Pacher in der Wallfahrtskirche von Sankt Wolfgang im Salzkammergut. Rand glatt (ST/N: 200 000 Ex., ST/U: 25 000 Ex.) 15,– 28,–

Entwurf von Herbert Wähner.
Ausgegeben ab 4. März 1998.

KUNSTHANDWERK IN ÖSTERREICH – 3. AUSGABE

			ST/N	ST/U	PP
244	500	Schilling (S) 1998. Stiftsbibliothek Admont. Rs. Zwei Buchdrucker bei der Qualitätsprüfung des Druckwerkes und dem Einfärben der Druckplatte für den nächsten Abzug (ST/N: 125 000 Ex., ST/U: 17 000 Ex., PP: 40 000 Ex.)	42,–	48,–	55,–

ÖSTERREICHISCHE PRÄSIDENTSCHAFT IM RAT DER EUROPÄISCHEN UNION (JULI – DEZEMBER 1998)

			ST/N	ST/U
245	50	Schilling (Al-N-Bro / N, K-N plattiert) 1998. Rs. Mittelportal der Wiener Hofburg, Emblem der Präsidentschaft (ST/N: 1 200 000 Ex., ST/U: 100 000 Ex.)	6,–	20,–
Numisbrief 4		Nr. 245 mit Briefmarke zu 7 Schilling (* 4 000 Ex.) (Ersttagsstempel 1. Juli 1998)		25,–

** in vorstehender Prägezahl enthalten*

SCHICKSALE IM HAUSE HABSBURG – 3. AUSGABE

PP

246 100 Schilling (S) 1998. Rs. Kronprinz Rudolf (1858–1889) in der Galauniform eines ungarischen Generals, nach einem Bild (1886) von Wilhelm Gause. Rs. Abfahrt des Leichenwagens, von Fackelträgern begleitet, vom Jagdschloss von Mayerling 1889, nach einer Zeitungsillustration von K. Trill (40 000 Ex.) 35,–

SCHICKSALE IM HAUSE HABSBURG – 4. AUSGABE
100. TODESTAG VON KAISERIN ELISABETH

247 1000 Schilling (G) 1998. Elisabeth Herzogin in Bayern (1837–1898), Kaiserin von Österreich und Königin von Ungarn. Rs. Elisabeth und Irma Gräfin Sztáray am Genfersee (Lac Léman) 1898. 995er Gold, 16.081 g (38 000 Ex.) 650,–

25 JAHRE KONRAD LORENZ ALS NOBELPREISTRÄGER FÜR MEDIZIN

ST/N ST/U

248 50 Schilling (Al-N-Bro / N, K-N plattiert) 1998. Rs. Konrad Lorenz (1903–1989) mit drei Graugänsen, Nobelpreisträger für Medizin 1973 (ST/N: 1 200 000 Ex., ST/U: 100 000 Ex.) 6,– 12,–

KUNSTHANDWERK IN ÖSTERREICH – 4. AUSGABE

ST/N ST/U PP

249 500 Schilling (S) 1998. Ministerialenkelch des Salzburger Erzstiftes Sankt Peter, im Hintergrund Kirche Sankt Peter und Gebäude. Rs. Goldschmiedin bei ihrer Arbeit mit einem Lötkolben (ST/N: 125 000 Ex., ST/U: 17 000 Ex., PP: 35 000 Ex.) 42,– 48,– 55,–

WIENER MUSIKLEGENDEN – 3. AUSGABE
150. TODESTAG VON JOHANN STRAUSS SR.
100. TODESTAG VON JOHANN STRAUSS JR.

PP

250 500 Schilling (G) 1999. Paar in zeitgenössischer Ballkleidung beim Walzertanz. Rs. Johann Strauß sr. (1804–1849) und Johann Strauß jr. (1825–1899), Brustbilder. 995er Gold, 8.041 g (34 000 Ex.) 375,–

Weitere Münzausgaben auf Johann Strauß jr.: Nrn. 95, 118, 205, 256.

70. TODESTAG VON HUGO VON HOFMANNSTHAL

ST/N ST/U

251 20 Schilling (Al-N-Bro) 1999. Hugo von Hofmannsthal (1874–1929), Schriftsteller, vor Szene aus dem Mysterienspiel »Jedermann«. Rand glatt (ST/N: 400 000 Ex., ST/U: 50 000 Ex.) 4,– 10,–

BURGEN IN ÖSTERREICH – 1. AUSGABE

ST/N ST/U PP

252 500 Schilling (S) 1999. Falke vor der Rosenburg im niederösterreichischen Kamptal. Rs. Turnierritter (ST/N: 125 000 Ex., ST/U: 15 000 Ex., PP: 33 000 Ex.) 42,– 48,– 55,–

EUROPÄISCHE WÄHRUNGSUNION

ST/N ST/U

253 50 Schilling (Al-N-Bro / N, K-N plattiert) 1999. Rs. Währungssymbol und aufgefächerte Banknoten (ST/N: 1 200 000 Ex., ST/U: 100 000 Ex.) 6,– 12,–

SCHICKSALE IM HAUSE HABSBURG – 5. AUSGABE

PP

254 100 Schilling (S) 1999. Kronprinz Franz Ferdinand von Habsburg-Este (1863–1914) in der Uniform eines Feldmarschalls mit Herzogin Sophie. Rs. Franz Ferdinand und Sophie vor dem Rathaus in Sarajevo kurz vor dem Attentat (36 000 Ex.) 35,–

BURGEN IN ÖSTERREICH – 2. AUSGABE

			ST/N	ST/U	PP
255	500	Schilling (S) 1999. Burg Lockenhaus im Burgenland. Rs. Zwei Tempelritter mit Tatzenkreuzen auf den Waffenröcken und mit Standarten (ST/N: 125 000 Ex., ST/U: 15 000 Ex., PP: 33 000 Ex.)	42,–	48,–	55,–

100. TODESTAG VON JOHANN STRAUSS JR.

			ST/N	ST/U
256	50	Schilling (Al-N-Bro / N, K-N plattiert) 1999. Rs. Johann Strauß jr. (1825–1899), Komponist (ST/N: 600 000 Ex., ST/U: 100 000 Ex.)	5,–	12,–

Weitere Münzausgaben auf Johann Strauß jr.: Nrn. 95, 118, 205, 250.

SCHICKSALE IM HAUSE HABSBURG – 6. AUSGABE

			PP
257	1000	Schilling (G) 1999. Sel. Karl I. (1887–1922), Kaiser von Österreich 1916–1918, als Allerhöchster Kriegsherr in der Uniform eines Feldmarschalls. Rs. Kapuzinergruft in Wien mit dem Sarkophag von Maria Theresia und Franz Stephan. 995er Gold, 16.081 g (28 000 Ex.)	650,–

TECHNOLOGIE IN ÖSTERREICH – 1. AUSGABE

		PP
258	100 Schilling (S / Titan) 2000. Mikrochip über Wertzahl. Rs. Digitaler Schriftzug »Millennium 2000« über Weltkarte, von Motiven der Telekommunikationstechnik umgeben. Ring 900er Silber, 10 g / Zentrum Titan, 3.75 g, gesamt 13.75 g (50 000 Ex.)	50,–

150 JAHRE ÖSTERREICHISCHE BRIEFMARKEN

		ST/N	ST/U
259	20 Schilling (Al-N-Bro) 2000. Rs. Postwertzeichen zu 9 Kreuzer (1850). Rand glatt (ST/N: 400 000 Ex., ST/U: 85 000 Ex.)	4,–	10,–

Entwurf von Andreas Zanaschka.
Ausgegeben ab 17. Februar 2000.

Numisbrief 5	Nr. 259 mit Briefmarke zu 7 Schilling (* 10 000 Ex.) (Ersttagsstempel 1. Juni 2000)	18,–

** in vorstehender Prägezahl enthalten*

2000 JAHRE CHRISTENTUM – 1. AUSGABE

260	500 Schilling (G) 2000. Hl. Drei Könige bei Maria und dem Jesuskind. Rs. Jesus Christus. 986 1/9er Gold, 10.14 g (45 000 Ex.)	450,–

100. JAHRESTAG DER TRAUMDEUTUNG VON SIGMUND FREUD

261	50 Schilling (Al-N-Bro / N, K-N plattiert) 2000. Rs. Sigmund Freud (1856–1939), Neurologe und Psychiater (ST/N: 600 000 Ex., ST/U: 90 000 Ex.)	5,–	10,–

BURGEN IN ÖSTERREICH – 3. AUSGABE

ST/N ST/U PP

262 500 Schilling (S) 2000. Rs. Burg Hochosterwitz in Kärnten. Rs. Walther von der Vogelweide, nach Miniatur in der Liederhandschrift »Codex Manesse« (ST/N: 95 000 Ex., ST/U: 15 000 Ex., PP: 31 000 Ex.) 42,– 48,– 55,–

ÖSTERREICH IM WANDEL DER ZEIT – 1. AUSGABE

263 100 Schilling (S) 2000. Keltischer Bergmann beim Salzabbau. Rs. Lanzenreiter von einer Münze des Keltenfürsten Adnamati (30 000 Ex.) 40,–

ÖSTERREICH IM WANDEL DER ZEIT – 2. AUSGABE

264 100 Schilling (S) 2000. Römische Legionäre bei der Donauüberquerung auf einer Pontonbrücke aus Booten. Rs. Marcus Aurelius (121–180), römischer Kaiser ab 161 (30 000 Ex.) 40,–

BURGEN IN ÖSTERREICH – 4. AUSGABE

ST/N ST/U PP

265 500 Schilling (S) 2000. Burg Hohenwerfen. Rs. Falkenjagd (ST/N: 95 000 Ex., ST/U: 15 000 Ex., PP: 30 000 Ex.) 42,– 48,– 55,–

125. GEBURTSTAG VON FERDINAND PORSCHE

ST/N ST/U

266 50 Schilling (Al-N-Bro / N, K-N plattiert) 2000. Rs. Ferdinand Porsche (1875–1951), Automobilkonstrukteur, Elektromotorkutsche mit Allradantrieb (1900) aus der Wiener Hofwagenfabrik Lohner (ST/N: 600 000 Ex., ST/U: 100 000 Ex.) 6,– 18,–

KUNSTSCHÄTZE ÖSTERREICHS – 1. AUSGABE

267 1000 Schilling (G) 2000. Heidentor von Carnuntum zwischen Petronell und Bad Deutsch Altenburg, flankiert vom Torso einer tanzenden Mänade. Rs. Constantius II., römischer Kaiser 337–361. 986⅑er Gold, 16.225 g (23 000 Ex.) 650,–

TECHNOLOGIE IN ÖSTERREICH – 2. AUSGABE

PP

268 100 Schilling (S / Titan) 2001. Rs. Mobilität. Ring 900er Silber, 10 g / Zentrum Titan, 3.75 g, gesamt 13.75 g (50 000 Ex.) 40,–

200. GEBURTSTAG VON JOHANN NESTROY

ST/N ST/U

269 20 Schilling (Al-N-Bro) 2001. Rs. Johann Nepomuk Nestroy (1801–1862), Schauspieler und Sänger. Rand glatt (ST/N: 225 000 Ex., ST/U: 75 000 Ex.) 4,– 8,–

2000 JAHRE CHRISTENTUM – 2. AUSGABE

270 500 Schilling (G) 2001. Rs. Heilige Schrift. $986\frac{1}{9}$er Gold, 10.14 g (30 000 Ex.) 450,–

ABSCHIED VOM ÖSTERREICHISCHEN SCHILLING

271 50 Schilling (Al-N-Bro / N, K-N plattiert) 2001. Rs. Münzmotive (ST/N: 600 000 Ex., ST/U: 100 000 Ex.) 8,– 20,–

BURGEN IN ÖSTERREICH – 5. AUSGABE

		ST/N	ST/U	PP
272	500 Schilling (S) 2001. Festung Kufstein am Inn. Rs. Kaiser Maximilian I. beim Besuch einer Geschützgießerei (ST/N: 95 000 Ex., ST/U: 15 000 Ex., PP: 30 000 Ex.)	42,–	48,–	55,–

ÖSTERREICH IM WANDEL DER ZEIT – 3. AUSGABE

273 100 Schilling (S) 2001. Nürnberger Krönungsinsignien aus der Schatzkammer der Wiener Hofburg. Rs. Karl I. (747–814), König der Franken, ab 800 römischer Kaiser, nach einer Skulptur im Kloster Sankt Johann zu Münster in Graubünden, Wappenschilde mit Adler für Deutschland und Lilien für Frankreich. 900er Silber, 20 g (30 000 Ex.) 40,–

ÖSTERREICH IM WANDEL DER ZEIT – 4. AUSGABE

ST/N ST/U PP

274 100 Schilling (S) 2001. Hochschullehrer mit Studenten, nach dem Siegel der Universität Wien (1365). Rs. Rudolf IV. der Stifter, Herzog von Österreich 1358–1365, mit Modell des Wiener Stephansdomes (30 000 Ex.) 40,–

Weitere Münzausgaben auf den Wiener Stephansdom: Nrn. 236, 239, 280, 343.

BURGEN IN ÖSTERREICH – 6. AUSGABE

275 500 Schilling (S) 2001. Schattenburg der Grafen von Montfort über der Stadt Feldkirch. Rs. Waffenschmiede bei der Herstellung einer Rüstung (ST/N: 95 000 Ex., ST/U: 15 000 Ex., PP: 43 000 Ex.) 42,– 48,– 55,–

KUNSTSCHÄTZE ÖSTERREICHS – 2. AUSGABE
BUCHMALEREI

ST/U

276 1000 Schilling (G) 2001. Zierinitiale »P« vom lateinischen Vaterunser mit der Darstellung einer Unterrichtsszene, aus einem Lehrbuch für den späteren Kaiser Maximilian I. Rs. Prunksaal der Österreichischen Nationalbibliothek in Wien. 986⅑er Gold, 16.225 g (30 000 Ex.) 650,–

Entwurf und Modell von Thomas Pesendorfer (Wertseite) und Herbert Wähner (Bildseite). Ausgegeben ab 7. November 2001.

WÄHRUNGSUMSTELLUNG 1. Januar 1999:
13,7603 Österreichische Schilling <ATS> = 1 Euro <EUR>
NEUE WÄHRUNG: 100 Cent = 1 Euro

Die Münzen der Republik Österreich zu 1, 2, 5, 10, 20, 50 Cent sowie 1 und 2 Euro sind im gesamten Euroland (Teilnehmerstaaten der Europäischen Währungsunion) als gesetzliche Zahlungsmittel kursfähig.

1 Cent

Kupferbeschichteter Stahl, 2.30 g, ∅ 16.25 mm, Rand glatt, ⇈

277 1 Cent (E, K galvanisiert) 2002–2019. Enzian, Wertangabe »Ein Euro Cent«, Nationalflagge, zwölf Sterne. Rs. Weltkugel mit Kennzeichnung von Europa, zwölf Sterne, Wertangabe:

	Normalprägung + Stempelglanz	VZ	ST	Spiegelglanz	PP
2002	(378 383 000 Ex. + 100 000 Ex.)	*NW*	–,20	(10 000 Ex.)	–,–
2003	(10 817 950 Ex. + 125 000 Ex.)	*NW*	–,20	(25 000 Ex.)	–,–
2004	(115 000 000 Ex. + 100 000 Ex.)	*NW*	–,20	(20 000 Ex.)	–,–
2005	(174 700 000 Ex. + 100 000 Ex.)	*NW*	–,20	(20 000 Ex.)	–,–
2006	(48 300 000 Ex. + 100 000 Ex.)	*NW*	–,20	(20 000 Ex.)	–,–
2007	(111 900 000 Ex. + 75 000 Ex.)	*NW*	–,20	(20 000 Ex.)	–,–
2008	(50 885 000 Ex. + 50 000 Ex.)	*NW*	–,20	(15 000 Ex.)	–,–
2009	(158 900 000 Ex. + 75 000 Ex.)	*NW*	–,20	(15 000 Ex.)	–,–
2010	(168 500 000 Ex. + 50 000 Ex.)	*NW*	–,20	(15 000 Ex.)	–,–
2011	(189 600 000 Ex. + 50 000 Ex.)	*NW*	–,20	(15 000 Ex.)	–,–
2012	(169 300 000 Ex. + 50 000 Ex.)	*NW*	–,20	(10 000 Ex.)	–,–
2013	(179 200 000 Ex. + 50 000 Ex.)	*NW*	–,20	(10 000 Ex.)	–,–
2014	(185 500 000 Ex. + 50 000 Ex.)	*NW*	–,20	(10 000 Ex.)	–,–
2015	(118 000 000 Ex. + 50 000 Ex.)	*NW*	–,20	(10 000 Ex.)	–,–
2016	*nur aus Sätzen* (50 000 Ex.)		–,–	(10 000 Ex.)	–,–
2017	(37 700 000 Ex. + 50 000 Ex.)	*NW*	–,20	(10 000 Ex.)	–,–
2018	(138 500 000 Ex. + 50 000 Ex.)	*NW*	–,20	(10 000 Ex.)	–,–
2019	*nach Bedarf* (50 000 Ex.)	*NW*	–,20	(10 000 Ex.)	–,–

Entwurf und Modell von Josef Kaiser (Bildseite).

2 Cent

Kupferbeschichteter Stahl, 3.06 g, ∅ 18.75 mm, Rand mit umlaufender Rille, ⇈

278 2 Cent (E, K galvanisiert) 2002–2019. Edelweiß, Wertangabe »Zwei Euro Cent«, Nationalflagge, zwölf Sterne. Rs. wie Nr. 277:

	Normalprägung + Stempelglanz	VZ	ST	Spiegelglanz	PP
2002	(326 439 000 Ex. + 100 000 Ex.)	*NW*	–,30	(10 000 Ex.)	–,–
2003	(118 526 000 Ex. + 125 000 Ex.)	*NW*	–,30	(25 000 Ex.)	–,–
2004	(156 400 000 Ex. + 100 000 Ex.)	*NW*	–,30	(20 000 Ex.)	–,–
2005	(163 200 000 Ex. + 100 000 Ex.)	*NW*	–,30	(20 000 Ex.)	–,–
2006	(39 800 000 Ex. + 100 000 Ex.)	*NW*	–,30	(20 000 Ex.)	–,–
2007	(72 200 000 Ex. + 75 000 Ex.)	*NW*	–,30	(20 000 Ex.)	–,–
2008	(125 138 000 Ex. + 50 000 Ex.)	*NW*	–,30	(15 000 Ex.)	–,–
2009	(120 400 000 Ex. + 75 000 Ex.)	*NW*	–,30	(15 000 Ex.)	–,–
2010	(104 200 000 Ex. + 50 000 Ex.)	*NW*	–,30	(15 000 Ex.)	–,–
2011	(148 600 000 Ex. + 50 000 Ex.)	*NW*	–,30	(15 000 Ex.)	–,–
2012	(78 100 000 Ex. + 50 000 Ex.)	*NW*	–,30	(10 000 Ex.)	–,–
2013	(121 500 000 Ex. + 50 000 Ex.)	*NW*	–,30	(10 000 Ex.)	–,–
2014	(116 100 000 Ex. + 50 000 Ex.)	*NW*	–,30	(10 000 Ex.)	–,–
2015	(45 400 000 Ex. + 50 000 Ex.)	*NW*	–,30	(10 000 Ex.)	–,–
2016	*nur aus Sätzen* (50 000 Ex.)		–,–	(10 000 Ex.)	–,–
2017	(57 200 000 Ex. + 50 000 Ex.)	*NW*	–,30	(10 000 Ex.)	–,–
2018	(85 650 000 Ex. + 50 000 Ex.)	*NW*	–,30	(10 000 Ex.)	–,–
2019	*nach Bedarf* (50 000 Ex.)	*NW*	–,30	(10 000 Ex.)	–,–

5 Cent

Kupferbeschichteter Stahl, 3.92 g, ∅ 21.25 mm, Rand glatt, ⇈

279 5 Cent (E, K galvanisiert) 2002–2019. Schlüsselblume, Wertangabe »Fünf Euro Cent«, Nationalflagge, zwölf Sterne. Rs. wie Nr. 277:

	Normalprägung + Stempelglanz	VZ	ST	Spiegelglanz	PP
2002	(217 031 000 Ex. + 100 000 Ex.)	*NW*	–,40	(10 000 Ex.)	–,–
2003	(108 523 500 Ex. + 125 000 Ex.)	*NW*	–,40	(25 000 Ex.)	–,–
2004	(89 300 000 Ex. + 100 000 Ex.)	*NW*	–,40	(20 000 Ex.)	–,–
2005	(66 100 000 Ex. + 100 000 Ex.)	*NW*	–,40	(20 000 Ex.)	–,–
2006	(5 600 000 Ex. + 100 000 Ex.)	*NW*	–,40	(20 000 Ex.)	–,–
2007	(52 700 000 Ex. + 75 000 Ex.)	*NW*	–,40	(20 000 Ex.)	–,–
2008	(96 719 000 Ex. + 50 000 Ex.)	*NW*	–,40	(15 000 Ex.)	–,–
2009	(5 800 000 Ex. + 75 000 Ex.)	*NW*	–,40	(15 000 Ex.)	–,–
2010	(63 700 000 Ex. + 50 000 Ex.)	*NW*	–,40	(15 000 Ex.)	–,–
2011	(66 600 000 Ex. + 50 000 Ex.)	*NW*	–,40	(15 000 Ex.)	–,–
2012	(35 300 000 Ex. + 50 000 Ex.)	*NW*	–,40	(10 000 Ex.)	–,–
2013	(36 100 000 Ex. + 50 000 Ex.)	*NW*	–,40	(10 000 Ex.)	–,–
2014	(48 000 000 Ex. + 50 000 Ex.)	*NW*	–,40	(10 000 Ex.)	–,–
2015	(61 000 000 Ex. + 50 000 Ex.)	*NW*	–,40	(10 000 Ex.)	–,–
2016	*nur aus Sätzen* (50 000 Ex.)		–,–	(10 000 Ex.)	–,–
2017	(35 200 000 Ex. + 50 000 Ex.)	*NW*	–,40	(10 000 Ex.)	–,–
2018	(22 600 000 Ex. + 50 000 Ex.)	*NW*	–,40	(10 000 Ex.)	–,–
2019	*nach Bedarf* (50 000 Ex.)	*NW*	–,40	(10 000 Ex.)	–,–

10 Cent

Nordic Gold (Aluminiumbronze), 4.10 g, ∅ 19.75 mm, Wellenrand, ↑↑

280 10 Cent (Al-Bro) 2002–2007. Dom zu Sankt Stephan in Wien, Wertangabe »10 Euro Cent«, Nationalflagge, zwölf Sterne. Rs. Karte der fünfzehn Einzelstaaten der Europäischen Union, zwölf Sterne, Wertangabe:

	Normalprägung + Stempelglanz	VZ	ST	Spiegelglanz	PP
2002	(441 621 000 Ex. + 100 000 Ex.)	*NW*	–,50	(10 000 Ex.)	–,–
2003	(15 000 Ex. + 125 000 Ex.)	2,–	5,–	(25 000 Ex.)	–,–
2004	(5 200 000 Ex. + 100 000 Ex.)	*NW*	–,50	(20 000 Ex.)	–,–
2005	(5 200 000 Ex. + 100 000 Ex.)	*NW*	–,50	(20 000 Ex.)	–,–
2006	(40 000 000 Ex. + 100 000 Ex.)	*NW*	–,50	(20 000 Ex.)	–,–
2007	(81 300 000 Ex. + 75 000 Ex.)	*NW*	–,50	(20 000 Ex.)	–,–

Entwurf und Modell von Josef Kaiser (Bildseite).
Weitere Münzausgaben auf den Wiener Stephansdom: Nrn. 236, 239, 274, 343.

20 Cent

Nordic Gold (Aluminiumbronze), 5.74 g, ∅ 22.25 mm, Rand mit sieben Kerben, ↑↑

281 20 Cent (Al-Bro) 2002–2007. Schloss Belvedere des Prinzen Eugen von Savoyen in Wien, Unterzeichnungsort des Staatsvertrages (1955), Wertangabe »20 Euro Cent«, Nationalflagge, zwölf Sterne. Rs. wie Nr. 280:

	Normalprägung + Stempelglanz	VZ	ST	Spiegelglanz	PP
2002	(203 388 000 Ex. + 100 000 Ex.)	*NW*	–,80	(10 000 Ex.)	–,–
2003	(50 913 200 Ex. + 125 000 Ex.)	*NW*	–,80	(25 000 Ex.)	–,–
2004	(54 800 000 Ex. + 100 000 Ex.)	*NW*	–,80	(20 000 Ex.)	–,–
2005	(4 100 000 Ex. + 100 000 Ex.)	*NW*	–,80	(20 000 Ex.)	–,–
2006	(8 200 000 Ex. + 100 000 Ex.)	*NW*	–,80	(20 000 Ex.)	–,–
2007	(45 000 000 Ex. + 75 000 Ex.)	*NW*	–,80	(20 000 Ex.)	–,–

Entwurf und Modell von Josef Kaiser (Bildseite).
Weitere Münzausgaben mit Schloss Belvedere: Nrn. 97, 142, 227, 344.

50 Cent

Nordic Gold (Aluminiumbronze), 7.80 g, ∅ 24.25 mm, Wellenrand, ⇈

282 50 Cent (Al-Bro) 2002–2007. Kunstmuseum der Wiener Secession (1898) mit Bauinschriften »Der Zeit ihre Kunst, der Kunst ihre Freiheit« und Zeitschriftentitel »Ver Sacrum« (Weihefrühling), Wertangabe »50 Euro Cent«, Nationalflagge, zwölf Sterne. Rs. wie Nr. 280:

	Normalprägung + Stempelglanz	**VZ**	**ST**	Spiegelglanz	**PP**
2002	(169 088 000 Ex. + 100 000 Ex.)	*NW*	1,20	(10 000 Ex.)	–,–
2003	(9 074 200 Ex. + 125 000 Ex.)	*NW*	1,20	(25 000 Ex.)	–,–
2004	(3 100 000 Ex. + 100 000 Ex.)	*NW*	1,20	(20 000 Ex.)	–,–
2005	(3 100 000 Ex. + 100 000 Ex.)	*NW*	1,20	(20 000 Ex.)	–,–
2006	(3 200 000 Ex. + 100 000 Ex.)	*NW*	1,20	(20 000 Ex.)	–,–
2007	(3 000 000 Ex. + 75 000 Ex.)	*NW*	1,20	(20 000 Ex.)	–,–

Entwurf und Modell von Josef Kaiser (Bildseite).
Weitere Münzausgaben auf die Wiener Secession: Nrn. 240, 312, 345.

1 Euro

Ring Nickelmessing, Zentrum Kupfernickel mit Nickelkern, 7.50 g, ∅ 23.25 mm
Rand unterbrochen geriffelt, ⇈

283 1 Euro (N-Me / N, K-N plattiert) 2002–2007. Wolfgang Gottlieb (Theophilus, Amadé) Mozart (1756–1791), Komponist, nach einem Gemälde (1819) von Barbara Krafft, Wertangabe »1 Euro«, Nationalflagge, zwölf Sterne. Rs. Karte der Europäischen Union mit fünfzehn Mitgliedstaaten, zwölf Sterne, Wertangabe:

	Normalprägung + Stempelglanz	**VZ**	**ST**	Spiegelglanz	**PP**
2002	(223 544 000 Ex. + 100 000 Ex.)	*NW*	2,–	(10 000 Ex.)	–,–
2003	(150 000 Ex. + 125 000 Ex.)	2,50	6,–	(25 000 Ex.)	–,–
2004	(2 600 000 Ex. + 100 000 Ex.)	*NW*	2,–	(20 000 Ex.)	–,–
2005	(2 600 000 Ex. + 100 000 Ex.)	*NW*	2,–	(20 000 Ex.)	–,–
2006	(7 700 000 Ex. + 100 000 Ex.)	*NW*	2,–	(20 000 Ex.)	–,–
2007	(41 100 000 Ex. + 75 000 Ex.)	*NW*	2,–	(20 000 Ex.)	–,–

Entwurf und Modell von Josef Kaiser (Bildseite).
Weitere Münzausgaben auf Wolfgang Amadeus Mozart: Bundesrepublik Deutschland Nr. 243, Österreich Nrn. 50, 74, 193–196, 325, 328, 346, 416, 428.

Ring Kupfernickel, Zentrum Nickelmessing mit Nickelkern, 8.50 g, ∅ 25.75 mm
Riffelrand mit 2 EURO ☆☆☆ OЯUƎ 2 ☆☆☆ 2 EURO ☆☆☆ OЯUƎ 2 ☆☆☆, ↑↑

284 2 Euro (K-N / N, N-Me plattiert) 2002–2004, 2006. Bertha Sophia Felicita Freifrau von Suttner (1843–1914), Friedensnobelpreisträgerin 1905, Wertangabe »2 Euro«, Nationalflagge, zwölf Sterne. Rs. wie Nr. 283:

	Normalprägung + Stempelglanz	VZ	ST	Spiegelglanz	PP
2002	(196 438 000 Ex. + 100 000 Ex.)	*NW*	3,50	(10 000 Ex.)	–,–
2003	(4 679 500 Ex. + 125 000 Ex.)	*NW*	3,50	(25 000 Ex.)	–,–
2004	(2 500 000 Ex. + 100 000 Ex.)	*NW*	3,50	(20 000 Ex.)	–,–
2006	(2 300 000 Ex. + 100 000 Ex.)	*NW*	3,50	(20 000 Ex.)	–,–

Entwurf und Modell von Josef Kaiser (Bildseite).

Jahrgang 2002 in zwei Varianten (kleine und große Sterne in der Randschrift) vorkommend.

Ausgegeben an Privathaushalte ab 15. Dezember 2001. Kursgültig seit 1. Januar 2002.

Startpäckchen (6 000 000 Ex.) mit Haushaltsmischung 1 Cent (6×), 2 Cent (4×), 5 Cent (4×), 10 Cent (6×), 20 Cent (3×), 50 Cent (2×), 1 Euro (4×), 2 Euro (4×). Nominalwert € 14,54 (ATS 200,07). Abgabepreis ATS 200,00. 20,–

Auslieferung der Münzen an Kreditinstitute ab 1. September 2001. Ausgegeben an Geschäftskunden ab 1. September 2001 in Münzrollenpaketen (750 000 Ex.) zu € 145,50 (ATS 2002,12). Abgabepreis ATS 2000,00.

In ähnlichen Zeichnungen (Karte des europäischen Kontinents): Nrn. 343–347.

Die nachfolgenden Sondermünzen mit Nominalwerten 1½ Euro und von 3 Euro bis 100 000 Euro besitzen nur in Österreich gesetzliche Zahlungskraft.

GOLDBARRENMÜNZEN »WIENER PHILHARMONIKER« – 2. AUSGABE (5)

A285 4 Euro (G) 2014–2019. Typ wie Nr. 183. 999.9er Gold, 1.24 g (1/25 oz.), ∅ 13 mm, Rand unterbrochen geriffelt:

		ST
2014	(78 551 Ex.)	*MW + 20 %*
2015	(88 157 Ex.)	*MW + 20 %*
2016	(67 915 Ex.)	*MW + 20 %*
2017	(40 186 Ex.)	*MW + 20 %*
2018	*nach Bedarf*	*MW + 20 %*
2019	*nach Bedarf*	*MW + 20 %*

285 10 Euro (G) 2002–2019. Typ wie Nr. 183. 999.9er Gold, 3.11 g (1⁄10 oz.), ∅ 16 mm, Rand unterbrochen geriffelt:

		ST
2002	(75 789 Ex.)	*MW + 15 %*
2003	(59 654 Ex.)	*MW + 15 %*
2004	(67 994 Ex.)	*MW + 15 %*
2005	(62 071 Ex.)	*MW + 15 %*
2006	(39 892 Ex.)	*MW + 15 %*
2007	(76 325 Ex.)	*MW + 15 %*
2008	(176 682 Ex.)	*MW + 15 %*
2009	(437 706 Ex.)	*MW + 15 %*
2010	(226 685 Ex.)	*MW + 15 %*
2011	(268 227 Ex.)	*MW + 15 %*
2012	(176 262 Ex.)	*MW + 15 %*
2013	(193 115 Ex.)	*MW + 15 %*
2014	(147 461 Ex.)	*MW + 15 %*
2015	(263 439 Ex.)	*MW + 15 %*
2016	(181 536 Ex.)	*MW + 15 %*
2017	(131 815 Ex.)	*MW + 15 %*
2018	*nach Bedarf*	*MW + 15 %*
2019	*nach Bedarf*	*MW + 15 %*

286 25 Euro (G) 2002–2019. Typ wie Nr. 183. 999.9er Gold, 7.78 g (1⁄4 oz.), ∅ 22 mm, Rand unterbrochen geriffelt:

2002	(40 807 Ex.)	*MW + 10 %*
2003	(34 019 Ex.)	*MW + 10 %*
2004	(32 449 Ex.)	*MW + 10 %*
2005	(32 817 Ex.)	*MW + 10 %*
2006	(29 609 Ex.)	*MW + 10 %*
2007	(34 631 Ex.)	*MW + 10 %*
2008	(97 090 Ex.)	*MW + 10 %*
2009	(171 992 Ex.)	*MW + 10 %*
2010	(84 968 Ex.)	*MW + 10 %*
2011	(102 026 Ex.)	*MW + 10 %*
2012	(64 314 Ex.)	*MW + 12 %*
2013	(77 219 Ex.)	*MW + 12 %*
2014	(68 440 Ex.)	*MW + 12 %*
2015	(112 228 Ex.)	*MW + 12 %*
2016	(91 809 Ex.)	*MW + 12 %*
2017	(65 068 Ex.)	*MW + 12 %*
2018	*nach Bedarf*	*MW + 12 %*
2019	*nach Bedarf*	*MW + 12 %*

287 50 Euro (G) 2002–2019. Typ wie Nr. 183. 999.9er Gold, 15.55 g (½ oz.), ⌀ 28 mm, Rand unterbrochen geriffelt:

		ST
2002	(40 922 Ex.)	*MW + 7 %*
2003	(26 848 Ex.)	*MW + 7 %*
2004	(24 269 Ex.)	*MW + 7 %*
2005	(21 049 Ex.)	*MW + 7 %*
2006	(20 085 Ex.)	*MW + 7 %*
2007	(25 091 Ex.)	*MW + 7 %*
2008	(73 778 Ex.)	*MW + 7 %*
2009	(92 249 Ex.)	*MW + 7 %*
2010	(56 607 Ex.)	*MW + 7 %*
2011	(77 488 Ex.)	*MW + 7 %*
2012	(49 483 Ex.)	*MW + 8 %*
2013	(69 573 Ex.)	*MW + 8 %*
2014	(57 816 Ex.)	*MW + 8 %*
2015	(101 500 Ex.)	*MW + 8 %*
2016	(78 460 Ex.)	*MW + 8 %*
2017	(52 281 Ex.)	*MW + 8 %*
2018	*nach Bedarf*	*MW + 8 %*
2019	*nach Bedarf*	*MW + 8 %*

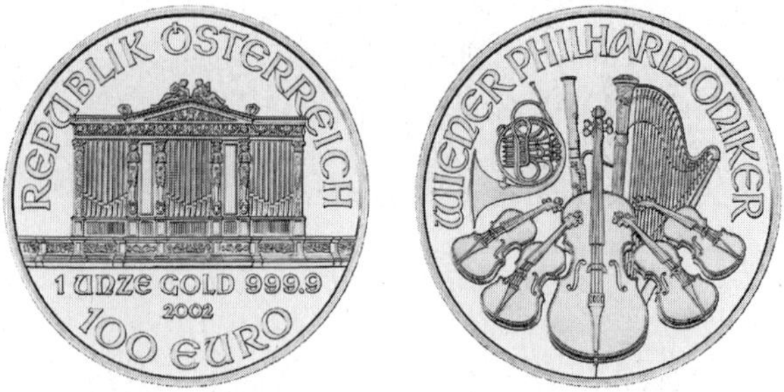

288 100 Euro (G) 2002–2019. Typ wie Nr. 183. 999.9er Gold, 31.10 g (1 oz.), ⌀ 37 mm, Rand unterbrochen geriffelt:

2002	(164 105 Ex.)	*MW + 5 %*
2003	(179 881 Ex.)	*MW + 5 %*
2004	(183 819 Ex.)	*MW + 5 %*
2005	(166 064 Ex.)	*MW + 5 %*
2006	(82 174 Ex.)	*MW + 5 %*
2007	(108 675 Ex.)	*MW + 5 %*
2008	(715 842 Ex.)	*MW + 5 %*
2009	(903 047 Ex.)	*MW + 5 %*
2010	(501 951 Ex.)	*MW + 5 %*
2011	(586 697 Ex.)	*MW + 5 %*

		ST
2012	(341 441 Ex.)	*MW + 5 %*
2013	(579 223 Ex.)	*MW + 5 %*
2014	(418 919 Ex.)	*MW + 5 %*
2015	(647 100 Ex.)	*MW + 5 %*
2016	(451 007 Ex.)	*MW + 5 %*
2017	(355 436 Ex.)	*MW + 5 %*
2018	*nach Bedarf*	*MW + 5 %*
2019	*nach Bedarf*	*MW + 5 %*

25 JAHRE GOLDBARRENMÜNZEN »WIENER PHILHARMONIKER«

			PP
Satz	2014 (2)	(5 000 Ex.)	1600,–

Ausgegeben ab 15. Januar 2014. Holzkassette mit den Nominalen 25 Euro (1/4 oz.) und 100 Euro (1 oz.) in Spiegelglanz.

2000 JAHRE CHRISTENTUM – 3. AUSGABE
ORDEN UND DIE WELT

			VZ	ST	PP
289	50	Euro (G) 2002. Hl. Benedikt von Nursia (Norcia) (um 480–547) und hl. Scholastika (um 480–542). Rs. Mönch in einer mittelalterlichen Schreibstube, nach einer französischen Miniatur. 986 1/9er Gold, 10.14 g, ∅ 22 mm, Rand glatt:			
		2002 Stempelglanz (50 000 Ex.)		450,–	

Entwurf und Modell von Helmut Andexlinger.
Ausgegeben ab 13. März 2002 (mehrwertsteuerfrei im Kalenderjahr 2019).

SCHLÖSSER IN ÖSTERREICH – 1. AUSGABE

			VZ	ST	PP
290	10	Euro (S) 2002. Schloss Ambras bei Innsbruck, von Ferdinand II. von Tirol ab 1564 erbaut für Philippine Welser. Rs. Hofmusikanten im Spanischen Saal. 925er Silber, 17.297 g, ∅ 32 mm, Rand glatt:			
		2002 Normalprägung (130 000 Ex.)	*NW/MW*	20,–	
		2002 Stempelglanz (20 000 Ex.)		40,–	
		2002 Spiegelglanz (50 000 Ex.)			80,–

Entwurf und Modell von Andreas Zanaschka (Wertseite) und Herbert Wähner (Bildseite).
Ausgegeben ab 24. April 2002.

250 JAHRE TIERGARTEN SCHÖNBRUNN

				VZ	ST	PP
291	5 Euro (S) 2002. Wappen der neun Bundesländer. Rs. Tiere vor dem Kaiserpavillon im Schönbrunner Park. 800er Silber, 10 g, ∅ 28.5 mm (neuneckig), Rand glatt:					
	2002	Normalprägung	(500 000 Ex.)	*NW/MW*	15,–	
	2002	Stempelglanz	(100 000 Ex.)		22,–	

Entwurf und Modell von Helmut Andexlinger (Wertseite) und Herbert Wähner (Bildseite).
Ausgegeben ab 8. Mai 2002.

ÖSTERREICH IM WANDEL DER ZEIT – 5. AUSGABE
NEUZEIT

292	20 Euro (S) 2002. Burgwächter vor dem Schweizertor (1552) im Inneren Burghof der Wiener Hofburg, Bauinschrift mit Jahreszahl 1501 (sic!). Rs. Ferdinand I. (1503–1564), römischer König ab 1531, Kaiser ab 1558. 900er Silber, 20 g, ∅ 34 mm, Riffelrand:			
	2002	Spiegelglanz	(50 000 Ex.)	60,–

Entwurf und Modell von Herbert Wähner (Wertseite) und Thomas Pesendorfer (Bildseite).
Ausgegeben ab 12. Juni 2002.

ÖSTERREICH IM WANDEL DER ZEIT – 6. AUSGABE
BAROCKZEIT

				VZ	ST	PP
293	20 Euro (S) 2002. Stiegenhaus im Winterpalais an der Himmelpfortgasse in Wien. Rs. Prinz Eugen von Savoyen (1663–1736), Feldherr und Staatsmann. 900er Silber, 20 g, ∅ 34 mm, Riffelrand:					
	2002	Spiegelglanz	(50 000 Ex.)			60,–

Entwurf und Modell von Andreas Zanaschka (Wertseite) und Thomas Pesendorfer (Bildseite).
Ausgegeben ab 11. September 2002.

SCHLÖSSER IN ÖSTERREICH – 2. AUSGABE

				VZ	ST	PP
294	10 Euro (S) 2002. Schloss Eggenberg (1635) in der Steiermark mit 365 Außenfenstern, 31 Räumen in jedem der drei Stockwerke, 24 Prunkzimmern mit 52 Fenstern und einem Planetensaal mit 8 Fenstern als Spiegelbild des Universums. Rs. Johannes Kepler (1571–1630), Mathematiker und kaiserlicher Hofastronom, mit seinem Modell der Planetenbahnen im Sonnensystem. 925er Silber, 17.297 g, ∅ 32 mm, Rand glatt:					
	2002	Normalprägung	(130 000 Ex.)	*NW/MW*	18,–	
	2002	Stempelglanz	(20 000 Ex.)		28,–	
	2002	Spiegelglanz	(50 000 Ex.)			40,–

Entwurf und Modell von Andreas Zanaschka (Wertseite) und Thomas Pesendorfer (Bildseite).
Ausgegeben ab 9. Oktober 2002.
Weitere Münzausgaben auf Johannes Kepler: Deutsche Demokratische Republik Nr. 34, Bundesrepublik Deutschland Nr. 272.

KUNSTSCHÄTZE ÖSTERREICHS – 3. AUSGABE
BILDHAUEREI

VZ **ST** **PP**

295 100 Euro (G) 2002. Georg Raphael Donner (1693–1741), Bildhauer und Medailleur, nach einem Gemälde (1728) von Paul Troger, vor dem Unteren Belvedere in Wien. Rs. Providentiabrunnen am Mehlmarkt (Neuen Markt) in Wien mit dem Flussgott Enns im Vordergrund. $986\frac{1}{9}$er Gold, 16.225 g, ∅ 30 mm, Rand glatt:
2002 Stempelglanz (30 000 Ex.) 650,–

Entwurf und Modell von Herbert Wähner (Wertseite) und Thomas Pesendorfer (Bildseite).
Ausgegeben ab 13. November 2002 (mehrwertsteuerfrei im Kalenderjahr 2019).

TECHNOLOGIE IN ÖSTERREICH – 3. AUSGABE
700 JAHRE STADT HALL IN TIROL

296 25 Euro (S / Niob) 2003. Satellitenkartierung der Stadt Hall. Rs. Prägestempel des Tiroler Guldiners von 1486 aus der Münzstätte Hall. Ring 900er Silber, 10 g / Zentrum Niob (blau oxidiert), 7.15 g (gesamt 17.15 g), ∅ 34 mm, Rand glatt:
2003 Stempelglanz (50 000 Ex.) 500,–

Entwurf und Modell von Herbert Wähner (Wertseite) und Helmut Andexlinger (Bildseite).
Ausgegeben ab 29. Januar 2003.

2000 JAHRE CHRISTENTUM – 4. AUSGABE
NÄCHSTENLIEBE

				VZ	ST	PP
297	50	Euro (G) 2003. Krankenschwester mit Genesendem. Rs. Gleichnis vom Barmherzigen Samariter. 986⅑er Gold, 10.14 g, ∅ 22 mm, Rand glatt:				
		2003	Stempelglanz	(50 000 Ex.)	450,–	

Entwurf und Modell von Thomas Pesendorfer (Wertseite) und Andreas Zanaschka (Bildseite).
Ausgegeben ab 12. März 2003 (mehrwertsteuerfrei im Kalenderjahr 2019).

SCHLÖSSER IN ÖSTERREICH – 3. AUSGABE

					VZ	ST	PP
298	10	Euro (S) 2003. Schloss Hof im Marchfeld. Rs. Gärtnerpaar. 925er Silber, 17.297 g, ∅ 32 mm, Rand glatt:					
		2003	Normalprägung	(130 000 Ex.)	*NW/MW*	18,–	
		2003	Stempelglanz	(20 000 Ex.)		25,–	
		2003	Spiegelglanz	(50 000 Ex.)			30,–

Entwurf und Modell von Andreas Zanaschka.
Ausgegeben ab 9. April 2003.

UN INTERNATIONALES JAHR DES SÜSSWASSERS 2003

VZ ST PP

299 5 Euro (S) 2003. Rs. Stausee mit Wasserkraftwerk in den Alpen, Tropfen mit Forelle, Fallrohren und Turbine. 800er Silber, 10 g, ∅ 28.5 mm (neuneckig), Rand glatt:

2003 Normalprägung (500 000 Ex.) *NW/MW* 10,–
2003 Stempelglanz (100 000 Ex.) 12,–

Entwurf und Modell von Thomas Pesendorfer (Bildseite).
Ausgegeben ab 14. Mai 2003.

ÖSTERREICH IM WANDEL DER ZEIT – 7. AUSGABE
BIEDERMEIERZEIT

300 20 Euro (S) 2003. Dampflokomotive »Ajax« (1841). Rs. Staatskanzler Clemens Wenzel Fürst von Metternich (1773–1859) vor Europakarte. 900er Silber, 20 g, ∅ 34 mm, Riffelrand:

2003 Spiegelglanz (50 000 Ex.) 40,–

Entwurf und Modell von Andreas Zanaschka.
Ausgegeben ab 11. Juni 2003.

ÖSTERREICH IM WANDEL DER ZEIT – 8. AUSGABE
NACHKRIEGSZEIT

VZ ST PP

301 20 Euro (S) 2003. Wappenadler zwischen den Flaggen von Österreich und Europa. Rs. Jeep der Militärpolizei auf Patrouillenfahrt in Wien mit Vertretern der vier Besatzungsmächte, Plakate für den Marshallplan (European Recovery Program) mit Landwirtschaft und Kapruner Kraftwerksbau. 900er Silber, 20 g, ∅ 34 mm, Riffelrand:

2003 Spiegelglanz (50 000 Ex.) 40,–

Entwurf und Modell von Thomas Pesendorfer (Wertseite) und Herbert Wähner (Bildseite).
Ausgegeben ab 17. September 2003.

SCHLÖSSER IN ÖSTERREICH – 4. AUSGABE

302 10 Euro (S) 2003. Schloss Schönbrunn in Wien mit dem Brunnen im Ehrenhof. Rs. Palmenhaus (1882). 925er Silber, 17.297 g, ∅ 32 mm, Rand glatt:

2003 Normalprägung (100 000 Ex.) *NW/MW* 18,–
2003 Stempelglanz (40 000 Ex.) 25,–
2003 Spiegelglanz (60 000 Ex.) 30,–

Entwurf und Modell von Helmut Andexlinger (Wertseite) und Andreas Zanaschka (Bildseite).
Ausgegeben ab 8. Oktober 2003.

KUNSTSCHÄTZE ÖSTERREICHS – 4. AUSGABE
MALEREI

			VZ	ST	PP
303	100	Euro (G) 2003. Gustav Klimt (1862–1918), Maler und Zeichner, Vertreter des Wiener Jugendstils, vor den unvollendet hinterlassenen Werken »Dame mit Fächern« und »Die Braut«. Rs. Gemälde »Der Kuss« (1908). 986⅑er Gold, 16.225 g, ∅ 30 mm, Rand glatt:			
		2003 Stempelglanz (30 000 Ex.)		650,–	

Entwurf und Modell von Herbert Wähner (Wertseite) und Thomas Pesendorfer (Bildseite).

Ausgegeben ab 5. November 2003 (mehrwertsteuerfrei im Kalenderjahr 2019).

Weitere Münzausgabe auf Gustav Klimt: Nr. 187.

ERWEITERUNG DER EUROPÄISCHEN UNION

304	5	Euro (S) 2004. Rs. Europakarte mit den Namen und Flaggen der neuen Mitgliedstaaten. 800er Silber, 10 g, ∅ 28.5 mm (neuneckig), Rand glatt:			
		2004 Normalprägung (275 000 Ex.)	*NW/MW* 10,–		
		2004 Stempelglanz (* 125 000 Ex.)		15,–	

Entwurf und Modell von Thomas Pesendorfer (Bildseite).

*Ausgegeben ab 28. Januar 2004. * davon 100 000 Ex. im Blisterpack.*

Weitere Ausgaben verschiedener Länder aus dem Europa Münzprogramm siehe im Euro Münzkatalog 2019 (18. Auflage) von Gerhard Schön.

TECHNOLOGIE IN ÖSTERREICH – 4. AUSGABE
150 JAHRE SEMMERINGBAHN

		VZ	ST	PP

305 25 Euro (S / Niob) 2004. Stütztenderlokomotive »Emmerberg« (1853) von Wilhelm Freiherr von Engerth und Hochleistungslokomotive »Taurus« (2000). Rs. Semmeringbahn auf Viadukt in Gebirgslandschaft zwischen Gloggnitz und Mürzzuschlag. Ring 900er Silber, 10 g / Zentrum Niob (grün oxidiert), 7.15 g (gesamt 17.15 g), ∅ 34 mm, Rand glatt:

2004	Stempelglanz	(50 000 Ex.)	300,–

Entwurf und Modell von Thomas Pesendorfer (Wertseite) und Helmut Andexlinger (Bildseite).

Ausgegeben ab 18. Februar 2004.

GROSSE KOMPONISTEN – 1. AUSGABE

306 50 Euro (G) 2004. Schloss Esterházy (1672) in Eisenstadt, darüber Notenzeile des Chorals an den hl. Antonius von Padua aus dem Divertimento Nr. 6. Rs. Joseph Haydn (1732–1809), nach einem Ölgemälde (1791) von Thomas Hardy. 986⅑er Gold, 10.14 g, ∅ 22 mm, Rand glatt:

2004	Stempelglanz	(50 000 Ex.)	450,–

Entwurf und Modell von Herbert Wähner.

Ausgegeben ab 10. März 2004 (mehrwertsteuerfrei im Kalenderjahr 2019).

Zum 200. Geburtstag von Joseph Haydn: Nr. 51.
Zum 250. Geburtstag: Nr. 152.
Zum 200. Todestag: Nr. 360.

307 10 Euro (S) 2004. Schloss Hellbrunn (1619) vor dem Untersberg. Rs. Markus Sittikus von Hohenems (1574–1619), Fürsterzbischof von Salzburg ab 1612, nach einem Gemälde, vor dem Römischen Theater mit Fischteich. 925er Silber, 17.297 g, ∅ 32 mm, Rand glatt:

				VZ	ST	PP
2004	Normalprägung	(130 000 Ex.)	*NW/MW*		18,–	
2004	Stempelglanz	(40 000 Ex.)			22,–	
2004	Spiegelglanz	(60 000 Ex.)				28,–

Entwurf und Modell von Herbert Wähner (Wertseite) und Thomas Pesendorfer (Bildseite).
Ausgegeben ab 21. April 2004.

100 JAHRE ÖSTERREICHISCHER FUSSBALLBUND

308 5 Euro (S) 2004. Rs. Torschuss. 800er Silber, 10 g, ∅ 28.5 mm (neuneckig), Rand glatt:

				VZ	ST	PP
2004	Normalprägung	(600 000 Ex.)	*NW/MW*		10,–	
2004	Stempelglanz	(100 000 Ex.)			15,–	

Entwurf und Modell von Herbert Wähner (Bildseite).
Ausgegeben ab 12. Mai 2004.

ÖSTERREICH AUF HOHER SEE – 1. AUSGABE

VZ ST PP

309 20 Euro (S) 2004. S.M.S. »Novara« bei der Weltumsegelung (1857–1859). Rs. Erzherzog Ferdinand Maximilian und Kommandant Bernhard Freiherr von Wüllerstorf-Urbair. 900er Silber, 20 g, ∅ 34 mm, Riffelrand:

2004 Spiegelglanz (50 000 Ex.) 40,–

Entwurf und Modell von Thomas Pesendorfer (Wertseite) und Herbert Wähner (Bildseite).

Ausgegeben ab 16. Juni 2004.

Weitere Münzausgabe mit S.M.S. »Novara«: Nr. 241.

ÖSTERREICH AUF HOHER SEE – 2. AUSGABE

310 20 Euro (S) 2004. Panzerfregatte S.M.S. »Erzherzog Ferdinand Max« (1866). Rs. Admiral Wilhelm von Tegetthoff mit Matrosen beim Kollisionskurs auf die »Rè d'Italia« in der Seeschlacht von Lissa (Vis) (1866), nach einem Gemälde von Anton Romako. 900er Silber, 20 g, ∅ 34 mm, Riffelrand:

2004 Spiegelglanz (50 000 Ex.) 40,–

Entwurf und Modell von Thomas Pesendorfer (Wertseite) und Herbert Wähner (Bildseite).

Ausgegeben ab 15. September 2004.

SCHLÖSSER IN ÖSTERREICH – 6. AUSGABE

311 10 Euro (S) 2004. Schloss Artstetten in Niederösterreich. Rs. Eingangstor zur Familiengruft mit der Grablege von Erzherzog Franz Ferdinand und Herzogin Sophie von Hohenberg. 925er Silber, 17.297 g, ∅ 32 mm, Rand glatt:

				VZ	**ST**	**PP**
2004	Normalprägung	(130 000 Ex.)	*NW/MW*		18,–	
2004	Stempelglanz	(40 000 Ex.)			22,–	
2004	Spiegelglanz	(60 000 Ex.)				28,–

Entwurf und Modell von Thomas Pesendorfer (Wertseite) und Herbert Wähner (Bildseite).

Ausgegeben ab 13. Oktober 2004.

WIENER JUGENDSTIL – 1. AUSGABE

312 100 Euro (G) 2004. Kunstmuseum der Wiener Secession (1898). Rs. Ausschnitt »Der wohlgerüstete Starke« aus dem Beethovenfries (1902) von Gustav Klimt. 986⅑er Gold, 16.225 g, ∅ 30 mm, Rand glatt:

2004	Stempelglanz	(30 000 Ex.)		650,–	

Entwurf und Modell von Helmut Andexlinger.

Ausgegeben ab 10. November 2004 (mehrwertsteuerfrei im Kalenderjahr 2019).

Weitere Münzausgaben auf die Wiener Secession: Nrn. 240, 282, 345.

ST

313 100 000 Euro (G) 2004. Typ wie Nr. 183. 999.9er Gold, 31106.5 g (1000 oz.), ∅ 370 mm (Abbildung verkleinert), Rand unterbrochen geriffelt:

2004 (15 Ex.) *MW + 5 %*

Die Ronden wurden bei Argor Heraeus SA in Mendrisio gegossen und das Bildmotiv anschließend in der Münze Österreich AG durch eine rechnergesteuerte Werkzeugmaschine gefräst.

Ausgegeben ab 5. Oktober 2004 (mehrwertsteuerfrei im Kalenderjahr 2019).

Die Annahmeverpflichtung der Nr. 313 wurde für Privatleute nachträglich aufgehoben.

100 JAHRE ÖSTERREICHISCHER SKIVERBAND

				VZ	ST	PP
314	5 Euro (S) 2005. Rs. Slalomläufer vor Schneekristall. 800er Silber, 10 g, ∅ 28.5 mm (neuneckig), Rand glatt:					
	2005	Normalprägung	(500 000 Ex.)	*NW/MW*	10,–	
	2005	Stempelglanz	(100 000 Ex.)			12,–

Entwurf und Modell von Herbert Wähner (Bildseite).
Ausgegeben ab 26. Januar 2005.

GROSSE KOMPONISTEN – 2. AUSGABE

				VZ	ST	PP
315	50 Euro (G) 2005. Palais Lobkowitz in Wien, nach einer Radierung (1805) von Johann Vincenz Reim, Titelblatt der 3. Symphonie »Eroica« zur Uraufführung (1804). Rs. Ludwig van Beethoven (1770–1827). 986⅑er Gold, 10.14 g, ∅ 22 mm, Rand glatt:					
	2005	Stempelglanz	(50 000 Ex.)			450,–

Entwurf und Modell von Helmut Andexlinger (Wertseite) und Herbert Wähner (Bildseite).
Ausgegeben ab 16. Februar 2005 (mehrwertsteuerfrei im Kalenderjahr 2019).
Weitere Münzausgaben auf Ludwig van Beethoven: Bundesrepublik Deutschland Nr. 126, Deutsche Demokratische Republik Nr. 29.

TECHNOLOGIE IN ÖSTERREICH – 5. AUSGABE
50 JAHRE ÖSTERREICHISCHES FERNSEHEN

					VZ	ST	PP
316	25	Euro (S / Niob) 2005. Testbild zur Monitorkalibrierung. Rs. Antenne vor Weltkugel, von Fernsehgerät, Filmkamera, Sendestudio und Satellitenempfangsanlagen umgeben. Ring 900er Silber, 10 g / Zentrum Niob (violett oxidiert), 7.15 g (gesamt 17.15 g), ∅ 34 mm, Rand glatt:					
		2005	Stempelglanz	(65 000 Ex.)		120,–	

Entwurf und Modell von Helmut Andexlinger.

Ausgegeben ab 9. März 2005.

10 JAHRE ÖSTERREICH ALS MITGLIED DER EUROPÄISCHEN UNION

					VZ	ST	PP
317	5	Euro (S) 2005. Rs. Theater am Kärntnertor in Wien, Ort der Uraufführung (1824) der Ode »An die Freude« von Friedrich Schiller als Schlusssatz der 9. Symphonie von Ludwig van Beethoven, seit 1972 Europahymne. 800er Silber, 10 g, ∅ 28.5 mm (neuneckig), Rand glatt:					
		2005	Normalprägung	(275 000 Ex.)	*NW/MW*	10,–	
		2005	Stempelglanz	(* 125 000 Ex.)		12,–	

Entwurf und Modell von Herbert Wähner (Bildseite).

*Ausgegeben ab 11. Mai 2005. * davon 100 000 Ex. im Blisterpack.*

Weitere Ausgaben verschiedener Länder aus dem Europa Münzprogramm siehe im Euro Münzkatalog 2019 (18. Auflage) von Gerhard Schön.

60 JAHRE ZWEITE REPUBLIK

					VZ	ST	PP
318	10 Euro (S) 2005. Pallas Athene als Brunnenfigur von Carl Kundmann, Wappen der neun Bundesländer. Rs. Parlamentsgebäude in Wien mit gesprengter Kette, von jubelnder Bevölkerung umgeben. 925er Silber, 17.297 g, ∅ 32 mm, Rand glatt:						
	2005	Normalprägung	(130 000 Ex.)	*NW/MW*		18,–	
	2005	Stempelglanz	(40 000 Ex.)			22,–	
	2005	Spiegelglanz	(60 000 Ex.)				28,–

Entwurf und Modell von Helmut Andexlinger (Wertseite) und Herbert Wähner (Bildseite).
Ausgegeben ab 11. Mai 2005.

50 JAHRE STAATSVERTRAG

319 2 Euro (K-N / N, N-Me plattiert) 2005. Siegel und Unterschriften, für die Sowjetunion von Außenminister Vjačeslav Michajlovič Skrjabin »Molotov« und Hochkommissar Ivan Ivanovič Il'ičëv, für das Vereinigte Königreich Großbritannien und Nordirland von Außenminister Sir Harold Macmillan und Hochkommissar Sir Geoffrey Arnold Wallinger, für die Vereinigten Staaten von Amerika von Außenminister John Foster Dulles und Hochkommissar Llewellyn Edward Thompson, für Frankreich von Außenminister Antoine Pinay und stellvertretendem Hochkommissar Roger Lalouette sowie für Österreich von Außenminister Leopold Figl auf der Vertragsurkunde in der Tinktur der Nationalflagge, Inschrift »50 Jahre Staatsvertrag«, zwölf Sterne. Rs. wie Nr. 283. Riffelrand mit Inschrift viermal »2 Euro«, abwechselnd kopfstehend, und jeweils drei Sternen:

	Normalprägung + Stempelglanz	VZ	ST	Spiegelglanz	PP
2005	(6 880 000 Ex. + 100 000 Ex.)	2,50	4,–	(20 000 Ex.)	–,–

Entwurf und Modell von Helmut Andexlinger (Bildseite).
Bekanntmachung im Amtsblatt 61 der Europäischen Union vom 11. März 2005.
Ausgegeben ab 11. Mai 2005.
Auf 20 Jahre Staatsvertrag: Nr. 119.
Auf 25 Jahre Staatsvertrag: Nr. 142.
Auf 40 Jahre Staatsvertrag: Nr. 227.

ÖSTERREICH AUF HOHER SEE – 3. AUSGABE

VZ ST PP

320 20 Euro (S) 2005. Dreimaster »Admiral Tegetthoff« vor Eisberg im Nordpolarmeer (1873). Rs. Expeditionsleiter Karl Weyprecht (1838–1881) und Julius von Payer (1841–1915) im Kaiser-Franz-Joseph-Land der Arktis. 900er Silber, 20 g, ∅ 34 mm, Riffelrand:
2005 Spiegelglanz (50 000 Ex.) 40,–

Entwurf und Modell von Thomas Pesendorfer (Wertseite) und Herbert Wähner (Bildseite).
Ausgegeben ab 8. Juni 2005.

ÖSTERREICH AUF HOHER SEE – 4. AUSGABE

321 20 Euro (S) 2005. Panzerkreuzer S.M.S. »Sankt Georg« (1907) im Hafen von New York vor der Freiheitsstatue. Rs. Schiffswerft und Kriegshafen von Pola bei Triest. 900er Silber, 20 g, ∅ 34 mm, Riffelrand:
2005 Spiegelglanz (50 000 Ex.) 40,–

Entwurf und Modell von Thomas Pesendorfer.
Ausgegeben ab 14. September 2005.

50. JAHRESTAG DER WIEDERERÖFFNUNG DER BUNDESTHEATER

322 10 Euro (S) 2005. Burgtheater und Staatsoper in Wien. Rs. Zwei Theatermasken als Vertreter von Komödie und Tragödie vor Bühne mit Bindenschild. 925er Silber, 17.297 g, ∅ 32 mm, Rand glatt:

			VZ	ST	PP
2005	Normalprägung	(130 000 Ex.)	*NW/MW*	18,–	
2005	Stempelglanz	(40 000 Ex.)		22,–	
2005	Spiegelglanz	(60 000 Ex.)			28,–

Entwurf und Modell von Helmut Andexlinger (Wertseite) und Herbert Wähner (Bildseite).
Ausgegeben ab 12. Oktober 2005.
Auf die Wiedereröffnung der Bundestheater: Nr. 73.

WIENER JUGENDSTIL – 2. AUSGABE

323 100 Euro (G) 2005. Kirche Sankt Leopold (1907) der Niederösterreichischen Landesirrenanstalt »Am Steinhof« (heute Psychiatrisches Krankenhaus der Stadt Wien) auf der Baumgartner Höhe, nach Plänen des Architekten Otto Wagner (1841–1918). Rs. Mittelteil des Glasfensters »Der Sündenfall im Paradies« von Koloman Moser (1868–1918) zwischen zwei bronzenen Engelsfiguren. 986⅑er Gold, 16.225 g, ∅ 30 mm, Rand glatt:

2005	Stempelglanz	(30 000 Ex.)	650,–

Entwurf und Modell von Thomas Pesendorfer (Wertseite) und Helmut Andexlinger (Bildseite).
Ausgegeben ab 9. November 2005 (mehrwertsteuerfrei im Kalenderjahr 2019).

ÖSTERREICHISCHE PRÄSIDENTSCHAFT IM EUROPÄISCHEN RAT (JANUAR – JUNI 2006)

VZ ST PP

324 5 Euro (S) 2006. Rs. Hofburg am Josefsplatz in Wien. 800er Silber, 10 g, ∅ 28.5 mm (neuneckig), Rand glatt:

2006	Normalprägung	(250 000 Ex.)	*NW/MW*	10,–	
2006	Stempelglanz	(100 000 Ex.)		12,–	

Entwurf und Modell von Helmut Andexlinger.

Ausgegeben ab 18. Januar 2006.

GROSSE KOMPONISTEN – 3. AUSGABE 250. GEBURTSTAG VON WOLFGANG AMADEUS MOZART

325 50 Euro (G) 2006. Geburtshaus von Wolfgang Amadeus Mozart (Hagenauerhaus) in der Getreidegasse in Salzburg, seit 1880 Museum der Internationalen Stiftung Mozarteum. Rs. Leopold Mozart (1719–1787) und Wolfgang Gottlieb (Theophilus, Amadé) Mozart (1756–1791). 986⅔er Gold, 10.14 g, ∅ 22 mm, Rand glatt:

2006	Stempelglanz	(50 000 Ex.)		450,–	

Entwurf und Modell von Herbert Wähner (Wertseite) und Thomas Pesendorfer (Bildseite).

Ausgegeben ab 1. Februar 2006 (mehrwertsteuerfrei im Kalenderjahr 2019).

Weitere Münzausgaben auf Wolfgang Amadeus Mozart: Bundesrepublik Deutschland Nr. 243, Österreich Nrn. 50, 74, 193–196, 283, 328, 346, 416, 428.

TECHNOLOGIE IN ÖSTERREICH – 6. AUSGABE
EUROPÄISCHES SATELLITENNAVIGATIONSSYSTEM »GALILEO«

326 25 Euro (S / Niob) 2006. Windrose mit den Koordinaten der Prägeanstalt. Rs. Weltkugel mit Navigationssatelliten zur Positionsbestimmung von Flugzeugen, Containerschiffen, Lastkraftwagen und Eisenbahnzügen. Ring 900er Silber, 10 g / Zentrum Niob (goldbraun oxidiert), 7.15 g (gesamt 17.15 g), ∅ 34 mm, Rand glatt:

			VZ	ST	PP
2006	Stempelglanz	(max. 65 000 Ex.)		120,–	

Entwurf und Modell von Herbert Wähner (Wertseite) und Thomas Pesendorfer (Bildseite).
Ausgegeben ab 1. März 2006.

STIFTE UND KLÖSTER IN ÖSTERREICH – 1. AUSGABE

327 10 Euro (S) 2006. Benediktinerinnenabtei auf dem Nonnberg. Rs. Standbild der hl. Erentrudis von Salzburg (um 650–718) vor der Krypta der Abteikirche. 925er Silber, 17.297 g, ∅ 32 mm, Rand glatt:

			VZ	ST	PP
2006	Normalprägung	(130 000 Ex.)	*NW/MW* 18,–		
2006	Stempelglanz	(40 000 Ex.)		22,–	
2006	Spiegelglanz	(60 000 Ex.)			28,–

Entwurf und Modell von Thomas Pesendorfer.
Ausgegeben ab 5. April 2006.

250. GEBURTSTAG VON WOLFGANG AMADEUS MOZART

					VZ	ST	PP
328	5 Euro (S) 2006. Rs. Wolfgang Gottlieb (Theophilus, Amadé) Mozart (1756–1791) vor dem Salzburger Dom (1628). 800er Silber, 10 g, ∅ 28.5 mm (neuneckig), Rand glatt:						
	2006	Normalprägung	(375 000 Ex.)	*NW/MW*		10,–	
	2006	Stempelglanz	(* 125 000 Ex.)			12,–	

Entwurf und Modell von Thomas Pesendorfer (Bildseite).

*Ausgegeben ab 10. Mai 2006. * davon 100 000 Ex. im Blisterpack.*

Weitere Münzausgaben auf Wolfgang Amadeus Mozart: Bundesrepublik Deutschland Nr. 243, Österreich Nrn. 50, 74, 193–196, 283, 325, 346, 416, 428.

Weitere Ausgaben verschiedener Länder aus dem Europa Münzprogramm siehe im Euro Münzkatalog 2019 (18. Auflage) von Gerhard Schön.

ÖSTERREICH AUF HOHER SEE – 5. AUSGABE

					VZ	ST	PP
329	20 Euro (S) 2006. S.S. »Kaiser Franz Joseph I.« der Reederei Austro-Americana bei der Ausfahrt im Hafen von Triest vor anlegendem Handelsschiff des Österreichischen Lloyd. Rs. Wappen und Stadtansicht von Triest. 900er Silber, 20 g, ∅ 34 mm, Riffelrand:						
	2006	Spiegelglanz	(50 000 Ex.)				40,–

Entwurf und Modell von Helmut Andexlinger (Wertseite) und Herbert Wähner (Bildseite).

Ausgegeben ab 7. Juni 2006.

ÖSTERREICH AUF HOHER SEE – 6. AUSGABE

VZ ST PP

330 20 Euro (S) 2006. Schlachtschiff S.M.S. »Viribus Unitis« (1911). Rs. Doppeldecker-Kampfflugboot Lohner »S 26«, Schlachtschiff und Unterseeboot der Kriegsmarine. 900er Silber, 20 g, ∅ 34 mm, Riffelrand:

2006	Spiegelglanz	(50 000 Ex.)				40,–

Entwurf und Modell von Helmut Andexlinger (Wertseite) und Thomas Pesendorfer (Bildseite).
Ausgegeben ab 13. September 2006.

STIFTE UND KLÖSTER IN ÖSTERREICH – 2. AUSGABE

331 10 Euro (S) 2006. Benediktinerstift Göttweig in der Wachau. Rs. Kaiserstiege (1739) von Johann Lukas von Hildebrandt, Kopfbild von Kaiser Karl VI. nach einer Medaille (1735) von Jacques Roettiers. 925er Silber, 17.297 g, ∅ 32 mm, Rand glatt:

				VZ	ST	PP
2006	Normalprägung	(130 000 Ex.)	*NW/MW*	18,–		
2006	Stempelglanz	(40 000 Ex.)			22,–	
2006	Spiegelglanz	(60 000 Ex.)				28,–

Entwurf und Modell von Herbert Wähner (Wertseite) und Thomas Pesendorfer (Bildseite).
Ausgegeben ab 11. Oktober 2006.

WIENER JUGENDSTIL – 3. AUSGABE

			VZ	ST	PP

332 100 Euro (G) 2006. Wienflussportal (1906) im Wiener Stadtpark von Rudolf Krieghammer, Friedrich Ohmann und Josef Hackhofer zwischen Pavillons und Amphora. Rs. Jugendstilfigur zwischen Blumenvasen am Eingang zum Stadtpark. 986⅑er Gold, 16.225 g, ∅ 30 mm, Rand glatt:

			VZ	ST	PP
2006	Stempelglanz	(30 000 Ex.)		650,–	

Entwurf und Modell von Helmut Andexlinger.

Ausgegeben ab 8. November 2006 (mehrwertsteuerfrei im Kalenderjahr 2019).

100 JAHRE ALLGEMEINES WAHLRECHT FÜR MÄNNER IN ÖSTERREICH

333 5 Euro (S) 2007. Rs. Regierungsbank und Abgeordnete im Parlament zu Wien, Porträts von Kaiser Franz Joseph I. und Ministerpräsident Max Wladimir Freiherr von Beck (1854–1943). 800er Silber, 10 g, ∅ 28.5 mm (neuneckig), Rand glatt:

				VZ	ST	PP
2007	Normalprägung	(150 000 Ex.)	*NW/MW*		10,–	
2007	Stempelglanz	(* 100 000 Ex.)			12,–	

Entwurf und Modell von Herbert Wähner (Bildseite).

*Ausgegeben ab 10. Januar 2007. * davon 75 000 Ex. im Blisterpack.*

Weitere Ausgaben verschiedener Länder aus dem Europa Münzprogramm siehe im Euro Münzkatalog 2019 (18. Auflage) von Gerhard Schön.

MEDIZINER IN ÖSTERREICH – 1. AUSGABE

VZ **ST** **PP**

334 50 Euro (G) 2007. Gerard van Swieten (1700–1772), Leibarzt von Kaiserin Maria Theresia ab 1745, Mitbegründer der Ersten Wiener Medizinischen Schule. Rs. Gebäude der Akademie der Wissenschaften (1756), handschriftlicher Reformplan (1749) für die Medizinische Fakultät und Blütenzweig des Westindischen Mahagonibaumes (Swietenia mahagoni – Meliaceae) aus dem Botanischen Garten (1754) am Rennweg in Wien. 986$\frac{1}{9}$er Gold, 10.14 g, ∅ 22 mm, Rand glatt:

2007 Stempelglanz (50 000 Ex.) 450,–

Entwurf und Modell von Helmut Andexlinger.

Ausgegeben ab 31. Januar 2007 (mehrwertsteuerfrei im Kalenderjahr 2019).

TECHNOLOGIE IN ÖSTERREICH – 7. AUSGABE
100 JAHRE LUFTFAHRT IN ÖSTERREICH

335 25 Euro (S / Niob) 2007. Cockpit eines Düsenflugzeugs. Rs. Luftfahrtpionier Ignaz Etrich (1879–1967), Konstruktionszeichnung des Motorgleiters »Zanonia III«, Flugzeuge vom Typ »Taube«. Ring 900er Silber, 10 g / Zentrum Niob (türkis oxidiert), 6.5 g (gesamt 16.5 g), ∅ 34 mm, Rand glatt:

2007 Stempelglanz (65 000 Ex.) 120,–

Entwurf und Modell von Herbert Wähner (Wertseite) und Thomas Pesendorfer (Bildseite).

Ausgegeben ab 28. Februar 2007.

STIFTE UND KLÖSTER IN ÖSTERREICH – 3. AUSGABE

			VZ	ST	PP
336	10	Euro (S) 2007. Westfassade der Stiftskirche Sankt Peter und Paul von Melk in der Wachau. Rs. Melker Kreuz (1362) mit einem Splitter vom Kreuz Jesu Christi vor Himmelsvision als Kuppelmalerei von Johann Michael Rottmayr. 925er Silber, 17.297 g, ∅ 32 mm, Rand glatt:			
		2007 Normalprägung (130 000 Ex.) *NW/MW*	18,–		
		2007 Stempelglanz (40 000 Ex.)		22,–	
		2007 Spiegelglanz (60 000 Ex.)			28,–

Entwurf und Modell von Thomas Pesendorfer (Wertseite) und Herbert Wähner (Bildseite).

Ausgegeben ab 18. April 2007.

50 JAHRE RÖMISCHE VERTRÄGE
ZUR GRÜNDUNG DER EUROPÄISCHEN GEMEINSCHAFT

337 2 Euro (K-N / N, N-Me plattiert) 2007. Vertragswerk mit den Unterschriften der sechs Gründungsmitglieder und Inschrift »Europa« auf dem sternförmigen Straßenpflaster des Kapitolplatzes (Piazza del Campidoglio) in Roma (Rom), oben bogig »Vertrag von Rom / 50 Jahre«, unten »Republik Österreich«, zwölf Sterne. Rs. Karte des europäischen Kontinents, zwölf Sterne, Wertangabe:

	Normalprägung + Stempelglanz	**VZ**	**ST**	Spiegelglanz	**PP**
2007	(8 905 000 Ex. + 75 000 Ex.)	2,50	4,–	(20 000 Ex.)	–,–

Entwurf und Modell von Helmut Andexlinger (Bildseite).

Bekanntmachung im Amtsblatt 65 der Europäischen Union vom 21. März 2007. Ausgegeben ab 23. März 2007.

Münzausgaben zu 2 Euro 2007 in ähnlicher Zeichnung aus Belgien, Deutschland, Finnland, Frankreich, Griechenland, Irland, Italien, Luxemburg, den Niederlanden, Portugal, Slowenien und Spanien siehe im Euro Münzkatalog 2019 (18. Auflage) von Gerhard Schön.

850 JAHRE MARIAZELL

				VZ	ST	PP
338	5 Euro (S) 2007. Rs. Hauptfassade der Wallfahrtskirche Mariazell mit gotischem Mittelturm und barockem Erweiterungsbau. 800er Silber, 10 g, ∅ 28.5 mm (neuneckig), Rand glatt:					
	2007	Normalprägung	(450 000 Ex.)	*NW/MW* 10,–		
	2007	Stempelglanz	(100 000 Ex.)		12,–	

Entwurf und Modell von Thomas Pesendorfer (Bildseite).
Ausgegeben ab 9. Mai 2007.

ÖSTERREICHISCHE EISENBAHNEN – 1. AUSGABE

339 20 Euro (S) 2007. Dampflokomotive »Austria« (1837) mit Waggons der drei Wagenklassen. Rs. Eisenbahnzug der Nordbahn (1838) auf Donaubrücke vor dem Leopoldsberg und dem Kahlenberg bei Wien. 900er Silber, 20 g, ∅ 34 mm, Riffelrand:

2007 Spiegelglanz (50 000 Ex.) 40,–

Entwurf und Modell von Thomas Pesendorfer (Wertseite) und Helmut Andexlinger (Bildseite).
Ausgegeben ab 13. Juni 2007.

ÖSTERREICHISCHE EISENBAHNEN – 2. AUSGABE

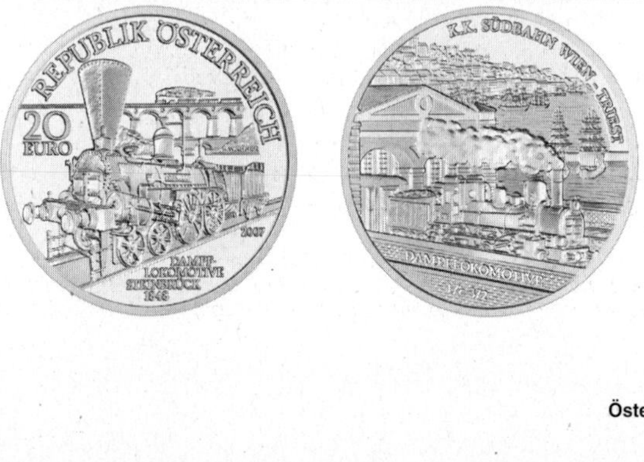

VZ ST PP

340 20 Euro (S) 2007. Dampflokomotive »Steinbrück« (1848) vor Viadukt der Semmeringbahn. Rs. Dampflokomotive vom Typ 17c der Baureihe 372 beim Verlassen des Bahnhofes von Trieste (Triest) auf der Südbahn nach Wien. 900er Silber, 20 g, ∅ 34 mm, Riffelrand:

2007 Spiegelglanz (50 000 Ex.) 40,–

Entwurf und Modell von Herbert Wähner (Wertseite) und Thomas Pesendorfer (Bildseite).
Ausgegeben ab 12. September 2007.

STIFTE UND KLÖSTER IN ÖSTERREICH – 4. AUSGABE

341 10 Euro (S) 2007. Benediktinerstift Sankt Paul im Lavanttal. Rs. Südportal (1618) der Basilika mit der Anbetung der Heiligen Drei Könige im Bogenfeld. 925er Silber, 17.297 g, ∅ 32 mm, Rand glatt:

2007 Normalprägung (130 000 Ex.) *NW/MW* 18,–
2007 Stempelglanz (40 000 Ex.) 22,–
2007 Spiegelglanz (60 000 Ex.) 28,–

Entwurf und Modell von Thomas Pesendorfer (Wertseite) und Herbert Wähner (Bildseite).
Ausgegeben ab 10. Oktober 2007.

WIENER JUGENDSTIL – 4. AUSGABE

342 100 Euro (G) 2007. Wohnhaus (1899) auf der Linken Wienzeile 38 des Architekten Otto Wagner. Rs. Stiegenhaus mit Fahrstuhl und Medaillon von Koloman Moser. 986⅑er Gold, 16.225 g, ∅ 30 mm, Rand glatt:

2007 Stempelglanz (30 000 Ex.) 650,–

Entwurf und Modell von Thomas Pesendorfer (Wertseite) und Helmut Andexlinger (Bildseite).
Ausgegeben ab 7. November 2007 (mehrwertsteuerfrei im Kalenderjahr 2019).

343 10 Cent (Al-Bro) 2008–2019. Dom zu Sankt Stephan in Wien, Wertangabe »10 Euro Cent«, Nationalflagge, zwölf Sterne. Rs. Karte des europäischen Kontinents, zwölf Sterne, Wertangabe. Wellenrand:

	Normalprägung	+ Stempelglanz	VZ	ST	Spiegelglanz	PP
2008	(70 156 000 Ex. +	50 000 Ex.)	*NW*	–,50	(15 000 Ex.)	–,–
2009	(15 900 000 Ex. +	75 000 Ex.)	*NW*	–,50	(15 000 Ex.)	–,–
2010	(42 800 000 Ex. +	50 000 Ex.)	*NW*	–,50	(15 000 Ex.)	–,–
2011	(27 600 000 Ex. +	50 000 Ex.)	*NW*	–,50	(15 000 Ex.)	–,–
2012	(25 040 000 Ex. +	50 000 Ex.)	*NW*	–,50	(10 000 Ex.)	–,–
2013	(30 100 000 Ex. +	50 000 Ex.)	*NW*	–,50	(10 000 Ex.)	–,–
2014	(27 590 000 Ex. +	50 000 Ex.)	*NW*	–,50	(10 000 Ex.)	–,–
2015	(63 100 000 Ex. +	50 000 Ex.)	*NW*	–,50	(10 000 Ex.)	–,–
2016	(12 300 000 Ex. +	50 000 Ex.)	*NW*	–,50	(10 000 Ex.)	–,–
2017	(39 500 000 Ex. +	50 000 Ex.)	*NW*	–,50	(10 000 Ex.)	–,–
2018	(30 200 000 Ex. +	50 000 Ex.)	*NW*	–,50	(10 000 Ex.)	–,–
2019	*nach Bedarf*	(50 000 Ex.)	*NW*	–,50	(10 000 Ex.)	–,–

Weitere Münzausgaben auf den Wiener Stephansdom: Nrn. 236, 239, 274, 280.

344 20 Cent (Al-Bro) 2008–2019. Schloss Belvedere in Wien, Wertangabe »20 Euro Cent«, Nationalflagge, zwölf Sterne. Rs. wie Nr. 343. Rand glatt mit sieben Kerben:

	Normalprägung	+ Stempelglanz	VZ	ST	Spiegelglanz	PP
2008	(45 276 000 Ex. +	50 000 Ex.)	*NW*	–,80	(15 000 Ex.)	–,–
2009	(49 800 000 Ex. +	75 000 Ex.)	*NW*	–,80	(15 000 Ex.)	–,–
2010	(4 200 000 Ex. +	50 000 Ex.)	*NW*	–,80	(15 000 Ex.)	–,–
2011	(21 300 000 Ex. +	50 000 Ex.)	*NW*	–,80	(15 000 Ex.)	–,–
2012	(10 790 000 Ex. +	50 000 Ex.)	*NW*	–,80	(10 000 Ex.)	–,–
2013	(25 200 000 Ex. +	50 000 Ex.)	*NW*	–,80	(10 000 Ex.)	–,–
2014	(10 520 000 Ex. +	50 000 Ex.)	*NW*	–,80	(10 000 Ex.)	–,–
2015	(9 000 000 Ex. +	50 000 Ex.)	*NW*	–,80	(10 000 Ex.)	–,–
2016	(30 000 000 Ex. +	50 000 Ex.)	*NW*	–,80	(10 000 Ex.)	–,–
2017	(30 000 000 Ex. +	50 000 Ex.)	*NW*	–,80	(10 000 Ex.)	–,–
2018	(20 400 000 Ex. +	50 000 Ex.)	*NW*	–,80	(10 000 Ex.)	–,–
2019	*nach Bedarf*	(50 000 Ex.)	*NW*	–,80	(10 000 Ex.)	–,–

Weitere Münzausgaben mit Schloss Belvedere: Nrn. 97, 142, 227, 281.

345 50 Cent (Al-Bro) 2008–2019. Kunstmuseum der Wiener Secession, Wertangabe »50 Euro Cent«, Nationalflagge, zwölf Sterne. Rs. wie Nr. 343. Wellenrand:

	Normalprägung	+ Stempelglanz	VZ	ST	Spiegelglanz	PP
2008	(3 024 000 Ex. +	50 000 Ex.)	*NW*	1,20	(15 000 Ex.)	–,–
2009	(14 700 000 Ex. +	75 000 Ex.)	*NW*	1,20	(15 000 Ex.)	–,–
2010	(30 000 000 Ex. +	50 000 Ex.)	*NW*	1,20	(15 000 Ex.)	–,–
2011	(6 000 000 Ex. +	50 000 Ex.)	*NW*	1,20	(15 000 Ex.)	–,–
2012	*nur aus Sätzen*	(50 000 Ex.)		–,–	(10 000 Ex.)	–,–
2013	*nur aus Sätzen*	(50 000 Ex.)		–,–	(10 000 Ex.)	–,–
2014	*nur aus Sätzen*	(50 000 Ex.)		–,–	(10 000 Ex.)	–,–
2015	*nur aus Sätzen*	(50 000 Ex.)		–,–	(10 000 Ex.)	–,–
2016	(5 000 000 Ex. +	50 000 Ex.)	*NW*	1,20	(10 000 Ex.)	–,–
2017	(15 000 000 Ex. +	50 000 Ex.)	*NW*	1,20	(10 000 Ex.)	–,–
2018	(17 100 000 Ex. +	50 000 Ex.)	*NW*	1,20	(10 000 Ex.)	–,–
2019	*nach Bedarf*	(50 000 Ex.)	*NW*	1,20	(10 000 Ex.)	–,–

346 1 Euro (N-Me / N, K-N plattiert) 2008–2019. Wolfgang Amadeus Mozart, Wertangabe »1 Euro«, Nationalflagge, zwölf Sterne. Rs. Karte des europäischen Kontinents, zwölf Sterne, Wertangabe. Rand unterbrochen geriffelt:

	Normalprägung	+ Stempelglanz	VZ	ST	Spiegelglanz	PP
2008	(65 471 000 Ex. +	50 000 Ex.)	*NW*	2,–	(15 000 Ex.)	–,–
2009	(40 300 000 Ex. +	75 000 Ex.)	*NW*	2,–	(15 000 Ex.)	–,–
2010	(11 200 000 Ex. +	50 000 Ex.)	*NW*	2,–	(15 000 Ex.)	–,–
2011	(8 000 000 Ex. +	50 000 Ex.)	*NW*	2,–	(15 000 Ex.)	–,–
2012	*nur aus Sätzen*	(50 000 Ex.)		–,–	(10 000 Ex.)	–,–
2013	*nur aus Sätzen*	(50 000 Ex.)		–,–	(10 000 Ex.)	–,–
2014	*nur aus Sätzen*	(50 000 Ex.)		–,–	(10 000 Ex.)	–,–
2015	*nur aus Sätzen*	(50 000 Ex.)		–,–	(10 000 Ex.)	–,–
2016	(5 200 000 Ex. +	50 000 Ex.)	*NW*	2,–	(10 000 Ex.)	–,–
2017	(8 000 000 Ex. +	50 000 Ex.)	*NW*	2,–	(10 000 Ex.)	–,–
2018	(5 100 000 Ex. +	50 000 Ex.)	*NW*	2,–	(10 000 Ex.)	–,–
2019	*nach Bedarf*	(50 000 Ex.)	*NW*	2,–	(10 000 Ex.)	–,–

347 2 Euro (K-N / N, N-Me plattiert) 2008, 2010–2015, 2017, 2019. Bertha von Suttner, Wertangabe »2 Euro«, Nationalflagge, zwölf Sterne. Rs. wie Nr. 346. Riffelrand mit Inschrift viermal »2 Euro«, abwechselnd kopfstehend, und jeweils drei Sternen:

	Normalprägung + Stempelglanz	VZ	ST	Spiegelglanz	PP
2008	(2 600 000 Ex. + 50 000 Ex.)	*NW*	3,50	(15 000 Ex.)	–,–
2010	(17 000 000 Ex. + 50 000 Ex.)	*NW*	3,50	(15 000 Ex.)	–,–
2011	(27 700 000 Ex. + 50 000 Ex.)	*NW*	3,50	(15 000 Ex.)	–,–
2012	(21 200 000 Ex.)	*NW*	3,50		
2013	(10 100 000 Ex. + 50 000 Ex.)	*NW*	3,50	(10 000 Ex.)	–,–
2014	(20 100 000 Ex. + 50 000 Ex.)	*NW*	3,50	(10 000 Ex.)	–,–
2015	(12 300 000 Ex. + 50 000 Ex.)	*NW*	3,50	(10 000 Ex.)	–,–
2017	(17 700 000 Ex. + 50 000 Ex.)	*NW*	3,50	(10 000 Ex.)	–,–
2019	*nach Bedarf* (50 000 Ex.)	*NW*	3,50	(10 000 Ex.)	–,–

SILBERBARRENMÜNZE »WIENER PHILHARMONIKER«

348 1½ Euro (S) 2008–2019. Typ wie Nr. 183, Inschrift »Silber«. 999er Silber, 31.10 g (1 oz.), ∅ 37 mm, Rand glatt:

		ST
2008	(7 773 018 Ex.)	*MW + 30 %*
2009	(9 014 839 Ex.)	*MW + 30 %*
2010	(11 358 168 Ex.)	*MW + 30 %*
2011	(17 873 721 Ex.)	*MW + 30 %*
2012	(8 769 227 Ex.)	*MW + 30 %*
2013	(14 536 408 Ex.)	*MW + 30 %*
2014	(4 643 508 Ex.)	*MW + 30 %*
2015	(7 298 593 Ex.)	*MW + 30 %*
2016	(3 448 390 Ex.)	*MW + 30 %*
2017	(2 064 804 Ex.)	*MW + 30 %*
2018	*nach Bedarf*	*MW + 30 %*
2019	*nach Bedarf*	*MW + 30 %*

Ausgegeben ab 1. Februar 2008.

MEDIZINER IN ÖSTERREICH – 2. AUSGABE

			VZ	ST	PP

349 50 Euro (G) 2008. Ignaz Philipp Semmelweis (1818–1865), Entdecker der Ursache des Kindbettfiebers in Gebäranstalten. Rs. Arzt und Medizinstudent beim Desinfizieren der Hände nach einer Leichensektion vor dem Allgemeinen Krankenhaus (1784) in Wien. 986⅑er Gold, 10.14 g, ∅ 22 mm, Rand glatt:

2008	Stempelglanz	(50 000 Ex.)		450,–	

Entwurf und Modell von Thomas Pesendorfer.
Ausgegeben ab 30. Januar 2008 (mehrwertsteuerfrei im Kalenderjahr 2019).

XIII. FUSSBALL-EUROPAMEISTERSCHAFT 2008 IN ÖSTERREICH UND DER SCHWEIZ (2)

350 5 Euro (S) 2008. Rs. Zweikampf im Stadion. 800er Silber, 10 g, ∅ 28.5 mm (neuneckig), Rand glatt:

2008	Normalprägung	(225 000 Ex.)	*NW/MW*	10,–	
2008	Stempelglanz	(* 100 000 Ex.)		12,–	

351 5 Euro (S) 2008. Rs. Fallrückzieher im Stadion:

2008	Normalprägung	(225 000 Ex.)	*NW/MW*	10,–	
2008	Stempelglanz	(* 100 000 Ex.)		12,–	

Entwürfe und Modelle von Thomas Pesendorfer (Bildseiten).
*Ausgegeben ab 27. Februar 2008. * Stempelglanzversion im Blisterpack.*

TECHNOLOGIE IN ÖSTERREICH – 8. AUSGABE
150. GEBURTSTAG VON CARL FREIHERR AUER VON WELSBACH

					VZ	ST	PP
352	25 Euro (S / Niob) 2008. Laternenanzünder vor dem Wiener Rathaus. Rs. Carl Freiherr Auer von Welsbach (1858–1929), Chemiker, Erfinder von Glühstrumpf, Metallfadenlampe und Zündstein, vor strahlender Sonne, von Gassparlicht, Glühbirnen, Energiesparlampe, Neonröhre, Halogenscheinwerfer und Leuchtdioden umgeben. Ring 900er Silber, 10 g / Zentrum Niob (grün oxidiert), 6.5 g (gesamt 16.5 g), ∅ 34 mm, Rand glatt:						
		2008	Stempelglanz	(65 000 Ex.)		225,–	

Entwurf und Modell von Herbert Wähner.
Ausgegeben ab 12. März 2008.

STIFTE UND KLÖSTER IN ÖSTERREICH – 5. AUSGABE

						VZ	ST	PP
353	10 Euro (S) 2008. Augustinerchorherrenstift Klosterneuburg an der Donau. Rs. Westflügel des gotischen Kreuzganges, Vierpass mit dem Bildnis von Markgraf Leopold III. als Glasmalerei. 925er Silber, 17.297 g, ∅ 32 mm, Rand glatt:							
		2008	Normalprägung	(130 000 Ex.)	*NW/MW*	18,–		
		2008	Stempelglanz	(40 000 Ex.)			22,–	
		2008	Spiegelglanz	(60 000 Ex.)				28,–

Entwurf und Modell von Thomas Pesendorfer.
Ausgegeben ab 16. April 2008.

100. GEBURTSTAG VON HERBERT VON KARAJAN

				VZ	ST	PP
354	5 Euro (S) 2008. Rs. Herbert Ritter von Karajan (1908–1989) als Dirigent des Schlusssatzes der 9. Symphonie von Ludwig van Beethoven. 800er Silber, 10 g, ∅ 28.5 mm (neuneckig), Rand glatt:					
	2008	Normalprägung	(150 000 Ex.)	*NW/MW*	10,–	
	2008	Stempelglanz	(* 100 000 Ex.)		12,–	

Entwurf und Modell von Thomas Pesendorfer (Bildseite).
*Ausgegeben ab 7. Mai 2008. * davon 75 000 Ex. im Blisterpack.*

Einige Mattierungsmuster wurden probeweise ohne das Beizeichen des Europa Münzprogramms neben der Jahreszahl hergestellt und inzwischen wieder vernichtet.

Weitere Münzausgabe auf Herbert von Karajan: Nr. 197.
Weitere Ausgaben verschiedener Länder aus dem Europa Münzprogramm siehe im Euro Münzkatalog 2019 (18. Auflage) von Gerhard Schön.

ÖSTERREICHISCHE EISENBAHNEN – 3. AUSGABE

355	20 Euro (S) 2008. Dampflokomotive der Baureihe 310 (1911) an einem Formsignal. Rs. Passagierin in der Bahnsteighalle (1865) des Nordbahnhofes in Wien. 900er Silber, 20 g, ∅ 34 mm, Riffelrand:			
	2008	Spiegelglanz	(50 000 Ex.)	40,–

Entwurf und Modell von Thomas Pesendorfer (Wertseite) und Helmut Andexlinger (Bildseite).
Ausgegeben ab 11. Juni 2008.

ÖSTERREICHISCHE EISENBAHNEN – 4. AUSGABE

VZ **ST** **PP**

356 20 Euro (S) 2008. Dampflokomotive der Baureihe 306 auf einer Brücke der Westbahn zwischen Wien und Salzburg. Rs. Marmorstatue von Kaiserin Elisabeth in der Bahnsteighalle (1858) des Westbahnhofes in Wien. 900er Silber, 20 g, Ø 34 mm, Riffelrand:

2008	Spiegelglanz	(50 000 Ex.)				40,–

Entwurf und Modell von Herbert Wähner (Wertseite) und Thomas Pesendorfer (Bildseite).
Ausgegeben ab 10. September 2008.

STIFTE UND KLÖSTER IN ÖSTERREICH – 6. AUSGABE

357 10 Euro (S) 2008. Augustinerchorherrenstift Seckau in der Steiermark, seit 1883 Benediktinerabtei. Rs. Innenansicht der romanischen Basilika mit gotischem Dachstuhl. 925er Silber, 17.297 g, Ø 32 mm, Rand glatt:

2008	Normalprägung	(130 000 Ex.)	*NW/MW*	18,–		
2008	Stempelglanz	(40 000 Ex.)		22,–		
2008	Spiegelglanz	(60 000 Ex.)				28,–

Entwurf und Modell von Herbert Wähner (Wertseite) und Thomas Pesendorfer (Bildseite).
Ausgegeben ab 8. Oktober 2008.

KRONEN DER HABSBURGER – 1. AUSGABE

		VZ	ST	PP
358	100 Euro (G) 2008. Krone des Heiligen Römischen Reiches (10./11. Jh.) auf Adlerdalmatika. Rs. Otto der Große (912–973), Herzog der Sachsen und König der Franken ab 936, römischer Kaiser als Otto I. ab 962, nach einer Zeichnung aus einer Handschrift (um 1200), vor der konstantinischen Basilika über dem Grab des hl. Petrus (Antica Basilica di San Pietro in Vaticano) (326). 986⅑er Gold, 16.225 g, ∅ 30 mm, Rand glatt:			
	2008 Stempelglanz (30 000 Ex.)			700,–

Entwurf und Modell von Thomas Pesendorfer.

Ausgegeben ab 5. November 2008 (mehrwertsteuerfrei im Kalenderjahr 2019).

10 JAHRE EUROPÄISCHE WÄHRUNGSUNION

359 2 Euro (K-N / N, N-Me plattiert) 2009. Strichmännchen beim Festhalten eines Eurosymbols in Gestalt der Zahl 10 als Ritzzeichnung nach prähistorischer Art auf einem Münzplättchen antiker Form, oben bogig »Republik Österreich«, unten »WWU 1999–2009« (Wirtschafts- und Währungsunion), zwölf Sterne. Rs. wie Nr. 337:

	Normalprägung + Stempelglanz	VZ	ST	Spiegelglanz	PP
2009	(4 910 000 Ex. + 75 000 Ex.)	2,50	4,–	(15 000 Ex.)	–,–

Entwurf und Modell von Georgios Stamatopoulos (Bildseite).

Bekanntmachung im Amtsblatt 315 der Europäischen Union vom 10. Dezember 2008. Ausgegeben ab 2. Januar 2009.

Münzausgaben zu 2 Euro 2009 in ähnlicher Zeichnung aus Belgien, Deutschland, Finnland, Frankreich, Griechenland, Irland, Italien, Luxemburg, Malta, den Niederlanden, Portugal, der Slowakei, Slowenien, Spanien und Zypern siehe im Euro Münzkatalog 2019 (18. Auflage) von Gerhard Schön.

200. TODESTAG VON JOSEPH HAYDN

				VZ	ST	PP
360	5 Euro (S) 2009. Rs. Joseph Haydn (1732–1809), Komponist, zwei Violinen und Notenzeile. 800er Silber, 10 g, ∅ 28.5 mm (neuneckig), Rand glatt:					
	2009	Normalprägung	(450 000 Ex.)	*NW/MW* 10,–		
	2009	Stempelglanz	(* 100 000 Ex.)		12,–	

Entwurf und Modell von Helmut Andexlinger.

*Ausgegeben ab 14. Januar 2009. * davon 75 000 Ex. im Blisterpack.*

Weitere Ausgaben verschiedener Länder aus dem Europa Münzprogramm siehe im Euro Münzkatalog 2019 (18. Auflage) von Gerhard Schön.

MEDIZINER IN ÖSTERREICH – 3. AUSGABE

361	50 Euro (G) 2009. Theodor Billroth (1829–1894), Chirurg. Rs. Operation vor Studenten im Hörsaal des Allgemeinen Krankenhauses in Wien, nach einem Gemälde (1890) von Adalbert Franz Seligmann. 986⅑er Gold, 10.14 g, ∅ 22 mm, Rand glatt:			
	2009	Stempelglanz	(50 000 Ex.)	450,–

Entwurf und Modell von Helmut Andexlinger (Wertseite) und Herbert Wähner (Bildseite).

Ausgegeben ab 11. Februar 2009 (mehrwertsteuerfrei im Kalenderjahr 2019).

TECHNOLOGIE IN ÖSTERREICH – 9. AUSGABE
UN INTERNATIONALES JAHR DER ASTRONOMIE 2009

				VZ	ST	PP

362 25 Euro (S / Niob) 2009. Rückseite des Mondes als Aufnahme einer Raumsonde. Rs. Mondzeichnung und Porträt von Galileo Galilei (1564–1642) neben der Sternwarte in Kremsmünster, von Teleskopen im Wandel der Zeit umgeben. Ring 900er Silber, 10 g / Zentrum Niob (goldgelb oxidiert), 6.5 g (gesamt 16.5 g), ∅ 34 mm, Rand glatt:

				VZ	ST	PP
2009	Stempelglanz	(65 000 Ex.)			120,–	

Entwurf und Modell von Herbert Wähner.
Ausgegeben ab 11. März 2009.

ÖSTERREICHISCHE SAGEN UND LEGENDEN – 1. AUSGABE

363 10 Euro (S) 2009. Basiliskenhaus in der Schönlaterngasse in Wien. Rs. Bäckerjunge mit Spiegel beim Basilisken im Brunnenschacht (1212). 925er Silber, 17.297 g, ∅ 32 mm, Rand glatt:

				VZ	ST	PP
2009	Normalprägung	(130 000 Ex.)	*NW/MW*	18,–		
2009	Stempelglanz	(30 000 Ex.)			22,–	
2009	Spiegelglanz	(40 000 Ex.)				28,–

Entwurf und Modell von Thomas Pesendorfer.
Ausgegeben ab 15. April 2009.

200. JAHRESTAG DES TIROLER AUFSTANDES

				VZ	ST	PP
364	5	Euro (S) 2009. Rs. Andreas Hofer (1767–1810) und Giuseppina Negrelli (1790–1842) beim Aufstand (1809) gegen die bayerische Regierung in Tirol. 800er Silber, 10 g, ∅ 28.5 mm (neuneckig), Rand glatt:				
		2009 Normalprägung	(150 000 Ex.)	*NW/MW* 10,–		
		2009 Stempelglanz	(100 000 Ex.)		12,–	

Entwurf und Modell von Thomas Pesendorfer (Bildseite).

Ausgegeben ab 6. Mai 2009.

Zum 150. Jahrestag des Tiroler Aufstandes: Nr. 81.
Zum 175. Jahrestag: Nr. 161.

ÖSTERREICHISCHE EISENBAHNEN – 5. AUSGABE

				PP
365	20	Euro (S) 2009. Elektrolokomotive »Krokodil« der Baureihe 1189 der Österreichischen Bundesbahnen. Rs. Arlbergbahn auf der Brücke über die Trisanna vor Schloss Wiesberg. 900er Silber, 20 g, ∅ 34 mm, Riffelrand:		
		2009 Spiegelglanz	(50 000 Ex.)	40,–

Entwurf und Modell von Thomas Pesendorfer.

Ausgegeben ab 17. Juni 2009.

ÖSTERREICHISCHE EISENBAHNEN – 6. AUSGABE

366 20 Euro (S) 2009. Hochgeschwindigkeitszug Siemens »Railjet« (2008) der Österreichischen Bundesbahnen auf der Strecke von München über Wien nach Budapest. Rs. Verschublokomotive der Baureihe 1063 im Güterverkehr. 900er Silber, 20 g, ∅ 34 mm, Riffelrand:

			VZ	ST	PP
2009	Spiegelglanz	(50 000 Ex.)			40,–

Entwurf und Modell von Thomas Pesendorfer.
Ausgegeben ab 9. September 2009.

ÖSTERREICHISCHE SAGEN UND LEGENDEN – 2. AUSGABE

367 10 Euro (S) 2009. Lautenspieler zu Pferde beim Wechselgesang vor der Burg Dürnstein in der Wachau (1193). Rs. Gefangennahme (1192) von Richard »Löwenherz« (1157–1199), als Richard I. König von England ab 1189. 925er Silber, 17.297 g, ∅ 32 mm, Rand glatt:

			VZ	ST	PP
2009	Normalprägung	(130 000 Ex.)	*NW/MW*	18,–	
2009	Stempelglanz	(30 000 Ex.)		22,–	
2009	Spiegelglanz	(40 000 Ex.)			28,–

Entwurf und Modell von Thomas Pesendorfer.
Ausgegeben ab 7. Oktober 2009.

KRONEN DER HABSBURGER – 2. AUSGABE

VZ **ST** **PP**

368 100 Euro (G) 2009. Erzherzogshut nach dem Exemplar (1616) des Stiftes Klosterneuburg. Rs. Niederösterreichischer Erbhuldigungszug vor der Pestsäule in Wien auf dem Weg von der Hofburg zum Stephansdom. $986\frac{1}{9}$er Gold, 16.225 g, ∅ 30 mm, Rand glatt:
2009 Stempelglanz (30 000 Ex.) 700,–

Entwurf und Modell von Helmut Andexlinger.
Ausgegeben ab 4. November 2009 (mehrwertsteuerfrei im Kalenderjahr 2019).

20 JAHRE GOLDBARRENMÜNZEN »WIENER PHILHARMONIKER«

369 2000 Euro (G) 2009. Typ wie Nr. 183. 999.9er Gold, 622.13 g (20 oz.), ∅ 74 mm (Abbildung verkleinert), Rand unterbrochen geriffelt:
2009 (6 027 Ex.) *MW + 10 %*

Entwurf und Modell von Thomas Pesendorfer.
Ausgegeben ab 16. Oktober 2009 (mehrwertsteuerfrei im Kalenderjahr 2019).

XXI. OLYMPISCHE WINTERSPIELE 2010 IN VANCOUVER (2)

				VZ	ST	PP
370	5 Euro (S) 2010. Rs. Skispringer. 800er Silber, 10 g, ∅ 28.5 mm (neuneckig), Rand glatt:					
	2010	Normalprägung	(225 000 Ex.)	*NW/MW*	10,–	
	2010	Stempelglanz	(50 000 Ex.)		12,–	

Entwurf und Modell von Helmut Andexlinger.

371	5 Euro (S) 2010. Rs. Snowboarderin in der Halfpipe. 800er Silber, 10 g, ∅ 28.5 mm (neuneckig), Rand glatt:					
	2010	Normalprägung	(225 000 Ex.)	*NW/MW*	10,–	
	2010	Stempelglanz	(50 000 Ex.)		12,–	

Entwurf und Modell von Thomas Pesendorfer (Bildseite).
Ausgegeben ab 20. Januar 2010.

MEDIZINER IN ÖSTERREICH – 4. AUSGABE

–	50 Euro (G) 2010. Karl Landsteiner (1868–1943), Nobelpreisträger für Medizin 1930. Rs. Entdeckung der Blutgruppen. 986⅑er Gold, 10.14 g, ∅ 22 mm, Rand glatt:				
	2010	Stempelglanz	(max. 50 000 Ex.)		×

Entwurf und Modell von Thomas Pesendorfer.

Die für den 10. Februar 2010 vorgesehene Ausgabe wurde wegen Honorarforderungen der Nachkommen von Karl Landsteiner in den Vereinigten Staaten von Amerika gestrichen und die bereits hergestellten Freigabemuster wieder eingeschmolzen.

VZ ST PP

372 50 Euro (G) 2010. Clemens Peter Freiherr von Pirquet (1874–1929), Kinderarzt. Rs. Begründung der Allergielehre an der Kinderklinik in Wien. 986⅑er Gold, 10.14 g, ∅ 22 mm, Rand glatt:
2010 Stempelglanz (50 000 Ex.) 450,–

Ausgegeben ab 26. Mai 2010 (mehrwertsteuerfrei im Kalenderjahr 2019).

TECHNOLOGIE IN ÖSTERREICH – 10. AUSGABE
ERNEUERBARE ENERGIEN

373 25 Euro (S / Niob) 2010. Lebensbaum im Kreislauf der vier Elemente Erde, Feuer, Luft und Wasser. Rs. Globus mit Erdwärme, Sonnenkollektoren, Windkraftanlage und Peltonturbine. Ring 900er Silber, 10 g / Zentrum Niob (blau oxidiert), 6.5 g (gesamt 16.5 g), ∅ 34 mm, Rand glatt:
2010 Stempelglanz (65 000 Ex.) 200,–

Entwurf und Modell von Helmut Andexlinger.
Ausgegeben ab 10. März 2010.

SAGEN UND LEGENDEN IN ÖSTERREICH – 3. AUSGABE

VZ ST PP

374 10 Euro (S) 2010. Erzberg in der Steiermark. Rs. Zwei Männer bei der Gefangennahme des schlafenden Wassermannes. 925er Silber, 17.3 g, ∅ 32 mm, Rand glatt:

				VZ	ST	PP
2010	Normalprägung	(130 000 Ex.)	*NW/MW*	18,–		
2010	Stempelglanz	(30 000 Ex.)		22,–		
2010	Spiegelglanz	(40 000 Ex.)				28,–

Ausgegeben ab 14. April 2010.

RÖMISCHE HERRSCHAFT AN DER DONAU – 1. AUSGABE

375 20 Euro (S) 2010. Claudius (10 B.C.–A.D. 54), römischer Kaiser ab 41, Begründer der Siedlung (Municipium Claudium) Virunum im Zollfeld in Kärnten als Hauptstadt der Provinz Noricum. Rs. Waffenschmied vor Pferdewagen nach dem Grabrelief an der Kirche von Maria Saal. 900er Silber, 20 g, ∅ 34 mm, Riffelrand:

			PP
2010	Spiegelglanz	(50 000 Ex.)	40,–

Ausgegeben ab 5. Mai 2010.

75 JAHRE GROSSGLOCKNER HOCHALPENSTRASSE

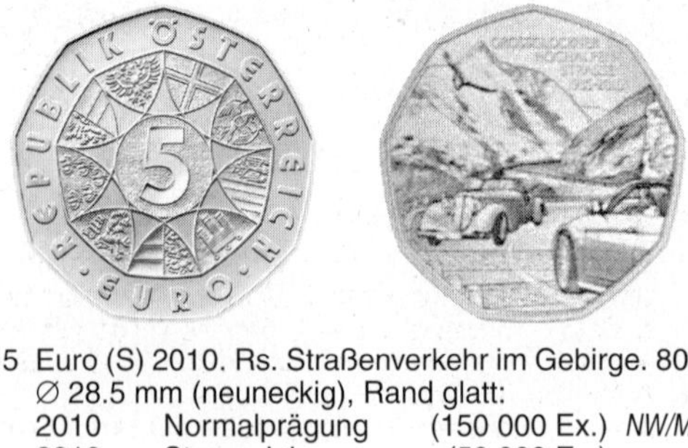

376 5 Euro (S) 2010. Rs. Straßenverkehr im Gebirge. 800er Silber, 10 g, ∅ 28.5 mm (neuneckig), Rand glatt:

				VZ	ST
2010	Normalprägung	(150 000 Ex.)	*NW/MW*	10,–	
2010	Stempelglanz	(50 000 Ex.)		12,–	

Entwurf und Modell von Thomas Pesendorfer (Bildseite).
Ausgegeben ab 16. Juni 2010.

RÖMISCHE HERRSCHAFT AN DER DONAU – 2. AUSGABE

377 20 Euro (S) 2010. Marcus Aurelius Antoninus (121–180), römischer Kaiser ab 161, zu Pferde in Vindobona (Wien) zur Zeit der Markomannenkriege. Rs. Ausbildung von Soldaten im Legionslager vor einem Seitentor (Porta Principalis). 900er Silber, 20 g, ∅ 34 mm, Riffelrand:

				VZ	**ST**	**PP**
2010	Spiegelglanz	(50 000 Ex.)				40,–

Ausgegeben ab 8. September 2010.

SAGEN UND LEGENDEN IN ÖSTERREICH – 4. AUSGABE

378 10 Euro (S) 2010. Hirtenjunge in Gebirgslandschaft mit wegweisendem Zwerg. Rs. Kaiser Karl der Große beim Jahrhundertschlaf mit zweifach um den runden Tisch geschlungenen Bart im Zwergenreich des Untersberges im Salzburger Land. 925er Silber, 17.3 g, ∅ 32 mm, Rand glatt:

				VZ	ST	PP
2010	Normalprägung	(130 000 Ex.)	*NW/MW*	18,–		
2010	Stempelglanz	(30 000 Ex.)		22,–		
2010	Spiegelglanz	(40 000 Ex.)				28,–

Ausgegeben ab 13. Oktober 2010.

KRONEN DER HABSBURGER – 3. AUSGABE

VZ ST PP

379 100 Euro (G) 2010. Stephanskrone (1256). Rs. Maria Theresia (1717–1780) als Königin von Ungarn in Nationaltracht zu Pferde bei den Schwerthieben auf dem Krönungshügel in Pressburg (1741). 986⅑er Gold, 16.225 g, ∅ 30 mm, Rand glatt:

2010 Stempelglanz (30 000 Ex.) 700,–

Entwurf und Modell von Helmut Andexlinger (Wertseite) und Thomas Pesendorfer (Bildseite).

Ausgegeben ab 10. November 2010 (mehrwertsteuerfrei im Kalenderjahr 2019).

NEUJAHRSFEST – 1. AUSGABE
300 JAHRE »PUMMERIN« DES STEPHANSDOMES IN WIEN

380 5 Euro (S) 2011. Rs. Josephinische Glocke »Alte Pummerin« (1711) aus der Kanonenbronze der Türkenbelagerung (1683) mit der Darstellung Unserer Lieben Frau von der Unbefleckten Empfängnis als Schutzpatronin von Österreich mit den Buchstaben »D[eo] O[ptimo] M[aximo]«, kombiniert mit der nach Kriegszerstörung (1945) hergestellten »Neuen Pummerin« (1952) vor dem Stephansdom in Wien. 800er Silber, 10 g, ∅ 28.5 mm (neuneckig), Rand glatt:

2011 Stempelglanz (50 000 Ex.) 40,–

Entwurf und Modell von Helmut Andexlinger.

Ausgegeben ab 22. Dezember 2010.

Die zur Ausgabe ab 19. Januar 2011 vorgesehene Normalprägung zum Nennwert wurde wegen des gestiegenen Silberpreises ersatzlos gestrichen.

200 JAHRE INNERÖSTERREICHISCHES NATIONALMUSEUM JOANNEUM (SEIT 1887 STEIERMÄRKISCHES LANDESMUSEUM)

		VZ	ST	PP

381 50 Euro (G) 2011. Portal des Alten Joanneums (1811) von Erzherzog Johann (1782–1859) vor dem Kunsthaus (»Friendly Alien«) (2003) in Graz an der Mur. Rs. Prunkharnisch (um 1550) des Innsbrucker Plattners Michael Witz jr. (um 1510–1588) in der Rüstkammer des Landeszeughauses in Graz. $986\frac{1}{9}$er Gold, 10.14 g, ∅ 22 mm, Rand glatt:

2011 Spiegelglanz (50 000 Ex.) 450,–

Entwurf und Modell von Helmut Andexlinger (Wertseite) und Herbert Wähner (Bildseite).

Ausgegeben ab 26. Januar 2011 (mehrwertsteuerfrei im Kalenderjahr 2019).

EUROPÄISCHE ENTDECKER

382 20 Euro (S) 2011. Nikolaus Joseph Freiherr von Jacquin (1727–1817), Botaniker und Chemiker, vor Bunter Schwertlilie (Iris variegata – Iridaceae) nach der Illustration in der »Flora Austriaca« (1773). Rs. Sammlung und Katalogisierung von Pflanzen in der Karibik 1754–1759 vor Papagei und Expeditionsschiff. 900er Silber, 20 g, ∅ 34 mm, Riffelrand:

2011 Spiegelglanz (50 000 Ex.) 50,–

Entwurf und Modell von Helmut Andexlinger (Wertseite) und Thomas Pesendorfer (Bildseite).

Ausgegeben ab 23. Februar 2011.

TECHNOLOGIE IN ÖSTERREICH – 11. AUSGABE
ROBOTIK

		VZ	ST	PP
383	25 Euro (S / Niob) 2011. Roboter in menschlicher Gestalt nach Art der Vitruvianischen Proportionsstudie von Leonardo da Vinci auf Binärcode und Zahnrädern. Rs. Ferngesteuertes Erkundungsfahrzeug bei Tiefenbohrung auf dem Mars. Ring 900er Silber, 10 g / Zentrum Niob (rot oxidiert), 6.5 g (gesamt 16.5 g), ∅ 34 mm, Rand glatt:			
	2011 Stempelglanz (65 000 Ex.)		90,–	

Ausgegeben ab 16. März 2011.

RÖMISCHE HERRSCHAFT AN DER DONAU – 3. AUSGABE

		VZ	ST	PP
384	20 Euro (S) 2011. Kaiser Septimius Severus vor dem Heidentor. Rs. Stadtpalais (Villa Urbana) von Carnuntum. 900er Silber, 20 g, ∅ 34 mm, Riffelrand:			
	2011 Spiegelglanz (50 000 Ex.)			50,–

Ausgegeben ab 13. April 2011.

SAGEN UND LEGENDEN IN ÖSTERREICH – 5. AUSGABE

				VZ	ST	PP
385	10 Euro (S) 2011. Herkulesstatue und Lindwurmbrunnen am Neuen Platz in Klagenfurt am Wörthersee. Rs. Lindwurm nach dem Verzehr des als Köder ausgesetzten Ochsen mit am Turm befestigter Kette. 925er Silber, 17.297 g, ∅ 32 mm, Rand glatt:					
	2011	Stempelglanz	(30 000 Ex.)		25,–	
	2011	Spiegelglanz	(40 000 Ex.)			30,–

Ausgegeben ab 4. Mai 2011.

UN INTERNATIONALES JAHR DER WÄLDER 2011

				ST
386	5 Euro (S) 2011. Rs. Rothirsch, Fasan und Dachs im Auwald, Inschrift »Land der Wälder«. 800er Silber, 10 g, ∅ 28.5 mm (neuneckig), Rand glatt:			
	2011	Stempelglanz	(50 000 Ex.)	25,–

Entwurf und Modell von Helmut Andexlinger.
Ausgegeben ab 15. Juni 2011.

RÖMISCHE HERRSCHAFT AN DER DONAU – 4. AUSGABE

		VZ	ST	PP
387	20 Euro (S) 2011. Kaiser Constantius II. Rs. Marktszene in Aguntum. 900er Silber, 20 g, ∅ 34 mm, Riffelrand:			
	2011 Spiegelglanz (50 000 Ex.)			50,–

Ausgegeben ab 7. September 2011.

SAGEN UND LEGENDEN IN ÖSTERREICH – 6. AUSGABE

		VZ	ST	PP
388	10 Euro (S) 2011. Marx Augustin (1643–1685) beim Sackpfeifenspiel in der Pestgrube (1679) in Wien vor Knecht mit Leichenkarren. Rs. »Der liebe Augustin« als Musikant im Wirtshaus. 925er Silber, 17.297 g, ∅ 32 mm, Rand glatt:			
	2011 Stempelglanz (30 000 Ex.)		25,–	
	2011 Spiegelglanz (40 000 Ex.)			30,–

Ausgegeben ab 12. Oktober 2011.

KRONEN DER HABSBURGER – 4. AUSGABE

VZ ST PP

389 100 Euro (G) 2011. Wenzelskrone (1228) auf böhmischer Löwendalmatika. Rs. Rudolf II. (1552–1612) als König von Böhmen 1575–1611 vor Prager Stadtansicht mit Karlsbrücke, Burg (Hradschin) und Veitsdom. 986⅑er Gold, 16.225 g, ∅ 30 mm, Rand glatt:

2011 Stempelglanz (30 000 Ex.) 750,–

Ausgegeben ab 9. November 2011 (mehrwertsteuerfrei im Kalenderjahr 2019).

10 JAHRE EURO BARGELD IM ZAHLUNGSVERKEHR

390 2 Euro (K-N / N, N-Me plattiert) 2012. Euro als Weltwährung, oben bogig »Republik Österreich«, unten »2002–2012«, zwölf Sterne. Rs. wie Nr. 337:

	Normalprägung + Stempelglanz	VZ	ST	Spiegelglanz	PP
2012	(11 000 000 Ex. + 50 000 Ex.)	*NW*	3,50	(10 000 Ex.)	–,–

Entwurf und Modell von Helmut Andexlinger (Bildseite).

Bekanntmachung im Amtsblatt 17 der Europäischen Union vom 20. Januar 2012. Ausgegeben ab 2. Januar 2012.

Münzausgaben zu 2 Euro 2012 in ähnlicher Zeichnung aus Belgien, Deutschland, Estland, Finnland, Frankreich, Griechenland, Irland, Italien, Luxemburg, Malta, den Niederlanden, Portugal, San Marino, der Slowakei, Slowenien, Spanien und Zypern siehe im Euro Münzkatalog 2019 (18. Auflage) von Gerhard Schön.

NEUJAHRSFEST – 2. AUSGABE
200 JAHRE GESELLSCHAFT DER MUSIKFREUNDE IN WIEN

			VZ	ST	PP
391	5	Euro (K) 2012. Rs. Karyatide vor der Orgel im Goldenen Saal des Wiener Musikvereinsgebäudes. 8.9 g, ∅ 28.5 mm (neuneckig), Riffelrand:			
		2012 Normalprägung (300 000 Ex.)	*NW*	8,–	
a	5	Euro (S) 2012. 800er Silber, 10 g, ∅ 28.5 mm (neuneckig), Rand glatt:			
		2012 Stempelglanz (50 000 Ex.)		20,–	

Entwurf und Modell von Thomas Pesendorfer (Bildseite).
Ausgegeben ab 14. Dezember 2011.

150. GEBURTSTAG VON GUSTAV KLIMT – 1. AUSGABE

			VZ	ST	PP
392	50	Euro (G) 2012. Gustav Klimt (1862–1918), Maler und Zeichner des Wiener Jugendstils, nach einer Photographie (1917) von Moriz Nähr. Rs. Porträtgemälde (1907) der Adele Bloch Bauer (1881–1925), Buchstabe »K«. 986⅑er Gold, 10.14 g, ∅ 22 mm, Rand glatt:			
		2012 Spiegelglanz (30 000 Ex.)			450,–

Entwurf und Modell von Thomas Pesendorfer (Wertseite) und Herbert Wähner (Bildseite).
Ausgegeben ab 25. Januar 2012 (mehrwertsteuerfrei im Kalenderjahr 2019).

TECHNOLOGIE IN ÖSTERREICH – 12. AUSGABE
BIONIK

VZ **ST** **PP**

393 25 Euro (S / Niob) 2012. Perlboot (Nautilus pompilius – Nautilidae), von Adler, Lotosblume und Hai umgeben. Rs. Radiolaria vor dem Olympiastadion (1972) in München. Ring 900er Silber, 10 g / Zentrum Niob (pink oxidiert), 6.5 g (gesamt 16.5 g), ∅ 34 mm, Rand glatt:

2012 Stempelglanz (65 000 Ex.) 80,–

Entwurf und Modell von Thomas Pesendorfer (Wertseite) und Herbert Wähner (Bildseite).
Ausgegeben ab 22. Februar 2012.

EUROPÄISCHE KÜNSTLER

394 20 Euro (S) 2012. Egon Schiele (1890–1918), Maler des frühen Expressionismus, nach einer Photographie (1914) von Josef Anton Trčka, vor Ausschnitt aus dem Kunstblatt »Die Kauernde«. Rs. Bildnis (1912) der Walburga (»Wally«) Neužil (1889–1917). 900er Silber, 20 g, ∅ 34 mm, Rand glatt:

2012 ⚙ Spiegelglanz (50 000 Ex.) 50,–

Entwurf und Modell von Helmut Andexlinger (Wertseite) und Thomas Pesendorfer (Bildseite).
Ausgegeben ab 14. März 2012.

RÖMISCHE HERRSCHAFT AN DER DONAU – 5. AUSGABE

				VZ	ST	PP
395	20	Euro (S) 2012. Hl. Florian und Kaiser Gratianus. Rs. Brückenbau bei Lauriacum (Lorch). 900er Silber, 20 g, ∅ 34 mm, Rand glatt:				
		2012	Spiegelglanz	(50 000 Ex.)		50,–

Ausgegeben ab 11. April 2012.

ÖSTERREICH AUS KINDERHAND – 1. AUSGABE

396	10	Euro (K) 2012. Altstadt von Graz in der Steiermark. Rs. Sonnenblumen, Kürbisse und Herz vor dem Dachstein. 14.9 g, ∅ 32 mm, Riffelrand:				
		2012	Normalprägung	(130 000 Ex.) *NW*	15,–	
a	10	Euro (S) 2012. 925er Silber, 17.297 g, ∅ 32 mm, Rand glatt:				
		2012	Stempelglanz	(40 000 Ex.)	25,–	
		2012	Spiegelglanz	(30 000 Ex.)		30,–

Entwurf von Viktoria Reicht (Bildseite).
Ausgegeben ab 25. April 2012.

RÖMISCHE HERRSCHAFT AN DER DONAU – 6. AUSGABE

VZ ST PP

397 20 Euro (S) 2012. Kaiser Valentianus I. vor dem Kastell Brigantium (Bregenz) am Bodensee. Rs. Schiffe im Hafen. 900er Silber, 20 g, ∅ 34 mm, Rand glatt:
2012 Spiegelglanz (50 000 Ex.) 50,–

Ausgegeben ab 13. Juni 2012.

ÖSTERREICH AUS KINDERHAND – 2. AUSGABE

398 10 Euro (K) 2012. Falknerin vor der Burg Landskron. Rs. Fische und Segelboote auf dem Wörthersee vor Lindwurm und Alpensteinböcken auf dem Großglockner in Kärnten (Koroška). 14.9 g, ∅ 32 mm, Riffelrand:
2012 Normalprägung (130 000 Ex.) *NW* 15,–

a 10 Euro (S) 2012. 925er Silber, 17.297 g, ∅ 32 mm, Rand glatt:
2012 Stempelglanz (40 000 Ex.) 25,–
2012 Spiegelglanz (30 000 Ex.) 30,–

Entwurf von Philip Ogris (Bildseite).
Ausgegeben ab 26. September 2012.

42. ALPINE SKI-WELTMEISTERSCHAFTEN 2013 IN SCHLADMING

VZ ST PP

399 5 Euro (K) 2012. Rs. Abfahrtsläufer vor dem »Skygate« über der Zieleinfahrt der Planai. 8.9 g, ∅ 28.5 mm (neuneckig), Riffelrand:
2012 Normalprägung (300 000 Ex.) *NW* 8,–

a 5 Euro (S) 2012. 800er Silber, 10 g, ∅ 28.5 mm (neuneckig), Rand glatt:
2012 Stempelglanz (50 000 Ex.) 20,–

Ausgegeben ab 24. Oktober 2012.

KRONEN DER HABSBURGER – 5. AUSGABE

400 100 Euro (G) 2012. Rudolfinische Hauskrone (1602) aus der Werkstatt des Goldschmiedes Jan Vermeyen aus Antwerpen, ab 1804 Österreichische Kaiserkrone. Rs. Franz Joseph I. (1830–1916), Kaiser von Österreich ab 1848. 986⅑er Gold, 16.225 g, ∅ 30 mm, Rand glatt:
2012 Stempelglanz (30 000 Ex.) 750,–

Ausgegeben ab 14. November 2012 (mehrwertsteuerfrei im Kalenderjahr 2019).

NEUJAHRSFEST – 3. AUSGABE

VZ ST PP

401 5 Euro (K) 2013. Rs. Wiener Walzer vor Silvesterfeuerwerk. 8.9 g, ∅ 28.5 mm (neuneckig), Riffelrand:

2013 Normalprägung (300 000 Ex.) *NW* 8,–

a 5 Euro (S) 2013. 800er Silber, 10 g, ∅ 28.5 mm (neuneckig), Rand glatt:

2013 Stempelglanz (50 000 Ex.) 20,–

Entwurf und Modell von Thomas Pesendorfer (Bildseite).

Ausgegeben ab 12. Dezember 2012.

TECHNOLOGIE IN ÖSTERREICH – 13. AUSGABE
TUNNELBAU

402 25 Euro (S / Niob) 2013. Tunnelbohrmaschine. Rs. Bauarbeiter vor Straßentunnel in den Alpen. Ring 900er Silber, 10 g / Zentrum Niob (blaugrün oxidiert), 6.5 g (gesamt 16.5 g), ∅ 34 mm, Rand glatt:

2013 Stempelglanz (65 000 Ex.) 80,–

Entwurf und Modell von Herbert Wähner.

Ausgegeben ab 23. Januar 2013.

150. GEBURTSTAG VON GUSTAV KLIMT – 2. AUSGABE

VZ ST PP

403 50 Euro (G) 2013. Adler vor Lebensbaum. Rs. »Erwartung« aus dem Wandfries im Stadtpalais von Adolphe Stoclet in Brüssel, Buchstabe »L«. $986\frac{1}{9}$er Gold, 10.14 g, ∅ 22 mm, Rand glatt:
2013 Spiegelglanz (30 000 Ex.) 450,–

Entwurf und Modell von Helmut Andexlinger (Wertseite) und Thomas Pesendorfer (Bildseite).
Ausgegeben ab 27. Februar 2013 (mehrwertsteuerfrei im Kalenderjahr 2019).

EUROPÄISCHE SCHRIFTSTELLER

404 20 Euro (S) 2013. Stefan Zweig (1881–1942) mit Buch vor Schreibmaschine. Rs. Schachnovelle (1942). 900er Silber, 20 g, ∅ 34 mm, Rand glatt:
2013 € Spiegelglanz (50 000 Ex.) 50,–

Entwurf und Modell von Helmut Andexlinger.
Ausgegeben ab 20. März 2013.

ÖSTERREICH IN DER URZEIT – 1. AUSGABE

VZ **ST** **PP**

405 20 Euro (S) 2013. Ammonit als Rekonstruktion nach einem Fossil aus der Trias. Rs. Fischechse (Ichthyosaurus communis – Ichthyosauridae) und Bastardsaurier (Nothosaurus mirabilis – Nothosauridae) im Wasser. 900er Silber, 20 g, ∅ 34 mm, Rand glatt:
2013 Spiegelglanz (50 000 Ex.) 50,–

Entwurf und Modell von Helmut Andexlinger (Wertseite) und Herbert Wähner (Bildseite).
Ausgegeben ab 17. April 2013.

ÖSTERREICH AUS KINDERHAND – 3. AUSGABE

406 10 Euro (K) 2013. Sehenswürdigkeiten in der Wachau. Rs. Waldviertel, Weinviertel, Industrieviertel und Mostviertel in Niederösterreich. 14.9 g, ∅ 32 mm, Riffelrand:
2013 Normalprägung (130 000 Ex.) *NW* 15,–

a 10 Euro (S) 2013. 925er Silber, 17.297 g, ∅ 32 mm, Rand glatt:
2013 Stempelglanz (40 000 Ex.) 25,–
2013 Spiegelglanz (30 000 Ex.) 30,–

Entwurf von Christian Kopf (Bildseite).
Ausgegeben ab 15. Mai 2013.

UN INTERNATIONALES JAHR DER ZUSAMMENARBEIT ZUM WASSER 2013

					VZ	ST	PP
407	5	Euro (K) 2013. Rs. Graureiher (Ardea cinerea – Ardeidae) am Seeufer, Inschrift »Land des Wassers«. 8.9 g, ∅ 28.5 mm (neuneckig), Riffelrand:					
		2013	Normalprägung	(300 000 Ex.)	*NW*	8,–	
a	5	Euro (S) 2013. 800er Silber, 10 g, ∅ 28.5 mm (neuneckig), Rand glatt:					
		2013	Stempelglanz	(50 000 Ex.)		20,–	

Entwurf und Modell von Thomas Pesendorfer (Bildseite).
Ausgegeben ab 5. Juni 2013.

ÖSTERREICH IN DER URZEIT – 2. AUSGABE

408	20	Euro (S) 2013. Schwanzflugsaurier (Rhamphorhynchus muensteri – Rhamphorhynchidae) und Fossil aus dem Jura. Rs. Libellenjagd im Farnwald. 900er Silber, 20 g, ∅ 34 mm, Rand glatt:					
		2013	Spiegelglanz	(50 000 Ex.)			50,–

Entwurf und Modell von Thomas Pesendorfer (Wertseite) und Helmut Andexlinger (Bildseite).
Ausgegeben ab 11. September 2013.

ÖSTERREICH AUS KINDERHAND – 4. AUSGABE

VZ ST PP

409 10 Euro (K) 2013. Frau mit Radhaube in Bregenz am Bodensee. Rs. Martinsturm und Pfänderbahn in Vorarlberg. 14.9 g, ∅ 32 mm, Riffelrand:

2013 Normalprägung (130 000 Ex.) *NW* 15,–

a 10 Euro (S) 2013. 925er Silber, 17.297 g, ∅ 32 mm, Rand glatt:

2013 Stempelglanz (40 000 Ex.) 25,–

2013 Spiegelglanz (30 000 Ex.) 30,–

Entwurf von Alissa de Mori (Bildseite).

Ausgegeben ab 16. Oktober 2013.

JAGDBARE TIERE IN ÖSTERREICH – 1. AUSGABE

410 100 Euro (G) 2013. Röhrender Rothirsch (Cervus elaphus – Cervidae), Zierbeschlag eines Jagdgewehres. Rs. Hirschfamilie in Aulandschaft mit Frosch und Fischotter, Sumpfdotterblumen und Bärlauch. 986⅑er Gold, 16.225 g, ∅ 30 mm, Rand glatt:

2013 Stempelglanz (30 000 Ex.) 750,–

Ausgegeben ab 13. November 2013 (mehrwertsteuerfrei im Kalenderjahr 2019).

NEUJAHRSFEST – 4. AUSGABE

VZ **ST** **PP**

411 5 Euro (K) 2014. Rs. Neujahrsschnalzer mit Peitsche zwischen Bleigusswaren und lichtbringender Perchtenmaske zur Wintersonnenwende. 8.9 g, ∅ 28.5 mm (neuneckig), Riffelrand:

2014 Normalprägung (200 000 Ex.) *NW* 8,–

a 5 Euro (S) 2014. 800er Silber, 10 g, ∅ 28.5 mm (neuneckig), Rand glatt:

2014 Stempelglanz (50 000 Ex.) 20,–

Entwurf und Modell von Helmut Andexlinger.
Ausgegeben ab 11. Dezember 2013.

TECHNOLOGIE IN ÖSTERREICH – 14. AUSGABE
EVOLUTION

412 25 Euro (S / Niob) 2014. Erlenmeyerkolben, Mikroskop und Schlange des Asklepios zwischen der Doppelhelix der Desoxyribonukleinsäure (Deoxyribonucleic Acid) nach James Watson und Francis Crick (1953) und der Molekülstruktur von Guanin. Rs. Entwicklungsgeschichte des Menschen aus Schimpanse und Neandertaler nach Charles Robert Darwin (1859), von Tukan, Frosch, Fisch und Pilz begleitet. Ring 900er Silber, 10 g / Zentrum Niob (blau auf grün oxidiert), 6.5 g (gesamt 16.5 g), ∅ 34 mm, Rand glatt:

2014 Stempelglanz (65 000 Ex.) 150,–

Entwurf und Modell von Helmut Andexlinger.
Ausgegeben ab 22. Januar 2014.

150. GEBURTSTAG VON GUSTAV KLIMT – 3. AUSGABE

VZ ST PP

413 50 Euro (G) 2014. »Nuda Veritas« (Nackte Wahrheit) (1898) mit Spiegel als Illustration für die Zeitschrift »Ver Sacrum« (Weihefrühling). Rs. »Judith II« (Salome) (1909), Buchstabe »I«. $986\frac{1}{9}$er Gold, 10.14 g, ∅ 22 mm, Rand glatt:

2014 Spiegelglanz (30 000 Ex.) 450,–

Entwurf und Modell von Herbert Wähner (Wertseite) und Helmut Andexlinger (Bildseite).
Ausgegeben ab 19. Februar 2014 (mehrwertsteuerfrei im Kalenderjahr 2019).

ÖSTERREICH IN DER URZEIT – 3. AUSGABE

414 20 Euro (S) 2014. Panzerdinosaurier (Struthiosaurus austriacus – Nodosauridae) als Rekonstruktion nach Reptilienzahn und Knochenfunden (1859) aus der Kreidezeit am Fuß der Hohen Wand bei Muthmannsdorf. Rs. Leguanzahndinosaurier (Zalmoxes robustus – Rhabdodontidae) bei der Verteidigung seines Geleges in Vulkanlandschaft. 900er Silber, 20 g, ∅ 34 mm, Rand glatt:

2014 Spiegelglanz (50 000 Ex.) 50,–

Entwurf und Modell von Herbert Wähner (Wertseite) und Helmut Andexlinger (Bildseite).
Ausgegeben ab 19. März 2014.

140. JAHRESTAG DER ENTDECKUNG VON FRANZ-JOSEPH-LAND

VZ ST PP

415 5 Euro (K) 2014. Rs. Eisbären und Walross vor Schonerbark »Admiral Tegetthoff« im Franz-Joseph-Land (1873) der Arktis. 8.9 g, ∅ 28.5 mm (neuneckig), Riffelrand:
2014 Normalprägung (200 000 Ex.) *NW* 8,–

a 5 Euro (S) 2014. 800er Silber, 10 g, ∅ 28.5 mm (neuneckig), Rand glatt:
2014 Stempelglanz (50 000 Ex.) 20,–

Entwurf und Modell von Thomas Pesendorfer (Bildseite).
Ausgegeben ab 9. April 2014.

ÖSTERREICH AUS KINDERHAND – 5. AUSGABE

416 10 Euro (K) 2014. Stadtansicht von Salzburg. Rs. Wolfgang Gottlieb (Theophilus, Amadé) Mozart (1756–1791) neben Dirndl, Lederhose und Violine vor der Festung Hohensalzburg. 15 g, ∅ 32 mm, Riffelrand:
2014 Normalprägung (130 000 Ex.) *NW* 15,–

a 10 Euro (S) 2014. 925er Silber, 17.297 g, ∅ 32 mm, Rand glatt:
2014 € Stempelglanz (40 000 Ex.) 25,–
2014 € Spiegelglanz (30 000 Ex.) 30,–

Entwurf von Melisa Begiç (Bildseite), Modell von Helmut Andexlinger.
Ausgegeben ab 7. Mai 2014.
Weitere Münzausgaben auf Wolfgang Amadeus Mozart: Bundesrepublik Deutschland Nr. 243, Österreich Nrn. 50, 74, 193–196, 283, 325, 328, 346, 428.

25. JAHRESTAG DER ÖFFNUNG DER BERLINER MAUER

			VZ	ST	PP
417	20 Euro (S) 2014. Rs. Junge am Mauerdurchbruch beim Anblick von Sehenswürdigkeiten der westlichen Welt. 900er Silber, 20 g, ∅ 34 mm, Rand glatt:				
	2014 Spiegelglanz	(50 000 Ex.)			50,–

Entwurf und Modell von Herbert Wähner.
Ausgegeben ab 25. Juni 2014.

ÖSTERREICH IN DER URZEIT – 4. AUSGABE

418	20 Euro (S) 2014. Eurasischer Säbelzahntiger als Rekonstruktion nach einem Schädelfund aus dem Tertiär. Rs. Angriff auf ein Urnashorn (Indricotherium asiaticum – Rhinocerotidae). 900er Silber, 20 g, ∅ 34 mm, Rand glatt:			
	2014 Spiegelglanz	(50 000 Ex.)		50,–

Entwurf und Modell von Helmut Andexlinger.
Ausgegeben ab 10. September 2014.

ÖSTERREICH AUS KINDERHAND – 6. AUSGABE

					VZ	ST	PP
419	10	Euro (K) 2014. Schleicherlaufen in Telfs. Rs. Alpensteinbock, Bergiselschanze, Tanzpaare, Harfe, Trachtenhut, Segelboot und Adlerschild von Tirol. 15 g, ∅ 32 mm, Riffelrand:					
		2014	Normalprägung	(130 000 Ex.)	*NW*	15,–	
a	10	Euro (S) 2014. 925er Silber, 17.297 g, ∅ 32 mm, Rand glatt:					
		2014	Stempelglanz	(40 000 Ex.)		25,–	
		2014	Spiegelglanz	(30 000 Ex.)			30,–

Entwurf von Klasse 2b der Neuen Mittelschule Rattenberg (Bildseite), Modell von Herbert Wähner.

Ausgegeben ab 8. Oktober 2014.

JAGDBARE TIERE IN ÖSTERREICH – 2. AUSGABE

					VZ	ST	PP
420	100	Euro (G) 2014. Wildschwein (Sus scrofa – Suidae) im Eichenwald, Zierbeschlag eines Jagdgewehres. Rs. Bache mit Frischlingen in der Suhle bei der Begegnung mit einem Dachs. 986⅓er Gold, 16.225 g, ∅ 30 mm, Rand glatt:					
		2014	Spiegelglanz	(30 000 Ex.)			750,–

Ausgegeben ab 29. Oktober 2014 (mehrwertsteuerfrei im Kalenderjahr 2019).

NEUJAHRSFEST – 5. AUSGABE

VZ **ST** **PP**

421 5 Euro (K) 2015. Rs. Neujahrsempfang zu den Klängen der Operette »Fledermaus« (1874) von Johann Strauss jr. (1825–1899). 8.9 g, ∅ 28.5 mm (neuneckig), Riffelrand:

2015 Normalprägung (200 000 Ex.) *NW* 8,–

a 5 Euro (S) 2015. 800er Silber, 10 g, ∅ 28.5 mm (neuneckig), Rand glatt:

2015 Stempelglanz (50 000 Ex.) 20,–

Entwurf und Modell von Thomas Pesendorfer (Bildseite).
Ausgegeben ab 3. Dezember 2014.

TECHNOLOGIE IN ÖSTERREICH – 15. AUSGABE KOSMOLOGIE

422 25 Euro (S / Niob) 2015. Raumsonde »Rosetta« vor dem Saturn. Rs. Radioteleskop der Europäischen Südsternwarte auf dem Cerro Armazones in der Wüste Atacama in Chile. Ring 900er Silber, 10 g / Zentrum Niob (gelb auf blau oxidiert), 6.5 g (gesamt 16.5 g), ∅ 34 mm, Rand glatt:

2015 Stempelglanz (65 000 Ex.) 120,–

Entwurf und Modell von Helmut Andexlinger.
Ausgegeben ab 21. Januar 2015.

450 JAHRE SPANISCHE HOFREITSCHULE

VZ ST PP

423 20 Euro (S) 2015. Rs. Lipizzanerhengst in der Levade. 900er Silber, 20 g, ∅ 34 mm, Rand glatt:
2015 Spiegelglanz (50 000 Ex.) 50,–

Entwurf und Modell von Thomas Pesendorfer (Wertseite) und Herbert Wähner (Bildseite).
Ausgegeben ab 18. Februar 2015.

ÖSTERREICH IN DER URZEIT – 5. AUSGABE

424 20 Euro (S) 2015. Wollhaarmammut (Mammuthus primigenius – Elephantidae) als Rekonstruktion nach einem Schädelfund aus dem Quartär. Rs. Menschen als Jäger mit Speeren und Fackeln beim Zurückdrängen eines Mammuts in den Abgrund. 900er Silber, 20 g, ∅ 34 mm, Rand glatt:
2015 Spiegelglanz (50 000 Ex.) 50,–

Entwurf und Modell von Thomas Pesendorfer.
Ausgegeben ab 18. März 2015.

150. GEBURTSTAG VON GUSTAV KLIMT – 4. AUSGABE

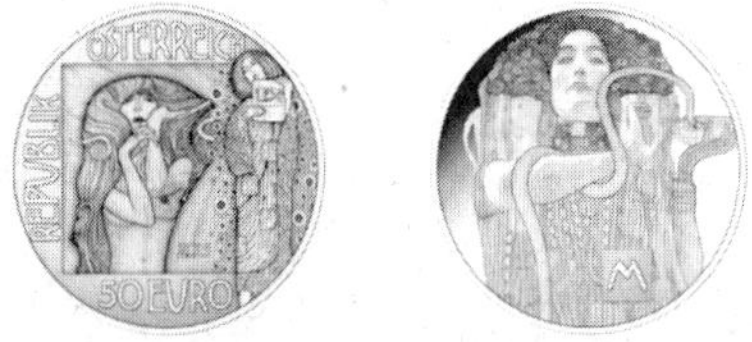

			VZ	ST	PP

425 50 Euro (G) 2015. Erinnye mit Schlangenhaaren als Vollstreckerin in der Hölle neben hagerer Personifikation des Gesetzes aus dem Fakultätsbild der Jurisprudenz (1903). Rs. Hygieia aus dem Fakultätsbild der Medizin (1901) für den Festsaal der Universität Wien, Buchstabe »M«. 986 $\frac{1}{9}$er Gold, 10.14 g, ∅ 22 mm, Rand glatt:

2015 Spiegelglanz (30 000 Ex.) 450,–

Entwurf und Modell von Thomas Pesendorfer (Wertseite) und Herbert Wähner (Bildseite).
Ausgegeben ab 15. April 2015 (mehrwertsteuerfrei im Kalenderjahr 2019).

60 JAHRE BUNDESHEER

426 5 Euro (K) 2015. Rs. Soldat mit Sturmgewehr vor Transporthubschrauber vom Typ S 70 »Black Hawk« auf Heeresabzeichen, Motto »Schutz und Hilfe«. 8.9 g, ∅ 28.5 mm (neuneckig), Riffelrand:

2015 Normalprägung (200 000 Ex.) *NW* 8,–

a 5 Euro (S) 2015. 800er Silber, 10 g, ∅ 28.5 mm (neuneckig), Rand glatt:

2015 Stempelglanz (50 000 Ex.) 20,–

Entwurf und Modell von Herbert Wähner (Bildseite).
Ausgegeben ab 6. Mai 2015.

ÖSTERREICH AUS KINDERHAND – 7. AUSGABE

					VZ	ST	PP
427	10 Euro (K) 2015. Rs. Stadtansicht von Wien. Rs. Stephansdom. 15 g, ∅ 32 mm, Riffelrand:						
	2015	Normalprägung	(130 000 Ex.)	*NW*	15,–		
a	10 Euro (S) 2015. 925er Silber, 17.297 g, ∅ 32 mm, Rand glatt:						
	2015	Stempelglanz	(40 000 Ex.)			25,–	
	2015	Spiegelglanz	(30 000 Ex.)				30,–

Entwurf von Viktoria Pinzer (Bildseite), Modell von Thomas Pesendorfer.
Ausgegeben ab 10. Juni 2015.

225. TODESTAG VON WOLFGANG AMADEUS MOZART – 1. AUSGABE

					PP
428	20 Euro (S) 2015. Wolfgang Gottlieb (Theophilus, Amadé) Mozart (1756–1791) auf einem Gemälde (1763) als Wunderkind in Hofkleidung, Schriftzug »Wolfgang«. Rs. Liebespaar Bastian und Bastienne aus dem Singspiel (1768) mit dem Zauberer. 900er Silber, 20 g, ∅ 34 mm, Rand glatt:				
	2015	Spiegelglanz	(50 000 Ex.)		50,–

Ausgegeben ab 9. September 2015.

Weitere Münzausgaben auf Wolfgang Amadeus Mozart: Bundesrepublik Deutschland Nr. 243, Österreich Nrn. 50, 74, 193–196, 283, 325, 328, 346, 416.

ÖSTERREICH AUS KINDERHAND – 8. AUSGABE

VZ ST PP

429 10 Euro (K) 2015. Rs. Zwei Löffelreiher auf Froschfang bei Rust am Neusiedler See. Rs. Weißstorch mit Schloss Esterházy zu Eisenstadt im Burgenland. 15 g, ∅ 32 mm, Riffelrand:

2015 Normalprägung (130 000 Ex.) *NW* 15,–

a 10 Euro (S) 2015. 925er Silber, 17.297 g, ∅ 32 mm, Rand glatt:

2015 Stempelglanz (40 000 Ex.) 25,–

2015 Spiegelglanz (30 000 Ex.) 30,–

Entwurf von Leonie Schrollenberger (Bildseite).

Ausgegeben ab 7. Oktober 2015.

JAGDBARE TIERE IN ÖSTERREICH – 3. AUSGABE

430 100 Euro (G) 2015. Auerhahn (Tetrao urogallus – Phasianidae), Zierbeschlag eines Jagdgewehres. Rs. Henne und Hahn am Waldrand. 986⅑er Gold, 16.225 g, ∅ 30 mm, Rand glatt:

2015 Spiegelglanz (30 000 Ex.) 750,–

Ausgegeben ab 28. Oktober 2015 (mehrwertsteuerfrei im Kalenderjahr 2019).

30 JAHRE EUROPAFLAGGE ALS SYMBOL DER EUROPÄISCHEN UNION

431 2 Euro (K-N / N, N-Me plattiert) 2015. Zwölf Menschen mit Europaflagge, Inschrift »Republik Österreich 1985–2015«, zwölf Sterne. Rs. wie Nr. 337:

	Normalprägung + Stempelglanz	VZ	ST	Spiegelglanz	PP
2015	(2 500 000 Ex.)	*NW*	3,50		

Entwurf und Modell von Georgios Stamatopoulos (Bildseite).

Bekanntmachung C 327/05 im Amtsblatt der Europäischen Union vom 3. Oktober 2015. Ausgegeben ab 30. Oktober 2015.

Münzausgaben zu 2 Euro 2015 in ähnlicher Zeichnung aus Belgien, Deutschland, Estland, Finnland, Frankreich, Griechenland, Irland, Italien, Lettland, Litauen, Luxemburg, Malta, den Niederlanden, Portugal, der Slowakei, Slowenien, Spanien und Zypern siehe im Euro Münzkatalog 2019 (18. Auflage) von Gerhard Schön.

200 JAHRE ÖSTERREICHISCHE NATIONALBANK

432 2 Euro (K-N / N, N-Me plattiert) 2016. Merkur und Fortuna vor dem Nationalbankgebäude (1925) auf dem Alsergrund in Wien, Nationalflagge, zwölf Sterne. Rs. wie Nr. 337:

	Normalprägung + Stempelglanz	VZ	ST	Spiegelglanz	PP
2016	(16 000 000 Ex. + 50 000 Ex.)	*NW*	3,50	(10 000 Ex.)	–,–

Entwurf und Modell von Helmut Andexlinger (Bildseite).

Bekanntmachung C 186/03 im Amtsblatt der Europäischen Union vom 5. Juni 2015. Ausgegeben ab 2. Dezember 2015 (Babysätze in Stempelglanz), 18. Januar 2016 (Normalprägung).

NEUJAHRSFEST – 6. AUSGABE

				VZ	ST	PP
433	5 Euro (K) 2016. Rs. Neujahrskonzert der Wiener Philharmoniker. 8.9 g, ∅ 28.5 mm (neuneckig), Riffelrand:					
	2016	Normalprägung	(200 000 Ex.)	*NW*	8,–	
a	5 Euro (S) 2016. 800er Silber, 10 g, ∅ 28.5 mm (neuneckig), Rand glatt:					
	2016	Stempelglanz	(50 000 Ex.)		20,–	

Entwurf und Modell von Herbert Wähner (Bildseite).
Ausgegeben ab 2. Dezember 2015.

60 JAHRE WIENER OPERNBALL

				VZ	ST	PP
434	20 Euro (S) 2016. Debutantenpaar beim Handkuss mit Blumenstrauß in Himbeerfarbe (Tampondruck) vor der Wiener Staatsoper. Rs. Einzug des Komitees der Jungherren und Jungdamen auf dem Wiener Opernball. 900er Silber, 20 g, ∅ 34 mm, Rand glatt:					
	2016	Spiegelglanz	(50 000 Ex.)			50,–

Ausgegeben ab 20. Januar 2016.

OSTERFEST – 1. AUSGABE

VZ ST PP

435 5 Euro (K) 2016. Rs. Feldhase (1502) vor Rasenstück (1503), nach den Aquarellen von Albrecht Dürer (1471–1528) aus dem Bestand der Albertina in Wien. 8.9 g, ∅ 28.5 mm (neuneckig), Riffelrand:

2016 Normalprägung (200 000 Ex.) *NW* 8,–

a 5 Euro (S) 2016. 800er Silber, 10 g, ∅ 28.5 mm (neuneckig), Rand glatt:

2016 Stempelglanz (50 000 Ex.) 20,–

Entwurf und Modell von Thomas Pesendorfer (Bildseite).

Ausgegeben ab 24. Februar 2016.

TECHNOLOGIE IN ÖSTERREICH – 16. AUSGABE ZEITMESSUNG

436 25 Euro (S / Niob) 2016. Zifferblatt mit Tierkreis. Rs. Räderwerk mit Sonne, Stundenglas und Weltzeituhr. Ring 900er Silber, 10 g / Zentrum Niob (türkis auf violett oxidiert), 6.5 g (gesamt 16.5 g), ∅ 34 mm, Rand glatt:

2016 Stempelglanz (65 000 Ex.) 120,–

Entwurf und Modell von Helmut Andexlinger.

Ausgegeben ab 9. März 2016.

150. GEBURTSTAG VON GUSTAV KLIMT – 5. AUSGABE

		VZ	ST	PP
437	50 Euro (G) 2016. Gustav Klimt (1862–1918) neben dem Porträt (1902) der Emilie Flöge (1874–1952). Rs. Gemälde »Der Kuss« (1908), Buchstabe »T«. 986⅑er Gold, 10.14 g, ∅ 22 mm, Rand glatt:			
	2016 Spiegelglanz (30 000 Ex.)			450,–

Entwurf und Modell von Thomas Pesendorfer (Wertseite) und Helmut Andexlinger (Bildseite).
Ausgegeben ab 13. April 2016 (mehrwertsteuerfrei im Kalenderjahr 2019).

Die Buchstaben auf den aneinandergereihten Bildseiten aller fünf Münzen der Serie ergeben den Namen des Künstlers.

225. TODESTAG VON WOLFGANG AMADEUS MOZART – 2. AUSGABE

		VZ	ST	PP
438	20 Euro (S) 2016. Wolfgang Gottlieb (Theophilus, Amadé) Mozart (1756–1791) als Genie, nach dem Familiengemälde (1780) von Johann Nepomuk della Croce (1736–1819), Schriftzug »Amadé«. Rs. Szenenbild aus der Oper »Don Giovanni« (1787). 900er Silber, 20 g, ∅ 34 mm, Rand glatt:			
	2016 Spiegelglanz (50 000 Ex.)			50,–

Ausgegeben ab 11. Mai 2016.

ÖSTERREICH AUS KINDERHAND – 9. AUSGABE

						VZ	ST	PP
439	10	Euro (K) 2016. Hallstatt in Oberösterreich. Rs. Basilika zu den Sieben Schmerzen Mariens auf dem Pöstlingberg vor dem Traunstein. 15 g, ∅ 32 mm, Riffelrand:						
		2016	Normalprägung	(130 000 Ex.)	*NW*		15,–	
a	10	Euro (S) 2016. 925er Silber, 17.297 g, ∅ 32 mm, Rand glatt:						
		2016	Stempelglanz	(40 000 Ex.)			25,–	
		2016	Spiegelglanz	(30 000 Ex.)				30,–

Entwurf von Klara Baumgartner (Bildseite).
Ausgegeben ab 1. Juni 2016.

225. TODESTAG VON WOLFGANG AMADEUS MOZART – 3. AUSGABE

					PP
440	20	Euro (S) 2016. Wolfgang Gottlieb (Theophilus, Amadé) Mozart (1756–1791) als Legende, nach der Miniatur (1783) von Joseph Lange (1751–1831), Schriftzug »Mozart«. Rs. Tamino und Papageno bei der Königin der Nacht, aus der Oper »Die Zauberflöte« (1791). 900er Silber, 20 g, ∅ 34 mm, Rand glatt:			
		2016	Spiegelglanz	(50 000 Ex.)	50,–

Ausgegeben ab 7. September 2016.

Die Schriftzüge auf den aneinandergereihten Porträtseiten der drei Münzen ergänzen sich zu »Wolfgang Amadé Mozart«.

ÖSTERREICH AUS KINDERHAND – 10. AUSGABE

			VZ	ST	PP
441	10	Euro (K) 2016. Rs. Landkarte von Österreich. 15 g, ∅ 32 mm, Riffelrand:			
		2016 Normalprägung (130 000 Ex.)	*NW*	15,–	
a	10	Euro (S) 2016. 925er Silber, 17.297 g, ∅ 32 mm, Rand glatt:			
		2016 Stempelglanz (40 000 Ex.)		25,–	
		2016 Spiegelglanz (30 000 Ex.)			30,–

Entwurf von Klasse 4a der Volksschule Kapfenberg (Bildseite).
Ausgegeben ab 5. Oktober 2016.

JAGDBARE TIERE IN ÖSTERREICH – 4. AUSGABE

			VZ	ST	PP
442	100	Euro (G) 2016. Rotfuchs (Vulpes vulpes – Canidae), Zierbeschlag eines Jagdgewehres. Rs. Fähe mit zwei Welpen vor Fuchsbau mit Maus im Buchenwald. 986⅑er Gold, 16.225 g, ∅ 30 mm, Rand glatt:			
		2016 Spiegelglanz (30 000 Ex.)			750,–

Entwurf und Modell von Thomas Pesendorfer (Wertseite) und Herbert Wähner (Bildseite).
Ausgegeben ab 2. November 2016 (mehrwertsteuerfrei im Kalenderjahr 2019).

PLATINBARRENMÜNZE »WIENER PHILHARMONIKER« – 1. AUSGABE

443 100 Euro (Pt) 2016–2019. Typ wie Nr. 183, Inschrift »Platin«. 999½er Platin, 31.10 g (1 oz.), ∅ 37 mm, Riffelrand:

		ST
2016	(35 257 Ex.)	*MW + 25 %*
2017	(15 354 Ex.)	*MW + 25 %*
2018	*nach Bedarf*	*MW + 25 %*
2019	*nach Bedarf*	*MW + 25 %*

Entwurf und Modell von Thomas Pesendorfer.
Ausgegeben ab 8. Februar 2016.

TIERE DER WELT – 1. AUSGABE

444 3 Euro (K-N) 2016. Rs. Fledermaus in Farbe (fluoreszierender Tampondruck). 16 g, ∅ 34 mm, Rand glatt:

			VZ	**ST**	**PP**
2016	Stempelglanz	(50 000 Ex.)	90,–		

Entwurf und Modell von Helmut Andexlinger (Wertseite) und Anna Rastl (Bildseite).
Ausgegeben ab 5. Oktober 2016.

NEUJAHRSFEST – 7. AUSGABE
150 JAHRE DONAUWALZER

			VZ	ST	PP
445	5	Euro (K) 2017. Rs. Johann Strauß jr. (1825–1899) in Halbfigur beim Violinspiel, nach der Bronzestatue (1923) von Edmund Ritter von Hellmer (1850–1935) im Wiener Stadtpark, vor Tanzpaar mit Notenzeile aus dem Donauwalzer (1867). 8.9 g, ∅ 28.5 mm (neuneckig), Riffelrand: 2017 Normalprägung (200 000 Ex.) *NW*		8,–	
a	5	Euro (S) 2017. 800er Silber, 10 g, ∅ 28.5 mm (neuneckig), Rand glatt: 2017 Stempelglanz (50 000 Ex.)		20,–	

Entwurf und Modell von Thomas Pesendorfer (Bildseite).
Ausgegeben ab 7. Dezember 2016.

175 JAHRE WIENER PHILHARMONIKER

			VZ	ST	PP
446	20	Euro (S) 2017. Otto Nicolai (1810–1849), August Schmidt (1808–1891) und Alfred Julius Becher (1803–1848), Orchestersignet in goldener Farbe (Tampondruck). Rs. Ausschnitt aus dem Monumentalgemälde »Die Philharmoniker« (1923) von Max Oppenheimer (1865–1954). 925er Silber, 22.42 g, ∅ 34 mm, Rand glatt: 2017 Spiegelglanz (30 000 Ex.)			60,–

Entwurf und Modell von Helmut Andexlinger (Wertseite) und Herbert Wähner (Bildseite).
Ausgegeben ab 18. Januar 2017.

TIERE DER WELT – 2. AUSGABE

			VZ	ST	PP
447	3 Euro (K-N) 2017. Rs. Tiger in Farbe (fluoreszierender Tampondruck). 16 g, ∅ 34 mm, Rand glatt:				
	2017 Stempelglanz	(50 000 Ex.)		50,–	

Entwurf und Modell von Helmut Andexlinger (Wertseite) und Anna Rastl (Bildseite).
Ausgegeben ab 22. Februar 2017.

ERZENGEL – 1. AUSGABE

448 10 Euro (K) 2017. Gotische Initiale »M« mit Waage und Schwert in Kartusche. Rs. Hl. Michael als Schutzengel im Kampf mit dem Drachen, nach einer spanischen Miniatur (13. Jh.). 15 g, ∅ 32 mm, Riffelrand:

2017 Normalprägung (130 000 Ex.) *NW* 15,–

a 10 Euro (S) 2017. 925er Silber, 16,81 g, ∅ 32 mm, Rand glatt:

1 ohne Farbe:

2017 Stempelglanz (30 000 Ex.) 35,–

2 Kartusche in blauer Farbe (Tampondruck):

2017 Spiegelglanz (30 000 Ex.) 45,–

Entwurf und Modell von Helmut Andexlinger (Wertseite) und Herbert Wähner (Bildseite).
Ausgegeben ab 22. Februar 2017.

OSTERFEST – 2. AUSGABE

VZ ST PP

449 5 Euro (K) 2017. Rs. Junges Schaf auf Blumenwiese vor dem Osterlamm mit Kreuzfahne als Symbol für den Sieg über Sünde und Tod. 8.9 g, ∅ 28.5 mm (neuneckig), Riffelrand:

2017 Normalprägung (200 000 Ex.) *NW* 8,–

a 5 Euro (S) 2017. 925er Silber, 8.41 g, ∅ 28.5 mm (neuneckig), Rand glatt:

2017 Stempelglanz (50 000 Ex.) 20,–

Entwurf und Modell von Herbert Wähner (Bildseite).

Ausgegeben ab 22. März 2017.

300. GEBURTSTAG VON MARIA THERESIA – 1. AUSGABE

450 20 Euro (S) 2017. Maria Theresia (1717–1780), Erzherzogin von Österreich, Königin von Ungarn ab 1740, Königin von Böhmen ab 1743, römische Kaiserin ab 1745, nach einer Medaille (1741) von Matthias Donner (1704–1756), Inschrift »Maria Theresia Augusta« (Kaiserliche Hoheit). Rs. Kriegsgöttin auf dem Schlachtfeld nach einer Medaille (1743) von Adam Rudolf Werner (1721–1784) vor Trophäen von einer Medaille (1773) von Anton Widemann, Inschrift »Fortitudo« (Tapferkeit und Entschlossenheit). 925er Silber, 22.42 g, ∅ 34 mm, Rand glatt:

2017 Stempelglanz (30 000 Ex.) 60,–

Entwurf und Modell von Helmut Andexlinger (Wertseite) und Herbert Wähner (Bildseite).

Ausgegeben ab 19. April 2017.

WIENER SCHULEN DER PSYCHOTHERAPIE – 1. AUSGABE

					VZ	ST	PP
451	50	Euro (G) 2017. Sigmund Freud (1856–1939). Rs. Psychoanalyse. $986\frac{1}{9}$er Gold, 7.89 g, ∅ 22 mm, Rand glatt:					
		2017	Spiegelglanz	(20 000 Ex.)			400,–

Entwurf und Modell von Helmut Andexlinger (Wertseite) und Herbert Wähner (Bildseite).
Ausgegeben ab 3. Mai 2017 (mehrwertsteuerfrei im Kalenderjahr 2019).

TIERE DER WELT – 3. AUSGABE

					VZ	ST	PP
452	3	Euro (K-N) 2017. Rs. Krokodil in Farbe (fluoreszierender Tampondruck). 16 g, ∅ 34 mm, Rand glatt:					
		2017	Stempelglanz	(50 000 Ex.)		30,–	

Entwurf und Modell von Helmut Andexlinger (Wertseite) und Anna Rastl (Bildseite).
Ausgegeben ab 7. Juni 2017.

TECHNOLOGIE IN ÖSTERREICH – 17. AUSGABE
MIKROKOSMOS

VZ ST PP

453 25 Euro (S / Niob) 2017. Ring 900er Silber, 10 g / Zentrum Niob (rosa auf grün oxidiert), 6.5 g (gesamt 16.5 g), ∅ 34 mm, Rand glatt:
2017 Stempelglanz (65 000 Ex.) 60,–

Entwurf und Modell von Helmut Andexlinger (Wertseite) und Herbert Wähner (Bildseite).
Ausgegeben ab 7. Juni 2017.

TIERE DER WELT – 4. AUSGABE

454 3 Euro (K-N) 2017. Rs. Eisvogel in Farbe (fluoreszierender Tampondruck). 16 g, ∅ 34 mm, Rand glatt:
2017 Stempelglanz (50 000 Ex.) 30,–

Entwurf und Modell von Helmut Andexlinger (Wertseite) und Anna Rastl (Bildseite).
Ausgegeben ab 6. September 2017.

ERZENGEL – 2. AUSGABE

VZ **ST** **PP**

455 10 Euro (K) 2017. Gotische Initiale »G« mit Madonnenlilie in Kartusche. Rs. Hl. Gabriel als Kraftengel bei der Verkündigung des Herrn an die Jungfrau Maria. 15 g, ∅ 32 mm, Riffelrand:
2017 Normalprägung (130 000 Ex.) *NW* 15,–

a 10 Euro (S) 2017. 925er Silber, 16.81 g, ∅ 32 mm, Rand glatt:
1 ohne Farbe:
2017 Stempelglanz (30 000 Ex.) 35,–
2 Kartusche in oranger Farbe (Tampondruck):
2017 Spiegelglanz (30 000 Ex.) 45,–

Entwurf und Modell von Helmut Andexlinger (Wertseite) und Herbert Wähner (Bildseite).
Ausgegeben ab 6. September 2017.

JAGDBARE TIERE IN ÖSTERREICH – 5. AUSGABE

456 100 Euro (G) 2017. Alpensteinbock (Capra ibex – Bovidae), Zierbeschlag eines Jagdgewehres. Rs. Steinbock und Kitz im Hochgebirge, von Murmeltier begleitet. 986$\frac{1}{9}$er Gold, 16.225 g, ∅ 30 mm, Rand glatt:
2017 Spiegelglanz (30 000 Ex.) 750,–

Entwurf und Modell von Helmut Andexlinger (Wertseite) und Herbert Wähner (Bildseite).
Ausgegeben ab 18. Oktober 2017 (mehrwertsteuerfrei im Kalenderjahr 2019).

TIERE DER WELT – 5. AUSGABE

VZ **ST** **PP**

457 3 Euro (K-N) 2017. Rs. Wolf in Farbe (fluoreszierender Tampondruck). 16 g, ∅ 34 mm, Rand glatt:

2017 Stempelglanz (50 000 Ex.) 30,–

Entwurf und Modell von Helmut Andexlinger (Wertseite) und Anna Rastl (Bildseite).
Ausgegeben ab 22. November 2017.

300. GEBURTSTAG VON MARIA THERESIA – 2. AUSGABE

458 20 Euro (S) 2017. Franz Stephan (1708–1765), Herzog von Lothringen ab 1729, Großherzog der Toskana ab 1737, römischer Kaiser als Franz I. ab 1745, und Maria Theresia, nach einer Medaille (1759) von Anton Widemann (1724–1792). Rs. Personifikation der Gerechtigkeit mit Waage und Schwert vor Postament mit Bindenschild und Tempel mit dem Doppeladler des Reiches, Inschrift »Justitia« (Gerechtigkeit und Härte). 925er Silber, 22.42 g, ∅ 34 mm, Rand glatt:

2017 Stempelglanz (30 000 Ex.) 60,–

Entwurf und Modell von Helmut Andexlinger (Wertseite) und Herbert Wähner (Bildseite).
Ausgegeben ab 22. November 2017.

PLATINBARRENMÜNZE »WIENER PHILHARMONIKER« – 2. AUSGABE

				ST
459	4 Euro (Pt) 2017–2019. Typ wie Nr. 183, Inschrift »Platin«. 999½er Platin, 1.24 g (1/25 oz.), ∅ 13 mm, Riffelrand:			
	2017		(4 100 Ex.)	*MW + 40 %*
	2018		*nach Bedarf*	*MW + 40 %*
	2019		*nach Bedarf*	*MW + 40 %*

Entwurf und Modell von Thomas Pesendorfer.

Ausgegeben ab 1. Juni 2017.

100 JAHRE REPUBLIK ÖSTERREICH

460 2 Euro (K-N / N, N-Me plattiert) 2018. Pallas Athene als Brunnenfigur (1902) von Carl Kundmann (1838–1919) vor dem Parlamentsgebäude in Wien nach Plänen (1874) von Theophil Hansen (1813–1891), zwölf Sterne. Rs. wie Nr. 337:

	Normalprägung + Stempelglanz	VZ	ST	Spiegelglanz	PP
2018	(12 600 000 Ex. + 50 000 Ex.)	*NW*	3,50	(10 000 Ex.)	–,–

Entwurf und Modell von Herbert Wähner (Bildseite).

Bekanntmachung C 388/06 im Amtsblatt der Europäischen Union vom 17. November 2017. Ausgegeben ab 6. Dezember 2017 (Stempelglanz), 2. Januar 2018 (Normalprägung).

NEUJAHRSFEST – 8. AUSGABE

					VZ	ST	PP
461	5 Euro (K) 2018. Rs. Löwenkopf vom Einband des Evangeliars (1368) des Johannes von Troppau. 8.9 g, ∅ 28.5 mm (neuneckig), Riffelrand:						
	2018	Normalprägung	(200 000 Ex.)		*NW*	8,–	
a	5 Euro (S) 2018. 925er Silber, 8.41 g, ∅ 28.5 mm (neuneckig), Rand glatt:						
	2018	Stempelglanz	(50 000 Ex.)			20,–	

Entwurf und Modell von Helmut Andexlinger (Wertseite) und Herbert Wähner (Bildseite).

Ausgegeben ab 6. Dezember 2017.

WIENER SCHULEN DER PSYCHOTHERAPIE – 2. AUSGABE

VZ ST PP

462 50 Euro (G) 2018. Alfred Adler (1870–1937). Rs. Individualpsychologie der dreiköpfigen Familie. 986⅑er Gold, 7.89 g, ∅ 22 mm, Rand glatt:

2018 Spiegelglanz (20 000 Ex.) 400,–

Entwurf und Modell von Helmut Andexlinger (Wertseite) und Herbert Wähner (Bildseite).
Ausgegeben ab 24. Januar 2018 (mehrwertsteuerfrei im Kalenderjahr 2019).

ERZENGEL – 3. AUSGABE

463 10 Euro (K) 2018. Gotische Initiale »R« mit Fisch in Kartusche. Rs. Hl. Raphael als Heilungsengel mit Pilgerstab. 15 g, ∅ 32 mm, Riffelrand:

2018 Normalprägung (130 000 Ex.) *NW* 15,–

a 10 Euro (S) 2018. 925er Silber, 16.81 g, ∅ 32 mm, Rand glatt:

1 ohne Farbe:

2018 Stempelglanz (30 000 Ex.) 35,–

2 Kartusche in grüner Farbe (Tampondruck):

2018 Spiegelglanz (30 000 Ex.) 45,–

Entwurf und Modell von Helmut Andexlinger (Wertseite) und Herbert Wähner (Bildseite).
Ausgegeben ab 14. Februar 2018.

TIERE DER WELT – 6. AUSGABE

VZ ST PP

464 3 Euro (K-N) 2018. Rs. Papagei in Farbe (fluoreszierender Tampondruck). 16 g, ∅ 34 mm, Rand glatt:
2018 Stempelglanz (50 000 Ex.) 30,–

Entwurf und Modell von Helmut Andexlinger (Wertseite) und Anna Rastl (Bildseite).
Ausgegeben ab 7. März 2018.

OSTERFEST – 3. AUSGABE

465 5 Euro (K) 2018. Rs. Osterhase. 8.9 g, ∅ 28.5 mm (neuneckig), Riffelrand:
2018 Normalprägung (200 000 Ex.) *NW* 8,–

a 5 Euro (S) 2018. 925er Silber, 8.41 g, ∅ 28.5 mm (neuneckig), Rand glatt:
2018 Stempelglanz (50 000 Ex.) 20,–

Entwurf und Modell von Helmut Andexlinger (Wertseite) und Herbert Wähner (Bildseite).
Ausgegeben ab 7. März 2018.

300. GEBURTSTAG VON MARIA THERESIA – 3. AUSGABE

VZ ST PP

466 20 Euro (S) 2018. Maria Theresia (1717–1780) mit Witwenschleier, nach einer Medaille (1772) von Anton Guillemard (1747–1812). Rs. Krieger in Kapitulation vor verzeihender Friedensgöttin mit gezähmtem Löwen, Inschrift »Clementia« (Milde und Gottvertrauen). 925er Silber, 22.42 g, ∅ 34 mm, Rand glatt:

2018 Stempelglanz (30 000 Ex.) 60,–

Entwurf und Modell von Helmut Andexlinger (Wertseite) und Herbert Wähner (Bildseite).
Ausgegeben ab 25. April 2018.

TIERE DER WELT – 7. AUSGABE

467 3 Euro (K-N) 2018. Rs. Hai in Farbe (fluoreszierender Tampondruck). 16 g, ∅ 34 mm, Rand glatt:

2018 Stempelglanz (50 000 Ex.) 30,–

Entwurf und Modell von Helmut Andexlinger (Wertseite) und Anna Rastl (Bildseite).
Ausgegeben ab 6. Juni 2018.

TECHNOLOGIE IN ÖSTERREICH – 18. AUSGABE
ANTHROPOZÄN

VZ ST PP

468 25 Euro (S / Niob) 2018. Ökologischer Fußabdruck auf dem Globus. Rs. Zeitalter des Menschen. Ring 900er Silber, 10 g / Zentrum Niob (grün auf türkis oxidiert), 6.5 g (gesamt 16.5 g), ∅ 34 mm, Rand glatt:
2018 Stempelglanz (65 000 Ex.) 60,–

Entwurf und Modell von Helmut Andexlinger (Wertseite) und Herbert Wähner (Bildseite).
Ausgegeben ab 6. Juni 2018.

TIERE DER WELT – 8. AUSGABE

469 3 Euro (K-N) 2018. Rs. Eule in Farbe (fluoreszierender Tampondruck). 16 g, ∅ 34 mm, Rand glatt:
2018 Stempelglanz (50 000 Ex.) 30,–

Entwurf und Modell von Helmut Andexlinger (Wertseite) und Anna Rastl (Bildseite).
Ausgegeben ab 5. September 2018.

ERZENGEL – 4. AUSGABE

VZ ST PP

470 10 Euro (K) 2018. Gotische Initiale »U« mit Feuerschale in Kartusche. Rs. Hl. Uriel als Lichtengel. 15 g, ∅ 32 mm, Riffelrand:
2018 Normalprägung (130 000 Ex.) *NW* 15,–

a 10 Euro (S) 2018. 925er Silber, 16.81 g, ∅ 32 mm, Rand glatt:
1 ohne Farbe:
2018 Stempelglanz (30 000 Ex.) 35,–
2 Kartusche in goldener Farbe (Tampondruck):
2018 Spiegelglanz (30 000 Ex.) 45,–

Entwurf und Modell von Helmut Andexlinger (Wertseite) und Herbert Wähner (Bildseite).
Ausgegeben ab 5. September 2018.

300. GEBURTSTAG VON MARIA THERESIA – 4. AUSGABE

471 20 Euro (S) 2018. Joseph II. (1741–1790), römischer König ab 1764, römischer Kaiser ab 1765, und Maria Theresia, nach einer Medaille (1765) von Franz Xaver Würth (1749–1813). Rs. Minerva mit Fackel und Spiegel, Inschrift »Sapientia« (Weisheit und Reformen). 925er Silber, 22.42 g, ∅ 34 mm, Rand glatt:
2018 Stempelglanz (30 000 Ex.) 60,–

Entwurf und Modell von Helmut Andexlinger (Wertseite) und Herbert Wähner (Bildseite).
Ausgegeben ab 3. Oktober 2018.

JAGDBARE TIERE IN ÖSTERREICH – 6. AUSGABE

VZ ST PP

472 100 Euro (G) 2018. Stockerpel (Anas platyrhynchos – Anatidae) im Prachtkleid, Zierbeschlag eines Jagdgewehres. Rs. Entenfamilie in Seenlandschaft. $986\frac{1}{9}$er Gold, 16.225 g, ∅ 30 mm, Rand glatt:
2018 Spiegelglanz (30 000 Ex.) 750,–

Entwurf und Modell von Helmut Andexlinger (Wertseite) und Herbert Wähner (Bildseite).
Ausgegeben ab 3. Oktober 2018 (mehrwertsteuerfrei im Kalenderjahr 2019).

TIERE DER WELT – 9. AUSGABE

473 3 Euro (K-N) 2018. Rs. Frosch in Farbe (fluoreszierender Tampondruck). 16 g, ∅ 34 mm, Rand glatt:
2018 Stempelglanz (50 000 Ex.) 30,–

Entwurf und Modell von Helmut Andexlinger (Wertseite) und Anna Rastl (Bildseite).
Ausgegeben ab 7. November 2018.

200 JAHRE WEIHNACHTSLIED »STILLE NACHT«

			VZ	ST	PP
474	20	Euro (S) 2018. Gedächtniskapelle Stille Nacht (1936) in Oberndorf an der Salzach zur Erinnerung an die Schifferkirche als Uraufführungsort des Weihnachtsliedes (1818) von Textdichter Joseph Mohr (1792–1848) und Komponist Franz Xaver Gruber (1787–1863) mit dem Stern von Bethlehem in Farbe (fluoreszierender Tampondruck). Rs. Heilige Familie. 925er Silber, 22.42 g, ∅ 34 mm, Riffelrand:			
		2018 Spiegelglanz (30 000 Ex.)			100,–

Entwurf und Modell von Helmut Andexlinger (Wertseite) und Herbert Wähner (Bildseite).
Ausgegeben ab 7. November 2018.

NEUJAHRSFEST – 9. AUSGABE

			VZ	ST	PP
475	5	Euro (K) 2019. Rs. Lebensfreude. 8.9 g, ∅ 28.5 mm (neuneckig), Riffelrand:			
		2019 Normalprägung (200 000 Ex.)	*NW*	8,–	
a	5	Euro (S) 2019. 925er Silber, 8.41 g, ∅ 28.5 mm (neuneckig), Rand glatt:			
		2019 Stempelglanz (50 000 Ex.)		20,–	

Entwurf und Modell von Helmut Andexlinger (Wertseite) und Herbert Wähner (Bildseite).
Ausgegeben ab 5. Dezember 2018.

SILBERBARRENMÜNZEN »825 JAHRE MÜNZSTÄTTE WIEN« – 1. AUSGABE

		VZ	ST	PP
476	1½ Euro (S) 2019. Reitersiegel. Rs. Leopold V. (1157–1194), Herzog von Österreich ab 1177, als Kreuzritter im Heiligen Land (1191). 999er Silber, 31.10 g (1 oz.), ∅ 37 mm, Rand glatt:			
	2019 Normalprägung (100 000 Ex.)		25,–	

Ausgegeben ab 23. Januar 2019.

LUFTFAHRT IN ÖSTERREICH – 1. AUSGABE

477	20 Euro (S) 2019. Ikarus mit Flügelkonstruktion von Leonardo da Vinci vor Heißluftballon »Montgolfière« (1783). Rs. Otto Lilienthal (1848–1896) beim Gleitflug mit dem Sturmflügelmodell (1894) aus dem Bestand des Technischen Museums in Wien. 925er Silber, 22.42 g, ∅ 34 mm, Riffelrand:			
	2019 Spiegelglanz (30 000 Ex.)			60,–

Ausgegeben ab 23. Januar 2019.

TIERE DER WELT – 10. AUSGABE

VZ **ST** **PP**

478 3 Euro (K-N) 2019. Rs. Schildkröte in Farbe (fluoreszierender Tampondruck). 16 g, ∅ 34 mm, Rand glatt:

2019 Stempelglanz (50 000 Ex.) 30,–

Entwurf und Modell von Helmut Andexlinger (Wertseite) und Anna Rastl (Bildseite).
Ausgegeben ab 13. Februar 2019.

WIENER SCHULEN DER PSYCHOTHERAPIE – 3. AUSGABE

479 50 Euro (G) 2019. Viktor Emil Frankl (1905–1997), Begründer von Logotherapie und Existenzanalyse. Rs. Weibliche Figur mit Labyrinth und Vogel auf Blumenwiese im Universum beim Nachdenken über den Sinn des Lebens. $986\frac{1}{9}$er Gold, 7.89 g, ∅ 22 mm, Rand glatt:

2019 Spiegelglanz (20 000 Ex.) 400,–

Ausgegeben ab 13. Februar 2019 (mehrwertsteuerfrei im Kalenderjahr 2019).

OSTERFEST – 4. AUSGABE

				VZ	ST	PP
480	5	Euro (K) 2019. Rs. Osterhase beim Frühlingserwachen. 8.9 g, ∅ 28.5 mm (neuneckig), Riffelrand:				
		2019	Normalprägung (200 000 Ex.)	*NW*	8,–	
a	5	Euro (S) 2019. 925er Silber, 8.41 g, ∅ 28.5 mm (neuneckig), Rand glatt:				
		2019	Stempelglanz (50 000 Ex.)		20,–	

Ausgegeben ab 13. März 2019.

SILBERBARRENMÜNZEN »825 JAHRE MÜNZSTÄTTE WIEN« – 2. AUSGABE

				VZ	ST	PP
481	1½	Euro (S) 2019. Rs. Neustadt im Steinfeld. 999er Silber, 31.10 g (1 oz.), ∅ 37 mm, Rand glatt:				
		2019	Normalprägung (100 000 Ex.)		25,–	

Ausgegeben ab 13. März 2019.

RITTERTUM IN ÖSTERREICH – 1. AUSGABE

Nr.		Beschreibung	VZ	ST	PP
482	10	Euro (K) 2019. Rs. Turnierwesen. 15 g, ∅ 32 mm, Riffelrand:			
		2019 Normalprägung (130 000 Ex.) *NW*		15,–	
a	10	Euro (S) 2019. 925er Silber, 16.81 g, ∅ 32 mm, Rand glatt:			
		1 ohne Farbe:			
		2019 Stempelglanz (30 000 Ex.)		35,–	
		2 Wappen in Farbe (Tampondruck):			
		2019 Spiegelglanz (30 000 Ex.)			45,–

Ausgegeben ab 10. April 2019.

50. JAHRESTAG DER MONDLANDUNG VON »APOLLO 11«

Nr.		Beschreibung	VZ	ST	PP
483	20	Euro (S) 2019. 925er Silber, 22.42 g, ∅ 34 mm, Riffelrand:			
		2019 Spiegelglanz (30 000 Ex.)		–,–	

Ausgegeben ab 8. Mai 2019.

TIERE DER WELT – 11. AUSGABE

VZ **ST** **PP**

484 3 Euro (K-N) 2019. Rs. Fischotter in Farbe (fluoreszierender Tampondruck). 16 g, ∅ 34 mm, Rand glatt:

2019 Stempelglanz (50 000 Ex.) 30,–

Entwurf und Modell von Helmut Andexlinger (Wertseite) und Anna Rastl (Bildseite).

Ausgegeben ab 12. Juni 2019.

TECHNOLOGIE IN ÖSTERREICH – 19. AUSGABE
KÜNSTLICHE INTELLIGENZ

485 25 Euro (S / Niob) 2019. Ring 900er Silber, 10 g / Zentrum Niob (blau oxidiert), 6.5 g (gesamt 16.5 g), ∅ 34 mm, Rand glatt:

2018 Stempelglanz (65 000 Ex.) 60,–

Entwurf und Modell von Helmut Andexlinger.

Ausgegeben ab 6. Juni 2018.

TIERE DER WELT – 12. AUSGABE

VZ **ST** **PP**

486 3 Euro (K-N) 2019. Rs. Flusskrebs in Farbe (fluoreszierender Tampondruck). 16 g, ∅ 34 mm, Rand glatt:
2019 Stempelglanz (50 000 Ex.) 30,–

Entwurf und Modell von Helmut Andexlinger (Wertseite) und Anna Rastl (Bildseite).
Ausgegeben ab 11. September 2019.

RITTERTUM IN ÖSTERREICH – 2. AUSGABE

487 10 Euro (K) 2019. Rs. Abenteuer. 15 g, ∅ 32 mm, Riffelrand:
2019 Normalprägung (130 000 Ex.) *NW* 15,–

a 10 Euro (S) 2019. 925er Silber, 16.81 g, ∅ 32 mm, Rand glatt:
1 ohne Farbe:
2019 Stempelglanz (30 000 Ex.) 35,–
2 mit Farbe (Tampondruck):
2019 Spiegelglanz (30 000 Ex.) 45,–

Ausgegeben ab 11. September 2019.

Die Serie der Rittermünzen wird fortgesetzt mit den Themen Tapferkeit, Standhaftigkeit und Brüderlichkeit.

SILBERBARRENMÜNZEN »825 JAHRE MÜNZSTÄTTE WIEN« – 3. AUSGABE

			VZ	ST	PP
488	$1\frac{1}{2}$	Euro (S) 2019. Rs. Robin Hood als Bogenschütze im Sherwood Forest bei Nottingham. 999er Silber, 31.10 g (1 oz.), ∅ 37 mm, Rand glatt:			
		2019 Normalprägung (100 000 Ex.)		25,–	

Ausgegeben ab 16. Oktober 2019.

MAGIE DES GOLDES – 1. AUSGABE

489	100	Euro (G) 2019. $986\frac{1}{9}$er Gold, 15.78 g, ∅ 30 mm, Rand glatt:			
		2019 Spiegelglanz (20 000 Ex.)			–,–

Ausgegeben ab 16. Oktober 2019 (mehrwertsteuerfrei im Kalenderjahr 2019).

LUFTFAHRT IN ÖSTERREICH – 2. AUSGABE

491	20	Euro (S) 2019. Motorflug. 925er Silber, 22.42 g, ∅ 34 mm, Riffelrand:			
		2019 Spiegelglanz (30 000 Ex.)			60,–

Ausgegeben ab 6. November 2019.

Mariatheresientaler

Der Konventionstaler von Maria Theresia mit Jahreszahl 1780 aus der Münzstätte Günzburg (Burgau Nr. 10 im Deutschen Münzkatalog 18. Jahrhundert, 5. Auflage 2019) wurde seither als Handelsmünze von verschiedenen Münzstätten nachgeprägt. Die hier genannten Preise gelten für die laufenden Neuprägungen des Österreichischen Hauptmünzamtes und der Münze Österreich AG in Wien.

		ST	PP
10N	1 Konventionstaler (S) 1780. $833\frac{1}{3}$er Silber, 28 g (laufende Neuprägungen)	18,–	25,–

Kleinmünzensätze

2 Groschen bis 10 Schilling (1965–1979, 1988),
2 Groschen bis 20 Schilling (1980–1987, 1989–1994),
10 Groschen bis 20 Schilling (1995–2001),
1 Cent bis 2 Euro (seit 2002)

		ST/U	PP
1964			60,–
1965			30,–
1966			80,–
1967			200,–
1968	(15 200 Ex.)		100,–
1969	(20 000 Ex.)		80,–
1970	(89 100 Ex.)		10,–
1971	(80 000 Ex.)		10,–
1972	(75 000 Ex.)		10,–
1973	(80 000 Ex.)		10,–
1974	(75 500 Ex.)		10,–
1975	(49 000 Ex.)		10,–
1976	(44 000 Ex.)		10,–
1977	(44 000 Ex.)		10,–
1978	(43 000 Ex.)		10,–
1979	(44 000 Ex.)		10,–
1980	(48 000 Ex.)		25,–
1981	(49 000 Ex.)		25,–
1982	(50 000 Ex.)		18,–

			ST/U	PP
1983	(65 000 Ex.)			15,–
1984	(65 000 Ex.)			15,–
1985	(45 000 Ex.)			15,–
1986	(42 000 Ex.)			15,–
1987	(42 000 Ex.)			15,–
1988	(39 000 Ex.)			15,–
1989	(38 000 Ex.)			15,–
1990	(35 000 Ex.)			50,–
1991	(27 000 Ex.)			30,–
1992	(25 000 Ex.)		40,–	
1993	(28 000 Ex.)		50,–	
1994	(25 000 Ex.)		90,–	
1995	(27 000 Ex.)		15,–	
1996	(25 000 Ex.)		18,–	
1997	(25 000 Ex.)		15,–	
1998	(25 000 Ex.)		75,–	
1999	(50 000 Ex.)		20,–	
2000	(75 000 Ex.)		20,–	
2001	(75 000 Ex.)		20,–	
2002	(ST: 100 000 Ex.)	(PP: 10 000 Ex.)	15,–	50,–
2003	(ST: 125 000 Ex.)	(PP: 25 000 Ex.)	15,–	30,–
2004	(ST: 100 000 Ex.)	(PP: 20 000 Ex.)	15,–	35,–
2005	(ST: 100 000 Ex.)	(PP: 20 000 Ex.)	15,–	40,–
2006	(ST: 100 000 Ex.)	(PP: 20 000 Ex.)	15,–	30,–
2007	(ST: 75 000 Ex.)	(PP: 20 000 Ex.)	15,–	30,–
2008	(ST: 50 000 Ex.)	(PP: 15 000 Ex.)	18,–	35,–
2009	(ST: 75 000 Ex.)	(PP: 15 000 Ex.)	18,–	35,–
2010	(ST: 50 000 Ex.)	(PP: 15 000 Ex.)	20,–	35,–
2011	(ST: 50 000 Ex.)	(PP: 15 000 Ex.)	20,–	50,–
2012	(ST: 50 000 Ex.)	(PP: 10 000 Ex.)	35,–	75,–
2013	(ST: 50 000 Ex.)	(PP: 10 000 Ex.)	25,–	75,–
2014	(ST: 50 000 Ex.)	(PP: 10 000 Ex.)	25,–	80,–
2015	(ST: 50 000 Ex.)	(PP: 10 000 Ex.)	25,–	80,–
2016	(ST: 50 000 Ex.)	(PP: 10 000 Ex.)	28,–	80,–
2017	(ST: 50 000 Ex.)	(PP: 10 000 Ex.)	28,–	85,–
2018	(ST: 50 000 Ex.)	(PP: 10 000 Ex.)	28,–	85,–
2019	(ST: 50 000 Ex.)	(PP: 10 000 Ex.)	30,–	85,–

Babysätze seit 2012 sowie Münzsatz »Karl V.« 2003 (mit Serien aus Belgien, Deutschland, den Niederlanden, Österreich und Spanien) siehe im Euro Münzkatalog 2019 (18. Auflage) von Gerhard Schön.

Numisbriefe

Ausgaben der Generalpostdirektion und der Münze Österreich AG

Die ab 1991 hergestellten Numisbriefe sind unter den betreffenden Münzausgaben (Nrn. 192, 213, 229, 245, 259) verzeichnet.

Schweiz

Switzerland **Helvetia** **Suisse**

Fläche: 41 277 km^2; 8 482 152 Einwohner (2018).
Ein Anfang August 1291 erneuerter Landfriedensbund zwischen den Länderorten Uri, Schwyz und Unterwalden am Vierwaldstätter See wurde zur Keimzelle einer Eidgenossenschaft, die 1499 mit besonderen Freiheiten innerhalb des Heiligen Römischen Reiches Deutscher Nation ausgestattet und im Westfälischen Frieden 1648 größtenteils aus dem Reichsverband entlassen wurde. Der Schweizerische Bundesstaat von 1848 ist unter dem Markenzeichen der Neutralität zum Sitz zahlreicher internationaler Organisationen geworden. Hauptstadt: Bern (Berne, Berna).

100 Rappen (Centimes, Centesimi) = 10 Batzen (Decimes) = 1 Schweizer Franken
(Franc suisse, Franco svizzero)
(Silberparität ab 19. März 1799: 1 Schweizer Franken = 6.61494 g Feinsilber,
ab 11. März 1803: 1 Schweizer Franken = $1\frac{1}{2}$ Französische Franken
= 6.77025 g Feinsilber,
ab 7. Mai 1850: 1 Schweizer Franken = 1 Französischer Franken = 4.5 g Feinsilber)
(1866–1926 Mitglied der Lateinischen Münzunion)
(Goldparität ab 27. September 1936: 1 Schweizer Franken = $\frac{63}{310}$ g Feingold,
ab 10. Mai 1971: 1 Schweizer Franken = $\frac{47}{216}$ g Feingold,
am 22. Januar 1973 aufgehoben)

Münzstätten

A	Monnaie de Paris
B	Eidgenössische Münzstätte (Swiss Mint), Bern (in Betrieb seit 1855) (Prägungen 1969–1985 ohne Münzzeichen)
B.	Monnaie Royale de Belgique, Brüssel
BB	Straßburg
	Monnaie Royale de Belgique, Brüssel (Kopf des Erzengels Michael)
[RM]	British Royal Mint, London (1968–1970) (mit und ohne Münzzeichen B)

Frühere Ausgaben siehe im Deutschen Münzkatalog 18. Jahrhundert (5. Auflage 2019) und im Weltmünzkatalog 19. Jahrhundert (17. Auflage 2016).

1	Rappen	1850–2006	Cu 95	1.50 g	∅ 16.00 mm
1	Rappen	1942–1946	Zn	1.20 g	∅ 16.00 mm
2	Rappen	1850–1974	Cu 95	2.50 g	∅ 20.00 mm
2	Rappen	1942–1946	Zn	2.40 g	∅ 20.00 mm
5	Rappen	1850–1877	Ag 050 / Cu 600 / Zn 250 / Ni 100 Ag 050 / Cu 850 / Zn 050 / Ni 050 Ag 050 / Cu 650 / Zn 200 / Ni 100	1.67 g	∅ 17.00 mm
5	Rappen	1879–1980	Cu 75 / Ni 25	2.00 g	∅ 17.00 mm
5	Rappen	1917–1918	Cu 60 / Zn 40	2.00 g	∅ 17.00 mm
5	Rappen	1932–1941	Ni	2.00 g	∅ 17.00 mm
5	Rappen	1979–2019	Cu 92 / Al 06 / Ni 02	1.80 g	∅ 17.00 mm
10	Rappen	1850–1876	Ag 100 / Cu 550 / Zn 250 / Ni 100 Ag 100 / Cu 800 / Zn 050 / Ni 050 Ag 100 / Cu 650 / Zn 150 / Ni 100	2.50 g	∅ 19.00 mm
10	Rappen	1879–2019	Cu 75 / Ni 25	3.00 g	∅ 19.00 mm
10	Rappen	1918–1919	Cu 60 / Zn 40	3.00 g	∅ 19.00 mm
10	Rappen	1932–1939	Ni	3.00 g	∅ 19.00 mm
20	Rappen	1850–1859	Ag 150 / Cu 500 / Zn 250 / Ni 100 Ag 150 / Cu 750 / Zn 050 / Ni 050 Ag 150 / Cu 650 / Zn 100 / Ni 100	3.25 g	∅ 21.00 mm
20	Rappen	1881–1938	Ni	4.00 g	∅ 21.00 mm
20	Rappen	1939–2019	Cu 75 / Ni 25	4.00 g	∅ 21.00 mm
½	Franken	1850–1851	Ag 900 / Cu 100	2.50 g	∅ 18.00 mm
½	Franken	1875–1967	Ag 835 / Cu 165	2.50 g	∅ 18.00 mm
½	Franken	1968–2019	Cu 75 / Ni 25	2.20 g	∅ 18.00 mm
1	Franken	1850–1857	Ag 900 / Cu 100	5.00 g	∅ 23.00 mm
1	Franken	1860–1861	Ag 800 / Cu 200	5.00 g	∅ 23.00 mm
1	Franken	1875–1967	Ag 835 / Cu 165	5.00 g	∅ 23.00 mm
1	Franken	1968–2019	Cu 75 / Ni 25	4.40 g	∅ 23.00 mm
2	Franken	1850–1857	Ag 900 / Cu 100	10.00 g	∅ 27.00 mm
2	Franken	1860–1863	Ag 800 / Cu 200	10.00 g	∅ 27.00 mm
2	Franken	1874–1967	Ag 835 / Cu 165	10.00 g	∅ 27.00 mm
2	Franken	1968–2019	Cu 75 / Ni 25	8.80 g	∅ 27.00 mm
5	Franken	1850–1928	Ag 900 / Cu 100	25.00 g	∅ 37.00 mm
5	Franken	1931–1969	Ag 835 / Cu 165	15.00 g	∅ 31.00 mm
5	Franken	1968–2019	Cu 75 / Ni 25	13.20 g	∅ 31.00 mm
5	Franken	1976–1979	Cu 65 / Ni 35	13.20 g	∅ 31.00 mm
5	Franken	1999–2003	Ring Cu 75 / Ni 25, Zentrum Cu 89 / Al 05 / Zn 05 / Sn 01	15.00 g	∅ 33.00 mm
10	Franken	2004–2019	Ring Cu 92 / Al 06 / Ni 02, Zentrum Cu 75 / Ni 25	15.00 g	∅ 33.00 mm
20	Franken	1991–2019	Ag 835 / Cu 165	20.00 g	∅ 33.00 mm
10	Franken	1911–1922	Au 900 / Cu 100	3.22 g	∅ 19.00 mm
20	Franken	1871–1949	Au 900 / Cu 100 *	6.45 g	∅ 21.00 mm
25	Franken	1955–1959	Au 900 / Cu 100	5.65 g	∅ 20.00 mm
50	Franken	1955–2019	Au 900 / Cu 100	11.29 g	∅ 25.00 mm
100	Franken	1925	Au 900 / Cu 100	32.26 g	∅ 35.00 mm
100	Franken	1998–2000	Au 900 / Cu 100	22.58 g	∅ 28.00 mm
250	Franken	1991	Au 900 / Cu 100	8.00 g	∅ 23.00 mm

**Prägungen aus Walliser Gold aus der Mine von Gondo bestehen aus Au 920 / Ag 050 / Cu 030.*

1 Rappen

Bronze, 1.50 g, ∅ 16.00 mm, Rand glatt, ⇈

15 [1215] 1 Rappen (Bro) 1850, 1851, 1853, 1855–1857, 1863, 1864, 1866, 1868, 1870, 1872, 1875–1880, 1882–1884, 1887, 1889–1892, 1894–1900, 1902–1915, 1917–1921, 1924–1934, 1936–1941. Mit Federbarett besetztes Bundeswappen zwischen Lorbeer- und Eichenzweig, Jahreszahl. Rs. Wertzahl im Lorbeerkranz:

		S	SS	VZ
1850 A	(5 000 000 Ex.)	30,–	70,–	110,–
1851 A		18,–	35,–	70,–
1853 B	*schmales Kreuz*	400,–	1000,–	2000,–
1853 B	(2 008 000 Ex.)	20,–	50,–	100,–
1855 B	(500 000 Ex.)	140,–	320,–	600,–
1856 B	(2 500 000 Ex.)	12,–	30,–	50,–
1857 B	(1 587 000 Ex.)	20,–	45,–	75,–
1863 B	(501 000 Ex.)	90,–	220,–	360,–
1864 B	(501 000 Ex.)	90,–	220,–	360,–
1866 B	(1 000 000 Ex.)	40,–	90,–	180,–
1868 B	(2 000 000 Ex.)	10,–	20,–	50,–
1870 B	(500 000 Ex.)	70,–	170,–	250,–
1872 B	(2 080 000 Ex.)	10,–	20,–	50,–
1875 B	(975 000 Ex.)	20,–	45,–	75,–
1876 B	(1 000 000 Ex.)	20,–	40,–	65,–
1877 B	(923 000 Ex.)	20,–	40,–	65,–
1878 B	(981 000 Ex.)	20,–	40,–	65,–
1879 B	(998 000 Ex.)	20,–	38,–	55,–
1880 B	(992 000 Ex.)	20,–	38,–	55,–
1882 B	(1 000 000 Ex.)	20,–	38,–	55,–
1883 B	(1 000 000 Ex.)	12,–	22,–	35,–
1884 B	(1 000 000 Ex.)	15,–	25,–	40,–
1887 B	(1 504 000 Ex.)	8,–	18,–	25,–
1889 B	(500 000 Ex.)	40,–	100,–	160,–
1890 B	(1 000 000 Ex.)	10,–	20,–	35,–
1891 B	(2 000 000 Ex.)	8,–	18,–	30,–
1892 B	(1 000 000 Ex.)	12,–	22,–	40,–
1894 B	(1 000 000 Ex.)	12,–	22,–	40,–
1895 B	(2 000 000 Ex.)	6,–	10,–	18,–
1896 B	(*36 Ex.)			6000,–
1897 B	(500 000 Ex.)	16,–	30,–	60,–
1898 B	(1 500 000 Ex.)	6,–	10,–	18,–
1899 B	(1 500 000 Ex.)	6,–	10,–	18,–
1900 B	(2 000 000 Ex.)	6,–	10,–	18,–
1902 B	(950 000 Ex.)	25,–	60,–	110,–

* Jahrgang 1896 wurde anlässlich der Schweizerischen Landesausstellung geprägt.

		S	SS	VZ
1903 B	(1 000 000 Ex.)	15,–	25,–	50,–
1904 B	(1 000 000 Ex.)	15,–	25,–	50,–
1905 B	(2 000 000 Ex.)	6,–	10,–	18,–
1906 B	(1 000 000 Ex.)	10,–	20,–	35,–
1907 B	(2 000 000 Ex.)	6,–	10,–	18,–
1908 B	(3 000 000 Ex.)	4,–	8,–	15,–
1909 B	(1 000 000 Ex.)	10,–	20,–	35,–
1910 B	(1 500 000 Ex.)	3,–	8,–	16,–
1911 B	(1 500 000 Ex.)	3,–	8,–	16,–
1912 B	(2 000 000 Ex.)	2,–	6,–	12,–
1913 B	(3 000 000 Ex.)	1,–	4,–	8,–
1914 B	(3 500 000 Ex.)	1,–	4,–	8,–
1915 B	(3 000 000 Ex.)	1,–	4,–	8,–
1917 B	(2 000 000 Ex.)	3,–	8,–	12,–
1918 B	(3 000 000 Ex.)	1,–	3,–	6,–
1919 B	(3 000 000 Ex.)	1,–	3,–	6,–
1920 B	(1 000 000 Ex.)	2,–	6,–	12,–
1921 B	(3 000 000 Ex.)	1,–	3,–	6,–
1924 B	(2 000 000 Ex.)	1,–	5,–	10,–
1925 B	(2 500 000 Ex.)	1,–	3,–	5,–
1926 B	(2 000 000 Ex.)	1,–	4,–	6,–
1927 B	(1 500 000 Ex.)	2,–	8,–	12,–
1928 B	(2 000 000 Ex.)	1,–	4,–	6,–
1929 B	(4 000 000 Ex.)	–,50	2,–	5,–
1930 B	(2 500 000 Ex.)	1,–	4,–	8,–
1931 B	(5 000 000 Ex.)	–,50	2,–	4,–
1932 B	(5 000 000 Ex.)	–,50	2,–	4,–
1933 B	(3 000 000 Ex.)	–,50	2,–	4,–
1934 B	(3 000 000 Ex.)	–,50	2,–	4,–
1936 B	(2 000 000 Ex.)	–,60	3,–	8,–
1937 B	(2 400 000 Ex.)	–,50	2,–	5,–
1938 B	(5 300 000 Ex.)	–,50	2,–	4,–
1939 B	(10 000 Ex.)	12,–	25,–	60,–
1940 B	(3 027 000 Ex.)	–,60	3,–	8,–
1941 B	(12 794 000 Ex.)	–,20	–,50	2,–

Außer Kurs seit 1. März 1951.

1 Rappen

Zink, 1.20 g, ∅ 16.00 mm, Rand glatt, ⇈

a 1 Rappen (Zink) 1942–1946:

		S	SS	VZ
1942 B	(17 969 000 Ex.)	–,25	–,50	2,–
1943 B	(8 647 000 Ex.)	–,35	1,–	3,–
1944 B	(11 825 000 Ex.)	–,25	1,–	3,–
1945 B	(2 800 000 Ex.)	4,–	8,–	18,–
1946 B	(12 063 000 Ex.)	–,25	1,–	3,–

Stempel von Jean Jacques Barre.
Außer Kurs seit 1. März 1951.

1 Rappen

Bronze, 1.50 g, ∅ 16.00 mm, Rand glatt, ⇈

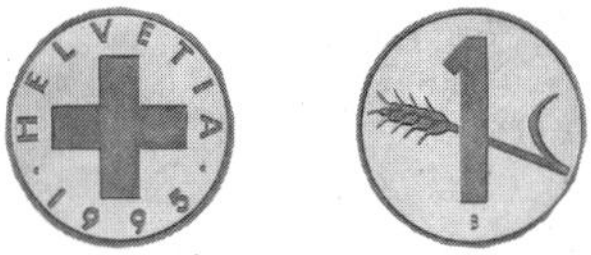

41 [1216] 1 Rappen (Bro) 1948–1959, 1962, 1963, 1966–1971, 1973–2006. Schweizerkreuz. Rs. Wertzahl und Ähre:

		VZ	ST
1948 B	(10 500 000 Ex.)	1,–	5,–
1949 B	(11 100 000 Ex.)	1,–	5,–
1950 B	(3 610 000 Ex.)	3,–	8,–
1951 B	(22 624 000 Ex.)	1,–	5,–
1952 B	(11 520 000 Ex.)	1,–	5,–
1953 B	(5 947 000 Ex.)	1,–	5,–
1954 B	(5 175 000 Ex.)	1,–	5,–
1955 B	(5 282 000 Ex.)	1,–	5,–
1956 B	(4 960 000 Ex.)	1,–	5,–
1957 B	(15 226 000 Ex.)	–,50	2,–
1958 B	(20 142 000 Ex.)	–,50	2,–
1959 B	(5 582 000 Ex.)	–,50	2,–
1962 B	(5 010 000 Ex.)	–,50	2,–
1963 B	(15 920 000 Ex.)	–,50	2,–
1966 B	(5 030 000 Ex.)	–,50	2,–
1967 B	(3 020 000 Ex.)	–,50	2,–
1968 B	(4 920 000 Ex.)	–,50	2,–
1969 B	(4 810 000 Ex.)	–,50	2,–
1970 [B]	(7 810 000 Ex.)	–,50	2,–
1971 [B]	(5 030 000 Ex.)	–,50	2,–
1973 [B]	(3 000 000 Ex.)	–,50	2,–
1974 [B]	(3 007 000 Ex.)	–,50	2,–
1975 [B]	(3 010 000 Ex.)	–,50	2,–
1976 [B]	(3 005 000 Ex.)	–,50	2,–
1977 [B]	(2 007 000 Ex.)	–,50	2,–
1978 [B]	(2 010 000 Ex.)	–,50	2,–
1979 [B]	(1 025 000 Ex.)	–,50	2,–
1980 [B]	(1 040 000 Ex.)	–,50	2,–
1981 [B]	(4 945 000 Ex.)		1,–
1982 [B]	(6 665 000 Ex.)		1,–
1983 [B]	(4 042 000 Ex.)		1,–
1984 [B]	(4 009 000 Ex.)		1,–
1985 [B]	(3 039 000 Ex.)		1,–
1986 B	(2 031 000 Ex.)		1,–
1987 B	(1 028 000 Ex.)		1,–
1988 B	(2 029 000 Ex.)		–,50
1989 B	(2 031 000 Ex.)		–,50
1990 B	(1 032 000 Ex.)		–,50
1991 B	(536 000 Ex.)		1,–
1992 B	(528 000 Ex.)		1,–

		VZ	ST
1993 B	(523 000 Ex.)		1,–
1994 B	(2 023 000 Ex.)		–,20
1995 B	(6 024 000 Ex.)		–,20
1996 B	(1 023 000 Ex.)		–,20
1997 B	(1 022 000 Ex.)		–,20
1998 B	(1 021 000 Ex.)		–,20
1999 B	(1 021 000 Ex.)		–,20
2000 B	(1 026 000 Ex.)		–,20
2001 B	(1 528 000 Ex.)		–,20
2002 B	(2 030 000 Ex.)		–,20
2003 B	(1 528 000 Ex.)		–,20
2004 B	(1 529 000 Ex.)		–,20
2005 B	(1 529 000 Ex.)		–,20
2006 B	(30 000 Ex.)		–,–

Kursgültig als gesetzliches Zahlungsmittel.

2 Rappen

Bronze, 2.50 g, ∅ 20.00 mm, Rand glatt, ↑↑

16 [1213] 2 Rappen (Bro) 1850, 1851, 1866, 1870, 1875, 1879, 1883, 1886, 1888, 1890, 1893, 1896–1900, 1902–1904, 1906–1910, 1912–1915, 1918–1920, 1925–1934, 1936–1938, 1941. Typ wie Nr. 15:

		S	SS	VZ
1850 A	(11 000 000 Ex.)	6,–	10,–	20,–
1851 A		6,–	12,–	25,–
1866 B	(1 000 000 Ex.)	9,–	18,–	26,–
1870 B	(540 000 Ex.)	18,–	40,–	70,–
1875 B	(984 000 Ex.)	6,–	12,–	25,–
1879 B	(990 000 Ex.)	5,–	10,–	20,–
1883 B	(1 000 000 Ex.)	4,–	8,–	15,–
1886 B	(1 000 000 Ex.)	4,–	8,–	15,–
1888 B	(500 000 Ex.)	18,–	45,–	80,–
1890 B	(1 000 000 Ex.)	3,–	8,–	15,–
1893 B	(2 000 000 Ex.)	1,–	4,–	9,–
1896 B	(*20 Ex.)			5000,–
1897 B	(487 000 Ex.)	16,–	25,–	40,–
1898 B	(500 000 Ex.)	16,–	25,–	40,–
1899 B	(1 000 000 Ex.)	3,–	8,–	15,–

* Jahrgang 1896 wurde anlässlich der Schweizerischen Landesausstellung geprägt.

		S	SS	VZ
1900 B	(1 000 000 Ex.)	3,–	8,–	15,–
1902 B	(500 000 Ex.)	18,–	30,–	60,–
1903 B	(500 000 Ex.)	16,–	28,–	45,–
1904 B	(500 000 Ex.)	16,–	28,–	45,–
1906 B	(500 000 Ex.)	15,–	25,–	40,–
1907 B	(1 000 000 Ex.)	3,–	8,–	12,–
1908 B	(1 000 000 Ex.)	3,–	8,–	12,–
1909 B	(1 000 000 Ex.)	3,–	8,–	12,–
1910 B	(500 000 Ex.)	16,–	30,–	55,–
1912 B	(1 000 000 Ex.)	3,–	9,–	15,–
1913 B	(1 000 000 Ex.)	3,–	8,–	12,–
1914 B	(1 000 000 Ex.)	3,–	8,–	12,–
1915 B	(1 000 000 Ex.)	3,–	8,–	12,–
1918 B	(1 000 000 Ex.)	2,–	6,–	10,–
1919 B	(2 000 000 Ex.)	1,–	3,–	6,–
1920 B	(500 000 Ex.)	16,–	30,–	60,–
1925 B	(1 250 000 Ex.)	1,–	4,–	8,–
1926 B	(750 000 Ex.)	8,–	18,–	40,–
1927 B	(500 000 Ex.)	15,–	25,–	50,–
1928 B	(500 000 Ex.)	15,–	25,–	50,–
1929 B	(750 000 Ex.)	5,–	10,–	20,–
1930 B	(1 000 000 Ex.)	1,–	4,–	6,–
1931 B	(1 288 000 Ex.)	1,–	4,–	6,–
1932 B	(1 500 000 Ex.)	–,80	3,–	5,–
1933 B	(1 000 000 Ex.)	1,–	4,–	8,–
1934 B	(500 000 Ex.)	8,–	15,–	40,–
1936 B	(500 000 Ex.)	5,–	10,–	25,–
1937 B	(1 200 000 Ex.)	–,80	3,–	6,–
1938 B	(1 369 000 Ex.)	1,–	4,–	8,–
1941 B	(3 448 000 Ex.)	–,60	2,–	5,–

Außer Kurs seit 1. März 1951.

2 Rappen

Zink, 2.40 g, ∅ 20.00 mm, Rand glatt, ↑↑

a 2 Rappen (Zink) 1942–1946:

1942 B	(8 954 000 Ex.)	–,25	1,–	3,–
1943 B	(4 499 000 Ex.)	–,50	3,–	6,–
1944 B	(8 086 000 Ex.)	–,25	1,–	3,–
1945 B	(3 640 000 Ex.)	1,–	4,–	10,–
1946 B	(1 393 000 Ex.)	6,–	15,–	35,–

Stempel von Jean Jacques Barre.
Außer Kurs seit 1. März 1951.

2 Rappen

Bronze, 2.50 g, ∅ 20.00 mm, Rand glatt, ↑↑

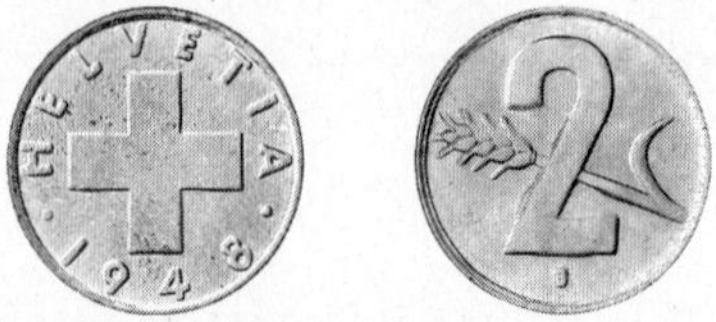

42 [1214] 2 Rappen (Bro) 1948, 1951–1955, 1957, 1958, 1963, 1966–1970, 1974. Typ wie Nr. 41:

		VZ	ST
1948 B	(10 197 000 Ex.)	2,–	8,–
1951 B	(9 622 000 Ex.)	2,–	6,–
1952 B	(1 916 000 Ex.)	4,–	10,–
1953 B	(2 007 000 Ex.)	3,–	8,–
1954 B	(2 539 000 Ex.)	3,–	8,–
1955 B	(2 493 000 Ex.)	2,–	6,–
1957 B	(8 099 000 Ex.)	–,50	3,–
1958 B	(6 078 000 Ex.)	–,50	3,–
1963 B	(10 065 000 Ex.)	–,50	2,–
1966 B	(2 510 000 Ex.)	–,50	2,–
1967 B	(1 510 000 Ex.)	–,50	3,–
1968 B	(2 865 000 Ex.)	–,25	1,–
1969 [RM]	(6 200 000 Ex.)	–,25	–,50
1970 [B]	(3 115 000 Ex.)	–,25	–,50
1974 [B]	(3 539 900 Ex.)	–,25	–,50

Außer Kurs seit 1. Januar 1978.

5 Rappen

Neusilber (Billon), 1.667 g, ∅ 17.00 mm, Rand glatt, ↑↑

17 [1211] 5 Rappen (S) 1850, 1851, 1872–1874, 1876, 1877. Wappen auf Ähren, Jahreszahl. Rs. Wertzahl im Rebenkranz. 050er Silber, 1.667 g:

		S	SS	VZ
1850	(20 012 066 Ex.)	300,–	600,–	1500,–
1850 AB		50,–	150,–	450,–
1850 BB		8,–	18,–	35,–
1851 BB		170,–	360,–	900,–
1872 B	(1 212 800 Ex.)	16,–	38,–	70,–
1873 B	(1 622 200 Ex.)	15,–	30,–	55,–
1874 B	(1 700 000 Ex.)	15,–	30,–	55,–
1876 B	(989 500 Ex.)	28,–	55,–	90,–
1877 B	(978 000 Ex.)	28,–	55,–	100,–

Stempel von Karl Friedrich Voigt.

Außer Kurs seit 1. Januar 1887.

5 Rappen

Kupfernickel, 2.00 g, ∅ 17.00 mm, Rand glatt, ⇈

24 [1212] 5 Rappen (K-N) 1879–1885, 1887–1915, 1917, 1919–1922, 1925–1931, 1940, 1942–1955, 1957–1959, 1962–1971, 1974–1980. Kopfbild der Freiheitsgöttin nach rechts. Rs. Wertzahl im Rebenkranz:

		S	SS	VZ
1879 B	(1 000 000 Ex.)	8,–	28,–	80,–
1880 B	(2 000 000 Ex.)	5,–	10,–	35,–
1881 B	(2 000 000 Ex.)	4,–	8,–	30,–
1882 B	(3 000 000 Ex.)	1,–	3,–	20,–
1883 B	(3 000 000 Ex.)	1,–	3,–	18,–
1884 B	(2 000 000 Ex.)	4,–	8,–	25,–
1885 B	(3 000 000 Ex.)	2,–	6,–	20,–
1887 B	(500 000 Ex.)	25,–	60,–	140,–
1888 B	(1 500 000 Ex.)	5,–	9,–	28,–
1889 B	(500 000 Ex.)	20,–	50,–	120,–
1890 B	(1 000 000 Ex.)	5,–	12,–	35,–
1891 B	(1 000 000 Ex.)	5,–	12,–	35,–
1892 B	(1 000 000 Ex.)	5,–	12,–	35,–
1893 B	(2 000 000 Ex.)	2,–	5,–	20,–
1894 B	(2 000 000 Ex.)	2,–	5,–	20,–
1895 B	(2 000 000 Ex.)	2,–	5,–	20,–
1896 B	(* 16 Ex.)			6000,–
1897 B	(500 000 Ex.)	8,–	25,–	65,–
1898 B	(2 500 000 Ex.)	2,–	5,–	20,–
1899 B	(1 500 000 Ex.)	6,–	15,–	40,–
1900 B	(2 000 000 Ex.)	3,–	12,–	35,–
1901 B	(3 000 000 Ex.)	2,–	5,–	20,–
1902 B	(1 000 000 Ex.)	8,–	18,–	50,–
1903 B	(2 000 000 Ex.)	3,–	10,–	25,–
1904 B	(1 000 000 Ex.)	6,–	20,–	65,–
1905 B	(1 000 000 Ex.)	6,–	12,–	35,–
1906 B	(3 000 000 Ex.)	2,–	5,–	12,–
1907 B	(5 000 000 Ex.)	1,–	4,–	10,–
1908 B	(3 000 000 Ex.)	2,–	5,–	12,–
1909 B	(2 000 000 Ex.)	2,–	5,–	18,–
1910 B	(1 000 000 Ex.)	4,–	15,–	35,–
1911 B	(2 000 000 Ex.)	2,–	5,–	15,–
1912 B	(3 000 000 Ex.)	1,–	3,–	10,–
1913 B	(3 000 000 Ex.)	1,–	3,–	10,–
1914 B	(3 000 000 Ex.)	1,–	3,–	10,–
1915 B	(3 000 000 Ex.)	2,–	5,–	15,–
1917 B	(1 000 000 Ex.)	4,–	12,–	30,–

Außer Kurs seit 1. Januar 1984.

* Jahrgang 1896 wurde anlässlich der Schweizerischen Landesausstellung geprägt.

5 Rappen

Messing, 2.00 g, ∅ 17.00 mm, Rand glatt, ⇈

			S	SS	VZ
a	5 Rappen (Me) 1917, 1918:				
	1917 B	(wenige Ex.)			3000,–
	1918 B	(6 000 000 Ex.)	6,–	15,–	30,–

Außer Kurs seit 1. Januar 1924.

5 Rappen

Kupfernickel, 2.00 g, ∅ 17.00 mm, Rand glatt, ⇈

			S	SS	VZ
	5 Rappen (K-N) Fortsetzung:				
	1919 B	(6 000 000 Ex.)	1,–	3,–	6,–
	1920 B	(5 000 000 Ex.)	1,–	3,–	6,–
	1921 B	(3 000 000 Ex.)	1,–	4,–	9,–
	1922 B	(4 000 000 Ex.)	1,–	3,–	10,–
	1925 B	(3 000 000 Ex.)	1,–	3,–	9,–
	1926 B	(3 000 000 Ex.)	1,–	3,–	9,–
	1927 B	(2 000 000 Ex.)	1,–	4,–	10,–
	1928 B	(2 000 000 Ex.)	1,–	4,–	8,–
	1929 B	(2 000 000 Ex.)	1,–	3,–	6,–
	1930 B	(3 000 000 Ex.)	1,–	3,–	6,–
	1931 B	(5 037 000 Ex.)	–,50	2,–	5,–

Außer Kurs seit 1. Januar 1984.

5 Rappen

Nickel, 2.00 g, ∅ 17.00 mm, Rand glatt, ⇈

			S	SS	VZ
b	5 Rappen (N) 1932–1934, 1936–1939, 1941:				
	1932 B	(6 000 000 Ex.)		1,–	3,–
	1933 B	(3 000 000 Ex.)		1,–	3,–
	1934 B	(4 000 000 Ex.)		1,–	3,–
	1936 B	(1 000 000 Ex.)		1,–	4,–
	1937 B	(2 000 000 Ex.)		1,–	3,–
	1938 B	(1 000 000 Ex.)		1,–	4,–
	1939 B	(10 048 000 Ex.)		1,–	3,–
	1941 B	(3 087 100 Ex.)	–,40	2,–	8,–

Außer Kurs seit 1. Januar 1984.

5 Rappen

Kupfernickel, 2.00 g, ∅ 17.00 mm, Rand glatt, ⇈

			S	SS	VZ
	5 Rappen (K-N) Fortsetzung:				
	1940 B	(1 416 000 Ex.)	1,–	3,–	12,–
	1942 B	(5 080 000 Ex.)	–,50	1,–	4,–
	1943 B	(6 591 000 Ex.)	–,50	1,–	4,–
	1944 B	(9 981 000 Ex.)	–,50	1,–	3,–
	1945 B	(985 000 Ex.)	2,–	5,–	15,–

		SS	VZ	ST
1946 B	(6 179 000 Ex.)	1,–	3,–	8,–
1947 B	(5 125 000 Ex.)	1,–	3,–	8,–
1948 B	(4 710 000 Ex.)	1,–	3,–	8,–
1949 B	(4 589 000 Ex.)	1,–	3,–	8,–
1950 B	(920 000 Ex.)	1,–	4,–	10,–
1951 B	(2 141 000 Ex.)	1,–	2,–	5,–
1952 B	(4 690 000 Ex.)	1,–	2,–	6,–
1953 B	(9 131 000 Ex.)	–,50	1,–	3,–
1954 B	(8 038 000 Ex.)	–,50	1,–	3,–
1955 B	(19 943 000 Ex.)	–,25	–,50	2,–
1957 B	(10 147 000 Ex.)	–,25	–,50	2,–
1958 B	(10 217 000 Ex.)	–,25	–,50	2,–
1959 B	(11 085 000 Ex.)	–,25	–,50	2,–
1962 B	(23 840 000 Ex.)		–,50	2,–
1963 B	(29 730 000 Ex.)		–,50	2,–
1964 B	(17 080 000 Ex.)		–,50	2,–
1965 B	(1 430 000 Ex.)	–,50	2,–	5,–
1966 B	(10 010 000 Ex.)		–,50	2,–
1967 B	(13 610 000 Ex.)		–,50	2,–
1968 B	(10 020 000 Ex.)		–,50	2,–
1969 B	(32 990 000 Ex.)		–,50	2,–
1970 [B]	(34 800 000 Ex.)		–,50	2,–
1971 [B]	(40 020 000 Ex.)		–,50	2,–
1974 [B]	(30 002 000 Ex.)		–,50	2,–
1975 [B]	(34 005 000 Ex.)		–,50	2,–
1976 [B]	(12 005 000 Ex.)		–,50	2,–
1977 [B]	(14 012 000 Ex.)		–,50	2,–
1978 [B]	(16 415 000 Ex.)		–,50	2,–
1979 [B]	(27 010 000 Ex.)		–,50	2,–
1980 [B]	(15 510 000 Ex.)		–,50	2,–

Außer Kurs seit 1. Januar 1984.

5 Rappen

Aluminium-Nickelbronze, 1.80 g, ∅ 17.00 mm, Rand glatt, ⇈

c 5 Rappen (Al-N-Bro) 1979, 1981–2019:

		VZ	ST
1979 [B]	(wenige Ex.)		–,–
1981 [B]	(79 030 000 Ex.)	*NW*	–,30
1982 [B]	(75 350 000 Ex.)	*NW*	–,30
1983 [B]	(92 757 000 Ex.)	*NW*	–,20
1984 [B]	(69 974 000 Ex.)	*NW*	–,20
1985 [B]	(60 044 000 Ex.)	*NW*	–,20
1986 B	(55 041 000 Ex.)	*NW*	–,20
1987 B	(39 828 000 Ex.)	*NW*	–,20
1988 B	(55 044 000 Ex.)	*NW*	–,20
1989 B	(45 031 500 Ex.)	*NW*	–,20
1990 B	(16 042 000 Ex.)	*NW*	–,20
1991 B	(35 036 000 Ex.)	*NW*	–,20
1992 B	(35 028 000 Ex.)	*NW*	–,20

		SS	VZ	ST
1993 B	(38 023 000 Ex.)		*NW*	–,20
1994 B	(35 023 000 Ex.)		*NW*	–,20
1995 B	(20 024 000 Ex.)		*NW*	–,20
1996 B	(25 023 000 Ex.)		*NW*	–,20
1997 B	(25 022 000 Ex.)		*NW*	–,20
1998 B	(10 021 000 Ex.)		*NW*	–,20
1999 B	(8 021 000 Ex.)		*NW*	–,20
2000 B	(5 026 000 Ex.)		*NW*	–,20
2001 B	(5 028 000 Ex.)		*NW*	–,20
2002 B	(12 030 000 Ex.)		*NW*	–,20
2003 B	(10 028 000 Ex.)		*NW*	–,20
2004 B	(10 029 000 Ex.)		*NW*	–,20
2005 B	(13 029 000 Ex.)		*NW*	–,20
2006 B	(12 030 000 Ex.)		*NW*	–,20
2007 B	(13 028 000 Ex.)		*NW*	–,20
2008 B	(40 026 000 Ex.)		*NW*	–,20
2009 B	(45 026 000 Ex.)		*NW*	–,20
2010 B	(44 026 000 Ex.)		*NW*	–,20
2011 B	(50 026 000 Ex.)		*NW*	–,20
2012 B	(35 026 000 Ex.)		*NW*	–,20
2013 B	(37 023 500 Ex.)		*NW*	–,20
2014 B	(46 022 000 Ex.)		*NW*	–,20
2015 B	(64 026 000 Ex.)		*NW*	–,20
2016 B	(32 028 000 Ex.)		*NW*	–,20
2017 B	(32 029 500 Ex.)		*NW*	–,20
2018 B	(28 027 000 Ex.)		*NW*	–,20
2019 B	(30 022 000 Ex.)		*NW*	–,20

Stempel von Karl Schwenzer (Porträtseite).

Kursgültig als gesetzliches Zahlungsmittel.

10 Rappen

Neusilber (Billon), 2.50 g, ∅ 19.00 mm, Rand glatt, ⇈

18 [1209] 10 Rappen (S) 1850, 1851, 1871, 1873, 1875, 1876. Wappen auf Eichenzweigen, Jahreszahl. Rs. Wertzahl im Eichenkranz. 100er Silber, 2.5 g:

		S	SS	VZ
1850 BB	} (13 316 548 Ex.)	8,–	20,–	50,–
1851 BB		20,–	50,–	130,–
1871 B	(844 000 Ex.)	18,–	45,–	90,–
1873 B	(1 398 100 Ex.)	15,–	35,–	75,–
1875 B	(174 000 Ex.)	260,–	480,–	850,–
1876 B	(1 962 000 Ex.)	12,–	40,–	70,–

Stempel von Karl Friedrich Voigt.

Außer Kurs seit 1. Januar 1887.

10 Rappen

Kupfernickel, 3.00 g, ∅ 19.00 mm, Rand glatt, ⇈

					S	SS	VZ
25	[1210]	10	Rappen (K-N) 1879–1885, 1894–1904, 1906–1909, 1911–1915, 1919–1922, 1924–1931, 1940, 1942–1955, 1957–1962, 1964–1970, 1972–2019. Kopfbild der Freiheitsgöttin nach rechts. Rs. Wertzahl im Eichenkranz:				
			1879 B	(1 000 000 Ex.)	6,–	18,–	50,–
			1880 B	(2 000 000 Ex.)	4,–	12,–	40,–
			1881 B	(3 000 000 Ex.)	3,–	10,–	30,–
			1882 B	(3 000 000 Ex.)	2,–	8,–	25,–
			1883 B	(2 000 000 Ex.)	3,–	15,–	45,–
			1884 B	(3 000 000 Ex.)	2,–	8,–	25,–
			1885 B	(3 000 000 Ex.)	2,–	8,–	25,–
			1894 B	(1 000 000 Ex.)	5,–	12,–	30,–
			1895 B	(2 000 000 Ex.)	2,–	8,–	25,–
			1896 B	(* 16 Ex.)			6000,–
			1897 B	(500 000 Ex.)	4,–	10,–	35,–
			1898 B	(1 000 000 Ex.)	6,–	20,–	60,–
			1899 B	(500 000 Ex.)	8,–	15,–	55,–
			1900 B	(1 500 000 Ex.)	2,–	8,–	20,–
			1901 B	(1 000 000 Ex.)	4,–	10,–	30,–
			1902 B	(1 000 000 Ex.)	4,–	10,–	30,–
			1903 B	(1 000 000 Ex.)	4,–	10,–	30,–
			1904 B	(1 000 000 Ex.)	4,–	15,–	45,–
			1906 B	(1 000 000 Ex.)	4,–	10,–	30,–
			1907 B	(2 000 000 Ex.)	2,–	5,–	12,–
			1908 B	(2 000 000 Ex.)	2,–	5,–	12,–
			1909 B	(2 000 000 Ex.)	2,–	5,–	12,–
			1911 B	(1 000 000 Ex.)	2,–	6,–	18,–
			1912 B	(1 500 000 Ex.)	1,–	3,–	10,–
			1913 B	(2 000 000 Ex.)	1,–	3,–	9,–
			1914 B	(2 000 000 Ex.)	1,–	3,–	9,–
			1915 B	(1 200 000 Ex.)	2,–	6,–	25,–

Kursgültig als gesetzliches Zahlungsmittel.

* Jahrgang 1896 wurde anlässlich der Schweizerischen Landesausstellung geprägt.

10 Rappen

Messing, 3.00 g, ∅ 19.00 mm, Rand glatt, ⇈

a	10	Rappen (Me) 1918, 1919:				
		1918 B	(6 000 000 Ex.)	15,–	28,–	45,–
		1919 B	(3 000 000 Ex.)	40,–	80,–	140,–

Außer Kurs seit 1. Januar 1924.

10 Rappen

Kupfernickel, 3.00 g, ∅ 19.00 mm, Rand glatt, ⇈

			S	SS	VZ
10	Rappen (K-N) Fortsetzung:				
	1919 B	(3 000 000 Ex.)	–,50	3,–	8,–
	1920 B	(3 500 000 Ex.)	–,50	2,–	4,–
	1921 B	(3 000 000 Ex.)	–,50	2,–	4,–
	1922 B	(2 000 000 Ex.)	–,50	2,–	4,–
	1924 B	(2 000 000 Ex.)	–,50	2,–	4,–
	1925 B	(3 000 000 Ex.)	–,50	2,–	4,–
	1926 B	(3 000 000 Ex.)	–,50	2,–	4,–
	1927 B	(2 000 000 Ex.)	–,50	2,–	4,–
	1928 B	(2 000 000 Ex.)	–,50	2,–	4,–
	1929 B	(2 000 000 Ex.)		–,50	2,–
	1930 B	(2 000 000 Ex.)		–,50	2,–
	1931 B	(2 224 000 Ex.)		–,50	2,–

Kursgültig als gesetzliches Zahlungsmittel.

10 Rappen

Nickel, 3.00 g, ∅ 19.00 mm, Rand glatt, ⇈

b 10	Rappen (N) 1932–1934, 1936–1939:			
	1932 B	(3 500 000 Ex.)	1,–	3,–
	1933 B	(2 000 000 Ex.)	1,50	4,–
	1934 B	(3 000 000 Ex.)	1,50	4,–
	1936 B	(1 500 000 Ex.)	2,–	5,–
	1937 B	(1 000 000 Ex.)	2,–	5,–
	1938 B	(1 000 000 Ex.)	2,–	5,–
	1939 B	(10 022 000 Ex.)	1,–	3,–

Außer Kurs seit 1. Januar 2004. Einlösbar bis 31. Dezember 2006.

10 Rappen

Kupfernickel, 3.00 g, ∅ 19.00 mm, Rand glatt, ⇈

10	Rappen (K-N) Fortsetzung:				
	1940 B	(2 000 000 Ex.)	–,50	2,–	6,–
	1942 B	(2 110 000 Ex.)	–,50	2,–	6,–
	1943 B	(3 176 000 Ex.)	–,50	2,–	6,–
	1944 B	(6 133 000 Ex.)		1,–	3,–
	1945 B	(993 000 Ex.)	–,50	2,50	8,–
	1946 B	(4 010 000 Ex.)		1,–	3,–
	1947 B	(3 152 000 Ex.)		1,–	3,–
	1948 B	(1 000 000 Ex.)	–,50	2,–	6,–
	1949 B	(2 269 000 Ex.)		1,–	3,–
	1950 B	(3 200 000 Ex.)		1,–	3,–
	1951 B	(3 430 000 Ex.)		1,–	3,–
	1952 B	(4 451 000 Ex.)		1,–	3,–
	1953 B	(6 149 000 Ex.)		1,–	3,–
	1954 B	(3 200 000 Ex.)		1,–	3,–
	1955 B	(11 795 000 Ex.)		–,40	1,–
	1957 B	(10 092 000 Ex.)		–,40	1,–
	1958 B	(10 040 000 Ex.)		–,40	1,–
	1959 B	(13 053 000 Ex.)		–,40	1,–

		VZ	ST
1960 B	(4 040 000 Ex.)	1,–	3,–
1961 B	(7 949 000 Ex.)	1,–	2,–
1962 B	(34 965 000 Ex.)	–,20	1,–
1964 B	(16 340 000 Ex.)	–,20	1,–
1965 B	(14 190 000 Ex.)	–,20	1,–
1966 B	(4 025 000 Ex.)	–,50	2,–
1967 B	(10 000 000 Ex.)	–,20	1,–
1968 B	(14 065 000 Ex.)	–,20	1,–
1969 B	(28 855 000 Ex.)	–,20	1,–
1970 [B]	(40 020 000 Ex.)	–,20	1,–
1972 [B]	(7 877 000 Ex.)	–,50	2,–
1973 [B]	(30 350 000 Ex.)	–,20	1,–
1974 [B]	(30 007 000 Ex.)	–,20	1,–
1975 [B]	(25 002 000 Ex.)	–,20	1,–
1976 [B]	(19 012 000 Ex.)	–,20	1,–
1977 [B]	(10 007 000 Ex.)	–,20	1,–
1978 [B]	(19 957 000 Ex.)	–,20	1,–
1979 [B]	(18 010 000 Ex.)	–,20	1,–
1980 [B]	(18 015 000 Ex.)	–,20	1,–
1981 [B]	(30 150 000 Ex.)	–,20	1,–
1982 [B]	(50 120 000 Ex.)	–,20	1,–
1983 [B]	(40 044 000 Ex.)	–,20	1,–
1984 [B]	(22 036 000 Ex.)	–,20	1,–
1985 [B]	(3 044 000 Ex.)	–,50	2,–
1986 B	(2 324 000 Ex.)	1,–	3,–
1987 B	(5 028 000 Ex.)	–,50	1,–
1988 B	(5 029 000 Ex.)	–,50	1,–
1989 B	(41 031 000 Ex.)	*NW*	–,50
1990 B	(40 032 000 Ex.)	*NW*	–,50
1991 B	(35 046 000 Ex.)	*NW*	–,50
1992 B	(18 028 000 Ex.)	*NW*	–,50
1993 B	(27 023 000 Ex.)	*NW*	–,50
1994 B	(18 023 000 Ex.)	*NW*	–,50
1995 B	(5 024 000 Ex.)	–,40	1,–
1996 B	(18 023 000 Ex.)	*NW*	–,25
1997 B	(15 022 000 Ex.)	*NW*	–,25
1998 B	(10 021 000 Ex.)	*NW*	–,25
1999 B	(7 021 000 Ex.)	*NW*	–,25
2000 B	(5 026 000 Ex.)	*NW*	–,25
2001 B	(7 028 000 Ex.)	*NW*	–,25
2002 B	(15 030 000 Ex.)	*NW*	–,25
2003 B	(12 028 000 Ex.)	*NW*	–,25
2004 B	(5 029 000 Ex.)	*NW*	–,25
2005 B	(7 029 000 Ex.)	*NW*	–,25
2006 B	(2 030 000 Ex.)	*NW*	–,25
2007 B	(18 028 000 Ex.)	*NW*	–,25
2008 B	(35 026 000 Ex.)	*NW*	–,25
2009 B	(35 026 000 Ex.)	*NW*	–,25
2010 B	(42 026 000 Ex.)	*NW*	–,25
2011 B	(35 026 000 Ex.)	*NW*	–,25
2012 B	(30 026 000 Ex.)	*NW*	–,25
2013 B	(28 023 500 Ex.)	*NW*	–,25
2014 B	(28 022 000 Ex.)	*NW*	–,25
2015 B	(22 026 000 Ex.)	*NW*	–,25

		VZ	ST
2016 B	(16 028 000 Ex.)	*NW*	–,25
2017 B	(13 029 500 Ex.)	*NW*	–,25
2018 B	(7 027 000 Ex.)	*NW*	–,25
2019 B	(7 022 000 Ex.)	*NW*	–,25

Stempel von Karl Schwenzer (Porträtseite).
Kursgültig als gesetzliches Zahlungsmittel.

20 Rappen

Neusilber (Billon), 3.25 g, ∅ 21.00 mm, Rand glatt, ⇈

19 [1207] 20 Rappen (S) 1850, 1851, 1858, 1859. Wappen auf Alpenrosen, Jahreszahl. Rs. Wertzahl im Alpenrosenkranz. 150er Silber, 3.25 g:

		S	SS	VZ
1850 BB	(11 559 783 Ex.)	6,–	18,–	50,–
1851 BB		75,–	200,–	500,–
1858	(1 547 860 Ex.)	15,–	35,–	80,–
1859	(2 775 965 Ex.)	9,–	20,–	45,–

Stempel von Karl Friedrich Voigt.
Außer Kurs seit 1. Januar 1887.

20 Rappen

Nickel, 4.00 g, ∅ 21.00 mm, Rand glatt, ⇈

26 [1208] 20 Rappen (N) 1881, 1883–1885, 1887, 1891, 1893, 1894, 1896–1903, 1906–1909, 1911–1913, 1919–1921, 1924–1927, 1929–1934, 1936, 1938. Kopfbild der Freiheitsgöttin nach rechts. Rs. Wertzahl im Alpenrosenkranz:

		S	SS	VZ
1881 B	(1 000 000 Ex.)	3,–	8,–	25,–
1883 B	(2 500 000 Ex.)	1,–	4,–	18,–
1884 B	(4 000 000 Ex.)	1,–	4,–	18,–
1885 B	(3 000 000 Ex.)	1,–	4,–	20,–
1887 B	(500 000 Ex.)	6,–	15,–	50,–
1891 B	(1 000 000 Ex.)	1,–	4,–	20,–
1893 B	(1 000 000 Ex.)	1,–	4,–	20,–
1894 B	(1 000 000 Ex.)	1,–	4,–	20,–
1896 B	(1 000 000 Ex.)	1,–	4,–	20,–
1897 B	(500 000 Ex.)	3,–	10,–	35,–
1898 B	(500 000 Ex.)	4,–	10,–	40,–
1899 B	(500 000 Ex.)	4,–	10,–	35,–

		S	SS	VZ
1900 B	(1 000 000 Ex.)	1,–	4,–	18,–
1901 B	(1 000 000 Ex.)	1,–	4,–	18,–
1902 B	(1 000 000 Ex.)	1,–	4,–	18,–
1903 B	(1 000 000 Ex.)	1,–	4,–	18,–
1906 B	(1 000 000 Ex.)	1,–	4,–	15,–
1907 B	(1 000 000 Ex.)	1,–	4,–	15,–
1908 B	(1 500 000 Ex.)	1,–	3,–	12,–
1909 B	(2 000 000 Ex.)	1,–	3,–	12,–
1911 B	(1 000 000 Ex.)	1,–	3,–	12,–
1912 B	(2 000 000 Ex.)	1,–	3,–	11,–
1913 B	(1 500 000 Ex.)	1,–	3,–	12,–
1919 B	(1 500 000 Ex.)	1,–	3,–	10,–
1920 B	(3 100 000 Ex.)	1,–	3,–	5,–
1921 B	(2 500 000 Ex.)	1,–	3,–	5,–
1924 B	(1 100 000 Ex.)	1,–	4,–	9,–
1925 B	(1 500 000 Ex.)	1,–	3,–	6,–
1926 B	(1 500 000 Ex.)	1,–	3,–	5,–
1927 B	(500 000 Ex.)	5,–	10,–	30,–
1929 B	(2 000 000 Ex.)	1,–	3,–	5,–
1930 B	(2 000 000 Ex.)	1,–	3,–	5,–
1931 B	(2 250 000 Ex.)	1,–	3,–	5,–
1932 B	(2 000 000 Ex.)	1,–	3,–	5,–
1933 B	(1 500 000 Ex.)	1,–	3,–	5,–
1934 B	(2 000 000 Ex.)	1,–	3,–	5,–
1936 B	(1 000 000 Ex.)	1,–	3,–	6,–
1938 B	(2 805 000 Ex.)	1,–	3,–	5,–

Außer Kurs seit 1. Januar 2004. Einlösbar bis 31. Dezember 2006.

20 Rappen

Kupfernickel, 4.00 g, ∅ 21.00 mm, Rand glatt, ↑↑

a 20 Rappen (K-N) 1939, 1943–1945, 1947, 1950–1971, 1974–2019:

1939 B	(8 100 000 Ex.)	1,–	4,–
1943 B	(10 173 000 Ex.)	1,–	3,–
1944 B	(7 139 000 Ex.)	1,–	3,–
1945 B	(1 992 000 Ex.)	1,–	4,–
1947 B	(5 131 000 Ex.)	1,–	2,–
1950 B	(5 970 000 Ex.)	1,–	2,–
1951 B	(3 640 000 Ex.)	1,–	2,–
1952 B	(3 075 000 Ex.)	1,–	2,–
1953 B	(6 958 000 Ex.)	1,–	2,–
1954 B	(1 504 000 Ex.)	2,–	6,–
1955 B	(9 103 000 Ex.)	1,–	2,–
1956 B	(5 111 000 Ex.)	1,–	2,–
1957 B	(2 535 000 Ex.)	1,–	2,–
1958 B	(5 037 000 Ex.)	1,–	2,–
1959 B	(10 136 000 Ex.)	1,–	2,–
1960 B	(15 469 000 Ex.)	1,–	2,–
1961 B	(8 234 000 Ex.)	1,–	2,–
1962 B	(30 145 000 Ex.)	*NW*	–,80
1963 B	(9 020 000 Ex.)	*NW*	–,80
1964 B	(14 370 000 Ex.)	*NW*	–,50
1965 B	(15 005 000 Ex.)	–,30	1,–

		VZ	ST
1966 B	(10 785 000 Ex.)	–,30	1,–
1967 B	(8 995 000 Ex.)	–,30	1,–
1968 B	(10 540 000 Ex.)	–,30	1,–
1969 B	(39 875 000 Ex.)	*NW*	–,50
1970 [B]	(45 605 000 Ex.)	*NW*	–,50
1971 [B]	(25 160 000 Ex.)	*NW*	–,50
1974 [B]	(30 024 000 Ex.)	*NW*	–,50
1975 [B]	(50 060 000 Ex.)	*NW*	–,50
1976 [B]	(23 150 000 Ex.)	*NW*	–,50
1977 [B]	(14 012 000 Ex.)	*NW*	–,50
1978 [B]	(14 815 000 Ex.)	*NW*	–,50
1979 [B]	(18 378 000 Ex.)	*NW*	–,50
1980 [B]	(24 570 000 Ex.)	*NW*	–,50
1981 [B]	(22 030 000 Ex.)	*NW*	–,50
1982 [B]	(25 045 000 Ex.)	*NW*	–,50
1983 [B]	(10 037 000 Ex.)	*NW*	–,50
1984 [B]	(22 069 000 Ex.)	*NW*	–,50
1985 [B]	(40 039 000 Ex.)	*NW*	–,50
1986 B	(10 299 000 Ex.)	*NW*	–,50
1987 B	(10 028 000 Ex.)	*NW*	–,50
1988 B	(25 029 000 Ex.)	*NW*	–,50
1989 B	(20 031 500 Ex.)	*NW*	–,50
1990 B	(6 534 000 Ex.)	–,50	2,–
1991 B	(48 076 000 Ex.)	*NW*	–,30
1992 B	(12 628 000 Ex.)	*NW*	–,30
1993 B	(32 523 000 Ex.)	*NW*	–,30
1994 B	(20 023 000 Ex.)	*NW*	–,30
1995 B	(8 024 000 Ex.)	*NW*	–,30
1996 B	(4 023 000 Ex.)	*NW*	–,30
1997 B	(6 022 000 Ex.)	*NW*	–,30
1998 B	(7 021 000 Ex.)	*NW*	–,30
1999 B	(4 021 000 Ex.)	*NW*	–,30
2000 B	(3 026 000 Ex.)	*NW*	–,30
2001 B	(7 028 000 Ex.)	*NW*	–,30
2002 B	(12 030 000 Ex.)	*NW*	–,30
2003 B	(10 028 000 Ex.)	*NW*	–,30
2004 B	(10 029 000 Ex.)	*NW*	–,30
2005 B	(6 029 000 Ex.)	*NW*	–,30
2006 B	(5 030 000 Ex.)	*NW*	–,30
2007 B	(22 028 000 Ex.)	*NW*	–,30
2008 B	(41 026 000 Ex.)	*NW*	–,30
2009 B	(32 026 000 Ex.)	*NW*	–,30
2010 B	(18 026 000 Ex.)	*NW*	–,30
2011 B	(20 026 000 Ex.)	*NW*	–,30
2012 B	(32 026 000 Ex.)	*NW*	–,30
2013 B	(32 023 500 Ex.)	*NW*	–,30
2014 B	(30 022 000 Ex.)	*NW*	–,30
2015 B	(20 026 000 Ex.)	*NW*	–,30
2016 B	(15 028 000 Ex.)	*NW*	–,30
2017 B	(13 029 500 Ex.)	*NW*	–,30
2018 B	(10 027 000 Ex.)	*NW*	–,30
2019 B	(15 022 000 Ex.)	*NW*	–,30

Kursgültig als gesetzliches Zahlungsmittel.

½ Franken

900er Silber, 2.50 g, ∅ 18.00 mm, Riffelrand, ↓↑

		S	SS	VZ

20 [1205] ½ Franken (S) 1850, 1851. Sitzende Landesgöttin mit Wappenschild vor der Jungfrau bei Interlaken. Rs. Wert und Jahreszahl im Kranz aus Eichenzweigen und Alpenrosen. 900er Silber, 2.5 g:

		S	SS	VZ
1850 A	(4 500 000 Ex.)	70,–	140,–	250,–
1851 A		60,–	120,–	200,–

Stempel von Antoine Bovy.
Außer Kurs seit 2. Januar 1869.

½ Franken

835er Silber, 2.50 g, ∅ 18.00 mm, Riffelrand, ↓↑

27 [1206] ½ Franken (S) 1875, 1877–1879, 1881, 1882, 1894, 1896, 1898–1901, 1903–1910, 1913, 1914, 1916, 1920, 1921, 1928, 1929, 1931, 1932, 1934, 1936, 1937, 1939–1946, 1948, 1950–1953, 1955–1967. Stehende Landesgöttin mit Wappenschild, von zweiundzwanzig Sternen für die Kantone umgeben. Rs. Wertangabe und Jahreszahl im Kranz. 835er Silber, 2.5 g:

		S	SS	VZ
1875 B	(1 000 000 Ex.)	25,–	75,–	225,–
1877 B	(1 000 000 Ex.)	30,–	90,–	280,–
1878 B	(1 000 000 Ex.)	35,–	100,–	300,–
1879 B	(1 000 000 Ex.)	18,–	50,–	150,–
1881 B	(1 000 000 Ex.)	12,–	28,–	130,–
1882 B	(1 000 000 Ex.)	12,–	30,–	140,–
1894 A	(800 000 Ex.)	28,–	65,–	150,–
1896 B	(*28 Ex.)			10000,–
1898 B	(1 600 000 Ex.)	4,–	10,–	30,–
1899 B	(400 000 Ex.)	8,–	20,–	80,–

* Jahrgang 1896 wurde anlässlich der Schweizerischen Landesausstellung geprägt.

		S	SS	VZ
1900 B	(400 000 Ex.)	8,–	20,–	80,–
1901 B	(200 000 Ex.)	30,–	90,–	280,–
1903 B	(800 000 Ex.)	3,–	8,–	25,–
1904 B	(400 000 Ex.)	8,–	28,–	180,–
1905 B	(600 000 Ex.)	3,–	8,–	60,–
1906 B	(1 000 000 Ex.)	3,–	8,–	45,–
1907 B	(1 200 000 Ex.)	3,–	8,–	40,–
1908 B	(800 000 Ex.)	3,–	8,–	50,–
1909 B	(1 000 000 Ex.)	2,–	6,–	32,–
1910 B	(1 000 000 Ex.)	2,–	6,–	32,–
1913 B	(800 000 Ex.)	2,–	6,–	25,–
1914 B	(2 000 000 Ex.)	2,–	5,–	18,–
1916 B	(800 000 Ex.)	2,–	6,–	25,–
1920 B	(5 400 000 Ex.)	2,–	4,–	12,–
1921 B	(6 000 000 Ex.)	2,–	4,–	12,–
1928 B	(1 000 000 Ex.)	2,–	5,–	16,–
1929 B	(2 000 000 Ex.)	2,–	4,–	12,–
1931 B	(1 000 000 Ex.)	2,–	4,–	12,–
1932 B	(1 000 000 Ex.)	2,–	4,–	10,–
1934 B	(2 000 000 Ex.)	2,–	3,–	9,–
1936 B	(400 000 Ex.)	2,–	5,–	15,–
1937 B	(1 000 000 Ex.)	2,–	3,–	9,–
1939 B	(1 001 000 Ex.)	2,–	3,–	9,–
1940 B	(2 002 000 Ex.)	2,–	3,–	8,–
1941 B	(200 000 Ex.)	2,–	4,–	10,–
1942 B	(2 969 000 Ex.)	2,–	3,–	8,–
1943 B	(4 573 000 Ex.)	2,–	3,–	8,–
1944 B	(7 455 000 Ex.)	2,–	3,–	8,–
1945 B	(4 928 000 Ex.)	2,–	3,–	8,–
1946 B	(6 817 000 Ex.)	2,–	3,–	8,–
1946 B	⇈ *(Fehlprägung)*	75,–	150,–	300,–
1948 B	(6 113 000 Ex.)	*MW*	2,–	6,–
1950 B	(7 148 000 Ex.)	*MW*	2,–	6,–
1951 B	(8 530 000 Ex.)	*MW*	2,–	5,–
1952 B	(14 023 000 Ex.)	*MW*	2,–	5,–
1953 B	(3 567 000 Ex.)	*MW*	2,50	8,–
1955 B	(1 320 000 Ex.)	*MW*	3,–	10,–
1956 B	(4 250 000 Ex.)	*MW*	2,50	8,–
1957 B	(12 085 000 Ex.)	*MW*	2,–	4,–
1958 B	(11 558 000 Ex.)	*MW*	2,–	4,–
1959 B	(12 581 000 Ex.)	*MW*	2,–	4,–
1960 B	(14 528 000 Ex.)	*MW*	2,–	4,–
1961 B	(6 906 000 Ex.)	*MW*	2,–	5,–
1962 B	(18 272 000 Ex.)	*MW*	2,–	4,–
1963 B	(25 168 000 Ex.)	*MW*	2,–	4,–
1964 B	(22 720 000 Ex.)	*MW*	2,–	4,–
1965 B	(17 920 000 Ex.)	*MW*	2,–	4,–
1966 B	(10 008 000 Ex.)	*MW*	2,–	4,–
1967 B	(16 096 000 Ex.)	*MW*	2,–	4,–

Außer Kurs seit 1. Oktober 1971.

Kupfernickel, 2.20 g, ∅ 18.00 mm, Riffelrand, ↓↑ (1968–1981), ↑↑ (seit 1982)

				VZ	ST
a	½ Franken (K-N) 1968–1982:				
	1. ↓↑:				
		1968 [RM]	(20 000 000 Ex.)	5,–	15,–
		1968 B	(44 920 000 Ex.)	2,–	6,–
		1969 [RM]	(31 400 000 Ex.)	5,–	15,–
		1969 B	(51 704 000 Ex.)	2,–	6,–
		1970 [RM]	(24 012 000 Ex.)	2,–	4,–
		1970 [B]	(28 608 000 Ex.)	2,–	4,–
		1971 [B]	(34 472 000 Ex.)	2,–	4,–
		1972 [B]	(9 996 000 Ex.)	4,–	10,–
		1973 [B]	(5 000 000 Ex.)	4,–	10,–
		1974 [B]	(45 006 000 Ex.)	1,–	2,–
		1975 [B]	(27 234 000 Ex.)	1,–	2,–
		1976 [B]	(10 009 000 Ex.)	1,–	2,–
		1977 [B]	(19 011 000 Ex.)	1,–	2,–
		1978 [B]	(20 818 000 Ex.)	1,–	2,–
		1979 [B]	(27 014 000 Ex.)	*NW*	1,–
		1980 [B]	(31 074 000 Ex.)	*NW*	1,–
		1981 [B]	(30 165 000 Ex.)	*NW*	1,–
	2. ↑↑:				
		1982 [B]	(30 161 000 Ex.)	–,50	1,50

Kursgültig als gesetzliches Zahlungsmittel.

57 ½ Franken (K-N) 1983–2019. Typ wie Nr. 27, mit dreiundzwanzigstem Stern für den Kanton Jura:

		VZ	ST
1983 [B]	(22 031 000 Ex.)	–,50	1,–
1984 [B]	(20 050 000 Ex.)	–,50	1,–
1985 [B]	(6 038 000 Ex.)	–,50	1,–
1986 B	(5 031 000 Ex.)	–,50	1,–
1987 B	(10 028 000 Ex.)	–,50	1,–
1988 B	(5 029 000 Ex.)	–,50	1,–
1989 B	(10 031 500 Ex.)	–,50	1,–
1990 B	(20 032 000 Ex.)	–,50	1,–
1991 B	(10 036 000 Ex.)	–,50	1,–
1992 B	(30 028 000 Ex.)	*NW*	–,60
1993 B	(13 023 000 Ex.)	*NW*	–,60
1994 B	(15 023 000 Ex.)	*NW*	–,60
1995 B	(10 024 000 Ex.)	*NW*	–,60
1996 B	(8 023 000 Ex.)	*NW*	–,60
1997 B	(6 022 000 Ex.)	*NW*	–,60

		VZ	ST
1998 B	(6 021 000 Ex.)	*NW*	–,60
1999 B	(5 021 000 Ex.)	*NW*	–,60
2000 B	(4 026 000 Ex.)	*NW*	–,60
2001 B	(6 028 000 Ex.)	*NW*	–,60
2002 B	(2 030 000 Ex.)	*NW*	–,60
2003 B	(2 028 000 Ex.)	*NW*	–,60
2004 B	(2 029 000 Ex.)	*NW*	–,60
2005 B	(1 029 000 Ex.)	*NW*	–,60
2006 B	(2 030 000 Ex.)	*NW*	–,60
2007 B	(18 028 000 Ex.)	*NW*	–,60
2008 B	(25 026 000 Ex.)	*NW*	–,60
2009 B	(27 026 000 Ex.)	*NW*	–,60
2010 B	(27 026 000 Ex.)	*NW*	–,60
2011 B	(15 026 000 Ex.)	*NW*	–,60
2012 B	(20 026 000 Ex.)	*NW*	–,60
2013 B	(23 023 500 Ex.)	*NW*	–,60
2014 B	(21 022 000 Ex.)	*NW*	–,60
2015 B	(18 026 000 Ex.)	*NW*	–,60
2016 B	(15 028 000 Ex.)	*NW*	–,60
2017 B	(14 029 500 Ex.)	*NW*	–,60
2018 B	(10 027 000 Ex.)	*NW*	–,60
2019 B	(10 022 000 Ex.)	*NW*	–,60

Kursgültig als gesetzliches Zahlungsmittel.

1 Franken

900er Silber, 5.00 g, ∅ 23.00 mm, Riffelrand, ↓↑

21 [1203] 1 Franken (S) 1850, 1851, 1857. Typ wie Nr. 20. 900er Silber, 5 g:

		S	SS	VZ
1850 A	(5 750 000 Ex.)	60,–	150,–	300,–
1851 A		70,–	160,–	325,–

Stempel von Antoine Bovy.

		S	SS	VZ
1857 B	(526 Ex.)		6000,–	10000,–

Stempel von Ferdinand Korn.

1 Franken

800er Silber, 5.00 g, ∅ 23.00 mm, Riffelrand, ↓↑

a 1 Franken (S) 1860, 1861. 800er Silber, 5 g:

		S	SS	VZ
1860 B	(515 288 Ex.)	150,–	275,–	900,–
1861 B	(3 002 270 Ex.)	25,–	65,–	150,–

Stempel von Ferdinand Korn.

1 Franken

835er Silber, 5.00 g, ∅ 23.00 mm, Riffelrand, ↓↑

28 [1204] 1 Franken (S) 1875–1877, 1880, 1886, 1887, 1894, 1896, 1898–1901, 1903–1914, 1916, 1920, 1921, 1928, 1931, 1932, 1934, 1936, 1937, 1939, 1940, 1943–1947, 1952, 1953, 1955–1967. Typ wie Nr. 27. 835er Silber, 5 g:

		S	SS	VZ
1875 B	(1 036 000 Ex.)	15,–	80,–	240,–
1876 B	(2 500 000 Ex.)	8,–	30,–	160,–
1877 B	(2 520 000 Ex.)	9,–	35,–	180,–
1880 B	(945 000 Ex.)	12,–	85,–	300,–
1886 B	(1 000 000 Ex.)	6,–	20,–	90,–
1887 B	(1 000 000 Ex.)	6,–	20,–	90,–
1894 A	(1 200 000 Ex.)	6,–	20,–	85,–
1896 B	(* 28 Ex.)			10000,–
1898 B	(400 000 Ex.)	8,–	20,–	100,–
1899 B	(400 000 Ex.)	8,–	20,–	100,–
1900 B	(400 000 Ex.)	9,–	22,–	125,–
1901 B	(400 000 Ex.)	9,–	22,–	125,–
1903 B	(1 000 000 Ex.)	5,–	12,–	75,–
1904 B	(400 000 Ex.)	12,–	35,–	200,–
1905 B	(700 000 Ex.)	5,–	12,–	60,–
1906 B	(700 000 Ex.)	5,–	12,–	80,–
1907 B	(800 000 Ex.)	5,–	12,–	60,–
1908 B	(1 200 000 Ex.)	4,–	8,–	45,–
1909 B	(900 000 Ex.)	4,–	8,–	40,–
1910 B	(1 000 000 Ex.)	4,–	8,–	40,–
1911 B	(1 200 000 Ex.)	4,–	8,–	30,–
1912 B	(1 200 000 Ex.)	4,–	8,–	25,–
1913 B	(1 200 000 Ex.)	4,–	8,–	25,–
1914 B	(4 200 000 Ex.)	4,–	6,–	20,–
1916 B	(1 000 000 Ex.)	4,–	8,–	25,–
1920 B	(3 300 000 Ex.)	4,–	6,–	12,–
1921 B	(3 800 000 Ex.)	4,–	6,–	12,–
1928 B	(1 500 000 Ex.)	4,–	6,–	12,–
1931 B	(1 000 000 Ex.)	4,–	6,–	12,–
1932 B	(500 000 Ex.)	5,–	10,–	25,–
1934 B	(500 000 Ex.)	5,–	10,–	25,–
1936 B	(500 000 Ex.)	5,–	8,–	20,–
1937 B	(1 000 000 Ex.)	4,–	6,–	16,–
1939 B	(2 106 000 Ex.)	4,–	6,–	12,–

* Jahrgang 1896 wurde anlässlich der Schweizerischen Landesausstellung geprägt.

		S	SS	VZ
1940 B	(2 003 000 Ex.)	4,–	6,–	12,–
1943 B	(3 526 000 Ex.)	4,–	6,–	12,–
1944 B	(6 225 000 Ex.)	*MW*	4,–	9,–
1945 B	(7 794 000 Ex.)	*MW*	4,–	9,–
1946 B	(2 539 000 Ex.)	*MW*	4,–	9,–
1947 B	(624 000 Ex.)	4,–	6,–	18,–
1952 B	(2 853 000 Ex.)	*MW*	4,–	9,–
1953 B	(786 000 Ex.)	*MW*	5,–	15,–
1955 B	(194 000 Ex.)	4,–	8,–	25,–
1956 B	(2 500 000 Ex.)	*MW*	4,–	9,–
1957 B	(6 421 000 Ex.)	*MW*	4,–	8,–
1958 B	(3 580 000 Ex.)	*MW*	4,–	8,–
1959 B	(1 859 000 Ex.)	*MW*	4,–	8,–
1960 B	(3 523 000 Ex.)	*MW*	4,–	8,–
1961 B	(6 549 000 Ex.)	*MW*	4,–	6,–
1962 B	(6 220 000 Ex.)	*MW*	4,–	6,–
1963 B	(13 476 000 Ex.)	*MW*	4,–	6,–
1964 B	(12 560 000 Ex.)	*MW*	4,–	6,–
1965 B	(5 032 000 Ex.)	*MW*	4,–	6,–
1966 B	(3 032 000 Ex.)	*MW*	4,–	6,–
1967 B	(2 088 000 Ex.)	*MW*	4,–	6,–

Außer Kurs seit 1. Oktober 1971.

1 Franken

Kupfernickel, 4.40 g, ∅ 23.00 mm, Riffelrand, ↓↑ (1968–1981), ↑↑ (seit 1982)

				VZ	ST
a	1	Franken (K-N) 1968–1971, 1973–1982:			
		1. ↓↑:			
		1968 [RM]	(15 000 000 Ex.)	5,–	15,–
		1968 B	(40 864 000 Ex.)	4,–	10,–
		1969 B [RM]	(19 910 000 Ex.)	3,–	6,–
		1969 B	(17 688 000 Ex.)	3,–	6,–
		1970 [B]	(24 240 000 Ex.)	3,–	6,–
		1971 [B]	(11 496 000 Ex.)	4,–	10,–
		1973 [B]	(5 000 000 Ex.)	5,–	12,–
		1974 [B]	(15 012 000 Ex.)	1,–	4,–
		1975 [B]	(13 012 000 Ex.)	1,–	4,–
		1976 [B]	(5 009 000 Ex.)	1,–	4,–
		1977 [B]	(6 019 000 Ex.)	1,–	4,–
		1978 [B]	(13 548 000 Ex.)	*NW*	1,50
		1979 [B]	(10 810 000 Ex.)	*NW*	1,50
		1980 [B]	(11 012 000 Ex.)	*NW*	1,50
		1981 [B]	(18 023 000 Ex.)	*NW*	1,50
		2. ↑↑:			
		1982 [B]	(15 049 000 Ex.)	1,–	2,–

Kursgültig als gesetzliches Zahlungsmittel.

			VZ	ST
58	1 Franken (K-N) 1983–2019. Typ wie Nr. 57 (23 Sterne):			
	1983 [B]	(7 029 000 Ex.)	1,–	2,–
	1984 [B]	(3 042 000 Ex.)	1,–	2,–
	1985 [B]	(20 054 000 Ex.)	*NW*	1,20
	1986 B	(17 997 000 Ex.)	*NW*	1,20
	1987 B	(17 028 000 Ex.)	*NW*	1,20
	1988 B	(18 029 000 Ex.)	*NW*	1,20
	1989 B	(15 031 500 Ex.)	*NW*	1,20
	1990 B	(2 032 000 Ex.)	1,–	2,–
	1991 B	(9 036 000 Ex.)	*NW*	1,20
	1992 B	(12 028 000 Ex.)	*NW*	1,20
	1993 B	(12 023 000 Ex.)	*NW*	1,20
	1994 B	(10 023 000 Ex.)	*NW*	1,20
	1995 B	(13 024 000 Ex.)	*NW*	1,20
	1996 B	(3 023 000 Ex.)	*NW*	1,20
	1997 B	(3 022 000 Ex.)	*NW*	1,20
	1998 B	(3 021 000 Ex.)	*NW*	1,20
	1999 B	(3 021 000 Ex.)	*NW*	1,20
	2000 B	(4 026 000 Ex.)	*NW*	1,20
	2001 B	(3 028 000 Ex.)	*NW*	1,20
	2002 B	(1 030 000 Ex.)	*NW*	1,20
	2003 B	(2 028 000 Ex.)	*NW*	1,20
	2004 B	(2 029 000 Ex.)	*NW*	1,20
	2005 B	(1 029 000 Ex.)	*NW*	1,20
	2006 B	(2 030 000 Ex.)	*NW*	1,20
	2007 B	(3 028 000 Ex.)	*NW*	1,20
	2008 B	(7 026 000 Ex.)	*NW*	1,20
	2009 B	(11 026 000 Ex.)	*NW*	1,20
	2010 B	(15 026 000 Ex.)	*NW*	1,20
	2011 B	(15 026 000 Ex.)	*NW*	1,20
	2012 B	(12 026 000 Ex.)	*NW*	1,20
	2013 B	(12 023 500 Ex.)	*NW*	1,20
	2014 B	(13 022 000 Ex.)	*NW*	1,20
	2015 B	(10 026 000 Ex.)	*NW*	1,20
	2016 B	(10 028 000 Ex.)	*NW*	1,20
	2017 B	(10 029 500 Ex.)	*NW*	1,20
	2018 B	(7 027 000 Ex.)	*NW*	1,20
	2019 B	(9 022 000 Ex.)	*NW*	1,20

Kursgültig als gesetzliches Zahlungsmittel.

2 Franken

900er Silber, 10.00 g, ∅ 27.00 mm, Riffelrand, ⇃↑

22 [1201] 2 Franken (S) 1850, 1857. Typ wie Nr. 20. 900er Silber, 10 g:

		S	SS	VZ
1850 A	(2 500 000 Ex.)	120,–	320,–	650,–

Stempel von Antoine Bovy.

		S	SS	VZ
1857 B	(622 Ex.)		4200,–	7800,–

Stempel von Ferdinand Korn.

2 Franken

800er Silber, 10.00 g, ∅ 27.00 mm, Riffelrand, ⇃↑

a 2 Franken (S) 1860, 1862, 1863. 800er Silber, 10 g:

		S	SS	VZ
1860 B	(2 000 760 Ex.)	45,–	90,–	250,–
1862 B	(1 000 000 Ex.)	55,–	100,–	300,–
1863 B	(500 000 Ex.)	130,–	275,–	900,–

Stempel von Ferdinand Korn.

2 Franken

835er Silber, 10.00 g, ∅ 27.00 mm, Riffelrand, ⇃↑

29 [1202] 2 Franken (S) 1874, 1875, 1878, 1879, 1886, 1894, 1896, 1901, 1903–1914, 1916, 1920–1922, 1928, 1931, 1932, 1936, 1937, 1939–1941, 1943–1948, 1953, 1955, 1957–1961, 1963–1965, 1967. Typ wie Nr. 27. 835er Silber, 10 g:

		S	SS	VZ
1874 B	(1 000 000 Ex.)	12,–	40,–	250,–
1875 B	(982 000 Ex.)	12,–	50,–	400,–
1878 B	(1 500 000 Ex.)	9,–	30,–	200,–

		S	SS	VZ
1879 B	(518 000 Ex.)	12,–	60,–	500,–
1886 B	(1 000 000 Ex.)	8,–	20,–	90,–
1894 A	(700 000 Ex.)	8,–	25,–	180,–
1896 B	(* 20 Ex.)			13000,–
1901 B	(50 000 Ex.)	75,–	300,–	2000,–
1903 B	(300 000 Ex.)	8,–	12,–	80,–
1904 B	(200 000 Ex.)	9,–	28,–	325,–
1905 B	(300 000 Ex.)	8,–	15,–	80,–
1906 B	(400 000 Ex.)	8,–	15,–	80,–
1907 B	(300 000 Ex.)	8,–	18,–	200,–
1908 B	(200 000 Ex.)	10,–	30,–	380,–
1909 B	(300 000 Ex.)	8,–	12,–	80,–
1910 B	(250 000 Ex.)	8,–	15,–	200,–
1911 B	(400 000 Ex.)	8,–	10,–	45,–
1912 B	(400 000 Ex.)	8,–	10,–	45,–
1913 B	(300 000 Ex.)	8,–	10,–	45,–
1914 B	(1 000 000 Ex.)	*MW*	8,–	30,–
1916 B	(250 000 Ex.)	8,–	12,–	130,–
1920 B	(2 300 000 Ex.)	*MW*	8,–	12,–
1921 B	(2 000 000 Ex.)	*MW*	8,–	12,–
1922 B	(400 000 Ex.)	*MW*	10,–	40,–
1928 B	(750 000 Ex.)	*MW*	8,–	20,–
1931 B	(500 000 Ex.)	*MW*	8,–	20,–
1932 B	(250 000 Ex.)	*MW*	10,–	50,–
1936 B	(250 000 Ex.)	*MW*	8,–	35,–
1937 B	(250 000 Ex.)	*MW*	8,–	30,–
1939 B	(1 455 000 Ex.)	*MW*	8,–	10,–
1940 B	(2 503 000 Ex.)	*MW*	8,–	10,–
1941 B	(1 192 000 Ex.)	*MW*	8,–	10,–
1943 B	(2 098 000 Ex.)	*MW*	8,–	10,–
1944 B	(6 276 000 Ex.)	*MW*	8,–	10,–
1945 B	(1 340 000 Ex.)	*MW*	8,–	10,–
1946 B	(1 629 000 Ex.)	*MW*	8,–	10,–
1947 B	(500 000 Ex.)	*MW*	8,–	10,–
1948 B	(920 000 Ex.)	*MW*	8,–	10,–
1953 B	(438 000 Ex.)	*MW*	8,–	10,–
1955 B	(1 032 000 Ex.)	*MW*	8,–	10,–
1957 B	(2 298 000 Ex.)	*MW*	8,–	10,–
1958 B	(650 000 Ex.)	*MW*	8,–	10,–
1959 B	(2 095 000 Ex.)	*MW*	8,–	10,–
1960 B	(1 980 000 Ex.)	*MW*	8,–	10,–
1961 B	(4 653 000 Ex.)	*MW*	8,–	10,–
1963 B	(8 030 000 Ex.)	*MW*	8,–	10,–
1964 B	(4 558 000 Ex.)	*MW*	8,–	10,–
1965 B	(8 526 000 Ex.)	*MW*	8,–	10,–
1967 B	(4 132 000 Ex.)	*MW*	8,–	10,–

Außer Kurs seit 1. Oktober 1971.

* Jahrgang 1896 wurde anlässlich der Schweizerischen Landesausstellung geprägt.

2 Franken

Kupfernickel, 8.80 g, ∅ 27.00 mm, Riffelrand, ↓↑ (1968–1981), ↑↑ (seit 1982)

				VZ	ST
a	2 Franken (K-N) 1968–1970, 1972–1982:				
	1. ↓↑:				
		1968 [RM]	(10 000 000 Ex.)	5,–	15,–
		1968 B	(31 588 000 Ex.)	3,–	8,–
		1969 B	(17 296 000 Ex.)	3,–	8,–
		1970 [B]	(10 350 000 Ex.)	2,–	5,–
		1972 [B]	(5 003 000 Ex.)	2,–	6,–
		1973 [B]	(5 996 000 Ex.)	2,–	6,–
		1974 [B]	(15 009 000 Ex.)	3,–	8,–
		1975 [B]	(7 061 000 Ex.)	3,–	8,–
		1976 [B]	(5 011 000 Ex.)	3,–	8,–
		1977 [B]	(2 010 000 Ex.)	4,–	10,–
		1978 [B]	(12 812 000 Ex.)	2,–	5,–
		1979 [B]	(10 995 000 Ex.)	2,–	5,–
		1980 [B]	(10 011 000 Ex.)	*NW*	3,–
		1981 [B]	(13 862 000 Ex.)	*NW*	3,–
	2. ↑↑:				
		1982 [B]	(5 922 000 Ex.)	2,–	4,–

59	2 Franken (K-N) 1983–2019. Typ wie Nr. 57 (23 Sterne):				
		1983 [B]	(3 034 000 Ex.)	*NW*	2,50
		1984 [B]	(2 043 000 Ex.)	*NW*	2,50
		1985 [B]	(3 034 000 Ex.)	*NW*	2,50
		1986 B	(3 032 000 Ex.)	*NW*	2,50
		1987 B	(8 028 000 Ex.)	*NW*	2,50
		1988 B	(10 029 000 Ex.)	*NW*	2,50
		1989 B	(8 031 500 Ex.)	*NW*	2,50
		1990 B	(5 045 000 Ex.)	*NW*	2,50
		1991 B	(12 036 000 Ex.)	*NW*	2,50
		1992 B	(10 028 000 Ex.)	*NW*	2,50
		1993 B	(13 050 000 Ex.)	*NW*	2,50
		1994 B	(16 023 000 Ex.)	*NW*	2,50
		1995 B	(7 024 000 Ex.)	*NW*	2,50
		1996 B	(5 023 000 Ex.)	*NW*	2,50
		1997 B	(5 022 000 Ex.)	*NW*	2,50
		1998 B	(4 021 000 Ex.)	*NW*	2,50
		1999 B	(3 021 000 Ex.)	*NW*	2,50

		VZ	ST
2000 B	(3 026 000 Ex.)	*NW*	2,50
2001 B	(4 028 000 Ex.)	*NW*	2,50
2002 B	(1 030 000 Ex.)	*NW*	2,50
2003 B	(1 028 000 Ex.)	*NW*	2,50
2004 B	(1 029 000 Ex.)	*NW*	2,50
2005 B	(2 029 000 Ex.)	*NW*	2,50
2006 B	(7 030 000 Ex.)	*NW*	2,50
2007 B	(16 028 000 Ex.)	*NW*	2,50
2008 B	(6 026 000 Ex.)	*NW*	2,50
2009 B	(8 026 000 Ex.)	*NW*	2,50
2010 B	(9 026 000 Ex.)	*NW*	2,50
2011 B	(7 026 000 Ex.)	*NW*	2,50
2012 B	(11 026 000 Ex.)	*NW*	2,50
2013 B	(12 023 500 Ex.)	*NW*	2,50
2014 B	(15 022 000 Ex.)	*NW*	2,50
2015 B	(11 026 000 Ex.)	*NW*	2,50
2016 B	(8 028 000 Ex.)	*NW*	2,50
2017 B	(7 029 500 Ex.)	*NW*	2,50
2018 B	(5 027 000 Ex.)	*NW*	2,50
2019 B	(5 022 000 Ex.)	*NW*	2,50

Kursgültig als gesetzliches Zahlungsmittel.

5 Franken

900er Silber, 25.00 g, ∅ 37.00 mm, Randschrift, ↓↑

23 [1197] 5 Franken (S) 1850, 1851, 1873, 1874, 1886. Typ wie Nr. 20. 900er Silber, 25 g:

		S	SS	VZ
1850 A	(500 000 Ex.)	180,–	300,–	500,–
1851 A		150,–	225,–	400,–

Stempel von Antoine Bovy.

Jahrgang 1855 mit Randschrift »Eidgen. Freischiesen Solothurn 1855« siehe im Weltmünzkatalog 19. Jahrhundert.

		S	SS	VZ
1873 B	(30 500 Ex.)	550,–	900,–	2000,–
1874 B	(195 650 Ex.)	150,–	250,–	420,–
1874 B. [b]	(1 400 000 Ex.)	110,–	160,–	300,–
1886 B	(5 Ex.)			150000,–

Außer Kurs seit 1. Januar 1926.

			S	SS	VZ
30 [1198]	5 Franken (S) 1888–1892, 1894–1896, 1900, 1904, 1907–1909, 1912, 1916. Kopfbild der Landesgöttin nach links. Rs. Wappenschild und Wertangabe im Kranz aus Eichen- und Lorbeerzweigen. 900er Silber, 25 g:				
	1888 B	(25 000 Ex.)	270,–	550,–	1500,–
	1889 B	(225 000 Ex.)	100,–	225,–	400,–
	1890 B	(305 000 Ex.)	70,–	150,–	320,–
	1891 B	(150 000 Ex.)	100,–	220,–	380,–
	1892 B	(190 000 Ex.)	90,–	200,–	360,–
	1894 B	(34 000 Ex.)	350,–	900,–	1900,–
	1895 B	(46 000 Ex.)	250,–	500,–	1500,–
	1896 B	(2 000 Ex.)		15000,–	25000,–
	1900 B	(33 000 Ex.)	400,–	750,–	1500,–
	1904 B	(40 000 Ex.)	340,–	600,–	1100,–
	1907 B	(277 000 Ex.)	90,–	200,–	400,–
	1908 B	(200 000 Ex.)	90,–	200,–	400,–
	1909 B	(120 000 Ex.)	120,–	220,–	450,–
	1912 B	(11 000 Ex.)	1300,–	2800,–	4000,–
	1916 B	(22 000 Ex.)	600,–	900,–	1500,–

Außer Kurs seit 1. August 1934.

35 [1199] 5 Franken (S) 1922–1926, 1928. Hirtenbüste nach rechts. Rs. Wappenschild zwischen Edelweiß und Alpenrosen, Wertangabe, Jahreszahl. 900er Silber, 25 g, Randschrift »Dominus« (drei Sterne) / »providebit« / (zehn Sterne):

1. Wertangabe »5 Fr.«:

		S	SS	VZ
1922 B	(2 400 000 Ex.)	60,–	120,–	200,–
1923 B	(11 300 000 Ex.)	40,–	60,–	120,–

2. Wertangabe »5 FR.«:		S	SS	VZ
1924 B	(182 000 Ex.)	200,–	380,–	700,–
1925 B	(2 830 000 Ex.)	75,–	120,–	200,–
1926 B	(2 000 000 Ex.)	85,–	130,–	250,–
1928 B	(23 791 Ex.)		5000,–	10000,–

Außer Kurs seit 1. August 1934.

5 Franken

835er Silber, 15.00 g, ∅ 31.00 mm, Randschrift, ↓↑

36 [1200] 5 Franken (S) 1931–1933, 1935, 1937, 1939, 1940, 1948–1954, 1965–1969. Typ wie Nr. 35.2. 835er Silber, 15 g:

1931 B	(3 520 000 Ex.)	*MW*	12,–	35,–
1932 B	(10 580 000 Ex.)		*MW*	15,–
1933 B	(5 900 000 Ex.)		*MW*	16,–
1935 B	(3 000 000 Ex.)		*MW*	16,–
1937 B	(645 000 Ex.)	*MW*	12,–	20,–
1939 B	(2 197 000 Ex.)		*MW*	12,–
1940 B	(1 601 000 Ex.)		*MW*	15,–
1948 B	(416 000 Ex.)	*MW*	12,–	18,–
1949 B	(407 000 Ex.)	*MW*	12,–	20,–
1950 B	(482 000 Ex.)	*MW*	12,–	18,–
1951 B	(1 096 000 Ex.)		*MW*	12,–
1952 B	(154 850 Ex.)	16,–	30,–	100,–
1953 B	(3 403 000 Ex.)		*MW*	12,–
1954 B	(6 600 000 Ex.)		*MW*	12,–
1965 B	(5 021 000 Ex.)		*MW*	12,–

		S	SS	VZ
1966 B	(9 016 000 Ex.)		*MW*	12,–
1967 B	(13 817 000 Ex.)		*MW*	12,–
1968 B	(* wenige Ex.)			10000,–
1969 B	(8 637 000 Ex.)		*MW*	12,–

Außer Kurs seit 1. Oktober 1971.

5 Franken

Kupfernickel, 13.20 g, ∅ 31.00 mm,
Randschrift erhaben (1968–1984, seit 1994), Randschrift vertieft (1985–1993),
⇅ (1968–1981), ⇈ (seit 1982)

		VZ	ST
a	5 Franken (K-N) 1968~2019:		
	1. ⇅, erhabene Randschrift:		
	1968 B (33 871 000 Ex.)	*NW*	10,–
	1970 [B] (6 306 000 Ex.)	*NW*	8,–
	1973 [B] (5 002 000 Ex.)	*NW*	8,–
	1974 [B] (6 007 000 Ex.)	*NW*	8,–
	1975 [B] (4 015 000 Ex.)	*NW*	8,–
	1976 [B] (3 007 000 Ex.)	*NW*	8,–
	1977 [B] (2 009 000 Ex.)	*NW*	10,–
	1978 [B] (4 411 000 Ex.)	*NW*	8,–
	1979 [B] (4 011 000 Ex.)	*NW*	8,–
	1980 [B] (4 026 000 Ex.)	*NW*	8,–
	1981 [B] (6 018 000 Ex.)	*NW*	6,–

Kursgültig als gesetzliches Zahlungsmittel.

Bei der ab 1981 verwendeten Verpackung der Münzsätze störte die uneinheitliche Stellung der Münzen das Erscheinungsbild. Aus diesem Grunde werden seit 1982 alle Nominale gleichgerichtet (⇈) geprägt.

	VZ	ST
2. ⇈, erhabene Randschrift:		
1982 [B] (5 050 000 Ex.)	*NW*	8,–
1983 [B] (4 033 000 Ex.)	*NW*	8,–
1984 [B] (3 953 000 Ex.)	*NW*	6,–

Kursgültig als gesetzliches Zahlungsmittel.

Von den Herstellungskosten abgesehen, war die erhabene Randschrift der Abnutzung zu stark ausgesetzt und erforderte daher eine größere Durchmessertoleranz mit der Folge einer geringeren Automatensicherheit.

	VZ	ST
3. ⇈, vertiefte Randschrift:		
1985 [B] (4 050 000 Ex.)	*NW*	6,–
1986 B (7 083 000 Ex.)	*NW*	6,–
1987 B (7 028 000 Ex.)	*NW*	6,–
1988 B (7 029 000 Ex.)	*NW*	6,–
1989 B (5 031 500 Ex.)	*NW*	6,–
1990 B (1 049 000 Ex.)	*NW*	6,–
1991 B (* 544 000 Ex.)		100,–
1992 B (5 035 000 Ex.)	*NW*	6,–
1993 B (** 5 023 000 Ex.)		100,–

Außer Kurs seit 1. Januar 2004. Einlösbar bis 31. Dezember 2006.

* Eingeschmolzen bis auf die Münzsätze (36 000 Ex.). ** Eingeschmolzen bis auf die Münzsätze (22 700 Ex.).

Aufgrund der Vereinfachung der Rändelungswerkzeuge tauchten ab 1993 falsche Fünffrankenstücke mit vertiefter Randschrift (Jahrgänge 1986, 1987, 1989, 1991) aus einer norditalienischen Fälscherwerkstatt auf. Durch die 1994 neu konzipierte erhabene Randprägung konnte das Problem der Abnutzung deutlich reduziert werden. Die Fünffrankenstücke mit der vertieften Randschrift wurden von der Finanzverwaltung alsbald einbehalten und durch solche mit erhabener Randschrift ersetzt.

		VZ	ST
4. ↑↑, erhabene Randschrift:			
1994 B	(12 023 000 Ex.)	*NW*	6,–
1995 B	(12 024 000 Ex.)	*NW*	6,–
1996 B	(12 023 000 Ex.)	*NW*	6,–
1997 B	(9 022 000 Ex.)	*NW*	6,–
1998 B	(9 021 000 Ex.)	*NW*	6,–
1999 B	(9 021 000 Ex.)	*NW*	6,–
2000 B	(7 026 000 Ex.)	*NW*	6,–
2001 B	(1 028 000 Ex.)	*NW*	6,–
2002 B	(1 030 000 Ex.)	*NW*	6,–
2003 B	(1 028 000 Ex.)	*NW*	6,–
2004 B	(529 000 Ex.)	*NW*	8,–
2005 B	(529 000 Ex.)	*NW*	8,–
2006 B	(530 000 Ex.)	*NW*	8,–
2007 B	(528 000 Ex.)	*NW*	8,–
2008 B	(526 000 Ex.)	*NW*	8,–
2009 B	(2 026 000 Ex.)	*NW*	6,–
2010 B	(5 026 000 Ex.)	*NW*	6,–
2011 B	(3 026 000 Ex.)	*NW*	6,–
2012 B	(8 026 000 Ex.)	*NW*	6,–
2013 B	(8 023 500 Ex.)	*NW*	6,–
2014 B	(7 022 000 Ex.)	*NW*	6,–
2015 B	(5 026 000 Ex.)	*NW*	6,–
2016 B	(4 028 000 Ex.)	*NW*	6,–
2017 B	(3 029 500 Ex.)	*NW*	6,–
2018 B	(3 027 000 Ex.)	*NW*	6,–
2019 B	(3 022 000 Ex.)	*NW*	6,–

Kursgültig als gesetzliches Zahlungsmittel.

10 Franken

900er Gold, 3.2258 g ($^{1}/_{310}$ kg), ∅ 19.00 mm, ↓↑

			S	SS	VZ
33	[1196]	10 Franken (G) 1911–1916, 1922. Rs. Schweizerkreuz im Strahlenkranz, Wertangabe, Jahreszahl, Edelweiß. 900er Gold, 3.2258 g:			
		1911 B (100 000 Ex.)	*MW*	160,–	350,–
		1912 B (200 000 Ex.)		*MW*	200,–
		1913 B (600 000 Ex.)		*MW*	200,–
		1914 B (200 000 Ex.)		*MW*	200,–
		1915 B (400 000 Ex.)		*MW*	200,–
		1916 B (130 000 Ex.)		*MW*	250,–
		1922 B (1 020 000 Ex.)		*MW*	175,–

20 Franken

900er Gold, 6.4516 g ($^1/_{155}$ kg), ∅ 21.00 mm, ↓↑

				S	SS	VZ
31P1	[1225]	20	Franken (G) 1871 B. Typ wie Nr. 19 (200 Ex.)			8000,–

31P2 [1226] 20 Franken (G) 1871. Kopfbild der Freiheitsgöttin nach links. Rs. Wappen zwischen Zweigen. Mzst. Bern (30 Ex.) 15000,–

Stempel von Édouard Durussel.

31P3 [1227] 20 Franken (G) 1873. Sitzende Landesgöttin mit Wappenschild. Rs. Wert und Jahreszahl im Kranz, ohne Münzzeichen, Mzst. Bern (»Zweipunktprobe«) (80 Ex.) 5000,–

31P4 [1228] 20 Franken (G) 1873 . Typ wie Nr. 31P3, mit Münzzeichen Engelskopf, Mzst. Brüssel (»Dreipunktprobe«) (1 000 Ex.) 3000,–

Modell von Robert Dorer, Stempel von Leopold Wiener.

				S	SS	VZ
31	[1194]	20	Franken (G) 1883, 1886–1896. Kopfbild der Freiheitsgöttin nach links. Rs. Wappenschild, Wertangabe und Jahreszahl im Kranz. 900er Gold, 6.4516 g:			
			1. Riffelrand:			
			1883 B (250 000 Ex.)		*MW*	300,–
			2. Randschrift »Dominus providebit« (der Herr wird vorsehen):			
			1886 (250 000 Ex.)		*MW*	300,–
			1887 B (176 Ex.)		9000,–	16000,–
			1888 B (4 224 Ex.)		7500,–	12000,–
			1889 B (100 000 Ex.)		*MW*	300,–
			1890 B (125 000 Ex.)		*MW*	300,–
			1891 B (100 000 Ex.)		*MW*	300,–
			1892 B (100 000 Ex.)		*MW*	300,–
			1893 B (100 000 Ex.)		*MW*	300,–
			1894 B (120 600 Ex.)		*MW*	300,–
			1895 B (200 000 Ex.)		*MW*	300,–
			1896 B (400 000 Ex.)		*MW*	300,–
			3. Ausbeute der Goldmine von Gondo im Wallis (Grüngold mit vertieft eingestempeltem Kreuz im Schweizerkreuz):			
			1893 B (25 Ex.)			30000,–
			1895 B (19 Ex.)			30000,–

Entwurf von Albert Walch und Christian Bühler, Stempel von Karl Schwenzer.

32	[1195]	20	Franken (G) 1897–1916, 1922, 1925–1927, 1930, 1935, 1947, 1949. Landesgöttin vor Berglandschaft. Rs. Wappenschild mit Zweigen, Wertangabe, Jahreszahl. 900er Gold, 6.4516 g:	
			1. »Vreneli« mit frivoler Stirnlocke:	
			1897 B (12 Ex.)	–,–
			2. Ausbeute der Goldmine von Gondo im Wallis (Grüngold mit vertieft eingestempeltem Kreuz im Schweizerkreuz):	
			1897 B (29 Ex.)	30000,–
			3. Normalausgabe:	
			1897 B (400 000 Ex.)	*MW + 10 %*
			1898 B (400 000 Ex.)	*MW + 10 %*
			1899 B (300 000 Ex.)	*MW + 10 %*
			1900 B (400 000 Ex.)	*MW + 10 %*

		S	SS	VZ
1901 B	(500 000 Ex.)			*MW + 10 %*
1902 B	(600 000 Ex.)			*MW + 10 %*
1903 B	(200 000 Ex.)			*MW + 10 %*
1904 B	(100 000 Ex.)			*MW + 10 %*
1905 B	(100 000 Ex.)			*MW + 10 %*
1906 B	(100 000 Ex.)			*MW + 10 %*
1907 B	(150 000 Ex.)			*MW + 10 %*
1908 B	(355 000 Ex.)			*MW + 10 %*
1909 B	(400 000 Ex.)			*MW + 10 %*
1910 B	(375 000 Ex.)			*MW + 10 %*
1911 B	(350 000 Ex.)			*MW + 10 %*
1912 B	(450 000 Ex.)			*MW + 10 %*
1913 B	(700 000 Ex.)			*MW + 10 %*
1914 B	(700 000 Ex.)			*MW + 10 %*
1915 B	(750 000 Ex.)			*MW + 10 %*
1916 B	(300 000 Ex.)			*MW + 10 %*
1922 B	(2 783 678 Ex.)			*MW + 10 %*
1925 B	(400 000 Ex.)			*MW + 10 %*
1926 B	(50 000 Ex.)		250,–	300,–
1927 B	(5 015 000 Ex.)			*MW + 10 %*
1930 B	(3 371 764 Ex.)			*MW + 10 %*
1935 B	(175 000 Ex.)			*MW + 10 %*

4. Inschrift »L« (Lingot, Barren, Handelsware)* *(geprägt 1946)*:

1935 B	(20 008 813 Ex.)	*MW + 10 %*

5. Randschrift »Ad legem anni MCMXXXI« (nach dem Münzgesetz von 1931)*:

1947 B	(9 200 000 Ex.)	*MW + 10 %*
1949 B	(10 000 000 Ex.)	*MW + 10 %*

* Ausgabepreis 30½ Franken

100 Franken

900er Gold, 32.258 g (1/31 kg), ∅ 35.00 mm, ⇅

34 [1193] 100 Franken (G) 1925. Typ wie Nr. 33. 900er Gold, 32.258 g:

1925 B	(5 000 Ex.)	7000,–14000,–

Nrn. 35, 36 (5 Franken seit 1922) siehe Seite 734.

EIDGENÖSSISCHE WEHRANLEIHE

VZ **ST**

37 [1223a] 5 Franken (S) 1936 B. Kniendes Mädchen mit Schwert und Taube. Rs. Stahlhelm über Schrifttafel. 835er Silber, 15 g (200 000 Ex.) 25,– 45,–

600. JAHRESTAG DER SCHLACHT VON LAUPEN

38 [1223b] 5 Franken (S) 1939 B. Krieger mit Steinschleuder. Rs. Schweizerkreuz. 835er Silber, 15 g (30 600 Ex.) 350,– 560,–

38P Versuchsprägung Laupen mit breitem Randstab ST 2000,–

650 JAHRE EIDGENOSSENSCHAFT

39 [1223e] 5 Franken (S) 1941 B. Schwur der Urkantone Uri, Schwyz und Unterwalden. Rs. Lateinisches Zitat aus dem Bundesbrief von 1291 »... versprachen sich gegenseitig hilfreich beizustehen«. 835er Silber, 15 g (100 150 Ex.) 40,– 80,–

Prägungen in Silber (5 Franken) und Gold (100 Franken) zu den Eidgenössischen Schützenfesten 1934 und 1939 in Luzern in Freiburg sowie in Silber (5 Franken) zur Schweizerischen Landesausstellung 1939 in Zürich (während der Veranstaltungen einlösbar zum Nennwert) sind private Medaillen.

500. JAHRESTAG DER SCHLACHT BEI SANKT JAKOB AN DER BIRS

VZ ST

40 [1223f] 5 Franken (S) 1944 B. Kniender Krieger, mit der Rechten einen Stein schleudernd und sich mit der Linken einen Pfeil aus der Brust ziehend. Rs. Inschrift, lateinisches Zitat »sie wollen lieber sterben als besiegt sein«. 835er Silber, 15 g (101 680 Ex.) 40,– 80,–

Nrn. 41, 42 (1 und 2 Rappen ab 1948) siehe Seite 709.

100 JAHRE SCHWEIZERISCHER BUNDESSTAAT

43 [1223g] 5 Franken (S) 1948 B. Mutter und Kind. Rs. Gedenkinschrift und Schweizerkreuz. 835er Silber, 15 g (500 400 Ex.) 12,– 20,–

43P 5 Franken (G) 1948 B. Ehrenpräsent, 900er Gold, 26.17 g (15 Ex.) 25000,–

44 [1220] 25 Franken (G) 1955, 1958, 1959. Rs. Wilhelm Tell als Heldenfigur mit erhobener Armbrust, nach dem Gemälde (1897) von Ferdinand Hodler (1853–1918). 900er Gold, 5.645 g, ∅ 20 mm:

1955 B	(* 5 000 000 Ex.)	–,–
1958 B	(* 5 000 000 Ex.)	–,–
1959 B	(* 5 000 000 Ex.)	–,–

*Noch nicht ausgegeben. * Eingeschmolzen bis auf jeweils 20 000 Ex.*

44P 25 Franken (S) 1955. Materialprobe, 3.35 g ST 10000,–

			VZ	ST
45	[1219]	50 Franken (G) 1955, 1958, 1959. Rs. Vertreter der Urkantone Uri, Schwyz und Unterwalden mit dem Vertragsdokument des Landfriedensbundes (1291) auf der Rütliwiese am Vierwaldstätter See (1307). 900er Gold, 11.29 g, ∅ 25 mm:		
		1955 B (* 2 000 000 Ex.)		20000,–
		1958 B (* 2 000 000 Ex.)		–,–
		1959 B (* 2 000 000 Ex.)		–,–

*Noch nicht ausgegeben. * Eingeschmolzen bis auf jeweils 20 000 Ex.*

45P 50 Franken (S) 1955. Materialprobe, 6.70 g ST 12500,–

Auch als Materialprobe von 1955 in Aluminium vorkommend.

100 JAHRE INTERNATIONALES ROTES KREUZ

			VZ	ST
46	[1223h]	5 Franken (S) 1963 B. Rs. Stehende Krankenschwester und liegende Verwundete, ins Kreuz gestellt. 835er Silber, 15 g (623 000 Ex.)	12,–	20,–
46P		5 Franken (G) 1963 B. Ehrenpräsent, 900er Gold (15 Ex.)		–,–

100. JAHRESTAG DER VERFASSUNGSREVISION

			ST	PP
47	[1223i]	5 Franken (K-N) 1974. Rs. Drei Frauengestalten und Schweizerkreuz (ST: 3 709 000 Ex., PP: 130 000 Ex.)	7,–	12,–

EUROPÄISCHES DENKMALSCHUTZJAHR 1975

			ST	PP
48	[1223j]	5 Franken (K-N) 1975. Rs. Schützende Hände um den Leitspruch »heredio nostro futurum« (unserem Kulturerbe eine Zukunft) (ST: 2 500 000 Ex., PP: 60 000 Ex.)	7,–	18,–

500. JAHRESTAG DER SCHLACHT VON MURTEN

49	[1223k]	5 Franken (K-N) 1976. Rs. Mit Langspießen bewaffnete Eidgenossen in Angriffsaktion, Umschrift »Muratum« (Murten) (ST: 1 506 000 Ex., PP: 100 900 Ex.)	6,–	12,–

150. TODESTAG VON JOHANN HEINRICH PESTALOZZI

50	[1223l]	5 Franken (K-N) 1977. Rs. Johann Heinrich Pestalozzi (1746–1827), Erzieher und Sozialreformer (ST: 802 200 Ex., PP: 50 260 Ex.)	8,–	20,–

150. GEBURTSTAG VON HENRY DUNANT

			ST	PP
51	[1223m]	5 Franken (K-N) 1978. Rs. Jean Henri Dunant (1828–1910), Begründer des Internationalen Roten Kreuzes, Friedensnobelpreisträger 1901 (ST: 903 000 Ex., PP: 60 000 Ex.)	8,–	12,–

100. GEBURTSTAG VON ALBERT EINSTEIN (2)

			ST	PP
52	[1223o]	5 Franken (K-N) 1979. Rs. Albert Einstein (1879–1955), Schöpfer der Relativitätstheorie, Pionier der Quantentheorie, Nobelpreisträger für Physik 1921 (ST: 900 000 Ex., PP: 35 000 Ex.)	8,–	55,–

			ST	PP
53	[1223n]	5 Franken (K-N) 1979. Rs. Gleichungen zur Allgemeinen Relativitätstheorie in der Handschrift von Albert Einstein (ST: 902 000 Ex., PP: 35 000 Ex.)	6,–	55,–

Zum gleichen Anlass: Deutsche Demokratische Republik Nr. 72.
Zum 50. Todestag: Bundesrepublik Deutschland Nr. 238.

FERDINAND HODLER

			ST	PP
54	[1223p]	5 Franken (K-N) 1980. Rs. Ferdinand Hodler (1853–1918), Maler (ST: 951 000 Ex., PP: 50 200 Ex.)	6,–	20,–

500. JAHRESTAG DES STANSER VERKOMMNISSES

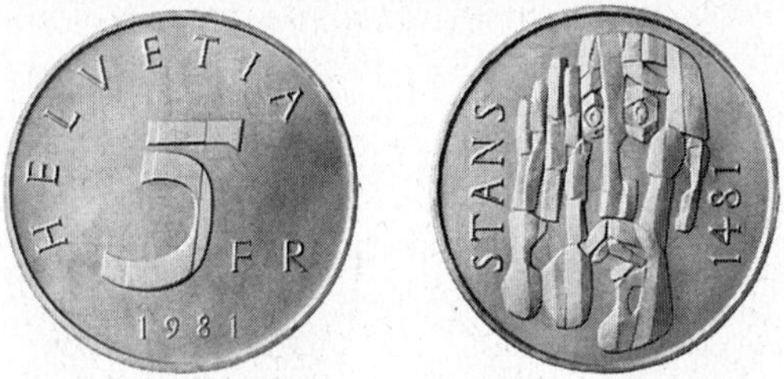

55	[1223q]	5 Franken (K-N) 1981. Rs. Sel. Nikolaus von Flüe mit vermittelnder Handgeste (ST: 900 000 Ex., PP: 50 260 Ex.)	6,–	20,–

100 JAHRE SCHEITELTUNNEL DURCH DEN GOTTHARD

56	[1223r]	5 Franken (K-N) 1982. Rs. Gotthardmassiv als Freiplastik (ST: 1 105 000 Ex., PP: 65 110 Ex.)	6,–	20,–

Nrn. 57–59 (½, 1, 2 Franken seit 1983) siehe Seite 725.

100. GEBURTSTAG VON ERNEST ANSERMET

			ST	PP
60	[1223s]	5 Franken (K-N) 1983. Rs. Ernest Ansermet (1883–1969), Dirigent und Komponist, Partituranfang von »L'Histoire du Soldat« (ST: 951 000 Ex., PP: 60 160 Ex.)	6,–	18,–

100. GEBURTSTAG VON AUGUSTE PICCARD

61	[1223t]	5 Franken (K-N) 1984. Rs. Stratosphärenballon und Bathyskaph des Physikers Auguste Piccard (1884–1962) (ST: 1 012 000 Ex., PP: 75 990 Ex.)	6,–	15,–

EUROPÄISCHES JAHR DER MUSIK 1985

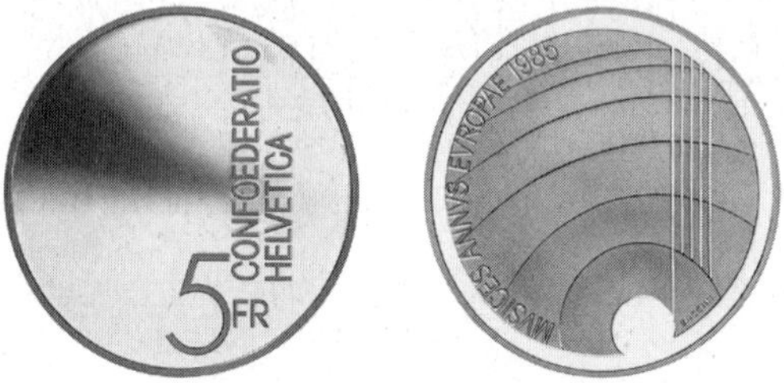

62	[1223u]	5 Franken (K-N) 1985. Rs. Viertelnote in Form von Schallwellen und Notenzeile (ST: 1 156 000 Ex., PP: 84 400 Ex.)	6,–	12,–

600. JAHRESTAG DER SCHLACHT BEI SEMPACH

			ST	PP
63	[1223v]	5 Franken (K-N) 1986. Rs. Langspieße und Hellebarden mit Schweizerkreuz (ST: 1 082 000 Ex., PP: 75 800 Ex.)	6,–	15,–

100. GEBURTSTAG VON LE CORBUSIER

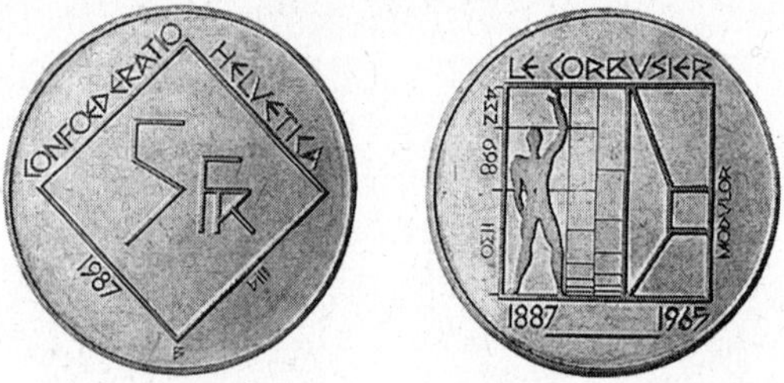

64	[1223w]	5 Franken (K-N) 1987 B. Rs. Maßsystem »Modulor« des Architekten, Malers und Bildhauers Charles Edouard Jeanneret »Le Corbusier« (1887–1965) (ST: 960 000 Ex., PP: 62 515 Ex.)	6,–	18,–

OLYMPISCHES MUSEUM IN LAUSANNE

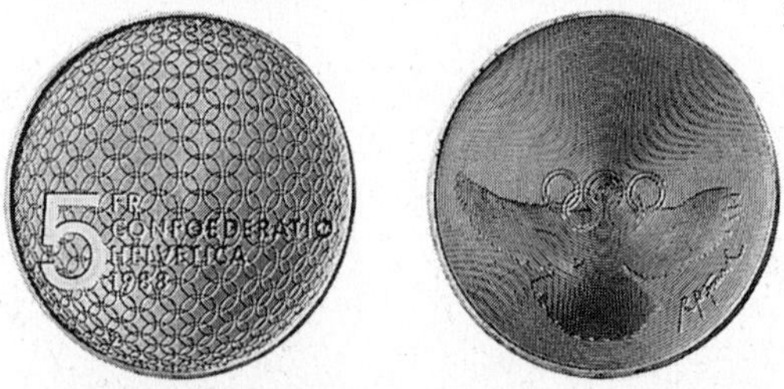

65	[1223x]	5 Franken (K-N) 1988 B. Rs. Friedenstaube mit olympischen Ringen inmitten sich ausbreitender Kreise (ST: 1 026 000 Ex., PP: 68 527 Ex.)	8,–	20,–

Der Münzgewinn von Nr. 65 wurde dem Internationalen Olympischen Komitee zur Errichtung des Olympischen Museums in Lausanne gestiftet.

50. JAHRESTAG DER MOBILMACHUNG

ST **PP**

66 [1223y] 5 Franken (K-N) 1989 B. Rs. General Henri Guisan (1874–1960), Oberkommandierender der Schweizer Armee 1939–1945 (ST: 1 270 000 Ex., PP: 69 012 Ex.) 6,– 16,–

100. TODESTAG VON GOTTFRIED KELLER

67 [1223z] 5 Franken (K-N) 1990 B. Rs. Gottfried Keller (1819–1890), Dichter (ST: 1 100 000 Ex., PP: 69 412 Ex.) 6,– 14,–

700 JAHRE SCHWEIZERISCHE EIDGENOSSENSCHAFT (2)

68 [1221a] 20 Franken (S) 1991 B. Rs. Vier Schweizerkreuze für die vier Sprachregionen in räumlich progressiver Anordnung als Symbol für die Zeitspanne zwischen 1291 und 1991. 835er Silber, 20 g, ∅ 33 mm (ST: 2 440 000 Ex., PP: 100 000 Ex.) 20,– 28,–

ST PP

69 [1217] 250 Franken (G) 1991 B. Landesname und Wertangabe, ins Kreuz gestellt. Rs. Jahreszahl 1291, durch Drehspiegelung in 1991 übergehend. 900er Gold, 8 g, ∅ 23 mm. Randschrift erhaben »Confoederatio Helvetica« und Jahreszahlen:

1. Randschrift mit »1291–1991« (* 296 741 Ex.) 320,–
2. Randschrift mit »1291÷1991« (* 193 259 Ex.) 320,–

* Die insgesamt geprägten 490 000 Ex. wurden inzwischen bis auf 178 260 Ex. eingeschmolzen.

20. TODESTAG VON GERTRUD KURZ

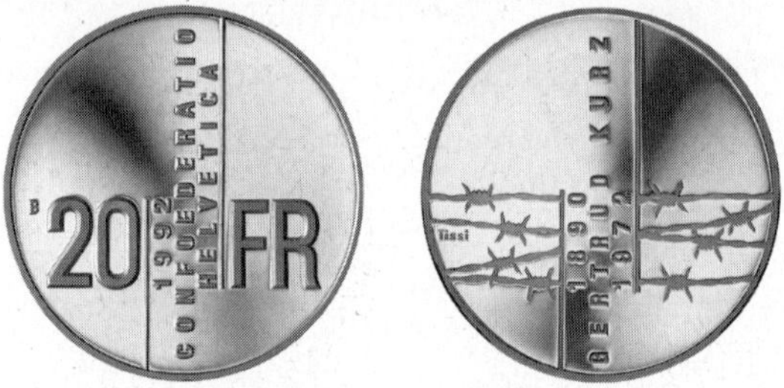

70 [1221b] 20 Franken (S) 1992 B. Rs. Stacheldraht, von Inschrift durchbrochen, symbolisch für das Lebenswerk von Gertrud Kurz (1890–1972). 835er Silber, 20 g, ∅ 33 mm (ST: 325 000 Ex., PP: 36 000 Ex.) 20,– 28,–

500. GEBURTSTAG VON PARACELSUS

71 [1221c] 20 Franken (S) 1993 B. Rs. Theophrast Bombast von Hohenheim (Paracelsus) (1493–1541), Naturforscher und Erneuerer der Heilkunde. 835er Silber, 20 g, ∅ 33 mm (ST: 260 000 Ex., PP: 30 000 Ex.) 20,– 30,–

ST **PP**

72 [1221d] 20 Franken (S) 1994 B. Rs. Teufelsbrücke über die Reuß in der Schöllenen im Kanton Uri. 835er Silber, 20 g, ∅ 33 mm (ST: 240 000 Ex., PP: 32 200 Ex.) 20,– 30,–

73 [1221e] 20 Franken (S) 1995 B. Rs. Rätische Schlangenkönigin aus dem Bündnerland als Sinnbild für die Naturgesetze (ST: 235 000 Ex., PP: 30 700 Ex.) 20,– 30,–

74 [1221f] 20 Franken (S) 1996 B. Rs. Riese Gargantua beim Austrinken des Doubs im Neuenburger Jura (ST: 206 000 Ex., PP: 30 000 Ex.) 20,– 30,–

ST **PP**

75 [1221g] 20 Franken (S) 1996 B. Rs. Drache von Breno (ST: 190 000 Ex., PP: 26 700 Ex.) 20,– 30,–

150 JAHRE SCHWEIZERISCHE BAHNEN

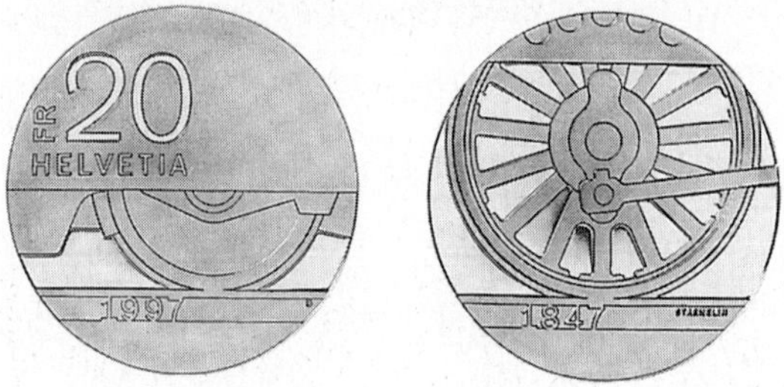

76 [1221h] 20 Franken (S) 1997 B. Rad der Lokomotive »Re 460«. Rs. Rad der Dampflokomotive »Limmat« (1847). 835er Silber, 20 g, ∅ 33 mm (ST: 215 000 Ex., PP: 19 000 Ex.) 20,– 38,–

Zum gleichen Anlass: Kuba Nr. 483 (siehe Weltmünzkatalog 20. Jahrhundert).

200. GEBURTSTAG VON JEREMIAS GOTTHELF

77 [1221i] 20 Franken (S) 1997 B. Rs. Albert Bitzius (1797–1854), evangelischer Pfarrer und Volksdichter als »Jeremias Gotthelf«. 835er Silber, 20 g, ∅ 33 mm (ST: 160 000 Ex., PP: 20 000 Ex.) 20,– 38,–

			ST	PP
78	[1221j]	20 Franken (S) 1998 B. Fünfundzwanzig Schweizerkreuze als Symbol für die Kantone und Halbkantone von 1850. Rs. Motiv der Münze zu 40 Batzen (1798) der Helvetischen Republik. 835er Silber, 20 g, ∅ 33 mm (ST: 108 000 Ex., PP: 15 500 Ex.)	20,–	40,–

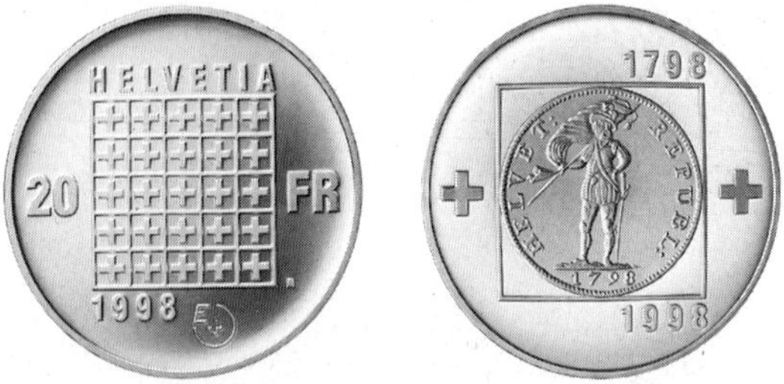

78E [1221k] Essai, Beizeichen »E« und Schweizerkreuz im Kreis (250 Ex.) 600,–

79 [1218a] 100 Franken (G) 1998 B. Typ wie Nr. 78. 900er Gold, 22.58 g, ∅ 28 mm (2 500 Ex.) 1500,–

ST PP

80 [1221l] 20 Franken (S) 1998 B. Rs. Motiv der Münze zu 5 Franken (1850). 835er Silber, 20 g, ∅ 33 mm (ST: 109 000 Ex., PP: 15 500 Ex.) 20,– 40,–

80E [1221m] Essai, Beizeichen »E« und Schweizerkreuz im Kreis (250 Ex.) 600,–

81 [1218b] 100 Franken (G) 1998 B. Typ wie Nr. 80. 900er Gold, 22.58 g, ∅ 28 mm (2 500 Ex.) 1500,–

100. TODESTAG VON CONRAD FERDINAND MEYER

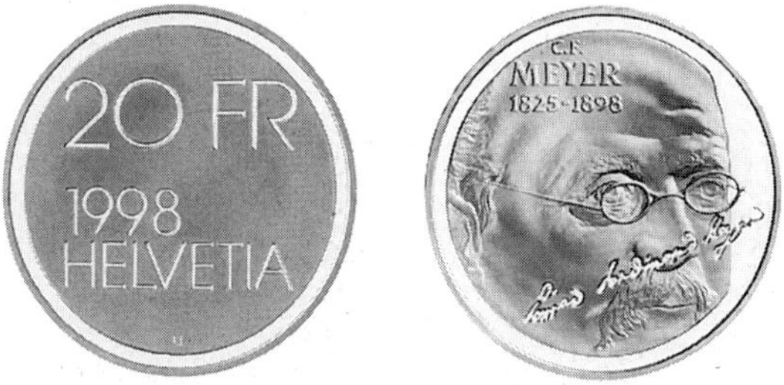

		ST	PP
82 [1221n]	20 Franken (S) 1998 B. Rs. Conrad Ferdinand Meyer (1825–1898), Erzähler und Lyriker. 835er Silber, 20 g, ∅ 33 mm (ST: 108 000 Ex., PP: 14 500 Ex.)	20,–	40,–

82E [1221o] Essai, Beizeichen »E« und Schweizerkreuz im Kreis (500 Ex.) 300,–

150 JAHRE SCHWEIZERISCHE POST

83 [1221p] 20 Franken (S) 1999 B. Rs. Postillon bei der Zustellung eines Liebesbriefes. 835er Silber, 20 g, ∅ 33 mm (ST: 171 000 Ex., PP: 12 000 Ex.) 20,– 40,–

Numisbrief 1 Nr. 83 mit Briefmarkenviererblock zu 90 Rappen (* 80 000 Ex.) (Ersttagsstempel 21. Januar 1999) 40,–

** in vorstehender Prägezahl enthalten*

SCHWEIZERISCHE VOLKSBRÄUCHE – 1. AUSGABE
WINZERFESTSPIELE 1999 IN VIVIS (VEVEY) (2)

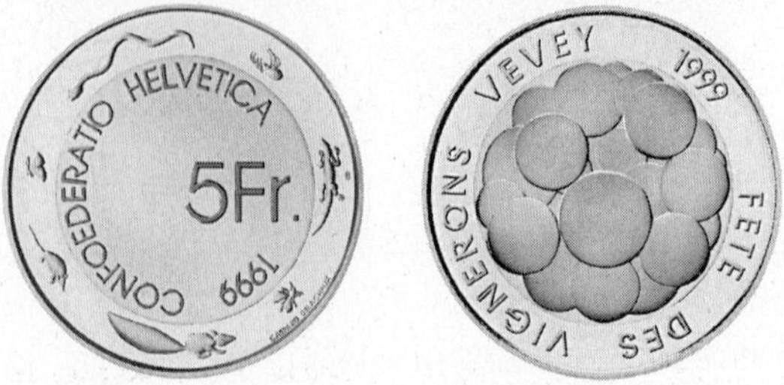

ST **PP**

84 [1223aa] 5 Franken (K-N / Al-Bro) 1999 B. Fauna des Rebberges. Rs. Weintraube. 15 g, ∅ 33 mm:

1999 B Stempelglanz (160 000 Ex.) 10,–

1999 B Spiegelglanz ~~(max. 30 000 Ex.)~~ (16 000 Ex.) 20,–

84E [1223bb] Essai als Materialprobe (Al-Bro / K-N), Beizeichen »E« und Schweizerkreuz im Kreis (765 Ex.) 150,–

85 [1218c] 100 Franken (G) 1999 B. Fuchs beim Anblick von Weinreben, nach der Fabel von Jean de La Fontaine. Rs. Fuchs beim Verzehr einer Traube. 900er Gold, 22.58 g, ∅ 28 mm:

1999 B Spiegelglanz (3 000 Ex.) 1200,–

500. JAHRESTAG DER SCHLACHT BEI DORNACH

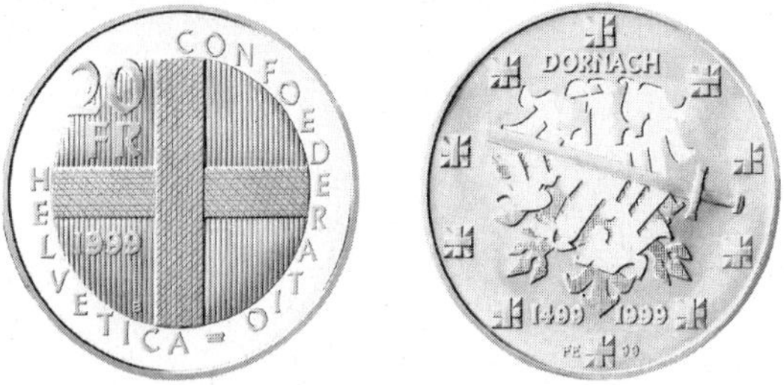

86 [1221q] 20 Franken (S) 1999 B. Rs. Schwert gegen Adler, von zehn Schweizerkreuzen umgeben, als Symbol für die von der zehnörtigen Eidgenossenschaft erkämpften besonderen Freiheiten innerhalb des Heiligen Römischen Reiches. 835er Silber, 20 g, ∅ 33 mm:

			ST	PP
1999 B	Stempelglanz	(85 000 Ex.)	20,–	
1999 B	Spiegelglanz	(11 000 Ex.)		40,–

SCHWEIZERISCHE VOLKSBRÄUCHE – 2. AUSGABE BASLER FASNACHT (CARNEVAL DE BÂLE)

87 [1223cc] 5 Franken (K-N / Al-Bro) 2000 B. Rs. Tambourmajor mit piccolopfeifender Rappenspaltertruppe beim Fasnachtsumzug in der Basler Altstadt, von Konfetti umgeben. 15 g, ∅ 33 mm:

			ST	PP
2000 B	Stempelglanz	(170 000 Ex.)	10,–	
2000 B	Spiegelglanz	(20 000 Ex.)		20,–

HEILIGES JAHR 2000 – 1. AUSGABE

					ST	PP
88	[1221t]	20	Franken (S) 2000 B. Olivenzweig. Rs. Erzengel Gabriel bei der Verkündigung an die Menschen, Inschrift »Pax in terra« (Friede auf Erden) (Lk 2,14). 835er Silber, 20 g, ∅ 33 mm:			
			2000 B Stempelglanz	(100 000 Ex.)	20,–	
			2000 B Spiegelglanz	(15 000 Ex.)		40,–

150. JAHRESTAG DER SCHWEIZERISCHEN MÜNZREFORM

					ST	PP
89	[1223dd]	5	Franken (K-N / Al-Bro) 2000 B. Blattstruktur. Rs. Honigwaben, von Bienen umflogen. 15 g, ∅ 33 mm:			
			2000 B Stempelglanz	(150 000 Ex.)	8,–	
			2000 B Spiegelglanz	(15 000 Ex.)		18,–

HEILIGES JAHR 2000 – 2. AUSGABE

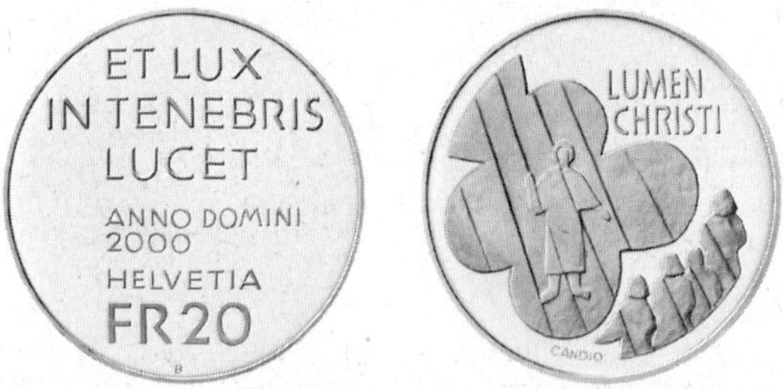

					ST	PP
90	[1221r]	20	Franken (S) 2000 B. Rs. Jesus Christus als das Licht der Welt, Inschrift »Lumen Christi«. 835er Silber, 20 g, ∅ 33 mm:			
			2000 B Stempelglanz	(85 000 Ex.)	20,–	
			2000 B Spiegelglanz	(14 000 Ex.)		40,–

ST PP

90E [1221s] Essai, Beizeichen »E« und Schweizerkreuz im Kreis, Signatur GANDIO (sic!) (750 Ex.) 200,–

HEILIGES JAHR 2000 – 3. AUSGABE

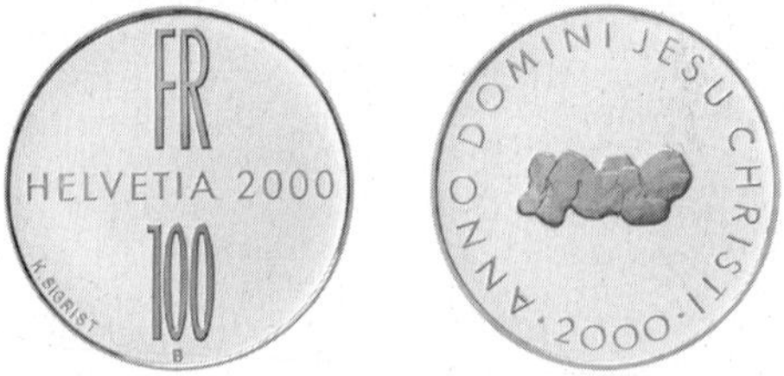

91 [1218d] 100 Franken (G) 2000 B. Landesname und Wertangabe, ins Kreuz gestellt. Rs. Jesuskind als Messias (Christus). 900er Gold, 22.58 g, ∅ 28 mm:

2001 B Spiegelglanz (3 000 Ex.) 1500,–

SCHWEIZERISCHE VOLKSBRÄUCHE – 3. AUSGABE
ZÜRCHER SECHSELÄUTEN

92 [1223ee] 5 Franken (K-N / Al-Bro) 2001 B. Reiter der Zünfte auf dem nach dem ersten Sechsuhrläuten des Großmünsters in Zürich benannten Trachtenumzug zum Frühlingsanfang. Rs. Brennende Strohpuppe in Gestalt eines Schneemanns auf dem Sechseläutenplatz am Zürichsee. 15 g, ∅ 33 mm:

2001 B Stempelglanz (170 000 Ex.) 10,–
2001 B Spiegelglanz (20 000 Ex.) 20,–

UNESCO WELTERBESTÄTTEN IN DER SCHWEIZ – 1. AUSGABE

				ST	PP
93	[1221u]	20 Franken (S) 2001 B. Grundriss der Klosterkirche (um 800). Rs. Ansicht des Klosters Sankt Johann zu Münster (Müstair) in Graubünden. 835er Silber, 20 g, ∅ 33 mm:			
		2001 B Stempelglanz	(100 000 Ex.)	20,–	
		2001 B Spiegelglanz ~~(max. 15 000 Ex.)~~	(14 000 Ex.)		40,–

93E	[1221v]	Essai, Beizeichen »E« und Schweizerkreuz im Kreis (600 Ex.)	200,–	

100. TODESTAG VON JOHANNA SPYRI (2)

94	[1221w]	20 Franken (S) 2001. Rs. Johanna Heusser Spyri (1827–1901), Erzählerin. 835er Silber, 20 g, ∅ 33 mm:			
		2001 B Stempelglanz ~~(max. 100 000 Ex.)~~	(80 000 Ex.)	20,–	
		2001 B Spiegelglanz	(15 000 Ex.)		40,–

Entwurf von Sylvia Goeschke.

				ST	PP
95	[1219d]	50	Franken (G) 2001. Berglandschaft. Rs. Heidi mit Ziege. 900er Gold, 11.29 g, ∅ 25 mm:		
			2001 B Spiegelglanz (max. 7 000 Ex.) (5 000 Ex.)		800,–

Entwurf von Albrecht Schnider.

SCHWEIZERISCHE VOLKSBRÄUCHE – 4. AUSGABE
FÊTE DE L'ESCALADE IN GENF

				ST	PP
96	[1223ff]	5	Franken (K-N / Al-Bro) 2002. Ingredienzien der als Abwehrmittel gegen die savoyischen Angreifer (1602) verwendeten Gemüsesuppe. Rs. Leitern der Belagerer an der Genfer Stadtmauer. 15 g, ∅ 33 mm:		
			2002 B Stempelglanz (max. 160 000 Ex.) (130 000 Ex.)	10,–	
			2002 B Spiegelglanz (15 000 Ex.)		20,–

Entwurf von Pierre Alain Zuber.

*Ausgegeben ab 1. Februar 2002. *davon 10 000 Ex. im Numisbrief.*

96E [1223gg] Essai, Beizeichen »E« und Schweizerkreuz im Kreis, Bildseite mit Schneckenform statt Wirbel (700 Ex.) 150,–

VI. SCHWEIZERISCHE LANDESAUSSTELLUNG 2002 (2)

				ST	PP
97 [1221x] 20	Franken (S) 2002. Rs. Drahtgittermodell eines Knaben am See. 835er Silber, 20 g, ∅ 33 mm:				
	2002 B Stempelglanz	(max. 100 000 Ex.)	(61 100 Ex.)	20,–	
	2002 B Spiegelglanz	(max. 15 000 Ex.)	(10 000 Ex.)		40,–

Entwurf von Hervé Graumann.

98 [1219e] 50 Franken (G) 2002. Rs. Karte des Bieler, Neuenburger und Murtensees mit den fünf Arteplages (Ausstellungsstätten an den Ufern und Forum auf dem Wasser). 900er Gold, 11.29 g, ∅ 25 mm:

				PP
2002 B	Spiegelglanz	(max. 6 000 Ex.)	(5 000 Ex.)	600,–

Entwurf von Max Matter.

Ausgegeben ab 1. Februar 2002 (mehrwertsteuerfrei im Kalenderjahr 2019).

50 JAHRE SCHWEIZERISCHE RETTUNGSFLUGWACHT

				ST	PP
99 [1221y] 20	Franken (S) 2002. Rotorblätter. Rs. Rettungshubschrauber im Gebirge, Funkruf »Rega« (Rescue Gard, Rettungsflugwacht, Garde Aérienne). 835er Silber, 20 g, ∅ 33 mm:				
	2002 B Stempelglanz	(max. 80 000 Ex.)	(55 000 Ex.)	20,–	
	2002 B Spiegelglanz	(max. 12 000 Ex.)	(7 000 Ex.)		40,–

Entwurf von Raphael Schenker.

Ausgegeben ab 8. Juni 2002.

UNESCO WELTERBESTÄTTEN IN DER SCHWEIZ – 2. AUSGABE

					ST	PP
100	[1221z]	20 Franken (S) 2002. Hl. Gallus bei der Überreichung eines Laibes Brot an den Bären, nach dem Abteisiegel. Rs. Klosterkirche (1755) von Sankt Gallen im Steinachtal. 835er Silber, 20 g, ∅ 33 mm:				
		2002 B	Stempelglanz	~~(max. 75 000 Ex.)~~ (50 000 Ex.)	20,–	
		2002 B	Spiegelglanz	~~(max. 12 000 Ex.)~~ (6 500 Ex.)		40,–

Entwurf von Hans Peter von Ah.
Ausgegeben ab 8. Juni 2002.

SCHWEIZERISCHE VOLKSBRÄUCHE – 5. AUSGABE

					ST	PP
101	[1223hh]	5 Franken (K-N / Al-Bro) 2003. Rs. Kinderumzug mit Kuhglocken und Schellen im Engadin an den Kalenden (Monatsersten) des März (»Chalandamarz«). 15 g, ∅ 33 mm:				
		2003 B	Stempelglanz	~~(max. 160 000 Ex.)~~ (96 000 Ex.)	10,–	
		2003 B	Spiegelglanz	~~(max. 15 000 Ex.)~~ (12 000 Ex.)		20,–

Entwurf von Gian Vonzun.
Ausgegeben ab 15. Januar 2003.

101E [1223ii] Essai, Beizeichen »E« und Schweizerkreuz im Kreis, Bildseite mit abweichendem Dekor (700 Ex.) 150,–

37. ALPINE SKI-WELTMEISTERSCHAFTEN 2003 IN SANKT MORITZ (2)

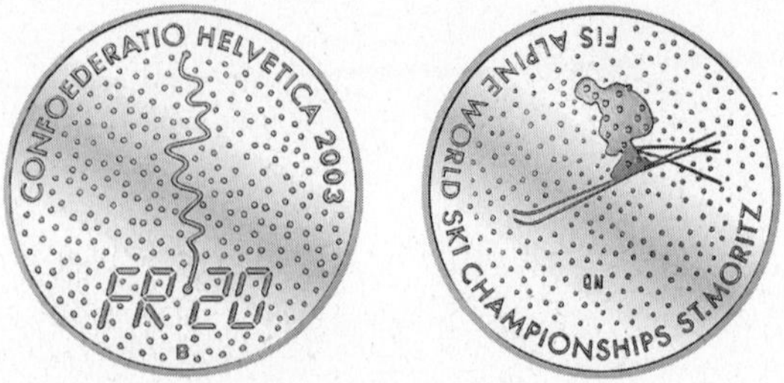

ST **PP**

102 [1221aa] 20 Franken (S) 2003. Abfahrtspiste im Schneegestöber. Rs. Skirennläufer. 835er Silber, 20 g, ∅ 33 mm:

2003 B	Stempelglanz	~~(max. 100 000 Ex.)~~	(55 000 Ex.)	20,–	
2003 B	Spiegelglanz	~~(max. 15 000 Ex.)~~	(7 000 Ex.)		40,–

Entwurf von Claude Kuhn.

103 [1219f] 50 Franken (G) 2003. Oberengadiner Seenlandschaft von Sankt Moritz vor dem Maloja. Rs. Abfahrtsläufer. 900er Gold, 11.29 g, ∅ 25 mm:

2003 B	Spiegelglanz	~~(max. 6 000 Ex.)~~	(4 000 Ex.)		600,–

Entwurf von Andreas His.

Ausgegeben ab 15. Januar 2003 (mehrwertsteuerfrei im Kalenderjahr 2019).

UNESCO WELTERBESTÄTTEN IN DER SCHWEIZ – 3. AUSGABE

104 [1221bb] 20 Franken (S) 2003. Zeitglockenturm in Bern. Rs. Berner Altstadt an der Aare. 835er Silber, 20 g, ∅ 33 mm:

2003 B	Stempelglanz	~~(max. 75 000 Ex.)~~	(* 50 000 Ex.)	20,–	
2003 B	Spiegelglanz	~~(max. 10 000 Ex.)~~	(6 000 Ex.)		40,–

Entwurf von Franz Fedier.

*Ausgegeben ab 5. Juni 2003. * davon 10 000 Ex. in Numiscard.*

ST PP

105 [1222a] 10 Franken (Al-N-Bro / K-N) 2004. Rs. Matterhorn (Cervin). 15 g, ∅ 33 mm:

2004 B	Stempelglanz	(98 000 Ex.)	15,–	
2004 B	Spiegelglanz	(13 000 Ex.)		30,–

Entwurf von Roland Hirter (Wertseite) und Stephan Bundi (Bildseite).
Ausgegeben ab 30. Januar 2004.

105E [1222b] Essai, Beizeichen »E« und Schweizerkreuz im Kreis, Bildseite mit abweichender Struktur der Felspartien (700 Ex.) 150,–

106 [1219g] 50 Franken (G) 2004. Typ wie Nr. 105. 900er Gold, 11.29 g, ∅ 25 mm:

2004 B	Spiegelglanz	(7 000 Ex.)	800,–

Ausgegeben ab 27. Mai 2004 (mehrwertsteuerfrei im Kalenderjahr 2019).

100 JAHRE INTERNATIONALER FUSSBALLVERBAND (FIFA) (2)

ST PP

107 [1221ee] 20 Franken (S) 2004. Fußball vor Tornetz. Rs. Edelweiß vor Bergkette auf Schweizerkreuz, vier Pfeile als Hinweis auf den Hauptsitz des Verbandes in Zürich (seit 1932). 835er Silber, 20 g, ∅ 33 mm:
2004 B Spiegelglanz ~~(max. 25 000 Ex.)~~ (14 055 Ex.) 200,–

108 [1219h] 50 Franken (G) 2004. Fußball. Rs. Denkmal auf Wilhelm Tell in Altdorf vor Bergkette. 900er Gold, 11.29 g, ∅ 25 mm:
2004 B Spiegelglanz (10 000 Ex.) 1500,–

Entwürfe von Joaquin Jimenez.
Ausgegeben ab 30. Januar 2004 (mehrwertsteuerfrei im Kalenderjahr 2019).

SCHWEIZERISCHE ARCHITEKTUR – 1. AUSGABE

109 [1221cc] 20 Franken (S) 2004. Rs. Schloss Chillon am Genfersee (Lac Léman) vor den Dents du Midi. 835er Silber, 20 g, ∅ 33 mm:
2004 B Stempelglanz ~~(max. 70 000 Ex.)~~ (50 000 Ex.) 20,–
2004 B Spiegelglanz ~~(max. 8 000 Ex.)~~ (6 000 Ex.) 40,–

Entwurf von Jean Benoît Lévy (Bildseite).
Ausgegeben ab 30. Januar 2004.

UNESCO WELTERBESTÄTTEN IN DER SCHWEIZ – 4. AUSGABE

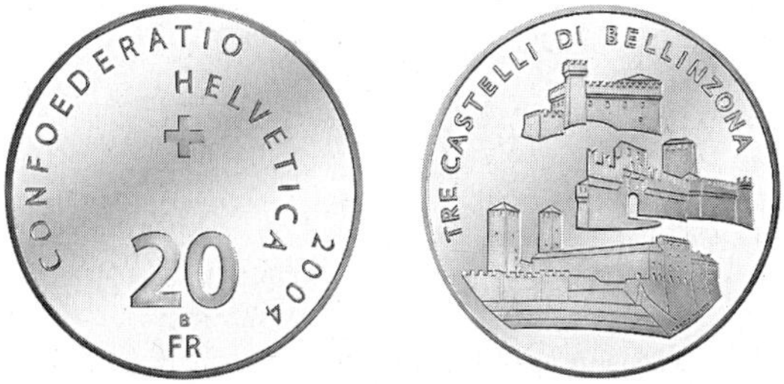

					ST	PP
110 [1221dd] 20	Franken (S) 2004. Rs. Drei Burgen (Tre Castelli) Castelgrande, Castello di Montebello und Castello di Sasso Corbaro in der Talenge von Bellenz (Bellinzona). 835er Silber, 20 g, ∅ 33 mm:					
	2004 B	Stempelglanz	(max. 70 000 Ex.)	(50 000 Ex.)	20,–	
	2004 B	Spiegelglanz	(max. 8 000 Ex.)	(6 000 Ex.)		40,–

Entwurf von Marco Prati (Bildseite).
Ausgegeben ab 27. Mai 2004.

SCHWEIZER BERGE – 2. AUSGABE

111 [1222c] 10	Franken (Al-N-Bro / K-N) 2005. Rs. Jungfrau. 15 g, ∅ 33 mm:					
	2005 B	Stempelglanz	(max. 96 000 Ex.)	(79 000 Ex.)	15,–	
	2005 B	Spiegelglanz	(max. 12 500 Ex.)	(10 500 Ex.)		30,–

Entwurf von Stephan Bundi (Bildseite).
Ausgegeben ab 11. Februar 2005.

ST **PP**

112 [1221ff] 20 Franken (S) 2005. Rs. Prototyp des Sportwagens »GT 1« des Automobilkonstrukteurs Franco Sbarro. 835er Silber, 20 g, ∅ 33 mm:

2005 B Stempelglanz (max. 65 000 Ex.) (45 000 Ex.) 20,–
2005 B Spiegelglanz (max. 8 000 Ex.) (6 000 Ex.) 40,–

Entwurf von Roger Pfund (Bildseite).
Ausgegeben ab 11. Februar 2005.

112E [1221gg] Essai, Beizeichen »E« und Schweizerkreuz im Kreis, Motiv der Bildseite mit abweichender Mattierung (500 Ex.) 250,–

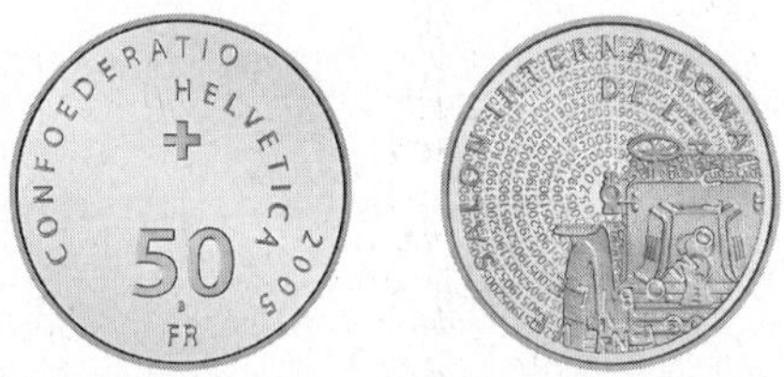

113 [1219i] 50 Franken (G) 2005. Rs. Oldtimer »Clément 1905« von Adolphe Clément. 900er Gold, 11.29 g, ∅ 25 mm:

2005 B Spiegelglanz (6 000 Ex.) 550,–

Entwurf von Roger Pfund (Bildseite).
Ausgegeben ab 11. Februar 2005 (mehrwertsteuerfrei im Kalenderjahr 2019).

SCHWEIZERISCHE ARCHITEKTUR – 2. AUSGABE

				ST	PP
114 [1221hh] 20	Franken (S) 2005. Rs. Wasserturm und Kapellbrücke in Luzern. 835er Silber, 20 g, ∅ 33 mm:				
	2005 B Stempelglanz	(max. 65 000 Ex.)	(45 000 Ex.)	20,–	
	2005 B Spiegelglanz	(max. 8 000 Ex.)	(6 000 Ex.)		40,–

Entwurf von Hans Peter von Ah (Bildseite).
Ausgegeben ab 8. Juni 2005.

SCHWEIZER BERGE – 3. AUSGABE

				ST	PP
115 [1222d] 10	Franken (Al-N-Bro / K-N) 2006. Rs. Piz Bernina. 15 g, ∅ 33 mm:				
	2006 B Stempelglanz	(max. 96 000 Ex.)	(66 000 Ex.)	10,–	
	2006 B Spiegelglanz	(max. 12 000 Ex.)	(9 000 Ex.)		25,–

Entwurf von Stephan Bundi (Bildseite).
Ausgegeben ab 20. Januar 2006.

100 JAHRE SCHWEIZERISCHER POSTAUTOMOBILVERKEHR

ST PP

116 [1221ii] 20 Franken (S) 2006. Rs. Postauto vom Typ Saurer (1906) vor Bergkulisse. 835er Silber, 20 g, Ø 33 mm:
2006 B Stempelglanz ~~(max. 65 000 Ex.)~~ (40 000 Ex.) 20,–
2006 B Spiegelglanz ~~(max. 8 000 Ex.)~~ (6 000 Ex.) 40,–

Entwurf von Raphael Schenker (Bildseite).
Ausgegeben ab 20. Januar 2006.

500 JAHRE PÄPSTLICHE SCHWEIZERGARDE

117 [1219j] 50 Franken (G) 2006. Rs. Schweizergardist mit Hellebarde. 900er Gold, 11.29 g, Ø 25 mm:
2006 B Spiegelglanz (6 000 Ex.) 550,–

Entwurf von Rudolf Mirer (Bildseite).
Ausgegeben ab 20. Januar 2006 (mehrwertsteuerfrei im Kalenderjahr 2019).

SCHWEIZERISCHE ARCHITEKTUR – 3. AUSGABE

118 [1221jj] 20 Franken (S) 2006. Rs. Bundeshaus (Palais Fédéral, Palazzo Federale) in Bern. 835er Silber, 20 g, Ø 33 mm:
2006 B Stempelglanz ~~(max. 65 000 Ex.)~~ (35 000 Ex.) 20,–
2006 B Spiegelglanz ~~(max. 8 000 Ex.)~~ (6 000 Ex.) 40,–

Entwurf von Benjamin Pfäffli (Bildseite).
Ausgegeben ab 8. Juni 2006.

ST PP

118E [1221kk] Essai, Beizeichen »E« und Schweizerkreuz im Kreis, Motiv der Bildseite mit glänzenden Fenstern und Torbogen (500 Ex.) 250,–

SCHWEIZERISCHER NATIONALPARK – 1. AUSGABE
100. JAHRESTAG DER WIEDERANSIEDLUNG DES STEINBOCKS

119 10 Franken (Al-N-Bro / K-N) 2007. Rs. Alpensteinbock (Capra ibex – Bovidae) im Schweizerischen Nationalpark (Parc Naziunal Svizzer) im Engadin. 15 g, ∅ 33 mm:
2007 B Stempelglanz ~~(max. 96 000 Ex.)~~ (79 000 Ex.) 20,–
2007 B Spiegelglanz ~~(max. 12 000 Ex.)~~ (10 300 Ex.) 40,–

Entwurf von Gian Vonzun (Bildseite).
Ausgegeben ab 19. Januar 2007.

100 JAHRE SCHWEIZERISCHE NATIONALBANK (2)

120 [1221ll] 20 Franken (S) 2007. Rs. Arthur Honegger (1892–1955), Komponist, von der Banknote zu 20 Franken. 835er Silber, 20 g, ∅ 33 mm:
2007 B Stempelglanz ~~(max. 50 000 Ex.)~~ (41 747 Ex.) 20,–
2007 B Spiegelglanz ~~(max. 12 000 Ex.)~~ (11 000 Ex.) 40,–

ST **PP**

121 [1219k] 50 Franken (G) 2007. Rs. Holzfäller als Zeichnung (1908) von Ferdinand Hodler (1853–1918) für die Banknote zu 50 Franken (1911). 900er Gold, 11.29 g, ∅ 25 mm:
2007 B Spiegelglanz (6 000 Ex.) 600,–

Entwürfe von Roger Pfund (Bildseiten).
Ausgegeben ab 19. Januar 2007 (mehrwertsteuerfrei im Kalenderjahr 2019).

SCHWEIZERISCHE ARCHITEKTUR – 4. AUSGABE

122 [1221mm] 20 Franken (S) 2007. Rs. Artilleriefestung (Munot) (1589) in Schaffhausen. 835er Silber, 20 g, ∅ 33 mm:
2007 B Stempelglanz (max. 50 000 Ex.) (40 000 Ex.) 20,–
2007 B Spiegelglanz (max. 7 000 Ex.) (5 000 Ex.) 40,–

Entwurf von Hansueli Holzer (Bildseite).
Ausgegeben ab 30. Mai 2007.

122E [1221nn] Essai, Beizeichen »E« und Schweizerkreuz im Kreis, Bildseite mit abweichenden Details (500 Ex.) 250,–

SCHWEIZERISCHER NATIONALPARK – 2. AUSGABE

ST **PP**

123 10 Franken (Al-N-Bro / K-N) 2008. Rs. Steinadler (Aquila chrysaetos – Accipitridae) beim Landeanflug im Schweizerischen Nationalpark (Parc Naziunal Svizzer, Parc National Suisse, Parco Nazionale Svizzero) im Engadin. 15 g, ∅ 33 mm:

2008 B Stempelglanz ~~(max. 95 000 Ex.)~~ (66 000 Ex.) 20,–
2008 B Spiegelglanz ~~(max. 12 000 Ex.)~~ (10 300 Ex.) 40,–

Entwurf von Niklaus Heeb (Bildseite).

Ausgegeben ab 18. Januar 2008.

123E Essai, Beizeichen »E« und Schweizerkreuz im Kreis, Bildseite mit detaillierterer Struktur des Gefieders (700 Ex.) 150,–

100 JAHRE SCHWEIZERISCHER EISHOCKEYVERBAND

ST PP

124 [1221oo] 20 Franken (S) 2008. Rs. Eishockeyspieler. 835er Silber, 20 g, ∅ 33 mm:

2008 B	Stempelglanz	(max. 50 000 Ex.)	(46 000 Ex.)	20,–	
2008 B	Spiegelglanz	(max. 7 000 Ex.)	(5 500 Ex.)		40,–

Entwurf von Roland Hirter.
Ausgegeben ab 18. Januar 2008.

UN INTERNATIONALES JAHR DES PLANETEN ERDE 2008

125 [1219l] 50 Franken (G) 2008. Rs. Mensch mit dem Planeten Erde zu Füßen, in den Händen und auf dem Kopf. 900er Gold, 11.29 g, ∅ 25 mm:

2008 B	Spiegelglanz	(6 000 Ex.)		550,–

Entwurf von Claude Sandoz (Bildseite).
Ausgegeben ab 21. Mai 2008 (mehrwertsteuerfrei im Kalenderjahr 2019).

BERGBAHNEN DER SCHWEIZ – 1. AUSGABE

126 [1221pp] 20 Franken (S) 2008. Rs. Zahnradbahn von Vitznau auf die Rigi mit Dampflokomotive (1871) und elektrischem Triebwagen (1937). 835er Silber, 20 g, ∅ 33 mm:

2008 B	Stempelglanz		(50 000 Ex.)	20,–	
2008 B	Spiegelglanz	(max. 7 000 Ex.)	(6 305 Ex.)		40,–

Entwurf von Benno Kalioff Zehnder (Bildseite).
Ausgegeben ab 21. Mai 2008.

SCHWEIZERISCHER NATIONALPARK – 3. AUSGABE

ST **PP**

127 10 Franken (Al-N-Bro / K-N) 2009. Rs. Rothirsch (Cervus elaphus – Cervidae) im Schweizerischen Nationalpark im Engadin. 15 g, ∅ 33 mm:

2009 B Stempelglanz (max. 95 000 Ex.) (62 500 Ex.) 20,–
2009 B Spiegelglanz (max. 12 000 Ex.) (9 300 Ex.) 40,–

Entwurf von Niklaus Heeb (Bildseite).
Ausgegeben ab 16. Januar 2009.

50 JAHRE VERKEHRSHAUS DER SCHWEIZ

128 [1221qq] 20 Franken (S) 2009. Rs. Transportmittel aus dem Bestand des Verkehrsmuseums in dynamischer Spirale. 835er Silber, 20 g, ∅ 33 mm:

2009 B Stempelglanz (50 000 Ex.) 20,–
2009 B Spiegelglanz (max. 7 000 Ex.) (5 000 Ex.) 40,–

Entwurf von Werner Meier (Bildseite).
Ausgegeben ab 16. Januar 2009.

100 JAHRE SCHWEIZERISCHES BUNDESFEIERKOMITEE (SEIT 1991 STIFTUNG »PRO PATRIA«)

ST **PP**

129 [1219m] 50 Franken (G) 2009. Rs. Junges Paar beim Blick in die Zukunft. 900er Gold, 11.29 g, ⌀ 25 mm:
2009 B Spiegelglanz (6 000 Ex.) 550,–

Entwurf von Hans Erni (Bildseite).
Ausgegeben ab 4. Juni 2009 (mehrwertsteuerfrei im Kalenderjahr 2019).

BERGBAHNEN DER SCHWEIZ – 2. AUSGABE

130 [1221rr] 20 Franken (S) 2009. Rs. Dampflokomotive 7 der Zahnradbahn (1892) von Brienz auf das Rothorn im Berner Oberland. 835er Silber, 20 g, ⌀ 33 mm:
2009 B Stempelglanz (50 000 Ex.) 20,–
2009 B Spiegelglanz (max. 7 000 Ex.) (5 800 Ex.) 40,–

Entwurf von Benno Kalioff Zehnder (Bildseite).
Ausgegeben ab 4. Juni 2009.

130E [1221ss] Essai, Beizeichen »E« und Schweizerkreuz im Kreis, Bildseite mit unterschiedlicher Zugkomposition (500 Ex.) 250,–

SCHWEIZERISCHER NATIONALPARK – 4. AUSGABE

			ST	PP
131	10 Franken (Al-N-Bro / K-N) 2010. Rs. Alpenmurmeltier (Marmota marmota – Sciuridae). 15 g, ∅ 33 mm:			
	2010 B Stempelglanz (max. 94 000 Ex.)	(62 000 Ex.)	20,–	
	2010 B Spiegelglanz (max. 12 000 Ex.)	(9 000 Ex.)		40,–

Entwurf von Niklaus Heeb (Bildseite).

Ausgegeben ab 21. Januar 2010.

131E Essai, Beizeichen »E« und Schweizerkreuz im Kreis, Bildseite mit Inschrift unten im Bogen (700 Ex.) 150,–

BERGBAHNEN DER SCHWEIZ – 3. AUSGABE
100 JAHRE BERNINABAHN

ST PP

132 [1221tt] 20 Franken (S) 2010. Rs. Kreisviadukt der Berninabahn (1910) bei Brusio auf der Strecke von Sankt Moritz nach Tirano. 835er Silber, 20 g, ∅ 33 mm:

2010 B Stempelglanz (50 000 Ex.) 20,–
2010 B Spiegelglanz (7 000 Ex.) 40,–

Entwurf von Benno Kalioff Zehnder (Bildseite).
Ausgegeben ab 21. Januar 2010.

100. TODESTAG VON ALBERT ANKER

133 [1219n] 50 Franken (G) 2010. Rs. Gemälde »Der Gemeindeschreiber« (1874) von Albert Samuel Anker (1831–1910). 900er Gold, 11.29 g, ∅ 25 mm:

2010 B Spiegelglanz (6 000 Ex.) 550,–

Ausgegeben ab 3. Juni 2010 (mehrwertsteuerfrei im Kalenderjahr 2019).

100. TODESTAG VON HENRY DUNANT

134 [1221uu] 20 Franken (S) 2010. Rs. Jean Henri Dunant (1828–1910), Begründer des Internationalen Roten Kreuzes, Friedensnobelpreisträger 1901. 835er Silber, 20 g, ∅ 33 mm:

2010 B Stempelglanz (50 000 Ex.) 20,–
2010 B Spiegelglanz (max. 7 000 Ex.) (5 000 Ex.) 50,–

Entwurf von Pierre Alain Zuber (Bildseite).
Ausgegeben ab 3. Juni 2010.

SCHWEIZERISCHE VOLKSBRÄUCHE – 6. AUSGABE
BERNER ZIBELEMÄRIT

ST **PP**

135 10 Franken (Al-N-Bro / K-N) 2011. Rs. Bär als Stadtwappenbild von Bern vor Zwiebelzopf vom Zwiebelmarkt. 15 g, ∅ 33 mm:
2011 B Stempelglanz (max. 94 000 Ex.) (56 000 Ex.) 20,–
2011 B Spiegelglanz (max. 12 000 Ex.) (9 000 Ex.) 40,–

Entwurf von Stefan Haenni (Bildseite).
Ausgegeben ab 20. Januar 2011.

100. GEBURTSTAG VON MAX FRISCH

136 [1221vv] 20 Franken (S) 2011. Rs. Max Frisch (1911–1991), Schriftsteller, zweizeilige Inschrift. 835er Silber, 20 g, ∅ 33 mm:
2011 B Stempelglanz (50 000 Ex.) 20,–
2011 B Spiegelglanz (max. 7 000 Ex.) (5 000 Ex.) 50,–

Entwurf von Daniel Frank (Bildseite).
Ausgegeben ab 20. Januar 2011.

136E [1221ww] Essai, Beizeichen »E« und Schweizerkreuz im Kreis, Bildseite mit bogiger Inschrift (500 Ex.) 250,–

SCHWEIZERISCHE KINDERBÜCHER – 1. AUSGABE

ST PP

137 [1219o] 50 Franken (G) 2011. Rs. Schellenursli mit der größten Kuhglocke des Engadin am Vorabend der Kalenden des März (»Chalandamarz«), nach dem Kinderbuch (1945) der Textdichterin Selina Chönz und des Zeichners Alois Carigiet. 900er Gold, 11.29 g, ∅ 25 mm:

2011 B Spiegelglanz (6 000 Ex.) 600,–

Entwurf von Alois Carigiet (Bildseite).
Ausgegeben ab 26. Mai 2011 (mehrwertsteuerfrei im Kalenderjahr 2019).

BERGBAHNEN DER SCHWEIZ – 4. AUSGABE

138 [1221xx] 20 Franken (S) 2011. Rs. Zahnradbahn (1889) auf den Pilatus. 835er Silber, 20 g, ∅ 33 mm:

2011 B Stempelglanz (50 000 Ex.) 25,–
2011 B Spiegelglanz ~~(max. 7 000 Ex.)~~ (5 000 Ex.) 50,–

Entwurf von Benno Kalioff Zehnder (Bildseite).
Ausgegeben ab 26. Mai 2011.

SCHWEIZERISCHE VOLKSBRÄUCHE – 7. AUSGABE
RINGKUHKÄMPFE IM WALLIS

ST **PP**

139 10 Franken (Al-N-Bro / K-N) 2012. Rs. Ringkuhkampf (Combat de Reines) der Eringer (Hérens) beim Stechfest im Wallis (Valais). 15 g, ∅ 33 mm:

2012 B Stempelglanz (max. 94 000 Ex.) (44 000 Ex.) 20,–

2012 B Spiegelglanz (max. 12 000 Ex.) (8 500 Ex.) 40,–

Entwurf von Dominique Studer (Bildseite).

Ausgegeben ab 19. Januar 2012.

BERGBAHNEN DER SCHWEIZ – 5. AUSGABE

140 20 Franken (S) 2012. Rs. Zahnradbahn (1912) auf das Jungfraujoch. 835er Silber, 20 g, ∅ 33 mm:

2012 B Stempelglanz (max. 50 000 Ex.) (47 982 Ex.) 30,–

2012 B Spiegelglanz (max. 7 000 Ex.) (5 495 Ex.) 50,–

Entwurf von Benno Kalioff Zehnder (Bildseite).

Ausgegeben ab 19. Januar 2012.

100 JAHRE STIFTUNG »PRO JUVENTUTE«

ST PP

141 50 Franken (G) 2012. Rs. Junge mit Baseballkappe und Mädchen beim Seilspringen. 900er Gold, 11.29 g, Ø 25 mm:
2012 B Spiegelglanz ~~(max. 6 000 Ex.)~~ (3 940 Ex.) 600,–

Entwurf von Brigitta García López (Bildseite).
Ausgegeben ab 5. Juni 2012 (mehrwertsteuerfrei im Kalenderjahr 2019).

SCHWEIZERISCHE KINDERBÜCHER – 2. AUSGABE

142 20 Franken (S) 2012. Rs. Globi (1932) von Zeichner Robert Lips und Textdichter Alfred Bruggmann. 835er Silber, 20 g, Ø 33 mm:
2012 B Stempelglanz ~~(max. 50 000 Ex.)~~ (35 000 Ex.) 30,–
2012 B Spiegelglanz ~~(max. 7 000 Ex.)~~ (4 000 Ex.) 50,–

Entwurf von Robert Lips (Bildseite).
Ausgegeben ab 5. Juni 2012.

142E Essai, Beizeichen »E« und Schweizerkreuz im Kreis, abweichende Mattierung der Bildseite (500 Ex.) 200,–

SCHWEIZERISCHE VOLKSBRÄUCHE – 8. AUSGABE
SILVESTERCHLAUSEN IN APPENZELL AUSSERRHODEN

				ST	PP
143	10 Franken (Al-N-Bro / K-N) 2013. Rs. Zwei »Schöne« Silvesterchläuse beim Schellenumzug zum Jahreswechsel. 15 g, ∅ 33 mm:				
	2013 B	Stempelglanz ~~(max. 92 000 Ex.)~~	(42 000 Ex.)	20,–	
	2013 B	Spiegelglanz ~~(max. 11 500 Ex.)~~	(7 500 Ex.)		40,–

Entwurf von Sylvia Bühler (Bildseite).
Ausgegeben ab 24. Januar 2013.

143E Essai, Beizeichen »E« und Schweizerkreuz im Kreis, Inschrift der Bildseite auf mattiertem Hintergrund (600 Ex.) 150,–

100 JAHRE ALPENÜBERQUERUNG IM FLUGZEUG

ST PP

144 20 Franken (S) 2013. Rs. Doppeldecker des Piloten Oskar Bider (1891–1919) beim Alpenüberflug (1913) von Bern nach Mailand. 835er Silber, 20 g, ∅ 33 mm:

2013 B Stempelglanz (max. 50 000 Ex.) (35 000 Ex.) 30,–

2013 B Spiegelglanz (max. 7 000 Ex.) (4 000 Ex.) 50,–

Entwurf von Angelo Boog (Bildseite).

Ausgegeben ab 24. Januar 2013.

800 JAHRE PERSONENVERKEHR ÜBER DEN GOTTHARDPASS

145 50 Franken (G) 2013. Rs. Postkutsche am Gotthardpass, nach dem Gemälde (1873) von Rudolf Koller (1828–1905). 900er Gold, 11.29 g, ∅ 25 mm:

2013 B Spiegelglanz (max. 6 000 Ex.) (4 410 Ex.) 700,–

Entwurf von Rudolf Koller (Bildseite).

Ausgegeben ab 19. Juni 2013 (mehrwertsteuerfrei im Kalenderjahr 2019).

SCHWEIZERISCHER VOLKSSPORT – 1. AUSGABE SCHWINGEN

146 20 Franken (S) 2013. Rs. Schwingkampf im Sägemehlring. 835er Silber, 20 g, ∅ 33 mm:

2013 B Stempelglanz (max. 50 000 Ex.) (35 000 Ex.) 30,–

2013 B Spiegelglanz (max. 7 000 Ex.) (4 000 Ex.) 50,–

Entwurf von Roland Hirter.

Ausgegeben ab 19. Juni 2013.

SCHWEIZERISCHE VOLKSBRÄUCHE – 9. AUSGABE
GANSABHAUET IN SURSEE

ST **PP**

147 10 Franken (Al-N-Bro / K-N) 2014. Rs. Luzerner in rotem Mantel mit Säbel und Sonnenmaske beim Enthaupten der Martinsgans auf dem Rathausplatz in Sursee. 15 g, ⌀ 33 mm:

2014 B Stempelglanz (max. 90 000 Ex.) (37 664 Ex.) 20,–

2014 B Spiegelglanz (max. 11 000 Ex.) (7 000 Ex.) 40,–

Entwurf von Thyl Manuel Eisenmann (Bildseite).

Ausgegeben ab 30. Januar 2014.

50 JAHRE KUNSTFLUGSTAFFEL DER SCHWEIZERISCHEN LUFTWAFFE

148 20 Franken (S) 2014. Rs. Flugschau der »Patrouille Suisse«. 835er Silber, 20 g, ⌀ 33 mm:

2014 B Stempelglanz (max. 50 000 Ex.) (34 990 Ex.) 30,–

2014 B Spiegelglanz (max. 7 000 Ex.) (5 000 Ex.) 50,–

Entwurf von Angelo Boog (Bildseite).

Ausgegeben ab 30. Januar 2014.

		ST	PP
148E	Essai, Beizeichen »E« und Schweizerkreuz im Kreis, abweichende Oberflächenstruktur der Bildseite (400 Ex.)	300,–	

100 JAHRE SCHWEIZERISCHER NATIONALPARK

149 50 Franken (G) 2014. Rs. Nationalpark. 900er Gold, 11.29 g, ∅ 25 mm:
2014 B Spiegelglanz ~~(max. 6 000 Ex.)~~ (4 000 Ex.) 600,–

Entwurf von Stephan Bundi (Bildseite).
Ausgegeben ab 22. Mai 2014 (mehrwertsteuerfrei im Kalenderjahr 2019).

SCHWEIZERISCHER VOLKSSPORT – 2. AUSGABE JASSEN

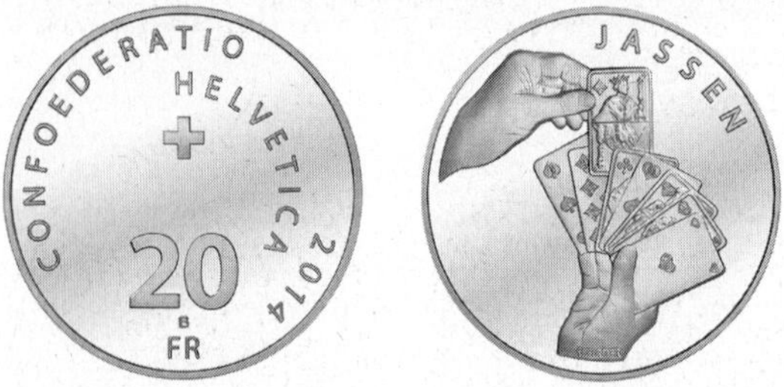

150 20 Franken (S) 2014. Rs. Kartenspieler. 835er Silber, 20 g, ∅ 33 mm:
2014 B Stempelglanz ~~(max. 50 000 Ex.)~~ (35 000 Ex.) 30,–
2014 B Spiegelglanz ~~(max. 7 000 Ex.)~~ (4 000 Ex.) 50,–

Entwurf von Roland Hirter.
Ausgegeben ab 22. Mai 2014.

SCHWEIZERISCHE VOLKSBRÄUCHE – 10. AUSGABE
ALPABZUG

				ST	PP
151	10 Franken (Al-N-Bro / K-N) 2015. Rs. Alpabzug. 15 g, ∅ 33 mm:				
	2015 B	Stempelglanz	(max. 40 000 Ex.)	20,–	
	2015 B	Spiegelglanz	(max. 7 000 Ex.)		40,–

Entwurf von Réhane Favereau (Bildseite).
Ausgegeben ab 22. Januar 2015.

SCHWEIZERISCHE SOLARFLUGMISSION »SOLAR IMPULSE«

				ST	PP
152	20 Franken (S) 2015. Rs. Solarflugzeug »Solar Impulse 2« bei der Überquerung des Atlantik. 835er Silber, 20 g, ∅ 33 mm:				
	2015 B	Stempelglanz	(max. 35 000 Ex.)	35,–	
	2015 B	Spiegelglanz	(max. 5 000 Ex.)		60,–

Entwurf von Angelo Boog (Bildseite).
Ausgegeben ab 22. Januar 2015.

152E	Essai, Beizeichen »E« und Schweizerkreuz im Kreis, Kartendarstellung ohne Geländestruktur (400 Ex.)	300,–	

1500 JAHRE ABTEI SANKT MORITZ VON AGAUNUM

			ST	PP
153	20 Franken (S) 2015. Rs. Abteikirche Sankt Moritz (Saint Maurice d'Agaune) im Wallis (Valais). 835er Silber, 20 g, ∅ 33 mm:			
	2015 B Spiegelglanz	(5 000 Ex.)		200,–

Entwurf von José Requena (Bildseite).
Ausgegeben ab 22. Januar 2015.

2000 JAHRE AVENTICUM

154	50 Franken (G) 2015. Rs. Goldbüste des Marcus Aurelius Antoninus (121–180), römischer Kaiser ab 161, aus dem Fund (1939) in der römischen Stadt Aventicum (Avenches, Wiflisburg). 900er Gold, 11.29 g, ∅ 25 mm:			
	2015 B Spiegelglanz	(5 000 Ex.)		600,–

Modell von Remo Mascherini (Bildseite).
Ausgegeben ab 7. Mai 2015 (mehrwertsteuerfrei im Kalenderjahr 2019).

SCHWEIZERISCHER VOLKSSPORT – 3. AUSGABE HORNUSSEN

				ST	PP
155	20 Franken (S) 2015. Rs. Hornussen. 835er Silber, 20 g, ∅ 33 mm:				
	2015 B	Stempelglanz	(max. 35 000 Ex.)	35,–	
	2015 B	Spiegelglanz	(max. 5 000 Ex.)		60,–

Entwurf von Roland Hirter.
Ausgegeben ab 7. Mai 2015.

ALPENBLUMEN – 1. AUSGABE

156	10 Franken (Al-N-Bro / K-N) 2016. Rs. Edelweiß (Leontopodium nivale – Asteraceae). 15 g, ∅ 33 mm:				
	2016 B	Stempelglanz	(max. 30 000 Ex.)	25,–	
	2016 B	Spiegelglanz	(max. 6 000 Ex.)		50,–

Entwurf von Jenny Leibundgut (Bildseite).
Ausgegeben ab 28. Januar 2016.

150 JAHRE SCHWEIZERISCHES ROTES KREUZ (CROIX ROUGE SUISSE)

157	20 Franken (S) 2016. Rs. Handreichung vor Nationalflagge. 835er Silber, 20 g, ∅ 33 mm:				
	2016 B	Stempelglanz	(max. 30 000 Ex.)	35,–	
	2016 B	Spiegelglanz	(max. 5 000 Ex.)		60,–

Entwurf von Marc Roulin (Bildseite).
Ausgegeben ab 28. Januar 2016.

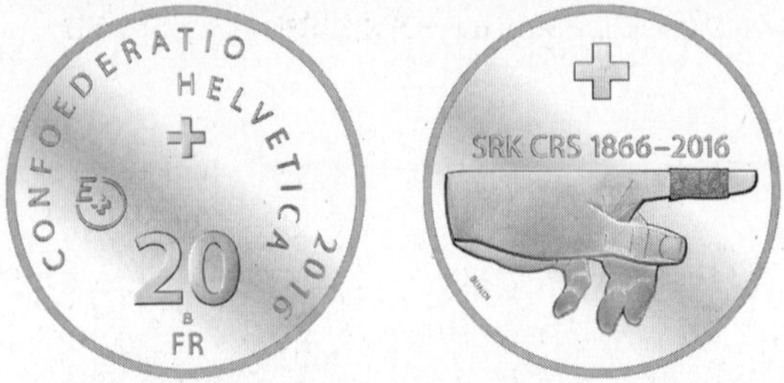

ST PP

157E Essai, Beizeichen »E« und Schweizerkreuz im Kreis, Hand mit verbundenem Finger (600 Ex.) 250,–

BASISTUNNEL DURCH DEN GOTTHARD (SAN GOTTARDO) (2)

158 20 Franken (S) 2016. Rs. Eisenbahnzug am Nordportal bei Erstfeld im Urner Talboden bei der Einfahrt in die Tunnelröhre. 835er Silber, 20 g, ∅ 33 mm:

			ST	PP
2016 B	Stempelglanz	(30 000 Ex.)	40,–	
2016 B	Spiegelglanz	(5 000 Ex.)		80,–

Entwurf von Fredy Trümpi (Bildseite).
Ausgegeben ab 28. Januar 2016.

159 50 Franken (G) 2016. Rs. Eisenbahnzug am Südportal der Tunnelstrecke bei Bodio im Tessin. 900er Gold, 11.29 g, ∅ 25 mm:

			ST	PP
2016 B	Spiegelglanz	(4 500 Ex.)		1000,–

Entwurf von Fredy Trümpi (Bildseite).
Ausgegeben ab 26. Mai 2016 (mehrwertsteuerfrei im Kalenderjahr 2019).

SCHWEIZERISCHE FOLKLORE – 1. AUSGABE

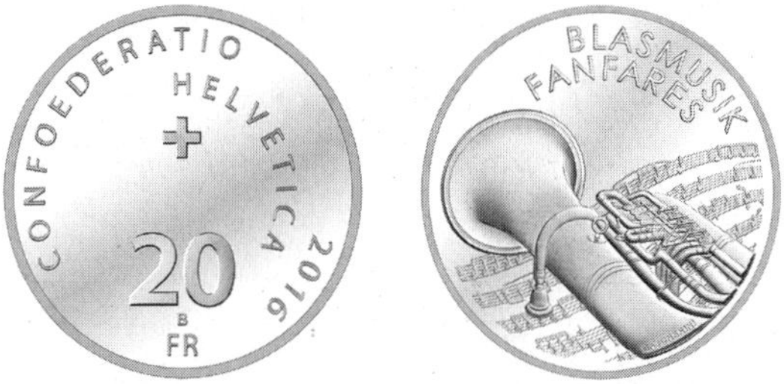

				ST	PP
160	20 Franken (S) 2016. Rs. Blasmusik. 835er Silber, 20 g, ∅ 33 mm:				
	2016 B	Stempelglanz	(max. 30 000 Ex.)	35,–	
	2016 B	Spiegelglanz	(max. 5 000 Ex.)		60,–

Entwurf und Modell von Remo Mascherini (Bildseite).
Ausgegeben ab 26. Mai 2016.

ALPENBLUMEN – 2. AUSGABE

				ST	PP
161	10 Franken (Al-N-Bro / K-N) 2017. Rs. Enzian (Gentiana alpina – Gentianaceae). 15 g, ∅ 33 mm:				
	2017 B	Stempelglanz	(max. 29 000 Ex.)	25,–	
	2017 B	Spiegelglanz	(max. 5 500 Ex.)		50,–

Entwurf von Jenny Leibundgut (Bildseite).
Ausgegeben ab 26. Januar 2017.

500. JAHRESTAG DER REFORMATION

				ST	PP
162	20 Franken (S) 2017. Rs. Ulrich (Huldrych) Zwingli (1484–1531) und Jean Cauvin (Johannes Calvinus) (1509–1564), Reformatoren in Zürich und Genf. 835er Silber, 20 g, ∅ 33 mm:				
	2017 B	Stempelglanz	(max. 30 000 Ex.)	35,–	
	2017 B	Spiegelglanz	(max. 5 000 Ex.)		60,–

Entwurf von Benjamin Pfäffli (Bildseite).
Ausgegeben ab 26. Januar 2017.

SCHWEIZER DAMPFSCHIFFE – 1. AUSGABE

				ST	PP
163	20 Franken (S) 2017. Rs. Schaufelraddampfer S.S. »Uri« (1901) auf dem Vierwaldstättersee. 835er Silber, 20 g, ∅ 33 mm:				
	2017 B	Stempelglanz	(max. 30 000 Ex.)	35,–	
	2017 B	Spiegelglanz	(max. 5 000 Ex.)		60,–

Entwurf von Ueli Colombi (Bildseite).
Ausgegeben ab 4. Mai 2017.

SCHWEIZERISCHE FOLKLORE – 2. AUSGABE

				ST	PP
164	20 Franken (S) 2017. Rs. Jodeln. 835er Silber, 20 g, ∅ 33 mm:				
	2017 B	Stempelglanz	(max. 30 000 Ex.)	35,–	
	2017 B	Spiegelglanz	(max. 5 000 Ex.)		60,–

Entwurf von Gabriel Giger (Bildseite).

Ausgegeben ab 4. Mai 2017.

164E Essai, Beizeichen »E« und Schweizerkreuz im Kreis, Nationalflagge mit mattiertem Kreuz (600 Ex.) 250,–

BERNHARDINER

165 50 Franken (G) 2017. Rs. Mischlingshund »Barry« (1800–1814) des Hospizes der Augustinerchorherren auf dem Alpenpass Großer Sankt Bernhard mit legendärem Kräuterlikörfass auf der Suche nach Verschütteten in den Schneemassen einer Lawine. 900er Gold, 11.29 g, ∅ 25 mm:

2017 B Spiegelglanz (max. 4 500 Ex.) 600,–

Entwurf von Maya Delaquis (Bildseite).

Ausgegeben ab 14. September 2017 (mehrwertsteuerfrei im Kalenderjahr 2019).

ALPENBLUMEN – 3. AUSGABE

				ST	PP
166	10 Franken (Al-N-Bro / K-N) 2018. Rs. Silberdistel (Carlina acaulis – Asteraceae). 15 g, ∅ 33 mm:				
	2018 B	Stempelglanz	(max. 29 000 Ex.)	25,–	
	2018 B	Spiegelglanz	(max. 5 500 Ex.)		50,–

Entwurf von Jenny Leibundgut (Bildseite).
Ausgegeben ab 25. Januar 2018.

SCHWEIZER ALPENPÄSSE – 1. AUSGABE

				ST	PP
167	20 Franken (S) 2018. Rs. Sportwagen »Amilcar CGS« (1924) auf dem Klausenpass beim Autorennen um den Großen Bergpreis der Schweiz. 835er Silber, 20 g, ∅ 33 mm:				
	2018 B	Stempelglanz	(max. 30 000 Ex.)	35,–	
	2018 B	Spiegelglanz	(max. 5 000 Ex.)		60,–

Entwurf von Vito Noto (Bildseite).
Ausgegeben ab 25. Januar 2018.

SCHWEIZER DAMPFSCHIFFE – 2. AUSGABE

ST PP

168 20 Franken (S) 2018. Rs. Schaufelraddampfer S.S. »La Suisse« (1910) auf dem Genfersee (Lac Léman). 835er Silber, 20 g, ∅ 33 mm:

2018 B Stempelglanz (max. 30 000 Ex.) 35,–
2018 B Spiegelglanz (max. 5 000 Ex.) 60,–

Entwurf von Ueli Colombi (Bildseite).
Ausgegeben ab 26. April 2018.

168E Essai, Beizeichen »E« und Schweizerkreuz im Kreis, Bildmotiv mit abweichender Mattierung (700 Ex.) 250,–

100. TODESTAG VON FERDINAND HODLER

169 50 Franken (G) 2018. Rs. Wilhelm Tell als Heldenfigur mit erhobener Armbrust vor Felsenschlucht, nach dem Gemälde (1897) von Ferdinand Hodler (1853–1918). 900er Gold, 11.29 g, ∅ 25 mm:

2018 B Spiegelglanz (4 500 Ex.) 750,–

Entwurf von Angelo Boog (Bildseite).
Ausgegeben ab 26. April 2018 (mehrwertsteuerfrei im Kalenderjahr 2019).

100. TODESTAG VON KARL ELSENER

ST **PP**

170 20 Franken (S) 2018. Rs. Schweizer Taschenmesser (Swiss Army Knife) (1897) aus der Manufaktur Victorinox (1884) von Karl Elsener (1860–1918). 835er Silber, 20 g, ∅ 33 mm:

2018 B	Stempelglanz	(max. 30 000 Ex.)	35,–	
2018 B	Spiegelglanz	(max. 5 000 Ex.)		60,–

Entwurf von Nadja Baltensweiler (Bildseite).
Ausgegeben ab 10. September 2018.

WALDTIERE IN DER SCHWEIZ – 1. AUSGABE

171 10 Franken (Al-N-Bro / K-N) 2019. Rs. Europäisches Reh (Capreolus capreolus – Cervidae). 15 g, ∅ 33 mm:

2019 B	Stempelglanz	(max. 28 000 Ex.)	25,–	
2019 B	Spiegelglanz	(max. 5 500 Ex.)		50,–

Entwurf von Naomi Andrea Giewald (Bildseite).
Ausgegeben ab 24. Januar 2019.

SCHWEIZER DAMPFSCHIFFE – 3. AUSGABE

ST PP

172 20 Franken (S) 2019. Rs. Schaufelraddampfer S.S. »Blümlisalp« (1906) auf dem Thunersee. 835er Silber, 20 g, ∅ 33 mm:
2019 B Stempelglanz (max. 20 000 Ex.) 35,–
2019 B Spiegelglanz (max. 5 000 Ex.) 60,–

Entwurf von Ueli Colombi (Bildseite).
Ausgegeben ab 24. Januar 2019.

100 JAHRE SCHWEIZER NATIONALZIRKUS

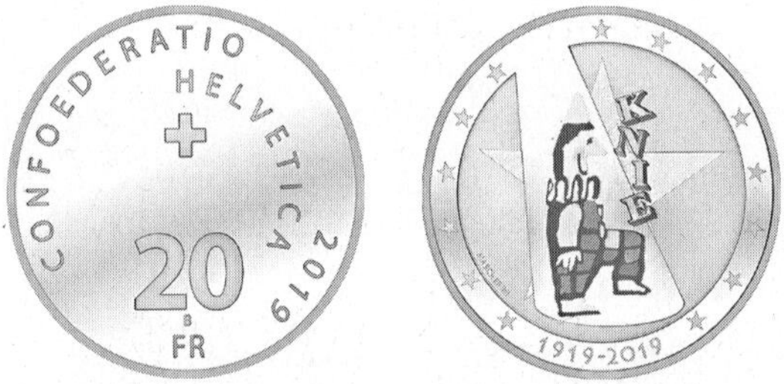

173 20 Franken (S) 2019. Rs. Clown in Farbe (Tampondruck) im Scheinwerferlicht der Zirkusmanege beim Jonglieren mit den Buchstaben »Knie«, nach einem Werbeplakat (1956) von Herbert Leupin (1916–1999). 835er Silber, 20 g, ∅ 33 mm:
2019 B Spiegelglanz (5 000 Ex.) 200,–

Entwurf und Modell von Remo Mascherini (Bildseite).
Ausgegeben ab 24. Januar 2019.

173E Essai, Beizeichen »E« und Schweizerkreuz im Kreis, Bildmotiv ohne Farbe (1 000 Ex.) –,–

50. JAHRESTAG DER MONDLANDUNG VON »APOLLO 11«

					ST	PP
174	20	Franken (S) 2019. 835er Silber, 20 g, ∅ 33 mm:				
		2019 B	Stempelglanz	(max. 20 000 Ex.)	35,–	
		2019 B	Spiegelglanz	(max. 5 000 Ex.)		60,–

Entwurf und Modell von Remo Mascherini (Bildseite).
Ausgegeben ab 9. Mai 2019.

100 JAHRE GELENKLOKOMOTIVEN IM KROKODILTYP

175 50 Franken (G) 2019. Rs. Elektrische Lokomotive Ce 6/8^{II} »Krokodil« (1919) der Schweizerischen Bundesbahnen. 900er Gold, 11.29 g, ∅ 25 mm:

2019 B	Spiegelglanz	(max. 5 000 Ex.)	600,–

Entwurf von Raphael Schenker (Bildseite).
Ausgegeben ab 9. Mai 2019 (mehrwertsteuerfrei im Kalenderjahr 2019).

SCHWEIZER ALPENPÄSSE – 2. AUSGABE

					ST	PP
176	20	Franken (S) 2019. Rs. Furkapass. 835er Silber, 20 g, ∅ 33 mm:				
		2019 B	Stempelglanz	(max. 20 000 Ex.)	35,–	
		2019 B	Spiegelglanz	(max. 5 000 Ex.)		60,–

Entwurf von Vito Noto (Bildseite).
Ausgegeben ab 12. September 2019.

Die seit 1998 für Sammler hergestellten Essais haben gesetzliche Zahlungskraft wie die Normalausgaben.

Münzsätze

von 1 Rappen bis 5 Franken (1974 auch mit 2 Rappen),
seit 2007 von 5 Rappen bis 5 Franken
mit zusätzlicher Bimetallmünze zu 5 Franken ab 1999, zu 10 Franken seit 2004

		Auflage	ST	Auflage	PP
1974		(10 000 Ex.)	80,–	(2 400 Ex.)	700,–
1975		(10 000 Ex.)	45,–	(10 000 Ex.)	55,–
1976		(10 000 Ex.)	65,–	(5 130 Ex.)	75,–
1977		(10 000 Ex.)	40,–	(7 030 Ex.)	50,–
1978		(10 000 Ex.)	35,–	(10 090 Ex.)	42,–
1979		(10 000 Ex.)	35,–	(10 000 Ex.)	40,–
1980		(10 000 Ex.)	65,–	(10 000 Ex.)	65,–
1981		(15 000 Ex.)	40,–	(10 000 Ex.)	45,–
1982		(15 600 Ex.)	65,–	(10 000 Ex.)	90,–
1983		(15 740 Ex.)	40,–	(11 390 Ex.)	40,–
1984		(20 000 Ex.)	40,–	(14 000 Ex.)	40,–
1985		(22 140 Ex.)	40,–	(12 060 Ex.)	40,–
1986		(21 400 Ex.)	35,–	(10 000 Ex.)	40,–
1987		(19 100 Ex.)	65,–	(8 800 Ex.)	65,–
1988		(20 700 Ex.)	40,–	(9 000 Ex.)	50,–
1989		(22 700 Ex.)	30,–	(8 800 Ex.)	45,–
1990		(23 100 Ex.)	30,–	(8 900 Ex.)	45,–
1991		(26 100 Ex.)	200,–	(9 900 Ex.)	200,–
1992		(20 300 Ex.)	30,–	(7 450 Ex.)	60,–
1993		(16 200 Ex.)	180,–	(6 200 Ex.)	200,–
1994		(17 300 Ex.)	35,–	(6 100 Ex.)	80,–
1995		(18 000 Ex.)	35,–	(6 100 Ex.)	80,–
1996		(17 300 Ex.)	35,–	(6 100 Ex.)	80,–
1997		(16 500 Ex.)	35,–	(5 500 Ex.)	80,–
1998		(16 000 Ex.)	35,–	(4 800 Ex.)	80,–
1999	Vivis	(16 000 Ex.)	70,–	(5 000 Ex.)	130,–
2000	Basel	(18 000 Ex.)	50,–	(5 500 Ex.)	110,–
2000	Münzreform	(2 300 Ex.)	220,–	(500 Ex.)	1100,–
2001	Zürich	(22 000 Ex.)	30,–	(6 000 Ex.)	80,–
2002	Genf	(22 000 Ex.)	30,–	(6 000 Ex.)	80,–
2003	Engadin	(17 200 Ex.)	30,–	(5 500 Ex.)	80,–
2004	Matterhorn	(16 000 Ex.)	50,–	(5 000 Ex.)	100,–
2005	Jungfrau	(16 000 Ex.)	35,–	(4 500 Ex.)	60,–
2006	Bernina	(16 000 Ex.)	80,–	(4 000 Ex.)	80,–
2006	Münzstätte	(2 000 Ex.)	250,–		
2007	Steinbock	(14 800 Ex.)	35,–	(4 000 Ex.)	60,–
2008	Steinadler	(13 880 Ex.)	35,–	(4 000 Ex.)	60,–
2009	Rothirsch	(13 500 Ex.)	35,–	(4 000 Ex.)	60,–
2010	Murmeltier	(14 000 Ex.)	35,–	(4 000 Ex.)	60,–
2011	Bern	(14 000 Ex.)	35,–	(4 000 Ex.)	60,–
2012	Wallis	(14 000 Ex.)	35,–	(4 000 Ex.)	60,–
2013	Appenzell	(12 000 Ex.)	35,–	(3 500 Ex.)	80,–
2014	Luzern	(10 000 Ex.)	40,–	(3 000 Ex.)	90,–

		Auflage	ST	Auflage	PP
2015	Alpabzug	(10 000 Ex.)	40,–	(3 000 Ex.)	90,–
2016	Edelweiß	(10 000 Ex.)	40,–	(3 000 Ex.)	90,–
2017	Enzian	(9 000 Ex.)	40,–	(2 500 Ex.)	90,–
2018	Silberdistel	(9 000 Ex.)	40,–	(2 500 Ex.)	90,–
2019	Reh	(8 000 Ex.)	40,–	(2 500 Ex.)	90,–

Babymünzsätze als Taufpräsente

von 1 Rappen bis 5 Franken, seit 2007 von 5 Rappen bis 5 Franken
mit zusätzlicher Bimetallmedaille »Teddybär«

	Auflage	ST	Auflage	PP
2002	(2 000 Ex.)	50,–		
2003	(4 800 Ex.)	40,–		
2004	(8 400 Ex.)	30,–		
2005	(8 000 Ex.)	30,–		
2006	(8 000 Ex.)	80,–		
2007	(7 500 Ex.)	30,–		
2008	(7 000 Ex.)	30,–		
2009	(7 500 Ex.)	30,–		
2010	(8 000 Ex.)	30,–		
2011	(8 000 Ex.)	30,–		
2012	(8 000 Ex.)	30,–		
2013	(8 000 Ex.)	30,–		
2014	(8 500 Ex.)	30,–		
2015	(10 000 Ex.)	30,–		
2016	(10 000 Ex.)	30,–		
2017	(10 000 Ex.)	40,–		
2018	(10 000 Ex.)	40,–		
2019	(8 000 Ex.)	40,–		

Glückwunschmünzsätze als Geburtstagspräsente

von 5 Rappen bis 5 Franken mit Bimetallmedaille

	Auflage	ST	Auflage	PP
2017	(3 000 Ex.)	40,–		
2018	(3 000 Ex.)	40,–		
2019	(2 000 Ex.)	40,–		

Weihnachtsmünzsätze

von 5 Rappen bis 5 Franken mit Bimetallmedaille

	Auflage	ST	Auflage	PP
2014	(2 000 Ex.)	60,–		
2015	(3 000 Ex.)	40,–		
2016	(5 000 Ex.)	30,–		
2017	(5 000 Ex.)	40,–		
2018	(2 500 Ex.)	40,–		
2019	(1 500 Ex.)	40,–		

Anzeigen

Literatur für Sammler

Neuerscheinung
(erscheint im Frühjahr 2019)

Richard Smith:

An Illustrated History of the House of Hannover 1714 – 1837

- eine Medaillengeschichte des Hauses Hannover
- mit zahlreichen farbigen Abbildungen

Ergänzungsband zum Titel „Die Münzprägung der anglo-hannoverschen Personalunion 1714 – 1837" mit dem Ziel, die Persönlichkeiten der verschiedenen Herrscher zum Leben zu erwecken.

Ihr Einfluss in Europa und der Welt war bemerkenswert und dies wird in der hier vorgestellten Medaillengeschichte festgehalten.

---

1. Auflage 2019, ca. 300 Seiten, Format 21 x 29,7 cm,
durchgehend farbig, Hardcover
ISBN 978-3-86646-170-3

98,– €

Sammeln
battenberg
gietl verlag

Erhältlich im Buch- und Fachhandel oder direkt beim Verlag.

Battenberg Gietl Verlag GmbH
Postfach 166 · 93122 Regenstauf
Tel. 0 94 02 / 93 37-0 · Fax 0 94 02 / 93 37-24
E-Mail: info@battenberg-gietl.de
www.battenberg-gietl.de